예수
1

예수 1

1판 1쇄 2012. 12. 25
1판 2쇄 2013. 4. 18

글쓴이 클라우스 베르거 **옮긴이** 전헌호
펴낸이 서영주 **펴낸곳** 성바오로
총편집인 한기철 **기획** 유성식, 황인수
편집 김정희 **디자인** 박지현
제작 김안순 **마케팅** 임송균 **인쇄** (주)현문자현
출판등록 7-93호 1992. 10. 6
주소 서울 강북구 송중동 103-36
교회인가 2012. 1. 17 SSP 960

취급처 성바오로보급소 **전화** 9448-300, 986-1361
팩스 986-1365 **통신판매** 945-2972
E-mail bookclub@paolo.net
http://www.paolo.net

값 30,000원
ISBN 978-89-8015-807-2
ISBN 978-89-8015-808-9(전 2권)

JESUS
by
Klaus Berger
Copyright © 2004 Pattloch Verlag GmbH & Co. KG, München
All rights reserved

Korean Translation Copyright © 2012 ST PAULS KOREA
Korean edition is published by arrangement with Pattloch Verlag GmbH & Co. KG,
through Corea Literary Agency, Seoul

이 책의 한국어 판 저작권은 Corea 에이전시를 통한
Pattloch Verlag GmbH & Co. KG.와의 독점계약으로
도서출판 성바오로에 있습니다.
신저작권법에 의해 한국 내에서 보호를 받는 저작물이므로 무단 전재와
복제를 금합니다.

이 도서의 국립중앙도서관 출판시도서목록(CIP)은 e-CIP홈페이지(http://www.nl.go.kr/ecip)와
국가자료공동목록시스템(http://www.nl.go.kr/kolisnet)에서 이용하실 수 있습니다.
(CIP제어번호: CIP2012005882)

예수
1

클라우스 베르거 글
전헌호 옮김

역자 서문

　신약성경학자인 클라우스 베르거Klaus Berger는 초기교회 연구, 양식사적 방법론, 역사비평적 방법론, 성경주석 연구, 종교역사 연구, 해석학, 종말론 연구, 신학역사 연구, 성경 번역과 같은 융·복합적인 연구로 신학의 발전에 기여한 공로가 크다. 그는 2006년 하이델베르크Heidelberg대학교 교수직에서 은퇴하기까지 일생을 교육현장에서 보냈으며 50권이 넘는 저서들과 수많은 논문, 그리고 언론에 발표한 많은 칼럼과 인터뷰들로 독일어권뿐만 아니라 지구촌에서 대학자로 존경을 받고 있다.

　이러한 대학자가 60세가 넘어서 그동안 쌓아 온 자신의 학문적 역량을 총동원하여 저술한 책이 「예수Jesus」이다. 처음에 성바오로출판사로부터 이 방대한 분량의 베스트셀러를 번역해 달라는 요청을 받고는 무척 고심했다. 가장 큰 문제는 "모두가 신뢰할 만큼 성실한 번역을 완수할 수 있느냐?"이었다. 그래서 먼저 베르거가 읽었을 법한 독일어권의 예수님 관련 책들을 모았고, 이어서 우리말로 번역되거나 저술된 예수님에 관한 책들을 모아서 읽어 보기 시작했다. 어떤 책은 처음부터 자세하게, 어떤 책은 대강 읽으면서 그리스도론을 전개한 분위기를 파악해 나갔다. 역자 서문 끝 부분에 소개한 이들의 목록이 보여 주는 바와 같이 저자들도 다양하고 책의 전개과정도 다양했다. 개중에는 역자가 삼십여 년 전 신학공부를 할 때 사용한 교재였던 발터 카스퍼Walter Kasper 추기경의 「예수 그리스도Jesus der Christus』도 있고, 베네딕토 16세 교황님이 쓴 「나자렛 예수Jesus von Nazareth』도 있다. 이들을 읽으면서 든 생각은 모두가 예수에 대해서 가능한 한 객관적이고 정확하게 서술하려고 노력하고 있음에도 정도의 차이가 있을 뿐 모두가 다르다는 것이었다. 다른 분야, 보는 관점, 서술 방식, 강조점에서 똑같은 것은 하나도 없었다. 그럼에도 불구하고 모두에게 공통되는 것이 있었다. 그것은 바로 저자들 모두가 예수님을 사랑하여 그러한 작업을 시작했고, 작업을 끝내면서는 예수님을 더 사랑하게 되었다는 것이다.

베르거를 포함한 여러 학자들과 마찬가지로 예수님에 대한 관심으로 오랜 시간을 보낸 역자 역시 예수님에 대한 책들을 읽고 번역하는 과정에서 이들과 마찬가지로 예수님을 더욱더 사랑하게 되었다. 이것이 이 방대한 양의 책을 번역하는 일에 뛰어들 용기를 낸 역자에게 주신 예수님의 선물임을 인지하고 있다.

베르거는 이 책을 저술하기 이전에 이미 「예수는 참으로 누구였을까?」 (Wer war Jesus wirklich? GTB 1448, ISBN 3-579-01448-X), 「기적을 믿어도 될까?」(Darf man an Wunder glauben? GTB 1450, ISBN 3-579-01450-1), 「신약성경의 보도는 진실일까?」(Sind die Berichte des Neuen Testaments wahr? Ein Weg zum Verstehen der Bibel, Ed. Chr. Kaiser, ISBN 3-579-05193-8) 등

과 같은 진실을 철저하게 찾아가는 책들을 50여 권이나 출간했다. 그리고 60세가 넘어선 나이에 마음을 단단히 먹고 이러한 작업들을 총괄하여 「예수」를 저술한 것이다.

이 책의 도입에서 베르거는 그동안 성경학계에서 성경주석에 동원해 온 역사비평적 방법의 한계를 넘어서고 엄밀한 학문적인 잣대도 넘어서서 "포스트모더니즘적인 방식으로 정말 이해하기 어렵고 비학문적이며 단순한 질문, 어제의 모더니즘에 속한 사람들에게 괴로울 질문들을 던지고자 한다."고 선언하고서 예수님에 관한 그의 길고 긴 이야기를 풀어 나갔다.

그가 자신의 신앙적, 학문적, 인간적 역량들을 총동원하여 들려주는 예수님에 관한 이야기가 독자들에게 그분에 대한 관심을 불러일으키고 마침내 예수님을 좀 더 이해하고 사랑하여 자신의 삶 안으로 모셔 들이는 데에 도움이 된다면 이 작업이 큰 의미를 지닐 것이다.

베르거는 엄밀한 객관성을 추구하는 학자로서, 성직자가 아닌 평신도로서, 굳이 예수님과 교회를 반드시 옹호해야만 하는 절박한 상태에 있지 않다. 이러한 점에서도 그가 펼쳐 놓은 예수님에 관한 이야기가 좀 더 객관성을 내포하고 있을 것이라는 신뢰가 간다. 독자 여러분은 이제 역자의 이야기보다는 직접 저자의 흥미진진한 이야기 속으로 빠져 들어가 보기를 권한다.
부족한 역자를 신뢰하여 이렇게 좋은 책을 번역하도록 맡겨 준 성바오로출판사와 출판을 위해 애쓰신 관계자 모두에게 감사드린다.

무학산 자락 대구가톨릭대학교 사제관에서
전헌호 신부

목차

••• 1부 •••

: 도입 : *15*

:: 1장 :: 전기 짜 맞추기_내 삶의 예수상像 *21*

:: 2장 :: 서막_예수 이야기를 어디서부터 시작할 것인가?
2.1 성경으로부터 시작하기 *38* / 2.2 다른 사람들로부터 시작하기 *46* / 2.3 시간으로부터 시작하기 *53* / 2.4 종말에서부터 시작하기 *57*

:: 3장 :: 예수의 허구虛構에 관하여
3.1 신화로서의 복음 *60* / 3.2 역사가들의 진리와 신앙인들의 진리 *65* / 3.3 데카당구조인가, 일방통행으로서의 역사인가 *69* / 3.4 모두가 진실인가, 어느 정도까지만 진실인가 *72*

:: 4장 :: 온전한 인간? 반신半神반인半人? 또는 다른 어떤 존재?
4.1 요셉, 주석학적 친자 확인 *76* / 4.2 누구도 완벽하지 않다—그렇다면 예수는 *83* / 4.3 '예수는 하느님의 아들'이란 무슨 뜻인가 *86* / 4.4 구원의 친밀함 *92* / 4.5 위로부터의 빛 *95* / 4.6 예수의 변모—복음의

감추어진 축 101 / 4.7 아들의 파견 111 / 4.8 하느님 선물로서의 예수 116 / 4.9 물 위를 걷다-신비로 가득 찬 예수의 몸 121 / 4.10 예수가 죄를 사할 수 있을까 126 / 4.11 하늘로 가는 고된 길_예수에 대한 불쾌감 131 / 4.12 라자로의 도발 138 / 4.13 불쾌한 용서 143

::5장:: 예수는 하느님에 대해 어떻게 생각했을까?

5.1 하느님에 관한 동화 150 / 5.2 당혹스럽게 하는 예수 157 / 5.3 예수, 거룩한 하느님, 사로잡는 하느님 170 / 5.4 예수와 정의롭지 않은 하느님 179 / 5.5 충족되지 않는 마음의 동경 189 / 5.6 예수와 종교 간의 관용 197 / 5.7 예수와 삼위일체 하느님 206 / 5.8 예수로부터 기도를 배울 수 있을까? 212

::6장:: 예수와 인간적인 행복

6.1 희생자 입장에서 234 / 6.2 예수, 남자, 여자, 부부, 아이들 244 / 6.3 예수, 포도주와 삶의 기쁨 261 / 6.4 단식과 축제 273 / 6.5 혼인과 축제 예복 287 / 6.6 쇠진-또는 예수의 테라피 292 / 6.7 예수의 친구들-하느님의 정원에 대한 묵상 299 / 6.8 통상을 거부하는 그리스도교 305 / 6.9 예수의 지혜 313 / 6.10 예수와 이타주의자 327 / 6.11 자아실현을 위한 우회로 337 / 6.12 예수의 자아실현 343 / 6.13 독신제와 십자가의 치욕 345

::7장:: 예수와 여인들

7.1 예수와 어머니 마리아 356 / 7.2 여인들-악마의 유혹? 360 / 7.3 여인, 사랑, 성 363 / 7.4 예수 가계의 부정한 여인들 368 / 7.5 여인과 돈 370 / 7.6 간음한 여인 374 / 7.7 임신부들의 연대 376 / 7.8 마리아

막달레나의 눈물 383

::8장:: 마귀에 대한 예수의 태도

8.1 악 또는 악마 388 / 8.2 해방을 위한 헌신 393 / 8.3 더러운 영을 물리치는 힘 398 / 8.4 예수와 사탄 402 / 8.5 첫 유혹과 마지막 유혹 407 / 8.6 악마 체험 407 / 8.7 정치에 스며든 악마 409 / 8.8 예수, 천사, 보호하시는 하느님 411

::9장:: 예수와 인간적 고통

9.1 예수의 하느님은 냉소적인 분인가 422 / 9.2 전지전능하신 분의 부재 432 / 9.3 최종적인 질문─성경의 대답 438 / 9.4 세상의 고통과 예수의 방관 480 / 9.5 고통을 받아야만 했던 예수 484 / 9.6 아버지와 예수의 죽음 491 / 9.7 고통─신앙고백에 대한 시험 496

::10장:: 예수의 정치적 구상

10.1 산상 설교의 의미 504 / 10.2 산상 설교에 따라 국가를 통치해야 하는가 508 / 10.3 예수와 함께 국가를 건설해야 하나 515 / 10.4 예수의 사회적 프로그램 526 / 10.5 예수와 권력 추종 530 / 10.6 예수가 원하는 근본 543 / 10.7 불의에 맞섬과 그 한계 548 / 10.8 예수의 어긋난 표상들 550 / 10.9 윤리와 종교의 차이 553 / 10.10 모든 것을 한판에 걸기 559 / 10.11 부르심과 따름 565 / 10.12 자원 관리 570 / 10.13 규정에만 충실하면 되는가 575 / 10.14 숙면을 취한 그리스도인들 579 / 10.15 예수의 지나친 요구 583

··· 2부 ···

::11장:: 행동하는 예수

11.1 예수는 평화주의자인가 / 11.2 예수와 폭력 / 11.3 평화의 성경적 구상 / 11.4 평화·차단의 기술 / 11.5 평화의 전제조건 / 11.6 내 안의 낯선 것 / 11.7 예수의 휴머니즘 / 11.8 낯섦의 해석학 / 11.9 낯선 예수와 인권 / 11.10 비이성적인 성경 / 11.11 기적은 상징인가, 사실인가 / 11.12 예수에 대한 착각 / 11.13 치유의 종교, 그리스도교

::12장:: 예수와 유다인들

12.1 예수는 반유다주의자인가 / 12.2 바리사이와 다른 위선자들 / 12.3 유다인들과 예수 / 12.4 예수와 성전 / 12.5 선민 이스라엘 / 12.6 열둘의 비밀 / 12.7 예수와 모세 / 12.8 예수와 유다교 / 12.9 예수와 쿰란공동체 / 12.10 메시아 예수와 유다인 / 12.11 종말의 종착점 / 12.12 믿음 없는 유다인, 믿음 없는 신앙인

::13장:: 예수와 돈

13.1 돈인가, 사랑인가 / 13.2 영적 교환 / 13.3 가난한 이들의 선물 / 13.4 가난운동의 선봉자, 예수 / 13.5 부자는 하늘나라에 갈 수 없는가

::14장:: 예수와 진리

14.1 관대한 예수와 관대하지 못한 교회 / 14.2 이성적 진리와 예수의 진리 / 14.3 예수와 붓다 / 14.4 예수와 공자 / 14.5 예수와 무함마드 / 14.6 예수만 믿으면 구원되는가 / 14.7 예수 신앙과 새로운 계시

::15장:: 예수와 교회

15.1 서막_해방신학의 순환논증 / 15.2 예수와 교회 설립 / 15.3 포도나무-예수와 교회 / 15.4 파견한 사람 뒤에 선 예수 / 15.5 제명 / 15.6 교회 안의 불명확한 사항 / 15.7 예수와 교회들 / 15.8 예수와 교회 역사의 과오

::16장:: 예수의 큰 표징들

16.1 빵과 포도주의 표징 / 16.2 성찬식은 식인행위인가 / 16.3 성체성사의 거룩함 / 16.4 두 종파, 하나의 성찬 / 16.5 성찬식의 천상적-세속적 차원 / 16.6 성체흠숭의 의미 / 16.7 세례의 표징과 세례의 작용

::17장:: 예수와 함께 죽을 수 있을까?

17.1 물 위를 걸어간 사람 / 17.2 하느님 앞에 서기 위하여 / 17.3 부록_베드로에게 보내는 편지 / 17.4 탄생과 죽음 / 17.5 죽음의 기술 / 17.6 의사 예수 / 17.7 예수의 죽음 / 17.8 하느님과 우리 사이의 예수

::18장:: 삶의 승리

18.1 끝, 새로운 시작이 되다 / 18.2 새 창조의 시작 / 18.3 부활의 기쁨과 부활의 근거들 / 18.4 우리의 의심을 풀어 주는 예수

::19장:: 예수는 오늘날 무엇을 할 수 있을까?

19.1 예수는 그리스도교 교파들을 일치시킬 수 있을까 / 19.2 예수는 낙태아에 대해 어떤 말씀을 하실까 / 19.3 예수는 우리의 정치적 상황

을 어떻게 보실까

::20장:: 대단원

20.1 세속적인 삶과 영원한 삶 / 20.2 묵시록적 미래 예언의 의미 / 20.3 두려움 한가운데 구원의 주님이 나타나다 / 20.4 지나간 시간과 새로운 시간 / 20.5 권력의 재분배 / 20.6 현재로서의 미래 / 20.7 세상의 개조 / 20.8 하느님은 우리를 만나러 오신다

:마치는 말: 그러나 가장 큰 것은 사랑이다. 예수 사랑

도입

이 책을 쓰는 것은 내가 성경과 성경의 주변 세계를 탐구하는 내 전공 분야를 의도적으로 이탈하는 것이다. 성경 텍스트들을 분석해서 해석하는 성경 주석가인 내가 해석 이후의 문제에 대해 관심을 두는 것은 사실 금기이다. 하지만 나는 예수로부터 무엇을 얻어야 하는지 궁금해하는 현대인들에게 정말 말해 주고 싶기 때문에 내 영역을 이탈하면서까지 이 책을 쓴다. '예수는 현대를 사는 나에게 도대체 무슨 의미인가?'를 묻는 사람들에게 대답해 주고 싶은 것이다. 주석가로서의 나를 알고 싶은 사람은 나의 저서 「예수는 참으로 누구였을까?Wer war Jesus wirklich?」를 읽으면 된다. 나는 전문적인 신학 이야기를 늘어놓지 않으려고 애쓰면서 가능한 한 단순하고 또렷하게 이 책을 써 가려고 한다. 특히 핵심을 찌르지 못하고 주변을 빙빙 돌기만 하는 말은 하지 않으려고 한다. 왜냐하면 이 책이 그리스도인, 비그리스도인, 전문가, 비전문가, 믿음이 있는 사람, 믿음이 부족한 사람, 모두에게 유용하기를 바라기 때문이다.

내가 이 책에서 '그려 내는 예수'는 일종의 '전환'을 의미한다. 비전문가들에게는 놀랄 만한 일이겠지만, 예수 연구에 있어서 과거의 신학에서는 절대로 해서는 안 되는 두 가지 금기가 행해졌었다. 첫 번째는 역사 비평적인 작업을 하는 주석가들이 예수를 작은 존재로 만들어 버린 것이고, 두 번째는 몽상에 사로잡힌 수다쟁이들이 예수 자신도 깜짝 놀랄 다양한 의미들을 제멋대로 그분에게 부과하여 예수를 정치적으로 해석하거나 심리학적인 괴물로 만들어 버린 것이다.

역사비평적 방법으로 예수를 작은 존재로 만든 몇 몇 연구자들은 예수에 관한 표상을 초기의 세 복음인 마태오·루카·마르코 복음서에서만 취하고 요한복음서에 들어 있는 예수상像은 반영하지 않았다. 뿐만 아니라 이들은 공관복음서 밖에 들어 있는 예수의 많은 말씀의 진정성을 부정했다. 이들은 동시대를 살아가는 지성인들이 납득하기 힘들어하는 텍스트들은 간단히 설화적인 것으로 설명하고, 부활 이후에 예수가 지나치게 신격화되었다고 했다. 이들은 예수를, 신약성경이 전하는 것보다 훨씬 더 적게 말하고 적게 행한, 지극히 평범한 사람일 뿐인 작은 존재로 만들었다. 예수에 대한 기록들은 핵심을 잃어버린 한낱 이야기가 되고 말았고 예수라는 인물 자체도 쪼그라들고 말았다. 예수에 대한 해석은 "그는 근본적으로는…, 그는 다른 어떤 존재도 아닌 단지…"라는 틀 안에 갇힌 상태로만 전달되었다. 뿐만 아니라 이러한 해석도 확정된 것이 아니어서 언제든지 다른 내용이 보충될 수도 있었다.

예수를 작은 존재로 만든 다음에는, 남은 재료들을 마음 내키는 대로 이리저리 재구성해 보기도 하고 시대의 입맛에 맞게 해석하기도 했다. 이런 부류의 사람들이 제대로 보지 않고 간과한 것이 많을 것임은 당연하다. 이들은 여기서 더 나아가 정치적, 실존적, 생태학적 또는 여성학적 안경을 쓰고 그나마 조금 남은 것을 '완전히 다르게' 관찰하곤 했다. 그러다 보니 (정치적, 실존적, 생태학적, 여성학적으로) 희미하게 반짝이는 삶의 지혜 정도나 볼 수 있을 뿐, 그 이상의 것은 없었다. 어떤 중요한 의미도 없이 최소한의 존재로 쪼그라든 예수에 대해 사람들이 관심을 갖지 않게 된 것은 전혀 놀랄 일이 아니다. "만약 이러저러한 예수의 말씀이 참으로 그분의 말씀이라면, 그것은 우리에게 무엇을 말하는 것일까?"같은 종류의 물음들에 대해서는 나 역시도 더 이상 관심이 없다. 이것은 모더니즘이 하던 일이다.

이러한 것 대신에 나는 포스트모더니즘적인 방식으로 정말 이해하기 어렵고 비학문적이며 단순한 질문, 어제의 모더니즘에 속한 사람들에게 괴로울 질문들을 던지고자 한다. 예를 들면 이러한 질문들이다. 예수에게서 기도를 배울 수 있을까? 어떻게 하면 예수와 함께 행복할 수 있을까? 어느 정도까지 예수를 글자 그대로 받아들여야 할까? 예수와 함께 죽을 수 있을까? 예수는 '진리'일까? 하지만 이에 대한 대답을 나 스스로 고안해 내려 골몰하지는 않으려고 한다. 그 대신 나는 신약성경을 해석하려고 한다. 그것도 서로 보완되는 다양한 고찰들과 4복음서 모두에 관한 매우 다른 많은 자료들을 동원하여 해석할 생각이다. 해석은 개개의 텍스트와 끊임없이 대화하면서 이루어진다. 나의 가장 중요한 원칙은 이러하다. '우리가 텍스트를 비판하여 우리의 필요에 따라 재배치하는 것이 아니라, 텍스트가 우리를 비판하게 하자.'

나는 텍스트들이 지닌 생소함에서 출발하고자 한다. 텍스트가 우리 시대에 생소하면 생소할수록 그만큼 더 우리에게 자극적이고 도발적이며, 최종적으로는 효과적이고 호소력을 지닐 수 있다. 생소함은 텍스트로 하여금 안락해져 버린 낡은 것 안으로 들어와서 새롭게 작용할 수 있는 기회를 제공한다. 그래서 나는 텍스트들이 지닌 종교적 심오함을 외면하거나 적당히 해석하지 않으려 한다. 오히려 텍스트들이 지닌 다양성으로 하여금 우리에게 어필하게 하려 한다. 개별적인 사건들이나 예수의 말씀들에 대해 다양한 보도들이 있을 경우, 이것은 진정성에 대한 의문을 가져오게 하는 것이 아니라 영성적 풍요로움의 표시가 된다. 그리고 이 풍요로움은 텍스트 해석에서 열쇠말이 된다.

우리가 예수에 대해 알고 있는 것들은 어디에 근거하는가? 어떤 원천들을 살펴보아야 하나? 어떤 것들이 더 중요하고, 어떤 것들이 덜 중요한가? 이러한 질문에서 내가 적용하는 기준은 원천과의 거리이다. 가장 중요한 것은 예수가 직접 하신 말씀이다. 두 번째로 중요한 것은 4복음서들이고, 다음은 신약성경에 있는 다른 문서들이다. 그 다음으로는 예수의 주변에 있던 유다교인들이 남긴 예수에 관한 보도와 해석들이다. 마지막으로 나는 교회의 뿌리 깊은 종교적 전통들이 예수에 대해 가진 생각들을 고찰할 것이다. 오늘을 살아가고 있는 우리는 연대기적으로 예수로부터 매우 멀리 떨어져 있기에 '동시대'Gleichzeitigkeit의 상태를 짐작해 보려면 상당한 노력을 해야 한다. 앞에서 언급한 자료들은 우리보다 예수에게 훨씬 더 가깝다. 19세기 헤겔학파에서 공부하여 교수가 된 사람들이 예수에 대해 서술한 것들에도 관심을 둔다면, 예수가 살았던 시기와 가까운 시기에 살면서 예수를 보다 생생하게 이해한 초기 그리스도교인들이 남겨 준 텍스트들을 받아들이지 않을 이유가 어디 있겠는가?

나는 신약성경 시대 유다인들과 초기교회 수도회의 전통, 그리고 중세교회에서 드러나는 종교적 식견을 살펴볼 것이다. 이들 안에는 넓은 의미에서 소위 '신비'로 볼 수 있는 내용이 공통적으로 들어 있다. 신학자들 중에서 이성적인 성향이 강한 칼 라너Karl Rahner는 "미래의 그리스도인은 신비가가 되든지 아니면 아예 그리스도인이 아니든지 할 것"이라고 추측했다. 신비는 한마디로, 현존하시는 전능하신 하느님을 인정하는 것이다. 예수에 관한 성경의 문서들은 모두 이런 신비의 영역에서 써졌기 때문에 신비의 차원에서만 제대로 이해될 수 있다. 루돌프 불트만Rudolf Bultmann이 20세기 중반에 "라디오를 소유한 사람한테 기적을 무조건 믿어 달라고 요구할 수는 없다."고 말한 것을, 50년이 지나 21세기에도 그대로 적용하여, 우리를 '신비를 인식하는 기능을 상실한 존재'로 여긴다면 이것은 비과학적인 선입견이다. 이와 달리 종교철학자 막스 셸러Max Scheler는 20세기 초에 이런 말을 했다.

> 예수라는 인물의 핵심은 오직 그의 제자들에게만 전달되었다.

신비는 신비가 인식한다. 신비로운 사실을 인식하는 것은 현대 자연과학이 사실을 인식하는 것과 같은 차원이다. 포스트모더니즘은 오늘날 이 두 사실을 같은 선상에 두는 것을 처음으로 허용했다. 연대기적 방법만이 아니라 현존 인식으로도 예수에게 다가갈 수 있다. 초기 수도생활은 이런 식으로 예수에게 다가갔음을 알려준다.

나는 예수 시대와 초기교회에서 신비로 받아들인 부분과 오늘날의 우리가 신비로 받아들이는 부분이 같을 거라고 생각한다. 그래서 텍스트가 그 당시처럼 오늘날 우리의 마음에도 스며들고 있는 것에 주목한다. 이것이 바로 종교의 심오한 영역으로, 지금까지의 성서주석이 온전히 발굴해 내지 못한 부분이다.

예수에 대한 텍스트들을 우리가 받아들이는 것은 그 내용을 이성적으로 수긍해서라기보다는—로욜라의 이냐시오는 성경의 텍스트들을 이런 방법으로 이해했다—우리 마음 안에 있는 갈망과 사랑이 본능적으로 끌어당긴 것이다. 여기에는 주석도 필요치 않다. 우리 마음이 텍스트에 꽂힌 것이며, 텍스트들이 우리에게 말하기를 원하기 때문이다. 나는 클레르보의 성인 베르나르도의 아가서 주석과 다른 초기 시토회 회원들의 저서를 이런 관점으로 보면서 참 많이 배웠다. 때문에 나의 주석에서는 십자가의 형태에 바탕을 두고 있는 시토회의 영성이 많이 엿보일 것이다. 시토회 학파는 신비를 위와 아래의 개념을 이용해서 이해했다. 위는 거룩함, 즉 빛이고, 아래는 죄이고 어둠이다. 위에서 아래로는 은총이 내려오고, 아래에서 위로는 감사(그리스어 eucharistia)가 올라간다. 허리 부분 한쪽에는 하느님의 사랑이 있고, 다른 쪽에는 하느님을 향한 인간의 간절한 갈망이 있다. 수직과 수평에서 양쪽의 방향이 서로를 보완해 준다.

그래서 나는 역사성이 결여된 예수의 모습 Gestalt Jesu 을 이성적으로 살펴, 있는 그대로의 예수를 인정하는 것으로 이 책의 마지막 부분을 삼으려고 한다. 머리만으로는 예수를 정확히 이해할 수 없다. 예수에 대해 알려면 절반은 마음으로 신비로 받아들여야 한다. 마음과 감정을 심리학에 내맡길 것이 아니라 그들로부터 빼앗아 와야 하는 것이다.

클라우스 베르거

1장

전기 짜 맞추기
내 삶의 예수상像

나는 어떤 특정한 예수상을 전제하는 것을 의도적으로 포기한다. 예수에 관한 수많은 책들에서 추정해 낼 수 있는 예수의 이미지는 그 책들의 범위를 벗어나지 못하고 맴돌다가 만들어 내는 것으로, 결과를 미리 예측할 수 있는 것이다. 나에게는 초기 그리스도교의 진술들을 개방된 모자이크 방식으로 조립하는 것이 적합해 보인다. 이러한 종류의 모자이크에는 채워지지 않은 흰색 표면들이 남아 있어도 된다. 하나로 일치하는 정확한 예수상을 만들어 내기 위해 노심초사하는 것, 체계적인 초안을 제공하려고 애를 쓰는 것은 역사적 관점에서나 체계적 관점에서나 넌센스라고 생각한다.

객관적이며 보편타당할 것으로 보이는 신학으로부터 시작하는 대신에 나는 독자 여러분에게 먼저 내가 살아온 삶을 이야기하고, 나의 종교적·신학적 여정 안에서 굴절과 반사들이 어떻게 발생했는지, 그때마다 "예수의 삶"das Leben Jesu에 대해 어떠한 생각을 했는지를 말하고 싶다. 이렇게 함으로써, 한편으로는 독자 여러분도 스스로에게 "내가 생각해 온 예수상은 어떻게 변해 왔으며 그러한 과정에서 어떤 영향을 받았던가?"를 생각할 용기를 얻게 하고 싶다. 다른 한편으로는, 이렇게 하여 사람들이 나의 진술들을 더 잘 이해하고 객관화할 수 있게 하고 싶다. 내가 이 개방적인 모자이크를 정확하게 짜 맞추려 아무리 애를 쓴다 해도 나 자신의 관점과 전망에 한계가 있다는 것을 잘 알기 때문이다.

나는 로마네스크와 고딕 양식으로 가득한 제국도시Kaiserstadt에서 가톨릭 신자로 성장했다. 이 도시의 예술품들 가운데 가장 뛰어난 것은 1510년에 만들어진 고딕 양식의 피에타상이다. 이러한 도시에서 자라는 사람은 역사와 깊은 관계를 맺게 되고, '회색'의 본질적인 감정에 영향을 받게 된다. 토마스 만Thomas Mann의 소설 파우스투스 박사Doktor-Faustus의 배경인 고대 독일의 바탕을 이루는 감정 말이다. 이 소설에서는 마귀도 중요한 역할 가운데 하나를 수행한다. 도시의 성벽들에서는 영적 권력과 세속 권력 사이의 투쟁이 남긴 자취들을 선명하게 읽을 수 있다. 세속적이든 영적이든 상관없이 이 세상의 권력은 그 권력을 쥔 사람들이 하느님 앞에서 책임감을 가질 때 성숙하고 현명하게 관리될 수 있는 것이다.

어린 시절을 생각하면 첫영성체, 미사에 관한 영상들이 떠오른다. 예수는 빵과 포도주 안에 계신다. 나는 그분 앞에 무릎을 꿇고 머리를 숙인다. 미사 중에 두 무릎을 꿇은 상태로 성체를 받아 모셨는데, 이러한 모습을 최근에 옛 전통을 따르는 루터교회 소속 신자들에게서 보았다. 주님은 우선 거룩하고 감추어진 모습으로 나의 마음에 오셨다. 제단, 성작, 성반은 한 분을 섬기는 데 소용되는 거룩한 것이었고 제단과 그 주변 공간은 거룩한 곳으로서 고요하게 있어야 하고 고요하게 있도록 허락되어 있었다. 이러한 것들은 내 마음에 새겨진 깊은 체험들이다. 감추어진 신비에 대한 의미를 나는 나중에 신약성경 학자로서 잘 활용할 수 있었는데, 이것은 마르코복음의 메시아 신비와 같이 복음서의 주안점이다. 이 의미는 예수의 부활 사건과 더불어 비로소 시작되고 재림에 의해 완성될 것인데, 그때에 그분의 감추어진 정체성이 온전히 밝혀질 것이다. 거룩하시고 멀리 계신 하느님이 우리의 음식이 되기 위해 빵이 되시는 것은 거룩함에 대한 나의 체험을 사랑과 축복이라는 관점으로 채워 주었다.

무릎을 꿇는다는 것은 흠숭하는 것을 의미하는데, 이러한 흠숭의 자세는 이제는 고전적인 형태다. 많은 사람이 이러한 자세는 비잔틴 시대의 유물에 불과할 뿐 우리 시대에는 더 이상 어울리지 않는다고 여긴다. 오늘날에는 어떤 것 앞에서도, 어떤 사람 앞에서도 무릎을 꿇지 말아야 한다고 여기는 풍조가 있다. 그러나 나는 그렇게 생각하지 않는다. 나는 오늘날에도 어린 시절에 하던 것과 똑같이 빵 안에 현존하시는 주님의 신비 앞에서 즐겨 무릎을 꿇는다. 나는 이러한 것이 복음에 매우 잘 들어맞는다는 것을 발견했다. 어느 성당의 고요함 속에서 빛나는 붉은색 성체 등불은 "이곳에 하느님께서 사람들과 함께 계신다."는 신호이다. 이것은 구약성경에서 하느님께서 다음과 같이 말씀하실 때부터 원하시던 일이다.

나는 너희 하느님이고 너희는 나의 백성이다. 나는 너희와 함께 있겠다.

이러한 믿음은 다소 부담스럽긴 하지만 기쁨과 안정감을 주는 요소이기도 하다. 빵과 포도주의 형태 안에 하느님 아들의 감추어진 모습이 현존한다는 말은 나에게, 제자들 한가운데 침묵 속에 계시면서 그들을 구할 준비를 하고 있는 주님에 대한 성경의 보도를 가장 실감나게 보여 주는 소중한 해설이다. 배舟의 배 속에 자신을 감추신 분은 참으로 우리 모두에게 자신을 감추고 계신 바로 그분이다.

나의 독특한 '예수 전기'Jesusbiografie의 두 번째 단계는 수난당하는 그리스도와의 만남에서 이루어진다. 고슬라르 시Stadt Goslar의 오래된 성당들에는 저마다 나름의 이야기를 간직하고 있는 십자가상이 있다. 로마네스크 양식의 십자가상들은 주로 축복하는 예수이지 수난당하는 예수는 찾아보기 힘들다. 고딕 양식으로 넘어가던 무렵에 세워진 어느 작은 성당에서는 희망과 확신으로 하늘을 쳐다보고 있는 주님을 볼 수 있다. 이어서 고딕 양식과 후기 고딕 양식으로 만들어진 수많은 십자가들은 진짜 가시관들과 머리카락들로 장식되어 있다. 몇몇은 흑사병이 심하던 때에 이 병을 퇴치하기 위해 만들어진 것이고, 병원들 한가운데에 설치된 것들도 있다. 이 병원들은 수백 년 동안 심한 고통으로 시달리던 수많은 환자들이 거쳐 간 곳이다. 고슬라르 시 야곱성당에 있는 피에타상에서 나는 마침내 수난과 마리아의 생애가 함께 연결되어 있는 것을 발견했다. 생생히 살아 있는 북부 독일의 여성을 닮은 이 마리아상은 말을 잊은 모습을 하고 있다. 기운을 완전히 잃은 상태로 묘사된 예수의 모습은 레오나르도 다 빈치도 이보다 더 잘 만들 수는 없을 것이다. 어머니는 아들의 손을 잡고 있는데 따뜻한 생명과 죽음이 잘 대비되어 있다. 여기서 잡은 손은 사랑을 건네는 다리橋다.

나는 청소년 시절, 성당의 청년 활동에 활발히 참여했다. 당시 사람들은 나에게 예수를 '그리스도 왕'으로 제시했는데 그 개념 안에는 정치적인 의미가 들어 있었다. 20세기 전반에 있었던 깃발에 대한 열광이 아직 생생히 남아 있었고, 성당의 젊은이 그룹들도 왕이신 그리스도를 표시하는 기를 앞세워 나치즘에 대해 생생한 반발심을 드러내고 있었다. 그래서 내가 성장한 전쟁 후의 시기에도 그리스도 왕 축일 행사는 시위의 성격을 지니고 있었으며, 북부 독일의 도시에서는 예루살렘으로 들어가는 행렬과 같은 것으로 인식되었다. 깃발과 종들은 표지였다. 나는 이 행렬에 종을 들고 참여하는 것을 좋아했다. 이러한 행사들은 오늘날에도 여전히 매력적이다. 나는 고등학교를 마칠 때까지, 중세에 만들어진 종들에 새겨진 글을 약 5천 개나 모았는데 거기 공통적으로 들어 있는 기도문은 이러하다.

뛰어난 왕이신 그리스도님, 평화와 함께 저희에게 오소서.

종의 명문銘文에서만 볼 수 있는 이 기도문을 나는 평생 기억해 왔다. 오래된 종들에 새겨진 글에서 나는 다른 귀한 글귀들도 얻었다. 평범한 사람들, 종 만드는 사람들, 시골 본당신부들의 기도문, 온전히 개인적인 기도들, 그 하나하나가 유일한 것으로 종탑 높은 곳에 보존되어 있었다. 나의 아파트에서 볼 수 있는 유일한 십자가는 1481년에 설립된, 우리 본당에서 제일 오래된 종 윗부분을 찍은 작은 사진 속의 십자가이다. 십자가 아래에 마리아와 요한이 있다.

1954년에 고슬라르에는 힐데스하임Hildesheim 교구가 운영하는 사회복지 아카데미 성 야곱하우스가 세워졌는데, 여기서 나는 1956년 이래로 도서관 사서이자 도시 안내 전문가로 봉사했다. '복음과 정치'는 이 아카데미에서 개최한 수많은 행사의 중요한 테마였다. 국경에서 불과 몇 킬로미터밖에 떨어지지 않은, 당시 막 생겨난 서독 지역에서 하느님 나라에 관한 예수의 복음을 실현한다는 것은 무엇을 의미하는 것이었을까? 나는 이것이 프로이센의 문화혁명에서 유래한 마지막 유산인 투쟁적인 요소를 내포하고 있었음을 기꺼이 인정한다. 신학자이자 사제가 되고자 했던 나의 원의는(다른 생각은 해본 적이 없었다) 아카데미 관장의 삶과 신심에서 강한 영향을 받은 것이었다. 나는 그분을 살아 있는 복음으로 여겼다. 에누리 없이 그리스도를 따르는 분이라는 인상을 받았던 것이다.

대학에서 공부를 시작한 초기에 벌써 나는 오늘날까지도 그 충격으로부터 벗어나지 못한 여러 요소들을 연달아 발견했는데, 그것은 바로 예수가 유다인이었다는 사실이다. 신학을 공부하기 시작한 첫 학기에 나는 게오르그 몰린Georg Molin이 번역한 쿰란공동체의 시편을 구입했다. 이 쿰란 시편에 의해 나는 초·중·고등학생 때 부분적으로만 배웠던 시편의 세계에 빠져들게 되었다. 여기에서 강하게 상반되는 두 종류의 낯선 것들과 씨름해야 한다는 사실을 파악한 것은 여러 학기가 지난 뒤였다. 그것은 바로, 다 알 수 없는 하느님이라는 존재와 고대 유다인들의 생각과 삶이었다. 하느님은 어떤 개념으로도 파악할 수 없는 완전히 다른 존재 totaliter aliter였다. 하느님이 자신을 열어 놓은 역사적 장소인 고대 유다는 수수께끼였고, 수면 아래 가라앉아 있었으며, 우리가 살아가는 범주들과 생각하는 방식과는 거리가 아주 멀었다. 이러한 두 종류의 낯선 존재들이 나의 신학적 작업을 이끈 본질적인 몰이꾼이 되었다. 유다인 예수, 이것은 무엇을 의미하는가! 예수는 자기 자신과 주변 세상을 우리와는 완전히 다르게 인지했다. 레싱Lessing이 말한 '더러운 도랑'Der garstige Graben은 실제로 존재하지만 레싱이 생각한 것과는 완전히 달랐다. 그리고 깊이 생각하지 않고 서둘러 대강 생각한 개념은(우리가 쉽게 결국은 같은 것일 거라고 여기는 것과는 달리) 위험할 수 있다. 가령 '몸', '사랑' 또는 '미움'에 대해 말한다고 하자. 그것은 그때는 무엇을 의미했으며 지금은 무엇을 의미할까?

    예수의 낯설음을 인식하면서 나는, 교회사 안에서 이러한 낯섦을 감추기 위해 말해 온 것들과 예수에 대해 제대로 조사해 보지도 않고 말해 온 모든 것을 일생 동안 회의적으로 바라보게 되었다. 이러한 것들에 대한 비판적인 관심은 여전히 남아 있다. 우리가 이 모든 것을 하나의 개념으로 축소해야 할까? 말과 생각에서 발전도 있을 수 있지 않을까? 루터가 바오로와 같은 존재로 머물러야 하는가? 신학자로서의 루터에 관한 본질적인 이미지는 나를 가르쳤던 독일의 니콜라우스 쿠자누스 추기경 Kardinal Nicolaus Cusanus에 관한 이미지와 동일하게 나에게 남아 있는데 이는 평생 지속되고 있다. 쿠자누스 추기경은 예수를, 하느님께서 사람을 위해 하신 모든 계획을 가장 높고 가장 아름답게 실현한 존재로 보도록 우리를 이끌었다. 예수는 하느님의 영원한 말씀이면서 동시에 하느님의 참된 모상이다. 쿠자누스 추기경을 따르는 사람들이 주장하는 '상반되는 것들의 일치'(coincidentia oppositorum 대립되는 세상의 모든 피조물이 하느님 안에 일치한다-편집자 주)는 초기교회의 다양한 신학들과 예수에 대한 표상들의 일치에 대한 질문의 좋은 답변이다. 노선상의 일치를 지켜야 할 필요가 없는, 모자이크에 관한 나의 구상은 최종적으로는 쿠자누스의 가르침에 힘입은 것이다. 오랫동안 나의 생각과 위치를 규정하는 말은 불확실과 모험이라는 두 가지 말이었다. 우리는 대단히 많이 알지만 또한 아는 것이 별로 없기도 하다. 실제 세계의 대부분이 미답의 상태로 남아 있기 때문이다. 그럼에도 불구하고 우리는 망설이는 상태에 머물러 있을 수만은 없기에 용기를 내어 감행해야 한다. 이 때문에 나는 동방교회의 전례에 지속적인 호감을 품고 있다. 그 전례는 신비를 아주 강조하기 때문이다.

   내가 대학을 다니던 시기에 마르부르그 출신 신학자 루돌프 불트만 Rudolf Bultmann이 선풍적인 인기를 끌었다. 그는 예수의 역사적 생애에 대해서 확실하게 알 수 있는 것은 아무것도 없다고 하면서 이러한 것은 믿음에 별로 중요하지 않다고 했다. 그는 "믿음에서 오직 '나에게 의미하는 것이 무엇인가'를 찾으면 된다."고 하면서, '이것을 찾아내는 방법을 실존적 해석학'이라고 했다. 많은 젊은 신학자들이 이 말 때문에 심한 위기에 빠져들었지만 나는 불트만 연구에서 어떤 어려움도 겪지 않았다. 그가 개발해 관심을 불러일으킨 연구 내용은 반학기 정도의 공부로 끝낼 수 있었다. 고슬라르 시에서 자란 나로서는 역사를 의미들을 찾는 일로 한정할 수는 없었다. 최근의 새로운 주석, 즉 근본적으로는 칸트학파에서 유래했지만 새롭게 적용된 해석학을 대체할 것을 찾는 일이 내게는 훨씬 더 어려운 문제였다. 나는 「주석과 철학Exegese und Philosophie」(1986)에서 자유주의적 주석과 독일 관념론적인 철학이 연결 지점을 찾기 어려울 정도로 밀접하게 혼합되어 있다고 주장한 바 있다. 이러한 작업의 일환으로 나 스스로를 위해서 첨예한 해석학적 질문을 던졌다. 구약성경과 신약성경 사이의 유다이즘과 묵시록에 대한 강도 높은 연구와 중세 후기 가톨리시즘의 유래에 관한 연구를 통해, 나는 독일 관념주의가 예수에 대한 판단의 시금석이 될 수 없다는 것을 깨달았다.

성경주석사 과정에 언제나 등장하는 모든 상징 가운데 '부활 신앙'과 '부활 이후'라는 개념은 시간이 흐름에 따라 의문을 갖게 했다. 사람들은 논문과 책, 강의와 강론을 통해서 이 용어들을 수천 번도 더 만나게 된다. 이런 글이나 말들이 주장하는 것은 결국 예수에 대해 신약성경에서 보도하는 본질적인 부분은 부활 이후의 공동체가 전적으로 창작한 내용이라는 것이다. 복음사가들로부터 전달받은 것 가운데 이런 대목 또는 저런 대목은 예수가 직접 말했거나 행했거나 생각했거나 알았던 것이 결코 아니라는 것이다. 복음서에 있는 이러한 말씀은 '틀림없이' '부활 이후에 첨가한 것이고' '부활 신앙의 빛으로' 교정한 내용이라는 것이다. 이러한 확신에 찬 주장을 들을수록 내가 품는 의혹의 강도도 높아져 갔다. 마찬가지로 예수가 했다는 말씀들 중에서 참으로 한 말씀과 그렇지 않은 것을 구별하는 모든 기준이 나에게는 의심스러운 것이 되었다. 그렇다면 예수가 참으로 한 말씀이란 무엇인가? 예수의 말씀들 중에 1급과 2급이 있다는 말인가? 누가 이러한 것들을 알아내었나? 그리고 연구자 자신들의 상식의 체로 걸러진(여기서 '예수가 직접 한 말씀에는 상식적인 것이 없다는 말인가'라는 문제가 발생한다.) 예수의 말씀은 무엇이란 말인가? 이러한 것을 성경에서 삭제하는 것이 가장 좋은 방법일까? 완성된 체계로 제시되는 연구 방법론이 나에게는 점점 더 비판적으로 검토할 대상이 되어 갔다. 이러한 비판적인 검토는 마침내 가장 먼저 저술된 것으로 인정받고 있는 마르코복음서에까지 이르렀다. 마르코복음서가 가장 먼저 저술되었고 다른 모든 복음서는 여기에 바탕을 두고 있다는 것은 전제된 사실이다. 요한복음서도 최소한 똑같이 오래된 것일 수는 없는 것일까? 요한복음서가 일반적으로 인정하는 것보다 훨씬 오래 전에 저술된 것은 아닐까라는 질문을 하는 것만으로도 벌써 비이성적인 이단자로서 주석학적 오류이고, 주류를 거스르는 대죄이고, 자유주의적 개신교와 가톨릭 주석학자들이 교회일치를 위해 우호적인 연대로 합의한 것을 망가뜨리는 일탈로 취급된다.

　신학자들 중에 '좋은 녀석들'과 '나쁜 녀석들'만 있는 것이 아니라 '좋은 말'과 '나쁜 말'도 있고, 성경 안에는 호감을 받지 못하는 텍스트들도 있어서 주석가들로부터 회피의 대상이 되는 것도 있다. 나에게는 바로 이러한 텍스트들이 예수 그리스도를 만나는 데 중요한 계기가 되었다. 예를 들어 천사가 등장하는 장면들(마리아가 예수를 잉태하는 것부터 빈 무덤과 승천에 이르기까지), 자연법칙으로 설명할 수 없는 멋진 기적들, 하느님께서 세상 안에 개입하시는 장면, 예수 그리스도의 승천과 재림, 복음서에 있는 '교회를 건설하는' 말씀들, 이밖에 이들과 같은 내용을 담은 텍스트들은 호감을 받지 못하는 부분이다. 이들이 신비한 사실로 보도된 원인을 나는 보도 방식의 다양성이 적용되었기 때문이라고 본다. 이들이 신비한 것은 이들의 원천과 발생이 초기 그리스도인들에게도 감추어져 있고 하느님의(또한 악마의) 보이지 않는 실재의 영역에 속한 것이기 때문에 그러한 것이다. 감추어진 것, 볼 수 없는 것, 이성으로 명백히 파악할 수 없는 것은 신비한 것이다.

게다가 명백히 눈으로 확인할 수 있는 자취를 남긴 '신비한' 사건들도 있다(라자로의 소생처럼). 신비는 개인적인 것, 병적인 것 또는 주관적인 것이 아니라 실제의 고유한 차원으로서 언제나 여러 요소들이 공존한다. 예수의 거룩한 변모와 부활, 마리아의 동정잉태 그리고 세상 종말에 관한 예수의 말씀은 주변적인 현상들이 아니라 핵심적인 자리를 차지하는 것이다.

이러한 문제에 대해 실제 세계를 어느 집에 비교하여 설명해 보겠다. 현관을 들어서면 그 집 안에 있는 여러 방으로 들어갈 수 있는 문들이 있다. 첫 번째 방은 '정확한 학문들'로 칭할 수 있을 것이고, 두 번째는 '지혜와 가치', 세 번째는 '예술', 네 번째는 '신비'로 칭할 수 있을 것이다. 방들 사이에는 드나들 수 있는 문이 있다. 이렇듯 실제 세계는 여러 방으로 구성된 하나의 집이다! 포스트모더니즘은 우리에게 인식의 영역에서 이러한 발전을 가져다주었다. 이 실제 세계에서 우리는 19세기의 물리학에 따른 한 가지 차원에서만 사는 것이 아니다. 다양한 실제들이 나란히 놓여 있는 것을 '비동시성'Ungleichzeitigkeit이란 말로 표상할 수 있을 것이다. 어떤 사람은 인터넷에 접속하고 있고 또 어떤 사람은 레이저 수술을 받고 있지만 모두 사람으로서 함께 미카엘 대천사의 축제를 지낼 수 있는 것이다.

이러한 이유로 "나는 전기 스위치를 사용하면서 동시에 예수의 승천을 믿을 수는 없다."라고 한 루돌프 불트만의 말은 그와 동시대의 사람들에게는 그의 현대적 경향을 드러내는 것으로 놀람과 칭송을 받을 만했는지 모르지만, 오늘날에는 신사인 체하는 속물근성으로 한 말에 지나지 않는 케케묵은 말로 취급받는다. 포스트모더니즘 신학을 추진하려던 나의 시도는 불과 몇십 년 전이라면 '미신'일 뿐이라고 치부되고 말았을 것이다. 이와 비슷하게 50년 전만 해도 개신교 종교교육에서는 가톨릭교회의 미사를 마술적인 것으로 설명했다.(마르틴 루터가 특별히 이러한 태도를 취하기라도 한 듯이!) 지금은 최소한, 여러 지역에서 일치 운동의 정신이 지금 우리가 하려는 일에도 공감을 불러일으키고 있다.

실제 세계에는 여러 영역이 있고 이와 마찬가지로 실재實在 사실들에는 다양한 종류가 있다는 것을 전제한다. '일어난 일'이나 '실재 사실'을 평가하는 기준도 다양하다. 나는 여기서 신비적 실재 사실로 언급되는 것은 실제로 일어난 사건들이며 이러한 것들에 일치하는 특정한 체험이 있다는 주장을 대변하려 한다. 이러한 실재 사실들은 개인적인 것, 주관적인 것, 비이성적인 것, 상상한 것, 환상에 의한 것, 병적인 것이 아니다. 신비적 실재 사실을 위한 전제 조건들은 어느 정도까지는 재현할 수 있는 것이지만 이것 자체는 사람에게 주어진 선물이다. 독일어권에서 최근에 나온 뛰어난 신학사전 「Theologische Realenzyklopädie」의 12권에는 고찰 범위가 대단히 넓은 항목에 속하는 '기도'와 '성령'에 대한 글이 있는데, 1984년에 써 달라는 부탁을 받고 내가 썼다. 이 글에서 나는 동방교회의 중요한 사조들을 참고하여 우리가 예수에게 다가갈 방안을 찾는 데 기도와 성령이 중요하다고 강조했다.

내 삶에서, 신비적 실재 세계에 관한 고찰은 클레르보의 성인 베르나르도의 아들들인 시토회 회원들과의 만남과 함께 시작되었다. 나는 이 수도원에서 예수를 엄격한 존재이자 사랑에 가득 찬 존재로 만났다. 나는 루터 역시 베르나르도 성인을 누구보다 높게 존경한 것을 알고 있다. 알텐베르그Altenberg의 주교좌성당에 있는 조각상에 십자가 위의 예수가 오른손으로는 베르나르도를, 왼손으로는 루터를 잡고 있는 모습으로 묘사되어 있음은 이러한 사실에 대한 증거가 될 것이다. 알제리의 팁히리네Tibhirine 시토회 회원들의(트라피스트회 회원들) 참사는 처음에 접했을 때 감동으로 다가왔고 지금도 여전히 그러하다. 그들의 참사는 1996년 여름에 세간에 알려졌다. 일곱 명의 트라피스트회 회원들이 거기 살다가 죽었는데, 이들은 이슬람 폭도들에 의해 납치된 후 세례자 요한처럼 목이 잘리는 죽음을 당한 것이다. 이들의 삶은 그리스도교 신앙을 신뢰하게 하고 마음 깊이 감동하게 했다. 이들은 오로지 자신의 믿음을 삶으로 실천하고자 했을 뿐이었다. '팁히리네'는 아랍어로 '번성하는 정원'을 의미하는데, 수도자들은 척박한 땅이던 이곳에 원주민들과 협력하여 울창한 정원을 만들었다. 팁히리네는 1938년 이래로 '아틀라스산맥의 사랑하는 성모님'이라는 행정적인 지명으로 불리면서 그 자체로 '산맥의 한 지점'을 표시하는 이름이 되었다. 알제리는 이슬람적인 나라이고 이슬람교는 이 나라의 국교이다. 알제리는 가난과 고통으로 가득 찬 나라이고 테러와 사회적 갈등으로 혼란한 나라이다. 이러한 가난한 나라에서 교회에서 알려진 가장 엄격한 규칙을 따르는 트라피스트회 회원으로 살아간다는 것은 십자가의 삶을 완수하는 것과 다름없는 것이었고, 팁히리네에 이 수도자들이 존재하는 것만으로도 무슬림과 그리스도인 사이의 평화와 우정을 증명하는 것이었다. 선교나 큰 프로젝트에 초점을 두지 않고 원주민과 함께하는 것을 목표로 삼았던 이들이 목숨을 바쳐 순교한 이야기는 앞으로 수백 년 이상 전해질 것이다. 새로운 천 년대에는 이슬람교와 그리스도교 간의 대화가 큰 주제들 중 하나일 테니까. 이 수도원의 원장인 크리스티앙 드 셰르제Christian de Chergé 신부는 1975년 가을의 어느 저녁에 수도원 성당에서 있었던 일을 감동적으로 이야기한다. 당시 그는 마침기도를 한 후 개인적으로 더 기도하기 위해 제단 앞에 엎드렸다. 그때 한 무슬림이 그에게 자신을 위해 기도해 주기를 청했다. 이들은 한밤중이 되도록 하느님 앞에 함께 머물렀다. 크리스티앙 신부는 이것을 마치 제2의 소명이라도 되는 듯이 느꼈다.

우리의 기도는 두 목소리로 이루어졌습니다. 아랍어와 프랑스어가 한데 섞이고 이들은 신비로운 방식으로 서로를 기쁘게 하며 서로 응답하고 힘을 북돋우며 서로 보완하며 보충하며 결합했습니다. 무슬림이 그리스도께 간청하고, 그리스도인은 모든 믿는 자를 위한 하느님의 계획에 순종하는데, 이들 중 하나인 예언자 마호메트를 위한 계획에 대해서도 그러합니다.

무슬림과 그리스도인은 1979년 이래 함께 기도하기 위해 해마다 두 차례 사흘씩 모였다. 수피즘은 다음과 같은 이미지를 만들어 냈다.

우리는 하늘로 향하는 사다리와 같다. 한쪽에서는 무슬림이 하느님을 향해 위로 올라가고 다른 쪽에서는 그리스도인이 그렇게 한다. 우리가 하느님 곁에 가까이 다가갈수록 우리들 역시 서로 가까워진다.

1995년 9월에 두 명의 수녀들이 살해된 이후 팁히리네의 형제들은 점점 더 순교의 가능성을 염두에 두어야 했지만 이들은 그대로 머물기로 결정하고 어떤 경우에도 알제리를 위해 목숨을 내놓기로 했다. 어떤 종류든 무장을 한 사람이 수도원 안에 머무는 것은 모두 거부했다. 1996년 3월 26일에서 27일로 넘어가던 밤에 수도원의 일곱 형제들이 납치되었다. 감옥에 갇힌 사람들과의 교환협상이 실패로 돌아가자 이들은 5월 21일 목이 잘리는 죽음을 당하고 말았다.

크리스티앙 드 셰르제 신부는 유서에 성령을 부르면서 이렇게 적어놓았다.

성령의 감추어진 기쁨이 언제나 머무소서. 서로 다름 속에서도 함께 건설하고 일치를 이루게 하소서.

그는 자신이 살해될 것을 예견하고 있었다.

마지막 순간의 친구인 당신, 자신이 무엇을 하는지조차 모르는 당신, 당신에게도 이 감사와 아듀 à Dieu를 보냅니다. 당신의 얼굴 또한 하느님의 얼굴을 닮았기 때문입니다. 우리 둘 모두의 하느님이신 그분이 원하신다면, 행복한 죄인인 우리에게도 천국에서 서로 다시 만나는 기쁨이 선사되기를 바랍니다.

일곱 명의 순교자들이 팁히리네의 공동묘지에 묻히던 날 알제리의 본당신부는 말했다.

내 평생 이런 평화를 체험한 적은 없었고 이 순간처럼 하느님께 가까이 있음을 느낀 적도 없습니다. 팁리히네는 우리 모두를 위한 은총이고 알제리에 있는 그리스도인들을 위한 은총이며 알제리 백성을 위한 은총입니다. 우리에게는 순교자가 필요했습니다만 이제 우리는 순교자를 갖게 되었습니다.

이 사실은 시간이 흐를수록 더 분명해질 것입니다.

의사였던 뤽 형제는 80회 생일날 에디트 피아프Edith Piaf가 부른 샹송 "아니, 나는 아무것도 후회하지 않아!"Non, je ne regrette rien!를 카세트 테이프로 들으면서 죽음을 맞을 준비를 했다.

신약성경학자인 클라우스 베르거는 이 수도자들의 행적에서 '벗을 위해 목숨을 바치는' 신약성경에 담긴 사랑을 찾아냈고, 이 사랑이 아름답고 위로에 찬 믿음과 결합되었다는 사실에 자부심을 느꼈다. 그는 이 형제들이 걸어간 길을 통해서 예수가 어떤 분인가에 대해 마음 깊이 와 닿는 해설을 체험했다.

2장

서막

예수 이야기를 어디서부터 시작할 것인가?

⋮

2.1 성경으로부터 시작하기
2.2 다른 사람들로부터 시작하기
2.3 시간으로부터 시작하기
2.4 종말에서부터 시작하기

예수께 가는 길은 이 세상에 존재하는 사람들의 수만큼이나 많다. 나는 이들을 네 가지로 정리하여 제시하고 싶은데, 성경, 다른 사람들, 시간, 그리고 고통이다.

2.1 성경으로부터 시작하기

예수를 이해하려면 그를 성경이라는 거울 속에서 찾아보아야 한다.
성경은 처음부터 마지막 페이지까지 단 한 가지, 즉 하느님은 어떤 분이시며 어떻게 하면 그분께 가까이 다가갈 수 있는가를 다룬다. 이것은 길을 찾아가는 나침반과 같다. 여기에는 '타협의 여지가 없는' kompromisslos이라는 말이 가장 잘 어울린다. 성경의 핵심은 예수이며 예수를 이해하려면 성경을 좋아해야 하고 성경 전체를 알아야 한다. 예수에 대해 말하려는 이 책을, 성경을 통독해 보라는 권유로 시작하는 것은 바로 이 때문이다. 만일 여러분이 나에게 성경과 얼마나 친숙한지, 32년 동안 쉼 없이 성경을 연구한 그리스도인으로서 성경과 얼마나 밀착되어 있고 또 성경을 얼마나 사랑하는지 묻는다면 나는 이렇게 대답하겠다.

나는 이 책에다 이제껏 누구도 들어 보지 못했을 내용을 펼쳐 낼 것이다.

한평생 성경을 연구한 내가 아무래도 좀 더 아는 게 있지 않을까 싶어서이다. 하지만 성경이 무지와 사이비 학문에서 출발한 전무후무한 가설은 아닐까? 최근에 독일의 유명한 신학자 한 사람이 "그리스도인들이 성경을 토대로 믿고 있는 것은 진실이 아니다."는 말을 남기고 예수로부터 완전히 떠나 버렸다. 동정녀로부터 태어난 것, 승천, 맹인이 보게 된 것, 앉은뱅이가 걷게 된 것, 폭풍이 가라앉은 것, 땅이 흔들린 것, 죽은 사람들이 살아난 것, 하늘로부터 천사가 내려온 것, 사람들이 낯선 언어를 이해하게 된 것… 이러한 것들을 담은 성경은 자연과학이라는 총탄에 관통되어 산산이 부서지고 말았다. 많은 사람들이 성경 안에 들어 있는 현대의 자연과학과 그 법칙에 위배되는 내용들은 실제 사실이 아니라고 말한다. 증명할 수 있는가를 기준으로 삼는 것이다. 성경을 이러한 방법으로 다루는 것이 올바른가에 대해 의문을 제기하는 사람이 거의 없다.

혹시 우리가 사물의 내재 가치를 꿰뚫어보지 못하는 속물이며 눈이 멀어서 지성의 제국주의의적인 개념으로 "우리가 알지 못하는 것은 없는 것과 같다."는 모토에 따라 왜곡된 시각으로 세상의 모든 것을 몰아붙이듯이 성경도 그런 식으로 이해하려고 하는 것은 아닐까? 문맹자에게 책은 없는 것과 같다. 우리가 우리 입장에서 무엇이 진실인가를 성경에 써 넣고 싶은 것은 아닌지, 의문을 품는 사람도 없고, 성경을 쓴 사람들이 우리보다 더 넓은 정신세계와 큰마음을 가졌다는 증거도 없다. 뿐만 아니라 성경 저자들이 우리에게 이렇게 말하지도 않는다.

너희는 하느님을 지워 버렸다. 실제 세계라도 눈에 보이지 않는다면, 절반을 과감히 지워 버릴 수 있겠는가?

어떤 사람이 이렇게 말한다면 우리는 놀라지 않을 수 있을까?

너희는 실제 세계를 절반으로 줄여 버렸다. 혹시 한쪽 눈이 먼 채 태어난 것인가?

성경은 지금도 실제 세계를 다 보고 있다.
성경은 낯설고 잘 모르는 책이지만, 실은 성경은 그래야 한다. 그렇지 않으면 아무런 힘이 없다. 성경은 사람의 권리가 아니라 사람에 대한 하느님의 권리를 말하는 책이다. 이렇듯 낯선 책이지만 우리를 잘못된 길로 빠트리는 것이 무엇인지 깨닫도록 우리를 마술처럼 부추긴다. 내가 보기에 성경에 대한 신학의 태도는 이제 전환기를 맞고 있다. 성경은 오늘날의 유행을 따르는 생활에 도움이 되는 이론들을 신비로운 방식으로 풍부하게 채워 주는 선별된 선집Florilegium도 아니고 신조로 삼을 글귀를 캐내는 채석장도 아니다.

성경은 다시 낯선 것이 되어야 한다. 우리를 당황케 하고 다루기 힘들며 이론적인 면에서는 쓸모없고 도구화될 수 없는 것이어야 한다. 성경은 사막의 도시 페트라와 같아야 한다. 먼지와 무더위에 시달리며 고달프게 모래밭을 걷다가 좁은 협곡을 지나면 갑자기 밝게 빛나는 분홍빛 사암으로 된 고대의 신전 앞에 서게 되는, 그런 것이어야 한다.

나와 성경의 관계는 이러했다. 신학생으로서 우리는 어느 날 피정을 해야 했는데, 넓은 활엽수 숲 한가운데에 있는 외딴 집에서 침묵 속에 하는 피정이었다. 밝은 가을 햇빛이 비쳐 들었다. 피정 강의들이 마음에 들지 않았기 때문에 나는 강의실을 빠져나와 이틀 반나절을 혼자서 갈라티아서 3장의 절반만 읽고 묵상하면서 지냈다. 각 문장마다 몇 시간씩 묵상을 깊이 해 나갔다. 그러한 과정에서 잘 알고 있다고 생각했고 쉽게 읽어 나갔던 부분이 낯설게 다가왔고 틈이 생겼으며 마침내 갈라져서 수많은 의문들이 생겨났다. 텍스트의 내면이 지닌 드라마와 순박하고 솔직한 논리를 이해하려 노력했고 또한 재현해 보려고 했다. 나는 그 텍스트와 함께 일어나고 텍스트와 함께 잠자리에 들었다. 하루 종일 햇볕이 잘 드는 숲을 거닐면서도 텍스트를 곁에 두었다.

이것이 열쇠였고 나중에도 나는 늘 그렇게 했다. 지속적으로 텍스트에 나를 맡기려 시도했고, 텍스트가 나를 읽도록, 자신의 고유한 규칙들을 말하도록 하려고 노력했다. 텍스트가 하는 말을 들으려고 노력했다. 텍스트가 알지 못하는 낯선 규칙들을 동원하여 압박하는 짓 따위는 하지 않으려고 노력했다. 텍스트에 대한 철학적–주석학적 필터, 심리학적 견해, 사회적, 또는 종교학적 가설들을 멀리했다. 체계적으로 잘 정리된 이러한 요소들은 텍스트에 대해서는 아무것도 알려 주지 못하고 단지 해설자의 당혹감과 무능만을 알려 줄 뿐이었다.

주석학을 가르친 어떤 교수도, 주석학이나 다른 여타의 학문적 세미나도 여기서 내가 한 행동에 대해 제대로 가르쳐 주지 못했는데, 유다인 여성 철학자 에디트 슈타인Edith Stein만은 달랐다. 에디트 슈타인은 철학을 통해서 가톨릭 신앙을 갖게 된 사람이다. 그녀는 가르멜수녀회 회원으로, 나치의 가스실에 희생되었지만 결국 성인품에 올랐다. 에디트 슈타인은 철학 스승이었던 에드문트 훗설Edmund Husserl로부터 어떤 사물에 대해 제대로 알게 되는 것은 사람들이 가져다주는 자료들과 그 사물에 대한 고찰로부터 해방될 때라는 것을 배웠다. 그 무엇보다 사물 자신이 자신과 자신의 사정을 직접 내보이도록 해야 한다고. 하느님이 누구이신가를 묻는 사람은 하느님이 직접 말씀하실 때까지 그분의 말씀에 귀를 기울이고 있어야 한다. 수도원에서는 하느님이 누구이신지 알기 위해 무릎을 꿇고 앉아서 하느님이 직접 말씀하실 때까지 들으려고 노력한다. 학문적이고 영적인 요소를 길어 올리기 위해서는 주석가 역시 마찬가지의 자세를 취해야 한다. 지금까지 알아 온 것들을 접어 두고 텍스트가 지금 무슨 말을 하려는지 귀 기울여야 한다. 유다인 철학자 마르틴 부버Martin Buber는 말한다.

사람은 받는다. 어떤 내용을 받는 것이 아니라 함께하시는 힘을 받는다.

성경은 빵과 포도주의 형상 속에 예수가 실제로 현존하시는 만찬인 미사와 같다. 다소 다르기도 하지만 비슷한 방식이다. 수많은 글자들 안에, 글자들과 함께, 글자들 사이에 하느님이 현존한다. 사실 우리는 성경을 통해 근본적으로 하느님의 말씀과 하느님 자신을 만나는 것이다.

성경과 함께 오랜 세월을 보내면서 나는 초기 그리스도교 문헌들과 신약성경을 번역하기도 했다. 혼자서 한 것은 아니고 번역학 교수이자 나의 아내인 크리스티아네 노르드Christiane Nord와 함께 작업했다. 다섯 해 동안의 번역 작업에 대해 꼭 하고 싶은 이야기가 있다면 우리가 각각의 문장과 단어들을 붙들고 함께 씨름했다는 것이다. 성경을 읽는 가장 좋은 방법은 함께 읽는 것이다. 그렇게 하면 의문들이 쏟아진다. 회피할 수는 없다. 누구나 텍스트가 지닌 내용을 제대로 알아듣지 못하는 손해를 보지 않도록 주의해야 한다. 성경을 읽고 이해하는 것은 다른 사람들과 관계를 맺는 일이며 교회 안에서 함께해야 하는 일이고 함께 대화하는 일이다. 성경은 교회로부터 유래한 것이고 교회를 위해 존재하는 것이기 때문이다. 성경의 뜻은 함께하는 것 안에서 드러난다. 이러한 점으로 미루어 성경은 소비되어 없어지고 마는 것이 아니라는 사실이 분명해진다. 성경은 아무 힘도 들이지 않고 맛을 즐길 수 있는 것이 아니다. 나에게 성경은 공짜로 가질 수 있는 것이 아니었다. 성경은 읽어야 하는 것이고, 낯선 요소가 있다면 견디어야 하는 것이며, 서술 구조들을 인내심을 가지고 면밀히 살펴보아야 하는 것이고, 이해를 위한 구도를 스스로 만들어 내야 하는 것이다.

독자 여러분이 그러한 작업이 즐거움을 주었는지 묻는다면 나는 이렇게 대답하겠다.

창조적인 일에는 종류에 상관없이 즐거움이 따른다. 이해하는 것은 창조적인 작업이며 텍스트가 지닌 조직을 내가 가진 생각의 조직과 비교하는 것을 의미한다.

밭에 묻힌 보물 이야기는 내가 좋아하는 텍스트 가운데 하나이다. 성경은 보물과도 같으며 여기서 결정적인 것은 발견하는 데서 오는 기쁨이다. 대학 시절 나는 여러 신학을 공부한 후 오로지 성경 공부에만 몰두할 수 있는 순간이 오기를 간절히 기다렸다. 나는 텍스트 하나하나가 오직 하나뿐인 것처럼 여기고 거기에 몰두했다. 각 텍스트 안에서 하느님께 나아가는 빛나는 오솔길을 알아내고 텍스트가 가져가도록 허락한 것은 나누어 주기 위한 것이다(contemplata tradere 관상한 것을 전하라. 도미니코수도회의 모토—편집자 주).

토마스복음에는 밭에 묻힌 보물 비유와 일치하는 흥미로운 텍스트가 들어 있다. 여기서 예수는 이렇게 말한다.

하느님 나라는 보물이 묻힌 밭을 소유하고 있으면서도 그 사실을 모르는 사람과 같다. 그는 아들에게 그 밭을 물려주고 세상을 떠났다. 아들 역시 그 보물에 대해서 알지 못했다. 그는 물려받은 밭을 팔았는데, 그것을 산 사람은 밭을 갈다가 그 보물을 발견했다. 그는 원하는 사람에게 돈을 빌려 주고는 이자를 받았다. 그렇게 하여 갑자기 큰 부자가 되었다.

이 텍스트도 성경의 의미를 말하고 있다. 많은 사람이 자신이 물려받은 그리스도교에 보물이 들어 있는 사실을 모른다. 이들은 그리스도교를 대대로 전해오는 대수롭지 않은 성경책 한 권 정도로 생각하고 쉽게 내던져 버린다. 보물에 대해서는 조금도 인식하지 못한다. 밭을 갈아야 비로소 그 보물을 발견할 수 있다. 밭을 갈아엎는다는 말은 흥미를 갖고 질문을 던진다는 뜻이다.

그러므로 우리는 다시 성경에 대해 호기심을 가져야 한다. 성경은 서로 멀어져만 가고 있는 세 종교, 즉 유다교와 그리스도교, 이슬람교를 묶어 주는 유일한 접착제이기도 하다. 셋 모두가 예루살렘과 성경에 기원을 두고 있다고 여긴다. 코란을 읽으면 성경의 한 부분을 읽는 것 같다. 그러므로 예루살렘은 세 종교 사이에 영적 다리를 건설하기 좋은 장소이다. 예루살렘의 시온 산 위에 있는 독일 베네딕토수도회 아바스는 정기적으로 유다인 지도자, 그리고 무슬림 승려Mullah와 만난다. 이들 세 사람은 땅에 무릎을 꿇고 앉아서 함께 묵상을 하는데, 각자 자신의 언어로 하나이신 하느님과 대화를 한다. 하느님은 다양한 언어로 불리지만 결국 같은 이름을 갖고 있는데, 아랍어 알라Allah는 히브리어 엘로힘Elohim과 같은 하느님을 지칭하는 단어이다.

아바스, 랍비, 무슬림 승려를 함께 언급하는 것은 무엇 때문일까? 성경은 우리 것만이 아니라는 이야기다. 성경의 5분의 3은 유다교에 속하고, 무슬림도 성경을 거룩한 문서로 여긴다. 그래서 성경은 예루살렘의 무덤성당과 마찬가지로 소유관계가 복잡하다. 무덤성당의 돔 지붕과 내부를 소유한 종파는 서로 다르지만 그렇다고 불편하기만 하거나 끔찍하기만 한 것은 아니다. 이는 우리가 정직하게 상상할 수 있었던 선을 훨씬 넘어서는 하나의 약속을 담고 있다. 성경과 세 종교들, 성경의 땅에 존재하는 풀리지 않는 걱정거리들, 언제 터질지 모르는 위험한 화약고인 근동과 중동 등 이러한 것들은 하느님이 개입해야만 하는 요소들로 여겨진다. 상황이 너무도 복잡하여 오직 하느님만이 해결하실 수 있을 것 같다.

성경은 우리의 생각으로는 사방으로 흩어질 수밖에 없는 요소들을, 고유한 논리로 화해시킨다. 선택된 이스라엘 민족과 이방인들이 불림을 받은 것, 하느님의 활동과 인간의 책임, 하느님의 전능과 악의 시간, 사랑이신 하느님과 심판하시는 하느님 등이 이러한 요소들에 속한다. 수백 년 동안 우리는 이렇게 서로 대립되는 것으로 보이는 양면 중 오직 한쪽 편만 들어 높이고 다른 편은 제거해야만 하는 것으로 생각해 왔다. 수백 년 동안 우리는 성경의 논리를 우리 생각에 따라 완전히 이해하려고 애썼지만 그것은 헛수고였다. 성경의 논리는 아리스토텔레스적이지도 않고 서방의 사고방식과도 같지 않다. 우리가 해 온 이 작업의 결과는 피로 얼룩진 투쟁이었다. 좀 더 정확히 말하자면, 성경에 대한 것은 구실이었을 뿐 원인은 늘 다른 데 있었다. 성경은 싸움의 실제적인 원인들을 덮어야만 하는 것이었다. 이것을 사람들은 이데올로기라고 부른다. 이렇게 부끄럽게도 사람들은 하느님의 뜻을 거슬러 성경을 잘못 사용해 왔다.

우리가 더 이상 피 흘릴 구실을 없애는 유일한 기회는 성경의 논리에 한 번 더 빠져들어 보는 것이다. 어쩌면 이것이 우리에게 주어진 마지막 기회일지도 모른다.

*

끝으로 나는 말하고 싶다. 나이가 아주 많이 든 사람도 매우 아름다울 수 있는 것처럼 성경은 아름답다. 성경이 들려주는 많은 이야기는 고전의 매력을 지니고 있다. 이들은 우리 문화의 주춧돌과 같다. 아담과 하와, 카인과 아벨, 노아와 방주, 아브라함과 이사악, 레베카와 라헬, 시나이의 모세 이야기들이 여기에 속한다. 그리고 신약성경에도 우리가 언제든 즐겨 듣는 이야기들이 있다. 동정녀 잉태에 관한 이야기, 산악 지방으로 간 마리아, 엘리사벳 방문, 베드로의 물고기잡이와 제자들이 물속에 빠진 이야기들이다. 엠마오로 가던 제자들에게 예수가 나타나 함께 가면서 말씀을 들려주었을 때 그들의 마음이 불타오른 이야기, 이보다 더 아름다운 이야기가 있을 수 있을까? 이러한 이야기들은 모두 뛰어난 예술적 격조를 지닌 오래된 색유리와 같다. 이러한 색유리를 통해 들어오는 햇빛은 우리의 눈으로 직접 바라보기에는 너무나 눈부시다.

2.2 다른 사람들로부터 시작하기

예수를 이해하기 위해서는 예수가 원하는 것을 진지하게 존중하는 '사람'이라는 거울도 들여다보아야 한다.

그리스도교는 결코 성경이라는 책으로만 존재하는 종교가 아니다. 바오로는 교회는 여러 지체들로 구성된 한 몸이라고 적고 있다. 여기서 그가 말하려 하는 것은 그리스도인들은 무엇인가를 함께 시작할 수 있고 함께하는 것으로 자신을 생생하게 살아 있는 전체와 결합시킬 수 있다는 것이다. 예수는 여러 곳에서 이러한 그리스도인 공동체는 빛을 발해야 한다고 요청한다. 마태오복음 5장 13절 이하의 말씀은 드라마틱하다.

너희는 세상의 소금이다. 그러나 소금이 제 맛을 잃으면 무엇으로 다시 짜게 할 수 있겠느냐? 아무 쓸모가 없으니 밖에 버려져 사람들에게 짓밟힐 따름이다. 너희는 세상의 빛이다. 산 위에 자리 잡은 고을은 감추어질 수 없다.

이러한 말에서 예수의 제자들은—이들은 세상의 소금이다—이러한 말도 동시에 듣는다.

너희들도 밖에 버려질 수 있다!

굉장히 강한 말씀이다. 소금은 자신의 과제를 이행하든지 아니면 쓰레기처럼 취급된다. 이러한 표상은 다음과 같은 내용을 드러내는 것이다.

오직 이름만 그리스도인일 뿐인 그리스도인보다 더 나쁜 것은 없다.

망해 없어져 버리는 체험이 새로운 시작이 되어야 한다는 것을 말하고 있다. 소금은 세상에 비해 다른 것이고 새로운 것이어서 세상을 뚫고 들어가 영향을 주어 변화시켜야만 한다. 세상에게 새로운 면모를 줄 수 있다. 세상에게 맛과 분명함, 그리고 모습을 제공할 수 있다. 그러나 소금은 오직 자신의 내면에 있는 힘으로 이런 일을 할 수 있다. 공동체에 어떤 영향을 주고자 하는 사람은 자신이 직접 대안을 제시하고 모범을 보여야 한다. 소금은 세상과는 다른 것이기 때문이다. 교회는 사이좋은 이웃끼리 평화로운 것만을 찾으며 공존하고 있을 수는 없다. 소금이라는 이미지는 구별되는 소수자들의 임무를 상징한다.

그리스도인의 특징은 그들만의 독특한 시작의 법칙이다. 이들은 수행해야 할 과제가 요청하는 것에 자신을 내맡겨야 한다. 자신만의 독특한 시작으로 시선을 돌리는 것을 기억이라고 부른다. 그리고 기억은 불타는 떨기나무에서부터 백성을 먹이는 것까지, 홍해를 건너는 것에서부터 여인들이 무덤으로 가는 것에 이르기까지 하느님이 이룩하신 일들을 이야기하게 한다. 자신들의 시작을 지속적으로 되풀이하여 이야기하는 데 그리스도인들의 본질이 있다. 성찬聖餐은 기억함으로써 지금 이 자리에서 이루어지게 하는 것이다.

그리스도인은 짠맛을 지닌 소금이어야 하는데 정작 그들은 바삐 돌아가는 기계의 기름이나 케이크 속의 꿀이 되기를 더 원한다. 그리스도교적 대안을 제시하여 추진하기보다 타협하기를 더 좋아한다. 평준화되어 눈에 띄지 않기를 더 원하고, 하느님 사랑 때문에 사람들에게 충격을 주지 않으려고 애쓴다. 매우 구체적인 의미에서 자신들의 자리가 반드시 그 자리여야 함을 이해하지 못한 채로 애써 그 영역에서 벗어나려고 한다. 이들은 양보가 아니라 요청함으로써 사람들을 얻을 수 있다는 사실을 알아차리지 않는다. 교회가 숫자적으로 감소하고 열세가 됨으로써 역사 안에서 겪는 고통은 그리스도교의 복음을 좀 더 명백하고도 강하게 선포하지 않는 데 원인이 있다. 하느님의 약속에 대한 감동이 너무 적었던 탓도 있다. 그리스도교는 어떤 대가를 치르더라도 친교를 맺고 사이좋게 살자는 것이 아니다. 쇠렌 키에르케고르는 이렇게 말한다.

> 소금, 소금을 다오! 참된 그리스도교회는 부패해 버렸다. 현재의 그리스도 교회는 짠맛을 잃은 소금이다. 그리스도 교회가 지배하는 세상은 그리스도교를 부정하고 있다.

세상의 소금이 된다는 것은 희망으로 개혁하는 것을 의미한다. 동전을 찍어 돈을 만드는 거푸집이 동전보다 무르다면 동전을 만들 수 없다. 소금은 소금을 위해 존재하지 않고, 그리스도인은 그리스도인들 안에서 자기만족이나 하기 위해 존재하는 것이 아니다. 자기 안에만 머물거나 자신밖에 모르는 소금은 음식의 양념이 아니다. 소금은 오직 다른 음식 재료들과의 관계 안에서만 의미가 있고, 그 음식 재료의 품질을 높이는 데서만 보람을 얻는다. 세상의 소금인 그리스도인들은 다른 사람들을 위해서 존재하고, 그들의 임무는 전적으로 다른 사람에게 봉사하는 것이다.

빛이라는 단어에서 그리스도인들의 과제가 더욱 명백히 드러난다. 사람들은 듣고 놀라야 한다. 하느님의 고유한 작품들, 말하자면 하느님이 만들어 놓으신 창조물에 대해서가 아니라 그리스도인들이 실천한 좋은 행실에 대해서 듣고 놀라야 한다. 우리에게는 믿지 않는 사람들이 그리스도에게 나아가는 길을 발견하도록 안내할 책임이 있다. 우리가 만약 이들에게 이 길을 보여 주지 못하고, 오히려 막거나 감춘다면 우리 자신을 잃고 말 것이다. 이 점에서는 말을 잘하는 것이 아니라 행동을 잘하는 것이 관건이다. 그리스도인들은 믿음에 대해 말만 할 것이 아니라 믿음의 존재가 되어야 한다. 예수는 오직 직접 실천하는 모범만이 의미를 갖는다고 생각했다. 하느님도 이러한 길을 택하셨고 이러한 길에 본격적으로 매달리셨다. 그런데 우리는 종종 이러한 것을 성가신 일로 여긴다. 유다교인들은 세상의 소금이 될 임무를 받은 적이 없다. 유다교에서는 토라가 소금과 같은 것이고 토라를 해석하는 것은 후추와 같은 것이며 토라 없이는 세상이 무너지기라도 할 것처럼 생각한다. 그러나 예수는 사람들에게 스스로 소금이 되는 숙제를 주신다. 이러한 의미에서 우리가 붙잡고 있어야 할 토라는 더 이상 없다. 하느님은 자신을 온전히 우리 손에 넘겨주셨다. 하느님의 일은 온전히, 사람들이 서로 함께하는 것 안으로 들어왔다. 그리스도인들은 이제 마지막 보루이다. 그리스도인들이 설사 잘못한다 해도 하느님은 어떤 기적으로 무엇을 하는 행동은 하지 않으신다. 하느님께는 우리들의 손이 필요하다. 예수는 스승 자신이 직접 실천하는 고대 교육의 황금률로 우리를 가르치셨다. 전염되는 것은 기쁨뿐이다.

그리스도인다운 행동인가 아닌가를 판단하는 기준은 '좋은 믿음'을 가졌는가가 아니라 다른 사람들이 함께할 수 있도록 하느냐에 있다. 그리스도인으로서 힘이 있다는 것은 다른 이들과 만날 자리를 만들며, 다른 사람들이 그것을 받아들여 지속할 수 있는 행동을 하게끔 한다는 뜻이다. 그러므로 우리는 우리의 태도와 행동에 다른 사람들도 함께하도록 인도하여 그들이 지속적으로 같은 태도를 취하고 같은 행동을 하면서 살아갈 수 있도록 해야 한다. 우리는 다른 사람들에게 그들이 함께 행동할 수 있는 공간을 열어야 한다. 사람들은 일상적이지 않은 행동을 체험할 때 비로소 주의를 기울이게 된다. 그리스도인은 근본적으로 자유로운 존재이고 습관적인 삶에서 탈피하는 사람이다. 예수는 이것이 어떤 모습인지를 진복팔단에서 잘 알려 준다.

소금과 빛에 관한 말씀은 그 자체 안에 어떤 요구사항도 담고 있지 않다. 그보다 훨씬 더 예수는 제자들이 이미 되어 있는 상태에 대해 말한다. 잘 살펴보면 예수는 그리스도인의 외적 활동에 대해 언급할 때 직설법을 써서 말한다. 이 대목에서 예수는 오직 힘을 잃지 말라고 권면하신다. 그러므로 여기서 문제는 다른 사람들과의 관계가 아니라 그리스도인의 정체성이다. 시장에서 우리는 자신이 어떤 존재인지를 알리려고 부끄러움도 무릅쓰고 자신을 드러내 놓는다. 우리가 지금까지 어떻게 살아왔는지를 드러내는 것이다. 핵심은 세상의 소금에 대한 말씀은 선교 활동에 대한 것이 아니라, 그리스도인의 정체성을 지켜 나가는 것, 우리에게 선사된 힘을 보존하는 것에 관한 것이다. 이 힘이 전례에 의해 널리 전달되는 것은 이미 잘 알려진 사실이다. 그렇다면 중세시대부터 전해 오는 기도문들 가운데서 마태오 5,13-16과 연계된 다음과 같은 기도문들이 자주 눈에 띄는 것은 그리 놀랄 일이 아닐 것이다. 즉 이런 기도문이다.

> 예수 그리스도께서는 영원한 빛에서 나온 빛나는 불꽃으로, 당신의 사도들을 세상의 빛이 되도록 부르셨습니다. 그러므로 예수께서 거룩한 마티아 사도의 활동을 통해 여러분에게 빛을 선사하시고 여러분 한가운데에 머무시기를 빕니다.

이런 기도문도 있다.

> 기쁨으로 마리아 동정잉태를 축하하는 여러분은 세상의 빛이 되어야 합니

다. 하느님께서 여러분이 그러한 존재가 되도록 지켜 주시기를 기도드립니다.

또 이런 기도문도 있다.

하느님, 당신은 저희가 등경 위의 빛이 되어 당신 집안에 있는 모든 사람을 비추도록 하셨습니다. 저의 생각을 밝게 하시어 모두를 일으켜 세우도록 하시고, 저를 당신의 거룩한 뜻으로 채우시어 제가 당신의 마음에 드는 행동으로 가득하게 하시고 당신의 거룩함으로 충만하게 하소서.

여기서 힘을 발휘하는 것은 무엇보다도 우리의 자유 체험이다. 우리를 둘러싸고 있는 압박이 무엇이든지 거기에 대처할 방법이 있으며 그것도 멀리 있는 것이 아니라 가까이 있다는 사실을 체험하는 것이다. 쇠렌 키에르케고르의 말에 다시 귀를 기울여 보자.

어떤 과감한 시도가 의미를 가지려면 그것은 야생 새들의 날갯짓처럼 그 아래 새장 속에서 안전하게 살고 있는 같은 종류의 길들인 새들로 하여금 부지불식간에 날갯짓을 하도록 만드는 그런 날갯짓과 같아야 한다. 이 날갯짓은 두려움과 유혹을 동시에 의미하는 것이기 때문이다.

이것이 최소한 자유에 대한 예감이라도 전하는 것이 되면 좋겠다. 그리스도인들은 세상의 소금이기 때문이다.

2.3 시간으로부터 시작하기

예수를 이해하려는 사람은 자신의 시계를 예수에게 맞추어야 한다.

초기 그리스도인들은 일찌감치 시간이라는 차원을 예수에게 맞추기 시작했는데, 이는 단순히 안식일을 주일로 바꾸는 데 그치는 것은 아니었다. 우리는 부활절 밤 미사에서 "예수 그리스도는 알파요 오메가이며 시작이요 끝"이라는 말씀을 듣는다. 밤과 낮, 아침, 한낮, 저녁, 하루의 시간이 예수와의 관계 속에 설정되었다.

'낮'과 '밤'은 성경에 등장하는 원초적인 시간이다. '낮'이라는 단어는 우리에게 다가오는 새로운 세상, 재림하는 그리스도 안에서 하느님께서 밝은 빛으로 여시는 새로운 세상과 연계되어 있다. 밤은 현재의 세상, 아직 결단하지 않은 세상, 나쁜 세상, 구원되지 않은 세상, "악마가 포효하는 사자처럼 삼켜 버릴 사람을 찾아다니기 때문에"(1베드 5,8) 깨어 있어야 하는 시간을 의미한다.

구약성경과 신약성경 그리고 교회의 전례는 하루가 저녁에 시작된다. 이것은 역사 전체와 현존Dasein을 이해하는 데 결정적인 요소이다. 해가 지는 것에 대한 체험, 지나가 버리고 마는 것에 대한 쓸쓸하고 우울한 체험, 그리고 이와 연관된 체험은 해가 떠오를 때 밝은 기쁨이 생겨나는 배경이 된다. 어둠과 고통의 시간, 두려움과 의심의 시간, 추위와 죽음의 시간이 언제나 앞서 존재하며 이러한 어둠 속에서만 빛이 태어난다. 아침 여명은 시간의 상징 속에서 완전히 다른 가치를 지닌다. 이러한 여명의 체험이 반영된 텍스트들을 자주 만날 수 있는데, 예수 그리스도를 새벽별로 표상하는 것을 예로 들 수 있다.

예수의 지평 속에서 새로 시작하는 모든 날은 이렇게 주님의 날로 변모한다. 여기서 중요한 것은 빛을 온전히 받고 이 빛에 따라 내가 걸어갈 길을 정하기 위해 일찍부터 준비하고 있는 일이다. 밤과 빛, 낮에 대한 이러한 상징은 내 생각에 오늘날 우리를 압박하는 질문들, 악과 고통, 파국에 관한 질문에 결정적인 답이기도 하다. 하느님은 시간을 당신 손 안에 쥐고 계시며, 끝이 안 보일 것 같은 혼란스런 체험의 긴 어둠도 결국에는 밝고 위로에 찬 낮에 의해 밀려나고 말 것이다.

밝아 오는 아침의 태양은 예수를, 예수의 재림을 상징하는 것이다. 즈카르야의 예언적 노래인 '즈카르야의 노래' Benedictus는 이렇게 말한다.

우리 하느님의 크신 자비로 높은 곳에서 별이 우리를 찾아오시어 어둠과 죽음의 그늘에 앉아 있는 이들을 비추시고 우리 발을 평화의 길로 이끌어 주실 것이다.(루카 1,78-79)

마태오복음 24장과 로마서 13장의 중심에는 깨어 있음과 잠에서 깨어남이 자리하고 있다. 두 텍스트는 같은 것을 의미하는데 두 표상 모두 이른 아침 예루살렘의 성전에서 올리는 제사, 하느님께 드리는 아침 찬미에 근원을 두고 있다. 아침이 밝아 오는 것을 보기 위해 깨어 있는 사람은 글자 그대로 새로운 날의 빛과 함께 하느님께 인사드리고 그분을 찬미하기를 열망한다. 집회서 39장 5절을 보자.

그는 아침 일찍 일어나 자신을 만드신 주님을 찾는 일에 마음을 쏟고 지극히 높으신 분 앞에서 기도한다.

이른 새벽에 드리는 기도인 밤기도(Vigiliae, 밤중에 일어나 드리는 기도)

와 아침기도(Laudes, 하느님을 찬미하는 기도)는 여기에 기원을 두고 있다. 예수는 제사의 의미를 지닌 이러한 행위를 두 가지 관점으로 받아들인다. 하나는 깨어 있음을 그리스도교적 존재 전체를 위한 표상으로 여기는 것이다. 예수에게 있어서 깨어 있음은 사람과 사물에 대한 감수성이다. 이에 반대되는 것은 졸림과 게으름 피우는 것, 함께하지 않음과 책임지지 않음이다. 다른 한편, 예수는 일관된 방식으로 아침을 해석하며 밤은 대개 세상의 '종말'이라는 관점으로 바라본다. 모든 날은 하느님의 오심, 주님의 날을 표상한다. 성당의 제단이 동쪽을 바라보고 세워져 있으므로 모든 공동체는 오시는 주님을 바라보며 전례를 거행한다.

수도회 신학에서 이러한 접근은 그리스도인의 삶과 희망 전체에 해당하는 것으로 그리스도인이 되어 가는 길은 복음을 통한 깨달음이며 나 역시 창조주로부터 오는 빛으로써 그 빛에 노출되고 예리하게 점검되는 것이다. 그리스도인들은 모두 빛의 자녀이며, 빛의 도구들을 손에 쥠으로써 그들의 행위는 성립된다(로마 13,12에 나오는 '빛의 갑옷'이란 표현은 그다지 좋은 것 같지 않다). 제자들이 볼 수 있었던 변모의 빛은 예수의 삶의 중심이다. 이는 동방교회에서 그랬듯이 서방의 수도생활에서도 그렇다. 그리스도인의 행실은 사람들 앞에서 빛나야 하며, 그렇게 하여 사람들을 하느님께로 인도해야 한다. 저 끝에서 모든 사람과 온 세상을 위해 우리 조상들과 맺은 아버지의 약속이 성취될 것이다. 이를 전례는 이렇게 표현한다.

당신께서 한때 아브라함과 그 후손에게 약속한 대로
저들을 빛으로 인도하소서.

에티오피아의 전례에서 접하게 되는 다음과 같은 표현도 그리스도인 각자에게 해당되는 것이다.

그리스도인이 두려움을 불러일으키는 당신의 면전에
빛나는 얼굴로 설 수 있게 하소서.

서방교회에서는 이렇게 기도한다.

저희들이 장차 빛으로 충만하여 태양을 바라볼 수 있게 하소서.

유다교에는 네 개의 거룩한 밤에 관한 뛰어난 상징적 표현이 있는데 이들은 모두 하나로 일치한다. 첫 번째 밤은 빛이 창조된 밤이고, 두 번째 밤은 하느님이 아브라함과 계약을 맺은 밤이며, 세 번째 밤은 파스카 밤이고, 마지막은 메시아가 오시는 밤이다. 인간적인 어둠에는 언제나 하느님의 빛이 따른다. 그리스도교는 이러한 상징적 표현을 받아들여 부활절 밤과 성탄절 밤에 사용한다. 다시 말해, 히브리적 파스카 밤 대신에 예수의 탄생과 부활이 등장한다. 초기 그리스도교 때부터 그리스도인들이 얼마나 강하게 메시아의 오심을 빛의 탄생으로 여겼는지는 시메온의 노래가 잘 보여 준다.

제 눈이 당신의 구원을 본 것입니다. 이는 당신께서 모든 민족들 앞에 마련하신 것으로 다른 민족들에게는 계시의 빛이며 당신 백성 이스라엘에게는 영광입니다.(루카 2,30-32)

레싱Lessing은 계몽시대를 열면서, 성서적이고 수도회적인 전통(시토회 피오레의 요아킴, †1202)과 어둠 속에서 비치는 새로운 빛이라는 개념에 근거하여 계몽이라는 단어를 재정의했다. 나로서는 곳홀드 에프라임 레싱 Gotthold Ephraim Lessing의 빛에 대한 세속화를 살펴보기 전에 그리스도교적 빛에 대한 원초적 발언들을 새롭게 떠올리는 일을 먼저 해야 한다. 가치에 관해서가 아니라 계명에 관해서 다루어야 하고, 정신적인 것에 관해서가 아니라 성령에 관해서, 지성인만의 계몽에 관해서가 아니라 인간 전체가 하느님의 빛 안으로 들어가는 것에 관해서 살펴보아야 한다. 모든 철학적 계몽주의를 넘어서는 단 하나의 지점이 있으니 그것은 바로 기쁨이다. 대림절에 바치는 다음과 같은 오래된 축복기도문은 이러한 사실을 알려 준다.

> 우리 모두 엄한 심판자로 기다리는 그리스도이신 주님,
> 우리 마음속 두려움을 충만한 기쁨으로 변화시켜 주소서.

2.4 종말에서부터 시작하기

예수를 이해하기 위해서는 고통받는 이와 죽어 가는 이들 속에서도 예수를 찾아야 한다.

내 고향 도시에 있는 오래된 병원 병실 한가운데에는 라틴어, 그리스어, 히브리어가 새겨진 고딕시대의 십자가가 걸려 있다. 너무나 단순하고 소박한 이 병실은 지난 역사를 고스란히 간직하고 있다. 여기서 어떤 일들이 있었는지 모두가 알고 있지만 그럼에도 이곳에는 믿을 수 없

는 평화의 분위기가 공존하고 있다. 수천 명의 환자들이 이 방에서 말로 다할 수 없는 고통을 겪은 끝에 울부짖으며 죽어 갔다. 마취도 하지 않아 고통을 줄이지도 못하고 위로도 없이 그렇게 세상을 떠나갔다. 중세에 죽음이 어떻게 진행되었을지는 쉽게 짐작할 수 있다. 그러나 이 병실에서는 두려움이나 도망치고 싶은 욕구가 일어나지 않는다. 이상하게도, 과거에 있었던 모든 것과 화해하고 평화를 누리는 느낌을 받는다.

이러한 인상은 앞서 말한 고딕시대의 십자가가 그 병실을 지배하고 있기 때문이라는 생각이 든다. 아무것도 할 수 없는 무능함을 대변하는 십자가가 바닥에 깔린 돌들의 차가운 분위기를 몰아낸다. 결정적인 순간은 병실에 있는 사람이 십자가에 못 박힌 존재를 인식할 때이다. 다른 사람의 고통이 현존하고 있는 것이다. 십자가에 못 박힌 그를 올려다보면 '고통의 어머니'라는 성가를 함께 부를 수 있게 된다.

> 예수 모친 이런 고통, 받으심을 보는 우리, 누가 울지 않으리.
> 십자가 상 아들 함께 고통받는 성모 보고 누가 통곡 않으리.
> 사는 동안 주님 함께 십자 고통 아파하며 참아 받게 하소서.

다른 사람의 고통이 나의 것이 된다. 먼저 그리스도의 고통이 나의 것이 되고 그 다음에는 이웃의 고통이 그렇게 된다. 그리하여 나는 자신의 고통을 호소하는 데서 벗어나게 된다. 이렇게 모든 고통이 견딜 수 있는 고통으로 변한다. 누구나 고통을 받는다. 어떤 사람은 일찍 받고, 어떤 사람은 늦게 받지만 고통을 받는 것은 같다. 나와 함께 고통을 나누기를 원하는 분이 계시다는 사실을 발견하고 그분의 고통에 동참하는 것은 작지만 결정적인 진보인 것이다.

3장

예수의
허구虛構에 관하여

⋮

3.1 신화로서의 복음
3.2 역사가들의 진리와 신앙인들의 진리
3.3 데카당구조인가, 일방통행으로서의 역사인가
3.4 모두가 진실인가, 어느 정도까지만 진실인가

3.1 신화로서의 복음

얼마 전에 나는 어느 그리스도교 신문에서 복음서에 실린 예수의 어린 시절 이야기들은 모두 신화에 지나지 않는 것이기 때문에 예수의 탄생과 어린 시절에 관해서 역사적으로 실제 알 수 있는 길은 없다는 기사를 읽었다. 이 기사의 내용 자체는 그리 대수로울 것이 없다. 내가 놀란 것은 그동안 진행되었던 자유주의적 성경주석의 전형적인 경향이 성탄절을 알리는 성경의 핵심에까지 파고든 것을 보았기 때문이다. 이러한 기사를 통해 독자들에게 전달된 것은 "불트만과 그의 학파"에서 주장하는 내용이다. 마르부르그Marburg 출신인 이 신학자는 과거에 믿음의 역사적 토대를 가장 심하게 파괴한 사람이었고, 현재에도 그러한 사람이다. 그렇다고 하여 그가 믿음 없는 무신론적 신학자였던 것은 아니다. 그는 공공연히 '믿음을 지키기 위해' 이러한 작업이 중요하다고 했다. 역사적 진리를 말할 것이 아니라 믿음을 확고하게 해야 한다고 했다. 그는 이러한 말을 통해서 "역사성이 부족할수록 그만큼 더 믿음을 가져야 한다."는 주장을 하려는 것 같다.

좀 더 정확하게 살펴보자. 신화Legende[1]란 무엇을 말하는가? 우리는 신화라는 단어를 꾸며 낸 이야기, 성스런 이야기를 지칭하는 것으로 이해하고 있다. 그리고 영웅인 그 주인공은 의심할 여지없이 실제로 살았던 사람이다. 이러한 표현과 장르는 중세에 생겨났다. 신화 탄생의 모티브는 수도자들의 밤 기도문인데, 기도문에는 매일매일 기념하는 성인을 기억하는 부분이 있었다. 모범적인 영웅이나 주인공을 날마다 떠올려서 본받고자 하는 하나의 방편이었다. 그날그날 떠올려야 하는 성인·성녀들 중에는 당연히 구체적인 삶과 업적이 잘 알려지지 않은 사람들도 있었다. 그래서 실제로 있었던 사실을 바탕으로 여러 가지 내용을 덧붙여서 기도문을 만들어야 했다. 이렇게 필요한 부분을 덧붙여 자유롭게 짓던 것이 차차 일정한 형식으로 고정되어 신화의 고전적인 전형이 갖춰졌는데, 고대 후기에 써진 '신성神性을 지닌 인간'Theios Aner의 정형화된 형식이 그 모델이 되었다. 하지만 이렇게 시대의 형편에 맞게 생겨난 문학적 '서술 형식'인 신화를 예수 사건 직후인 1세기로까지 소급시켜서 그 당시에 이미 이런 형식(사실로 증명할 수 없는 내용을 덧붙여 이야기를 만드는)이 존재했다고 주장하는 것은 문제가 있다.

그런데도 신화는 지난 세기의 신학에서 무척 중요하게 여겨져서 자유주의적 역사·비평 학파는 신화를 자신들의 관인官印처럼 남용했다. 역사적으로 불확실한 것이거나 불가능한 것으로 보이는 다음과 같은 텍스트들을 신화로 분류해 버린 것이다.

◆ 천사들, 하늘의 소리들, 영광스러운 모습으로의 변모, 성령에 의한 이동

(사도 8,39 이하)

---

1) Legende는 성인聖人 이야기, 성담聖譚, 전설, 구비口碑, 신화, 꾸민 이야기로 번역될 수 있는 다소 폭이 넓은 개념을 내포한 단어이다. 여기서는 성담이라는 의미가 더 강하지만 학계에서 불트만의 학설을 소개할 때 일반적으로 하는 대로 신화라는 단어로 번역했다.-역자 주

◆ 악마가 육성으로 직접 말을 걸면서 등장하는 것(예수가 광야에서 유혹을 받는 장면)

◆ 성경에만 있을 뿐 역사적으로 증명되지 않는 사건들(마태 2,16-18에 있는 헤로데에 의한 아기들 학살)

◆ 상식적으로 건전한 체험에 어긋나는 사건들(마태 27,52 이하에 있는 죽은 자들의 일시적인 부활)

◆ 신학적으로 정리하기 힘든 말씀들과 사건들

◆ 다른 증인을 찾아볼 수 없는 사적이거나 개인적 영역의 사건들(산악 지방에 있는 엘리사벳을 찾아간 마리아의 행적, 제자들이 잠든 동안 겟세마니에서 드린 예수의 기도)

◆ 인간적인 영역 밖에서 일어난 기적과 같은 사건들(예수가 죽을 때 해가 어두워진 것과 성전 휘장이 두 갈래로 찢어진 것, 마르 5,12-14에 있는 마귀들이 돼지 떼 속으로 추방된 사건).

자유주의적 성경주석가들이 예수에게서 일어난 사건 중에서 주로 생애의 시작 부분과 끝부분의 사건들을 전형적인 신화로 분류하는 것은 특이하고 눈에 띄는 일이다. '신화'라는 표현은 앞에서 언급한 대로 해당 인물이 역사적으로 실제로 살았던 사람이라는 점에 대해서는 의심하지 않지만, 그의 삶과 행적에 대한 이야기는 부분적으로는 몰라도 전반적으로는 꾸민 것으로, 역사적 사건이 아니라는 뜻이다. 신화로 판정을 내리는 사람들은 그것들이 역사적 실제 사건일 수 있다는 점에 대해서는 주의를 기울이지 않는다.

역사적으로 신뢰할 만한 물질적 증거자료들이 부족한 부분을 무조건 신화로 여기는 것은 자유주의적 성경주석가들의 전형적인 방식이다. 이러한 방식으로 예수의 어린 시절 이야기를 신화로 돌리고, 예수의 수난에 관한 연속적인 보도들도 신화로 여기며(베로니카의 수건), 경전으로 인정되지 않은 외경들과 서방교회에서 저술된 것으로 여겨지고 있는 '사도들의 역사'Historia Apostolorum에 등장하는 사도들의 행적에 대한 많은 보도들-베드로와 바오로에 대해 예외를 한 번 두었다-신화로 돌렸다.

자유주의적 성경주석가들은 '부활'에 관한 보도들이 작성될 때와 '사도들의 죽음'에 관한 보도들이 작성될 때 신화가 많이 지어졌다고 여겼는데, 예수의 죽음, 공동체 안에서 그에게 영광이 부여된 것, 예수에 관한 보도가 신화적으로 급변한 것 등을 의도적으로 일목요연하게 재구성한 것으로 보았다.

일반적으로 공관복음서들이라고 하는 것 안에는(마태오, 마르코, 루카-공관共觀이라는 말은 이 세 복음서의 원천이 서로 연결되어 있다는 것을 강조하는 것이다) 많은 수의 허구적 요소들이 있는데, 이것들은 '공동체가 꾸며 낸 것'이라고 그들은 주장했다. 어떤 특정한 '공동체'가 꾸며 낸 이런 텍스트들은 그러한 이유로 직접 예수로부터 유래한 것이 아니고, 오히려 예수가 행했다고 '신뢰할 수' 없는 내용들로 공동체가 꾸며 낸 것이라는 것이다. 그런데 그들이 공동체가 꾸몄다고 주장하는 신화들 가운데 많은 수는 전기적 성격을 띠고 있다.

역사적으로 믿을 만한 황금처럼 소중한 자료와 공동체의 이해관계에 의해 꾸며진 가치 없는 자료를 구별하는 그들의 기준은 무엇이었는지, 참으로 궁금하다.

하지만 무엇이 신화인가를 판단하는 작업은 그리 신중하지 못하게 진행된 것 같다. 역사적으로 믿을 수 있는 것과 신화적인 것을 구별하는 작업이 명백한 기준도 없이 너무 쉽게, 또 빈번하게 진행된 것은 놀랍지만,

특별하거나 도전적이거나 경이로운 것, 천사들의 등장, 육체적인 것에서 영적인 것으로의 변화 등을 다룬 내용들을 모두 신화적인 것으로 간주해 버린 것이 "경박하게 진행된 구별 작업"의 증거이다.

여기서 경박하게 진행했다는 의미는 역사적인 고찰을 생략했다는 뜻이다. "존재할 수 없는 것은 존재해서는 안 된다."Was nicht sein kann, das nicht sein darf라는 말은 독일 관념론의 설명에나 어울리는 것이지 역사 기록학과는 아무런 관련이 없다. 역사는 인위적으로 꾸밀 수 없다. 실제 일어난 일에 대해 아무런 선입견 없이 완전히 열린 상태를 취해야 하고, 통념에 도전한다고, 불편하다고, 지적인 내용에 어울리지 않는다고 삭제해서는 안 된다. 실제로 불트만 학파가 시작되던 초기에 "예수를 믿는 데 역사는 별로 중요하지 않다."는 풍조가 유행했었다. 그렇기 때문에 역사적 기록들은 믿음에 중요하지 않은 것이 되었을 뿐만 아니라 오히려 위험하기까지 했다. 믿음은 지식의 지팡이에 의지해서는 안 되는 온전한 모험이어야 했다. 역사적 사실을 경시하는 경향은 오늘날까지도 일부 남아 있기는 하지만, 1960년대 이후로는 신약성경 연구에서 역사적인 측면이 다시 비중 있게 다뤄지고 있다.

이제 신화로 규정해 버린 부분에 대해 핵심적인 질문을 던져 보자. 신약성경의 보도들, 예를 들어 명백하게 표현된 장면들(천사가 마리아에게 동정잉태를 알리는 것, 부활 현상들)이나 변모, 승천에 관한 내용의 진실은 어디까지일까? 죽은 라자로를 다시 살린 현상, 예수의 부활, 하늘에서 구름을 타고 재림할 사람의 아들처럼 우리의 지성이 기적이라고밖에 판단할 수 없는 요소들은 실제로 무엇일까?

우리가 이 모든 것을 깊은 신심에서 우러나온 신화로 여긴다면 천사, 악마, 마귀는 실제 그런 존재가 아니란 말인가? 그렇다면 하느님의 존재도 신화적인 것으로 보아야 하지 않을까? 그리고 더 나아가 이런 관점을 교회 안에도 적용하여 성사聖事도 신화의 영역에 드는 것으로 여겨야 하지 않을까? 세례를 받을 때 그리스도와 함께 죽는다는 것은 무엇이란 말인가? 성체성사 안에 현존하시는 예수님도 신화적 요소로부터 온 것일까? 그리고 고해성사 중에 듣는 사죄경도 동화에 불과한 것일까? 명백하게 드러난 예수의 죽음을 다룰 때조차도 현대의 신학은 예수의 실존에 대해 모호한 태도를 보였다. 아니, 이성적으로는 부정했다. 그러면서도 하느님의 실존에 대해서는 예외적으로 인정했는데, 그나마 간접적으로 시인하는 정도였다.

신화와 사실을 구별하는 설득력 있는 기준을 찾으려고 애쓰는 과정을 거치며 흐릿하고 애매하던 우리의 생각은 '정상적인 일상의 체험 안에서 일어날 수 있는 일인가'를 신화의 가장 명확한 기준으로 정립할 정도로 예리해졌다. 평범한 일상을 종교적 시각으로 가공한 것이 신화이기 때문이다. 드디어 인간의 건전한 이성과 판단력은 성경에서 무엇이 실제 사실이고 무엇이 지어낸 이야기인지를 구별하는 기준이면서, 개화된 시민 계급과 폐쇄적이며 신비주의적인 교회가 벌이는 집단적 권력 다툼의 도구가 되었다.

3.2 역사가들의 진리와 신앙인들의 진리

특히 요한복음서를 접할 때 다음과 같은 질문이 나올 수 있다.

그리스도인들은 '이중성을 띤 진리'doppelte Wahrheit를 믿고 있는 것은 아닌가?

그리스도인들은 한편으로는 예수가 사람의 아들이라는 것을 진리라고 믿어야 하고, 다른 편으로는 예수에 대한 역사적 보도를 고려하여 복음서에 들어 있는 것이 글자 그대로 모두 진리가 아님은 분명하다는 것을 염두에 두어야 한다. 그런데 실제 상태는 훨씬 더 복잡하다. 곳홀드 에프라임 레싱은 자연스럽게 일어나는 역사적 실제 사건들과 일반적인 이성적 진리들 사이에 놓인 심연은 대단히 깊어서 건널 수 없는 것이라고 했다. 사람들은 레싱의 이러한 주장을 역사(역사적 사실을 찾는 일을 하는 성경학자들의 영역)와 교의(비역사적으로 작업하고 추측에 의지하여 머리로만 생각하는 신학자들의 영역)의 관계에 적용하기 시작했다. 그렇게 하면서 사람들은 성경주석은 확실하게 확인할 수 있는 역사적 진리만을 추구하니까 진실하고, 교의는 추상적이고 이성적인 진리를 다루기 때문에 틀림없이 오류투성이일 것이라고 여겼다.

그러다 시간이 지남에 따라 사람들은 교의신학에서 하는 주장들을 들어 높여 이성적인 진리로 인정하게 되었는데, 이러한 예를 정통파 루터교에서 볼 수 있다. 달리 말하자면, 사람들이 믿을 교리의 내용을 성경에서보다는 일반적인 이성적 고찰에서 취하게 된 것이다. 그러나 이성이란 '공허한 것'이기 때문에 사람들은 다양한 종류의 인문학에서 의지할 거리를 찾았는데, 철학적 인간학(불트만, 라너), 심리학(드레버만Drewermann)과 사회학, 의사소통 이론(아이허Eicher)이 그 예이다. 하지만 이러한 방법은 새로운 것은 아니다. 중세의 프란치스코회 회원이었던 라몬 룰(Ramón Lull, 1235-1315)이 하느님의 속성들을 추정하고 연결하여 일종의 추상적이고 체계적인 신학을 구축할 때 이미 이 방식을 사용했다. 인간에 대한 이러한 부류의 학문적인 접근은 그 자체로 '교의적'이 되었다. 이 말은 이러한 학문은 '인간'에 대한 자신들의 주장을 시대를 초월하여 통하는 이론으로 삼고자 노력했고 스스로를 조직적이고 체계적인 존재로 여겼다는 것이다.

'조직신학자들'이 본격적으로 세력을 키우기 시작한 것은 자유주의적 비평 주석학과 만나면서부터이다. 이러한 자유주의적 예수 생애 연구 Leben-Jesu-Forschung는 예수에 관한 전승 전체가 역사적 사실을 거의 지니지 못한 것으로 폄하하는 결론을 내렸다. 일정 기간 사람들은 역사적으로 증명할 수 없는 것에 대해 누가 더 많이 부정하는지 시합이라도 하듯이 서로 비판적인 부정을 쏟아 내는 데 전력을 기울였다. 오늘날에도 여전히 많은 학자들이 예수의 말씀들 중 단지 열 개에서 열다섯 개 정도만 실제 그분의 말씀으로 여긴다. 역사적으로 증명할 수 있는 것이 매우 적다는 사실 때문에 예수를 시간을 초월하는 인류학적 진리로 여기는 믿음이 더욱 우세해졌다. 역사성이 배제된 것이 더 호감 요인이 된 셈이다.

이러한 맥락에서 소위 복음선포신학Kerygma-Theologie이 발생하게 되었다. 그리스어 'Kerygma'는 복음 선포를 의미한다. 복음선포신학은 역사적으로 진실인지가 중요한 것이 아니라 '선포된 것'이 중요하다고 주장한다. 예를 하나 들어 보자. 예수가 실제 육체적으로 부활했는가, 또는 무덤 도둑들이 예수의 시신을 훔쳐 갔는가, 아니면 무덤에서 그냥 썩고 말았는가가 중요한 것이 아니라 죽음을 이긴 삶의 승리에 대한 말(복음 선포, 말씀, 설교)이 중요하다는 것이다. 실제로 그리스도교인들은 예수의 부활을 처음으로 인정하고, 부활 이후에 표현은 조금씩 다르지만 그 사실을 선포하며 선교의 재료로 사용했다. 이렇게 되면 복음 선포는 의화(義化, 어떤 사건이나 행위를 정당화시킴)론의 변형에 지나지 않는다. 부활 당일 제자들의 마음속에(마치 죄인이 하느님에 의해 의인으로 받아들여진 것처럼) 십자가에 못 박혀 죽은 이가 하느님 앞에 부활한 존재로 여겨지는 믿음이 발생했다. 마침내 믿음이 역사로부터 분리된 것이다. 즉 죄인의 의화와 같은 비 역사적 사실과 십자가에 못 박힌 예수의 부활 같은 역사를 넘어서는 사건이 하느님 안에서 믿음으로 선포되기 때문에 역사적으로 증명할 수 있는 진리가 아니어도 상관없다는 것이다.

특히 예수의 기적 행위들은 이성적인 시각에서뿐 아니라 신학적인 입장에서도 별로 중요하지 않은 것으로 취급되어야 했다. 왜냐하면 기적 행위들이 십자가 신학을 방해하기 때문이다. 십자가 신학은 평범한 인간일 뿐인 예수가 박해를 받고 죽임을 당한 '지극히 정상적으로 발생한' 실제 역사적 사건인데, 제자들의 마음속에서 믿음의 사건으로 변형되었다고 주장한다. 그런데 믿음은 시간을 초월하는 심리 현상이다. 이러한 주장을 하는 사람 중 일부는 하느님께서 예수의 몸에 어떤 작용을 한 것이 아니라 제자들의 마음속에서만 작용했다고도 한다. 하지만 이렇게 실제로 존재하는 현상을 학문적으로 다루는 심리학을 하느님의 기적에 대입시켜서, 기적을 예수의 몸에서가 아니라 제자들의 심리에서만 일어난 것으로 한정시키는 논리는 오래갈 수 없다. 불가사의는 불가사의이다. 하느님 입장에서는 영혼에 직접 작용하는 것이나 예수의 무덤에 직접 작용하는 것이나 다를 게 무엇인가.

이런 식의 선포는 이성적으로 옳다고 여겨지는 방향으로 발전해 가는 경향이 있음을 보여 준다. 예를 들면 그리스도론(그리스도의 존재, 의미, 그리고 사명에 관한 가르침)이 인류학(인간의 본질에 관한 가르침)으로까지 확장된 것이다. 이렇게 하여 '예수는 하느님의 아들'이라는 말은 인간에 대한 하느님의 사랑을 의미하는 보편적인 표현이 되었고, 나인의 젊은이를 소생시킨 기적에 대해서도 다른 설명이 더 필요 없어졌다. 이러한 방식의 해석에서는 무게 중심이 구체적으로 일어난 사건에서 역사성이 배제된

판에 박힌 표현으로 손쉽게 옮겨진다. 이렇게 되면 나인의 젊은이가 참으로 죽었었는지는 전혀 중요하지 않은 것이 되어 버린다. 마리아의 동정잉태도 이와 비슷하게 되어 마리아가 남자 경험이 없는 처녀였던가에 대한 문제도 전혀 중요하지 않은 것으로 취급되고 만다. 중요한 것은 오직 하느님이 사람을 사랑한다는 것이고, 이것이 앞에서 언급한 두 경우에 대한 핵심적인 진술이 된다. 이렇게 되면 두 경우 모두에서 복음사가들이 대체 어떠한 이유로 육체적인 점들을 묘사하고 언급했는가에 대한 문제는 해결되지 않은 채 남게 된다. 마태오복음사가들은 이러한 언급 때문에 초기에 엄청난 어려움을 겪어야 했는데도 말이다.

이러한 해석에 의하면 복음사가들의 저술은 옳지 않다. 이들은 이들에게 중요했던 것을 쉽게 바닥이 드러나는 논리로 하찮거나 잘못된 것으로 단정해 버린다. 일부 주석가들이 난해한 부분을 슬쩍 넘어가 버리듯이, 복음사가들에게 예수의 육체적인 부활이 정말 대수롭지 않은 문제였는지 반드시 연구되어야 한다.

3.3 데카당구조인가 일방통행으로서의 역사인가

자유주의적 주석가들은 초기 그리스도교 신학 역사의 체계에 지나치게 의지하는데, 신약성경의 성립과도 관련이 있는 이 틀은 다음과 같은 특징을 지닌다.

A. 신약성경의 문헌들은 서로 분리할 수 없는 관계 속에 있다. 하나의 문헌(복음 하나, 편지 하나)이 성립되면, 그 뒤에 성립되는 문헌은 앞에서 형성된 모

든 문헌을 전제한다. 저자들이 믿을 교리가 성장하여 완성된 그리스도교라는 운하 전체를 머릿속에 그리면서 저술하기 때문이다. 이 운하를 '신경'(Das Credo, 믿을 교리 전체)이라고 이름 지어 보자. 초기 신학자들은 그리스도교는 처음부터 하나의 믿을 교리를 갖고 있었고 이것은 이어지는 새로운 문헌들에 의해 발전해 나가는 것으로 여긴다. 그렇게 하여 이들은 요한복음은 신경운하Credokanal에서 나중에 발생한 것으로서 사도 바오로와 공관복음에 대해 이미 알고 있었음을 전제한다.

B. 이러한 것에서 그리스도의 본질, 의미, 사명에 관한 가르침인 그리스도론에 대한 명백한 표상을 형성했고, 이를 바탕으로 생각들을 점차 덧붙여 나갔다. 처음에는 다시 오시는 분에 대한 진술들이 만들어졌고 그 다음에는 들어 높여진 분에 대한 진술들이 만들어졌으며 마지막으로는 지상생활을 한 예수에 대한 진술들이 만들어졌다. 이러한 모델에 세상 종말이 곧 오지 않고 연기되고 있는 것(= 초기 그리스도인들이 즉시 일어날 것으로 기대했던 그리스도의 재림이 연기되는 것)에 관한 자유로운 견해das liberale Schema가 덧붙여졌다. 그리스도인들이 세상 종말이 금방 일어날 것이라는 말을 받아들였었다면 그런 일이 일어나지 않았을 때, 그들은 생각을 바꿔 그 바뀐 생각을 문헌으로 남겨야 했을 것이다. 이는 여호와의 증인들이 세상 종말이 올 것이라고 외쳐 댔다가 그런 일이 발생하지 않자 이에 대해 해명을 해야 하는 곤란에 빠졌던 것과 근본적으로 다르지 않다. 초기 공동체의 믿음에서 점차 자라던 탈종말론Ent-Eschatologisierung에 관한 언급이 바로 그것이다. '하느님의 아들'에 관한 언급에도 그런 영향이 작용했음을 볼 수 있는데, 지상 생활을 한 예수가 하느님의 아들이었다는 복음서의 증언이 역사적으로 사실일 가능성을 완전히 부정하는 로마서 1,3 이하가 그렇다. 게다가 로마서 1,3 이하는 바오로 사도가 쓴 모든 문헌보다 먼저 써졌다.

어째서 이러한 틀이 수많은 성경학자들의 머릿속에 강하게 자리를 잡게 되었을까? 초기 그리스도교에도 다양한 진술이 공존할 수 있다는 가능성을 염두에 두지 않았기 때문이다. 요한복음이 공관복음과 상관없이 홀로 피어난 꽃이지만 공관복음과 나란히 자리하고 있으며, 이와 비슷한 경우가 다른 전승에도 있을 수 있다고 생각한 주석가는 소수였다. 하나의 단순한 틀이 현실의 복잡하고 다양한 상황보다 훨씬 아름답다. 토마스복음의 경우는 이보다 더 나쁘게 진행되었다. 이 복음서는 정경正經으로 받아들여지지 않았기 때문에 사람들은 그저 영지주의적 이단에 속한다고 이해해야 했다. 토마스복음이 '영지주의적'이라는 생각은 처음부터 아무런 검토 없이 받아들여진 듯한데, 이런 입장 때문에 토마스복음을 읽고 분석하는 학자들은 이것은 영지주의자들이 조작한 것이니 쓰레기 더미에 집어던져져야 마땅하다고 결론짓는 데 급급해야 했다. 이와 마찬가지로 외경인 베드로복음서도 조작한 복음서들의 전통에서 유래한 것으로만 생각해야 했다. 이 문헌의 저자가 거의 모든 문장마다 공관복음서들을 원본으로 사용했다고 명시한 것은 기꺼이 무시해 버렸다. 이 두 복음서의 주석은 이들은 정경에서 제시하는 것과는 다른 증거들을 제시하는 복음서들이라는 것을 밝히는 방향으로 진행하는 것이 가장 적합한 작업일 것이다.

연구를 진행하는 데 있어서 정경, 정경의 성립 과정, 그리고 그러한 일에 따랐던 정황들의 조건들에 대한 특정한 상투적인 말들이 당연한 것으로 받아들여져서 대를 이어 그대로 이어졌고, 이러한 경향이 어떤 점검도 없이 이론 전개 전 과정의 형태에 지속적으로 영향을 주었다는 것이 나의 주장이다. 어찌하여 오직 정경에 들어 있는 문헌들만 논할 가치가 있는 것이 되어 버렸을까? 그리스도교 가르침의 발전은 마치 멋진 성

안의 훌륭한 정원에 걸린 바로크 시대의 새장과 비슷한, 외부와 차단된 작은 수조水槽에서 진행된 것이 아니다. 도대체 누가 우리에게 초기 그리스도교의 발전에 오로지 단 하나의 원동력, 즉 시간이라는 요소만이 작용했다고 주장한단 말인가? 역사의 시간은 그 진행에 따라서 그때마다 진보하는 것이고 그리스도교 역시 당시 세계가 보편적으로 타당하다고 여겨지는 결과를 따른 것이다. 이러한 사실의 논리적 귀결로 자유주의 신학이란 조명 아래 우리가 던지는 질문에 데카당구조가 형성되고 있다. 시간의 흐름과 함께 복음이 점차 변조되는 것이다. 복음은 본질적으로 가까이 다가온 종말에 대한 기다림의 자세로 세상에 대한 거리 유지에 초점이 맞추어져 있었다.

수많은 뉘앙스가 간과된 일목요연한 책을 쓰겠다고 시작했으면서도 문헌(주석)에 드러나는 전반적인 상황에 대해 비판하는 까닭은 초기 그리스도교의 상황에 좀 더 넓은 가능성을 허락해야 한다는 주장을 하고 싶기 때문이다. 연구를 진행하는 데에 좀 더 많은 상상력을 동원하면 초기 그리스도교에 폭이 매우 큰 다양성이 있었고 이 다양성이 전체를 지탱하고 있었음을 명백히 보게 될지도 모른다. 여러 '목록'들이 병존하고 있었을지도 모른다. 그리고 누군가는 일방통행적인 틀과 대조되는 배제되었던 원천기록들을 끄집어내서 이것 또한 믿음과 신비가 빚어낸 기록이라고 주장할지도 모른다.

3.4 모두가 진실인가, 어느 정도까지만 진실인가

해마다 성탄절만 임박하면 예수가 무엇을 말했는지, 그리고 무엇을 했는지, 전혀 알려지지 않았고 알아내기도 힘들다고, 매스컴들은 떠들어 댄다. 하지만 약 50년 전부터 저명한 학자들은 지나치게 비판적인 노선으로부터 거리를 유지하고 있다. 예수에 관한 초기 그리스도교의 원천들을 좀 더 신뢰하라는, 도움이 되는 소수의 동료인 고대 역사가들의 조언을 따르는 것이다. 이들 역시 초기 그리스도교의 상황을 보여 주는 확실한 원천들을 갖게 되기를 고대하기 때문이다. 예수가 죽은 후 얼마 되지 않아서 4개의 온전한 복음과 부분적으로 전해지는 68(!)개의 복음들이 완성되었다. 이 복음들에는 매우 의미 있는 다섯 가지 근거가 담겨 있다.

1. 복음서들에 들어 있는 진술 중 많은 수가 역사적으로 실제로 일어났던 일이고, 그렇기 때문에 '진실'이다. 사람들이 사실이라고 받아들이는 50년 전 일보다 훨씬 더 정확하다. 이러한 예로 카야파와 엠마오의 실존, 그리고 그리스도 탄생 20년 후의 유다교의 종교적 상황이 어떠했는지를 매우 정확하게 알게 해 주는 쿰란의 발굴에 도움을 준 것 등을 들 수 있다.

2. 이전에는 신약성경에서만 기록되어 있고, 그 외의 문헌에서는 보이지 않는 내용은 모두 허위로 여기는 것이 원칙이었는데, 그 사이에 사실이 아니라는 것이 증명될 때까지는 신약성경에서 보도하는 것들을(역사가들이 그렇게 하듯) 역사적으로 사실로 보아야 한다는, 상반되는 해석학적 기준이 통용되었다.

3. 만약 복음사가들이 같은 사건에 대해 서로 다르게 보도할 경우(이것에 대해 교회는 정경을 모을 때부터 알고 있었다!), 어느 한쪽이 그릇되게 해석했다고 여겨서는 안 된다. 초기 그리스도교 공동체들은 스스로 이러한 보도들의 신뢰성을 책임져야 했기 때문에 이미 나름대로 사실 여부를 검토해서 기록했다고 보아야 한다. 각각의 복음서들이 이론의 여지가 없는 확실한 진술로 인

정받고자 했기 때문에 더욱더 신중하고 치밀하게 작업이 이루어졌다.

4. 오늘날의 연구자들은 문헌들의 발생 시기를 예수의 지상 생활 시기에 좀 더 가깝게 접근시킨다. 답답하기 짝이 없는 사후예언(vaticinia ex eventu, 실제로 일어난 일에 대해 그 발생을 적절하게 지어내는 것, 조작한 예언)은 습관적으로 이루어진 말장난일 뿐이라는 사실을 이해하기 시작한 것이다. 그리고 요한복음서가 담고 있는 수난 보도로 예수의 수난에 대해 우리가 더욱 자세히 알게 되었으므로 요한복음서도 역사적으로 무가치하지 않다. 나중에 써진 네 번째 복음서이고, 예수로부터 멀지 않은 시기에 지닐 수 있는, 그리스도를 알려야 한다는 소박한 사명에서 지어졌기 때문에, 정말 발전된 그리스도론을 담고 있지는 않은가 하는 의문을 특별히 불러일으키기도 한다.

5. 복음서들의 신비적 보도들(환시, 천사의 등장, 부활 현상)은 역사적 사실의 경계에 있는 특별한 양상의 역사적 진실로 보아야 한다. 이러한 보도들은 세속적인 입장에서 살핀다면 하나같이 사적이고 주관적이며 병적인 체험들로 외면당할 뿐이겠지만, 우리는 이들이 시공간적으로 확실하게 영향을 준 실제의 독립된 영역이라고 여기는 것이다. 예를 들면 천사들의 존재는—신비적 실제라는 의미로—현대의 세속적인 상징과는 무관하지만 하느님에 관한 상징의 한 부분으로, 물리학적인 문제들과는 아무런 관련이 없다(이 문제에 대해서는 저자Berger의 「신약성경의 보도들은 진실일까?Sind die berichte des Neuen Testaments wahr?」[2002]를 참조).

4장

온전한 인간?
반신半神 반인半人?
또는 다른 어떤 존재?

4.1 요셉, 주석학적 친자 확인
4.2 누구도 완벽하지 않다—그렇다면 예수는
4.3 '예수는 하느님의 아들'이란 무슨 뜻인가
4.4 구원의 친밀함
4.5 위로부터의 빛
4.6 예수의 변모—복음의 감추어진 축
4.7 아들의 파견
4.8 하느님 선물로서의 예수
4.9 물 위를 걷다—신비로 가득 찬 예수의 몸
4.10 예수가 죄를 사할 수 있을까
4.11 하늘로 가는 고된 길_예수에 대한 불쾌감
4.12 라자로의 도발
4.13 불쾌한 용서

4.1 요셉, 주석학적 친자 확인

성령으로 인해 예수가 잉태된 것은 많은 연구자들에게 '신화'가 무엇인가를 알려 주는 전형적인 예로 통한다. 이것은 참으로 일종의 신화이고 게다가 이교도적인 영감에 의한 것일까? 거의 모든 주석가가 이 문제를 신들이 인간의 여인들과 결합하기도 하는 전설 또는 신화Mythen와 연결시켜 고찰한다. 이러한 이야기들에서 일부는 다른 모습을 취하여 불쌍한 남편들 몰래 간통을 하기도 하는 모습으로 등장한다. 예를 들어 알렉산더 대왕은 제우스신이 뱀의 모습으로 알렉산더의 어머니가 될 여인에게 접근해서 잉태되었다는 것이다. 이 여인의 정혼자인 필리포스는 열쇠구멍으로 안을 들여다보다가 그 벌로 한쪽 눈을 얻어맞아 애꾸눈으로 일생을 살아야 했다고 한다.

그러나 여기서 벌써 이러한 질문을 던져도 될 것 같다. 예수의 어린 시절에 관한 보도가 유다그리스도교적 특성judenchristlicher Charakter을 강하게 지니고 있는데, 이 '이야기를 꾸민 사람'이 먼저 그리고 직접적으로 자신들의 사고지평에서 완전히 벗어나는 신들의 이야기를 들먹일 수 있었겠는가? 이방종교의 이야기들은 모두 말 그대로의 수태와 출산을 다루고 있지만 신약에 하느님이 요셉을 거슬러 마리아와 간통하는 내용 따위는 없다.

이것에 대한 그리스도교의 관점은 구약성경에서 유래하는 노선이자 '위로 상승하는 방식'으로 명명할 수 있는 것에 그 원천을 두고 있다. 이러한 성경적(!) 노선 또는 '전통' 내부에는 모태에서부터 불림을 받아 거룩하게 된 선택된 예언자에 관한 이야기가 있다. 하느님에 속한 사람에 관한 이러한 이야기는 세례자 요한에게서, 그리고 이어서 예수에게서 최고조에 달한다. 성경에 등장하는 이런 자료들 모두에 공통적으로 들어있는 것은 '모태에서부터'이다. 이러한 자료에서 하고자 하는 말은 이러하다.

하느님은 예언자로 일을 시킬 존재로 선택한 사람을 잉태되는 순간부터 준비했다.

이사 49,1에 의하면, 하느님은 예언자를 모태에서부터 부르시고 그의 이름을 지어 주셨다. 예레 1,5에 의하면, 예레미야는 모태에서부터 선택되고 성별되었다. 신약성경 갈라 1,15에서 바오로는 자기 자신에 대해 "어머니의 배 속에 있을 때부터 나를 따로 뽑으시어"라고 말한다. 루카 1,15에 의하면, 세례자 요한은 어머니의 태중에서부터 성령으로 가득 찰 것이라고 한다. 마침내 루카 1,30에 의하면, 예수는(어머니의 태중에서부터) 성령에 의해 잉태되었다. 예레미야에서는 '거룩함'이란 말이 중요한 의미로 새롭게 등장한다. 세례자 요한은 여기서 더 나아가 '성령으로 가득 찰 것'이라 말한다. 예수는 성령으로 가득할 뿐만 아니라 전적으로 성령에 의해 생겨났다. 동시에 이러한 방식으로 지존함의 지위를 가리키는 명칭이 변경된다. 예수는 예언자의 지위를 넘어서는 것이다. 하느님의 아들이기 때문이다.

예수의 잉태와 탄생은 유다그리스도교인들에 의해 성경적인 방식으로 편집되었다. 그러므로 이교도적인 문헌으로 취급되어 내팽개쳐져서는 안 되는 것이다. 이 텍스트의 성립 시기는 유다-팔레스티나에서 성경을 잘 아는 학자들이 형성한 환경에 뿌리를 둔 것으로서 그리스도교가 막 구성되던 가장 초기로 거슬러 올라간다. 그러므로 이것은 어떤 낯선 새로운 것에 관한 것이 아니라 원광석을 취급하는 것과 같은 것이다. 하느님의 아들이 예언자들을 넘어서는 것은 그리스도교에 자주 등장하는 오래된 견해이다(거룩한 변모, 마르 12에 있는 포도밭 소작인의 비유, 히브 3). 이방인들의 이야기 속에서 신들과 인간 여인들이 저지르는 간통 이야기들은 결국 우스움과 빈정거림으로 귀결되고 말지만 이와 달리 루카는 이렇게 발생한 사건을 매우 조심스럽게 다룬다. 그렇게 하여 이 장면이 지닌 기품과 매력은 성경의 빛과 천사의 등장에 관한 언어 속에서 초기부터 지금까지 예술의 역사 전체에 강한 영향을 미쳤다. 우리는 이 이야기를 들을 때마다 예술사에 등장하는 뛰어난 작품들을 생각하지 않을 수 없다.

이제 우리는 이렇게 질문할 수 있게 되었다.

그렇다면 역사적으로 실제 일어난 사건은 무엇인가?

무엇보다 먼저 마태오와 루카 사이에 서로 일치하는 요소들이 있다는 것을 언급해야겠다. 적어도 루카 1장에 있는 오래된 전승을 이러한 요소로 들 수 있다. 이 이야기는 이러하다. 헤로데가 유다 임금으로 있던 때에 마리아는 요셉과 약혼한 사이였다. 그런데 성령이 마리아의 몸에 작용하여 예수를 잉태하게 했다. 어느 천사에 의해 이러한 사실이 알려지게 되었다. 마리아는 그 이전에 요셉과 잠을 잔 적이 없다. 이 두 복음서들에서 천사는 이렇게 말한다.

> 너는 그 이름을 예수라 하여라.

루카 1장에 있는 이 장면과 관련해서 이렇게 말할 수 있다. 이 이야기가 마리아 자신에게 근원을 두고 있다면 마리아의 증언이 유명한 루카—요한 전승 단락(요한 19,26 참조)에 들어 있다고 볼 수 있을 것이다. 그 근저에 놓여 있는 역사적 사건은 신비적—무아적 체험으로 정의되어야 한다. 그것은 최소한 이러한 의미다.

> 마리아는 하느님 천사에 관한 환시를 보았는데, 그 환시의 힘이 너무나 커서 이어서 임신을 하게 되었다.

이 사건을 받아들이는 데는, 삼손의 잉태와 태어남을 알리는 장면을 담은 판관기 13장이 분명히 큰 역할을 했다. 삼손은 카리스마를 지닌 판관으로서 그의 길은 성령에 관한 초기 유다교의 생각에 결정적인 역할을 했다. 구약이 루카복음의 이 내용에 어떻게 영향을 미쳤는지, 그리고 루카복음에서나 다른 곳에서나 역사적으로 '순수하게' 있었던 사건이 무엇이었는지는 더 이상 밝혀낼 수 없지만 어떤 경우에도 이 사건을 경시하는 방향을 택해서는 안 된다. 어머니와 아들에 있어서 이 이야기의 의미는 이렇다.

이 보도는 하느님에 의해 선택되었다는 것을 분명하게 하고 강조한다. 여기서 선택은 절대적인 거룩함을 의미한다. 한 사람에 대한 하느님의 요구에 관한 것이고 그의 성화에 관한 것이기 때문이다. 선택이 이렇게 지극히 첨예해진 곳에서는 그 사람이 더 이상 다가가는 것이 불가능할 정도로 하느님께 가까이 있게 되고, 그렇게 하여 하느님의 아들이라는 명칭을 갖게 된다. 그는 아들로서 하느님의 충만한 생명력에 동참하게 된다. 이것은 내용적으로 성령을 통하여 발생하는 다리橋이다. 하느님의 충만한 생명력에 그렇게 가까이 있는 사람은 그 스스로도 기원이 없는 원천ursprungslose Quelle이 된다.

따라서 이 사건은, '하느님이 사람이 되시다.'라는 사고 모델을 통해 이해하기보다 마리아라고 하는 한 인간이 하느님의 신비에 가능한 가장 큰 접촉을 가졌다는 사고 모델로 이해하는 것이 더 낫다. 그렇기 때문에 사람들은 언제나 이 텍스트를 읽어 왔다. 이러한 성격을 가졌기에 이 텍스트는 그렇게 많고도 그렇게 깊은 느낌을 자유롭게 전개해 놓았다. 성탄절과 관련된 기쁨은 모두 사람을 사로잡는, 참으로 불가해한 마리아의 이러한 체험에 바탕을 두고 있다. 찬미가Te Deum의 내용을 따라 말을 이렇게 구성할 수도 있다.

> 하느님께서는 이 팔레스티나 처녀를 자신의 새로운 성전으로 삼아 그 안에서 살기를 마다하지 않으셨다.

특별한 사건은 하느님의 개입을 전제하는 것이 되므로 칸트학파에서 말하는 순수이성비판의 잣대로 수술을 해야 한다고 여기면서, 특별한 사건을 처음부터 배제해 온 신학에 대해 우리는 여기서 다시 생각해 보고 결별을 결심해야 한다. 신비적 신학은 기적의 존재를 인정하고 하느님께서 하시는 특별한 행위가 이 세상의 정상적인 영역에 개입해 들어올 가능성을 부인하지 않기 때문에, 마리아가 실제로 체험했다고 기록하고 제자들이 믿어서 신학적인 작업에 반영한 것에 대해 열린 태도를 취한다. 이러한 관점에서는 성령에 의한 예수의 잉태가 다음과 같았던 것으로 간주한다.

전지전능하고 알 수 없는 하느님께서 사람들에게, 팔레스티나의 이 처녀에게, 그렇게도 가까이 다가오셨기에 그 결과로 한 인간의 생생한 육체적 생명이 시작되었다.

예수의 부활에서 일어난 사건도 근본적으로는 이와 같은 것이다.

하느님은 무덤에 누워 있는 죽은 예수에게 너무나도 가까이 다가오셨기에 그 결과로 기적과 같은, 변화된 새로운 생명이 시작되었다.

고대의 사람들에게는 글자 그대로 알파요 오메가이고, 생명의 시작이요 마침인 이 두 경우 모두에서 하느님은 육체적 영역에 작용하시면서 새로운 생명을 선사하는 분으로 등장하신다. 그러므로 우리는 이렇게 말할 수 있다.

예수의 기원과 부활은 '같은 하나의 나무에 새겨진 것'이다.

진지하게 다시 말하면 이러하다.

구원 역사 전체 과정 중에서도 특히 이 두 지점에서 하느님과 인간이 가장 가까이 있었다.

몸으로 체험할 수 있는 가까움이라는 차원은 예수의 등장과 교회 역사의 한 특징이 된다. 예수는 이 점을 산상수훈에서 분명히 하는데 여기에서 예수는 하느님의 계명이 육체성의 궁극적인 부분까지 적용되어야 한다고 가르친다(음욕을 품고 여자를 바라보는 것만으로도 이미 그 여자와 간음한 것이라고 하는 마태 5,28을 예로 들 수 있다). 기적들 안에서 하느님의 창조적인 힘은 병자들을 (치유하는) 육체적인 결과로 작용한다. 예수는 세리를 방문했을 때 이렇게 말한다.

오늘 이 집에 구원이 내렸다.

단지 예수가 육체적으로 그곳에 현존했기 때문에 그렇게 된 것이다. 예수가 세리들과 하느님을 모르는 사람들과 함께 잔치를 벌이면, 예수의 육체적 현존으로 이미 하느님 나라가 그곳에 와 있는 것이다. 예수는 육체적 부활과 육체적 영원한 삶을 약속할 수 있다. 유다교에서는 이것 말고 다른 어떤 것도 생각할 수 없었다. 여기서는 언제나 더 이상 가까이 하는 것이 불가능한, 인간에 대한 하느님의 육체적 가까움이 관건이다. 이것은 다른 모든 성사에도 그대로 적용된다. 이러한 절대적인 가까움은 화해의 본질을 이룬다. 이것은 이스라엘에게 한 계약의 충만한 성취이다.

나는 너희의 하느님이 되고 너희 곁에 살 것이다.

4.2 누구도 완벽하지 않다-그렇다면 예수는

잘 알려진 예수의 생애에 관한 여러 장면들 중에서도 사람들은 특히 예수도 죄를 지었는가라는 의문에 대해 관심이 크다. 앞의 세 복음서들이 보도하는 대로 예수는 요르단 강가에서 세례자 요한으로부터 세례를 받지 않았는가? 세례를 베푼 사람은 '죄를 사해 주기 위해서' 그렇게 한 것이다. 몇몇 주석가들은 이것을 두고 무례하게도 예수는 죄를 지었기 때문에 세례를 받았다고 해설한다. 예수가 죄를 짓지 않았다면 루카 3,3에서 전하는, 요한의 세례를 통한 정화의식은 아무런 의미도 없을 것이라는 얘기다. 예수는 의미 있는 큰 죄인이었고, 그렇기 때문에 그는 요한에게 다가갔을 것이며 요한을 높이 평가했다는 주장이다. 누구도 완벽하지 않다. 그런데 예수는 무엇 때문에 달라야 한다는 말인가?

이러한 주장을 펼치는 데 있어 이들은 오직 실용적 원리에만 초점을 맞춘 "네가 긴급히 필요로 하지 않는 것은 그냥 두어도 된다."는 원리를 적용하고 있다. 이러한 논리의 결과로 "네가 잘못한 것이 없다면 주님의 기도를 드리지 마라."라는 이론에 이르고 만다. 그러나 성경적인 신심의 논리는 이와는 크게 다르며 이와 같다.

누구도 하느님의 거룩함을 충분히 찬송할 수 없다. 그러므로 아무리 많이 찬송할지라도 겸손이 지나칠 수 없다.

예수는 하느님의 아들로서 신심이 깊은 것은 두말할 필요도 없다. 어떻게 달리 생각할 수 있단 말인가? 그는 모든 것을 아버지로부터 받았고, 그렇기 때문에 하느님의 아들이다. 그러므로 루카 3,21에서 알려 주는 바와 같이 세례를 받으면서 기도했다. 예수가 반드시 세례를 받아야만 했던 것은 아니었다. 그보다는 예수가 어떤 경우에도 당신의 하늘나라 아버지와의 만남을 피할 이유가 없었던 것이다. 부족함 때문에 하느님께서 개입을 해야만 하고 개입해 주시기를 청하는 우리와 달리, 예수는 하느님의 개입에 매달려야 했던 것은 아니었다. 성경적으로 볼 때 오히려 이와 반대되는 것이 옳다. 요한의 세례는 근본적으로 생생히 살아계신 하느님과 만나는 일이다. 그러므로 생수는 하느님의 생명력과 정화력의 표상이다(요한 7,38 이하 참조. 또한 토마스복음 13에 들어 있는 샘에 관한 표상 참조). 이를 죄를 사하는 것으로만 제한하여 이해할 필요는 없다. 마태 3,1-2에 "죄를 지은 사람에게는 죄가 사해질 것이다."라는 말이 없는 것은 바로 이것이 사실이라는 증거이다.

좀 더 살펴보자. 성경에서 각각의 사건은 결론과 결과 안에서 그 의미가 밝게 드러난다. 예수의 세례 사건도 예수가 성령이 충만하며 공적으로 아들로 선택되었다는 뜻을 갖는다. 성령에 의한 잉태의 내밀함도 '너는 …이다'라는 정형화된 형식의 선언을 통해 비로소 베일을 벗는다. 이러한 '너는 …이다'의 형식은 시편 110,4에서 유래한다.

너는 멜키체덱과 같이 영원한 사제다.

시편 2,7에 있는 이스라엘의 왕을 입양하는 장면도 이와 같다.

너는 내 아들. 내가 오늘 너를 낳았노라.

마지막으로 루카는 예수의 세례를 보도할 때 그리스도교 안에서 계속 베풀어질 세례에 대해 생각한 것이 틀림없다. 이것은 이전부터 이미 물에 의한 세례와 성령에 의한 세례를 결합하는 것이기 때문이다. 이러한 것은 사도 8,15 이하와 사도 19,2-6에서도 발생한 것인데, 요한 3,5에서도 벌써 물과 성령으로 다시 태어남에 대해 언급하고 있다. 이들이 다루는 것이 예수와 같은 형태에 관한 것이라면, 물에 의한 세례와 성령에 의한 세례를 일치시키는 예수의 고유한 세례는 그리스도교에서 하는 모든 세례에 실제적이고 현실적인 의미를 지닌다.

"루카 1,35 이하에 의하면 예수는 이미 성령으로 생겨났는데 무엇 때문에 성령으로부터 세례를 받을 필요가 있었을까? 참으로 그러한 것을 필요로 했을까?"라고 물을 수 있다. 이러한 물음에 대해 성령은 사람이 한 번 받으면 영원히 받거나 아니면 전혀 받지 않거나 하는 그런 것이 아니라는 점을 언급할 필요가 있다. 누구도 성령을 더 이상 받을 필요가 없을 만큼 충분히 받을 수는 없다. 그러므로 초기 그리스도교에서 언제나 되풀이하여 강조하였다.

끊임없이 기도하십시오. 성령의 불을 끄지 마십시오.(1테살 5,17.19)

초기 그리스도인들은 언제나 다시 성령을 받기 위해 기도했다. 그렇기 때문에 "예수가 기도할 때" 하늘이 열렸다고 했다—이는 루카복음에만 나오는 표현이다. 중세시대에 사람들은 예수의 세례를 십자가 상의 구원과 같은 맥락으로 보았다. 즉 자신의 죄를 없애기 위해 세례를 받은 것이 아니라는 것이다. 아무런 죄도 잘못도 없는 예수가 세례를 받은 것은 그 세례를 통해 다른 모든 사람의 죄를 대신 짊어지고 가기 위한 것이었다. 의식에는 기본적으로 의미가 점차 축적되는 경향이 있는데, 이 경우도 마찬가지다. 죄 사함이 두 가지 사건들로 규정될 수 있는 것은 아무런 문제가 되지 않았다. 이어지는 유혹 이야기에도 같은 이야기를 할 수 있다. 루카 3,21 이하에 기록된 예수의 세례는 예수를 강하게 하여 자신을 유혹하는 악마뿐만 아니라 다른 사람들을 유혹하는 악마들도 물리칠 수 있게 했다.

루카가 전하는 예수의 세례가 지닌 신학적 의미는 오늘날 두 가지 지점에 들어 있는데, 하나는 성령을 청하는 예수의 기도 안에, 다른 하나는 공개적인 세례의 의미 안에 있다. 복음사가 루카는 성령을 청하는 기도를 늘 새롭게 강조하고 있는데, 특히 복음서 11장과 예수가 사람들을 선교하도록 파견하거나 공동체가 파견할 때 그렇다(루카 6; 사도 13). 초기 그리스도교에서는 오늘날보다 성령의 힘을 훨씬 더 강하게 의식했다. 그리스도교 공동체와 각 개인은 성령의 힘으로 살아갈 수 있는 것이다. 기도하는 것은 성령의 힘으로 하는 것이고 또한 성령을 청하는 것도 마찬가지로 그러하다. 성령의 활동은 전지전능하신 하느님께서 공동체 한가운데서 작용하시는 온전히 특별한 방법이다. 세례를 베푸는 것은 좀 더 강한 공적 행위이고 신앙고백이어야 하는 것이다.

4.3 '예수는 하느님의 아들'이란 무슨 뜻인가

많은 그리스도인들이 '예수는 살아 계신 하느님의 아들'이라는 말의 의미를 제대로 알지 못하고 있다. 성경에서 '아들'Sohn 또는 '아이'Kind라는 말은 한 사람이 다른 사람과 가질 수 있는 가장 밀접한 관계, 혈육, 닮음을 의미한다. 이러한 관계들은 문맥에 따라 다르게 정의된다. 가령, 루카

3,38에 의하면 아담도 하느님의 아들이라 불릴 수 있다. 그를 다른 동물들과 구별하는 것이다. 루카 20,36에 의하면 부활한 사람들도 '하느님의 자녀들'이다.

그러므로 '하느님의 아들'의 내용은 고정된 것이 아니라 문맥에 따라 넓은 범위의 닮음을 가리키는 말이다. 마태 16,16에도 이와 같이, 앞서 언급한 모든 예언자들과 예수는 하느님의 아들이다. 거룩한 변모에서도 마찬가지로, 모세와 엘리야와는 달리 예수만이 '내가 사랑하는 아들'이다. '하느님의 아들'이라는 용어는 생물학적 생식에 관한 것이 아니라 언제나 관계의 친밀성과 닮음에 관한 것이다. 이것은 무슬림과의 대화에서 중요한 사항이다. 그들이 우리를 거슬러 "하느님은 아들이 없다."고 주장할 때 그 의미는 육체적 생식과 같은 것이다. 이와 비슷한 것을 우리는 이교도들의 신화에서 들어 왔다. 신들이 인간 여인들과 불륜을 저질러 아이를 낳는 이야기는 자주 듣는 것이다. 성경에서 이러한 것은 생각도 할 수 없는 혐오스러운 것이다. 하느님은 성적으로 남성인 존재가 아니다. 어떤 존재가 하느님의 아들이 된다는 언급은 항상 성령에 의한 것으로 서술된다. 이것은 예수에게서도 마찬가지다. 그렇기 때문에 그리스도인들은 '하느님의 자녀들'이고 예수는 맏형이라고 할 때마다, 이들을 그러한 존재로 만드는 것은 언제나 하느님의 창조하시는 성령이다. 달리 말하자면 이러하다.

아버지께서 직접 아들이라고 할 때에는 '내가 사랑하는 아들'이라고 하신다. 이러한 아들에 대한 하느님의 사랑, 그리고 하느님의 뜻에 따라 다른 모든 그리스도인에게 대한 그분의 사랑은 다 알 수 없는 신비이다. 이 사랑은 감상적인 태도와는 무관한 것이다. 무엇보다 특별한 대우이고 선택이며 또한 하느님의 백성인 유다인들에게서 볼 수 있는 바와 같이, 고통을 겪어야만 하도록 정해진 하나의 방식이다. 왜냐하면 하느님을 그렇게 닮은 사람은 하느님께 대한 세상의 미움과 반역을 견뎌 내야 하기 때문이다.

신약성경에서 하느님의 아들에 관해 말하는 대목들에서 이 칭호는 언제나 이전 텍스트들에서는 찾아볼 수 없는 하나의 특별한 의미를 지니고 있다. 그런데 엄청난 분량의 연구들에도 불구하고 지금까지 이렇게 중요한 의미를 간과해 왔다. 하느님의 아들은(다른 사람들에 비해) 하느님께 더 가까이 있는 사람이기만 한 것이 아니다. 하느님의 아들은 하느님의 힘차고 파괴될 수 없는 영원한 생명에 한몫을 차지한다. 이 생명은 창조주 하느님의 손에서 직접 유래한다. 이 안에 이 칭호의 특별히 중요한 요소가 들어 있다. 그런 이유로 예수는 부활에서 하느님의 아들로 선포되었다. 예수는 창조주의 손으로부터 생명을 받았기 때문에 성령에 의해 마리아의 몸 안에 하느님의 아들로 생겨났다. 부활한 모든 사람은 언젠가는 하느님의 자녀로 나타날 것이다. 거룩한 변모에서 예수는 그가 맞이할 죽음의 관점으로 하느님의 아들이다. 왜냐하면 하느님께서 그를 깨워 일으킬 것이기 때문이다. 그렇기 때문에 제자들은 부활 이후에 비로소 변모에 대해 보도할 수 있었다. 부활에서 비로소 변모의 내용이 믿을 만한 완성과 충만으로 드러나기 때문이다. 백인대장이 십자가 아래에서 "참으로 이분은 하느님의 아드님이셨다."고 외쳤는데, 이 말로 그는 또한 예수가 바친 "저의 하느님, 저의 하느님, 어찌하여 저를 버리셨습니까?"라는 기도가 들어진 것을 의미했다.

무엇보다 예수는 악마와 마귀의 유혹과 세력을 이겨 낼 만큼 성장해 있기 위해 세례에서부터 하느님의 아들이었다. 악마의 목표는 죽음이고 마귀들은 창세 6,1에서 사람들의 여인들과 함께하는 거인들의 죽은 영들이기 때문이다(에티오피아의 에녹서 15,8-12 : 악령이 … 자신의 몸으로부터 빠져나왔다. 이들은 … 땅 위에 거처를 마련했다. … 이들은 인간을 대적하여 행동할 것이다. 인간으로부터 빠져나갔기 때문이다). 죽은 영들은 모든 이교도적 마귀(1코린 10,20)를 의미한다. 그렇기 때문에 이들과 가까이 하는 사람은 자신을 더럽히게 된다. 하느님의 아들은 성령의 힘으로 이들을 이길 수 있고 몰아낼 수 있다.

그러나 하느님이 도대체 누구이기에 예수는 하느님을 닮았고 하느님의 아들이라고 말할 수 있는 것인가? 누구도 하느님을 본 적이 없는데 이런 말이 옳다는 것을 어디서 알 수 있단 말인가? 예수는 X와 닮았다, 그러나 X를 참으로 알지는 못한다고 말하는 것이 도대체 말이 되는 소리인가? 마태오복음사가의 본문에 의하면 예수는 이러한 낭패에 대해 알고 있었던 것으로 보인다. 그는 베드로에게 이렇게 말한다.

> 시몬 바르요나야, 너는 행복하다! 살과 피가 아니라 하늘에 계신 내 아버지께서 그것을 너에게 알려 주셨기 때문이다.(마태 16,17)

이 말씀은 예수가 하느님과 같다는 것은 논리적 귀결이 아니라는 것이다. 또한 예수와 함께 그리고 예수 안에서 베드로도 우리도 동시에 하느님을 알아본다는 것이다(나를 보는 사람은 하느님을 본다). 이 둘은 사실상 계시다. 그래서 베드로는 "그렇다, 하느님은 이러하시고, 이분은 하느님의 아들이시다."라고 말할 수 있었다. 달리 말하자면 이러하다.

예수는 우리가 하느님으로부터 받은 하나뿐인 사진이다.

예수에 의해 우리는 밝게 비추는 햇빛 속에서 보듯이 아버지와 아들에 대한 모든 것을 동시에 안다. 세상을 창조하신 위대하시고 신비에 가득 찬 하느님은 예수의 말씀과 행적, 그의 행동과 표정, 그의 온정과 엄격함 속에서 전적으로 알려졌는데, 예수 외에 어디에서도 이렇게 진지하게 알려진 적이 없다는 것이 우리의 믿음이다.

예수의 면전에서 사람들은 이렇게 말할 수 있다.

예수는 우리가 하느님에 대해 추측하고 있던 것을 제대로 알도록 해 준다. 오로지 여기에서만 마침내 참으로 그리고 육체적으로 확인할 수 있을 정도로 그분을 알게 된다.

여기서 하느님은 당신의 얼굴을 보여 주신다. 예수 안에서 우리가 성조들과 예언자들, 모세와 엘리야로부터 알게 된 모든 것이 분명해진다. 신약성경이 늘 새롭게 찾아 나서는 대답도 바로 이것이다. 이것은 증거들을 찾아 나선 탐색의 결과도, 이성적 고찰의 결과도 아니며, 예수의 행적과 예수의 운명을 그의 지극히 개인적인 활동으로 보는가 아니면 하느님의 것으로 보는가에 따른 결과인 것이다. 어떤 사람이 하느님과, 존재하는 모든 사물의 신비에 대한 것을 알고자 한다면 그에게 반드시 예수에 대한 어떤 것을 이야기해 주어야 한다. 예수 안에서 우리는 하느님께 가까이 다가갈 수 있고, 예수 안에서 하느님은 자신을 온전히 털어놓으신다.

예수에게 있어서 하느님은 당연하게도 가장 실제적인 존재이고 그 어떤 것보다 중요한 존재이며 실재하는 모든 것의 보이지 않는 부분이다. 사람들은 '하느님'이라는 이름을 가진 이렇게 크신 분 안에 자신의 삶을 끌어들여야 할 필요가 어디에 있는지 잘 모른다. 하느님에 대한 질문은 일종의 '학문적인' 것이거나 순전히 이론적인 것이거나 아니면 쓸모없는 것일까? 실제로는 이와 정반대이다. 이것은 사람이 무엇으로 사는가, 삶에서 일치를 만들어 내는 것은 무엇인가, 사람은 최종적으로는 누구에게 의존하고 있는가에 관한 것이다. 어쨌든 예수의 경우에 하느님 실재의 근본적인 중요성은 사람들의 눈에 '신적인 것'으로 드러나는 자유와 평화로 인도한다.

베드로의 고백에 대한 응답으로 마태 16,18에서는 놀랍게도 갑자기 교회에 관해 언급하면서 저승의 세력도 교회를 이기지 못할 것이라고 한다. 하느님의 아들에 대한 신앙고백과 어떤 세력도 이길 수 없는 교회라는 두 사실은 서로 어떤 관계에 있을까? 이 둘 모두는 베드로 안으로 모여든다. 신앙을 고백한 사람은 자기 자신만을 위해서가 아니라 자신의 신앙고백이 언제나 다른 모든 이의 버팀목이 되도록 고백하는 것이다. 무엇보다 우선적인 베드로의 직무는 우리의 믿음을 위한 버팀목이 되는 것이다. 교회란 베드로의 신앙고백을 근거로 믿는 모든 사람을 가리킨다. 그러나 실제 사실은 이보다 훨씬 더 깊다. 예수가 하느님의 아들이라는 것도 자기 자신만을 위한 것이 아니다. 아버지는 아들을 아들 자신만을 위해 선택한 것이 아니라 그가 사람들과 더불어 사람으로서 따뜻한 사랑으로 살고자 하기 위하여 선택한 것이다. 이러한 점을 미루어, 우리는 구약성경의 계약 형식이 다음과 같은 표현으로 이루어진 것을 더 잘 이해할 수 있다.

나는 너희들의 아버지가 되겠다. 너희는 나의 자녀가 되어야 한다. 나는 너희의 하느님이 되겠다. 너희는 나의 백성이 되어야 한다. 나는 너희 안에 더불어 살겠다.

유다교가 벌써 그 형식을(최소한 이것이 유다교의 외경문헌에 나타난다) "…사람의 형상으로 함께 살겠다."라는 문장으로 완성하고 있음을 볼 수 있다. 교회는 쇄신된 하느님의 백성이고, 그 안에서 하느님께서 당신의 아들 예수 그리스도의 모습으로 사람들과 더불어 살아가신다. 하느님은 일반적으로 대충 계실 수 있는 분이 아니기 때문에 하느님의 아들 Gottessohnschaft과 교회는 내적으로 밀접한 관계에 있다. 선택하신 분과 선택받은 존재, 하느님의 새로운 성전인 예수와 성화된 백성이 서로 밀접한 관계에 있는 것이다. 이러한 의미에서 하느님의 이러한 자기 계시를 받아들이는 사람들도 하느님의 아들에게 속한다. 사람들은 회개를 해야 하는 존재이기만 한 것이 아니라, 하느님께서 그들과 함께 지속적으로 살아가고자 하는 존재이기도 한 것이다. 하느님은 교회 안에 있는 사람들에게 고향이 되어 주고자 하시고 하느님 역시 그들의 마음속에서 고향을 발견하신다. 회개만이 관건이 아니라 지속적으로 살아가는 것, 머무는 것도 관건이기 때문에 교회가 존재한다. 열두 사도의 역할을 강조하는 마태오복음서에서 교회를 쇄신된 이스라엘로 생각한 것은 지극히 당연한 일이다.

4.4 구원의 친밀함

매우 독특하게도 복음사가 루카는 구원 역사에서 일어난 결정적인 사건들을 매우 이성적이고 간결하게 이야기한다. 부활 사건에 대해서는 이렇게 기술한다.

돌은 이미 굴려져 있었다.

이것이 전부였다. 성탄에 대해서는 이렇게 이야기한다.

마리아는 첫아들을 낳아 포대기에 싸서 구유에 뉘었다.

이보다 더 간소하게 말하기는 어렵다. 두 경우 모두 두 번째 장면이 이어지는데 여기서 비로소 이 사건으로 인해 일어난 엄청난 일에 대해 알려 준다. 두 번째 장면에서는 주인공인 예수에 의해서가 아니라 비교적 먼 거리에 있는 천사들에 의해서 무엇이 일어났는지 계시된다. 두 경우 모두 천사들은 이렇게 말한다.

두려워하지 마라.

이어서 기쁨을 주는 사건을 알려 준다. 두 경우 모두 천사들은 그들이 전하는 소식을 증명하는 표지를 가리키는데 그것은 바로 빈 무덤과 구유다. 성탄에 관한 결정적인 기쁜 소식은 여러 증인들에게 주어지고 부활에 관한 소식은 이 증인들에 이어 베드로, 엠마오로 가던 제자들과 열두 사도에게 주어진다.
그러나 목자들과 무덤가의 여인들도 오늘날 우리가 말하는 것처럼 온 세상은 아니었다. 결정적인 사건들은 거의 비밀리에 이루어졌다. 탄생의 과정은 오직 마리아와 요셉에게만 드러났고, 부활의 과정은 아무도 접근할 수 없는 것이었다. 그래서 안티오키아의 이냐시오는 「에페소인들에게 보낸 편지」에서 세 종류의 신비, 즉 마리아가 여전히 동정녀로 남은 것, 마리아가 예수를 낳은 것 그리고 예수가 죽은 것에 대해 말한다. 예수는 하찮고 약한 존재가 아니라 알려지지 않은 무명의 존재였다. 이러한 것은 마치 성탄에서는, 하느님 자신이 당신의 손으로 예수가 태어난 특별할 것도 없는 장소를 직접 지켜 주시려는 것처럼 보이고, 부활 사건에서는 마치 뛰어난 영화감독이 잘 준비하여 연출한 친밀함이라도 있는 듯이 보인다. 이러한 두 장면으로 달려온 사람들은 저널리스트들과 왕들이 아니라 여인과 목자들이었다. 비밀은 오직 이들에게만 알려졌고 이들은 교회를 대표한다. 비밀은 물건을 사고파는 시장을 위한 것이 아니라 친밀함, 그것도 가족적인 친밀함을 위한 것이다. 국가교회의 공공연한 모습은 그리스도교에 걸맞지 않다.

   신비적 성격은 양면성을 지니고 있다. 이냐시오에 의하면 이것은 구원사업을 악마로부터 지키는 보호막 역할을, 마태오에 의하면 헤로데로부터 지키는 보호막 역할을 한다. 복음서들의 메시아 비밀이 죽음과의 대면 이후까지 지켜져야 했던 것도 이와 같다. 그러나 바오로는 이러한 것을 인식하고 있었다. 그는 세상의 통치자들이 영광의 주님을 제대로 인식했더라면 그분을 십자가에 못 박지는 않았을 것이라고 한다. 그들의 권력이 그들로 하여금 그분을 인식하지 못하게 막은 것이다. 비밀은 친밀함뿐만 아니라 오해를 받는 것을 의미하기도 한다. 친밀함은 오해를 견딜 수 있도록 안식처를 제공한다. 그리스도교는 처음부터 이렇게 건설되었다. 그리스도교는 처음부터 국가가 실행하는 연극적인 역할에 적합하도록 만들어지지 않았다. 감추어짐과 순교 사이의 긴장은 그리스도교의 표지다.

4.5 위로부터의 빛

사람들이 '좋으신 하느님과의 개인적인 관계'를 말한다 해도 성경에서 말하는 것은 이와 다르다. 성경에서는 지속적으로 하느님과 인간의 차이는 죽음이라는 것을 강조한다. 시편들은 이렇게 말한다.

모든 피조물은 하느님 앞에서는 사라지고 마는 존재에 지나지 않는다.

성경 전체가 이러한 어조를 지니고 있다. 모든 피조물이 죽음을 내포하고 있는 것은 피조물이 하느님의 영광 앞에 결코 오랫동안 버틸 수 없다는 데 따른 논리적 결과이다. 피조물은 하느님 영광의 엄청난 힘 앞에서 녹아들고 사라져 간다. 그러므로 구약시대에 계약의 장소, 하느님의 거룩한 현존이 계시는 장소를 접한 사람은 마치 높은 고압선에 닿은 사람처럼 죽어야 했다. 사도행전 5장의 하나니아스와 사피라도 잘못된 행동, 일반적인 사람들이 자주 하는 거짓된 행동으로 성령께 너무 가까이 다가갔기에 죽어야 했다.

하느님과 사람 사이에 있는 삶과 죽음만큼이나 큰 차이는 하느님 자신이 지닌 동경과 사랑에 의해서만 지속적으로 극복된다. 그렇기 때문에 천사들은 사람들에게 나타날 때마다 이러한 말을 해야 했다.

너희는 두려워하지 마라! 아무 두려움도 지니지 마라!

하느님의 면전에서는 두려움이 가장 먼저 떠오르는 것이기 때문이다. 이러한 이유로 예수가 세례를 받을 때 들려온 말은 "너희는 두려워하지 마라!"라는 모든 초대를 한마디에 응축한 말, 그 모든 초대를 뛰어넘는 말이었다.

나는 너를 나의 아들로서 사랑한다!

하느님은 이 사람을 사랑한다. 그를 선택하여 당신의 것으로 만드셨고, 성령을 통하여 당신의 성전으로 삼으시기까지 하셨다. 전지전능하시고 위대하신 하느님께서 한 사람을 사랑하신다는 사실은 참으로 이해하기 어려운 것이었다. 현대의 언어로 표현하면 그 의미는 이와 같다.

하느님은 예수님 안에서 사시고자 하고 그 안에 실제적으로 현존하신다. 사람들이 그분을 알아볼 수 있도록 하시려고.

제자들은 예수와 지내면서 "어디에서도 하느님을 이렇게 가까이 체험할 수 없었다."고 말할 수 있었기 때문에 예수에 대한 믿음을 가질 수 있었던 것이 틀림없다. 예수와 같은 존재는 하느님이어야 한다. 그렇게도 신실하고 엄중하며, 그렇게도 매혹적이고 자비로우신 분이기에 마음에 감동을 불러일으켜서 무릎을 꿇게 한다. 그렇게 하여 하느님께서 약속하신 구원을 실현하셨다는 생각을 하게 한다. 여기서 실제적으로 현존하신다는 말은 하느님이 생각이라거나 경건한 원의 같은 것이 아니라 사람들의 심장을 뛰게 하고 '더 높은 것'에 대해 목마름을 느끼게 하는 매혹적인 현존이라는 뜻이다. 그래서 제자들은 부모에게 작별 인사를 드릴 것도 없이 예수를 따를 수 있었다.

하느님의 성령이 비둘기 모양으로 예수에게 내려왔다는 것은 이러한 뜻이다.

비둘기가 목적지를 향해 곧장 빠르게 날아가듯, 그런 다음에는 한곳에 내려앉아 머물듯, 성령도 예수 안에 그렇게 내려와서 머문다.

예수는 이러한 것을 일종의 환시 속에서 체험하면서 하느님께서 자신에게 어떻게 내려오시는지를 보았다. 오늘날 우리들의 언어로 표현한다면 이렇게 말할 수 있을 것이다.

마치 한곳에만 집중하는 샤워기의 물처럼, 제련소의 불줄기처럼, 회오리바람의 기둥처럼 내려오신다.

우리가 여기서 물, 불, 바람이라는 요소들로 서술하는 일이 복음서들에서는 아주 고요하게 일어난다. 이렇게 위에서 아래로 내려오는 것은 프랑슈콩테Franche-Comté에 있는 롱샹Rochamp 성지순례성당에 위에서 아래로 비쳐 내려와서 그 공간을 환하게 밝히는 한줄기 빛으로 표현되어 있다. 건축가 르코르뷔지에Le Corbusier는 성경의 언어가 은총과 선택으로 표현한 것을 이렇게 뛰어난 방법으로 표현해 놓았다. 말하자면, 이 빛은 하느님으로부터 내려와서 자신을 나누어 줌으로써 어두움에 둘러싸인 계곡을 밝혀 주고자 하며 이외에는 어떤 것도 하려고 하지 않는다. 그래서 클레르보의 베르나르도는 수도원들을 계곡 위에 세워 그 계곡들을 비추는 한줄기 빛으로 삼았다. 하느님은 아래로 내려오셔서 예수 위에서 머물러 쉬신다. 성령은 바로 하느님 자체 외에 어떤 존재도 아니기 때문이다. 예수는 이 모든 것에서 하느님이 자신에게로 내려오는 것을 보았다. 그렇게 하여 그 자신이 하느님의 아들인 것을 확인했다. 결정적으로 중요한 요소는 하느님의 성령이 그에게 머무신다는 것이다. 그래서 외경인 히브리인들의 복음서에서는 세례에 대해 전하는 대목에서 이러한 소리가 들려왔다고 증언한다.

너는 나의 휴식처이다.

샘솟는 생명 자체이신 하느님이 어디서 휴식할 수 있을까? 2-3세기 일부 초기 그리스도교의 문헌들은 하느님을 움직임과 안식을 동시에 취하는 분이라고 부른다. 하느님은 생생히 살아 계시고 생명이 활발하게 솟아오르는 샘이시기에 움직이시는 분이다. 또한 하느님은 없어지지 않는 분이고 죽음의 길을 걸어가시는 분이 아니라 신뢰와 건실함 속에서 영원히 살아 계시는 분이기에 안식을 취하는 분이다. 움직임과 안식을 동시에 취하시는 하느님께서 예수 안에서 안식을 취하신다면 예수는 하느님께서 당신의 모습을 취하시는 장소이다. 그러므로 예수는 하느님의 유일한 표상이다. 그러나 죽은 표상이 아니라 당연히 생생히 살아 있는 표상이고, 살아 있는 표상으로서 살아 있는 사람이다. 하느님께서 예수님 안에서 안식을 취하신다면 예수를 안식일에 비할 수 있다. 1세기에 유다교에서 지켰던 그 안식일 말이다. 하느님은 안식일에 휴식하셨다. 안식일이 다가오면 기도하러 모인 유다인들은 문을 열어 놓고 그쪽을 바라보면서 안식일이 들어오기를 기다렸다. 고대 유다교에서는 안식일이 마치 여왕처럼 권위와 아름다움으로 장식하고 다가와 사람들에게 모든 수고로운 일을 멈추고 쉬라고 명한다고 여겼다.

이러한 것을 2세기에 저술된 외경인 야고보의 원복음서에 있는 예수의 탄생과 비교할 수 있다. 예수가 태어날 때 모든 피조물이 한순간 숨을 멈추었다고 한다. 18장에는 이렇게 기록되어 있다.

> 나는 이리저리 거닐다가 멈추었다. 그 상태로 창공을 쳐다보았는데, 창공이 놀라움으로 가득 찼다. 그리고 하늘 높이 쳐다보았는데, 천체가 정지하고 날던 새들도 멈추어 있는 것을 보았다. 땅을 바라보았는데, 일하던 사람들이 한 그릇 음식을 먹고 휴식하기 위해 자리를 잡고 앉아 있었다. 그런데 이들 중에서 음식을 먹던 사람은 그 자세로 멈추고 있었고, 어떤 것을 들어 올리려던 사람도 그 자세로 팔을 멈추고 있었으며, 무엇인가를 입으로 가져가려던 사람 역시 그대로 멈추어 있었다. 그러면서 이들 모두는 하늘을 쳐다보았다. 목자의 인도에 따라 이동을 하던 양들은 앞으로 나아가지 못하고 그 자리에 멈추었고, 지팡이로 양들을 치려고 팔을 들어 올린 목자도 그 상태로 서 있었다. 흐르는 물과 그 물을 마시려던 염소들을 보았는데 이들도 더 이상 어떻게 하지 못하고 멈추었다. 그러다가 잠시 후 한순간에 모두 다시 자신의 길을 따라 움직이기 시작했다.

이 말의 뜻은 이렇다.

하느님이 예수 그리스도를 통하여 이 세상 안으로 들어오셨을 때, 세상은 아들 안에서 하느님의 현존을 모든 안식일의 어머니로서 체험했다.

안식일임에도 예수가 치유를 해 주려고 할 때마다 다음과 같은 말을 하려는 것과 같다.

여기 안식일보다 더 큰 존재가 있다.

여기 바로 하느님께서 쉬고 계신다. 그래서 이렇게 말할 수 있다.

사람을 포함한 세상 모든 것은 안식을 누리도록 창조되었다. 피조물의 목표이고 새로운 사람인 예수도 이러한 안식과 같은 존재이다.

하느님께서 예수 그리스도 안에서 사신다면 예수는 신성한 장소이다. 그렇기 때문에 그는 이렇게 말할 수 있다.

여기 성전보다 더 큰 존재가 있다.

말하자면 살아 계신 하느님의 역동적인 현존이 살아 있는 장소인 것이다. 그래서 예수는 최후의 만찬 때에 다른 것이 아닌 빵을 당신의 몸으로 삼으셨다. 빵은 언제나 생명을 선사하는 '생명의 빵'이기 때문이다. 하느님이 성체 안에 실제로 현존하시는 것은 이러한 내용이 전개된 것에 따른 논리적 결과이다. 마리아가 몸 안에 예수를 잉태하고 있던 동안에는 하느님의 성전이었듯이 중세시대의 성작에는 '마리아'라는 글자가 새겨져 있는 때가 많았다. 성작은 성전과 같이 현존하는 주님을 모시기 때문이다. 하느님은 예수님 안에서 쉬신다. 이를 표현하는 데, 화산에서 흘러내린 뜨거운 용암이 어떤 집을 덮치지 않고 그 앞에서 멈추어 선 극적인 장면을 떠올리는 것이 효과적일 수 있을지도 모르겠다. 하느님은 아들을 사랑하시는데 오직 하느님만이 할 수 있는 강도로 사랑하신다. 그리고 아들 안에서 같은 강도로 우리 모두를 사랑하신다. 하느님은 마치 빛이 어두운 골짜기를 환히 비추듯이 아들에게로 오셨다. 하느님은 유다인들이 "하느님의 영은 성전에 거하신다."고 말한 바와 같이 아들 안에서 사신다. 성전이라는 표상은 그리스도인이 아닌 유다인들에게도 예수 그리스도의 신비를 이해할 수 있도록 할 것이다. 예수 안에 계신 하느님의 현존은 마침내 우리로 하여금 예수가 충만한 사랑으로 다시 오기를 동경하게 하는 근원이 된다.

4.6 예수의 변모-복음의 감추어진 축

중세시대 이래로 사람들은 예수의 변모에 대해 이렇게 말해 왔다.

예수가 맞이할 수난이 너무나 고통스럽고 용기를 잃게 할 수 있는 것이어서 수난을 당하기 전에 터널의 끝에서 맞는 밝은 빛을 미리 체험하게 한 것이다. 예수의 변모는 그가 고통을 통하여 부활의 영광에 도달할 것이 확실하다는 점과 이를 계명과 예언자들도 증명한다는 것을 알리기 위함이었다.

현대의 성경주석가들은 예수의 변모(마르 9,2-9; 마태 17,1-9; 루카 9,28-36)에 대해 관심을 갖지 않는다. 고찰 대상인 예수에게 존재하는 신비적인 요소들을 제외해야 그를 제대로 이해할 수 있다고 여기기 때문이며, 또한 신비와 신비적 체험에 대해서는 속수무책인 상태에 있기 때문이다. 그러나 나는 '신비'라는 말로 실재가 지닌 요소들 중 한 부분을 표현하는 것은 병적인 것과도, 단순히 개인적인 것과도 무관하며 상상이나 공상과도 무관한 것으로서 객관적인 어떤 것을 말하는 것으로 이해한다. 물론 실재가 지닌 신비적인 요소는 일반적으로 접근할 수 없는 것이고 객관적으로 검토할 수도 없는 것이며 되풀이할 수도 없는 것이다. 실재는 자연과학이 확인할 수 있는 범위뿐만 아니라 이것을 넘어서기 때문에 파악이 불가능한 범위도 내포하고 있다는 사실을 받아들이는 것에서 신비는 시작한다. 신비는 하느님의 현존을 받아들이고, 세상의 보이지 않는 모든 존재들과 힘들이 서로 통교할 수 있다는 것을 받아들이는 안목으로 세상을 바라볼 때 성립한다. 신비는 날마다 수백만 번씩 발생하는 것으로서, 사람들이 기도할 때, 기도가 받아들여짐을 믿을 때, 자신의 삶에서 인도되고 보호받으며 위로받고 있다는 사실을 알 때 발생한다. 사람들은 하느님 세계의 보이지 않는 존재들과 만날 때 그것을 신비라고 한다. 고전적인 모습으로 진행된 예수의 변모는 변모의 환시, 무슨 일인지 모르고 허둥대는 것을 강조한 중간 장면 그리고 소리가 들려오는 세 단계로 진행되었다. 예수가 지닌 신비적인 차원을 제외하고서 그를 제대로 이해한다는 것은 완전히 불가능한 일이다. 하느님의 아들로서 예수는 이 세상에 속하기만 하는 것이 아니라 천상의 세계에도 속하기 때문이다. 그래서 예수가 이 세상에 사시던 때에 예수의 몸에서-신비적으로 고찰할 때-언제나 다시 신적인 것이 발생해 나왔다. 다시 말해 변모된 육체성이 드러난 것인데, 물 위를 걸어간 것도 이러한 과정으로 발생한 것이다.

 나는 하느님의 실제에 관해 명료하게 설명하기 위해 나의 책「신약성경의 보도는 사실일까?」(Gütersloh, 2002)에서 신비적 현상들이 지닌 차원에 대해 고찰했다. 여기서 나는 종교적 체험들과 관련하여 실제성을 명료하게 설명하려고 노력했다. 포스트모더니즘에서는 종교적 체험들이 실제성을 지니고 있다고 말하는 것이 가능하고, 가능하다고 말하는 것이 그렇지 않다고 하는 것보다 더 적절하다. 실재는 신비적 차원을 지니고 있다. 이는 사회역사학적인 것으로 제한할 수 없는 차원으로, 고유성을 지니고 있다. 이것을 제대로 알기 위해서는 독자적인 기준과 규칙들을 적용해야 한다. 마르코복음서의 신학적 중심은 예수의 변모이다. 예수를 그리스도라고 고백한 베드로의 고백에 뒤이어 발생한 예수의 변모는 예수의 정체성에 관한 하늘로부터의 확인이다. 역사비평 방법론에 의한 연구들은 이 보도를 좋아하지 않아서 잘못된 자리에 놓인 부활 이야기로 간주했다. 이러한 견해는 근거가 없을 뿐 아니라 폭력적인 것이다. 예수의 변모는 전형적인 신비적 체험이다. 근대적인 방법들로는 이것을 제대로 이해할 수 없기 때문에 그들은 이 현상을 상징적인 내용을 지닌 것으로 축소시켰다. 이러한 축소가 낳은 결과는 그동안 내가 체험한 바에 의하면 이러하다.

사람들은 어떤 현상을 축소해서 해석하기 시작하면 끝없이 그런 방향으로 진행하려고 한다. 변모 사건에 대해서도 축소하여, 이것은 예수가 하느님의 아들이라는 믿음의 표현이라고 한다. 그런 다음, 이 사건은 예수는 좋은 사람이었음을 의미하는 내용이라고 축소하는 단계로 나아간다. 아니면 이 부분이 상징적인 의미로 축소될 수 있다고 하면서 말한다. 하느님은 모든 사람을 사랑하신다. 왜냐하면 여기 "이는 내 사랑하는 아들이다."라는 말이 있기 때문이다. 더 나아가 "사랑은 신적인 어떤 것이 아닌가?" 라고 말해야 하지 않을까? 라는 질문을 던지기도 한다. 이러다가 우리는 결국 일반적인 종교적 지혜들이 가르치는 수준 정도의 지혜에 머무르게 되고 말 것이다.

그렇기 때문에 결국은 변모에 관한 보도를 있는 그대로 받아들여 예수의 삶 한가운데서 일어난 신비적 체험으로 인정하는 것만이 도움이 된다. 나는 근본주의자들의 의문을 논박하기 위해 변모를 하나의 물리적인 실재로 여기지는 않는다. 또한 어떤 일이 실제 있을 수 있는가를 판단하는 기준으로 사진 촬영이 가능한가 여부를 묻지도 않는다. 나의 관점으로 볼 때 이것은 공간과 시간 안에서 있었던 하나의 체험이다. 그러나 이렇게 발생한 것을 인과 관계의 척도로는 명확하게 설명할 수 없다.

그리스도의 변모는 모든 그리스도인이 기다리는 것을 미리 보여 주는 것이라고 해도 과언이 아니다. 성경은 이렇게 말하고 있다.

형언할 수 없는 빛이 모든 몸을 가득 채워 그 몸에서 죽음과 한계들을 몰아낼 것이다.

여기서 예수 자신의 몸이 그가 전한 기쁜 소식을 신뢰할 수 있게 하는 표시가 된다. 그의 약속은 본질적으로 우리의 몸에도 적용될 것이다. 그러므로 예수의 변모는 그가 행한 기적이 언제나 그러했듯이 어떤 본질적인 것을 미리 맛보게 하는 것이다. 따라서 변모는 그리스도인의 희망을 구성하는 중요한 요소이다. 이 희망은 하느님의 빛이 모든 것을 밝히고 채우며 변모시킨다는 전제로부터 시작된다.

마르코복음의 구조 안에는 두 가지 장면이 들어 있다. 이들은 구약성경에 있는 모세 이야기의 중심 부분, 정확하게 말해 시나이 산 위의 장면과 계약을 맺는 장면에 상응하는 것이다. 시나이 산 위의 장면은 변모와 일치하고, 계약을 맺는 장면은 최후의 만찬에서 재현되어 새롭게 구성되었다. 이 둘은 계약을 맺는 것과 그것을 공식적으로 비준하는 것으로서 서로 연결된다. 변모에서는 칠 일이라는 간격, 산, 숫자가 줄어든 제자단, 하늘에서 들려온 소리, 구름 등의 요소들이 시나이 사건에 일치한다. 여기서는 계명이라는 선물 대신에 하느님의 초대가 있다.

너희는 그의 말을 들어라.

그분 안에서 모세와 엘리야가 선포한 모든 것이 함축되고 완성된다. 최후의 만찬에서 예수는 제자들에게 포도주를 나누어 주면서 이렇게 말한다.

이는 내 계약의 피다.

탈출 24,8에서와 같이 붉은색의 액체가 계약을 맺는 데 함께한 모든 사람에게 분배되었다. 예수의 최후만찬으로 그분의 계약은 형식을 갖추어 완결되었다. 이 때문에, 계약의 조문을 선포하는 변모에 단지 구약의 위대한 두 예언자일 뿐 아니라 죽음으로부터 지켜졌으며 마지막 때에 증거자로서 오리라고 여겨지는 사람들이 등장하는 것이 의미가 있다. 사실 엘리야는 죽지 않은 채 하늘로 들어 올려졌고 다시 돌아오리라고 여겨지며, 모세는 '영예롭게' 땅에 묻혔지만 마지막 날에 다시 올 것으로 여겨지기 때문이다. 자신을 통해 주어진 모든 계명이 충만하게 완성된 데 대한 증인이 되기 위해 마지막 날에 다시 오는 것이다.

그러므로 변모는 옆길로 샌, 주변적인 것에 지나지 않는 신비적 현상이 아니다. 오히려 하느님 계시의 중심적인 장소이다. 여기서 그분의 의지가 드러나고, 여기서 가장 큰 임무가 제시된다. 그러므로 변모는 마르코복음서의 중심이고, 모든 것의 중심축이다. 동방교회의 유명한 변모이콘은 이에 대한 증언이다. 동방교회 수도생활 영성에서는 산 위에서 빛을 체험하는 것은 전적으로 타당한 현상이다. 미래의 성경주석가들은 성경에 들어 있는 신비적 전통을 재발견하고 그것을 옆으로 제쳐 두지 않아야 한다. 여기서는 제자들이 체험한 특이한 환상이 아니라 하느님의 실제가 인간 예수님 안에 들어온 것이 관건이기 때문이다. 이것이 바로 복음서들의 핵심이다. 그러므로 이러한 보도를 줄이는 행위는 모두 부당하다. 요한복음서 역시 하느님의 목소리가 들려오는 이와 비슷한 장면을 전한다. 여기서는 변모 대신 모든 것이 하느님의 말씀으로 종합되어 있다.

나는 이미 그것을 영광스럽게 하였고 또다시 영광스럽게 하겠다.(요한 12,28)

마르코의 증언에서 가장 핵심적인 위치에 있는 것은 바로 예수가 '사랑받는 아들'이라는 것이다. 모세와 엘리야는 그렇지 않다. 이들은 하느님 집의 하인에 지나지 않는다. 오직 예수만이 아들로서 누구도 능가할 수 없을 만큼 하느님 가까이 있다. '아들에 대한 아버지의 사랑'은 여기서 선택과 친밀한 관계(예수는 언제나 홀로 기도했다) 그리고 무한한 연대를 의미한다. 사랑은 또한 이러한 의미다.

나는 너를 죽음을 넘어서 데려가리라.

하느님은 예수에 대한 이러한 긴밀한 관계를 그를 따르는 모든 이에게로 넓혀 나가신다. 이것은 바로 이러한 의미다.

하느님은 우리를 당신의 손에 기록해 두셨고 결코 버려두지 않으신다.

아이는 아버지에게 모든 것을 말할 수 있고 심지어 아버지로부터 떠나갈 수 있다는 것도 말할 수 있다. 그러나 아버지는 무엇보다 아이들로부터 망각되지 않기를 바라고 아이들이 자기를 필요로 하기를 바란다. 아버지는 아이들과 무관하게 지내기보다는 인내심의 한계를 느낄 정도로 압박을 받고 신경을 많이 써야 하는 상황을 훨씬 더 좋아한다.

하느님과의 관계에서 하인이 아니라 자녀들이 자리를 잡게 되는 변화는 공동체의 모습에도 변화를 일으키는 결과를 낳는데, 이것은 감상적인 태도로 그렇게 보는 것이 결코 아니다. '가족적인 사랑'은, 성경 곳곳에 들어 있는 바와 같이, 무엇보다 먼저 실제적인 연대를 의미한다. 단순히 감상적인 관계에 있을 경우에는 누군가가 변절한다면 증오로 응대할 것이다. 실제적인 연대의 관계는 이러한 경우에도 그대로 지속될 수 있다. 그러므로 서로 분리되어 있는 예수의 제자들 사이에도 실제적인 연대가 성립되기를 기대할 수 있고 그렇게 되기를 요청할 수 있다.

변모는 예수 삶의 한가운데에, 수난이 엄습해 올 것이 점점 더 확실해지는 상황 한가운데에 자리하고 있다. 변모는 예수에게도 그의 제자들에게도 여전히 하나의 비밀로 남아 있다. 변모가 일어난 장소, 적은 수의 제자들, '죽지 않고 살아 있는' 비밀에 싸여 있는 두 사람, 모세와 엘리야 등이 이러한 사실을 가리키고 있다. 침묵을 지키도록 한 마르 9,9의 예수의 말씀이 이러한 사실을 더욱 강화시킨다. 하느님과의 가장 밀접한 가까움에 대한 신비에 가득 찬 체험들은 우리와 같은 평균적인 그리스도인들에게는 그 순간에 침묵하면서 흠숭하고 기도하도록 할 것이다. 이러한 것을 우리는 미사를 드릴 때 가끔 체험하기도 한다. 칼라브리아 지역에서 수도생활을 했던 피오레의 요아킴은 부활 밤 미사를 구원사의 신비를 풀어내는 열쇠로 여겼다. 이것은 모든 의식과 기도의 의미이다. 상징의 세계는 텅 빈 채로 헛되이 머무는 존재가 아니라, 이것을 통해 하느님께서 우리에게 다가오시고 자신을 드러내신다. 우리가 의식을 행하는 시간은 언제나 다시 구원이 가득하고 빛으로 가득한 하느님 현존의 시간이다. 이러한 것에서 우리의 기도는 하느님으로부터 선사된 길인 성사(자신 안에 들어 있는 힘을 인식하는 상징)와 같이 된다. 우리 시대의 어떤 사람이 최근에 어떻게 해서 믿음을 되찾게 되었는가에 대해서 이렇게 서술했다.

> 나는 미사에 참여하기는 했는데 참여하는 둥 마는 둥 의식도 없이 있었다. 그런데 "하느님의 어린 양 …"이라고 기도하는 특정한 부분에서 정신이 번쩍 들면서 그 의미를 명백하게 되찾게 되었다. 나는 이러한 생각을 강하게 했다. '여기에 진리가 있다!' 습관적인 일상성의 안개가 걷혀 나갔다. 진리가 나를 사로잡은 것이다. 진리는 나를 무한히 자유롭게 했고 따뜻하게 했다.

마태 16,16에 따르면 베드로가 예수를 하느님의 아들로 알아본 것처럼, 극적인 변모의 장면에서 하늘에서 울려온 소리를 통하여 예수는 하느님의 아들임이 확인된다. 이렇게, 사람이 아니라 하늘에 계신 아버지께서 그것을 베드로에게 계시하셨다는 예수의 말씀이 참되다는 것이 드러난다. 제자들은 놀람과 두려움에 싸여 얼굴을 땅에 대고 엎드렸는데 오직 예수의 손길과 말씀에 의해서만 일어날 수 있었다. 이 짤막한 장면은 하느님의 발현에 관한 전형적인 보도 양식이다. 하느님이 등장하시면 그것은 곧 진리의 시간이다. 이것은 또한 예수에 관한 진리에도 제자들에 관한 진리에도 그대로 적용되는 말이다. 이렇게 하여 여기서 인간적인 허약함이 드러나지만, 다른 한편으로 제자들이 죽음의 공포 속에 내팽개쳐진 것이 아니라 하느님의 대화 상대자로 불림을 받은 것이 드러나

기도 한다. 제자들은 예수의 손길을 느낀 이후로는 하느님 앞에 설 수 있게 허락되었으며 설 수 있는 힘도 회복하게 되었다.

초막을 짓겠다는 베드로의 말은 베드로가 "우리가 여기에 초막을 지어 편히 지내자."라는 독일의 속담에서 의미하는 말처럼 그곳에서 편히 지내기 위해서 한 말이 결코 아니라 이 현상을 잘못 이해하고서 엉겁결에 한 말이다. 베드로는 변모의 장면에 등장한 세 분 모두를 동등한 스승으로 잘못 이해하고서 세 사람 각자가 가르칠 집을 짓겠다고 말했다. 스승이 제자들을 가르칠 집을 지어 드리는 일은 유다교에서도, 나중에 고대 수도회에서도 하던 일이었다. 하늘에서 울려온 소리는 베드로의 틀린 생각을 바로잡아 주었다. 변모 환시는 세 명을 동등한 스승들로 확정한 것이 아니라, 예수는 예언자임에 틀림없지만 그 이상인 존재로서 '하느님이 사랑하시는 아들'임을 분명히 했다.

초기 그리스도교에서는 예수를 예언자들과 비교되는 아들로 제시하는 경향을 보였다. 이러한 것은 때때로 집을 장식하는 그림들에도 등장하는데, 예수는 아들이고 예언자들은 하인의 모습으로 그려졌다. 먼저 하인인 예언자들이 보내졌고 마지막으로 사랑하는 아들이 보내졌다. 그리고 전환기가 도래했다. 바오로 사도도 그리스도교 이전의 사람들을 하인으로, 그리스도인들을 주인의 자녀들로 설정하기를 즐겨했다. 그에 의하면 그리스도인들은 이전 사람들에 비해 질적으로 높은 위치에 있는 것이다.

이와 같이 하늘에서 울려온 소리는 예수를 유일한 스승으로 선포했다. 제자들은 예수의 가르침에만 귀를 기울이면 된다. 하늘의 소리는 예수 이외 누구도 그러한 존재라고 하지 않았다. 예수는 성경 전체를 해석하는 데 결정적인 권위자이다. 제자들은 그분의 말씀만 들어야 한다. 모세와 다른 예언자들이 한 말에 대해서 해석할 경우에도 이들에 대한 예수의 말씀을 들어야 한다. 모세와 예언자들은 예수를 위한 증거자들인 것이다. 아들은 이들을 반대하지도 않고 경시하지도 않는다. 그러나 아들은 해석의 기준이고 그것도 인성 안에서 그러한 존재인 것이다.

  복음서들은 변모와 최후의 만찬 사이를 큰 아치로 연결시킨다. 이 둘은 계약을 맺는 것과 계약 조문이 서로 연결되어 있는 것처럼 함께 연결되어 있다. 모세와는 달리 예수는 계약 조문이 새겨진 돌로 된 판을 가져다주지 않는다. 그 대신 이제부터 복음서에 기록된 그분의 살아 있는 말씀이 그 역할을 한다. 그러나 복음은 교훈서가 아니고 회칙도 아니며 조언서도 아니다. 복음은 삶에 대한 보고서이고 하나의 전기다. 예수의 삶이 교훈이고 회칙이며 조언이다. 이와 같이 새로운 계약은 모세와 맺은 옛 계약보다 훨씬 더 계약 전달자의 인성에 밀접히 연결되어 있다. 그렇기 때문에 예수는 최후의 만찬에서 당신의 몸을 주셨다. 이렇게 연결된 모든 것은 무엇을 의미할까? 하느님은 잘 알려진 시나이 산에서의 현현顯現과 계약 체결의 형태에 따라 예수 안에서 예수를 통해서 계약을 체결하신다. 시나이 산에서의 현현과 계약 체결은 구약성경에 들어 있는 하느님 백성의 역사에서 정점을 이룬다. 그러므로 복음서들의 요구는 이보다 결코 약하지 않다. 시나이 산에서의 현현을 능가하기 때문이다. 예수 안에서 맺은 계약은 구약에게 낯선 것이 아니라 구약을 쇄신한 것이다. 이러한 이유로 마태오는 '새로운' 계약이란 말을 피한다. 이제부터 더욱 깊어지기는 하지만 같은 하나의 계약이기 때문이다.

4.7 아들의 파견

바닷가에 정원을 하나 소유한 사람이 있었다. 그 정원에서 자라는 것은 모두 그가 직접 심고 가꾸고 한 것이어서 나무 한 그루, 풀 한 포기도 그의 마음 밖에 있는 것은 없었다. 그는 정원의 나무들 중에서 어떤 나무든 곧 열매를 맺어 주기를 기대하고 있었다. 그가 그 정원을 꼭 필요로 했다고 말할 수는 없다. 아니 그렇게 꼭 필요로 하지는 않았다. 바닷가 근처 마을의 땅이 황무지가 되어 있는 것이 쓸쓸하고 어리석어 보여 거기 기쁜 마음으로 정원을 만들기로 한 것뿐이었다. 무언가에 마음을 두기 위해, 무언가로 기쁨을 얻기 위해 그랬던 것이다.

그런데 어느 겨울밤 폭풍이 불어서 높은 파도가 휘몰아쳤다. 이러한 상황에서 정원을 지키고자 애썼으나 그 혼자서는 불가항력이었다. 파도는 거의 키만큼이나 높아졌고 사람들은 바닷가로 가지 말라고 경고했다. 그럼에도 불구하고 그는 믿을 수 있는 외아들을 위험에 처한 정원으로 보내기로 결정했다. 아들은 모래주머니를 만들어서 구할 수 있는 것이면 무엇이든 구하라는 과제를 부여받았다. 모래 자체도 바다에서 구해야 했고, 폭풍이 불고 춥기만 한 것이 아니라 외아들이 위험에 처할 수도 있다는 것을 그는 알고 있었다.

나이가 가장 많은 하인이 말했다. "이러한 상황에서 아드님을 보낸다는 것은 옳지 않습니다. 아드님이 파도에 휩쓸려 죽을 수도 있습니다."

다른 하인이 말했다. "정원과 아드님 중에서 누가 더 소중합니까? 주저 없이 아드님을 보낼 정도로 정원이 더 귀합니까?"

또 다른 하인이 말했다. "이런 결정을 하시는 걸 보면 주인님은 지금 정상이 아닙니다. 이 일이 얼마나 위험한지 잘 아시지 않습니까? 도대체 아드님을 더 이상 사랑하지 않기라도 한다는 말씀입니까? 없어도 되는 정원을 무엇 때문에 그렇게도 구하려고 합니까? 어떻게 그렇게 어리석으실 수가 있습니까? 가장 사랑하는 외아드님을 보내시다니요! 저희들은 주인님을 도저히 이해할 수 없습니다!"

또 다른 하인이 말했다. "어떤 재판정도 주인님이 죄 없다 하지 않을 겁니다. 어쩌면 제정신이 아니라고 보고 경미한 벌을 줄지도 모르겠군요."

그 사람이 말했다. "나의 아들은 나 자신과 마찬가지네. 나의 기쁨은 그의 기쁨이기도 하지. 그는 내가 그 정원을 얼마나 아끼는지 잘 아네. 그래서 그는 나를 위해 그렇게 할 것이네. 여기서 핵심은 기쁨을 유지하는 일이라네. 나는 그 정원을 무척이나 좋아하지. 그것은 나의 작품이니까."

그러자 나이가 가장 많은 하인이 대답했다. "그렇지만 주인님은 사랑하는 아드님에게서 기쁨을 누리시면 될 것입니다! 어찌하여 아드님과 비교할 가치도 없는 바닷가의 정원을 위해 그러한 위험을 감행하려 하시는지요?"

그러자 그 사람이 대답했다. "짠물이 식물을 덮쳐 줄기가 찢어지고 꽃이 떨어지면 다시는 돌이킬 수 없게 망가지지. 하지만 내 아들은 그런 일을 당해도 죽기까지는 하지 않을 걸세."

그 하인이 말했다. "정원은 이미 파도에 휩쓸렸습니다. 바닷물이 이미 나무의 줄기까지 들어찼습니다. 이젠 더 이상 의미가 없습니다."

그 남자가 말했다. "물이 들어온 지 얼마 안 되었을 때는 아직 정원을 구할 수 있다네. 더 빨리 내 아들을 보내야겠군. 바닷물이 정원을 덮쳤다는 것을 알고 있네. 그러나 아직 모든 것을 구할 수 있을 거야."

한 하인이 대답했다. "주인님은 아직도 구할 수 있는 것에 그렇게 미련을 두십니까? 어쩌면 정원을 파멸의 위험에서 구해 내서 다시 새롭게 하는 것에 더 큰 관심을 지니고 계신지도 모르겠군요. 정원을 다시 한 번 더 가지시려고요."

그 남자가 말했다. "그렇다는 것을 인정하네. 구원하는 일은 두 배의 기쁨이 있는 법이네. 사실 나는 구원하는 일에 매혹을 느끼네. 내 아들에게 닥칠 위험이나 최종적으로 나 자신에게 닥칠 위험이 두렵지 않을 정도로 구원하는 일이 매우 중요하게 여겨지기 때문이지. 그 일을 하는 동안 나는 자신을 온전히 잊어버릴 수 있고 또 나와 다름없을 만큼 내 곁에 있는 아들에게 닥친 위험조차 잊어버리게 되지."

다른 하인이 말했다. "그 일을 하는 기쁨도, 무엇을 구원할 때 얻는 두 배의 기쁨도 저희 모두 인정하겠습니다. 하지만 그 일을 위해 꼭 아드님을 보내셔야 합니까?"

그 남자가 대답했다. "정원에 대해 제대로 아는 자는 아들뿐이네. 그는 정원의 상태를 제대로 파악하고 있기 때문에 어떻게 해야 할지 정확한 판단을 할 수 있지."

또 다른 하인이 끼어들었다. "그렇지만 아드님에게 그 일을 맡겨 그렇게 큰 고통을 주는 것은 옳지 않습니다. 어찌하여 대수롭지 않은 기쁨을 누리려고 주인님의 아드님이 그렇게도 많은 수고를 하도록 할 수 있단 말입니까?"

그 남자가 답했다. "비유를 하나 들겠네. 이것은 늑대들에게 시달림을 당하는 양 떼를 둔 목자와 같다네. 늑대들이 오자 그는 마주 나아가 양 우리의 문 앞에 서서 늑대들이 자기에게 오도록 했네. 늑대들은 양들에게서 그에게로 가 그를 잡아먹었네."

나이가 가장 많은 하인이 말했다. "어떤 목자도 그렇게 하지 않습니다! 사람이 양보다 훨씬 더 중요하기 때문입니다."

그 남자가 말했다. "그렇지만 그가 양들을 엄청나게 사랑한다면, 미칠 지경으로 사랑하는 탓에 제정신이 아니게 되어 자기 자신을 잊어버릴 정도에 이르면 자신을 희생하게 되네. 문제는 사랑이네. 그런 사랑이 있으면 그런 행동을 감행하지."

그 하인이 말을 받았다. "그러나 그런 사랑은 균형을 잃은 미친 짓이고 불의한 것이며 조심성도 없고 올바른 판단력을 잃은 사랑입니다."

그 남자가 답했다. "자네는 보통의 사랑과 다른 어떤 특별한 사랑을 알기나 하는가? 이것이 나의 미친 짓이고 최종적인 나의 깊은 비밀이며 나 자신이라는 것을 모르는가? 양들이 생명을 유지할 때 맛보는 기쁨 말고는 어떤 기쁨도 원치 않고 오직 이 기쁨만으로 최고의 행복을 누리는 존재, 그가 바로 다른 누구도 아닌 나라는 것을 모른단 말인가?"

*

철학자는 하느님을 최종적인 원리로 삼거나, 요청되는 근본적인 존재로 여긴다. 물리학자는 하느님을 모든 것의 원형으로 생각하고 수학자는 모든 선의 소실점으로, 선불교의 스승은 인격적인 것 이전의 궁극적인 기반에서 열려 오는 어떤 존재라고 가르칠 것이다. 그러나 하느님의 본질은 사랑이며, 하느님이 자신에게서 나와 예수 그리스도 안에서 사람이 되시고 모든 사람의 마음속에 성령으로서 자신을 건네신 것은 사랑 때문이라는 비밀은 철학을 통해서도, 물리학을 통해서도, 수학과 참선을 통해서도 결코 알 수 없다. 비록 이들이 좋은 것을 지니고 있긴 하지만 말이다. 예수 그리스도의 하느님은 모든 사물의 근원이기만 한 것이 아니라 훨씬 더 나아간다. 하느님은 아브라함, 이사악, 야곱의 하느님이고, 예수 그리스도의 아버지이며 교회에 생명의 숨결이다.

그리스도교는 유다교, 이슬람교와 나눌 대화에서 그리스도교의 유일신론이 참된 것인가에 대한 질문을 계속해서 받게 될 것이다. 이에 대한 대답으로 우리는 자신을 비판적으로 살펴보는 자아 성찰을 해야 할 것이다. 우리는 혹시 아들과 성령을, 참되고 유일하며 본질적인 하느님이신 아버지의 보조자 정도로 생각하는 경향이 있지는 않은가? 본질적인 하느님이 창조주 아버지의 역할에만 머무실 것으로 생각해서는 안 된다. 그리스도교의 삼위일체 개념은 아버지와 아들, 성령 각자가 존재하는 그 자체보다 훨씬 더 깊다. 하느님의 본질적인 신비는 삼위일체에 의해 훨씬 더 깊고 높으며 온전히 다 파악할 수 없는 영역으로 넓혀진다. 하나이고 무한하신 하느님은 이러한 세 위격의 형태로 또는 세 이름의 형태로, 이 세 얼굴들 또는 세 발신처들로서 우리를 만나시기 때문이다. 우리가 이것을 이렇게 복잡하게 만드는 이유는 무엇일까? 하느님은 대단히 숭고하고 세상보다 훨씬 더 높이 계시는 분(이슬람교에서 일반적으로 보이는 경향임)으로서만이 아니라, 인간 예수 안에서 우리를 만나기를 주저하지 않으셨기 때문이고, 또한 두 번씩이나 당신을 낮추는 행위를 완수하셨기 때문이다. 더 나아가 성령으로서 모든 그리스도인의 마음속에 살아 계시기를 주저하지 않으셨기 때문이다. 하느님께서는 두 번이나 자신을 낮추심으로써 우리 자신보다 더 우리 가까이 계시는 믿기 힘든 상태에 계신다. 미사성제에서 우리가 '하느님을 먹음으로써' 하느님은 우리 몸 깊은 곳으로 들어오시고, 그렇게 하여 우리 자신보다 우리에게 더 가까이 계신다. 멀리 계시는 이슬람의 하느님과 달리 우리에게 이렇게도 가까이 계심으로써 하느님은 우리 그리스도인들로 하여금 자신에 대한 가치를 느끼게 하시고, 이전의 그 누구도 가져 본 적이 없는 왕과 같은 품위, 신적인 품위를 가질 수 있게 하셨다. 아담과 하와가 무리하게 되려고 했던 것을 하느님께서는 자진하여 아무 조건도 없이 지금 우리에게 선물하셨다. 그 선물은 바로 하느님 자신이다. 그렇게 하여 사람이 하느님과 같이 되었다.

사람이 하느님을 인식하는 데 핵심적인 요소는 예수를 바라보는 것이다. 하느님이 인간으로 현현顯現하신 것(하느님의 육화)은 성령이 우리 안에서 살아가시는 전형적인 형태이다. 육화의 적절한 이미지를 찾는다면 바오로가 사용한 표상이 도움이 될 것이다. 바오로는 자신을 보물을 담아놓은 질그릇과 같은 존재에 비유했다. 이와 같이 예수는 참된 하느님이고 참된 사람이다. 사람은 땅에서 나와서 죽어 가는 존재, 질그릇과 같은 존재이다. 하느님이 사람 안에 계신다는 것은 하느님의 말씀이다. 하느님은 사람 안에 계시면서 권능으로 작용하신다. 옛 미사경본에 이러한 구절이 있다.

> 예수는 사람으로서 예루살렘에 들어가셨고, 하느님으로서 라자로를 죽음에서 일으키셨다.

4.8 하느님 선물로서의 예수

우리가 하느님으로부터 받은 것은 무엇인가? 하느님께서 우리에게 주신 것은 무엇일까? 이전 세대들은 이러한 질문에 즉시 대답할 말을 지니고 있었다. '영원한 삶!'이 바로 그것이다. 그러다가 신학자들이 죽음 이후에 천당에 가기 위해서 신앙생활을 한다는 말로 신도들을 위로하는 데에 머물러서는 안 된다는 주장을 하면서 죽기 전에 이 땅에서 충만한 삶을 살도록 가르쳐야 한다는 말을 선호한 시기가 도래했다. 실제로 하느님의 선물은 직접적인 '영원한 삶'이 아니다. 하느님 선물은 아들이다. 요한 3,16에 의하면 하느님은 아들을 주셨다. 이것을 마르틴 루터는 이렇게 번역했다.

하느님은 당신 외아들을 주셨다.

루터의 번역은, '내어 주다', '바치다', '희생시키다' 등의 말로 예수의 죽음만을 강조하면서 올바르지 않은 가상적인 연상들을 떠오르게 하는 다른 번역들과 달리 사려 깊고 공정한 번역이다. 아들이 선물인 것은 확실하다. 이 말은 처음에는 특별한 의미 없이 공허한 문장에 지나지 않는 것으로 보일 것이다. 그러나 이 공허해 보이는 문장을 묵상해 보면 참으로 풍부한 인식에 이르게 된다.

요한복음서 전체는, 기적들과 부활 모두를 포함하여, 아들이 믿음으로 인도한다는 사실을 가리키는 안내문이자 손가락이다. 아들은 하느님께 믿음을 갖도록 하기 위한 논증이다. 물론 하느님이 아들을 주시는 행위는 하느님께서 직접 위험을 감수하시는 일이다. 하여간 아들은 무엇보다 먼저 선물이다. 길, 부활, 생명, 진리 또는 생명의 빵이라고 불리는 선물인 것이다. 아들은 어떤 전제 조건도 없이 주어졌다. 아무런 전제 조건도 없이 주어진 것은 오직 이 선물에만 해당되는데, 그것도 온전히 주어진 것이다. 복음사가는 독자들에게 믿음이 글자 그대로 '맛있는 것'이 되도록 하려고 노력한다. 복음사가는, 믿음이란 주어진 빵을 먹는 것과 같고, 마시도록 권해진 포도주를 마시는 것과 같다고 한다.

요한 1,17에 선물로서의 아들이 '은총'이란 단어로 잘 해석되어 있다. 이 은총은 결코 어떤 물건이 아니며 오로지 아들 자신이다. 모세는 자신과 분리된 것, 분리될 수 있는 것으로 계명을 주었다. 그러나 아들은 바로 자신이 은총이다. 이 안에 초기 그리스도교 본연의 모습이 드러난다. 그렇기 때문에 예수 그리스도는 이렇게 말할 수 있었다.

오늘 이 집에 구원이 내렸다.

오직 그가 직접 생생한 몸으로 세리 자캐오의 집에 들어온 것에 의해서이다. 바오로에 의하면 선물과 선물을 주는 사람이 둘이 아니기 때문에 하느님과 하느님 선물 사이의 분리가 극복되었다. 바오로는 더 이상 율법을 외적인 규율로서 인간에게 배치된 것으로 보지 않는다. 오히려 하느님께서 성령을 통하여 사람들의 마음속에 해야 할 것과 할 수 있음을 함께 불어넣어 주셨다. 이렇게 하여 루카에게도, 바오로에게도 그리고 요한에게도 선물과 선물을 주는 존재 사이에 있는 분리가 극복되었다. 이러한 분리를 극복하는 데 초기 그리스도교의 복음 선포는 대단한 강도로 큰 역할을 수행했다. 여기서는 아들의 개인적인 성격과 모습에 대해서는 관심이 없었다. 요한 3,16에서는 오로지 그의 역할에 대해서만 강하게 말한다. 아들은 하느님의 선물이고 요청이며 표지이고 자기표현인 것이다. 달콤한 밀어 같은 것은 없었다. 우리는 여기에 예수에 대한 심리학적 접근도 전혀 없었음을 기록해 두고자 한다.

요한복음사가는 여기서(3,16) 신약성경에 자주 등장하는 '사랑하는 아들'이라는 말을 하지 않는다. 그보다 훨씬 자주 '사랑하는 세상'에 대해 말한다. 이는 여러 모로 보아 터무니없어 보인다. 하느님은 세상을 사랑하신다! 세상이란 최소한 모든 사람을 말하는 것인데 이들은 하느님의 수취인, 즉 그분이 보내시는 것을 받아들이는 사람들이다. 초기교회가 부활전례에서 "대가를 지불하고 종들을 해방시키기 위해 하느님은 아들을 주셨습니다."라고 말한 것을 보면 요한 3,16의 용감성을 제대로 이해한 것이 틀림없다. 하지만 그 용감성이 확실히 완화되었는데 그것은 더 이상 아들과 세상 사이의 대조를 말하지 않고 아들과 종 사이의 대조를 말하고 있기 때문이다. 요한 3,16은 이보다 훨씬 더 극단적이다. 이 말의 의미는 이러하다.

사람들은 악과 악한 세상에 대한 질문을 통해 하느님을 거스르는 논거로 삼지만 세상의 상태는 그렇지 않다.

복음사가는 "하느님이 이렇게 악한 세상 어디에 계시냐?"라고 던지는 회의론자들의 질문을 받아들여 이렇게 대답한다.

예수 그리스도 안에 있다. 그렇지 않다면 도대체 어디에 계실 수 있겠는가?

예수는 세상 안에 계시는 하느님의 표지이다. 하느님은 세상을 무척 염려하셔서 인간적인 요소들을 존중하여 아들을 보내셨다.
'전능하신' 하느님은 여기서 무능하거나 세상에 휩쓸려 있거나 고통을 받거나 잘못 이해했거나 하신 존재로서 우리에게 다가오시는 것이 아니라, 사랑하고 사랑받는 존재로서, 사랑하는 세상을 위해 아들을 주시고 위험을 감내하시는 분으로 다가오신다. 이것을 우리는 사랑이라고 명명할 수밖에 없다. 성경에서와 마찬가지로 세상의 종교들에서 이러한 표현이 종종 등장한다.

사람은 하느님을 예수에게 향유를 바른 여인처럼 사랑해야 한다. 이 사랑에는 한계가 없다.

요한 3,16에 의하면 하느님은 세상을 '우상처럼' 사랑하신다. 이러한 사랑은 하느님의 본질적인 비밀이다. 그리스도인이 된다는 것은 일생 동안 하느님 사랑의 이러한 선포에 감탄하는 일이다. 이러한 사랑은 다른 종교들에서 찾아볼 수 없으며 여러 이교인들에게 새로운 체험으로 여겨졌고 아직도 그렇게 여겨지고 있다. 근래에 마더 데레사 성녀가 힌두교도들의 세상에서 이러한 그리스도교의 핵심적인 사랑을 놀라울 정도로 실현했다.

'사랑'은 세상에 대한 하느님의 관심이고 그분의 목표는 사람들이 하느님의 고유한 생명, '영원한 생명'에 참여하도록 하는 것이다. '생명'이라는 말은 이러한 의미로 발설된 것이다. 여기에서 이미 죽음의 문제가 다루어진다. 죽은 상태로 있다는 것은 이름 없는 상태로 있음을 의미한다. 죽음은 사랑에 의해 극복된다. 특히 하느님의 강하고 창조적인 사랑에 의해 극복된다. 사랑받는 사람은 보잘것없는 파리들처럼 없어지고 마는 것이 아니라 머무른다. 하느님은 오직 사랑으로 당신에게 참여하게 하신다. 여기서 다시 한 번 요한과 바오로에 함께 들어 있는 깊은 일치가 빛난다. 1코린 13에서 바오로가 쓴 사랑의 찬가에 의하면 사랑은 없어지지 않고 머물기 때문에 으뜸이다. 그렇기 때문에 사랑은 하느님 자신과 같다. 사랑은 두 가지를 하느님과 공유한다. 사랑은 남는 것이고 파괴될 수 없는 것이다. 사랑의 본질은 자신을 주는 것이다.

4.9 물 위를 걷다-신비로 가득 찬 예수의 몸

베드로가 호수 위를 걸어가려고 했다. 이것 역시 또 하나의 신화일까? 사람들은 말한다.

이 이야기는 당연히 상징적 의미를 충만하게 갖고 있지만 실제는 아니다.

역사적 예수는 이와 같이 기적으로 보이는 연극을 해야 할 필요가 없었다. '정말로' 이 이야기 뒤에 숨어 있는 실제 사건에 대한 해석은 본문을 글자 그대로 받아들이는 긍정적인 해석에서부터 활활 타는 숯더미 위도 뜨거운 용암 위도 아무 거리낌 없이 걸었다는 고행승에 이르기까지 상당히 넓다. 자주 볼 수 있는 해석 방법은 심리학적 설명이다. 거센 바람에 의해 철썩이는 파도는 죽음의 영역을 의미하는 것이고 베드로의 태도는 제자들이 지닌 불신앙을 그대로 드러낸 본보기라는 것이다. 그러면서 본문 내용 모두는 실제적인 체험일 수 없다고 한다. 이 이야기는 부활 사건 이후 공동체를 건설하기 위한 상징이라고 한다. 그러므로 그리스도인 각자는 "주님, 저를 구해 주십시오."라고 외쳐야 한다는 것이다.

그러나 마태 14,22-33의 문제는 더욱 깊은 곳에 있다. 예수가 호수 위를 걸었다고 하는 이야기 가운데 어떤 것도 부활 이후에 배치된 것은 없다. 정상적인 몸으로는 호수 위를 걸을 수 없다. 산 위에서 변모한 예수의 몸 이야기도 마찬가지다. 정상적인 몸이라면 표백을 한 흰 천처럼 변모하거나 빛날 수는 없다. 위기일발의 상황이다. 여기서 두 가지 해석 중 하나를 선택해야만 한다. 하나는 현대적인 안목으로 신비적인 요소를 제거하여 일상적인 체험을 따라 이것은 자연법칙을 어기는 것이므로 실제로는 있을 수 없다고(성경 내용이라 하더라도 마찬가지로 실제일 수 없다고) 여기는 것이다. 다른 하나는 열린 마음으로 생각하여 예수가 행한 다른 신비적인 요소들에 대해서와 마찬가지로 예수가 부활 사건 이전에 실제로 이러한 행위를 했을 가능성을 인정하는 것이다. 부활한 몸으로 닫힌 문을 통과하고 갑자기 사라지기도 한 것처럼 부활 사건 이전에도 이러한 행위를 했을 수 있다는 것을 감안하는 것이다. 부활 사건 이전이라고 해서 부활 이후에 한 현상들과 비슷한 행위를 하지 않았을 이유가 어디 있겠는가? 예수의 몸에서 특별한 방식으로 계시 사건들이 일어나서 사람들이 보고 체험했을 수 있는 것이다. 분명히 예수는 구마행위나 기적을 통해서만이 아니라 당신의 몸을 통해서도 선포를 행하셨다. 예수가 마귀를 쫓아낸 일과 기적을 행한 것에 대해서는 이미 많은 사람들이 관심을 가지고 고찰하고 논의한 것을 우리는 알고 있다. 그런데 예수가 자신이 하느님의 아들이라는 것을 자신의 몸으로 직접 알려 준 것에 대해서는 누구도 제대로 고찰하지 않았다. 우리가 언제나 예수는 참으로 우리와 같은 사람이라는 것만 강조했기 때문이다. 그러나 그가 참으로 하느님이라면 예수가 자신의 몸을 통해 계시한 것이 특별한 가치를 지닌다. 그리고 우리 이야기에서 베드로는 믿음 안에서 예수의 특별한 몸에 한몫을 차지하기까지 한다.

　베드로가 체험한 것으로 시작해 보자. 복음사가들은 자주, 믿음을 통해 하느님의 창조적인 힘에 참여할 수 있으며 믿음이란 참으로 전염성이 강한 하느님의 힘이라고 말한다. 이들은 그렇기 때문에 믿음은 산을 옮길 수 있고 나무들을 뿌리째 뽑을 수 있으며 무엇보다 사람들을 언제나 다시 건강하게 할 수 있다고 강조한다. 그리고 여기서 베드로가 물 위를 걷는 데에는 단지 작은 믿음만으로도 충분한 것이었다. 믿음은 하나가 되는 것을 의미하는데 특히 하느님과 일치하는 것을 의미한다. 이 일치가 기적을 일으키는 것이다. 하느님의 실제와 일치하도록 자신을 내맡기는 것은 전염성이 있다. 우리는 초인간적인 것을 이루었거나 견디어 낸 사람들에게서 오로지 믿음의 힘으로 그러한 것을 가능하게 한 것을 자주 본다.

예수의 몸에 관해서 말해 보자. 예수가 죽은 이들에게 단지 손을 대기만 하여 그들을 다시 살려 낸 것은 다른 어떤 것이 아니라 예수의 몸에 들어 있는 이러한 하느님의 힘에 의한 것이다. 예수의 몸이 아니라면 이 힘이 도대체 어디에 존재할 수 있단 말인가? 그러므로 하느님은 예수의 정신과 마음에만이 아니라 그의 몸에도 계신다. 그렇기 때문에 하혈하던 여인이 뒤에서 예수의 옷자락에 손을 댄 것만으로도 충분했던 것이다. 역사적으로 있었던 일에 대해 언급하자면, 요한 21장에 베드로에 대한 비슷한 이야기가 또 하나 있다. 다른 점이 있다면 여기서 주님은 뭍에 계셨는데 베드로는 배에서 뛰어내려 주님께로 달려갔다. 여기에 계신 주님은 참으로 부활하신 분이다. 어쩌면 베드로에게는 이것이 전에 했던 비슷한 체험과 다를 바 없는 일이었을지도 모른다.

예수가 호수 위를 걸어간 것은 변모와 마찬가지로 신비 체험이라고 부를 수 있는 것이다. 여기에 기록된 것은 어떤 환상이 아니라 제자들이 맨눈으로 본 것이다. 그렇지만 이 현상은 생물학적으로나 물리학적으로 설명할 수 없는 것이다. 제자들이 예수에게서 어떤 특별한 힘을 체험했기 때문에 크게 와 닿은 것이다. 그런데 어떤 이야기도 이러한 일들이 예수가 혼자 떨어진 장소에 있을 때 일어났다고 하지는 않는다. 이러한 일은 언제나 제자들에 대한 계시와 연계되어 있다. 호수와 산과 같은 장소는 전형적인 '계시의 장소'임을 비판적인 주석가들도 알고 있다. 그런데 '계시'란 무엇을 말하는 것인가? 계시란 예수가 제자들로 하여금 집약된 하느님의 창조적 힘이 자신에게서 발생하는 것을 인식하게 하는 것이다. 계시는 돋보기가 햇빛을 모아들여서 불을 붙이는 지점과 같이 예수 안에 집약된 것이다.

여기서 다루는 것은 어떤 초심리학parapsychology이나 유령에 관한 보고가 아니라 아직 성령에 의해 잉태된 신비를 품고 있는 예수의 몸의 비밀에 관한 것이다. 물론 예수는 배고픔과 목마름 그리고 죽음에 대한 두려움을 지닌 온전히 참된 인간이다. 그러나 그러한 것 외에도 그의 몸에는 하느님의 이러한 전염성이 강한 창조적 힘이 내포되어 있다. 이것이 사실이기 때문에 나는 미사성제에서 축성된 빵과 포도주 안에 예수의 몸이 실제로 현존하고 있음을 아무 문제없이 받아들인다. 우리의 이러한 고찰들은 성체신심의 쇄신에 기여할지도 모른다. 성체신심의 핵심은 실제적이고 신비적인 예수의 몸의 현존에 관한 것이기 때문이다.

호수 위를 걸어간 데서 드러난 예수 안에 계신 하느님의 현존은 그 자체가 목적이 아니다. 우리가 여기서 하는 보도는 결코 서커스에 관한 것이 아니다. 예수 안에 계시는 하느님의 현존으로 인해 우리는 예수께 "주님, 저를 구해 주십시오!"라고 외치게 된다. 이렇게 큰 도움이 되고 구원으로 가득 찬 하느님의 현존을 고대 사람들은 '공현'이라는 아름다운 말로 표현했다. 우리를 감싸고 있는 구원하는 그 무엇은 멀리 있지 않고 지극히 가까우며, 현존하지만 벌써 지나갔으며, 육체적으로 느낄 수 있지만 붙잡을 수는 없고, 은총으로 가득 차 있지만 삶을 보장하지는 않는다. 이는 자유롭고 순간적이며 구원하시는 하느님(또는 하느님의 사자)의 사랑이다. 여기서 우리의 문화가 지닌 요소들에서 신비적 체험의 한 형태가 떠오르는데, 이것은 제자들이 예수와 만난 것에 잘 어울린다. 현존은 실제적이지만 단지 예시만 하는 것이다. 하느님의 온전한 현존은 우리를 압살하고 말 것이다. 프랑슈콩테에 있는 롱샹 성모 마리아 성지순례지에서 그 특별한 빛을 한 번 체험한 사람은 이 체험으로부터 결코 벗어나지 못할 것이다. 그곳에서 일어난 성모 마리아와의 만남은 짧은 순간이었지만 구원과 빛으로 가득 찬 현존과 같은 것이었을 것이 틀림없다. 하느님과 가까이 있었던 유다교인들 중에서 이미 이러한 체험들을 한 사람들이 있다. 고대의 성조들은 모든 신비적 체험을 순수하게 잘 간직했다. 노아도 이미 이러한 체험으로 빛이 났었다. 초기 그리스도교에서는 달랐다. 스테파노는 변모되었으나 외경에 속하는 사도들의 행적 문헌들은 다른 사도들에 대해서 같은 현상이 있었다고 이야기한다.

다시 베드로에게로 돌아오자. 예수 안에 하느님께서 이러한 부드럽고 온전히 위로하는 방식으로 현존하시기 때문에 믿음을 가진 사람은 성경의 문구대로 "주님, 저를 구해 주십시오."라고 도움을 청할 수 있다. 신약성경의 작은 배에 있는 제자들에 대한 이야기들은 공동체의 상황에 대한 표상이기도 하다. 그러나 작은 배 이야기들이 단순히 국가나 교회를 지칭하는 멋진 은유일 수는 없다. 이러한 것에서 우리가 비유적인 가르침이나 놀이를 만나는 것이 아니기 때문이다. 공동체들이 작은 배 이야기들을 자기 자신에 관한 것으로 간주한 것은 온전히 내적 체험들과 연계되어 있다. 이것은 내용이 없는 텅 빈 표상들이 아니라 폭풍이 몰아치는 밤에 하느님 구원의 손길을 찾는 사람들이 육체적으로 구체적인 체험을 하는 것에 관한 것이다. 대단한 위력으로 휘몰아치는 폭풍 속에서는 아무리 뛰어난 능력을 가졌다 해도 앞으로 나아가기가 참으로 어려운 일이다. 도움을 청하는 우리의 외침은 텅 빈 허공을 향한 것이 아니라 하느님을 향한 것이다. 사막과 같은 곤란의 한가운데서 자비로우신 하느님께서는 몸으로 체험할 수 있을 만큼 가까이 현존하시고, 미사성제의 한가운데에도 계시며 사람들이 믿음을 가진 곳이면 어디에나 계신다. (이와 같은 설명이 내게는 '죄'의 개념을 이해하게 하는 데 적합하다고 여겨진다.)

4.10 예수가 죄를 사할 수 있을까

어떤 사람이 심한 논쟁 끝에 상대에게 이렇게 말했다.

너를 용서할 수는 있지만 네가 한 짓을 잊을 수는 없을 것이다.

이 말에 상대가 대답했다.

나는 그 반대다. 용서할 수는 없지만 너를 잊어버릴 수는 있을 것 같다.

이러한 재담은 우리 현대인이 죄의 형이상학적 무게에 대한 감각을 가지는 것이 얼마나 어려운 일인가를 보여 준다. 여기서 근본적인 점은 역사가 상실된다는 것이다. 우리 현대인은 잊어버리고 떠나자고 한다. 그리고 마치 아무 일도 없었던 것처럼 여긴다. 성경(예수가 한 번 더 권능을 지니고 등장한다)은 이 점에서 완전히 다른 관점을 갖고 있다. 마르코복음

2장에서 예수는 주위 사람들에게 이러한 질문을 던진다.

> 너희는 어찌하여 마음속으로 의아하게 생각하느냐? 중풍 병자에게 '너는 죄를 용서받았다.' 하고 말하는 것과 '일어나 네 들것을 가지고 걸어가라.' 하고 말하는 것 가운데에서 어느 쪽이 더 쉬우냐?

죄는 명백히 세상에서 어떤 근본적인 것을 바꾸어 버린다. 죄는 하느님과 연계되어 있다. 죄는 "여러분은 서로 사이좋게 지내시오."라는 말이 의미하는 바, 인간관계의 맥락을 혼란에 빠뜨리는 것보다 훨씬 더한 무엇이다. 이것을 먼저 알아야 한다.

물론 중풍 병자를 치유하는 것도 힘든 일이고 마찬가지로 죄를 용서하는 것도 힘든 일이다. 둘 다 모두 하느님만이 하실 수 있는 일이기 때문이다. 이 둘 사이의 차이는 이러하다. 치유의 결과는 사람들이 볼 수 있는 반면 죄의 용서는 눈에 보이지 않기 때문에 믿음으로만 파악할 수 있다. 기적은 죄가 용서받았음을 드러내는 데 도움이 된다. 죄를 용서하는 것은 중풍 병자를 치유하는 것과 같다. 실상 치유는 죄의 용서가 의미하는 것을 눈에 보이게 하는 것이다. 즉 다시 건강하게 하는 것이고 삶을 가로막는 장벽을 걷어치우는 것이며 그 사람의 몸속에 들어 있는 죽음의 조각과 같은 것으로부터 그를 해방시키는 것이다.

복음사가들에게 무엇보다 중요한 것은 이 두 행위가 모두 예수의 권능을 드러내는 것이라는 사실이다. 이 대목에서 등장하는 '사람의 아들'이라는 표현은 '주님', '하느님'과 함께 신약성경에서 내용적으로 예수에 대한 최상의 호칭이다. 사람의 아들은 모든 민족에 대한 하느님의 대리자이다. 그렇기 때문에 사람의 아들은 심판자의 권능을 지니고 있다. 마태 25,31-46과 요한 5,21.25.27에 의하면 사람의 아들에게 세상을 심판할 권한이 주어졌다. 죄를 용서할 권능은 심판자가 수행해야 할 근본적인 과제이다. 오직 심판자만이 죄를 용서할 수도 있고 벌을 줄 수도 있다. 예수는 이 지상에 파견된 기간에 벌을 주는 심판자로서가 아니라 죄를 걷어 내고 용서하는 존재로서 활동했다. 예수는 어떻게 심판자이자 사람의 아들로 활동할 수 있었을까? 완벽하게 의로운 자, '하느님의 어린양이었기 때문이다. 예수가 모든 사람을 대신하여 받아들인 죽음을 통해 모든 이의 죄를 용서한 근거도 그의 완벽한 의로움에 있고, 자신의 권능에 찬 말씀으로 죄를 걷어 낸 행위의 근거도 오로지 그의 완벽한 의로움에 있다.

오늘날 우리에게는 죄를 용서한다는 것 자체가 의문에 붙여져 있다. 복음서의 이야기는 이에 관해 많은 말을 하지 않는다. 이 이야기를 해석하는 사람이 누구나 알고 있는 죄의 목록과 장문의 죄의 정의를 장황하게 늘어놓아야 할까? 그런다고 해도 별 의미는 없을 것이다. 이 이야기에서 근본적인 것은 사람이 과거에 저지른 하느님과 자신 사이에 책임을 져야만 할 행위에 대한 부담이 모두 제거되었다는 것이다. 예수를 만난다는 것은 거룩한 하느님을 대면한다는 의미를 내포하고 있다. 그분을 대면한 사람이 죽지 않으며 이러한 만남이 좋게 끝난다는 것, 아니 더 나아가 그를 치유하며 그것도 모든 면에서 그를 치유한다는 것이 죄의 용서의 주된 내용이다. 죄는 사람을 하느님으로부터 분리시킨다. 죄는 사람의 눈에 보이는 것뿐만 아니라 보이지 않는 모든 것에도 관여한다. 사람은 죄인으로서 죽음을 만나게 된다. 그러나 하느님의 권능을 지닌 예수로부터 죄를 용서받음으로써 하느님과 분리되어 있던 것을 회복하고 건강하게 되어 자신을 온전히 되찾게 된다.

이것은 이러한 의미다.

내 삶의 역사에 존재하는 어두운 터널들이 그대로 봉인되는 것이 아니라 빛과 따스함으로 채워져서 다시 살 만한 곳으로 변화된다.

이는 적이 쳐들어오거나 폭격을 하거나 하는 위기 상황에서 사람들이 지하 대피소로 와서 등불을 켜고 커다란 쇠난로 주변에 모여 온기를 얻는 것과 같다. 내가 만나는 전지전능한 분은 나에게 적대적인 것이 아니라 나를 위하신다. 그분은 해방하시는 존재이다. 오늘날 고해성사를 받고자 하는 사람들이 현격하게 감소한 것은 불행한 일이다. 고해성사 제도가 무너지고 있는 것은 부인할 수 없는 계몽주의의 결과이다. 18세기까지는 루터교회에서도 고해성사 제도가 지켜졌으나 그 이후로는 거의 사라지고 말았다. 공의회의 결과로 들어온 계몽주의의 영향을 받아 가톨릭교회에서도 상황은 비슷하다. 신도들은 본당신부에게 무릎을 꿇고 죄를 고백하여 심판을 기다리는 것은 더 이상 계몽된 시민의 자세가 아니라고 여기는 듯하다. 고해성사를 받고자 하는 자세는 미숙함의 한 형태이고 강요된 것이며 노예적인 것이라 생각한다. 그러나 실제로는 고해성사를 통해 본당신부보다 훨씬 더 큰 분, 그렇기 때문에 죄를 용서할 수 있는 분을 만난다. 고해성사의 외적 형식은 하느님의 은총을 확실하게 체험하게 하는 것이다. 이러한 의미로 요한 볼프강 폰 괴테 J. W. von Goethe 가 벌써 이렇게 말했다.

프로테스탄트교회에서 고해성사 제도를 걷어치운 것은 옳은 판단이 아니었다.

그러나 고해성사가 무너진 원인은 이보다 훨씬 더 깊다. 사람들은 그렇게 할 수밖에 없는 운명적인 상황에서 한 어떤 행위에서, 이렇게 해석하기를 즐겨하는 주석가들이 있다. 무엇이 남아 있다는 것을 인정하는 것은 생각할 수도 없는 것이고, 또한 그것이 부정적인 영향을 미치고 구원의 삶에 지장을 초래하는 것이기에 자신의 행위를 다시 불러올려 고해를 해야 한다는 것도 생각할 수 없는 것으로 여기고 있다. 오늘날 우리는 죄를 고해하는 것을 이해하지 못하는데, 그 이유는 삶을 "지나간 것은 지나간 것이다."라는 모토에 따라 살아가기 때문이다. 또 어떤 행위를 판단할 때 그 행위의 결과에 대해서도, 책임에 대해서도 또 그 행위의 피해자에 대해서도 크게 생각하지 않고 그 행위의 심리학적 분석에만 의지하기 때문이다. 오늘날 파편화된 심리학은 어떤 잘못된 행위가 남겨 놓은 양심의 가책을 벗어던지는 데에 자주 이용되고 있다. 잘못된 행위에 대해서는 단지 그 원인들을 알아낸다고 잘게 부수어서 쉽게 비워 없애는 데에만 급급하고 있는 것이다.

사목과 신학에서 하는 판단은 다르다. 모든 악한 행위는 행위자와 피해자 모두에게 상처들을 남긴다. 행위자가 불러일으킨 상처들은 그 스스로 치유할 수 없다. 우리가 진심으로 뉘우치고 마음을 고쳐먹을 때 고해성사에서 우리의 상처를 싸매고 무거운 짐을 덜어 주시는 의사를 만나게 된다. 고해성사를 받으러 갈 때에는 자신의 상태를 잘 살펴보아야 한다. 의사를 만날 때 죄도 전체로서 다시 거기 있다. 그러나 전체로서 용서받기 위해 거기 있는 것이다. 시토수도회의 빛의 신학을 빌려 말하자면 이와 같다.

성사의 빛은 여기서 이중의 의미를 지니고 있다. 빛은 그늘이 생기게 하여 눈에 보이게 한다. 그러나 사람이 더욱 빛 가까이에서 활동하고 동시에 스스로를 빛 가운데 두면 그늘을 없앨 수가 있다. 빛이 있는 곳에 그늘도 보이지만, 신적 빛이 아주 많이 비치는 곳에는 그늘도 없어지고 말기 때문이다.

우리가 다룬 텍스트를 중세시대에 해석하여 만든 기도문이 있다.

오랫동안 침상에 누워 있던 중풍 병자를 치유하신 예수 그리스도께서 여러분의 마음을 정화하시어 모든 잘못을 용서하시고 당신의 축복으로 보호하소서. 사람들의 죄를 용서하실 수 있는 거룩하신 분께서 여러분에게 자비를 베푸시어 모든 죄로부터 자유롭게 하소서. 중풍 병자가 치유를 받아 집으로 돌아갔듯이 그분의 용서를 받음으로써 여러분도 깨끗하게 되어 하늘에 계신 아버지의 나라로 들어갈 수 있는 품위를 회복하게 하소서.(주교의 축복기도 546)

4.11 하늘로 가는 고된 길_예수에 대한 불쾌감

19세기에 오늘날까지도 잘 팔리는 하나의 예수가 고안되었다. 부드럽고 매력 넘치는 청소년, 밀밭 사이를 오가는 자연의 사도, 양들 사이에 있는 어린 양의 모습이다. 이렇게 부드러운 예수의 모습들은 화가 오버벡Overbeck과 이른바 나자렛유파라 불리는 화가들에 의해 형성되었는데 그 모습은 오늘날 헐리우드 영화 산업과 성물 산업뿐 아니라 프란츠 알트Franz Alt, 위르겐 플리케Jürgen Fliege, 오이겐 드레버만Eugen Drewermann 과 같은 사람들에게도 놀라울 만치 잘 보존되어 있다. 이들은 모두 이해할 수 있는 예수, 여성적인 모습의 예수를 설파한다. 하지만 내가 보기에 이는 역사 왜곡이다. 역사적 예수는 고대세계에서 강경 노선을 견지했다 할 수 있고 하느님의 도발자이며 세례자 요한에 가깝다. 복음서에서 전하는 세례자 요한의 특징은 도전하는 것인데 이 점에서 그는 예수와 가깝다. 요한의 금욕적이고 지배자들에게 도전적인 삶의 방식은 예수가 살았던 삶의 방식과 특히 잘 일치한다. 당시의 지배자들에게는 이 둘 모두 견디기 힘든 존재들이었다.

복음서들에서는 예수가 일으킨 '스캔들'이 반감을 불러일으킨 사실에 대해 말한다. '스캔들'이라는 단어는 신약성경에 전반적으로 등장한다. 이 단어는 다른 사람들에게 도전하는 행위, 불편하게 하는 행위, 혼란에 빠뜨리는 행위, 그리스도인으로 존재하는 데에 불확실하게 하는 행위에 해당한다. 남에게 불쾌감을 주면 불쾌감을 느끼는 사람은 그 자리를 떠나게 된다. 이것은 결코 사소한 일이 아니다. 신약성경의 복음서들과 서간문들에 의하면 '불쾌감을 주는 행위'는 그리스도인이 다른 사람에게 할 수 있는 가장 나쁜 행위들에 속한다. 어떤 사람이 반감을 느낄 정도로 불편한 일을 당하면 공동체로부터 소외되는 느낌을 갖게 된다. 이러한 상황에서 불의와 몰인정에 따르는 결과가 무엇인지 드러난다. 예수 그리스도 자체가 일종의 '불쾌감'인데, 이 말은 고대세계에서 가장 치욕적인 십자가형을 받은 의미로서가 아니라 부활 이전의 삶에서 취했던 방식이 반감을 불러일으켰다는 의미로서의 불쾌감이다. 마태 11,2-10에서는 막 시작하는 초기 그리스도교에서 중요했던 두 가지 질문들이 던져지고 이에 대해 일상적이지 않은 특이한 방식의 대답이 주어진다. 그 내용은 이러하다.

예수는 누구인가? 그가 메시아인가? 세례자 요한은 누구란 말인가?

감옥에 갇힌 세례자 요한은 제자들을 보내어 예수에게 이러한 질문을 하게 한다.

오실 분이 선생님이십니까? 아니면 저희가 다른 분을 기다려야 합니까?

예수께서 그들에게 대답하셨다.

요한에게 가서 너희가 보고 듣는 것을 전하여라. 눈먼 이들이 보고 다리 저는 이들이 제대로 걸으며, 나병 환자들이 깨끗해지고 귀먹은 이들이 들으며, 죽은 이들이 되살아나고 가난한 이들이 복음을 듣는다. 나에게 의심을 품지 않는 이는 행복하다.

대답하는 방식은 일상적이지 않다. 베드로의 고백에 의해 우리는 "누구인가?"라는 질문에 그리스도론적 칭호들로 대답하는 것에 익숙해 있다(그는 '하느님의 아들'이다. "주님이시다." 또는 이와 비슷하게). 그러나 여기서는 오직 메시아인 그리스도의 행적들이 언급되어 있다. 이러한 예수가 행한 것이 무엇인지에 대해서 동시대인이던 유다인들은 잘 알고 있었다. 그것은 바로 하느님의 종말론적 행적들인 것이다. 하느님께서 역사를 마감하시면 어떻게 되는지, 메시아로서 다시 오시면 어떤 일이 일어나는지를 이러한 방식으로 상상했었다. 예수는 이러한 행적들을 하느님이 오시기에 앞서 행한 것이다. 달리 말하자면 이러하다.

예수가 이와 같이 활동하면 그것은 하느님께서 그를 통해서 그 안에서 활동하시기 때문에 일어나는 것이다. 그렇기 때문에 예수는 당신의 행적들을 통해 자신이 하느님 이외의 어떤 존재도 아니라는 것을 정당화한 것이다.

이러한 대답이 가진 문제는 (유다 전통에서 기다리던) '메시아'가 기적을 행하는 존재가 아니라는 점뿐이다. 그러나 예수 안에서 하느님은 활동하시고, 예수는 하느님이시다. 인상적인 것은 기적 행위의 최고봉은 그것이 그렇게 특별나게 보이지 않는다는 것이다. 말하자면 가난한 사람들에게 복음이 전파되는 것이 기적들 중에서도 최고의 기적이다. 여기서 단지 내용이 없는 빈 형식에 대해서만 언급하고 있지 않음은 분명하다. 루카복음사가는 자신의 복음 전체를 바로 이러한 의미에서 가난한 사람들을 위한 기쁜 소식으로 여겼다. 사도행전 2-5장에서 그는 초기 공동체가 이것을 어떻게 실현해 나갔는지 그리고 어떻게 그리스도인들이 모든 것을 '근본적으로' 함께 소유했는지를 보여 준다.

  예수의 기쁜 소식이 어떻게 하여 공허한 것이 아닐까? 예수는 가난한 사람들로 하여금 들고일어나라고 부추기지 않았다. 그렇게 했더라면 그들을 로마인들의 칼날에 직면하게 하는 행위밖에 되지 않았을 것이다. 또한 오로지 정신적인 지침들로 달래기만 하는 데에 그치지도 않았다. 예수는 그들을 사람이 되게 했다. 그들이 비록 더럽고 배고프며 온갖 걱정이 많은 룸펜이더라도 하느님으로부터 사랑받는 존재라는 것을 알려 주었다. 예수는 공동체가 이러한 것에서 실천적인 결과들을 이끌어 내기를 바랐다. 예수 자신이 이러한 사람들과 함께 울고 웃었으며 위로하고 잔치를 즐겼다. 오직 가난한 사람들 그리고 모든 것을 오직 하느님께로부터 바랄 수밖에 없는 사람들만이 정결하다. 가장 가난한 사람들이 오히려 다른 사람들보다 더 손님들에게 친절하지 않는가? 우리가 이러한 것을 이미 체험한 적이 없었던가? 가난한 사람들처럼 아무 힘도 없는 사람에게는 날마다 실낱같은 어떤 희망이라도 기대하는 맑은 눈의 어린아이 같은 태도 외에는 남은 것이 없다. 이 모든 것이 역시 기적이다. 이러한 기적들 중 하나가 바로 우리가 해마다 다시 외치는 "…땅에는 평화"가 실제가 되는 것이다.

그리고 이어서 수수께끼 같은 말이 따른다.

나에게 의심을 품지 않는(불쾌감을 갖지 않는)[2] 이는 행복하다.

모든 행복 선언은 경계를 설정하는 것으로 이루어져 있어서 특별한 사람들로 구성된 그룹들이 대상이 되는데, 이들은 새로 시작하는 시대에는 특별한 위치를 즐기게 될 사람들이다. 행복 선언은 많은 사람들이 예수에게 불쾌감을 갖게 될 것을 전제하고 있다. 우리들 사이에 누군가가 "나에게 반감을 갖지 않는 사람은 행운아다."라고 말한다면 우리는 '이 사람은 근거도 없이 자기 자신을 대단한 관심거리로 치켜세우는군.'이라는 생각부터 하게 될 것이다. 이 텍스트에서 이 문장은 예수와 동시대인이어서 그로부터 치유를 받은 사람이나 가난한 사람들에게만 제한되는 것이 아니라 모든 사람에게 해당된다. 이 문장은 이러한 말을 하고 있다.

예수로부터 구원을 기대할 수 있기 위해 반드시 몸이 불편하거나 가난하거나 죽었거나 불결해야만 하는 것은 아니다.

---

[2] 성경의 우리말 번역과 독일어 번역이 조금 다르다. 괄호 안은 독일어 번역이다. 이 책은 독일어 번역을 따라 내용을 전개하고 있기에 괄호 안에 독일어 번역을 제시해 두었다. -역자 주

예수에게 불쾌감을 갖지 않는(의심을 품지 않는) 것으로 충분한 것이다. 그러나 사실은 거의 모든 사람이 예수에게 불쾌감을 느끼고 있고, 이 불쾌감을 해소하고 싶어 하고 있다. 첫 번째로 부자들은 예수가 그들에게 나누어 주고 내어 주라고 하기에 불쾌감을 느끼고 있다. 두 번째로 권력을 쥔 사람들(국가 권력을 쥔 사람은 당연히)이 불쾌감을 느끼고 있다. 이들은 자신들이 아니라 힘없고 가난한 사람들이 행복하다고 칭송하기 때문에 예수에게 불쾌감을 느낀다. 세 번째로 예수의 도움을 받지 못한 모든 사람, 여전히 고통을 받는 사람, 죽어 가는 사람, 아픈 사람, 멀리 떨어져 있는 사람, 소외된 사람들이 불쾌감을 느낀다. 네 번째로 십자가를 지고 가야 한다는 예수의 말씀이 마음에 들지 않는 사람들도 모두 불쾌감을 느끼고 있다. 이들에게 십자가는 살아가는 데 불편하고 크나큰 지장을 초래하는 것으로 보인다. 이러한 사람들에게 예수의 가르침은 음침하고 기분 나쁜 것이다. 이들은 자신들의 말대로 죽기보다는 살기를 더 원한다.

그러나 실제로 예수 때문에 불쾌감을 느끼지 않을 수 있으려면 변화시켜야 한다. 예수에 대해 불쾌감을 갖지 않으려면 삶의 방향을 본질적으로 바꾸어야 하며 지속적으로 바꾸어야 한다. 구두쇠와 수전노, 한 푼도 남김없이 무자비하게 거둬들이는 사람들은 예수에 대해 불쾌감을 가질 수밖에 없다. 쥐꼬리만 한 권력을 움켜쥐고 행세하면서 아무에게도 사정을 봐주지 않는 권력자들도 예수를 의심의 눈으로 볼 수밖에 없다. 자신의 특별한 견해만 옳다고 주장하면서 그것을 받아들이는 학생들만 합격시키고 칭찬하면서 다른 의견을 가진 학생들은 공부를 제대로 하지 않은 사람으로 취급하여 모조리 불합격시키고 마는 교수들도 예수의 관대한 태도와 아무 조건 없이 받아들이는 태도는 견딜 수 없는 것으로 보일 수밖에 없다. 삶의 쾌락만을 절대적인 것으로 간주하고 색안경을 끼고 세상을 바라보면서 삶을 단지 쾌락추구의 대상으로만 여기는 사람들도 그리스도교를 살아가는 데에 지장만 주는 적으로 여기게 될 것이다. 이런 사람들에게 예수는 불쾌하고 엄한 존재이고 지속적으로 위기감과 변화를 조성하는 존재이다. 예수의 이러한 비판적인 태도는 무엇보다도 교회들을 '걸려 넘어지게' 한다. 왜냐하면 이 세상의 권력과 소유의 구조 안에 튼튼하게 자리 잡은 편안한 그들의 자리를 위협하기 때문이다. 교회의 직무수행자들이라고 해서 자동적으로 예수에게 속하는 것은 아니다. 교회의 역사 안에 탐욕스런 수도자들, 권력을 마구 휘두른 주교들과 여자들을 가까이한 교황들이 수없이 있었다. 예수는 이들에게도 견딜 수 없는 존재였을 것이다. 예수가 정의로운 사람들을 위해서가 아니라 죄인들을 위해 온 것은 분명하다. 죄는 교황을 비롯한 그 누구도 비켜가지 않는다. 그럼에도 불구하고 십자가와 예수의 삶의 방식은 당신 가까이 있도록 불림받은 사람들의 눈앞에 지속적인 스캔들로서 무거운 심판으로 나타나는 것이다. 예수는 십자가를 다른 사람들에게 보여 주기 전에 교회부터 먼저 십자가를 바라보라고 요청하고 있다.

실제로는 우리 모두가 거의 언제나 예수에 대해 부담을 느끼고 있다. 예수에게 걸려 넘어지지 않는 일은 섬세함을 요구하며 항상 그분이 옳다는 것을 인정하기 위해서는 약간의 진실이 필요하다. 그럴 때 '너희는 복되다.'라는 그분의 부드럽고 놀라운 약속이 이루어질 것이다. 사실 근본적인 문제는 이것이다.

복됨으로 나아가는 길은 어떤 길인가? 이러한 길과 목표로 나아가는 데 더 나은 '신화Mythos'와 '이야기Geschichte'를 제공할 자는 누구인가?

그러므로 '모두'가 복된 것은 아니다. 오히려 이러한 고달픔을 견뎌 내는 사람만이 복된 것이다. 이들은 차고 넘치는 보상을 받을 것이다.

4.12 라자로의 도발

19세기에 벌써 예수가 참으로 기적 행위를 해서 라자로를 소생시켰는가에 대한 심각한 토론이 있었다. 특히 보수적인 이성주의자였던 에른스트 빌헬름 헹스텐베르그(Ernst Wilhelm Hengstenberg, 1802-1896 : 1828년부터 베를린에서 거주)와 튀빙겐 학파의 바우르스F. C. Baurs 사이의 논쟁은 관심거리였다. 기적은 당시 이성적으로 사유하던 사람들에게는 부담스러운 골칫거리였다. 기적들 중에서도 요한 11,38-44에 의한 라자로의 소생은 특별히 부담스러운 것이었다. 이 대목에서는 생각할 수 있는 모든 의혹이 나름대로 근거를 지닌다고 말해도 될 것이다.

1. 이 대목은 명백히 죽은 이의 소생에 관한 것으로서 정신·신체학적으로 설명할 수 없다.
2. 라자로는 이미 4일이나 죽어 있었다.
3. 죽은 이를 일으켜 세우는 예수는 그를 만질 수 없었다. 라자로가 이미 무덤 속에 묻혀 있었기 때문이다.
4. 예수는 라자로를 부르고, 라자로는 그 소리를 들었다(!).
5. 예수는 이러한 일이 가능하도록 하기 위해 라자로가 죽도록 놔두었다.

계몽된 주석가들이 여러 세대를 이어 이 이야기가 지닌 잠재적인 폭발력을 완화시켜 보려고 노력했다. 일부 젊은 가톨릭 주석가들은 프로테스탄트 주석가들의 해석을 더 능가하는 진보적 해석을 하기도 했다. 놀랍게도 얼마 전에 나는 모든 가톨릭 주석가가 라자로 이야기는 현존했던 것이 아니라는 견해에 동의하고 있다는 글을 읽었다. 이러한 가정을 토대로 요한 11장의 기적 이야기를 논의하다 보면 그것은 우아한 시간 낭비가 된다. 이러한 견해는 더 나아가 이 텍스트가 사람이 자신의 삶을 쇄신해야 한다는 의미를 지닌 것으로 본다. 사람들은 이러한 견해에 대해 '그렇다면 무엇 때문에 그렇게 부담스럽고 복잡한 이야기를 할 필요가 있으며 게다가 그 안에 들어 있는 의미를 캐낼 주석가들까지 동원해야 할 정도로 함축적인 말을 할 필요가 있을까'라는 의문을 던진다.

다른 일부는 좀 더 용기 있는 작업을 하여 요한 11장을 문학작품, 다시 말해 순전한 창작물로 생각하고자 했다. 이들은 허구적인 문학작품은 간접적으로 사람들의 마음과 정서를 순화하기 위한 대화를 유도하려는 것이라고 주장한다. 시대를 뛰어넘어 모든 독자에게 언제나 다시 어떤 교훈을 주는 단어들과 내용들로 무장하고 있다는 것이다. 그렇기 때문에 죽은 자를 소생시켰다는 것은 '본질적으로 불필요한 과장'이고, 그보다는 '좀 특별한 병을 앓던 병자를 치유한 것인데 부활 사건 이후에 이를 해석하여 강론하면서 죽은 자를 소생한 것으로 고쳐서 이야기한' 것으로 보아야 한다는 것이다. 이런 모든 주장은 '라자로가 죽음으로부터 소생되지 않았음을 힘 있는 방식으로 증명하지' 못하며 '신학자들이라면 모두 동의하는 또 하나의 불확실성'일 뿐이다. 최종적으로, 독자들을 좀 더 편안하게 하기 위해 '복음사가들에게는 실제 사실이 어떠했는가가 관심사가 아니었다.'고 설명한다. 라자로에게 행한 예수의 행위가 처음부터 소생으로 이야기되어 온 것을 완전히 배제할 수는 없다고 보기는 한다. 그러나 오늘날의 연구자는 이 이야기를 처음 시작한 사람들이나 이 이야기의 증인들이 '죽은' 그리고 '소생된'이란 단어를 어떤 의미로 활용했는지 살펴보아야 한다고 한다. '그는 벌써 냄새가 난다'는 말과 '라자로는 죽었다'는 예수의 말씀은 이 전승의 원본에는 없었다는 것이다! 이러한 해석은 요한 11장이 전하는 기쁜 소식의 고유한 내용을 피하는 것에 지나지 않는다. 제자리에서 맴도는 것처럼 주석가는 언제나 이야기에서 한 부분을 제거하려 한다. 그러면서 여기서 '죽은'과 '소생된'을 일종의 상징으로 설명하려 애쓴다. 내 눈에는 깜짝 놀랄 만큼 무리한 요구이다.

사실 요한 11장의 모든 부분을 실제 일어난 사실로 증명하려 할 필요는 없다. 이 대목을 서서히 소멸시키려는 것도, 또 신앙을 보호하고 구하려는 생각으로 호교론적 전략을 동원하려는 것도 유치하기는 마찬가지이며 이 이야기에 제 몫을 돌려주는 것은 아니다. 오해는 이 이야기가 보내는 모든 신호를 간과하는 데서 발생한다. 즉 이 이야기가 처음부터 말하고자 하는 것과 그렇게 받아들여야만 하는 것으로 보내는 신호 말이다. 복음사가 자신은 이 이야기에 어떤 반감도 갖지 않는다. 요약하면, 이것은 참으로 거의 불가능한 이야기다. 주석가의 과제는 사람을 살살 달래고 미소 띤 얼굴로 온갖 감언이설을 동원하여 이러한 성격의 이야기가 실제로 일어난 일인 양 믿게 하는 것이 아니다. 이 이야기 앞에서 자신의 실패를 인정하는 것이 정직한 이성의 과제이다. 불가해한 것을 이런저런 방법들을 동원하여 해명해 보려고 하는 노력은 모두 결국 실패하고 만다. 이 대목은 어떤 것을 동원해도 해명할 수 없는데, 이 점은 빵을 많게 하여 오천 명을 먹인 기적에도 그대로 적용된다.

하느님의 존재를 생각하여 실제 세계의 보이는 부분은 오직 한 면뿐이고 하느님께서는 실제 세계의 모습을 언제든지 다르게 드러나도록 할 수 있다는 (성경에 등장하는 위대한 사람들만이 이러한 체험을 한 것은 아니다) 사실을 믿는 사람은 이러한 기적이 일어날 수 있다는 것에 대해 방법적으로 열린 자세를 취해야 한다. 이러한 자세가 21세기를 살고 있는 사람들에게 도저히 있을 수 없는 것을 대할 때 일어나는 불쾌한 감정을 유발하는 위험이 있을지라도 그렇게 해야 한다. 수천억 개의 별들로 구성되어 있다는 이 세상 자체가 불가해하고, 이 세상에 존재하는 엄청난 종류의 불의들도 불가해한 것이라면 (아우슈비츠의 비극과 영아 살해와 같은 것을 생각해 보라) 어떤 사람이 모든 것을 정확하게 설명하기를 원한다 해도 그가 지닌 작은 이해력으로 하느님 자신을 완전히 파악하도록 하는 것은 하느님에게도 벅찬 일이다. 이성적 고찰로 요한 11장을 파악하려고 하는 시도들은 이러한 이유로 고통스럽기만 할 뿐 결코 진척되지 않을 것이다. 이러한 말은 이성적으로 따지지 말라는 말로 간주되기 쉽겠지만 이것은 나와는 거리가 멀다. 신학에서 주안점은 신비를 올바른 장소에서 찾고 발견하는 것이다. 신비가 놓이지 않은 곳에서 찾는 것은 잘못하는 것이다. 여기 이성적 추론이 실패하는 놀라운 것이 있는데 이는 당연히 고대세계의 삼차원 세계에 있는 것은 아니다. 도발적이고 스캔들을 일으키는, 기적적 체험이 있는 영역은 비이성적인 구조를 가진 것이 결코 아니며 오히려 고유의 논리를 갖고 있는데 그것은 종종 파스칼이 언급한 마음의 논리에 연관될 수 있는 것이다.

    요한 11장에서 이야기하는 부활과 같은 형식의 기적들에서는 원인과 결과의 진행 과정이 생략된다. 이러한 이유로 이 대목이 지닌 불편함과 의혹은 나름대로 하나의 이름을 갖고 있다. 이것은 예수님 스스로 자신은 '부활'이라고 말씀하실 때의 이야기 방식과 분명히 일치한다. 이것은 어떤 사람이 우리에게 그는 '세계은행의 총재'일 뿐만 아니라 그보다 훨씬 더 '세계은행 자체'라고 말하는 것과 같다. 즉 예수가 자신은 하느님 자체라고 말하는 것과 같은 의미다. 왜냐하면 우리가 하느님을 통해서 부활하고 하느님께서 우리를 소생시키신다면 이것은 예수 안에서 더도 아니고 덜도 아닌 이 하느님 자체를 만나게 되는 것이기 때문이다. 요한복음서에 들어 있는 예수에 관한 모든 회화적인 이름(은유)은 같은 한 방향을 가리킨다. 생명과 길, 진리와 빵-이들은 동시에 하느님에 대한 동의어이다. 요한복음이 솔직하게 오직 "예수는 하느님과 어떤 관계에 있나?"라는 한 테마만 가진 것은 자신의 유다그리스도교적 성격에 맞는 것이다. 그리스도인이 되어야 하거나 되려고 하는 유다인들에게는 이것이 핵심이기 때문이다. 쿰란공동체의 유적을 발견한 이래, 사람들은 충분한 근거들을 가지고 네 번째 복음서가 특별히 '그리스적'이거나 '영지주의적'이라고 여기지 않게 되었다. 요한복음은 그리스적이거나 영지주의적인 것이 아니라 유다그리스도교적인 것이고 유다인들이 지닌 중요하고 유일한 문제를 논하고 있다. 또 하나의 중요한 요소는 공동체의 핵심적인 신앙고백(예, 주님! 저는 주님께서 이 세상에 오시기로 되어 있는 메시아시며 하느님의 아드님이심을 믿습니다)이 마르타라는 한 여인의 입을 통해 나온 것이다(요한 11,27). 베드로는 분명히 사목 직무를 지니고 있지만 마르타가 최상의 신앙고백을 발설하는 것을 막지 않았다. 복음서들에 의하면 모든 죽은 자의 소생은 여성들을 위해서 발생했거나 여성에게서 일어났고 예수의 몸과 관련해서 가장 가까이 있었던 존재는 여성들이었다. 베드로의 직무에 조금도 부담을 주지 않으면서 여성들은 이러한 중요한 체험들을 하였다.

4.13 불쾌한 용서

예수는 매정한 종의 비유(마태 18)를 이야기했는데, 이 비유는 임금에게 대단히 큰 빚을 진 한 사람에 관한 것이다. 임금은 자비로웠기 때문에 종이 진 큰 빚을 탕감해 주었다. 그러나 그 종은 그렇게 자비롭지 못했고 그러한 통찰력도 없어서 자기가 받을 권리가 있던 소액의 빚도 탕감해 줄 줄 몰랐다. 대부분의 주석가들이 이 비유를 해석하면서 얼마나 잘못된 추측으로 결론을 끌어내는지 참으로 놀라운 일이다. 이들은 34절을 (화가 난 주인은 그를 고문 형리에게 넘겨 빚진 것을 다 갚게 하였다) 본래의 텍스트에 후대에 첨가한 것으로 해석한다. 불쾌한 부분은 주인이 자비를 베풀었다는 사실에 있는 것이 아니다. 이 비유에서 불쾌감을 불러일으키는 것은 자비가 분노로 변했다는 부분에 있다. 그 종은 자신에게 큰 용서가 베풀어졌음에도 불구하고 자신은 동료에게 용서를 베풀지 않았다. 그는 자신이 받은 것을 남에게 나누어 주지 않은 것이다. 하느님의 분노에 대한 말을 삭제하고 싶어 하는 사람은 그 종의 무자비한 행동에 아무런 결과도 따르지 않은 것으로 제시한다.

우리는 이 이야기가 어떤 형태이면 좋겠는가? 다음과 같으면 좋겠는가?

그 종은 자신도 용서해 주어야 했지만 꼭 그렇게 해야만 했던 것은 아니었다. 그가 용서해 주지 않는다 하더라도 그에게 아무 일도 일어나지 않았을 것이다.

마지막에 있는 심판이 무자비한 것은 사실이다. 하느님께서 처음에는 그렇게도 자비롭다가 그 다음에는 그렇게 무자비할 수 있을까? 어쨌든 이 대목에서는 분노와 심판이라는 주제를 통해, 하느님은 대가를 원치 않으신다는 것과 이것은 하느님의 의도와는 완전히 상반되는 것이라는 사실을 강조하고 있다. 이것을 이해하기 위해서는 두 가지 사실에 주목해야 한다.

1) 복음에서(특히 마태오) 용서의 역할, 2) 예수에게 하느님의 태도와 그분 자녀들의 태도가 온전히 닮는 것이 매우 중요하다는 사실.

우리가 하느님으로부터 용서받았기 때문에 하느님을 닮기 위해서는 우리도 남을 용서해 주어야 한다. 이러한 행위가 하느님의 행위에 일치한다는 것에 대해서 벌써 산상수훈에서 강조하고 있다.

하느님께서 하시는 것처럼 우리도 원수를 사랑해야 한다. 그러면 우리는 하느님의 자녀이다.

용서는 하느님께서 사람에게 화해를 베풀듯이 사람들이 서로 화해하여 평화롭게 살도록 하기 때문에 매우 중요하다. 하느님과 화해하는 것과 사람들 사이의 화해는 바로 예수께서 우리에게 주시고자 하는 신비롭고 평화로운 일치이다. 이것을 확산시켜 나가는 데(확산은 오직 실천적으로 전달할 때 일어난다) 방해되는 사람은 하느님의 다스리심이 확산되는 것을 결정적인 곳에서 막고 있는 것이다. 그리스도인들은 하느님의 다스리심을 막으라고 불림을 받은 것이 아니다. 매정한 종의 비유는 우리에게 어떤 방식으로 용서가 주어지기 시작했는지 알려 준다. 다른 말씀들과 더불어 주님의 기도는(마태 6장) 그리스도인으로서 살아가는 데에 인간적인 용서가 하느님께서 하시는 용서의 조건이라는 것을 가르쳐 준다. 하느님께서 지속적으로 용서하실 수 있기 때문에 새로운 메시아 시대가 열린 것이다.

용서한 사람만이 그리고 용서를 받은 사람만이 기도할 때 하느님께서 들어주시는 것을 체험하게 된다. 용서는 오래된 무거운 짐들을 걷어치운다. 예수는 메시아로서 하느님과 사람 사이에, 이어서 사람과 사람 사이에 평화를 심고자 한다. 산상수훈에서(마태 5,23 이하) 화해하지 않고 제단에 예물을 바치려고 하는 사람은 거부당한다. 게다가 용서는 실제 삶의 현장에서 복수를 포기하는 것을 의미한다. 이 말에서 마태오복음서에 들어 있는 비폭력에 관한 견해도 드러난다. 당한 불의를 용서하는 사람은 그것을 폭력으로 복수하려 하지 않기 때문이다.

이러한 평화를 다른 사람들에게 나누어 주지 않는 사람은 예수의 일을 망치는 것이다. 여기서 하느님의 분노에 대한 구절을 삭제하려는 주석가는 단지 근대의 개인주의를 말하려는 데 지나지 않는다. 그들에게 중요한 것은, "하느님 저를 용서해 주십시오."라는 것뿐이다. 이것은 일종의 생명보험에 해당된다. 이렇게 생각하는 사람은 '하느님은 사랑이시고, 분노는 구약성경에 속하는 것'으로 여긴다. 그동안 여러 차례 설교에서 이러한 말을 들었을 수도 있겠지만 이러한 말은 성경의 내용을 내가 좋아하는 관념에 따라 다림질하여 지나치게 단순화시킨 것으로서 이 성경구절에 들어 있는 하느님 표상을 유치하고 값싸게 만든다. 핵심은 내가 하느님과 화해했는가가 아니라 하느님의 다스리심과 하느님 나라이다. 이것은 내가 다른 사람들과 화해함으로써 현실화된다. 용서가 얼마나 어려운 일인가를 예수도 틀림없이 잘 알고 있었다. 그러했기에 그렇게 자주 용서에 대해 말하고 강력하게 요청했다. 용서는 신적인 것이고 하느님의 역동적인 현존 자체이다. 그러나 바로 그 때문에 이러한 용서가 하느님 자신에게 어떤 대가를 치르게 했는가를 보여 주려고 여기서 예수의 생애 전체를 이야기하는 것이다. 복음 전체가 우리가 얼마나 예수로부터 멀리 있는가를 우리 눈앞에 제시하고 있고, 오직 예수를 바라보기만 하면 우리 멍에가 가벼워진다는 사실을 알려 준다. 정신을 모아 예수를 바라보는 사람은, 복음사가가 그렇게 하듯이, 어렵지 않게 예수와 같이 행동할 수 있게 된다. 예수는 이러한 일에서 하느님을 닮았고, 그렇기 때문에도 하느님의 아들이다. 그분은 언제나 하느님과 가장 닮은 존재이다.

용서가 그렇게 힘들고 신적인 것이기 때문에 나는 홀로코스트에 관한 독일인들의 죄를 논하면서 그 바른 방향을 '셋째 그룹', 즉 히브리인들의 하느님이자 히브리인이 아닌 독일인들의 하느님이신 그분 안에서 찾아야 한다고 주장한 바 있다. 홀로코스트의 잘못을 용서하고 평화를 회복하는 일, 이런 엄청난 일을 어떻게 하면 잘 해낼 수 있을까? 마태 5,24-26이 이미 그것을 알려 주고 있다. 우리는 함께 길을 가는 사람들이다. 어느 순간 우리가 함께 향하고 있는 목적지를 바라보려 한다면 우리가 용서할 때만 크신 하느님 앞에 나설 수 있음을 이해하게 될 것이다. 그렇지 않다면 함께 걸어가는 길 전체가 허사가 되고 말 것이다.

최후의 만찬과 성찬례의 관점으로 보자면 우리의 텍스트는 이러한 의미를 지니고 있다.

최후의 만찬에서 예수는 당신의 죽음을 예상하고 계약으로(하느님과 사람 사이 그리고 그리스도인들 사이의) 교회를 설립했다. 이 계약은 구원으로 가득 찬

공간과 같은 안식처를 만들었다. 은유적으로 말하자면 이 안식처로 들어가는 입구에 놓인 무기들을 치우는 사람은 안식처에 속한다. 이 영역에서 살아가는 법칙은 폭력을 포기하는 것이다.

예수는 최후의 만찬에서 포도주 잔에 대해 이렇게 말했다.

이는 새롭고 영원한 계약을 맺는 내 피의 잔이니 죄를 사하여 주려고 너희와 모든 이를 위하여 흘릴 피다.

그의 공동체는 용서를 가져다주는 존재이다. 맺는다는 말과 푼다는 말에서 공동체가 자신의 경계선을 정할 권한을 가지고 있다는 것이 무엇을 의미하는지가 명백하게 드러난다. 공동체 자체가 이 세상에 존재하는 평화의 특구이다. 예수와 함께 한 최후의 만찬이 계약을 맺는 것이었기 때문에 제자들은 계약을 수행하는 주체로서 화해를 선포할 권한을 지니고 있다. 공동체에 속하는 것이 모든 것이고 가장 중요한 것이기 때문에 화해하지 않은 상태로 쉽게 "성찬례에 함께 하자."고 할 수는 없다. 성찬례에 함께하는 것은 하느님께서 당신의 백성과 맺은 마지막 계약에 속하는 것을 의미한다. 이것은 결코 능가할 수 없는 최상의 것이고 구속력이 있는 것이다. 그러므로 성찬례는 전교를 할 목적으로 모든 사람에게 쉽게 나누어 줄 수 있는 것이 아니다.

이제 분노와 지옥에 관한 말을 우리는 좀 더 잘 이해할 수 있을 것 같다. 사실 "용서하는 사람은 용서를 받는다."는 말은 늘 부합하는 말이기 때문이다. 그리고 "심판하는 사람은 심판받는다."는 말도 옳은 말이다. 사람은 모든 것에서 하느님을 닮아야 하고 하느님께서 하시는 대로 해야 하지만 오직 심판하는 일은(안전상의 이유로도) 하느님께 맡겨 드려야 한다. 다른 사람에게 하는 대로 자신에게도 행해질 것이기 때문이다. 그러므로 친절한 대접을 받고 싶은 사람은 친절한 대접을 해야 한다. 이러한 '동일한 대접'Talio은 어떤 사람이 하느님과 일치하고 닮는 행위를 하면 그것이 그를 하느님의 자녀가 되게 하기 때문에, 또 하느님을 닮지 않는 행위를 하는 사람은 그 행위를 통해서 하느님의 원수가 되기 때문에 옳은 것이다. 예수는 우리를 이러한 선택 앞에 유리 같이 투명하게 세운다. 닮음과 닮지 않음 외에 다른 선택지는 없기 때문이다. 하느님이 주시고 예수께서 교회의 계약 안에 제도화한 용서를 통하여, 아담과 하와가 가졌던 것과 같은 본래의 하느님 닮음이 회복된다. 클레르보의 베르나르도 성인은 다음과 같이 말했다. "닮지 않음의 방에서 나온 우리는 닮음의 방으로 다시 들어갈 허락을 받았다."

결국 용서에 대한 말은 그리스도인들에게 그들도 용서해야 한다고 하는 요구만큼이나 부담스러운 것이다. 둘 다 상당히 무리하고 어려운 요구이다. 이런 말을 하는 사람들을 나는 알고 있다.

> 나는 용서를 원하지도 않고 필요로 하지도 않는다. 내가 어떤 잘못을 했을 경우에는 그 잘못에 대한 벌을 받고 싶다. 나는 내 죄를 용서하는 하느님을 필요로 하지 않는다. 그리고 나 역시 용서를 하지 않으련다.

자유롭게 하는 용서는 사실 인간에게는 거의 불가능하며 지나친 요구이다. 이러한 자유는 오직 하느님만이 선사하실 수 있기 때문이다.

5장

예수는 하느님에 대해 어떻게 생각했을까?

5.1 하느님에 관한 동화
5.2 당혹스럽게 하는 예수
5.3 예수, 거룩한 하느님, 사로잡는 하느님
5.4 예수와 정의롭지 않은 하느님
5.5 충족되지 않는 마음의 동경
5.6 예수와 종교 간의 관용
5.7 예수와 삼위일체 하느님
5.8 예수로부터 기도를 배울 수 있을까?

5.1 하느님에 관한 동화

2003년 성탄절, 이란에서 일어난 지진으로 4만 명이 죽었다. 학교 동창인 오랜 친구가 원망의 말을 던졌다. "어떻게 하느님께서 이런 일을 하실 수 있나?" 마치 사랑하는 하느님을 내가 방어라도 해야 할 것 같았다. 그러나 어떻게, 지각의 판이 엄청난 힘으로 서로 부딪히는 현상을 기적으로 막아 달라고 요청할 수 있겠는가? 미완성인 지구에서 구조지질학적 이유로 지각의 판들이 움직이는 것은 하느님 책임이므로 하느님이 나서야 하는 것일까? 하느님의 사랑에 대해 말하기를 즐겨하는 우리 그리스도인들은 지구 위에 존재하는 모든 고통을 기꺼이 지고 가려는 의지를 표명하곤 한다. 그러나 우리는 이러한 좋은 의지 때문에 스스로 자초한 문제에 부딪친다. 말하자면 우리 스스로 우리가 행한 잘못된 설교의 피해자가 되는 것이다. 어떤 사람이 다른 사람들에게 "하느님은 사랑이시고 사랑 이외에 어떤 것도 아니시다."라고 선포한다면 그는 세상과 복음이 앞이든 뒤든 하여간 어느 한 부분에서 서로 정확하게 일치하지 않는 것에 대해 결코 놀라서는 안 된다. 그러면서 세상의 실제 모습에 대해서나 사랑하는 하느님에 대해서 더 이상 의문이 없을 때까지 계속 설명해야 한다. 아니면 즉시 침묵을 동원하여 이러한 불합리를 덮어 버리면서,

자신이 이 문제에 대해 아는 것이 없다는 것을 감추기 위해 믿음의 힘으로 도피해야 한다.

내가 성경에 대해 이해하는 것, 그리고 성경이 하느님에 대해 말하는 것들을 생각할 때 하느님은 사랑이실 뿐이라는 순진한 말들은 내 마음에 거슬린다. 하느님은 우리가 흔히 생각하는 그런 사랑의 존재가 결코 아닐지도 모른다. 하필이면 이러한 "하느님은 사랑이시다."라는 레테르가 모든 존재의 불가해한 원인이고 존재와 비존재의 주인이며 전능한 분인 하느님께 어울린다는 것을 우리는 어디서 알아냈단 말인가? 우리가 하느님에 대해 이미 알고 있는 것이 도대체 무엇이란 말인가? 성경은 대단한 거리를 두고 완전히 다른 존재 앞에서 갖는 놀라움으로 하느님께 접근하고 있다. 무엇보다 먼저 하느님이 거룩하신 것은 분명하다. 거룩하다는 것은 충격을 주는 것이고 낯선 것이며, 위험하고 무릎을 꿇게 하며, 크고 불가해한 것이다. 자연의 질서들은 하느님의 거룩함이 비추어져 남긴 잔영인데, 우리는 이러한 재난들에서 대부분 이 자연의 질서를 대면하여 무엇인가를 생각하게 된다.

오늘날 신부, 목사, 신학자, 교리교사, 종교교사와 같은 믿음을 전하는 일에 종사하는 사람들 중 많은 수가 놀라울 정도로 천편일률적으로 하느님을 이러한 존재로 전하고 있다.

> 하느님의 사랑은 초원의 풀과 바닷가의 모래알과 같이 한없다. (오늘날 성가에서 자주 등장하는 바와 같이) 하느님의 사랑은 참으로 무한하다.

여성신학의 몇몇 사조들은 이러한 생각을 더욱 강화시킨다. 그렇게 하여 하느님은 무엇인가를 하도록 요청하는 아버지의 상을 점점 더 잃어

가고, 그 빈자리를 차츰 거의 틀에 박힌 부드러운 어머니와 같은 상이 차지하고 있다. 이 자리를 차지한 어머니상은 아이들에게 언제든지 피난처를 제공하고 모든 것을 언제나 다시 용서하는 모습이다. 하느님은 세상의 모든 잘못을 용서하는 우주적 지우개와 같은 분으로 알려지게 되고 말았다. 그리하여 사람들은 '하느님'에 대한 이상한 언어적 모조품 때문에 마치 모든 것이 우리에게 허락되었다는 인상을 갖게 되었다. 이러한 생각으로 아무 거리낌 없이 어린애 같은 자기중심적인 방식으로 행동할 수 있게 되었다. 그러나 이러한 생각으로는 누구도 어떤 것도 변화시키지 못한다. 판단도 하고 심판도 하여 교정해야 할 모든 사건 위에 오직 '사랑'이라는 이름을 가진 신심 깊은 체하는 양념만 뿌려질 뿐이다. 이러한 하느님은 어떤 것도 잘못되었다고 하지 않는다. 그분은 언제나 오직 사랑으로만 대할 뿐이다. 이러한 하느님은 실제로 조금도 두려워할 필요가 없는 존재이다.

　이렇게 되면 이러한 하느님에 대해 누구도 참으로 진지하게 여길 필요가 없어지고 만다. 하느님이 이렇게 사랑으로만 대하신다는 생각을 퍼뜨리는 것은 마치 덩치가 큰 개 주인이 개를 무서워하는 사람에게 "두려워하지 마세요. 이 개는 아주 순해서 절대로 물지 않아요!"라고 말하면서 달래는 것과 같다. 우리가 생명과 죽음의 주님을 항상 '사랑'으로 축소시킨다면 우리는 알게 모르게 '아무것도 하지 않는 하느님'이란 표상을 퍼뜨리는 결과를 낳게 된다. 첫째, 우리를 위협하는 것에 대해서도, 우리에게 고통을 주는 것에 대해서도, 우리가 잘못된 길로 들어서는 것에 대해서도 하느님은 아무것도 하지 않으시는 분이 된다. 둘째, 이 세상에 존재하는 수많은 곤경에 맞서 아무것도 하지 않으시는 분이 된다. 단지 부드러운 사랑으로만 대하시는 하느님은 우리 안에 있고 우리 주변에 있는 수많은 악의와 기만들에 대해 무엇을 하실 수 있겠는가? 그렇기 때문에 많은 사람들에게 하느님이 중요하지 않은 존재가 되어 버렸는지도 모른다.

성경에 의하면 하느님의 말씀은 바위를 깨는 해머이다. 이러한 하느님을 뵙고 살아남은 자는 없다. 하느님의 분명한 모습이 비치는 곳에는 인간적인 가련함이 모두 분명히 드러난다. 인간들 사이의 관계들이 무너진 것이 드러나는 것이다. 이러한 것에서 각 개인에 대한, 그리고 세상에 대한 진실이 공개된다.

모세가 불타는 떨기 한가운데 나타나신 하느님을 뵙기가 두려워 얼굴을 가렸다는 장면은 사람을 병들게 하는 하느님 표상 앞에서 병들게 하는 두려움을 갖는 것과는 근본적으로 다른 어떤 것이다. 실제 세계에서는 여전히 하느님 앞에서 엄청난 두려움을 갖거나 양심의 가책으로 떨림을 갖는 경우, 그리고 심리적 공황 상태에 빠져드는 경우가 있었고 아직도 있기 때문에, 하느님을 두려워하거나 경외심을 갖는 것을 마치 믿음의 단계에서 극복해야 할 유아적인 요소에 지나지 않는 것으로 여겨서는 결코 안 된다. 하느님을 두려워하는 것과 경외심을 갖는 것은 하느님과 사람 사이에 존재하는 엄청난 차이를 자연적으로 인식하는 표시다. 이것은 하느님을 단순히 믿을 수 없을 만큼 좋은 분으로만 여기는 것보다 훨씬 더 하느님에 대한 사람의 자연적인 느낌에 일치한다. 오늘날에는 하느님을 단지 좋은 분으로만 여기는 것이 유행이지만 이것은 신자들의 수가 점점 줄어들고 있는 오늘날의 교회가 제시하는 궁여지책일 수 있다. 그 뜻이 무엇이든, 그리스도인에게 주어지는 내용들은 고정되며 줄어들지 않는다. 루터는 살아 계신 지극히 거룩한 하느님을 두려워하고 사랑하라고 가르친다. 그러므로 나의 조언은 이러하다.

◆ 다른 무엇보다도 하느님을 사랑하라.
◆ 다른 무엇보다도 하느님을 두려워하라.

전율은 하느님과 관계된 어떤 것이다. 예수는 루카 13,1-5에 기록된 극적인 가르침에서 이에 대해 말씀하신다. 국가 권력을 쥔 빌라도가 명령한 테러에 의해 사람들이 살해되었고, 탑이 무너져서 많은 사람들이 깔려 죽었다. 예수는 이에 대해 이렇게 말씀하신다.

너희도 회개하지 않으면 모두 그렇게 멸망할 것이다.

역사가 진행되는 도중에, 그리고 역사의 종말에 심판은 언제나 다시 있게 된다. 그러나 오직 예언자와 시인만이 일어난 사건이 심판인지 아닌지 분별할 자격이 있다. 하느님께서는 사람들이 2001년 9월 11일에 있었던 테러를 당신이 내리신 벌로 이해하기를 원하실까? 테러는 한 국가의 탐욕과 교만에 대한 벌일까?

루카 13장은 성경에 있는 가장 강한 텍스트들에 속한다. 예수의 말씀에 의하면 우리를 포함한 모든 죄인은 자신이 지은 죄에 의해 마땅히 죽어야 한다. 우리는 계속해서 삶을 파괴하고 있기 때문에 이러한 행위의 결과들은 이미 오래 전부터 우리를 죽을 존재로 등록해 놓았다. 우리 스스로 자초한 이러한 죽을 운명은 아직도 우리에게 닥치지 않고 있는데, 그것은 하느님께서 닥치지 않도록 생각하셔서 그런 것이 아니라 아직 닥치지 않는 것이 옳기 때문이다. 유다인과 그리스도인 그리고 무슬림의 전통에서 전해 오는 정의에 대한 믿음은 실제 세계를 이해하는 데 결정적이다. 아브라함의 믿음에 초대된 40억의 사람들에게 정의가 존재한다면 그것은 중요한 의미의 범주에 속하는 것이다. 루카 13장에 의하면 예수는 이렇게 말씀하신다.

> 어떤 사람이 어떤 뜻하지 않은 참사에 의해 죽는다면 그것은 그의 죄의 결과이지만, 다른 사람들보다 더 큰 벌을 받은 것은 아니다.

그렇다면 우리 곁에 있는 참사들은 경고신호가 된다. 경고신호는 이미 죽은 사람들에게는 더 이상 도움이 되지 못하지만 다른 사람들에게는 도움이 된다. 경고신호는 우리에게 이러한 말을 한다.

> 진리와 화해하라. 그리고 현실을 바로 보아라. 그러면 너희들이 어떤 벌을 받아 마땅한지 명백히 보게 될 것이다.

우리에게 참사가 오기 전에 미리 경고하는 것은 하느님 사랑의 한 표시다. 아직 참사를 당하지 않아 다른 이의 참사를 바라보는 사람에게 그 참사는 일종의 경고를 보내는 신호이다. 아직 기회는 있다. 우리는 신약성경의 다른 부분에서 하느님께서는 이중적인 전략을 사용하신다는 것을 알고 있다. 하나는 부드러운 사랑이고 다른 하나는 일반적인 죄에 무엇이 따르는가를 보여 주는 것이다. 두 번째가 여기서 일어난 것이다. 그렇지 않으면 우리는 어디에선가 어두운 어떤 것이 축적되고 엄청난 일이 우리를 기다리고 있다는 사실을 인식하지 못할 것이기 때문이다. 사실, 어둠의 나라인 죽음은 조만간 오거나 더디게 오거나 간에 하여간 우리에게 한 번은 다가올 정상적인 것이다. 예수는 당신의 복음으로 절대적인 예외를 가져다주신다. 이는 종교의 역사에서 달리 없었던 것이다.

하느님은 당신의 자녀인 우리에게 영원한 삶을 주시어 당신 곁에 두고자 하신다.

누구도 이전에 이러한 것을 말한 적이 없다. 이것은 예외적인 것이다. 이는 이미 여기에서 예외로 살 용기를 지닌 사람들, 세상의 정신 한가운데서 예외적인 존재가 될 용기를 지닌 사람들에게 주어지는 것이다. 세상 사람들은 흔히 생각한다. 우리는 이렇게 선하고 하느님은 참으로 좋으시기에 넓은 길이 천국으로 인도하는 길이다. 그러나 이것은 복음이 아니다. 그러나 실제 규칙은(구약성경 전체에서도) 우리와 같은 죄인들은 우리 죄 때문에 죽을 것이고 죽음이 우리 모두를 데려간다는 것이다. 사실 우리의 일반적인 행위로, 우리가 언제나 이미 죽음을 원해 왔다는 것이 진실이기 때문이다. 설탕에 절인 과일들이 설탕을 뒤집어쓰고 있듯이 우리는 죽음의 문화를 우리 안에 받아들였다. 생명을 거스르는 온갖 행위들을 하고 그러한 행위들에 대해서도 경제적 지원을 하기까지 하는 우리들은 죽음의 문화에 절여 있는 것이다. 자신의 권력 유지를 위해서라면 사람을 죽이기까지 하는 것은 먼 나라에서나 일어나는 진기한 일이거나 정신병적인 행위가 아니라 우리 전체를 둘러싼 죽음의 문화가 밖으로 표출된 한 모습이다. 모든 민족은 각 민족이 스스로 자초한 법칙을 지니고 있다. 우리 중 누군가가 생명을 위해 나서면, 그를 '극단적으로 관용이 없는 자'로, 그리고 근본주의자로 취급하는 것도 여기에 속한다. 삶과 죽음이 걸린 일에 대해서는 명백하고 예리한 태도로 대응해 나가야 한다. 그렇기 때문에 생명을 위해 투쟁하는 사람은 '극단적'이고 대화의 여지가 전혀 없는 고집불통으로 취급된다. 우리는 이러한 것도 잊어서는 안 될 것이다. 죽음의 문화는 우리가 이제까지 생생히 살아온 고유의 문화 전체에도 적용된다는 사실 말이다. 루카 13장에서 말하는 것처럼, 우리의 행위에 어떤 결과가 따를지를 분명하게 말하면서 나는 자유를 느낀다.

5.2 당혹스럽게 하는 예수

이란 지진으로 인한 사망자 40,000명. 불과 얼마 전에 일어난 일이다. 그러나 지금은 아주 먼 과거 일처럼 잊혀 버렸다. 우리는 잠시 당혹해했었다. 그리고 금방 다시 잊어버리고 말았다! 우리가 느끼는 당혹감은 이러한 것에 지나지 않는 것이다. 우리가 하느님은 오로지 사랑뿐이시라고 말할 때 이것은 이러한 우리의 망각과 관련되어 있다. 어떤 불행한 일을 당한 사람은 자신은 아무것도 할 수 없었다고 여긴다. 아무것도 하지 않는 하느님과 마찬가지로. 오직 사랑이기만 한 하느님은 이미 아무 영향력을 갖지 않는 무력한 아빠일 뿐이다. 천진난만하고 사랑이기만 한 하느님께서 어떻게 우리 세상을 변화시킬 수 있겠는가? 그런 하느님께서 폭행을 일삼는 자들이 마땅히 받아야 할 징벌을 어떤 방식으로 내릴 수 있으며, 죽임을 당한 사람들을 어떻게 위로할 수 있겠는가? 당혹함은 하나의 새로운 종교가 되어 버렸다. 다음의 말은 이 종교를 신봉하는 사람들의 믿음 고백이다.

자네, 자네의 그 행동은 나를 정말 당혹하게 하네!

많은 그리스도인들이 진리를 찾는 이러한 방식을 받아들였다. 그들은 일종의 지속적인 당혹함을 내면화하여 사고방식으로 삼고 세상을 대하는 기질Habitus로 삼았다. 우리는 멀리서 또는 가까이서 일어난 일들로 당혹해하는데, 무엇보다 멀리서 일어난, 역사 안에서 있었던 교회의 잘못과 같은 것에 대해 당혹해한다. 우리는 그리스도교의 적수들보다도 더 큰 고통으로 그리스도교가 저지른 범죄의 역사를 기술할 수 있을 것이다. 잘못에 대한 자책감과 자신을 쥐어뜯는 자기 인식에 있어서만큼은 우리를 이길 자들이 없을 것이기 때문이다. 이러한 자기 인식을 하는 그룹들은 당혹의 전례를 통해 서로에게 사죄경을 분배한다.

그 다음 단계로 이러한 것은 사목의 현장에서 심리학과 연관되게 되었다. 하느님을 오로지 사랑일 뿐인 분으로 여기는 사람, 이것과 다른 생각이나 비판적인 요소를 무시하는 사람, 그런 것이 아니라고 하시는 하느님의 항변에 귀를 기울이지 않는 사람, 이러한 것만을 자기 자신에게 적용하는 사람은 가장 앞서 가는 방법을 택한 것이다. 어린 시절 부모와 삼촌 그리고 고모나 이모들에 의한 잘못된 체험들, 폭력과 상처, 낙인 찍기 등을 당했던 체험을 살펴보라. 우리는 지금까지 죄라고 이름 붙여진 것들과 물질적으로 크게 관계하고 있다. 심리학이 사목을 대체하는 것에 대해서도 말해 볼 수 있다. 그러나 심리학을 통해 영혼의 상처는 치유될 수 있을지언정 죄는 사해질 수 없다. 어찌하여 고통을 호소하는 고객들을 곧장 유능한 심리치료사들에게 넘기지 않고 심리치료와 신앙적인 요소를 어중간하게 적용하면서 즐거워하는지는 더 살펴보아야 할 문제이다. 분명한 것은 어떤 뛰어난 심리학 이론들도 하느님께서 일하실 수 있는 공간을 열어 주지 않는다는 것이다. 그러므로 심리학은 본질적으로 어떤 형태의 사목에도 적합하지 않다고 보아야 할 것 같다. 하지만 심리학이 인간학에 있어 첫째가는 것이 되었으므로 그것은 분명히 고려의 대상이 된다.

한때 신학에서 다루기 꺼려하던 영혼에 관한 관심이 다시 대두되었다. 모든 것이 자신의 영혼 안에서 진행된다고 여긴다. 심지어 많은 사람들이 하느님은 오로지 자신의 영혼 안, 영혼 깊은 곳에서 발견한다는 소리를 하기까지 한다. 이러한 생각의 논리적 귀결로 사람들은 더 이상 교회도 복음도 필요로 하지 않게 되었다. 그렇게 하여 이러한 말을 글자 그대로 진지하게 받아들이고 있다.

주님, 제게서 멀리 떠나 주십시오. 저는 죄인에 지나지 않습니다!

자신을 죄인으로 고백해야만 하는 사람은 본질적으로 주님과 아무런 관계도 갖지 않으려고 한다. 자신이 죄인이라는 것을 지속적으로 인정해야만 하고 "너는 죄인이고 불쌍한 영혼이다."라는 말을 오랫동안 견딜 수 있는 사람은 없기 때문이다. 그것은 오래 전부터 많은 사람들을 정신적으로 교회를 떠나게 했다. 이들은 "교회는 정신적 테러리스트이다."라고 말한다. 교회는 삶의 기쁨과 어떤 관련도 맺지 못하고 있다. "아우슈비츠 사건 이후로는 더 이상 시를 쓸 수 없다."는 말은 놀랍게도 아도르노 Adorno[3]가 한 말이다. 그러한 상황에서도 훌륭한 그리스도인으로서 살아간 사람에 대한 작품을 쓸 수 있었을 텐데 말이다.

우리 시대의 뛰어난 신학자들은 사람들이 어떤 이유로 죄를 극복하지 못하는지 안다고 한다. 그것은 바로 '죄를 짓게 하는 구조' 또는 교회 안에 존재하는 '구조적 폭력'이라는 것이다. 이러한 시각으로 이른바 사목자들의 교회가 너무 경직되고 삶의 적이 되었다고 비난한다. 이 모

---

[3] Theodor W. Adorno(1903. 9. 11.-1969. 8. 6.) 널리 알려진 독일 태생의 사회학자, 철학자, 음악 이론가. 프랑크푸르트학파의 일원. -역자 주

든 것, 교회의 경직된 모습과 복잡하게 얽혀 있는 것들을 안다고 여기는 사람은 이런 문제들로부터 벗어나는 데 세 가지 전략을 발견한다. 하나는 교회가 안고 있는 복잡한 모든 것에서 시선을 돌려 쉽고 기쁨을 주는 일들에게 관심을 두는 것이다. 이러한 방법을 '대체'Verdrängung라고 한다. 다른 전략은 모든 것을 싸잡아 교회 탓으로 돌려 버리면서 자신이 짊어져야 할 무거운 짐들로부터 벗어나는 것이다. 이러한 방법은 '탓하기' Entlastungsstrategie라고 한다. 이 전략을 사용하는 사람들은 "교회는 부자이고 탐욕스럽다."고 하면서 자신이 해야 할 몫과 관련해서는 '종교는 개인적인 사항'이라는 원칙 뒤로 숨어든다. 사랑이 많으신 하느님은 나의 개인적인 은행계좌의 비밀을 들추어내지 않으셔야 한다. 이것은 하느님께 아무런 상관이 없다는 것이다. 세 번째 전략은 대단히 신심 깊은 척하는 것으로 볼 수 있는 것인데, 당혹한 마음으로 이렇게 묻는 것이다. "이제 우리는 도대체 무엇을 해야 하나?" 그리고 "안됐지만 우리가 할 수 있는 것이 정말 조금밖에 되지 않는다."는 아쉬운 결론을 맺으면서 "그래도 우리가 베델Bethel을 위해 우표라도 모아 팔아서 한 푼이라도 보태는 일부터 시작해야 하지 않겠나."라고 한다. 어느 비판적인 언론인은 최근에 외국인 혐오 때문에 일어난 터키인 살해 사건을 이렇게 보도했다.

살해된 터키인, 당혹한 본당신부.

다른 매체에서는 이렇게 보도하고 있다.

자신들의 무력함 때문에 당혹에 빠진 교회 지도자들.

자신이 죄인이라는 것을 인식한 우리는 이제 무엇을 해야 하는가에 대해 질문하게 된다. 서구에서는 죄인이라는 것을 인식하는 것과 그러면 무엇을 해야 하는가에 대한 문제를 이제는 하느님과 상관없이 처리하고자 한다. 우리는 이러한 문제에 대해서는 다른 사람들도 달리 어떻게 할 수 없을 것이라는 관점에서 출발하기 때문에 관용만이 유일하게 남은 종교가 되었다. 이것은 "실패한 종교들은 내버려두고 다종교적 영성interreligiöse Spiritualität에 관심을 돌리자."라는 모토에 따른 체념적인 관용이다. 여기에 자유로운 사랑이 있고 참된 삶이 있다는 것이다.

우리의 당혹문화Betroffenheitskultur는 은총의 체험을 하기 전 수도원에서 루터가 처했던 영혼의 상태를 숙명적으로 떠올리게 한다. 루터는 날마다 인간이 처한 절망적인 상태를 이해했다. 우리는 선하지 않고 상황도 좋지 않아 우리가 할 수 있는 일은 별로 없다. 루터가 가졌던 문제는 이제 사회 안에서, 교회 안에서 우리가 던지는 질문이 되었다. 불투명하고 어두운 자기 인식으로부터, 영원히 나 자신에게서만 맴도는 것으로부터, 영속적으로 내부 사정에만 관심이 있는 종교로부터, 감정들의 심리적 나눔만 지속하는 것으로부터 어떻게 하면 벗어날 수 있겠는가, 하는 질문이다. 인간의 경직되고 병든 상태에 대한 예수의 처방은 내면만 들여다보라는 것이나 죄만 살피라는 것은 아니었다. 그저 늘 "너의 죄들이 사해졌다."라고만 하지 않았고, "요가나 태극권, 아니면 금식명상을 해 보라."고 하지도 않았다. "상태가 매우 심각하니 심리치료를 받아 보게."라고 하지도 않았다. 그렇게 하지 않고, 신약성경의 많은 부분에서 예수는 눈길을 완전히 자신들에게만 고정하지 않게 막았다. 1968년 혁명의 과정에서 하이델베르크의 사람들은 "이 텍스트에서 나는 무엇을 느끼는가?"라는 방식으로 강론하는 것을 익혔다. 이러한 방식에 대해 나는 언제나 당혹스러울 뿐이다. 그러나 이것뿐이 아니다. 예수의 방식에 따라 나는 이렇게 질문하겠다.

텍스트의 어떤 부분을 통해, 또 얼마만큼 나는 자신으로부터 벗어나 하느님께 나아갈 수 있었는가? 나의 관심거리와 걱정거리들을 잊을 수 있었는가?

예수는 종종 당신을 따르는 사람들로 하여금 자기 외부와 주변 환경 그리고 위로를 기다리는 고통받는 사람들과 배고픈 사람들에게 관심을 가지도록 했다. 루카 9,13에서는 "너희가 그들에게 먹을 것을 주어라."라고 했다. 예수는 이러한 문제에 있어서 이것저것 따질 시간을 갖지 않았다. 하느님은 이 세상에 관한 문제에 개입하기를 주저하지 않으셨기 때문이다. 이 세상의 상태는 아직 여유로운 것이 아니라 조금 서둘러 개입해야 하는 처지다. 나의 소년 시절에 본당신부였던 분은 이러한 말씀으로 나를 사로잡았었다.

네 앞에 하느님 나라가 되어야 할 세상이라는 밭이 있다.

이 말씀으로 그분은 나에게 새로운 관점을 열어 주셨고, 거대하고 풍부하며 멋진 과제를 제시해 주셨다. 어떤 마음씨 좋은 의사가 휴가를 즐기는 도중에 근처에 의사가 없어 고통을 받는 환자가 있다는 사실을 알고도 편안히 잠만 자고 있을 수 있을까? 그 사실을 안 순간 그는 잠시 휴가에게 휴가를 주고 일어나 환자에게 다가가지 않을까? 나는 그렇게 하지 않을 의사를 만난 적이 없다.

"이러한 상황에서 우리가 무엇을 할 수 있겠습니까?"라는 인간적인 항변에 대해(이러한 말로 우리는 당혹감으로 빠져드는 것에 대한 변명을 준비한다) 예수는 루카 9장에 있는 놀랍고 압도적인 기적으로 응답한다. 빵 다섯 개와 물고기 두 마리로 장정만도 오천 명이나 되는 사람들을 먹인 것이다. 이러한 행적으로 예수는 이렇게 말씀하신다.

네 자신에 대해서, 네가 가진 것에 대해서, 네가 무엇인가에 대해서, 네가 무엇이 될 것인가에 대해서 생각하지 말고, 나를, 내가 무엇을 가졌는가를, 내가 누구인가를, 내가 무엇을 원하는가를 바라보아라. 그러면 너의 모든 두려움과 네 자신에게만 매여 있는 데서 해방될 것이다. 나는 너의 주님이다. 나는 네가 나의 뜻을 실천하여 나의 나라가 확장되도록, 그렇게 하여 그 나라가 어디에서나 실재가 되도록 하길 바란다. 나는 네가 가진 보잘것없는 것을 필요로 하는데, 그것도 통째로 원한다. 그러면 나는 무엇인가를 할 수 있고 보잘것없이 작은 것으로 충만한 기적을 이룰 수 있다.

빵과 물고기의 충만함은 예수 그리스도의 나라를 위한 하나의 표상이다. 이것은 예수가 다음과 같이 말하는 것과 같은 것이다.

나는 네가 현재 이 순간 바로 여기서 행복하도록 너에게 이것을 준다.

빵을 많게 하는 기적은 오직 하느님을 통해서만 올 수 있기에 예수는 이렇게 말한다.

너희 자신들을 보지 말고 오직 나를 바라보아라. 그리고 감탄하기를 배워

라. 불평과 당혹함 그리고 절망의 논리 옆에 하느님께서 직접 영광의 논리를 세우신다. 빵을 많게 하신 기적을 너희들이 선교를 통해 얻을 수많은 것들에 대한 한 표지로 받아들여라.

나는 당혹의 논리에 대해 농담이나 늘어놓고 싶지는 않다. 당혹의 논리는 현재 호기심을 끄는 이런저런 결과들을 초래하기도 한다. 이것은 실제로 진행되고 있는 것에 관한 것이고 죄인인 우리 자신에 관한 것이다. 루터는 약하고 고통에 시달렸던 한 수도자였다. 우리 모두는 당혹감과 절망감으로 둘러싸여 있고 해결하지 못한 의문들로 가득 차 있다. 이 모든 것은 사실이고 누구도 진실을 가릴 수 없다. 자기 인식은 개선을 위한 첫 번째 길이다. 그러나 그리스도교가 자기 인식에만 머물도록 자신을 제한한다면 목표의 절반에도 미치지 못할 것이다. 우리는 하느님 없이도 자기 인식에 도달할 수 있고, 절망과 혼란스러움에 빠져들 수 있기 때문이다. 당혹문화는 하느님을 배제한 사이비 신심주의로 빠져드는 경향을 지니고 있다.

영광의 논리는 표지와 기적의 논리하고는 완전히 다르다. 나는 앞에서 이미 기도하면서 자신의 기도가 들어질 것이라고 믿는 모든 그리스도인은 신비가이고 기적을 기대할 수 있는 사람이라고 했다. '기적'이란 단어는 오늘날 이성적이고 도시중심적인 생활방식에는 어울리지 않는 불편한 말이다. '기적'이라는 단어는 중세나 어떤 목적을 앞세운 홍보물 또는 루르드Lourdes 현상 같은 데나 어울린다고 우리는 생각한다. 그러나 이러한 현상을 그대로 수용할 수는 없다. 그리스도인으로서 산다는 것은 이제 기적에 대해 다시 생각해 보아야 한다는 것을 의미한다. 이성적으로 정화되고 의학적으로 기적으로부터 깨끗이 정리된 그리스도교는 역겨우며 비참해진 종교일 뿐이다. 우리는 하느님의 기적들로 둘러싸여 있다. 오천 명을 먹인 빵의 기적은 사도들이 공개적인 활동을 시작할 때는 물론이고 모든 사도들의 활동이 끝날 때까지 함께할 것이다. 빵을 많게 한 기적은 하나의 표지다. 제자들이 이보다 더 큰 기적들을 행할 것이라는 요한복음의 말은 여기서 진실이 된다.

아프리카와 아시아에서 그리스도교가 가장 빠른 속도로 성장하는 종교라는 것을 잊지 말자. 어떤 정교한 교회전략들이 그러한 결과를 낳는 것이 아니라 내전과 피난민 수용소의 고통, 기아와 에이즈의 고통 그리고 희망을 찾기에는 너무나 열악한 상황 속에서도 '예수의 말씀'에 귀를 기울이고 믿음으로 따르는 결과이다. 다섯 개의 빵과 두 마리의 물고기에 의한 기적은 아프리카와 아시아 젊은 그리스도인들의 여정에 함께하고 있다. 누군가가 시작하기만 하면 나머지는 하느님께서 맡아 주신다. 시작부터 마지막까지 우리는 하느님의 기적들로 둘러싸여 있기 때문이다. 젊은 교회들은 기적들에 관한 이야기들을 해 줄 수 있는데, 오래된 교회들은 그것을 제거해 버리고 말았다.

용기를 내어 독특한 가설 하나를 말해 보아도 무방할 것 같다. 루터가 자신의 영적 폐색閉塞과 절망적인 상태 그리고 혼란스러움을 자신의 탑 체험Turmerlebnis으로 정리해 버리지 않을 수 있었더라면, 그에게 하느님의 은총이 작용하여 그의 장상들이 자신을 둘러싸고 끝없이 맴도는 생각에서 그를 끄집어내어 먼 곳에 가 선교하도록 파견했을지도 모른다. 선교란 하느님께서 뿌리신 씨앗들과 하느님의 기적들이 어떤 방식으로 자신의 손안에서 자라는지를 체험할 수 있음을 의미한다. 이것은 또한 자신이 한 일에 대해 지속적으로 살펴보거나 계산하지 않아도 됨을 의미하는 것이기도 하다.

그동안 교회는 성과를 계산하는 데 광적으로 심취했다. 통계가 교회의 측정기가 되어 교회는 세상에 빛을 비추는 본분을 잊고 내부를 진단하기에만 급급했다. 분명히 미사참례자 수를 세어 둘 것이다. 무엇 때문에 그렇게 하는지 아무도 모르더라도. 우리는 교회를 탈퇴하는 사람들을 비롯하여 교회가 사회에 미치는 영향, 곧 사라져가고 주변으로 밀려나는 현상을 응시한다. 여기서 우리가 교회가 지닌 인간적인 면만 바라본다면 그 누구도 우리를 도와줄 수 없을 것이다.

그러나 이것은 단지 다섯 개의 빵과 두 마리의 물고기에 지나지 않는 것이다. 진리 전체는 이보다 훨씬 더 크다. 이러한 진리 전체는 작고 보잘것없는 도구들로 기적과 같은 일을 시작할 줄 아시는 주님을 바라보기를 요청하고 있다. 이런 실재를 점점 희미하게 만드는 사람은 절반도 보지 못하는 것이고 단지 인간적인 면 가운데 진부함만 볼 뿐이다. 예수가 지금 이곳에 신비한 방식으로 현존하신다는 그 신비에 침잠한 사람은 이러한 말씀을 건네시는 것을 느낄 것이다.

> 나는 너를 나의 전령으로 필요로 한다. 너의 말을 통해, 너의 생각을 통해, 너의 방식으로 웃고 함께 기뻐하기 위해.

예수는 또한 이런 말씀도 하신다.

> 나는 자신의 믿음을 분명하고 확고하게 아는 사람들과 나아가야 할 명백한 방향을 제시할 수 있는 사람들을 필요로 한다.

현재 진행되고 있는 참된 일치운동은 서로 자신의 믿음만을 고집하기를 잊어버리거나 포기하고 다른 종파의 믿음을 존중하는 것에서 가능한 일이다. 자동차를 운전하는 사람들의 약 90%가 운전 중에 자신이 동원하고 있는 온갖 능력들과 지식들에 대해 별로 의식하지 않는 것을 생각해 볼 일이다.

나에게는 당혹함에서 벗어나는 또 다른 출구가 신약성경의 다른 부분에 있다. 요한 20장에서 전하는 마리아 막달레나와 부활하신 분의 만남은 인상 깊은 상징적인 이중성을 보인다. 구체적으로 말하자면 마리아 막달레나는 두 번이나 몸을 돌린다. 몸을 처음 돌려 바라보았을 때는 그분을 정원지기일 거라고 여긴다. 예수가 "마리아야!" 하고 부르셨다. 그러자 마리아 막달레나는 몸을 한 번 더 돌려서 "라뿌니!" 하고 불렀다. "스승님!"이라고 한 것이다. 여기서 마리아 막달레나에게 중요한 것은 두 번의 행동을 거쳐서야 비로소 예수와 만나게 된 점이다. 예수에게 두 번이나 몸을 돌려야만 했던 것이다. 한 번은 자각하게 된 것으로, 이 단계에서는 아직 예수가 감추어져 있었다. 예수가 그곳에 있었지만 아직 또렷하지 않고 뿌옇고 희미하게 있었을 뿐이었다. 두 번째야 비로소 예수와 실제로 만난다. 자각한 가운데 우리는 꽤 진보했지만 아직 보속을 염두에 두는 단계에 와 있다. 현존하는 주님과 실제로 만나는 두 번째 만남은 어느 누구도 예상하지 못했다. 이것은 영성, 신비와 관계있는 어떤 것이기 때문이다. 그런데 이 두 번째 단계는 구체적으로 어떤 모습이고 하느님의 실재를 찾기 위한 열쇠는 어디에 있는 것일까? 이 열쇠를 나는 내 직업과 관련하여 관상에서 발견한다. 관상한 것을 다른 사람들에게 전하는 것(Contemplata tradere)이 성경학자로서의 나의 본분이다. 당혹함에서 곧장 행동으로 넘어갈 수는 없다. 나는 그 사이에 시간을 필요로 한다. 하느님의 기적 안으로 침잠할 수 있는 시간 말이다.

오늘날 청소년의 사정은 최근에 열아홉 살의 어느 소녀가 어느 유명한 주간 신문에 다음과 같이 기고한 바와 같다.

어른이 되는 일이 그 어느 때보다 어려워졌습니다. 저희에게 부족한 것은 내적인 방향제시입니다. … 또한 저희를 데리고 한동안 함께 가면서 길을 인도해 줄 상징적인 손길입니다. 저희는 쿨cool하지 않은 지 이미 오래되었습니다. 다른 사람들의 지도를 거부한 채 제멋대로 행동할 때도 많습니다. 저희는 안정감을 원합니다. 그리고 저희가 믿고 의지할 만한 일, 다시 말해 매주 같은 시간, 같은 장소에서 정기적으로 거행하는 의식儀式에 참례하기를 바랍니다. 저희가 자기 자신이나 자신이 하는 일에 대해 실제로 만족할 만한 기회는 별로 없습니다. 저희와 함께 대화를 해 주세요!

여기에 세 가지 요소들이 언급되어 있다. 방향제시와 인도해 주는 손길, 매주 같은 시간과 같은 장소에서 거행하는 확실한 의식 그리고 대화에 대한 동경이다. 신학자로서 나는 이렇게 대답한다.

너희가 갈망하는 모든 것이 그리스도교 안에서, 우리 가운데 이미 흘러넘친다. 우리는 이 점을 교만하지 않게 말한다. 그리고 겸손으로 위장하지도 않으며 있는 그대로 말한다.

우리가 전하는 것을 우리 스스로 철저하게 실천해 나갈 때 다른 사람들이 그것을 신뢰하면서 받아들일 것이다. 바로 여기서 우리 그리스도교 전체의 분기점이 시작된다. 관상을 통해, 일정한 리듬과 규칙을 유지하는 변함없는 삶을 살아가는 모험을 통해 다른 사람들이 우리가 전하는 것을 신뢰하도록 할 수 있다. 우리를 병들게 하는 천편일률적인 삶이 있지만, 우리를 평안하고 안정되게 하는 변함없는 삶도 있다. 관상과 의식은 친척 간이다. 지속적인 반복 속에서 자신을 있는 그대로의 실재에 내맡기는 것은 큰 효과를 낸다. 젊은이들이 "미사와 전례는 지루하다."라는 불평을 하는 것은 우선 우리 어른들에게 던지는 질의이자 요청이다.

같은 것을 정기적으로 반복하는 전례가 어찌하여 그렇게 중요한 것인지 저희들에게 말씀해 주세요. 눈에 보이지 않는 세상이 눈에 보이는 세상의 앞뒤, 좌우, 위아래에 존재하며 영원히 지속된다는 사실을 어른들은 정말 확신하나요? 그 세상을 감지할 수 있고 실제로 그렇게 각인된다는 것을 확신합니까?

여기서 당혹함의 논리가 영광의 논리로 시급히 보완되어야 한다. 우리의 행위만으로는 어떤 것도 다시 좋게 만들 수 없기 때문이다. 하느님과 하느님의 기적에 대해 경탄하는 법을 동시에 배운 사람만이 눈길을 우리가 안고 있는 지속적인 비참함에만 두지 않을 것이다. 우리가 안고 있는 비참함만 바라본다면, 죄의식과 의혹, 자신이 속았다는 느낌이 혼합된 위험 상황을 초래할 것이다. 이런 속은 느낌이 과거에 때로는 극우주의의 발단이 되었으며 지금도 마찬가지다.

우리가 더 이상 감탄할 수 없게 된다면 어떻게 되겠는가? 생각만 해도 끔찍하다.

헬프타Helfta에서 살았던 세 명의 뛰어난 여성 영성가들 중 한 사람인 마그데부르그의 멕틸드가 십자가에 못 박히신 분이 팔을 벌려 안은 체험에 대해 말하는데, 베르나르도 성인이 꿈꾼 내용과 결부하여 한 말이다. 성녀는 십자가에 못 박히신 분이 이렇게 말씀하셨다고 고백한다.

나는 네가 어려움 없이 잘 지낼 때에는 나의 오른팔을 너의 어깨 위에 얹는다. 네가 어려움에 처할 때에는 나의 왼팔을 너의 어깨 위에 얹어 네가 나의 심장에 더 가까이 있게 한다.

5.3 예수, 거룩한 하느님, 사로잡는 하느님

나의 여성 제자들 중 한 사람이 최근에 겨우 여섯 살밖에 되지 않은 아이를 참혹하게 잃었다. 취한 사람이 운전한 자동차가 중앙선을 넘어와 정면충돌을 하는 바람에 자동차에 불이 났다. 뒷좌석에 설치한 어린이 보호 의자에 둔 아이는 손쓸 사이도 없이 화염에 휩싸였다. 그녀는 눈물을 줄줄 흘리면서 나에게 말했다.

제가 그때만큼 강하게 하느님의 거룩하심을 느껴 본 적이 없었어요. 하느님은 무엇보다 먼저 거룩하신 분이십니다.

묵시록에서 요한은 하느님의 어좌에서 "거룩하시다, 거룩하시다, 거룩하시다."라고 밤낮 쉬지 않고 노래하는 소리를 들었다. 지난 세기 전반 종교철학자 루돌프 오토Rudolf Otto는 이 노래가 자신의 모든 사고의 중심이 되는 체험을 했다. 그는 모로코의 어느 소박한 유다인 회당에서 자신이 체험한 내용을 이렇게 적는다.

갑자기 온몸에 전율을 일으키는 소리가 흘러나왔는데 너무나 명백하여 오해할 여지가 전혀 없었다. 그 소리는 이러했다. 만군의 주님이신 하느님은 거룩하시다, 거룩하시다, 거룩하시다. 하늘과 땅은 그분의 영광으로 가득하다(qadosch, qadosch, qadosch, elohim adonai zebaoth maleu haschamajim wahaarez kebodo).

그는 계속 서술한다.

베드로대성당에 새겨진 'Sanctus, sanctus, sanctus'와 모스크바 크레믈린대성전에 새겨진 'Swiat, swiat, swiat'와 예루살렘대성전에 새겨진 'Hagios, hagios, hagios'는 서로 연계된 것이다. 어떤 언어로 기록되었든 상관없이 인간의 입술에서 나온 말들 가운데 가장 숭고한 이 말은 영혼의 가장 깊은 근본에 이르러 감동을 주고 영혼을 불러일으켜서 그 안에서 잠자고 있는 현 세상을 초월하는 신비를 만나게 한다.

"거룩하시다, 거룩하시다, 거룩하시다."라고 들린다. 그러나 하느님께서 속삭이시는 소리는 그리스의 신 제우스의 우레 같은 소리와는 얼마나 확연히 다른가!

많은 사람들이 자신의 추억들을 간직한 보물창고에 어린 시절의 원초적 장면들, 깊은 영역을 파고든 체험들, 전광석화 같은 지혜들을 지니고 있다. 나는 어린 시절 본당 제의실에서 있었던 교리교육시간에 대한 추억을 지니고 있다. 당시 성당의 여러 가지 일들을 수행한 여선생님은 우리를 데리고 제단 가까이 가서 성작과 성반, 성체현시대, 촛대와 종, 향로와 향 그릇 그리고 갖가지 제의들과 같은 성물들을 보여 주면서 설명하셨다. 이 모두는 거룩한 것이었다. 일반 사람들은 손댈 수도 없는 것이었고, 손을 대야만 하는 경우에는 부드러운 흰 수건으로 감싸야 했다. 이것들을 다룰 때는 큰 소리로 말을 해서도 안 되었고 달음질쳐서도 안 되었으며 이 거룩한 도구들을 조심성 없이 성급히 던져서는 더더욱 안 되는 것이었다. 내가 아는 사람들 중 누구도 이러한 체험에 비교될 만한 것을 이야기해 줄 수 있는 사람은 없었다. 이러한 것은 나에게 깊이 각인되어 있다. '거룩함'은 그리스도교의 하느님을 배제하고는 잠시도 생각할 수 없는 것이다. 처음 바라볼 때에는 두려움을 불러일으키는 낯선 존재로 등장하는 하느님의 위대하심에 전율적 신비를 느낀다.

그리스도교의 하느님은 매혹적 신비의 대상이기도 하다. 황홀할 만큼 멋진 마리아와 사랑스럽고 귀여운 눈길로 바라보는 천사가 함께 있는 베르니니Bernini의 '성모영보'상이나 훌륭한 천상세계에 대한 빙엔의 힐데가르트의 표상에 대해 생각해 보자. 하느님은 사람을 잡아끌어 감동을 주는 분이고 에로틱한 매혹을 지니기까지 하신 분이다. 그리스도교적 하느님 체험의 범위는 서술이 불가능할 정도로 대단히 넓고 깊어서 이에 대해서는 단지 감탄만 할 수 있을 뿐이다. 현시해 놓은 성체 앞에서 여러 시간 침묵 중에 기도한 가르멜 수녀원의 에디트 슈타인Edith Stein에서부터 파리의 다리 밑에서 수십 년간 살아온 아베 피에르Abbé Pierre에 이르기까지 하느님 체험은 참으로 광범위하고 깊다.

그러므로 다음에 이야기할 신학적 표상들은 처음부터 일반 신도들의 신심 속에 들어 있는 하느님께 대한 표상들에 기반을 둔 대단히 넓은 범위를 가리킨다. 여기에는 각 지방에 그리스도교가 막 들어오던 시절부터 지금까지 유지되고 있는 종교적 역사 이야기도 있다. 여기서 하느님 표상은 대부분 이원론적으로 표현되고(가령 하느님이 천사의 주님으로서 악마를 물리치는 모습) 하느님께서 때로는 주술적 행위를 하시는 분으로도 묘사되고 있다. 그런 까닭에 우리가 이런 하느님 표상에 더 깊이 들어가기는 어려운 일이다.

우선 이런 물음을 던지게 된다.

사람은 하느님에 대한 두려움을 지니고 있는가? 하느님에 대해 두려움을 지녀야만 하는가?

마태 10,28은 이와 관련된 강한 어조의 말이다.

육신은 죽여도 영혼은 죽이지 못하는 자들을 두려워하지 마라. 오히려 영혼도 육신도 지옥에서 멸망시키실 수 있는 분을 두려워하여라.

이 번역에 대한 그리스어 원문은 두 경우 모두 같은 단어인 'phobeisthai(두려워하다, 무서워하다)'를 사용하고 있다. 그래서 독일어 번역도 이것에 맞추어 했다. 그런데 많은 수의 해석가들은 이렇게 하지 않으려 했다. 이들은 하느님께 대하여 두려움Angst을 지녔다는 말보다는 무서움Furcht을 지녔다는 말로 번역하고자 했다. 그러나 이것 역시 많은 해석가의 마음에 들지 않았다. 이들은 이러한 말은 "하느님은 사랑이시다."라는 말이 지닌 본래의 기쁜 소식을 흐려 놓을 수 있는 것으로 생각한다. 그러나 이 문장은 성경에 쓰여 있는 그대로이다. 성경의 구체적인 텍스트는 두려움에 대해 말하고 있고, 이 말을 지옥에 대한 말과 연결시키고 있다.

영혼도 육신도 지옥에서 멸망시키실 수 있는 분을 두려워하여라.

그런데 하느님을 사랑이시기만 한 분으로 보고자 하는 이들에게는 이러한 말이 낯설고 사랑이신 하느님의 성품에 어울리지 않는 것으로 보인다. 그러나 성경에 이렇게 기록되어 있다. 교회가 지옥의 두려움에 관해 설교하는 관습을 버려야 하는 것이 성경의 본래 모습에 과연 어울릴까? 예수마저도 그렇게 하지 말아야 할까? 그런데 여기서 예수의 말씀이 "두려워하지 마라."로 시작하고(마태 10,26) 마감되는(마태 10,31) 것을 잊지 말아야 한다. 이 말은 하느님께서 우리를 마음 깊이 신뢰하시며 포괄적으로 돌보시고 보호하신다는 말과 연결된다. 하느님께서 참새들도 돌보신다면 제자들은 수많은 참새들보다 훨씬 더 가치 있다. 그러므로 하느님 안에서 보호와 안전을 누리는 것에 대한 암시가 강하게 들어 있다.

그러나 이것은 불쾌감을 일으키는 사건을 우리 현대인에게서 없애 주는 것도 아니고 '하느님께 대한 두려움'이라는 실재實在도 제거하지 않는다. 보호와 안전은 여기서 실존하는 위험의 배경에나 있는 것으로 보인다. 예수는 하느님 사랑의 불과 열정의 불에 대해 말씀했다. 그러나 이 불은 예수를 거스르는 사람을 집어삼킬 수도 있는 것이다. 이것은 하느님에 관한 것이고 하느님의 온정은 무한한 가치를 지닌 보물이기 때문에 이것을 의식적이고 고의적으로 거부하는 사람은 얼음처럼 굳어지고(지옥에 관한 단테의 표상) 주변적이며 무가치하고 아무것도 아닌 존재로 전락하고 만다. 우리가 파악한 이러한 하느님 표상을 수정하는 행위는 하느님의 실제 모습을 왜곡하는 것을 의미한다. 어리석은 자는 하느님의 보이지 않는 모습에 대한 잘못된 생각을 받아들인다. 하느님의 영역이 더 중요하고 더 막강하며 더 의미 있는 실재를 절반은 보여 주는데, 이 사실을 알면서도 무시하는 사람에게는 달리 도와줄 방도가 없다. 이런 경우 주의해야 할 것이 있다. 지옥에 관한 말들은 지옥에 갈 만한 삶을 사는 사람들을 거슬러 사용하는 도구만이 아니라(단테는 시적 자유를 활용하여 많은 수의 성직자들을 지옥으로 보냈다), 잘못된 길에 머물러 있지 않도록 사람들의 마음에 호소하는 것이기도 하다. 호소하는 텍스트들은 사람을 억압하는 두려움을 더욱 크게 하기 위해서가 아니라, 흔들어 깨우기 위해 구성된 것이다. 오늘날 우리는 두려움은 사람을 마비시킬 수도 있지만 새로운 결단을 내리도록 할 수도 있다는 것을 알고 있다. 성경은 사람을 매우 귀중하게 여기기 때문에 언제나 다시 사람이 지닌 책임감과 자유에 호소하고 생명에 대한 최후의 본능적 애착과 판단에 호소하면서 흔들어 깨운다. 예수는 사람을 마비시키는 두려움을 퍼뜨리려는 것이 아니라 삶에 대한 힘차고 기쁨에 넘친 진지한 태도를 갖도록 하려는 것이다. 그렇기 때문에 이러한 고찰의 관건은 지옥의 무서움을 상기시키며 겁을 주는 강론으로 돌아가자는 것이 아니라, 성경과는 거리가 먼 "하느님은 사랑하시기만 한다."는 잘못된 복음 선포로부터 벗어나서 올바른 방향으로 인도하려는 것이다.

마태 10,28-31이 창조주 하느님에 대해 언급하고 있는 반면, 마태 10,32-33은 사람의 아들 예수에 대해 언급하고 있다. 우리는 이 두 부분이 '경고와 약속'이라는 같은 구조로 구성되어 있음을 본다. 이 두 부분은 내용적으로 매우 밀접하게 연결되어 있다. 이 말씀을 듣는 사람은 이러한 질문을 받고 있기 때문이다.

육신을 죽일 수 있는 가능성을 지닌 사람들 앞에서 두려움을 갖지 않은 것을 무엇으로 드러낼 수 있을까?

대답은 이러하다.

사람의 아들을 안다고 증언하거나 그분을 모른다고 부인하는 것에서 드러난다.

또한 나아가 이러한 질문도 받는다.

예수를 사람의 아들로 증언하는 것이 어찌하여 그렇게 위험하고 목숨을 내어놓을 만큼 중대한 일인가?

이것이 목숨을 내어놓을 정도로 위험한 일이라는 것은 무엇보다 먼저 역사의 한 부분이 증명하고 있다. 스테파노는 사람의 아들에 대한 고백을 한 후 돌에 맞아 죽임을 당했다(사도 7,56-58). 예수 자신이 신성을 모독했다는 죄명으로 죽임을 당했다. 마르 14,62에서 예수는 "너희는 사람의 아들이 전능하신 분의 오른쪽에 앉아 있는 것과 하늘의 구름을 타고 오는 것을 볼 것이다."라고 했다. 이외에도 여러 곳에서 사람의 아들에 대한 이와 같은 말씀을 했다(마태 9,33 외 다수). 많이 알려진 해석과는 달리 하느님 나라에 관한 예수의 말씀은 팔레스티나에서 위험한 것이 아니었다. 유다인들의 사고방식에 의하면 하느님 나라는 하느님의 계명을 잘 지켜 나가는 삶에 따르는 결과이기 때문이다. 하느님 나라를 선포하는 것이 곧바로 정치적으로 로마인들과 갈등을 불러일으키는 것은 아니었던 것이다.

믿는 이들이 사람의 아들 안에서 장차 다가올 나라(다니엘서 7장의 계산에 따르면 다섯 번째 나라)를 다스리는 살아 있는 지도자의 이름을 말하고 고백할 수 있다면 위와는 달리 전개될 것이다. 그리스도인들이 장차 다가올 미래를 예수와 연결하여 기대할 때 비로소 정치적으로 위험하게 된다. 왜냐하면 이것은 '순수하게 영적인 것'이기만 한 것이 아니기 때문이다. 예수가 정치적 권력에 의해 피를 흘리고 생명을 희생당했다면, 이러한 숙명의 육체성은 사람의 아들이 하느님을 통해 장차 회복되고 복권되기 위해 불가피한 육체적 형상도 의미한다. 예수는 당신의 수난에서 통치자의 경로인 고전적인 길을 걸어간 것이다. "역경을 통해 별들의 세계로(per aspera ad astra)"라는 금언은 고대의 헤라클레스Herakles, 로물루스Romulus와 로마의 황제들에게 해당된 것이고, 후대에 독일에서 황제를 선출할 때 내건 표어이기도 했다. 이러한 고백에는 순수한 영적 야망이 전혀 들어 있지 않다. 락탄티우스Lactantius의 문헌이 말하는 바와 같이 적어도 살인자들을 겨냥한 경고를 의미한다. 따라서 사도 7,56-58과 마르 14,61-63의 장면을 제대로 이해할 수 있다. 여기서는 사람의 아들이라는 칭호가 '살인을 저지르는' 상황과 잘 어울리기 때문이다.

그러므로 이러한 고백은 사랑의 계명을 받아들이는 것과는 조금 다른 것이다. '예수는 사람의 아들'이라고 말하는 사람은 '영들의 식별'을 목표로 삼는다. 그는 이렇게 말한다.

너희들은 사람의 아들을 죽음으로 내몰아 간 사람들에게 속하든지 아니면 그분과 함께 희생을 당하는 편에 속하든지 둘 중 하나이다.

세 번째의 것은 결코 있을 수 없다. 사람의 아들로서의 예수는 '순전히 영적이기만 한 존재'가 아니다. 여기에 "살인자냐 아니면 희생자냐?"라는 권력의 문제가 등장한다. 예수 그리스도 안에 계시는 하느님의 현존을 받아들이느냐 아니면 그것을 발로 짓밟느냐? 그런데 예수를 받아들이는 고백을 하는 것이 어째서 그렇게도 중요한 일이란 말인가? 그것은 바로 여기서 사람들 중에서 가장 정의로운 분이 가장 불의한 판정의 희생자가 되기 때문이다. 이에 대해 분노하지 않는 사람에게는 이 세상이 처해 있는 실상에 대해 어떤 것도 제대로 알려 줄 수가 없다. 이러한 것을 제대로 보지 못하는 사람은 하느님도 볼 수 없다. 어떻게 하면 좋을지 모를 만큼 사람을 당혹스럽게 하는 이런 택일의 갈림길에서 벗어나는 출구는 오로지 예수의 부활뿐이다. 사람의 아들의 부활이 없다면 우리의 생명과 삶은 의미를 잃은 카오스이고, 이 땅은 크기를 가늠할 수 없을 정도로 어마어마하게 큰 무덤에 지나지 않으며, 우리가 태어난 것도 범죄로, 사형 선고가 내려진 것에 불과하다. 우리의 생명과 삶이 긍정적으로 받아들여지고 제대로 이해될 수 있는 것은 오직 예수 그리스도의 부활의 빛 안에서뿐이다.

이렇게 하여 꼭 붙들어야 할 것으로 남는 것은 예수가 하느님과 가진 관계 속에서 살아간 방식이다. 예수는 우리를 위해 말씀하시고 행동하시면서 우리가 하느님을 볼 수 있게 했고 하느님의 두 가지 모습을 간직하게 해 주셨다. 다시 말해 예수는 먼저 깜짝 놀랄 만큼 전혀 다르신 분, 곧 '거룩하신' 하느님을 보여 주시면서 하느님의 거룩함이 순수한 빛 앞에서는 결코 탄생할 수 없는 것으로서 인간적으로 체험하게 해 주셨다. 두 번째는 '사랑이신' 하느님이 종말론적인 표상 속에서 눈물을 닦아 주는 어머니와 같은 존재로 드러나게 했다. 두려움이 하느님 실재 앞에서 당연한 현상임을 성경 역시 잘 알고 있다. 두려움을 해소하는 길은 영들을 식별하는 것이고, 사람의 아들을 위해 결단하는 것이다. 또 정치적으로 위험한 결단을 내리는 것이고, 희생에 동참하는 것이다. 그럼에도 불구하고 이것은 강요된 믿음이 아니라 기쁨으로 힘차게 생명과 삶의 편에 서는 것이고 예수 부활의 지평 안에서 예수 편에 서는 것이다. 예수의 부활이 환히 빛을 비추며 이미 밀어닥쳤다.

5.4 예수와 정의롭지 않은 하느님

예수가 한 말씀 안에서 하느님은 어떤 분이신지 그리고 우리는 하느님과 어떤 관계를 맺어야 하는지 알아내고자 하는 사람은 오래지 않아 매우 이상한 대목을 만나게 된다. 예수가 비유로 하신 말씀을 있는 그대로 하느님께 적용시켜도 되는 것일까? 루카 16,1-9에서 '약은 집사의 비유'에 관한 이야기를 읽게 되는데, 복음서들에는 이와 비슷한 종류의 이른바 스캔들 비유들이 적지 않게 들어 있다. 루카 16에 의하면 약은 집사는 다음과 같은 행위들을 저질렀다.

문서위조, 사기, 횡령, 매수.

이는 범죄행위에 해당된다. 이에 대해 수사관은 이러한 질문을 던질 것이다.

이러한 범죄행위의 덕을 본 자는 누구인가?

범죄행위 정황의 증거들이 이렇게 말할 것이다.

불의한 집사 자신이 덕을 보았다. 집사는 해고의 위협에 직면하여 자신의 입장에서는 유일하게 취할 수 있는 현명한 조치들을 실행했다. 그는 아주 획기적인 방식으로 미래를 대비했다.

우리는 오늘날에도 많은 사람들이 이런 식으로 미래를 대비한다는 사실을 잘 알고 있다. 이런 행위는 내면에 잠재된 범죄적 에너지로 배양된 것이다. 마치 동독 말기에 활약하던 비밀경찰처럼. 많은 사람들이 파국이라는 전환이 오기 직전에 재빠르게 큰돈을 외국은행 계좌로 이체했다. 이러한 방식으로 현재의 시스템이 무너질 경우 예상되는 사태에 대비했다. 회사나 단체의 재산을 몰수당한 뒤에도 살아갈 수 있는 기초적인 자금을 마련한 것이다. 약은 집사의 비유에 나오는 동업자들은 비유하자면 소위 말하는 은행계좌를 외국에도 두고 있는 것이다. 주님께서는 사기행각을 벌인 약은 집사를 칭찬하듯이 이들을 칭찬하실 것이다. 사람들은 "주님이 이들을 칭찬하신다."는 말을 듣는다면 놀랄 것이다.

결정적인 문제는 "주인은 그 불의한 집사를 칭찬하였다. 그가 영리하게 대처하였기 때문이다."라고 한 대목을 어떻게 이해해야 하는가이다. 불의한 집사는 주인을 속였다. 이것은 사실이지 않은가? 어떻게 사기행각을 벌인 사람을 칭찬할 수 있겠는가? 그것도 복음서 안에서? 여기에 인용한 문장은 우리로 하여금 다음과 같은 사실을 분명하게 구분할 것을 가르친다. 집사는 사기행각 때문에 칭찬받은 것이 아니다. 그가 사기행각을 벌이지 않았더라면 '약은 집사'라는 말을 듣지도 않았을 것이다. 그는 불의했고 사기를 쳤으며 범죄행위를 했다. 이것은 결코 좋은 행위가 아니고 그대로 따라 하라고 권고하지도 않았다.

집사가 칭찬을 받은 것은 그의 영리함 때문이었다. 그의 영리함은 어디에서 성립하고 있나? 범죄자도 영리한 인물일 수 있을까? 물론 그렇다. 집사는 목이 졸려 드는 위기 상황에서 인간적으로 가능한 최선의 수단을 동원하여 자신의 미래를 대비했다. 그는 미래를 내다보면서 행동했다. 우리는 스릴러영화에서 펼쳐지는 가상세계처럼 현실에서도 어떤 범인이 우선은 범죄행위를 영리하게 해 나가는 것 같지만 결국은 엄청난 어리석음을 벗어나지 못하는 것을 보곤 한다. 나는 이러한 스릴 넘치는 장면을 볼 때 때때로 그 사람들이 처음부터 끝까지 머리를 잘 굴려서 완벽하게 했으면 좋겠다는 생각을 하고 있는 자신을 발견하곤 한다. 그런데 다행하게도 그들은 처음엔 잘 시작한 것처럼 보인 것을 끝까지 그렇게 완벽하게 해내지는 못한다. 물론 범죄행위에서 완벽한 것도 있고 기술적으로 어리석은 것도 있다. 어찌하여 예수는 많은 사람에게서 오해를 받을 수도 있는 이런 위험한 영역에 들어선 것일까? 예수는 우리가 종종 생각하는 만큼 그렇게 단순한 분이 결코 아니다. 그분은 범죄적 에너지를 잘 알고 있었고 무엇보다 그 효과도 잘 알았다. 우리는 죄를 짓는 행위는 당연히 피한다. 그런데 우리가 추리 영화를 그렇게 즐겨 보는 이유는 무엇일까? 크고 완벽한 범죄가 지닌 매력 때문은 아닐까? 예수는 이것에 대해 말씀하신다.

범죄행위가 아니라 영리함, 기술적 완벽함, 미래를 대비하는 기술이 감탄할 만한 것이다.

이것은 바로 앞에서 언급한 비유와 닮은 것이 아닌가? 잃어버린 아들이 돼지들이 먹는 열매꼬투리로 연명해야만 하는 극한의 상황에 도달하여 집으로 돌아가기로 결정한 것이 유일하게 잘한 것이 아니겠는가? 그의 이러한 결정은 삶을 구한 현명한 것이 아니었는가? 물론 잃어버린 아들은 범죄자는 아니다. 그러나 삶의 방향을 바꾸어야만 하는 결정적인 순간에 그는 집사와 마찬가지로 영리하여 자신의 생명을 구제할 단순한 방법을 생각했다. 우리 자신에게도 범죄적 에너지가 있지 않은가? 예컨대 세무서를 속이려고 우리는 얼마나 면밀히 조작하는가. 자동차에 붙은 벌금 딱지를 보며 우리는 얼마나 벌컥 화를 내는가. 기껏해야 십오 유로밖에 안 되는 벌금을 내지 않으려고 궁색한 변명을 늘어놓거나 없는 이야기까지 그럴듯하게 꾸며 대는 경우도 있지 않은가.

이런 진지해지는 대목에서도 예수는 우리의 고결한 마음과 관용에 기대하고 호소하지 않는다. 그는 이렇게 말한다.

내일을 위하여 좋은 관계를 맺어라. 비타민 B(Beziehung, 관계)는 모든 것이다. 너희가 가진 돈으로 관계들을 맺어라. 너희는 이 세상을 떠나서 살아갈 수는 없다. 돈은 너희 손에 있다. 너희들이 그 돈으로 무엇을 하느냐가 너희의 미래를 결정한다. 너희의 미래는 너희 손에 있는 돈으로 무엇을 하느냐에 달려 있다. 그리고 이것은 너희의 관심이 어디에 있느냐의 문제이다. 관계들을 맺어라. 지속되는 공동체를 건설하라. 미래는 언제나 공동의 미래이기 때문이다.

스캔들을 이야기하는 모든 비유에서 관심의 대상은 인간의 기본적인 생존에 관한 것이다. 좀 더 정확하게 말하자면 자기 자신의 생명을 유지하는 문제이다. 이어서 예수는 직장에서 승진하기 위해 몸부림치는 인간의 야심에 대고 호소하시며 높이 인정받으려는 인간적 욕망도 지적하신다. "아주 작은 일에 성실한 사람은 큰일에도 성실하고, 아주 작은 일에 불의한 사람은 큰일에도 불의하다."라는 예수의 말씀은 이러한 것을 의미한다. 이것은 이러한 말이기도 하다.

자신의 부서를 잘 이끄는 사람은 지점장이 될 수 있다.

물론 이것은 단지 하나의 표상에 지나지 않는다. 예수가 우리를 화이트칼라 범죄자로 만들려고 하거나 출세주의자와 관리자로 만들려고 하는 것은 결코 아니다. 그러나 그분은 이렇게 말한다.

너희들은 그러한 일에 사용하는 에너지를 결정적으로 중요한 일에 쏟도록 하여라. 결정적으로 중요한 것은 친구들과 사업동료들을 만들기 위해 성능이 좋은 핫라인을 설치하는 것이 아니고 사회적 지위를 높이기 위한 영리한 행동도 아니다. 가장 중요한 것은 이른바 영혼의 영역에 있는 '아날로그적인' 것이다.

예수는 이렇게 말씀하시고자 한다.

만약 너희가 사회적 경력을 향상시키는 일, 세무서를 속이는 일 그리고 부동산 매입을 위한 일에 쏟는 에너지를 그러한 일들에 쏟지 않고, 자신 안에 잠재된 범죄적 에너지를 돈을 버는 데에 쏟지 않고 영혼의 기반을 튼튼하게 하는 데에 쏟는다면, 너희는 그렇게 불행하지 않을 것이고, 그렇게 많은 사람들이 정신과 의사의 치료를 받지 않아도 될 것이며, 빗나가고 잘못되는 사람들이 그렇게 많지도 않을 것이다.

우리 삶의 현장은 좌초한 사람들과 불행한 사람들의 한숨으로 가득하다. 시대가 바뀐 것을 인식해야 한다. 이전에는 사람들이 영혼의 구원에 관한 일은 참새들과 성직자들이나 관심을 가질 웃기는 일로 여겼다. 그러나 오늘날 사람들은 인간이 얼마나 쉽게 망가지고, 얼마나 쉽게 길을 잃고 헤매며, 마약이나 도박 따위에 얼마나 쉽게 중독되는지 알고 있다. 또 얼마나 쉽사리 심리적 궁지에 봉착하고 얼마나 쉽게 불행해지는지 잘 알고 있다. 예수는 말씀하신다.

주의해라! 죽음 이전의 삶도 중요하다!

그리스도교는 세상 물정 모르는 사람이나 순진한 호인, 바보를 위해 존재하는 것이 아니다. 그리스도교는 현명하고 노련하며 무엇보다도 긴 안목을 지니고 나아가는 사람들을 위해 존재한다.
모든 사업가는 잘못 선택한 것에 탐욕을 부리면 많은 것을 잃게 되고, 반드시 투자를 해야 할 때에 게으름을 피우면 그 대가를 톡톡히 치르게 된다는 것을 알고 있다. 장기간에 걸친 계획이 필요한 것이다. 예수는 이런 전문지식에 대고 호소하시며 말씀하신다.

너희는 광포한 사람들의 교활한 면을 엿볼 수 있다. 그 가운데 너희에게서도 나타나는 면이 있는데, 미리 준비한다는 점과 장기적으로 자신의 실리實利를 염두에 둔다는 점이다.

이 비유는 투자에 관한 것으로, 단기적으로는 무의미한 양 보이지만 장기적으로는 충분한 가치가 있다는 점을 보여 준다. 예수는 세속의 자녀들과 빛의 자녀들을 명백하게 구분하신다. 세속의 자녀들이란 말로 그분은 속이는 관리자와 그의 동업자들을 가리키는데, 우리는 이들을 평범하게 살아가는 '단역 배우'라고 말할 것이다. 빛의 자녀들이란 말로는 예수 주변에서 그와 대화를 하는 사람들, 자기 자신을 발견하고 하늘나라로 나아가고자 하는 사람들을 의미한다. 여기서 언급하는 것은 두 그룹이 단번에 정해지는 게 아니라 다양한 세력 범위들이 있다는 것이다. 우리는 두 그룹 모두에 속한다. 예수는 단지 "에너지를 엉뚱한 것에 쏟지 말고 올바른 것에 쏟아라."라고 하시는 것이다. "너희가 결국에는 가져가지 못할 얼마 안 되는 돈을 버는 데 쏟는 힘을 생존을 결정하고 행복과 불행을 결정하는 참되고 본질적인 투쟁에 쏟아라." 하는 것이다.

예수는 이외에도 여러 가지 비유들을 말씀하셨다. 개중에는 불의하거나 불의하게 보이는 것도 있는데, 이들을 통해 무엇인가 도전장을 던지고 있다. 슬기로운 처녀들과 어리석은 처녀들이 나오는 열 처녀의 비유를 보자. 밤늦게 온 것에 대해 사과하기는커녕 기름이 없는 처녀들을 한밤중에 문밖에 세워 두는 신랑의 무자비한 태도는 어떻게 보아야 하는 것인가? 포도밭에서 일한 일꾼들에게 품삯을 일한 정도에 따라 주지 않고 가장 늦게 온 사람에게도 같은 품삯을 주는 주인의 이중적인 잣대에 대해서는 어떻게 생각해야 하겠는가? 이러한 행위는 오늘날이라면 틀림없이 노동조합의 항의를 불러일으킬 것이다. 이런 모든 행위들이 실제로 일어났다면 우리는 어떤 입장을 취하게 될 것인가? 탈렌트의 비유도 살펴보자. 직원이 돈을 충분하게 투자하지 못했다고 해고하는 무자비한 자본가를 어떻게 보아야 하는가? 자기 자신에 대해 "나는 내가 뿌리지 않은 곳에서도 거두어들인다."고 말하는 사람은 도대체 어떤 사람이겠는가? 이것은 "나는 다른 사람들이 나를 위해 일하도록 하여 그들을 착취할 것이다."는 말이 아니겠는가? 토마스복음에 있는 암살자에 관한 비유는 범죄에 관한 것이다. 어떤 암살자가 사람을 확실하게 죽이기 위해 자기 집 벽에서 칼로 찌르는 연습을 수차례 한 다음 가서 암살했다. 여기서도 범죄적 에너지를 눈여겨보아야 한다. 범죄를 행하려면 먼저 치밀한 계획을 세워야 하니 말이다. 말하자면 자기 자신이 하느님의 나라에 갈 만큼 충분히 성장했는지 아닌지 미리 잘 살펴보아야 하는 것이다.

이 모든 스캔들 비유에서는 사랑과 상냥함으로 가득 찬 세상에 관한 것이 아니라 잔인한 세상, 실제 세상이 관심의 대상이다. 예수가 그려 내는 형태들은 삶의 한복판에서 취한 것이고, 일부는 거칠고 난폭한 서구 사회에서 취한 것이다. 여기서 우리는 모든 것이 서로 나란히 놓여 있는 것을 본다. 속이는 집사, 우쭐하고 자만심이 강한 신랑, 자본주의적인 기업가, 완벽하게 계획하는 암살자, 일반 궤도를 약간 벗어난 포도원 주인, 게다가 잃어버린 아들도 있다. 이런 인물들이 보여 주는 유별나면서도 극단적인 특징들은 잊기 어렵고 도발적이라고 할 수밖에 없다. 착한 그리스도인은 언제나 다시 이렇게 말해야만 할 것이기 때문이다.

예, 그러나 그것은 있을 수 없는 ….

그러나 실제로는 이러한 것들이 존재한다. 이러한 구체적인 사람들은 어쨌든 범죄를 저지를 경향을 지니고 있거나 지독한 독재를 할 존재들이다. 하여간 어떤 경우에도 이들은 극단적인 성격을 지니고 있다.

예수는 거의 언제나 이와 같이 별난 사람들을 눈앞에 그려 냄으로써 사람들 안에 들어 있는 마지막 남은 무엇인가를 할 수 있는 생명력에 호소를 한다. 좀 더 조심스럽게 표현하자면 살고자 하는 최종적인 본능에 호소한다. 비유들에 등장하는 인물들의 특이한 모습은 우리에게 남김없이 도전할 마음을 불러일으킨다. 속이는 집사와 잃어버린 아들 그리고 완벽한 암살자는 위험한 상황에서 상상력과 위험을 무릅쓴 단호한 조치들을 동원함으로써 자신의 생명을 구해 낸다. 신뢰로 돈을 맡긴 자본주의적인 사업가 역시 상대편 입장을 조금도 헤아리지 않는 신랑과 마찬가지로 지나치게 엄격하다. 이 두 등장인물들을 통해 예수는 이렇게 말씀하신다.

삶에서 이와 같이 고통스러운 일들이 진행될 수 있다. 너희의 영혼에 위험이 닥치면 그것은 어린아이 장난이 아니란 것에 유의해라.

우리는 이러한 질문을 던진다.

이런 하느님은 도대체 어떤 분이신가?

그리고 우리는 이렇게 확신한다.

기적에 관한 보도들에서와 마찬가지로 이 하느님은 일상적인 것을 인정하는 데 머무는 분이 아니시다.

기적이 사물의 통상적인 흐름을 깨고 모든 것을 뒤집어엎듯이, 이런 비유들 역시 마찬가지다. 여기에 등장하는 사랑하시고 요구하시며 벌주는 일에서 지나칠 만큼 도를 넘으신다. 잃어버린 아들의 아버지나 포도원 주인이 보여 주는 사랑은 지나칠 정도로 선을 벗어난다. 돈을 맡긴 사람이나 열 처녀의 비유에서 신랑이 어리석은 처녀들에게 한 요구도 지나치리만큼 한계가 없다. 매정한 종이나 탈렌트의 비유에서 쓸모없는 종이 받는 벌 또한 지나치기 그지없다.

하느님에 대해 말하는 것이 의미가 있는 일일까? 성경에서 하느님에 대해 그토록 불쾌하게 언급된 내용을 먼저 확인한 뒤에 이런 의미에 대한 물음을 던져야 할 것이다. 또한 우리가 사랑이신 하느님을 섬기는 방식이나 우리가 지닌 선입관이 확인되지 않을 경우에 그런 물음을 제기하는 것이 옳을 것이다. 하여튼 여기서는 우리의 습관이 아니라 우리의 마음을 원하시는 하느님, 우리의 일부가 아니라 전부를 원하시는 하느님을 전한다. 이러한 것은 '냄비 두드리기'Topfschlagen라는 잘 알려진 아이들 놀이를 생각하게 한다. 술래가 된 아이가 가운데 서면 다른 아이들이 외친다.

냄비 안에는 아주 뜨거운 게 들어 있어![4)]

우리는 본질적으로 '무한히 사랑하고 무한히 사랑받기'를 원하고 있지 않은가? 무한하지 않은 사랑을 생각할 수 있을까? 그리고 무한하기를 요청하지 않는 사랑을 생각할 수 있을까? 활발하고 엄격한 삶이 맥없고 지루하기만 한 삶보다는 본질적으로 더 매력적이지 않을까? 이러한 삶에는 용기도 필요한데, 나의 동료 하나가 나치시대 청소년 캠프에서 있었던 사건에 대해 이야기해 주었다. 그곳의 선생님이 "히틀러 만세!"Heil Hitler란 구호와 함께 음식을 들여오면서 "식탁과 의자는 다 휘어지고 음

---

4) 숟가락으로 바닥을 치며 냄비를 찾는다. 이때 다른 아이들은 "뜨겁다" 혹은 "차갑다"라고 외친다. 이 말을 듣고 술래는 냄비에 접근하거나 멀어진다. 마침내 술래가 냄비를 발견하여 숟가락으로 치면 즉시 눈을 가린 수건을 풀고 간식거리를 먹어도 된다. 이제 다른 아이가 술래가 되어 놀이를 계속하는데, 냄비는 매번 다른 자리에 놓아야 한다. -역자 주

식은 거칠어도 우리에게는 먹을 것이 있다."라고 했다. 이에 대해 친구는 용기를 내어 이렇게 말했다.

> 저는 이렇게 배웠습니다. "오소서, 주 예수님, 주님께서 저희에게 주신 이 음식에 강복하소서!"

혹독하게 주는 벌만이 우리를 놀라게 할 수 있다. 그런데 지옥에 대해서는 믿어야만 하는 것이 아니고 알아야 하는 것이다. 지옥은 이미 우리 곁에 있다. 나는 지옥 맛을 보여 주어야만 하는 사람들을 알고 있다. 예를 들어 마약을 파는 사람들은 여기서부터 벌써 지옥 맛을 보아야 한다. 그들의 마약을 사 먹은 사람들의 말로를 찍은 사진들을 그들 눈앞에 들이대야 한다.

5.5 충족되지 않는 마음의 동경

사랑이라는 말이 세상에서 가장 많이 잘못 사용되고 있는 단어라고들 한다. 감각 있는 사람들은 유행가 작사자보다 이 단어를 더 절약하여 쓴다. 오늘날의 사람들은 "사랑하자"라는 말을 아무 문장에나 쉽게 끼워 넣어 발설한다. 어떤 사람은 아직도 어린 시절에 교리를 배우던 때를 기억하곤 한다.

> 하느님을 사랑하고 이웃을 사랑하는 것은 모든 것 중에서도 가장 중요한 것이다.

이러한 말은 너무 쉽고 빠르게 발설된 것이다. 그리고 마찬가지로 너무 쉽고 빠르게 생명력을 상실한 형식으로 굳어져 버린다.

하느님을 사랑한다?

이 말은 구체적으로 무엇을 의미하는 것인가? 도대체 사랑을 명령으로 하게 할 수 있는가? 사랑은 내면의 가장 깊은 감정들과 관계하는 것이다. 내면에서 우리는 자유롭기 때문에 누구도 무엇을 명령할 수 없는 곳으로 여긴다. 그런데 게다가 하느님을 사랑한다는 것은 무엇인가? 우리가 아직 한 번도 본 적이 없는 분을 사랑한다? 하느님은 기체 상태에 있는, 이성理性의 구름이 아니신가? 붙잡을 수 없는 그런 존재를 어떻게 사랑할 수 있나? 그러니 모든 것은 하나의 추측에 지나지 않는 것일지도 모른다.

그런데 몇 가지 사항들에 대해서는 알아야만 하겠다. '마음'이란 카테고리는 일상적인 것과는 좀 다르다. 그래서 다음과 같은 사실을 알아야만 한다. 성경의 계명들은 교통질서와 같은 일반 시민적인 협약이 아니라 지침들이다. 지침이란 말은 지혜와 관련되는 것이다. 계명은 하느님의 이름으로 들어 높여진 지혜, 생존하기 위해 구속력을 띤 지혜이다. 또한 성경에서 의미하는 사랑은 우선 감정과 자유에 대한 문제가 아니라는 것을 알아야만 한다. 성경에서 말하는 사랑은 먼저 가족 안에 존재하는 실천적인 연대의식이다.

성경이 사랑에 대해 말할 때에는 언제나 차량을 둥글게 배치하여 방벽을 삼은 진영인 차진(車陣, Wagenburg)을 생각할 수 있다. 우리는 이것을 미국의 초기역사에서 볼 수 있다. 많은 수의 수레들을 둥근 원을 이루도록 배치하여 작은 공동체를 보호할 수 있는 방벽이 되게 한 것이다. 계명들은 차진의 집안 질서들이다. 사랑의 진수는 공동체가 몰락하지 않도록 지켜 주고 늑대와 강도들로부터 지켜 주는 일이다. 차진은 생명과 죽음 앞에 놓인 상황에서 공동체를 형성하는 것이다. 사랑은 죽음 앞에서 생명을 지키는 연대의식이다. 사랑을 실천하도록 요청받는 사람은 생명은 죽음으로부터 함께 보호해야 하는 것이라는 사실을 안다. 가장 중요한 것은 차진 안에 있는 것이지 밖에 있는 것이 아니다. 하느님의 백성은 이와 같이 일종의 차진이다. 하느님을 사랑한다는 것은 자신의 생활규칙을 지켜 가는 것이고 가장 중요한 것에 자신의 실존을 거는 것이다. 네 번째 복음서에 의하면 예수도 이와 똑같이 말씀하셨다.

너희가 나를 사랑한다면, 나의 계명을 지켜라.

그렇기 때문에 성경의 하느님은 단일한 존재로 생각될 수 있는 분이 아니라 오로지 당신의 백성과 함께하는 분이다. 함께하는 것, 함께 존재하는 것, 소속되는 것이 모든 것이다.

그러나 마음 깊이 들어가는 것은 다른 어떤 것이다. 사랑한다는 것은 우리에게도 이러하다.

오직 너! 오로지 너만!

이것은 위험을 무릅쓰는 것이고 수없이 많은 드라마의 원천이기도 한 것이다. 이것은 인간적인 것의 최정상에 위치하는 것이고 인간적인 품위에 어울리는 모든 윤리의 내밀한 핵심이다. 그렇기 때문에 일반적인 인간관계와 인권에 대한 우리의 인식으로는 한 남자가 여러 명의 부인을 두는 것을 제대로 이해할 수 없고 받아들일 수도 없다. 오직 너! 이것은 일종의 모험임과 동시에 이것이 이루어지면 인간적인 행복과 천상의 행복을 누리게 되는 것이다. 요즈음 독일에서는 재혼했다가 다시 헤어지는 일이 다반사가 되었다. 따라서 금혼식이나 다이아몬드혼식, 나아가 결혼 75주년을 기리는 철혼식까지 맞이하는 부부를 보게 되면 감탄을 금치 못한다. 바로 여기에서 그리스도교는 혼인에 관한 생각과 밀접하게 연결되어 있다. 예언자들은 언제나 다시 이러한 말을 되풀이하고 강조한다.

수많은 신들이 아니라, 오직 단 한 분!

또한 이들은 이렇게 말한다.

이것은 혼인생활과 같다. 다수의 파트너가 아니라 오직 한 사람!

많은 수의 신들을 숭배할 수는 있지만, 신들로 가득 찬 하늘 전체를 사랑할 수는 없다. 많은 파트너와 잠을 잘 수는 있지만, 우리가 사랑이라고 칭하는 것은 이와 좀 다른 것이다.

"오직 너!"는 고대 이스라엘에서 ㄱ) 하느님과 신들과의 관계에 적용하는 것이고, ㄴ) 간통죄를 판단하는 데에 적용하는 것이다. 이 하느님은 오로지 당신 홀로 흠숭을 받고자 한다. 하느님은 관대하지 않으신 것이다. 하느님은 관대하지 않으실 수 있다. 왜냐하면 오직 당신만이 창조주이시고 현명한 삶을 위한 규칙의 원천이시며 해방자이시기 때문이다. 하느님의 배타성을 존중하는 사람에게는 풍부한 보상이 주어진다. 하느님께 "오직 당신만!"이라고 말하는 사람에게 하느님께서도 "오직 너만!"이라고 말씀하시기 때문이다. 좀 더 정확하게 말하자면 순서를 바꾸어 거꾸로 말해졌다. 하느님께서 먼저 이스라엘을 선택하셨고 그 이후에 당신만 사랑하기를 요청하셨던 것이다. 히브리어에서 선택은 사랑과 같은 말이다.

이렇게 관찰할 때 우리는 다음과 같은 물음을 더 던지게 된다.

그렇다면 우리가 어떻게 해야 하나? 어떻게 하면 하느님을 사랑할 수 있을까? 아직 그렇게 할 줄 모르는데, 누가 우리에게 그런 힘을 주나?

클레르보의 베르나르도의 친구였던 생티에리의 윌리엄은 「기도와 묵상」이라는 저서에서 이렇게 말했다.

나는 "하느님, 당신을 사랑합니다!"라고 말할 수는 없다. 오직 "하느님, 당신을 기꺼이 사랑하고 싶습니다!"라고 말할 수 있을 뿐이다.

성경이 우리에게 도움을 줄까? 어떻게 하면 하느님을 사랑할 수 있을까? 하는 물음에는 오직 탈출기의 유명한 텍스트, "이스라엘아 들어라."라는 말을 통해서만 대답을 시작할 수 있다. 먼저 하느님께서 이스라엘 백성만을 선택하셨기 때문이다. 이러한 사실은 우리에게는 불편한 것이다. 세상 모든 것을 창조하신 하느님께서 이스라엘만 선택하셨다. 사람들은 이러한 이해할 수 없는 표상을 감각적–은유적으로 이해해 보려고 늘 새롭게 노력했다. 하늘에 있는 별들의 수가 얼마나 되는지에 대해서 알아보고자 하는 사람은 2000km에 이르는 모래사장의 모래알 수가 얼마나 되는지 상상해 보아야 한다. 별들의 수는 그렇게도 많은 것이다. 이렇듯 무한함을 창조하신 하느님은 이보다 훨씬 많고 더 크며 참으로 파악할 수 없는 분이시다.

예레 31,3에 의하면 수백억 은하의 창조주께서 이스라엘에게 이렇게 말씀하신다.

나는 너를 영원한 사랑으로 사랑하였다. 그리하여 너에게 한결같이 자애를 베풀었다.

이스라엘은 하느님께서 하필이면 자기네 민족을 사랑하시는지 늘 이해할 수 없었다. 전통을 볼 때 백성들 숫자보다 적이 더 많은 자기네 나라를 사랑하시는 이유를 깨닫지 못했다. 하느님은 이 백성을 선택하셔서 "오직 너!"라고 말씀하신다. 하느님은 근본적으로 사랑을 원하신다. 요한 복음서에서도 이것을 쉽게 알아볼 수 있다. 말씀과 이성 그리고 질서를 통한 창조를 계속하는 가운데 사람이 되신 말씀이 우리에게 평화를 선사하기 위해 사람들 속에 사신다. 창조는 위대하고 아름다우며, 사랑은 생명을 보호하고 유지하는 관심이다. 한 아이가 어른이 되기까지 얼마나 많은 관심과 온정을 필요로 하는가! 하느님의 사랑은 모든 개념을 넘어서고, 수를 헤아릴 수 없는 우주와 같이 거의 한계가 없다. 모든 사물의 신비는 질서만이 아니라 최종적으로는 사랑이다.

요한 21장에서 예수는 베드로에게 "너는 나를 사랑하느냐?"라고 묻는다. 베드로는 다음과 같은 의미의 대답을 한다.

예, 주님, 제가 주님을 사랑하는 줄을 주님께서 아십니다. 비록 제가 시련의 시간을 견디면서 충실하게 버티지 못하고 배신했습니다만 당신을 사랑합니다.

베드로의 사랑은 변함없이 그대로 유지되었다. 중요한 것은 이것이다. 예수는 공동체로부터 소외되고 죄를 지은 여인의 사랑을 받아들인 것과 마찬가지로 불성실한 제자의 사랑을 받아들이신다. 예수의 제자의 사랑은 빈약한 사랑이지만 불성실함에도 불구하고 다시 자신의 의미, 위치, 권리를 회복하기 위해 일어설 수 있는 사랑이다. 그리고 예수는 이 사랑을 받아들인다.

그러므로 "오직 너만!"은 상호 간에 작용하는 것이고, 사랑이라고 불리는 것이다. 이러한 구원을 이루는 사랑의 독점성은 오늘날 위험에 처해 있다. 이러한 상황은 혼인생활에도 종교생활에도 동일하다. "모든 종교는 동일하다."는 말을 나는 항상 듣는다. 이 말은 또한 모든 신들이 같다는 의미이다. "오직 너만!"이라는 충실함의 성서적 표상은 말하자면 한 분이신 하느님과 그분의 유일한 파트너를 의미하는 것이고, 또한 인격Person과 개성Personalität에 관해 우리가 어떤 견해를 가져야 하는지를 알려 주는 것이다. 부버Buber, 에브너Ebner 그리고 로젠츠바이그Rosenzweig와 같은 철학자들은 인간적인 '나'는 '너'를 통해서 비로소 제대로 성립된다는 것을 매우 정확하게 서술해 냈다. 사랑이 인격을 형성하는 것이다. 만약 내가 "오직 너!"라고 말하고 모든 위험과 난관에도 불구하고 충실함을 지켜 간다면 나는 언제나 나 자신을 지켜 가는 것이고, 내가 그 안에서 살아갈 수 있는 삶의 망을 파괴하지 않는 것이다.

사랑의 두 가지 큰 테마는 아름다움과 고통이다. 아름다움, 이것은 광채이고 영광이며 에로스이고 힘이며 승리에 가득 찬 매력이다. 고통, 이것은 언제나 우리의 한계를 인정하는 것을 의미하는 것이고 쓰라림과 외로움이다. 우리는 우리에게 매력적인 사람을 사랑하고, 우리가 고통 속에 있을 때 혼자 두지 않는 사람을 사랑한다. 모든 사랑은 즐김이고 함께함이다. 우리가 사랑하는 파트너의 영광을 기꺼이 함께 누리고 한몫을 한다. 기쁨과 고통을 우리와 함께하는 사람을 사랑한다. 아름다움과 고통, 이 둘은 하느님께 다가가서 하느님과 함께하는 공동체의 일원이 되고자 하는 우리의 노력에도 적용된다. 광채는 하느님의 영광에 대한 말을 할 때, 하늘의 모든 것에 대한 하느님의 주권에 대한 말을 할 때, 우리도 하느님 영광의 빛에 참여하는 것을 의미한다. 이 빛을 반사해 내는 것이 바로 예배이고 미사성제이다. 고통, 이것은 하느님께서 우리와 함께 고통을 지고 가시는 것을 의미한다. 당신 아들의 고통과 죽음에서 하느님은 우리와 함께하신다. 동방교회에서는 하느님의 영광을 강조했고, 서방교회에서는 고통을 함께 지고 가는 공동체를 강조했다. 그러나 이 둘은 같은 범주에 속한다. 예수 안에서 하느님은 죽을 운명을 지닌 사람이 되셔서 우리가 그를 통해서 하느님의 영광을 누리는 자녀가 되게 하셨다. 어떻게 우리가 가장 힘들 때 우리 옆에 있어 주신 분을 사랑하지 않을 수 있으며, 당신의 영광으로 우리를 입혀 주신 분을 그리워하지 않을 수 있겠는가?

예수가 사람들을 자신 곁에 불러 모으고 자신과 일치하도록 하시는 것과 같은 방식으로 하느님의 사랑은 우리를 불러 모은다. 사랑하는 예수와 죽음에 이르도록 갖는 관계 속에서 누가 진정으로 그분께 속하는지 증명된다. 신약성경의 문헌들은 주님께 친근하게 다가가는 모습들로 가득 차 있다(가령 빈 무덤 옆에 앉아 있는 여인들, 그들이 지닌 사랑의 직감력만을 생각해 보라). 또한 실패와 좌절, 나아가 배신의 형태로 가득 차 있다. 예수께 속한다는 것은 '예수에 대해 무엇인가를 아는 것'을 의미하는 것이 아니라 그분께 변함없이 충실히 속한다는 뜻이다. 다시 말하면, 비록 죄를 지을지라도 예수님과 처음 맺은 사랑을 떠올리면서 다시 그분께 충실함을 지킨다는 의미다. 충실함의 전제 조건은 정체성이다. 베드로는 자신의 정체성을 배신이라는 우회로를 거쳐서 발견했다. 충실함, 이것은 훈련할 수 있는 것일까? 이것이 바로 영성에 대한 질문이다. 그리스도교 영성은 매시간, 매일 예수의 정신을 삶에 구현하는 것이다. 영성은 예컨대 성무일도처럼 계속 반복되는 가운데 싹튼다. 초기교회에서는 모든 그리스도인이 하루에 다섯 번씩 정기적으로 기도했다. 무슬림들은 이 기도 횟수를 받아들여 신도들 대부분이 성실하게 지켜 오고 있다. 우리는 참으로 부끄러운 처지에 있다. 이는 아마도 베르나르도식 신비의 의미에서 그럴 것이다. 하느님은 우리가 말을 걸어오기를 애타게 기다리신다. 하느님과 인간은 그리움의 영역에서만이 최종적으로 비교할 수 있을 것이다. 왜냐하면 인간은 업적이 아니라 그리움을 통해서 의로워지기 때문이다. 우리의 마음은 불안정하다. 마음이 지닌 한없는 그리움은 이 땅 위에서는 채워질 수 없고 하늘나라에서 비로소 채워질 수 있기 때문이다.

5.6 예수와 종교 간의 관용

예수는 종교를 초월하는 신비의 대변자일까? 스스로 종교를 초월하는 신비의 대변자라고 하는 어떤 사람은 자신이 예수님께 바탕을 두고 있다고 하면서 그 근거로 다음과 같은 사항들을 들었다.

◆ 구원은 다양한 종교들에서 다양한 방식으로 일어난다. 예수 그리스도의 십자가는 어떤 것을 말할 것이다. 그러나 어떤 작용도 하지 않는다. 십자가를 통해 우리가 구원되는 것은 아니다.

◆ 하느님은 규정할 수 없는 분이다. 하느님께 가는 길은 모두 똑같이 좋은 것이다. 자신이 믿는 하느님께 드리는 사적 기도는 '진실하지 않은 응급수단'에 불과하다.

◆ 교회가 '영성을 내적으로 조정하는 태도'(solus Christus, sola scriptura, sola gratia)는 받아들일 수 없다.

◆ 그리스도교의 교의적 표현이 하나 더 있느냐 덜 있느냐 또는 아예 없느냐가 핵심이 아니라 원리들이 없는 것이 원리의 핵심이다. 많은 사람들이 이것을 다원주의라고 한다. 어떤 사람들은 그리스도교 신앙은 그리스도교 신학교수들이 말한 것의 종합이라고 생각한다.

◆ 사람들은 '정확히 그렇다, 또 그렇지 않다'고 제대로 알지도 못하면서 경계를 긋느라고 격렬히 투쟁한다. 따라서 이런 세계관을 지닌 사람은 '아니오'라고 말해서도 안 될 것이다. 우리가 믿고 행하는 모든 것은 정당하다. 습관과 태도로 드러나는 경건함이 믿음, 다시 말해 경계도 분명하고 내용도 명백한 믿음을 대신한다.

여기서 즉시 말한다면, 나는 겉으로는 개방적인 그리스도교의 이런 통상적 형태들을 회의적으로 바라본다. 교회역사에 관한 나의 체험과 철의 장막 동쪽에 있던 세계(특히 동독에서 반체제 활동을 한 그리스도인들)에 관한 체험은 이러하다.

온갖 타협, 사라져 가는 모든 경계, 교의敎義에 나타난 온갖 불분명한 부분은 사람들의 마음을 끌지 못한다. 이들의 생명력은 극도로 짧고 교회를 파괴하는 역할을 한다.

이성과는 거리가 먼 근본주의는 믿음의 확실한 내용, 믿음의 확고한 형상에 던진 물음에 대한 최악의 대답임이 분명하다. 그러나 내용적으로 확실한 선이 없는 믿음은 나에게는 무의미한 것으로 보인다. 이러한 좋은 예로 다음과 같은 유다인 랍비들의 이야기가 회자된다.

지혜를 가르치는 네 명의 현자들이 신비와 영성에 대한 깨달음을 얻으려고 시도하였다. 그들은 각자 나름대로 자신을 위해 침묵의 집을 지었다. 첫 번째는 무신론자가 되었고 두 번째는 죽었으며 세 번째는 돌아 버리고 말았다. 오직 랍비 아키바만이 아무런 해도 입지 않고 모든 것을 견디어 냈는데 그 이유는 그가 토라를 굳건히 지켜 냈기 때문이었다. 그의 엄격한 삶이 보이지 않는 분과의 만남을 키웠던 것이다.

혼자만 살아남은 이 랍비 아키바 이야기는 나에게 이러한 생각을 하도록 인도한다.

· 실체가 없다는 것은 극단적인 이단이다.

물론 흑백그림을 좋아하는 사람은 아무도 없다. 이런 그림을 보는 사람은 왜 파스텔화처럼 중간색조가 없느냐고 물을 것이다. 그렇기 때문에 우리는 진리와 오류를 명백하게 대비하는 말을 하는 것도 주저한다. 오히려 누군가는 용기를 내어 이렇게 말할 것이다.

나는 나의 믿음이 진리라고 고백한다.

　이 사람은 즉시 질문을 받을 것이다. 그러면 본인은 관용과 어떤 관계이냐고. 관용의 나라에서 사는 쥐는 모두 회색을 띨 것이다. 무엇보다 믿음과 관련된 일들에서는 모든 것이 같은 정도의 권리를 가진다. 첨단을 달리는 모든 특성은 그만큼 비싼 대가를 치러야 한다. 사람들이 서로 싸우고 이단자로 낙인 찍히며 종교전쟁을 일으키고 자신의 의견을 고수하려고 투쟁하는 일에서 절망했다는 것은 이제 맞는 말이다. 하지만 모든 이를 만족시키려는 사람은 분간하기 어렵게 되었다. 우리는 오래 전에 목욕물을 버리면서 아이도 함께 내버리고 말았다. 우리 교회들은 오래 전부터 우리 자신의 윤곽과 특성이 무엇인지 알기 위해 애를 쓰고 있다.
　우리는 예수가 취한 태도를 통해 믿음에는 명백함이 있다는 것을 보게 된다. 그렇다면 그리스도교 영성은 형태가 많다는 것을 두 번째 특징으로 꼽을 수 있다. 영성은 다양해도 좋고 또 다양할 수밖에 없다. 만약 우리가 이러한 것을 무시하거나 침묵한다면 본질적으로 우리에게서 영성을 찾는 사람들로부터 그것을 빼앗는 우를 범하게 된다. 그러나 그리스도교가 신앙고백을 넘고 종교를 넘어 딴 방향으로 가는 방식이면 해결책이 아니다. 많은 수의 본당신부들 마음속에는 이러한 방식으로라도 신도들의 수를 늘려 보려는 기대가 들어 있지만 결코 성공하지 못할 것이다. 내가 보기에 그리스도교적 영성들이 취할 수 있는 다양성은 교회 없이는 생각할 수 없는 것이다. 교회는 찾는 사람들의 총합이 아니라 책임감을 가지고 사람들을 잘 이끌어 가야 하는 존재이다. 그렇게 사람들을 확실히 인도한 다음에는 그들을 붙들고 불편하게 하지 말고 마치 그들이 없는 양 처신해야 한다.

그러나 우리 좀 더 분명하게 질문해 보자.

예수에게서 종교를 넘어서는 어떤 신비의 출발점을 발견할 수 있을까?

이에 대한 대답들은 예수를 어느 정도로 유다인으로 생각할 것인가 하는 질문 주위를 맴돈다. 예수가 토라와 성전을 인정했다면, 종교를 초월하는 신비로 나아갈 문은 닫힌 셈이다. 그러나 그가 믿음이 지닌 명백함을 모두 거부했다면, 이러한 부류의 신비에 대한 대변자 노릇을 할 수도 있는 가능성을 지닌 셈이다. 바로 이 점에서 개신교의 진보적 전통과 가톨릭의 새로운 전통이 시대정신에 앞서 얼마나 진지하게 작업했는지 알 수 있다. 그러면 예수는 명백한 입장은 모두 반대한 것일까?

나는 '빛'이라는 주제에 접근하고 싶다. 모든 신비에는 빛을 원한다는, 적어도 한 가지 공통점이 있다. 예수가 빛을 체험한 것은 어디에서일까? 옛 지혜가 전해 주는 것을 보면 밤에서 낮으로 넘어가는 시간이 빛과 하느님을 체험하는 데 우선적인 시간이다. 예수가 사막이나 산 위에서 기도한 것도 바로 이러한 시간이었다. "깨어 있어라. 기도하며 새 날이 밝기를 기다려라."고 예수께서 늘 말씀하신 것도 바로 이 시간을 의미한 것이다. 창조되던 최초의 날처럼 날마다 새롭게 빛이 어둠을 뚫고 밝아 온다. 이것이 모든 새로운 날의 기적이다. 사막의 고독 속에서 맞이하는 이른 아침은 예수에게 하느님의 실제를 명백하게 인식할 수 있는 시간이었다. 그 시간에는 누구도 그의 주의력을 분산시키지 않았다. 예수가 기도하는 동안 아침이 밝아 오고, 사물들은 자신의 색깔을 되찾는다. 이 시간에 예수는 살아 있는 모든 것에게 먹을 것을 주고 들판의 백합을 아름답게 입힌 하느님을 생각한다. 이른 아침에 드리는 예수의 기도는 하느님 나라에 관한 당신의 복음과 밀접한 관계를 지닌다. 이것은 아침노을이 새로운 날과 갖는 밀접함과 같다. 아침마다 예수는 승리로 충만한 빛을 체험한다. 어둔 밤이 지나면 낮이 오듯이, 예수와 더불어 쇄신된 세상의 서광이 찾아왔다. 예수는 결정적인 순간에도 잠을 못 이기고 빠져든 제자들에게 "너희는 나와 함께 한 시간도 깨어 있을 수 없더란 말이냐?"라고 물었다. 하이델베르크의 여류시인 게르트루드 폰 르 포르트Gertrud von le Fort는 자신이 지은 교회 찬가에서 떠오르는 태양을 이렇게 노래한다.

> 도시들이 아직도 깊은 잠에 빠져 있고, 어슴푸레한 마을들이 안개 속에 잠겨 있으며, 짐승들이 아직도 움직임 없이 고요하게 있고, 주님의 고독이 세상에 진을 치면, 교회는 자신의 소리를 내고…, 이 땅은 교회의 노래들로 얼굴을 씻는다.

예수와 초기 제자들 그리고 사도들은 밤의 어둠 속에서 자라고, 어둠으로부터 빛이 탄생하는 것에 대한 근원적인 체험으로 빛과 어둠에 관한 자신의 신학을 발전시켰다. 예수와 바오로는 그리스도인을 빛의 자녀로 칭한다. 바오로가 예수의 제자로 불림을 받았을 때 밝은 빛 때문에 눈이 부셨다. 그리스도인이 된다는 것은 빛을 만나는 것이다. '깨달음' Erleuchtung은 결코 불교의 전유물이 아니다. 그러나 빛은 단순히 어떤 깨달음만이 아니다. 빛은 사물을 분명하게 드러나게 하고 구별할 수 있게 한다. 그리스도교의 빛은 명백하다. 그리스도교에서 빛은 일종의 인격적인 존재이다. 바오로는 빛 한가운데서 이러한 말을 들었다.

> 사울아, 사울아, 왜 나를 박해하느냐?

요한복음에 의하면 예수는 이렇게 말했다.

나는 세상의 빛이다.

마태오복음에서도 제자들에게 같은 말을 했다.

너희는 세상의 빛이다.

빛은 단순히 어떤 중립적인 밝음이 아니다. 예수는 빛을 자신과 연결하면서 당신을 밝음의 종착지로 여기신다. 예수는 "나는 빛이다."라는 말로써 다른 빛들을 탈신화화하고 배척하시면서 올바른 빛의 편에 서셨다. 예수에게 있어서 빛은 늘 인격체로서 다른 것으로는 대체하기 어렵다. 빛이 그저 무관한 실체라면 사람들은 임의대로 다룰 수 있을 것이다. 그러나 빛은 오래 전부터 인격적인 존재이기 때문에 주님의 천사가 발람의 당나귀가 가던 길을 막아선 것처럼 길에 나설 수 있다. 이런 하느님을 비켜 가는 사람은 아무도 없다. 그 누구도 그분의 요청을 그냥 지나치지 못한다. 우리가 신경에서 예수를 "빛에서 나온 빛"이란 표상으로 부른다면 그 바탕에는 불을 붙여 초를 켜는 소박한 표상이 놓여 있다. 다양한 초들에 불을 켜 놓아도 여기서 나오는 빛은 분리할 수 없이 하나로 머무는 것과 같이 하느님도 비록 다양한 모습의 얼굴을 지니고 있지만 한 분이시다.

빛의 신비가 종교들을(특히 유다교, 그리스도교, 이슬람 그리고 불교의 신비) 강하게 연결시키지만 또한 서로 다른 점도 그만큼 명백하게 드러낸다. 그리스도인들은 단순히 '깨달은 자들'이라고만 불리지 않고 '빛의 자녀들'이라고 불리기 때문이다. 그리스도교의 신비에 의하면 빛의 자녀가 되는 것은 모든 종교와 비교하여 뚜렷이 구별되는 실재實在이다. 이는 에제 1,26에서 말하는 환시에 들어 있는 내용과 같다.

불의 한가운데서 어떤 사람의 얼굴을 볼 수 있었다.[5]

단테의 「신곡」에서처럼 로마네스크 예술에서도 이런 인격적 모티브는 거듭거듭 등장한다. 그리스도인이 해야 하는 모든 것은 최종적으로는 '빛의 행실들'이 되어야 한다(로마 13,12 이하).

무엇보다도 빛은 우리가 열망하는 것을 말한다. 낮은 밤에서 시작되고 빛은 어둠으로부터 태어난다는 진리는 우리가 지닌 확고한 순환에 대한 희망의 표상들에 영향을 주었다. 그 결과로 우리 성당들은 동쪽을 향하고 있다. 공동체는 떠오르는 태양을 기다리고 있고, 그리스도는 정의의 태양이다. 예언자들로부터 우리까지 모두 "주님의 날"을 기다리고 있다. 말하자면 빛이 어둠을 완전히 이기는 승리를 기다리는 것이다. 최후의 심판을 기다리는 것도 빛의 은유로 가장 잘 밝혀낼 수 있다. 모든 것은 설명될 수 있고 밝혀질 수 있다. 모든 참된 위대한 관계와 참된 소속감은 눈으로 볼 수 있게 드러난다. 어떤 것도 감추어지지 않는다. 하느님은 실재세계의 절반에 해당하는 좋은 편에 속했고 여전히 그렇다는 것은 명백하게 드러난다. 세례자 요한의 아버지 즈카르야는 이렇게 노래했다.

하느님은 우리에게 자비를 베푸셨다. 하느님께서 우리에게 오신다면 마치 태양이 떠오르는 상태와 같을 것이다. 하느님은 죽음의 깊은 그늘 속에 앉

---

[5] 새 번역 성경과 다르지만 원문대로 번역했다. -역자 주

아 있는 우리를 비추시고 평화의 길로 인도하신다.(루카 1,78 이하)[6]

나와 내 아내가 보기에 이 번역은 다른 독일어 번역 성경에서보다 높은 곳에서 빛이 떠오르는 것이 더 분명하게 드러나는 것으로 여겨진다.

빛과 어둠 사이의 긴장은 무엇보다 초기 고딕식 대성당에서 명백하게 드러난다. 하늘 높이 솟은 성당의 위쪽에 난 창문들을 통해 낮의 빛이 들어온다. 이와는 달리 성당의 아래쪽은 대부분의 시간 동안 어둡다. 죄와 죽음 그리고 의혹의 어둠 속에 있는 우리 인간이 거룩한 하느님과 떨어져 있음을 잘 드러낸 표상이다. 이러한 수직적인 것은 인간이 되시어 십자가에 못 박히신 하느님이 기도하는 사람들을 십자가로부터 감싸 안는 수평적인 것과 일치한다. 빛과 어둠의 대비는 "인간에 대한 하느님의 그리움과 하느님께 대한 인간의 그리움"이라고 표현한 사랑의 은유와 대조된다. 그 밖에 '계몽'의 은유는 그리스도교적 빛의 신비가 걸어온 역사와 많은 관련을 맺고 있다. 레싱은 「인류의 교육Erziehung des Menschengeschlechtes」이라는 논문을 쓸 때 피오레의 요아킴의 「제3시대」를 기초로 삼았다. 그러나 그는 이것을 세속화했다. 믿음의 빛의 자리에 이성의 빛을 놓았고, 계명들의 자리에 덕목과 가치들을 놓았으며, 성령의 자리에 인간의 정신을 놓았다. 레싱을 읽기 전에 5분 정도 한 번 더 자리에 앉아서 빛의 자녀들이 지닌 빛을 다시 제대로 평가한다면 어떻게 될까?

---

6) 베르거가 직접 새로 번역한 독일어 원문대로 번역했다. ―역자 주

5.7 예수와 삼위일체 하느님

우리는 교회의 큰 행사에 달라이 라마가 손님으로 초대되고, 그가 쓴 책들이 교회 출판사들에 의해 출판되어 큰 인기를 끄는 것에 익숙해져 있다. 교황님도 달라이 라마와 함께 아시시에서 세계 평화를 위해 기도하셨지 않은가? 그렇다면 좀 더 넓게 생각하여, 종교 시장에 진열된 각종 종교들의 다양성과 풍부함을 인지하고 인정하지 않을 이유가 있겠는가? 놀라서 입을 쩍 벌린 채 바라보게 되고 낌새를 알아챌 만큼 일치운동이 활발히 전개되고 있다. 그동안 많은 일이 이루어졌다. 무아경에 든 이슬람 수도승, 죽은 영혼을 부르는 샤먼, 북치는 인디언 추장, 환생한 달라이 라마가 불과 얼마 전까지만 해도 한낱 이교도로 취급된 사실을 생각해 보라. 얼마 전만 하더라도 사람들은 종교 간 접촉을 꺼렸다. 혹은 달라이 라마와 버금갈 정도로 성장한 신학자라면 진리를 놓고 그와 언쟁을 벌이며 한방 먹이려고 했을지도 모른다. 오늘날에는 이교도라는 말을 입에 올리지 않는 것이 더 나은 것으로 간주되고 있다. 비하하고 모욕하는 의미가 담긴 것으로 생각되기 때문이다. 타종교들을 존중하면서 그리스도인들은 삼가는 태도로 바뀌었으며 겸손함이 거북스럽기까지 했다. 예수에게 한결같이 중심을 이루는 '선교'라는 단어마저 설 곳을 잃고 말았다. 시대에 뒤진 교육방식, 관용이 없던 시대에 존재했던 괴로움이 자리를 대신했다. 그렇다면 선교하라는 명령은 무엇이란 말인가? 부드럽고 유약해진 유럽 사회의 그리스도인은 선교할 힘을 잃어버리고서는 선교를 근본주의적 요소인 것처럼 여기고 있다. 그리하여 믿음을 갖자고 권하는 행위를 근본주의자들의 행동이기라도 한 것처럼 생각하고 있다.

내가 수피, 이슬람 수도승, 샤먼, 인디언 추장 그리고 오렌지색 옷을 입은 티베트 수도승에 대해 적대적일 이유는 전혀 없다. 그러나 그리스도인이자 신약성경학자인 나로서는 그리스도인들 중 일부가 달라이 라마가 진행하는 불교의식에 탄복하면서 함께하고, "우리에게는 저런 높은 영성이 전혀 없단 말이야!"라고 확신하는 것을 보면 소름이 돋는 것을 고백하지 않을 수 없다. 이러한 사람들이 단 한 번이라도 관상수도회에서 성무일도를 바쳐 보았을까? 이들이 걷는 길은 결과적으로 그리스도교 종파 간 무차별주의에서 종교 간 무차별주의로 나아가게 되고, 종국에는 종교적으로 어떤 것이든 상관없는 상태로 귀결하게 된다. 그러나 이런 방향으로 이끄는 주창자들에게는 특히 중요한 예언자적 요소를 찾아보기 어렵다. 좀 더 분명하게 말하자면, 종교에 대한 이러한 태도는 내가 보기에 종교를 빼앗아 가는 것과 같다. 나는 이러한 종류의 새로운 그리스도교를 받아들이기 힘들다. 나아가 우리가 삼위일체이신 하느님으로 알고 있는 예수의 하느님에 대한 선입견 없는 대화를 다른 종교 신도들과 나누기는 참으로 힘들 것으로 생각된다. 다시 말해 우리 그리스도인들이 예수의 하느님(철학적 연역을 말하거나 공허한 어휘를 늘어놓는 게 아니라)에 대해 말해야 하는 순간에 삼위일체 하느님을 전하지 않을 수 없다는 것은 종교 간 대화에서는 스캔들일 것이다. 최근에 무슬림을 대표하는 사람들과 대화를 나누면서 나는 그리스도교의 삼위일체에 관한 믿음이 어떤 추측 같은 것이 아니라 하느님께서 우리에게 다가오셔서 놀랍도록 가까이 계신 것에 대해 무엇인가를 말하고 있음을 분명하게 알게 되었다. 하느님이 아들 안에서 단지 육체적으로만 우리와 함께하시는 것이 아니라, 우리 모두가 아들과 마찬가지로 하느님의 성전이 되어야 한다. 하느님께서 성령으로서 우리 가운데 머무신다면 그다지 애석해하지 않으시리라!

하느님을 향한 예수의 길은 나에게 결정적인 것이다. 나는 예수의 하느님을 예수로부터 받았다. 나는 어떤 하느님도 만들어 내고 싶지 않고 시장에서 물건 고르듯 그분을 선별할 마음도 없다. 예수가 한밤중에 하느님께 드린 말씀이 내게는 높은 산 등정에 처음 나서는 일과도 같다. 일단 등정이 성공하면 다른 사람들도 이 성공적인 노선을 탈 수 있다. 그렇다면 예수가 걸어간 길과 운명은 '평민적으로 되어' 우리의 모범이 될 것이다. 바오로의 말대로 예수가 수많은 형제자매 가운데 맏이이듯.

예수가 종교 간 접근 형태를 말씀하시고 이어서 내리신 선교 위임은 흡사 광고 기술의 조언이라도 받으신 것처럼 보인다. 예수는 마태 28장에서 세례 명령(너희는 가서 모든 민족을 제자로 삼아, 아버지와 아들과 성령의 이름으로 세례를 주고, 내가 너희에게 명령한 모든 것을 가르쳐 지키게 하여라)을 내리신다. 그리고 선교 위임을 성경에 나타난 신비, 곧 가장 복잡하고 첫눈에 보아도 가장 어두운 신비와 연결하신다. 다름 아닌 삼위일체 하느님에 관한 견해와 연결하신 것이다. 여기에는 참으로 심오한 의미가 들어 있다. 오늘날 사람들이 그다지 좋아하지 않는 이 신앙조문에서 명확히 밝혀질 수밖에 없는 두 가지 사항이 있다. 성경적 영성이 될 만한 것은 무엇이고 우리가 '이방인'에게 줄 수 있는 것은 무엇인가 하는 점이다.

신약성경학자로서 나는 무엇보다 먼저 하느님의 삼위일체성은 사변적으로 이어 붙여서 서서히 형성한 교의에 지나지 않는다는 생각에 반대한다. 우리가 고백하는 삼위일체 형식의 마지막 부분인 성령에서부터 시작해 보자. 하느님은 당신의 온전한 존엄 속에서 분리되지 않고 파악이 불가능한 성령으로서 우리를 만나신다. 하느님은 창조자이시고 새롭게 창조하시는 분이시며 성령으로서 우리를 죄로부터 해방시키시고 죽은 자들을 살리시는 분이기 때문이다. 하느님은 우리로 하여금 계명을 충실하게 지키도록 하는 힘이시다. 그분은 세상과 사람들에게 형태와 생명, 활기와 질서를 주시는 하느님이시다. 침묵으로부터 해방시키시고 환호 속에 최상의 행복인 무아의 상태를 선사하신다. 성령으로서 하느님은 형태를 만드시고 기쁨이 되신다. 하느님은 피조물을 넘어서는 최종적인 존재이고 동시에 모든 피조물이 지닌 희망의 가장 깊고 부드러운 불꽃이시다. 하느님에 대해서는 오직 극단적인 대조로만 말할 수 있다. 하느님은 서로 분리해 나가려는 것을 모아들이고 함께 있게 하는 힘이시기 때문이다. 이러한 의미로 하느님은 창조주, 부양자 그리고 구원자이시다. 우리 인간은 하느님을 향한 그리움으로 애가 타고 있다. 예수께서 친히 교류하시어 결말짓고 성령 안에서 사신다. 하지만 이 성령은 단순히 그 무엇이 아니다. 성령께서 바로 가까이 계시기에 신적 인격성göttliche Personalität 안에서 수월하게 말을 걸 수 있는 것이다.

아들은 하느님이시다. 아들 안에서 하느님의 신비가 분열되지 않고 온전한 형태로 우리 눈앞에 드러난다. 이것이 예수에 대한 사람들의 체험이기 때문이다. 예수는 그렇게도 사랑으로 가득하고, 그렇게도 친절하며, 그렇게도 부드럽고, 또한 그렇게도 엄격하시다. 한밤중에 홀로 기도할 때에는 그렇게도 진지하고, 잔치에서는 그렇게도 명랑하시며, 악마들을 대적해서는 타협이라고는 전혀 없이 그렇게도 권위적이고, 여인들과 아이들에게는 그렇게도 다정하고, 인색함과 오점으로부터는 멀리 계신다. 이러한 분은 오로지 하느님뿐이고 그래서 틀림없는 하느님이시다. 따라서 예수를 만났다는 것, 그리하여 온갖 질병과 경련으로 고생하던 사람들의 고통이 끝났다는 것은 큰 행운이 아닐 수 없다. 예수는 야전군사령관처럼 사탄을 거슬러 싸우고, 의사처럼 질병과 배고픔 그리고 죽음을 거슬러 싸우며, 현자처럼 사람들 사이를 아무런 의미도 없이 갈라놓는 것을 거슬러 싸운다. 그러나 무엇보다 먼저 하느님은 여기에 육체적으로 현존하시고, 축복의 말씀 속에 강력한 분으로 계시다. 예수의 권위 있는 말씀은 병자를 낫게 하고, 해방하는 말씀은 빈말이 아니고 죄를 사하며, 진흙을 단단한 그릇으로 굽는 거룩한 타오르는 불이다. 그러하기 때문에 사람들은 이렇게 말한다.

인격 안에 계신 예수는 모든 것을 만드신 말씀이시다.

한 분이시고 무한하신 하느님께서 이러한 인간적인 모습 안에 계신다는 것을 믿는 것은 그 자체가 벌써 엄청난 것이다. 하느님의 이러한 현존은 친절함, 고통, 다가감, 희생과 같이 모든 인간적인 방식으로 진행된다. 그러나 타락으로부터 벗어나는 방식이나 먹을 것과 입을 것, 건강처럼 우리가 늘 걱정하는 모든 것으로부터 믿을 수 없을 만큼 자유로워지는 방식으로도 이루어진다. 마태 6장에 의하면, 예수의 생활방식은 신적 태평göttliche Sorglosigkeit으로 특징지어진다. 여기에도 가장 본질적인 약속이 놓여 있다. 천국의 날들이 도래하면 "너희는 하느님과 같이 될 것이다."라는 인간들의 꿈이 실현될 것이다. 여기서 예기치 않게 실재가 이루어진다. 예수가 하느님의 아들이 된 복된 관계 안에서, 하느님은 예수 안에서 인간으로서 인간적으로 우리를 만나신다. 그렇게 하여 우리가 하느님과 같이 되어 마침내 죽음의 권능으로부터 구원되게 하신다.

하느님은 존재하는 모든 것과 존재할 모든 것의 원천으로서, 아버지로서, 모태로서 존재하신다. 성경은 다양한 표상들을 선택하는 데에 있어 어떤 성적 오해를 불러일으킬 가능성을 원천적으로 명백하게 배제한다. 이러한 것에 대해 요한 묵시록이 가장 명료하게 말하고 있다.

나는 알파요 오메가다.

시작 지점과 목표 지점에 관한 이러한 말은 어떤 의미를 지니고 있는가? 바오로 역시 이렇게 말함으로써 여기에 동의한다.

하느님은 모든 것이고, 모든 것은 하느님을 향해 존재하는데, 그것도 마지막에는 하느님이 모든 것 안에서 모든 것이 되신다.(1코린 15,29)[7]

한편, 원천과 목표라는 게 있다. 사람들은 이 두 가지를 모든 사물에 대략 받아들이기는 하지만, 전혀 상상하기가 어렵다. 그 사이에 존재하는 것만 어느 정도 파악될 뿐이다. 하지만 모든 사물이 시작과 목표를 지닌다는 것은 사물에도 뭔가를 의미한다. 다시 말해 모든 사물이 하느님 자신은 아니지만 최상의 경우에는 하느님께 한 부분 참여한다는 뜻이다. 모든 것이 시작과 목표에 의해 둘러싸이면 그것은 모든 사물은 하느님으로부터 유래하고 하느님을 향하며 하느님 안에 숨어 있음을 의미한다.

대도시가 여러 얼굴을 가졌다고 말하는 것처럼 하느님은 세 가지 얼굴을 지니고 계신다. 이러한 말 역시 하나의 표상인데 우리에게는 '인격'Person이라는 단어보다는 이해하기가 쉬울 것이다. 그리스어로는 '얼굴'이라는 단어가 '인격'Person이라는 단어와 동일하고, 우리의 인격개념은 라틴어 '얼굴'에서 유래한 것이기 때문에 얼굴에 대해 말할 수 있다. 제네바 호湖의 몽트로Montreux에 있는 어느 경당에 묘사된 삼위일체를 보면 세 개의 얼굴이 나란히 놓여 있다. 그런데 코와 입은 세 개이나 눈은 모두 네

---

[7] 새 번역 성경과 다르지만 원문대로 번역했다.-역자 주

개 밖에 되지 않는다. 중간에 놓인 얼굴은 눈 하나는 오른쪽 얼굴과 다른 하나는 왼쪽 얼굴과 공유하고 있다. 이것 역시 단지 하나의 표상이다.

여러 얼굴을 가진 도시에 관한 표상으로 돌아가 보자. 삼위일체 하느님에 대한 믿음이 우리에게 도움이 되는가? 물론, 여러 측면으로 도움이 된다. 첫째, 이러한 믿음은 하느님을 파악이 불가능한 분으로, 신비로 가득 차 있는 분으로 제시한다. 여러 얼굴을 가진 도시는 이 얼굴들 안에서 자신을 보여 주기도 하고 감추기도 하기 때문이다. 둘째, 이러한 말은 하느님이 어떻게 모든 시대를 넘어서 언제나 존재하시는지, 그리고 동시에 인간 예수로서 우리 중 하나로 존재하실 수 있는지 명백하게 한다. 이러한 말에 예수 안에 계신 분이 참으로 하느님이시라는 강조점이 놓여 있기 때문이다. 하느님은 여러 얼굴을 지니셨기 때문에 이렇게 존재하실 수 있다. 삼위일체 하느님에 대한 말은 무엇보다 예수의 신비가 지당하다는 것을 알려 준다. 셋째, 성령을 통해 알 수 있는 점은 하느님께서 당신을 전염시키시면서 우리에게 다가오신다는 것과 하느님의 영이 머무시는 성전인 교회(동시에 그리스도인 한 명 한 명에게도)의 신비라는 것이다. 그런데도 우리 그리스도인들이 예수 그리스도의 하느님에 대해 부끄럽게도 침묵한다면 무슨 권리로 그런 것일까?

5.8 예수로부터 기도를 배울 수 있을까?

기도는 언제나 신앙의 핵심이었고 여전히 핵심이다. 신비를 모두 상실한 종교라면 신앙행위에는 일종의 윤리나 가르침이 중요하다는 생각에 빠질 수 있다. 윤리나 가르침을 통해서 역사적 거리를 극복하거나 견해를 모아 한 가지 생각의 틀로 수렴하려는 것이다. 그러나 기도란 신적 현존을 생생하게 받아들이고 이와 접촉하는 것이다.

예수는 어떻게 기도했을까? 제자들과 함께하지 않고 언제나 혼자서 기도했다. 이것은 그리스도인들에게 결정적으로 중요한 요소이다. 그분은 혼자서 아버지와 대화할 수 있었고 그렇게 해야 했다. 왜냐하면 바로 이런 방식이 그분 개인성Individualität의 장소이며 그 신비는 그분만이 알기 때문이다. 예수의 개인성이 지닌 비밀은 기도하는 존재인 예수의 인격Person과 기도를 듣는 존재인 아버지의 인격Person이 대화를 나누는 행위 안에서 비로소 참으로 서로를 영접하는 것에 있다. 우리는 여기서 "예수는 한적한 곳에서 기도하셨다."라는 말을 듣는다. 다른 곳에서는 이렇게 말한다.

> 다음 날 새벽 아직 캄캄할 때, 예수께서는 일어나 외딴곳으로 나가시어 그곳에서 기도하셨다.(마르 1,35)

예수는 혼자 사막에서 기도하거나 사막처럼 따로 떨어진 장소인 산 위에서 기도했다. 우리는 최근에 일어난 인질극 때문에 모래바람이 일어나는 순수하고 아름다운 풍경을 지닌 사하라 사막의 매력적인 영상들을 보았다. 예수는 공생활을 시작할 때 먼저 40일간 사막에 머물면서 악마를 물리쳐야 했고 외로움을 견뎌야 했다. 이스라엘 백성들은 시나이에서 불타는 떨기체험, 사막에서 먹은 만나, 세례자 요한의 설교와 같은 중요한 체험을 모두 사막에서 했다. 예수의 변모도 산 위에서 있었다. 이스라엘 백성들은 사막에서 삶을 위한 힘을 얻었다. 같은 의미에서 이것은 교회에도 적용된다. 사막으로 쫓겨났던 때마다 교회는 충만하게 채워져 돌아왔다. 그리스도인들이 신앙을 지키기 위해 죽음의 수용소에서 죽었을 때 이 사실은 확신이 넘쳤다는 의미이고 확실한 증거, 생명을 창조하는 증거였다.

아직 한 번도 사막에 가 보지 못한 사람은 바닷가의 고요한 모래사장을 산책하면서 며칠 지내 본 경험을 떠올리면 그 분위기를 짐작할 수 있을 것이다. 그곳에는 모래와 바람, 구름과 바다 외에는 아무것도 없다. 이것은 성경적 경치이고 사람이 성경적 체험들을 할 수 있는 곳이다. 광대무변하고 우리 자신만 있는 곳이기 때문에 사막은 하느님과 무엇인가 할 것이 있는 곳이다. 하느님께서 말씀하시는 것을 참으로 들을 수 있으려면 사람이 얼마나 고요해야 할까? 사막은 삶과 죽음이 교차하는 곳이고, 아무것도 없는 것은 아니지만 뭔가 존재한다는 게 어떻게 가능한가 하는 철학적 물음을 처음 던지게 하는 곳이다. 우리는 예수가 사막에 머무신 사실을 알고 있다. 침묵이 감도는 곳, 하느님과 악마가 공존하는 곳에서 그분은 의혹과 참담한 무의미를 견뎌 내셨다. 발아래로는 모래뿐이고 위로는 하늘뿐인 것을 인지하는 사람은 외경에 있는 다음과 같은 예수의 말씀을 제대로 이해하게 된다.

> 하느님과 무엇인가를 하고자 하는 사람은 열 가지 행위들을 해야 한다. 그 중 아홉 가지는 침묵을 지키는 것이고 나머지 한 가지는 외로움을 견디는 것이다.

침묵은 하느님의 말씀을 자기 자신의 말과 혼돈하지 않기 위해서 반드시 필요한 것이다. 외딴곳에서 외로움 속에 기도드리면서 예수는 하느님께 강의를 하는 것이 아니라 하느님이 하시는 말씀을 들을 때까지 침묵을 지킨다. 사막의 신비들은 이와 같은 것이다. 자신에게 사막을 초대하는 사람은 벌써 다른 사람이 된 것이다. 사막과 그 사막 속에서 하는 체험들은 서로 극단적으로 대비된다. 사막의 밤이 몰고 오는 추위는 사막의 낮 더위에 몸서리칠 정도로 대조를 이룬다. 사막의 경치가 지닌 정적은 위협적일 만큼 강하다. 외부의 모습이 언제나 같기 때문에 내부가, 사람 안에 들어 있는 것이 결정적인 것이 된다. 바로 그런 이유로 이곳의 단조로움은 최상의 긴장을 불러일으킨다. 사막의 이러한 광활함 속에서 우리의 마음은 활기를 띠게 되고 무엇보다 먼저 비로소 자기 자신을 제대로 다시 인지하게 된다.

바닷가의 체험을 다시 살펴보자. 바닷가의 모래사장을 바라보며 우리는 우리 자신을 가장 쉽게 발견하게 된다. 삶이란 집중된 그 무엇이고, 우리의 마음 주변에서 진행되는 것이며, 유일회적이고, 지나가는 것이다. 이와는 달리 사막의 역사는 수천 년 이상을 지속하는 것이다. 내면의 세계로 좀 더 향해 있는 바닷가의 모래사장도 물론 수백 년 이상 된 것이기 일쑤이다. 이렇게 사막 안에 있는 대조적인 요소들을 고찰하면서 우리는 생명이 무엇인가에 대해 새롭게 이해하기를 배운다. 생명은 이 거대한 우주에서 매우 소중한 예외적인 존재인 것이다. 가까이 있는 화성도 표면의 99%가 사막으로 이루어진 것으로 보인다. 생명은 온전히 은총이고, 바꿀 수 없고, 만들 수도 없는 결정적인 선물이다.

아홉 가지는 침묵이란 말은 이런 뜻이다. 예수께서 그렇게 하셨듯이 우리도 우리가 하는 말을 잘 익은 과일로 이해하기 시작한다. 그분은 우리가 하는 말이 포도나 엉겅퀴와도 같다고 말씀하셨다. 포도는 우선 오랜 시기에 걸쳐 익어야 우리가 먹을 수 있다. 우리가 하는 말이나 이야깃거리는 바닷가 모래사장의 침묵 가운데서도 익을 수 있다. 그래야 휴가가 끝난 후 그것을 말할 수 있다. 한적한 바닷가의 외로움 속에서 우리는 우리의 말을 가슴속에 소중하게 키운다. 예수가 생애 초기 30년간 무엇을 했는가 하는 유명한 질문은 목사의 아들 프리드리히 니체Friedrich Nietzsche가 한 다음과 같은 말로 답해질 수 있다.

번개가 되고 싶은 사람은 먼저 오랫동안 구름으로 있어야 한다.

우리가 바닷가의 외로움 속에서 바치는 기도들이 의미 있도록 하기 위해서 많은 말을 해야만 하는 것은 아니다. 양이 아니라 질이 중요하기 때문이다. 루카복음에 나오는 주님의 기도는 마태오복음에 비해 짧다. 우리가 들은 개별적인 문장들은 중간중간에 놓인 긴 침묵의 공간들에 의해 잘 익은 과일이 된다.

제자들은 예수께 기도를 가르쳐 달라고 청했다. 이것을 보면 기도하는 것을 배울 수 있다. 루카가 보도한 것에 의하면 예수 자신이 먼저 기도하셨고, 그런 후에 비로소 제자들에게 다른 어떤 것도 아닌 예수 자신이 하늘에 계신 아버지께 말씀드린 것을 알려 주었다. 그러므로 이렇게 말할 수 있다.

이와 같이, 바로 이렇게 예수 스스로 기도하셨다. 예수는 길고 긴 외로움의 밤들로부터 길어 올린 것, 당신의 기도를 우리에게 알려 주었다.

이는 이른바 배타적인 '홈스토리'homestory이다. 예수께서 처음으로 그렇게 표현하신 것이다. 주님의 기도는 아버지께 대한 당신의 매우 개인적인 관계의 열매이다.

우리가 죽음의 과정에서 그리고 죽음 이후에 맞이하는 것은 사막의 경치와 같은 것일지도 모른다. 모든 것은 우리가 마음속에 담아서 가져가는 표상들, 받은 사랑의 싹들에 달려 있을 것이다. 이것이 바로 우리가 멀고 먼 길을 견뎌 낼 수 있게 하는 휴대용 식량이다. 사막의 매력은 휴대하고 있는 작은 것과 광활함 사이의 긴장 속에 그리고 우리의 작음과 측량할 수 없을 정도로 큰 것 사이의 긴장 속에 성립한다. 외로움 속에서 기도하는 사람은 바로 하느님 앞에 서게 된다. 어떤 것도 정신을 분산시키지 않고, 어떤 것도 그 사이에 끼어들지 않으며, 마치 사람이 죽음을 직접 대면하는 것과 같다. 시편으로 혼자 기도하는 사람은 마치 그 순간에 오직 하느님만 계시는 죽음의 순간에 자신이 직접 그 시편들을 말하기라도 하는 것 같은 상태에 이를 것이다. 이러한 상태에서 그는 현세의 시간 속에서 영원을 생각하는 것을 배우고, 그러한 가운데서도 슬퍼하기는커녕 다른 대부분의 사람들보다 훨씬 더 풍부하게 존재하는 것을 배운다. 영원과 만남으로써 사람은 시간의 대가가 되고 시간이 흘러나오는 거대한 원천 앞에 서게 된다.

1000년 전의 수도자들은 그레고리안 성가를 죽음에 대한 지속적인 생각meditatio mortis continua이라고 불렀다. 죽음에 대한 생각이라고 한 것은 바로 이 성가가 사막에서의 노래와 같기 때문이고, 이러한 방식은 신학적으로 볼 때 사막의 교부들에게서 유래한 것이기 때문이다. 우리가 죽음을 바닷가 모래사장 같은 곳에서 맞이한다면, 임종하는 사람에게 주는 마지막 성체를 가리켜 왜 '여행용 식량'이라고 했는지, 빛을 향해 먼 길 떠나는 데 필요한 휴대용 식량viaticum이라고 했는지 이해할 수 있을 것이다.

죽음에 대해 지속적으로 묵상하는 일은 마치 바닷가 모래사장에 깊이 새겨진 물결 모양의 리듬에 따라 부르는 노래와도 같다. 이것은 사람을 슬프게 하거나 우울하게 하는 것이 아니라 침착하고 평온하게 한다. 넓은 세상으로 안내하기 때문이다. 최종적으로는 죽음도 이러한 제한된 피조물에 속한다는 것을 인식하게 하고, 하느님은 태양과 같아서 완전히 질적으로 다른 생명이심을 알게 한다.

언제나 같은 그레고리안 성가의 멜로디들은 단조롭게 보이지만 사막과 공통점이 많은 것 같고, 각자 서로 닮아서 구분하기 쉽지 않은 바닷가 모래사장과도 같다. 수도승들이 성가를 부르며 죽음을 응시하는 법을 배웠다는 것은 맞는 말이다. 그 무엇도 우리를 하느님과 더 이상 갈라놓지 못할 때 죽음이 찾아온다는 사실을 수도승들은 배웠다. 바로 이 점 때문에 연로한 마르틴 하이데거Martin Heidegger에게 외경심이 생긴 것이다. 철학적 무신론자가 된 지 이미 오래지만 그는 시간이 날 때면 보이론Beuron 수도원으로 가서 수도승들 곁에 머물렀다. 이곳에서는 밤과 죽음이 억눌리지 않는다는 점을 알았기 때문이다. 그는 밤과 죽음을 의식하면서 수도승들의 믿음만큼 더 진실한 것은 없다는 것을 깨달았다. 모두가 함께 그레고리안 성가를 부르기 위해 하느님 앞에 모여들면, 사람들이 언제나 다시 의식세계에서 밀쳐 내는 결정적인 사실인 우리가 죽을 존재라는 것을 받아들이기 때문이다. 너희 짐승들과 산들아, 너희 들판들과 숲들아, 와서 나와 함께 우리와 함께 주님을 찬미하자.

예수는 무엇 때문에 제자들과 함께하지 않고 혼자 하느님 앞에서 기도했을까? 자주 방문하는 시토회 수도원에 갈 때마다 나는 수도자들만 모여 기도하는 좌석에 앉는 허락을 받아서, 함께 노래하고 수도규칙의 한 부분을 듣는다. 나에게 가장 인상적인 것은 수도자들이 언제나 이른 아침에 줄을 지어 수도원 회랑을 걸어가는 장면이다. 아바스나 원장이 앞장서고 그 뒤를 한 명씩 줄지어 따라간다. 마치 수컷 거위 뒤를 암컷 거위들이 무리 지어 죽 따라가는 모습이다. 그들은 앞사람과 뒷사람에 의해 둘러싸인 채 각자 홀로 걸어간다. 이와 같이 각 개인은 하느님 앞에 서 있다. 뒷사람은 전혀 볼 수 없고 오직 앞사람의 뒷모습만 볼 수 있을 뿐이다. 다른 사람들이 함께 가고는 있지만 대열 속에서 각자 자신의 위치를 유지하면서 자신의 길을 걸어가야만 한다. 하느님 앞에 직접 서 있는 것이다. 이 대목에서도 나는 죽음을 생각한다(meditatio mortis).

각자 혼자서 자기 자신을 위해 걸어가는 것은 세상에 존재하는 다른 모든 것과 마찬가지로 긍정적인 면과 부정적인 면을 지니고 있다. 먼저 부정적인 면부터 보자. 각자 홀로 하느님을 만나고, 홀로 죽으며, 자기 자신에 대해 홀로 책임져야 한다. 가장 사랑하는 사람일지라도 다른 사람들은 단지 옆에 있을 수 있을 뿐이고 힘을 북돋우는 정도를 할 수 있을 뿐이다. 긍정적인 면은 이러하다. 하느님은 한 사람 한 사람 모두를 사랑하신다. 하느님은 각 개인을 위해 사람이 되셨고, 각 개인 자신보다 더 가까이 각 개인에게 계신다. 수십억 행성계의 창조주이신 하느님이 그렇게 한없이 크신 분일지라도 각 개인은 하느님 사랑의 가없는 한 부분이 자신에게 속하는 것으로 간주해도 되는 것이다.

예수가 지상의 삶을 사실 때에 오직 혼자 사막에서 기도한 것은 바로 이러한 것을 표현한 것으로 생각된다. 우리가 마르코복음에서 "다음 날 새벽 아직 캄캄할 때, 예수께서는 일어나 외딴곳으로 나가시어 그곳에서 기도하셨다."(1,35)는 말씀을 들을 때에는 시간적으로 예수가 밝아 오는 새벽을 좋아하셨다는 것을 알 수 있다. 이것이 예수에게는 다가올 주님의 날에 대한 표상임이 분명하다. 구약성경에서도 세상 종말에 하느님이 오시는 것을 '낮'이라고 불렀다. 매일의 이른 아침은 하느님께서 틀림없이 오신다는 것과 하느님이 모든 것을 바르게 세우시고 정화시키신다는 것의 한 표시이다. 그렇기 때문에 새벽까지 이어지는 예수의 밤 기도는 하느님 나라에 관한 그분의 복음과 연결되어 있다. 평화 Schalom의 참뜻을 충분히 길어 올리려는 사람은 하느님의 나라란 말 대신에 하느님의 지배 또는 하느님의 평화라고 말할 수 있다. 아침 여명이 새로운 날이 틀림없이 온다는 것을 알리는 것과 같이, 우리 사람들 속에 한 사람으로서 계시는 예수는 하느님의 평화로운 지배를 알리는 아침 여명이다. 예수는 이른 새벽마다 새로운 것, 승리의 빛을 체험한다. 그분과 함께 새로운 것이 시작된다. 게르하르트 하우프트만 Gerhart Hauptmann의 「해뜨기 전에」Vor Sonnenaufgang라는 작품은 우리 현대인에게도 날마다 이 시간을 새롭게 인식하도록 일깨워 준다. 어둔 밤이 지나면 낮이 오듯이, 예수와 더불어 쇄신된 세상의 서광이 찾아왔다. 이는 더 이상 지평선의 은빛 선조線條가 아니다. 많은 사람에게는 낮이 무척 더디게 온다. 그 때문에 대부분의 사람들은 교회 안에도 밤 그림자가 여전히 짙게 드리워졌다는 사실에 놀라워하고 탄식하기를 멈추지 않는다. 유일하게 위로가 되는 것은 사람이 되신 예수, 부활절 밤에 밝힌 빛이다. 부활절 밤에 점화된 부활초에 예수가 현존하신다.

우리는 예수의 기도가 당신이 평소에 하신 말씀과 잘 어울리는 것을 알아차린다. 예수는 수많은 비유를 들면서, 그러나 비유를 넘어 기회가 될 때마다 하느님 나라, 하느님의 일에 대해 말씀하셨다. 주님의 기도에서 일용할 양식을 청하기만 할 뿐 우리의 걱정들과 관심거리들에 대해 언급하지 않는 것이 내게는 마음의 짐을 덜고 자유롭게 하는 것으로 와닿는다. 예수는 하느님의 나라가 오기를 청하고 하느님의 이름을 거룩히 드러내시기를 청한다. 또 공동체가 서로 용서하여 화해하기를 간청하신다. 우리와 우리의 작은 걱정거리들이 전면에 있는 것이 아니라 세상을 위한 하느님의 큰 걱정들이 전면에 있다.

이러한 요청들은 오늘날 다음과 같은 의미를 가진다.

◆ "우리와 다른 사람들이 당신의 이름을 흠숭하고 거룩하게 여기도록 하소서." 우리는 하느님의 이름만 부르고 하느님께 기도하면서 그분의 이름을 흠숭한다. 우리는 하느님의 이름을 걸고 맹세하지 않으며 의심스러운 일 때문에 그분의 이름을 비방하지 않으면서 하느님의 이름을 거룩하게 한다.

◆ "우리와 다른 사람들이 당신의 통치를 인정하고 받아들이도록 하소서." 우리는 그분의 계명들을 지킴으로써 하느님의 통치를 인정하고 받아들인다. 여기에 속하는 한 가지 예를 들어 보겠다. 너는 낙태해서는 안 된다. 사람이 나약할수록 그 수도 적어진다는 말이 도대체 언제부터 통용되었단 말인가?

◆ "우리도 우리에게 잘못한 사람들을 모두 용서하오니 우리의 죄를 용서하소서." 놀랍게도 여기에 우리가 먼저 용서해야 하느님께서도 우리를 용서하실 수 있다는 말이 있다. 우리가 서로를 불편하게 하고 반목하게 하는 잘못들은 모두 사소한 것들이다. 그러나 우리의 죄는 하느님 앞에서는 커진다. 하느님은 거룩하시고 우리는 하느님으로부터 멀리 떨어져 있기 때문이다. 하느님의 군대인 우리가 분열되어 다투기만 하는 작은 무리로 머문다면 하느님의 지배와 하느님 나라에 대한 나쁜 표양을 보이게 된다. 그리고 우리가 오래 전에 잘못한 것들을 서로 용서함으로써 평화를 회복하지 않은 채 함께 미사를 봉헌했다면 이것은 위선적인 행위가 될 것이다.

◆ "저희를 인도하시어 유혹을 지나쳐 가게 하소서." 이렇게 번역해야 한다. 그렇지 않으면 잘못된 하느님 표상을 가질 위험이 생기기 때문이다. "저희

를 유혹에 빠지지 않게 하시고"라고 번역한 것을 일반적인 의미로 이해한다면, 하느님은 우리가 중심을 잃고 유혹에 지는 것을 즐기시며 당신이 이런 취미를 버리시려면 우리가 기도해야 한다는 것으로 오해하는 사람들이 많을 것이다. 그러나 신약성경 전체를 들여다보면 하느님께서 유혹하신 적은 단 한 번도 없다. 우리의 본능들과 악마가 유혹을 느끼게 하고 빠져들게 할 뿐이다. 하느님은 우리를 유혹에 빠지지 않게 하신다. 그렇기 때문에 우리가 유혹을 지나쳐 가도록 청하는 기도도 받으실 필요가 없는 것이다. 하느님은 의심하는 얼굴을 지니시거나 절반쯤 악마의 얼굴을 지니신 분이 아니시다. 하느님은 선한 목자가 자신의 양들을 인도해 가듯이 우리를 인도하신다. 그런데 우리는 유혹이나 시련을 받게 되면 이겨 내지 못하고 쉽게 빠져드는 것에 대한 변명을 쉽게도 해 댄다.

◆ "우리를 악에서 구하소서." 이집트에서 구출해 낼 때와 마찬가지로 하느님은 지금도 여전히 언제나 해방자이시다. 악이 바로 죄이고 죽음이며 악마이다.

내가 보기에 주님의 기도에서 가장 중요한 것은 우리가 하느님께 아버지라고 말씀드릴 수 있는 것이고 하느님의 왕국과 하느님의 통치가 확장되도록 청하는 것이다. 우리는 왕의 자녀들이기 때문이다. 성경이 우리가 왕의 자녀들이라고 말하는 것은 오래된 군주제적인 왕국의 형태로 왕의 자녀라는 것이 아니라 우리가 자유인이라는 의미다. 예수의 시대에는 왕들만이 유일하게 자유인이었기 때문이다. 우리는 피조물 중에서 첫 번째로 자유롭게 된 존재들이다. 예수는 이 왕의 자녀들의 대열 선두에 섰을 뿐이다. 이렇게 선두에 서서 먼저 걸어가신다. 흡사 수도원 회랑을 따라 일렬종대로 행진하는 모습과도 같다. 우리가 왕의 자녀들이기 때문에 하느님께서 모든 것을 좋게 만드시고 우리는 당신의 자녀란 사실을 알아도 되는 것이다. 주님의 기도는 우리에게 하느님은 누구이시고 우리는 누구인가를 알려 준다. 하느님은 누구이신가? 하느님은 큰 걱정을 가진 분이시다. 하느님은 거룩하신 분이다. 그런데 사람들은 더 이상 거룩함이 무엇인지 알지 못하고, 모든 성역을 없애 버렸다. 하느님이 주인이시다. 그러나 사람들은 마치 어떤 계명도 없는 것처럼 행동한다. 주님의 기도는 우리 사람들이 누구인가를 말해 준다. 사람들은 용서할 능력도 없고 평화를 이룰 능력도 없는 존재가 되어 버리고 말았다. 그런데 여전히 우리가 살아가는 데 필요한 것들을 날마다 하느님께서 우리에게 주시기를 간절히 바라고 있고 주시지 않으면 곤란한 상태에 있다.

다시 예수께 돌아가자. 그분은 해 뜨기 전에 광야나 산 위에서 홀로 기도하신다. 예수는 절대적 확신에 가득 차 기도하신다. 주변에 아무도 없고 정신을 집중할 때 하느님의 실재, 현존하시는 하느님을 더 강하고 더 역력히 느낄 수 있다. 고독 가운데 느끼는 하느님의 실제 현존으로 말미암아 고요함이 크게 소리친다. 눈에 보이지 않던 게 구체적으로 보이며, 제압된 것이 사랑스럽게 풀린다. 예수가 기도하시는 동안 날이 밝는다. 새들이 깨어나고 지평선 위로 해가 떠오른다. 성무일도의 아침 찬미가는 이렇게 노래한다.

만물은 제 색깔을 도로 찾나이다.

예수는 바로 이러한 것을 염두에 두고 다음과 같이 말씀하셨다.

창조주이신 하느님은 언제나 일하시면서 모두를 위해 날마다 먹을 것을 주시고, 들판의 백합들을 그렇게도 화려한 옷으로 입히시며, 모든 피조물이 당신의 손에서 휴식하게 하신다.

온 세상이 정적에 감싸여 있고 첫 번째로 깨어난 새가 노래하기 시작하면, 시편으로 기도하는 모든 시대의 사람들은 이것을 하루가 시작되는 때에 하느님을 찬미하는 찬가로 여겼고, 우리들 역시 이러한 말에 동의하기를 주저하지 않는다. 그렇기 때문에 수도자들은 이른 아침에 찬가를 바치는 것이다.

기도하는 사람은 혼자서 하지만 그러나 자신만을 위해 하는 것은 아니다. 그는 모두를 대리해서 기도하고, 모든 사람들을 위해 기도하며, 특별히 속에 있는 말을 끄집어내어 제대로 표현 못하는 사람들을 위해 기도한다. 이러한 기도가 지속적으로 진행되는 '하느님의 집'은 모두 한 지역 전체와 마을 전체의 중심이 된다. 바로 여기서 마치 나침반 속의 침이 항상 일정한 방향을 가리키는 바와 같은 결정적인 것이 일어난다.

아버지의 이름이 거룩히 빛나시며.

그렇다면 응답되지 않는 기도들은 어떻게 된 것인가? 기도가 반드시 응답된다는 것은 예수가 선포한 기쁜 소식 가운데 깜짝 놀랄 만한 일이다. 몇몇 전제 조건들이 언급되곤 하지만(예수의 이름으로 기도해야 하고, 기도하기 전에 먼저 이웃과 화해해야 하며, 하느님께서 기도를 들어주신다는 것에 대해 의심하지 말아야 하고, 그리스도인들은 기도 안에서 서로 하나가 되어야 한다) 하느님께서는 틀림없이 기도를 들어주신다고 예수가 확신하신 것을 알려 주는 텍스트들이 충분할 정도로 많이 있다. 텍스트들로부터 두 가지 근거를 알 수 있는데, 한 텍스트는 유다인들의 전통에서 유래한 것이 분명하다. 부모는 자녀들에게 어떤 것이든 주지 않는 것이 없기 때문에 하느님은 당신 자녀들의 기도를 들어주신다. 우정은 친구의 청을 기꺼이 들어주려 하기 때문에 하느님은 당신 친구들의 기도를 들어주신다.

조심스럽게 말해야 하는 것이지만, 그럼에도 불구하고 기도가 수없이 자주 응답되지 않은 것으로 나타나는 것은 부인할 수 없을 정도로 명백한 사실이다. 이런 문제에 대해서는 조심스럽게 생각해야 한다. 어떤 방식으로 기도가 응답되었는지 누구도 정확하게 알 수 없기 때문이다. 때로는 청하는 기도가 기도한 사람을 변화시키기도 하고, 때로는 기도한 사람이 생각한 것과는 다르지만 그에게 가장 좋은 방법으로 채워지기도 한다. 눈으로 볼 수 없는 것이나 미래에 관한 영역은 모두 우리에게 숨은 채 드러나지 않았다. 청원기도가 들어진다는 발언은 예수의 거대하고도 강력한 도전 가운데 하나를 언급한 것인지도 모른다. 이런 확신이 예컨대 라자로를 다시 살리신 일이나 향유를 팔아 가난한 이들에게 돈을 나누어 주는 대신 당신 발에 향유를 붓게 한 사건처럼 그런 도전적인 의미를 지닐 만한 것은 아닐까?

예수는 이러한 의미로 그러한 말씀을 했는지도 모르겠다.

이 약속을 하느님께서 너희와 새로운 관계를 이루셨다는 표징으로 받아들여라. 공허한 표징이 아니라 징후로 여겨라. 이 약속을 진지하게 받아들이되, 따로 떼어 생각하지 말고 전체적인 관점에서 내가 전하는 기쁜 소식의 일부로 받아들여라. 이 약속이 참으로 사실이라면 어떻게 될 것인지 생각해 보아라. 이러한 확신이 하느님께 대한 너희의 관계를 조금이라도 변화시킬 수 있지 않을까?

이러한 약속 자체가 복음의 한 부분이고, 그 자체로 벌써 실제 세상을 변화시키고 있다. 이것은 어떤 사람으로부터 사랑의 감정을 획득하게 되면 그로부터 그 사랑의 한 표시를 기대하는 것과 같다. 사랑을 하게 된 사람은 사랑의 대상이 된 사람에게 이렇게 고백할 것이다.

그래, 나는 너를 사랑해. 너는 이것을 믿고 신뢰해도 돼.

이러한 말을 듣는 사람은 기뻐서 뛰어오르지 않겠는가? 그 사람은 이미 자신이 바라던 목표에 도달한 셈이다. "그래, 나는 너를 사랑해."라는 네 마디 말을 한 사람은 그 순간에 아직 아무것도 실행한 것은 없다. 이 말은 단지 하나의 알림에 지나지 않기 때문이다. 그러나 이 말은 그를 변화시키고 긍정적인 작용을 한다. 한 사람이 다른 사람에게 "그래, 나는 너를 사랑해."라고 말하면 이 약속은 일생 동안 지속되는 것을 의미한다. "아버지께서 너희의 기도를 틀림없이 들어주신다."는 말도 이와 같이 하나의 근본적인 사랑고백이다. 이것은 사람과 하느님 사이의 관계를 믿을 수 없을 정도로 가득 채워 주는 것이다. 하느님이나 신들이 사람의 기도와 청원을 들어주실 것이라는 희망은 모든 종교가 가진 큰 동경일 뿐만 아니라 그리스 시대로부터 이어져 내려온 인류의 큰 동경이다. 이 말을 하느님과의 천상적인 관계에 관한 진지한 선포로, 하느님께서 믿기 어려울 정도로 우리에게 가까이 다가오심을 알려 주는 선포로 여겨 보자. 그러면 청원기도를 들어주심은 죄를 용서하는 것과 부활하는 것과 같은 범주에 속하게 된다.

하느님께서 기도를 들어주시는 일이 이 믿기 어려운 범주에 꼭 들어맞는다고 나는 생각한다. 이것은 '믿어지지 않을 만큼 놀라운 것'이고 죄를 용서하는 것과 죽은 자들의 부활과 같이 결정적인 것이다. 이 말은 이들과 더불어 '한계가 없는 하느님의 '베풂'이라는 핵심을 가리킨다. 하느님은 인색하지 않고 사람들을 당신 자신과 같이 대하기를 원하시며 그들에게 아버지나 친구로서 다가가신다. 이것은 하느님의 표상에서 혁명과 같은 것이다. 우리도 다른 사람들에게 이와 같이 넓게 열린 마음으로, 관대하고 크게 베푸는 마음으로 다가가기를 바라신다.

예수의 기도가 지닌 또 하나의 측면은 깨어 있음이다. 깨어 있음 중에서도 가장 두드러진 것은 예수가 올리브동산에서 깨어서 기도로 밤을 지새우며 다가오는 엄청난 사건들을 기다린 것이었다. 예수의 후계자들은, 특별히 수도자들은, 이러한 태도를 받아들였다. 밤에 깨어 있는 것과 밤에 드리는 흠숭기도는 2천 년 동안 내려온 교회의 신비적 행위이다. 잠을 포기하는 것은 사람에게 좋은 것이지만 이상적인 기도를 드리기 위해 포기할 수 있고 포기하기도 해야 하는 요소들에 속한다. '깨어 있음과 기도'는 '단식과 기도' 그리고 '사유재산 포기와 기도'와 마찬가지로 같은 범주에 든다. 바오로 사도는 '성행위의 포기와 기도'도 같은 범주에 든다고 언급했다(1코린 7,3).[8] 비평자의 눈에는 '일과 기도'라는 형식은 게으름을 피우는 것과 연계되는 것으로 보이기도 한다. 잠, 식사, 재산, 성행위, 여가와 같은 것은 모두 삶에서 매우 중요한 요소이다. 밤에 깨어 있는 것은 낭만적인 것이 아니라 추위와 피로와 투쟁해야 하는 것이다. 그래서 잠을 자지 않고 깨어 있는 것을 습관적으로 할 수는 없다. 어떤 것을 이루고자 하는 의지가 강력할 때만 밤에 깨어 있을 수 있다. 복음은 명백히 우리가 기쁜 소식을 전하고자 하는 의지에 사로잡혀서 잠과 추위를 이겨

---

8) 새 번역 성경과 조금 다르지만 원문대로 번역했다. -역자 주

가면서 기쁜 소식이 작용하도록 할 방안을 새롭게 모색하기를 바란다.

내가 '깨어 있음과 기도'에 관한 개인적이면서도 일반적인 표현을 찾을 때는 하늘에서 폭탄이 떨어지던 밤에 공습대피소에서 보낸 기억이 떠오른다. 전쟁과 추방은 이미 이전에도 있던 일이다. 본질적으로 새로운 것은 전쟁의 양상이 하늘에서 폭탄이 쏟아져 내리는 형태로 바뀐 것이다. 이러한 전쟁은 고사포 때문에 대부분 밤에 진행되었다. 나의 어린 시절 체험 가운데 가장 오래되었고 지금까지 잊지 못하는 기억은 밤에 우리가 살던 임대주택의 공습대피소로 피해 가던 일이다. 사이렌이 울리면 3층에 살던 우리는 서둘러 안전한 곳으로 여겨진 대피소로 달려가곤 했다. 이웃한 건물들이 폭격으로 파편과 먼지가 되어 내려앉는 동안에는 당연히 잠자는 것에 대해서는 생각도 할 수 없었다. 나의 어린 시절에 겪은 폭탄이 쏟아지던 밤들은 그러했다. 내 고향 힐데스하임 Hildesheim은 24시간 만에 800채의 목조가옥을 잃었다. 중세 전체에 걸쳐 건설된 도시가 하루 만에 사라지고 만 것이다. 낮이 밝아 오면 비로소 숨을 쉴 수 있었다.

사람은 자신의 삶을 위해 그리고 타인의 삶을 위해 때로는 병실이나 다른 곳에서 깨어 있어야만 한다. 이러한 것은 구태의연한 삶에서 벗어나게 하고 우리의 일상적인 습관을 깨트리게 하는데, 한편으로 어느 정도 불편하기도 하다. 불편하기도 한 이유는 잠을 잘 권리는 사람의 가장 근본적인 권리들에 속하기 때문이다. 신약성경은 생명에 반드시 필요한 이러한 종류의 근본 요소들에 대해 철저히 회의적인 반응을 보인다. 아이를 가지는 것과 낳는 것, 먹는 것과 마시는 것, 물건을 사는 것과 파는 것은 이러한 것에 속한다. 사람은 이 모든 것을 필요로 하지 않는가? 당연히 필요로 한다! 그러나 사물들이 자족하며 순환하는 것이 우리를 속이는 것처럼 보이고 모든 것이 최상의 질서를 이루고 있으며 유사 이래 늘 같은 것을 반추하며 좋다고 하는 것, 이 모든 것은 기만적인 총체이다. 복음은 세상 안에 존재하는 평화를 흔들어 대고, 같은 자리를 맴도는 쳇바퀴를 위에서부터 부숴 버린다. 성행위의 의미는 성행위 자체가 아니고, 음식의 의미는 음식 자체가 아니며 행동의 의미는 행동 자체가 아니다. 독재를 포함하여 온갖 통치는 이런 기반 위에서 성립하여 관철될 것이다. 베르톨트 브레히트Bertolt Brecht는 이런 현상을 두고 다음과 같이 날카롭게 표현했다.

배를 채우는 것이 먼저이고 윤리는 그 다음이다.

좀처럼 잠을 자지 않고 먹지도 않으며 결혼도 하지 않은 사람들이 과거에도 위험한 인물이었고 지금도 그렇다는 것을 우리는 알고 있다. 자신의 이상을 위해서 또는 하늘나라를 위해 깨어 있을 수 있었던 사람들이 있었다. 이런 사람들은 위험하고 수상하며 섬뜩한 인물들이었다. 이들도 축제 행사에서 돈을 받고 오래 단식하는 사람이 당한 처지가 되고 말았다. 다시 말해 10월 축제에서 처음에는 다른 사람들이 깜짝 놀라며 눈을 크게 뜨고 바라보는 대상이었으나 결국 린치를 당할 지경에 이르는 사람처럼 그런 꼴이 된 것이다.

삶을 위해 때로는 이러한 근본적인 욕구들을 포기할 수 있어야 한다. 밤에는 반드시 여덟 시간 자야 하는 것으로 여기는 사람은 결코 사랑 때문에 뜬눈으로 밤을 지새우지 못할 것이고, 어린아이들을 돌보거나 아픈 사람을 돌보지 못할 것이다. 큰 걱정거리나 중요한 프로젝트는 잠잘 시간을 빼앗기도 한다. 이러한 것을 경험해 보지 않은 사람이 누가 있으랴? 이런 경험을 미루어 성경에서 강조하는 "깨어 있어라!"라는 말을 잘 이해할 수 있다. 생명이 위협받는 곳에서 우리는 생명을 살리기 위해 그보다 덜 중요한 것들을 포기한다. 예수와 그분의 제자들의 현실감각에는 이러한 것이 매우 중요했던 것이 명백하다. 잠잘 권리를 포기하게 하는 그 무엇이 우리에게 들이닥칠 때가 있는 것이다. 늦도록 잠을 잘 수 없도록 하는 어떤 것이 있다. 그것도 지금부터 영원히 그렇게 하도록 하는 것이 있다. 우리에게 다가오는 것은 편안하기만 한 것이 아니라 우리의 삶이 대부분 그렇듯이 불확실하고 위험하기까지 하다. 이렇게 되기도 하고 저렇게 끝날 수도 있기 때문이다. 너희의 생명을 위해 깨어 있어라! 다음과 같은 표상들은 언제나 다시 떠오른다. 주인을 기다리는 종들에게 기다리는 시간은 결코 즐겁지 않을 것이다. 언제 도둑이 쳐들어올지 모르기 때문에 항상 준비하고 있어야만 하는 집주인에게도 그러한 시간이 불편하기는 매한가지다. 그러나 틀림없이 올 도둑이 오기 전에 모든 것을 정리해 버린 사람에게 남는 것은 잡동사니들을 지키기 위해 깨어 있는 것이다. 우리가 이런 일 때문에도 잠을 포기할진대, 하물며 우리의 삶이 위험에 처할 때는, 우리의 몸뿐만 아니라 생명이 위험할 때는 얼마나 더 많은 것을 포기하겠는가!

    예수는 시간에 대해 이렇게 이해하셨다. 아침이 밝아 오기 전에 예수는 제자들과 함께 밤을 보냈다. 그때가 정확히 몇 시였는지는 아무도 모른다. 주변은 아직 어두웠고 그들 앞에는 수천 가지 가능성이 놓여 있었다. 예수는 확신했다. 수많은 가능성과 불확실함, 위험에 직면하여 중요한 것은 냉정한 자세로 정신을 집중하여 나아가야 할 방향을 유지해야 한다는 것을. 방임하는 게 아니라 이제 길을, 날이 밝아 빛이 보여 주는 길을 결정해야 한다는 것을.

공습대피소를 다시 한 번 떠올려 보자. 수많은 세대들이 함께 사는 큰 아파트 건물에서 많은 사람들이 작은 공간으로 대피해 와서 밀집하여 앉아 있었다. 그곳에서 나는 두려움이라고는 몰랐다. 그런 상황이 아니라면 흩어져 있을 사람들이 오랫동안 함께 앉아 있었다. 위험은 이들로 하여금 함께 있게 했고 작은 일들에 대한 다툼을 모두 잊게 했다. 사람들이 서로의 체온을 함께했기에 누구도 얼어붙지 않았다. 초기 그리스도인들이 지하묘지에서 드린 미사도 이와 비슷했다. 당연히 밤 시간을 이용하여 지하 깊은 곳에 자리 잡은 묘지 한 구석, 둥근 천정을 한 공간에서 미사를 드렸다. 참석한 사람들은 모두 한뜻으로 모여 있었으며 한 사람이 망을 보았다. 페르시아의 태양신 성전을 한 번 본 사람은 그곳에도 같은 표상이 있는 것을 보았을 것이다. 태양신을 흠숭한 사람들은 지하에 있는 둥근 천정을 한 공간에서 함께 새벽을 맞이하기 위해 밤을 지새우곤 했다. 우리는 모두 한 공간에 앉아 있었고 밤은 우리를 둘러싸고 있었다. 우리는 무엇이 오는지, 언제 오는지 알지 못했다. 우리는 단지 밤은 마음들을 하나로 뭉치고 폭력들을 잠재운다는 사실은 알았다. 우리가 아침 여명을 바라보며 안도의 한숨을 내쉬었다 해도, 우리가 살았던 시간은 모두 합쳐 길고 긴 밤이었다. 최고조에 달한 열은 다시 식어 간다. 우리의 삶에서 밤의 표상을 몰아내는 것은 위험한 일로 생각된다. 몰아내면 밝은 낮에 대한 희망도 사라지고 만다.

6장

예수와 인간적인 행복

6.1 희생자 입장에서
6.2 예수, 남자, 여자, 부부, 아이들
6.3 예수, 포도주와 삶의 기쁨
6.4 단식과 축제
6.5 혼인과 축제 예복
6.6 쇠진-또는 예수의 테라피
6.7 예수의 친구들-하느님의 정원에 대한 묵상
6.8 통상을 거부하는 그리스도교
6.9 예수의 지혜
6.10 예수와 이타주의자
6.11 자아실현을 위한 우회로
6.12 예수의 자아실현
6.13 독신제와 십자가의 치욕

6.1 희생자 입장에서

가진 재산은 많지만 자기밖에 몰라서 비싼 요트를 사서 즐기는 사람들과 에이즈 치료약을 살 돈 몇 푼이 없어서 쩔쩔매는 어린아이들이 이 세상에 공존하는 것, 어떻게 이런 일이 있을 수 있는지 의문을 가지는 사람들이 많다. 한쪽은 내일을 어떻게 살아야 할지 걱정하는데 다른 쪽은 붉은 포도주는 어떤 것이 좋을까 또는 어떤 브랜드의 명품 핸드백을 사는 것이 좋을까에 골몰한다. 어떻게 이런 일이 가능한가? 운명? 숙명? 행운? 아니면 불운? 이 얼마나 냉소적인 말인가! 결국 모든 사회에 해당되는 다루기 곤란한 이런 의문들에 대해서 마르크스주의 전통에서 만들어 낸 정치적 해결책으로만 답할 수 있는 것은 아니다. 최종적으로는 다음과 같은 구체적인 의문이 남는다. 장애를 갖고 태어난 불쌍한 아이가 몇 년 동안 고통만 겪다가 마침내 죽고 마는 현상은 무엇이란 말인가? 가진 것이 좀 있는 우리 모두는 이러한 종류의 가난이 옆에 있는 것을 목격한다. 우리가 큰 사랑으로 가진 것을 동원하여 이들과 균형을 이루려는 노력을 하기도 한다. 균형을 맞춰 주는 그런 정의가 있기는 할까? 예수와 복음은 이에 대해 어떤 대답을 할까?

예수가 다음과 같이 말씀하는 것은 동화집에서 끄집어낸 것처럼 들린다.

행복하여라, 가난한 사람들, 굶주리는 사람들, 미움과 박해를 받는 사람들! 왜냐하면 하느님의 미래가 이들의 것이기 때문이다.

먼저 루카 6장에 들어 있는 내용을 살펴보자. 가난, 배고픔, 우는 것에 대해 영성적인 설명이나 윤리적인 설명을 조금도 하지 않는 것이 눈에 들어온다. 예수는 왜 이 사람들이 가난하고 배고프며 슬픈가에 대해서, 어떤 정치·사회적 관계들이 이러한 문제들에 책임이 있는가에 대해서, 어떻게 하면 이러한 관계를 변화시킬 수 있는가에 대해서 묻지 않는다. 가난한 사람들에게 던진 이러한 말에서 중요한 내용은 오직 하느님께서 이들의 처지에 관심을 가지신다는 것이다. 하느님은 요한의 묵시록에서 당신의 새로운 창조에 대하여 다음과 같이 약속하신 것을 실천하신다.

그들의 눈에서 모든 눈물을 닦아 주실 것이다.
다시는 죽음이 없고
다시는 슬픔도 울부짖음도 괴로움도 없을 것이다.
이전의 것들이 사라져 버렸기 때문이다.

고통과 곤궁이 어디로부터 오는가에 대해서는 묻지 않는, 성경의 일반적인 경향은 여기서도 마찬가지로 통하고 있다. 성경은 그보다는 때가 되었을 때 하느님께서 그러한 상황에서 무엇을 하시고자 하는가를 묻는다. 거지 라자로의 경우와 마찬가지로 마리아의 노래에서 이렇게 말한다.

통치자들을 왕좌에서 끌어내리시고
비천한 이들을 들어 높이셨으며
굶주린 이들을 좋은 것으로 배불리시고
부유한 자들을 빈손으로 내치셨습니다.

라자로에 대해서도 그가 남보다 특별히 더 신심이 깊다거나 의롭다고 말하지 않는다. 루카 6,24에서 이러한 논리의 근원을 볼 수 있다.

그러나 불행하여라, 너희 부유한 사람들!
너희는 이미 위로를 받았다.

산상 설교에서 겉으로 신심 깊은 척하는 사람들에 대해서도 이와 비슷한 말을 한다.

진실로 너희에게 말한다. 그들은 그것으로 자신이 받을 것을 벌써 받았다.

이 사람들도 이렇게 지불한 만큼의 것을 얻게 된다.
이러한 방식으로 행복 선언과 불행 선언이 윤리적인 언급이 아님이 분명해진다. 배고픈 것이나 우는 것 또는 박해를 받는 것은 그렇게 되기 위해 스스로 노력하여 이룰 대상이 아니기 때문이다. 마태 5,1-12에 있는 참행복 선언과는 달리 루카에서는 사람들의 정의로운 태도, 예를 들어 평화를 이루는 것을 비롯한 여러 가지 정의로운 태도에 관한 보상을 언급하지 않는다. 루카에서는 하느님의 정의가 중심적인 주제이다. 라자로에게 있어서와 같이 하느님은 균일화와 보상에 대해 관심을 가지신다.

부자는 죽을 지경에 이르도록 아픈 거지 라자로가 대문 앞에 있는 것을 무시하고 즐거움을 누리며 흥청망청 살았다. 루카는 균형을 이루는 정의에 대한 질문에 대답한다. 이 질문은 이 글을 시작할 때 언급한 바와 같이 오늘날 우리에게 다양한 형태로 주어지는 현실적인 것이다. 루카는 이렇게 말한다.

> 하느님은 관계들을 뒤집어 놓으심으로써 당신께 던져지는 "하느님은 사람들을 불공평하게 대하신다."는 비난을 싹 쓸어 내 버리신다. 가난한 사람들이 먼저 가난했다가 그 다음에 부유하게 되는 것은 그들에게 불리한 것으로 보이지만 시간의 길이로 균형을 잡으신다. 라자로의 경우, 짧은 시간에 지나지 않는 이 세상살이에서의 고통에 이어 영원한 행복이 진행되는 것이다.

예언자들과 같이 고통을 지고 가야만 하는 박해받는 사람들에 관한 글들도 박해받는 사람들의 정의로움과 올바른 태도에 대한 보상을 논하지는 않는다. 여기서도 "하느님께서 그들의 미래에 대해 관심을 기울이신다."는 관점으로 대한다. 하느님의 정의로운 태도와 하느님께서 앞으로 이루어 나가실 공평함에 대한 말들 속에서 생각을 넓혀 나가다가 결과적으로 마침내 순교신학에까지 이른 것을 볼 수 있다. 순교자들의 생애는 매우 짧았기에 하느님의 정의는 순교자들이 보상받기를 요청하는 것이다. 이 지상의 삶에서 곤궁 외에는 어떤 것도 살아 본 적이 없는 모든 사람에게는 이와 같이 진행되어야 한다. 하느님께서는 정의로우신 분이기 때문이다. 이러한 생각에서 이 세상의 시간 동안 아직 진행되지 않은 천년왕국에 대한 생각이 발전되어 나왔다. 천년왕국은 아직도 의로운 보상의 바깥에 서 있는 사람들에게 모든 것을 온전히 정의롭게 보상하고 균형을 맞추게 되는 시간이기 때문에, 묵시록 20장에 의하면 순교자들이 그러한 이유로 가장 먼저 부활하여 체험하게 되는 시간이다. 하느님께서 정의로운 분이시라면 균형을 맞추는 이러한 조정 작업을 하실 것이다.

여기서 윤리적인 것이 언급되었다 하더라도 우리는 그것을 기꺼이 받아들였을 것이다. 주석의 역사 역시 이러한 것을 보여 주고 있다. 이것은 특별히 예수가 "그러나 불행하여라, 너희 부유한 사람들! 너희는 이미 위로를 받았다."라고 말씀하신 부자들에게 해당하는 것이다. 우리가 언급하는 것은 바로 이러한 것을 염두에 두고 하는 것인가? 우리는 기꺼이 부유하게 되고 싶고 선한 사람이 되고 싶다. 그래서 예수의 말씀은 오직 나쁜 부자들을 겨냥한 것으로 여기려고 한다. 그러나 여기 이러한 말은 전혀 없다. 이 텍스트에서 이보다는 오늘날 넉넉하게 잘 살고 있는 우리의 교회에 대한 전체적인 평가를 언급하고 있는 것으로 볼 수 있을 것이다.

> 지금 배불리 먹고사는 너희는 불행하다. 너희가 고통을 호소하고 울부짖을 날이 올 것이기 때문이다. 다른 사람들로부터 아첨하는 소리들을 듣는 너희는 불행하다. 그들의 조상들은 거짓 예언자들도 그와 같이 대했기 때문이다.

우리 서유럽 그리스도인들이 지독하게 나쁜 것은 아니다. 단지 우리가 이 세상에서 매우 잘 사는 것이 문제일 뿐이다. 텍스트의 내용에 의하면 이것 때문에 우리가 벌을 받기까지 하지는 않을 것이다. 하느님께서는 오직 균형을 이루실 것이기에 다른 사람들도 한 번은 잘 살게 배려하신다는 것이다.

우리는 여기서 이러한 것과 더불어 "하느님께서 어찌하여 악을 허락하실 수 있느냐?"라는 문제에 부딪히게 된다. 우리는 먼저 여기서 예수의 관점에서도 일반적이고 정상적인 삶은 기쁨과 고통이 교차하면서 균형을 이룬다는 사실에서 출발할 수 있다는 것을 염두에 두어야 한다. 이와 달리 행복 선언과 불행 선언은 극단적인 부분을 염두에 둔 것이다. 여기서 대상이 되는 사람들은 참으로 부유하게 살기에 부자라고 부를 수 있는 사람들과 너무나 빈곤하여 울부짖기만 하는 가난한 사람들이다. 예수는 마리아의 노래에서 이미 언급한 바와 같이 극단적인 양쪽을 언급하여 "너희 양쪽에 속한 사람들 모두 특별한 방법으로 하느님의 인도하심을 느끼게 될 것이다."는 것을 말씀하신다. 이러한 것에서 우리는 복음서의 이 대목에서 본질적으로는 박해를 받고 있는 예수의 제자들이 예수께서 이러한 말씀을 하시게 한 근본 원인이라는 것을 인지할 수 있다. 바로 여기에 정확하고 유일한 핵심이 놓여 있다.

> 다른 사람들이 너희가 사람의 아들인 예수께 속한다는 이유 때문에 너희를 미워하고 내치며 비난하고 너희의 이름 부르기를 역겨워하면 너희는 행복하다.

예수는 박해받고 비난당하는 당신의 제자들을 위로한다. 예수는 제자들이 결코 나쁜 단체에 속한 것이 아니란 것을 알려 주시기도 한다. 제자들에게도 예언자들에게 일어난 일과 다름없는 일들이 다가오는 것이다. 예수는 앞으로 일어날 상황의 대전환과 기대하고 있는 정의로운 균형맞춤이 올 것이라는 말씀으로 제자들을 위로하신다. 이것은 하느님께 대한 믿음의 정의와 거의 같은 것이다. 나는 이러한 것을 실행하실 수 있고 실행하실 하느님을 믿는다. 나는 마리아의 노래에서 찬송을 받으시는 하느님을 믿는다. 하느님은 역사의 주인이시다. 하느님은 권력을 쥔 사람과 그 권력 밑에서 무력감을 느껴야만 하는 사람 사이의 극단적인 관계들을 전환시키실 것이다. 나는 이 세상에 정의가 있고 그 정의는 인격적인 얼굴을 가지고 있으며 이 얼굴은 바로 하느님의 얼굴이라는 것을 믿는다. 우연이나 운명이 깊은 계곡들과 높은 산봉우리를 오르내리는 역사의 부침을 정하는 것이 아니다. 우연이나 운명이 역사의 부침을 정하는 것이라면 이것은 최종적으로는 사람을 완전히 수동적이게 하는 눈먼 일이고 삶의 모든 영역에 냉소의 독을 뿌리는 것이며 모든 형태의 기쁨과 즐거움에 쓸개처럼 쓴 것을 섞는 것이 된다. 실제로는 그렇지 않다. 나는 정의를 원하시고 당신의 아들 예수 그리스도를 통해 우리에게 이 정의를 알려 주신 하느님을 믿는다. 예수 그리스도께서 이것을 말씀하셨기 때문에 이것은 불확실한 희망이 아니라 실제적인 희망을 제시하는 것이고, 골짜기 바닥까지 추락한 사람들을 일으켜 세우고자 하시는 하느님의 뜻에 대한 알림이다.

이제 우리는 마음이 깨끗한 사람들과 평화를 이루는 사람들을 위한 하느님의 약속을 언급하는 마태 5장에 있는 행복 선언에 관심을 돌려 보자. 첫 번째 복음에 의하면 가난하고 고통당하며 슬퍼하는 사람들은 자신을 방어하지 않고 정의를 참으로 목말라하며 죄도 없이 박해를 당하고 비난받으며 배신당하는 사람들이다. 이들에게는 순박하고 단순하며 자비롭고 평화를 이루며 마음이 맑은 사람들과 같은 특별한 사람들이 모여든다. 그래서 희생자, 순진한 자 그리고 이상주의자들로 뒤섞인 특이한 단체가 형성된다. 예수는 사람들이 일반적인 가치라고 여기는 것과 일반적인 관계의 질서라고 여기는 것을 완전히 뒤집어 놓는다. 우리가 이런 사람들을 만나면 다음과 같이 물음을 던져서는 안 될 것이다.

여러분 자신이 이미 죄를 짓지 않았나요?

우리는 우리가 이미 오래 전에 복음의 그리스도교적 가치질서를 내면화했을지도 모른다고 성급히 말해서는 안 된다. 나는 이러한 것에 대해 의심을 품고 싶다. 도대체 누가 자신의 아이로 하여금 다른 사람이 때리려고 할 때 육체적으로 방어하지 못하게 하여 멍이 시퍼렇게 두들겨 맞도록 하려 하겠는가. 예수가 여기서 완전히 뒤집어 놓은 기준은 이런 것이 아니라 우리가 아직도 언제나 살아가고 있는 것이다. 약간의 진지함만으로도 우리는 이것을 어렵지 않게 확인할 수 있다.

예수가 상투적인 사고방식을 뒤집어 놓은 것에 의하면, 하느님을 순수하게 사랑하는 사람에게는 미래가 참으로 그들의 것이다. 히브리어에서 선택은 바로 '사랑'이다. 하느님께서 이들 편에 서 계신다. 하느님께서는 어떤 특별한 이유도 없이 이들을 사랑하신다. 왜 그러한가에 대해서 예수는 말하지 않는다. 하느님은 그러한 존재이시고 그러한 '성격'을 지니셨다. 하느님은 아무런 성품도 없으신 막연한 영적 존재가 결코 아니시다. 예수가 행복 선언을 하신 근거들은 용기를 지닌 대담한 약속이지만 논리적인 의미를 지닌 것은 아니다. 이러한 행복 선언의 대상이 된 사람들은 우리에게 이미 고시된 대로 새로운 평가를 받는다. 그렇더라도 그들에게 주어진 결과는 상황에 따라 매번 다를 것이다. 복음에 따르면 그 결과는 대부분 미래에 나타날 것이다.

우리가 위대한 성인들의 교회에 속한다는 것을 곰곰이 생각해 보면 어떨까? 헌신적인 사랑으로 모든 것을 바치는 사람들의 교회, 이웃 사랑으로 불타올랐던 위인들의 교회, 마더 데레사 수녀, 막시밀리안 콜베 신부, 자신이 나병 환자가 되기까지 나병 환자들을 위해 헌신한 다미아노

신부의 교회에 속한다는 것을? 마태오복음서에 의하면 예수는 여기서 여러 가지 다양한 육체적 고통으로 시달리는 사람들과 자신의 자유의지로 온유함과 평화를 위해 일하는 수많은 사람들을 염두에 두고 있다. 예수는 먼저 육체적 그리고 심리적 고통을 받는 사람들을 염두에 두시고, 또한 외부의 이런저런 간섭들에 의해 두려움에 떨고 있는 사람들에 대해 말씀하신다. '영적으로 가난한 사람들'도 '고통에 시달리는 가난한 사람들'로 인정해야 한다. 쿰란공동체의 텍스트를 발견한 이래로 우리는 '영적으로 가난한 것'은 사람을 심리적으로 쇠진하게 한다는 것을 알고 있다. 정리하자면 이렇다. 예수는 육체적, 영적으로 고통당하는 사람들뿐만 아니라 자발적으로 고통을 짊어진 사람들도 염두에 두신다. 후자에 속하는 사람들은 당신이 제시한 새로운 가치를 이미 수행하고 있으며 연대한 가운데 균형을 이룬다는 약속을 조금씩 실천하고 있기 때문이다.

마태오복음은 일반적으로 어떤 특정한 것에 집중적인 관심을 갖는 경향이 있다. 그것은 바로 예수가 부드러운 분이고, 박해를 당했으나 자기 자신을 방어하지 않은 분이라는 것이다. 그분은 수난하시면서 천사들에게 도와달라는 청도 하지 않으셨다. 그분은 하느님의 아들이시기 때문에 그분을 닮음으로써 하느님을 닮아 가는 모든 사람에게도 하느님의 아들이라는 말이 적용된다.

그렇게 하여 여러분이 하늘에 계신 아버지의 아들이 된다.

예수는 시민들이 간직해 온 일반적인 가치들이 전도된 것을 직접 감당해 내신다. 고통과 십자가를 통해서 당신이 하느님께 속한다는 것을 증명하신 것이다. 이 세상이 현재와 같은 이러한 상태로 존재하듯이, 하느님께 속함도 이 세상의 가치를 뒤집어 놓는 방식 이외에 달리 어떻게 표현해 낼 수가 없다. 세상의 폭력적인 권력이 주는 고통을 지고 가지만 그러한 것에 함께 참여하지 않는 것으로 표현하는 것이다.

우리는 이러한 질문을 던진다. 행복 선언에서 하는 약속들은 순전히 내용이 없는 헛된 약속에 지나지 않는 것은 아닐까? 예수 공동체에 속한 가난하고 박해당하는 사람들이 참으로 행복할까? 두드러지게 드러나는 것은 "행복하게 될 것이다."라고 하지 않고 "행복하다."라는, 행복한 시간을 미래에 올 것으로 하지 않고 현재로 한 대목이다. 이것을 어떻게 이해해야 하는가에 대해서는 베드로의 첫째 편지의 한 대목이 알려 준다. 이 편지는 베드로의 권위를 높인 마태오복음과 매우 가깝다.

> 그리스도의 이름 때문에 모욕을 당하면 여러분은 행복합니다. 영광의 성령 곧 하느님의 성령께서 여러분 위에 머물러 계시기 때문입니다.(1베드 4,14)

어떤 사람이 고통을 당하는 것에도 불구하고 행복한 상태에 있다면 이것은 비정상적인 즐거움이 아니라 하느님의 성령께서 그를 위로하고 그가 무엇 때문에 고통을 받고 있는지 투명하게 보게 하기 때문에 그러한 것이다. 이것은 디트리히 본회퍼Dietrich Bonhoeffer가 사형선고를 받은 시간에 이렇게 말할 수 있었던 것과 비슷하다.

> 이것으로 끝이다. 그러나 나에게는 생명의 시작이다.

19세기에 주로 침실에 걸어두기 위해 그린 작품들에 등장하는 부드러운 예수의 모습에서 우리는 자주 틀린 생각을 하게 된다. 예수는 부드러운 것이 아니라 지나치게 유약하게 묘사되었기 때문이다. 행복 선언의 예수는 판단하는 일에서 강한 결단력을 지니셨다. 고통은 동정과 마찬가지로 마음 깊이 파고든다. 예수께서 가지신 마음과 같은 마음을 가지게 되면 고통과 박해 중에서도 지금 이 자리에서 벌써 미소를 지을 수 있게 된다. 우리는 이것을 종종 간단히 "이 모든 것은 어떤 관점으로 볼 것이냐의 문제다."라고 한다. 이러한 관점은 그리스도인의 입장에서는 '믿음'이다. 성경에 쓰인 그리스어 말고 일반적인 그리스어에서 믿음은 신뢰와 인내를 의미한다. 자신이 신뢰하는 사람이 어떤 사람인지를 아는 사람은 그에게 명백하게 맡길 수 있는 모든 것에 대해 기뻐한다. 맡길 수 있는 것이 이미 언제나 그리스도교의 가장 명백한 복음이었던 고통과 박해일지라도 그러하다. 고통과 박해는 자기 자신이 스스로 이러한 것을 선포하기 때문이다.

불의가 판치는 이 세상은 최종적인 것이 아니라 언제나 그 이전 단계에 지나지 않는다. 이 세상의 날들은 수를 셀 수 있을 만큼 얼마 남지 않은 반면, 이 세상의 미래는 이미 벌써 가까이 도래하고 있다.

6.2 예수, 남자, 여자, 부부, 아이들

오늘날 우리는 전통적인 형태의 가정이 서서히 해체되면서 남자, 여자, 아이들이 느슨한 계약을 맺어 이룬 가정, 이런저런 사람들이 모여 형성한 가정, 생애의 한 일정한 기간만 함께 살기로 한 가정과 같은 형태로 뒤죽박죽되어 지금까지 어떤 인간 사회에서도 볼 수 없었던 모습으로 변해 가는 것을 경험하고 있다. 이러한 상태에서 우리는 함께하는 삶이 가능한 근본적인 토대를 찾고 있다. 남자, 여자 그리고 아이들이 관계, 공동체, 사랑, 부부, 가정으로 연결되는 것은 단지 기능들에 의해서만 결정되는 것일까? 성, 무료함, 후손을 생산하는 것, 함께 있기를 원하는 것, 사회적 접촉, 돈, 세대 간 계약 등과 같은 것들에 의한 것일까? 우리는 이런저런 경우에 가끔씩 함께 모여들었다가 목적한 것이 채워지면 이내 다시 헤어지기를 원하여 고독 속으로 달아나서 최종적으로는 단지 고립된 개인으로 머물고 마는 존재일까? 우리는 언제나 주변을 맴돌기만 할 뿐 한 번도 참으로 결합하는 일이 없는 원자原子와 같은 존재일까? '동시대를 함께 살아가는 고독한 개인들'의 형태로 살아가는 것 외에 우리에게 남은 것은 아무것도 없단 말인가?

나는 그렇지 않다고 생각한다. 관계, 공동체, 가정은 그런 데서 그치는 것이 아니다. 사람들 사이에 개인적인 관계를 맺는 것은 이전에 고립된 사람들이 덧셈을 하듯 모인 것에 불과한 것이 아니다. 어떤 가정도 특정한 목적을 위한 연합체이거나 일정한 기능을 가진 조합과 같은 것이 아니다. 가정은 사람들이 단순히 옆에 서 있는 것만으로, 또는 수가 보태어지는 것만으로 형성되는 것이 아닌 것이다. 가정을 이룬 남자와 여자는 두 명의 독립적인 사람들이 모여서 질적으로 새로운 상태로 변화되지는 않은 채 아이만 낳은 것이 아니다. 아이도 오늘날 유행하는 남녀관계의 형태가 은근히 비추는 바와 같이 단지 불필요한 혹에 지나지 않는 것이 결코 아니다. 예수가 아이로 태어나셨을 때에도 단지 당신의 가족에게 부차적인 존재이기만 했던 것이 아니었다.

우리가 사람들 속에서 공동체에 대해 말할 때에는 먼저 하나의 작은 우회로를 걸어야 하는데 그것은 바로 하느님을 바라보는 것이다. 우리가 하느님과 어떤 것을 할 기회를 가질 때에는, 개별적으로 흩어져 있는 우리 각자가 인위적으로 하나로 모여들어야만 하는 것이 아니라, 하나이신 하느님의 일치성에 의해 하나로 모여들게 된다. 우리는 믿음의 지평 안에서 이 세상을 하나의 근원으로부터 이해하게 되고, 피조물의 다양함과 확장도 이것으로부터 이해하게 된다. 하나이신 하느님이 둘로 확장되어 나가고 이어서 다양함으로 확장되어 나가신다. 이러한 생각은 남자와 여자, 하느님과 세상, 시간과 영원을 대립관계로 생각하는 데 익숙한 사람에게는 제대로 이해되기 힘들다. 그래서 우리는 힘이 많이 들더라도 수많은 개별적인 것들이 하나로 일치해 들어오도록 언제나 애를 써야 한다. 다양한 모습의 세상에 뛰어들어 이러한 방식으로 이 세상에 평화, 화해, 공동체를 구현하려고 하는 시도들이 얼마나 힘들고 어려울 수 있는 것인지 어렵지 않게 짐작할 수 있다.

하느님이 사람이 되심은 다른 길을 보여 준다. 그것은 바로 하나로 일치된 것에서 다양성이 펼쳐져 나오는 것인데, 다양성은 일치성 안에서 합당하고 가능하다. 하나이신 하느님은 시작이고 목표인데, 중재자 한 분이 이 목표를 향한 길에 서 있다. 아들은 아버지로부터 분리되어 있지만 성령 안에서 아버지와 완전히 하나로 일치되어 있다. 여기 특별한 하나의 의미가 있는데 하나인 성령이 그리스도인들에게 파견된 것이다. 이 실체는 창조 성령으로서 여러 가지 은사와 봉사 가운데 작용하시기 때문이다. 한 분이신 하느님으로부터 유래한 우리가 다양성 속에서 우리 자신을 잃지 않으려면 우리가 어디에서 유래했는지를 지속적으로 생각할 필요가 있고, 공동체에서 바치는 기도와 찬가 또한 필요하다. 이들은 천국에 대한 영적 기억이고 맨 처음 일치하던 때로 돌아가는 것이다. 공동체의 기도와 찬가는 현세를 살면서 천국을 미리 맛보는 것이요, 영광 속의 일치로 나아가는 길을 알려 주는 이정표이기도 하다. 그렇기 때문에 기도와 찬가는 영의 작용에서 비롯된 것이다. 그렇기 때문에 예수의 인간적인 몸은 창조주 성령을 통해 철저히 새롭게 창조되었다. 예수는 쇄신되고 구원된 인간의 전형이기 때문이다. 그러나 여기서 관건은 역시 창조, 다시 말해 하느님께서 맨 처음 하신 행위로, 우리 인간도 그대로 따라 행하는 것이다. 우리가 하느님과 함께 어떤 일을 할 때 그동안 분리되었던 모든 것은 일치를, 즉 우리가 (이미 잃어버렸지만) 유래했고 우리가 (다시 얻으리라고 믿는) 추구하는 일치를 떠오르게 한다. 그러므로 분리된 것을 극복한 모든 형태–이것에 대한 동의어 '사랑'–는 하나의 신적 징후를 지니고 있다. 충만한 관계 속에 있는 성실한 사람들은 하느님과 천국을 떠올리게 하고 완성을 미리 맛보게 한다.

일치와 평화가 발단한 곳이면 이 두 가지를 구현하는 일은 수월하다. 일치와 평화는 하느님으로부터 유기적으로 발원한 것이지, 먼저 구축하고 나서 찾는 게 아니기 때문이다. 하느님만을 바라보고 그분 앞에서 기도하며 그분과 함께 고투할 때 일치와 평화는 쉽게 구현된다. 그러면 기도는 하느님 안에 있는 근원으로 곧장 재빨리 되돌아갈 것이다.

하느님께서 어린아이가 되었다는 것은 본질적으로 무슨 의미일까? 나는 중세의 텍스트들에 대해 특정한 편애를 지니고 있다. 이들은 깊은 묵상의 열매이다. 우리가 이들의 본래적인 말에 침잠해 들어가면 이들은 그것이 무엇에 관한 것인지에 대해 우리에게 대단히 간결하고도 정확하게 알려 준다. 중세의 기도들은 이러한 방식으로 성가정 축제의 중심을 이루게 되었다. 이 세상이 다 담을 수 없이 크신 하느님께서 동정녀의 몸속에서 살아가기로 한 신비가 그 안에 들어 있고, 무한하신 하느님께서 어린아이로서 순종하고 계명을 만든 분이 계명과 부모님께 자신을 내맡기고 순명하며 그렇게 하여 겸손을 가르친 신비가 그 안에 들어 있다. "순종하며 지냈다."는 말은(루카 2,51) 여기서 하나의 큰 역할을 한다.

위대하신 하느님께서 사람에게 순종하신 것은 앞으로 다가올 모든 종류의 인간사회 안에 평화를 정착시키기 위한 신비스러운 가르침이다. 우리가 평화를 힘을 가진 사람들끼리 조정하여 형성하는 것으로 이해하는 동안에는 그것은 영원히 피를 흘리게 하는 힘겨루기에 지나지 않는다. 그러나 평화를 이루는 것은 가장 작은 사람들에 대한 봉사이고 힘없는 사람들에게 엎드리는 것이다. 하느님께서 친히 순종하는 아이가 되셨다는 사실은 이 세상에 있었던 모든 힘을 가진 사람과 서열이 높은 사람의 관계를 완전히 뒤집어 놓는 것이 된다. 통치자들, 독재자들, 장관들, 감독관들은 작은 존재들이고, 큰 존재는, 실로 가장 큰 존재는 어린아이다. 오직 적은 수의 사람들만이, 참으로 현명한 사람들만이 이제까지 시종일관 이 길을 걷기 위해 용기를 내었다.

하느님께서 어린아이가 되셨다는 사실은 일찍이 어디에서도 볼 수 없었던 현상인, 오늘날 어린아이를 적대시하는 사회에 무엇을 말하는 것일까? 이것은 논리적 귀결로 사람들이 오늘날과 같이 하느님으로부터 멀어진 때가 없었다는 사실을 말하는 것이기도 하다. 이것은 아이들의 특성인 놀라워하고 모든 것을 다른 사람들에게 기대하는 면이 우리에게 창피한 일이 아니라 덕행, 나아가 신적 덕행이 된다는 점도 말해 준다. 그리하여 오래된 기도문을 보면 이렇게 나온다. 요셉과 마리아는 예수가 하느님이면서 동시에 어린아이인 것을 알았을 때 놀랍고도 감격스러웠다. 하느님은 어린아이가 되셔서, 이제부터 어린아이에게 관심을 갖는 것과 어린아이를 돌보는 것 그리고 어린아이에게 사랑을 베푸는 것은 하느님 자신에게 그렇게 하는 것으로 여길 수 있게 하셨다. 이러한 이유로 이제부터는 많은 것을 아는 것보다 감동하고 질문하는 것이 더 가치 있게 되었다.

순종과 종속은 늘 그렇게 여겨졌듯이 신적인 것이지, 자아실현이나 해방이 아니라는 것은 여전히 가장 뜨거운 논쟁거리임에 틀림없다. 이 말을 하는 것만으로도 벌써 모든 정도正道에 어긋나는 일이고 도금도 하지 않은 십자가를 목에 걸고 다니는 것이 한때 부끄러운 짓이었던 것과 같이 부끄러운 일로 여겨진다. '순종'이라니 말도 안 된다는 것이다. 이 단어에는 그만둔다는 의미도 들어 있다. 비판이론die Kritische Theorie은 '비판능력'을 가장 가치 있는 것으로 여기도록 가르치는 교육이 생겨나도록 했다. 그 결과로 건방지고 반항적이며 도대체 말이라고는 듣지 않는 아이를 이상형으로 떠받들도록 했다. 우리는 순종을 여전히 목이 긴 군화 소리를 내며 위협하는 나치근위대의 절대복종과 연결시키고 있다. 그러나 정신을 상실한 잔인한 순종만 있는 것은 아니다. 참된 것에 어떤 조건도 없이 복종하는 순종도 있고, 진리를 위해 차라리 죽을지언정 굽히지 않는 사람이 하는 진리에 대한 순종도 있다. 또한 장애를 가진 아이들을 모두 죽음의 수용소로 보내라는 나치의 명령에 따르기보다 차라리 자신들이 수용소에 갇히기를 선택한 수녀들의 순종도 있다. 우리는 순종은 똑똑하지 못한 삶의 방식이고 소심한 사람들의 비열한 행위이며 줏대 없는 행동에 지나지 않는 것으로 여기는 경향을 여전히 버리지 못하고 있다. 나치들이 그리스도교의 겸손을 거슬러 퍼부어 댄 독설이 여전히 우리 가운데서 작용하고 있다. 게르만족은 이른바 로마-가톨릭 성직자들의 노예적 신념에 맞서 우쭐대고, 한쪽에서는 여전히 문화투쟁도 일어나고 있다. 그렇더라도 겸손이 가장 중요한 덕목이 될 수 있다. 사람들이 겸손을 실천한다면, 자신이 항상 옳은 것은 아니지만 그래도 옳을 때도 종종 있다고 고백한다면 말이다. 최근에 어떤 사람이 가톨릭적인 '죄의 기쁨'Sündenfreudigkeit이라고 말한 바 있는, 죄인이면서도 동시에 기뻐할 수 있는 신비에도 겸손이 해당된다. 이것은 이러한 상태에 있었던 마르틴 루터를 강하게 연상시킨다.

이런 점은 오늘날 어떻게 살아갈 수 있을지 고심하는 가족에게 한 줄기 빛을 던져 준다. 예수가 하느님의 아들이었음에도 불구하고 당신의 부모에게 순종했다는 사실은 하느님이 인간이 되셔서 인간적인 질서들을 파괴한 것이 아니라 이 질서들을 겸손하게 받아들이고 따랐음을 의미한다. 바오로 사도도 이와 비슷하게 예수는 "계명에 순응하면서" 살았고 계명을 충실하게 지켰다고 말했다. 마태 3,15에 의하면 예수는 세례자 요한과 함께 "모든 의로움을 이루셨다." 말하자면 모든 그리스도인이 실천해야 하는 것을 실천하신 것이다. 바오로는 필리피인들에게 보낸 편지에서 이러한 것을 종합하여 찬가로 표현했다. 예수는 사람으로서 순종했는데, 십자가에서 죽기까지 순종하셨다는 것이다. 여기서 눈에 띄는 것은 부모와 계명에 순종했다는 것을 언제나 하느님의 아들이 사람이 되어 오신 것과 연계시켜 높이 평가한 것이다. 하느님은 사람이 되셨을 뿐만 아니라 사람들의 질서에 순응하기까지 하셨다. 하느님은 파괴하는 것이 아니라 치유하신다. 하느님은 내면으로부터 치유하시는 것이다.

여기서 극명히 대조되는 점이 있다. 나중에 예수는 여러 가지 점에서 당신의 가족과 관계를 끊었다는 사실이다. 그리고 당신 제자들에게도 이와 유사한, 순종하지 않는 태도를 요구하셨다. 그러나 이러한 것도 최종적으로는 모든 사람의 삶에 공통적인 것이다. 어떤 사람이 성인이 되는 과정에서 아무런 고유한 생각도 없이 선조들을 그대로 모방하기만 할 수는 없는 것이다. 그는 새로운 존재로서 세상 한복판에 들어가 독자적인 모습으로 살아갈 것이며 또 당연히 그렇게 살아가야 한다. 우리는 예수에게서 양면을 모두 보게 된다. 예수에게 당신이 살던 시대의 모든 것이 함께 있다. 순종은 어린 시절과 청소년기에는 보호받는다는 표현이고, 비판적으로 거리를 유지하는 것은 성인이 되어 간다는 표지다. 예수에게서는 이 두 과정이 강렬하게 진행된 것으로 생각할 수 있다.

어린아이가 부모로부터 분리되어야만 하는 것이 오늘날 많은 수의 부모들에 의해 잘못 이해되고 있고, 그래서 많은 수의 아이들이 이것을 제대로 해내지 못하고 있다. 사춘기는 대부분의 가족들에게 고통스럽고 서로 상처들을 주고받는 기간으로 여겨진다. 사춘기는 가족을 위기로 몰아넣고 가족을 해체하기까지 하는 불행한 시기로 해석되기도 한다. 하지만 그럴 수밖에 없다. 아이는 부모의 생각과 계획으로부터 벗어나려고 할 수밖에 없다. 부모가 사랑의 마음으로 사전에 더 깊이 배려할수록 아이는 더욱 강하게 반발할 수밖에 없는 일이다. 예수에게 있어서도 그러했다. 예수는 당신의 가족을 '위기 상황'에 빠져들게 했다. 당신이 보호받은 것이 나중에 새로운 길을 걸어갈 힘을 준 것은 명백하다. 이러한 의미에서 예수는 다른 사람들과 마찬가지로 정상적인 사람으로 성장한 것이다.

예수가 당신의 가족으로부터 어느 정도 독립한 것은 열두 살의 나이로 벌써 모든 학문을 섭렵하고 성전에서 율법학자들과 당당하게 대화한 것에서 드러난다. 이러한 보도는 여러 종류의 고대 전기문들에서 볼 수 있다(이러한 이유로 루카 2장에서 하는 보도가 진실이 아닌 것이 아니라 오히려 그 반대가 된다. 재능은 소년시기에 드러난다. 이런 것을 볼 때에도 예수는 전적으로 정상적이었다). 루카 2,41-52은 '평화로운 목가적인 가족생활'과 예수의 빠른 성장과 재능만을 보여 주는 것이 아니다. 루카 2장은 나중에 예수의 삶을 결정짓는 갈등도 보여 준다. 예수는 "사람에게보다 하느님께 훨씬 더 순종했다(사도 5,29 참조). 예수는 천상 아버지의 집에 있어야만 했다. 예수는 성전을 사랑했다. 이것은 시편 122를 연상케 한다.

"주님의 집으로 가세!"
사람들이 나에게 이를 제 나는 기뻤네.
예루살렘아, 네 성문에 이미
우리 발이 서 있구나.
…
주님의 이름을 찬송함이
이스라엘을 위한 법이라네.

요한 2,17에 예수의 활동을 평가하기 위해 시편 69,10이 인용되었다.

당신 집에 대한 열정이 저를 불태웁니다.

그러므로 예수가 성전을 없애 버리려고 했다거나 성전에서 드리는 예배를 치워 버리기를 바랐다는 말은 있을 수 없다. 예배와 전례에 대한 자신의 거부감을 예수의 삶에 투영하여 마치 예수가 거부감을 가졌던 것으로 해석하기도 한 성경주석가들이 있었던 것은 부정할 수 없는 사실이다. 이들은 예수가 성전을 한 번도 방문한 적이 없고(루카 2장에서만 그렇게 명시됨, 마르코 12장을 참조할 것) 예수가 "성전을 정화한 것"(가축을 파는 자들과 환전꾼들을 몰아낸 것)은 성전예배를 없앤 것이라고 한다.
예수는 많은 표상과 비유들을 말씀하시면서 당신의 가족에게서 경험한 긍정적인 체험들을 보여 주고 있다. 특히 루카 11,11-13에서 이러한 것을 살펴볼 수 있다.

> 너희 가운데 어느 아버지가 아들이 생선을 청하는데, 생선 대신에 뱀을 주겠느냐? 달걀을 청하는데 전갈을 주겠느냐? 너희가 악해도 자녀들에게는 좋은 것을 줄 줄 알거든, 하늘에 계신 아버지께서야 당신께 청하는 이들에게 성령을 얼마나 더 잘 주시겠느냐?

성장하는 예수에게 마리아가 어떤 의미를 가졌는지 질문해 볼 수 있다. 이 질문은 우리가 마리아의 역할을 교의(동정녀, 잉태, 탄생)에만 한정하지 않도록 하려는 것이다. 우리는 당시 유다이즘의 증거들을 통하여, 무엇이 상식에 근접한 것인지, 어머니(그리고 할머니)가 어린아이들의 성격형성과 지적 성장에 얼마나 지대한 역할을 하는지 알고 있기 때문이다. 이러한 아들에게 어떤 어머니가 어울릴까? 유다인들이 사용하는 고유한 언어는 이스라엘의 종교지도자 역할을 한 어머니들의 의미를 상기하게 해 준다. 여자 예언자의 행복 선언은 유다이즘에서 자주 증명되며, 신약성경에서는 마리아에 대한 언급에서 두 번이나 등장하고 있다. 루카 1,48의 마리아의 노래에 있고(이제부터 과연 모든 세대가 나를 행복하다 하리니) 루카 11,27(선생님을 배었던 모태와 선생님께 젖을 먹인 가슴은 행복합니다)에도 있다.

이제 예수가 결혼에 대해 어떤 생각을 가지셨는가에 대해 물어보자. 예수에게 있어서 가정은 하느님의 통치에 관한 하나의 표상이다. 예수는 하느님의 통치를 하느님과 백성 사이에 맺은 혼인의 표상에 따라 생각한다. 예수 자신에게 있어서는 '메시아와 백성'이라는 원초적인 새로운 관계가 이것에 대한 표상이 된다. 그분 자신이 신랑이고 당신의 제자들은 신랑의 친구들이다. 이 혼인에 대해 기뻐한 세례자 요한 역시 신랑의 친구이다. 하느님과 하느님의 백성은 영원히 지속될 결합으로 연결되어 있고, 어떤 것으로도 부정될 수 없고 잘못될 수도 없으며 느슨해질 수도 없고 소외될 수도 없는 계약으로 맺어져 있다. 그러므로 다른 여러 가지와 더불어 이혼에 관한 불허는 되풀이해서 언급된다. 가정은 하느님 나라의 핵심적 요소이다. 카나의 혼인 잔치는 예수가 가져오는 메시아적 충만을 위한 표지가 된다.

이혼에 대해 어떤 말을 해야 할까? 오늘날의 사회는 가톨릭교회가 예수가 하신 말씀에 따라 이혼을 불허하는 데 대해 대단한 불만을 토로하고 있다. 예수가 이 문제에 있어서 정말로 무자비하고 비인간적이었을까? 최근에 어떤 여성이 나에게 교황님이 동성애를 "자연을 거스르는 행위"라고 말한 데 대해 성토했다. 나는 그녀에게 이렇게 대답했다.

> 예수는 이혼하는 것(다시 결혼하는 것을 포함하여) 자체가 이미 자연을 거스르는 행위라고 했어요.

예수는 이혼을 못하도록 한 근거로 하느님께서 "남자와 여자로" 창조하시고 모든 것을 활기차게 하셨다는 것을 들었다. 마르코 10장에서 예수는 이렇게 말씀하신다.

> 모세는 이혼장을 써 주고 아내를 버리는 것을 허락했다. … 너희 마음이 완고하기 때문에 모세가 그런 계명을 기록하여 너희에게 남긴 것이다. 창조 때부터 하느님께서는 사람들을 남자와 여자로 만드셨다. … 하느님께서 맺어 주신 것을 사람이 갈라놓아서는 안 된다.

예수는 이러한 말씀으로 신명기 24장에 있는 이혼에 관한 규정을 한 가지 타협으로 여겼다. 그러나 당신 자신은 창조 질서에서 원인을 찾는다. 예수님 시대에 창조 질서, 곧 자연법에서 원인을 찾았다는 것은 당대의 스토아 철학이 국가의 실정법에 맞서 자연의 이성적인 질서를 내세운 점에도 바탕을 두고 있다. 그러므로 예수가 하느님의 창조의지에 근거한 자연법을 높이 받든 것은 자연에 깃든 이성적 질서에 대한 스토아 사상과 만난다. 이 둘은 서로 힘이 막강해진다. 이혼과 재혼은 자연을 거스르는 것이다. 세상은 남자와 여자가 짝을 이루도록 질서로 정해졌기 때문이다. 하느님 안에서 한 남자와 한 여자가 새로운 계약으로 결합하게 되는 것이다. 유다이즘에 따르면 하느님께서 친히 신부인 하와를 아담에게 인도해 주셨다고 한다. 이 말은 하느님께서는 혼인하는 부부 한 쌍 한 쌍에게 그렇게 하신다는 뜻이다. 그렇기 때문에 예수도 "하느님께서 맺어 주신 것을 사람이 갈라놓아서는 안 된다."고 말씀하신 것이다.

여기에는 또한 예수의 인격Person과 밀접히 연결된 어떤 것이 있다. 예수는 당신 자신을 일러 새 이스라엘의 신랑이라고 거듭 부른다. 바오로가 에페소 신자들에게 보낸 서간에서도 그리고 요한 묵시록에서도 예수가 그렇게 언급되고 있다. 이는 예수의 역할을 상징한 말로, 매우 오래되고 널리 알려진 표현이다. 예수는 당신의 신부인 새 이스라엘을 얻고자 애를 쓴다. 그분이 다시 오시는 시기가 바로 혼인식을 올리는 날이다. 근대에는 복음을 전할 때 예수를 신랑으로 상징한 표현을 경시했으며 신학에서도 철저히 침묵을 지켰다. 그러나 신랑과 신부라는 이러한 표상은 구약성경에 깊이 뿌리내린, 하느님과 이스라엘 사이의 혼인에 대한 오래된 표상을 다시 받아들인 것이다. 하느님의 짝은 이스라엘 백성이다. 예언자들은 이스라엘이 불륜을 저질러서 이 혼인이 깨진 것을 애석히 여기며 거듭 탄식한다. 예수는 이러한 표상을 바꿔 놓는다. 메시아로서 그분은 쇄신된 백성과 혼인 관계를 새롭게 맺는다. 이것은 신학적으로 이러한 의미를 지닌다.

메시아와 그의 백성 사이의 관계는 혼인 계약을 통해 결정된다. 말하자면 법적으로 확정되는 것이고 사랑과 신뢰를 지킬 의무를 지니는 것이다. 성경적 의미로 볼 때 이는 당연히 가족의 유대를 일컫는 사랑을 의미하는 것이다.

이러한 관점에서 보면, 어찌하여 이혼을(재혼을 포함하여) 금지하는 예수의 말씀이 신약성경에서 가장 많이(다섯 번) 인용된 예수의 말씀인지 어렵지 않게 이해할 수 있을 것이다. 예수는 혼인의 충실성과 사랑에서 메시아와 백성 사이에 맺은 관계의 실질적인 모상을 보기 때문이다. 사람들 사이의 혼인이 파괴되면 혼인은 다가오는 하느님 나라를 위한 실질적인 상징이 될 수 없게 된다. 이것은 화해의 경우와 마찬가지다. 사람들이 서로를 용서할 경우에 비로소 하느님께서도 용서하실 수 있는 것이다. 사람들 사이의 용서가 하느님으로부터 기대할 수 있는 용서의 전제 조건이며 핵심인 것과 마찬가지로 인간적인 혼인을 깨끗하게 유지하는 것은 하느님께서 선택된 자들과 맺는 혼인의 쇄신을 위한 전제조건이다. 두 경우 모두에서, 사람들 사이의 건강한 관계는 하나의 상징을 넘어서서 핵심이자 동시에 전제조건이다. 그러므로 예수가 다음과 같은 의미의 말씀을 하실 것이라고 확신할 수 있다.

건강한 혼인과 가정은 하느님 나라가 자라는 보금자리이고 핵심이다.

그러므로 여기에 예수가 제자들과 함께 있을 때 그들에게만 가르쳐 주신 비밀이 들어 있다. 여기에서, 예수는 혼인과 간음죄에 대한 당신의 말씀이 하느님 나라 신비의 영역에도 적용되는 것으로 이해되기를 바라셨다는 것을 읽어 낼 수 있다. 물론 실패한 결혼생활들도 있다. 혼인을 하는 사람들 중에는 잘못을 저지르는 사람들도 있기 때문이다. 그러나 그리스도인들의 혼인은 자신을 훨씬 넘어가는 일이며, 그들이 지키는 신의는 인간에 대한 신적 신의를 미약하지만 힘껏 실현하려는 모상임을 더 깊이 알수록, 상대방과 경솔하게 헤어지는 일(이에 대해 우리는 더 이상 할 말이 없다)을 하찮게 여기는 태도에 대해 더욱 신중을 기할 것이다. 교회 안에서 이혼한 사람들—이들이 이러한 재앙에 대해 잘못이 있든 없든 간에—을 자주 냉대하고 그리스도인으로서 못할 짓을 한 사람으로 취급하는 것에 대한 문제는 여기서 말고 다른 차원으로 다루어야 한다.

복음은 예수가 아이들과 특별한 관계에 있는 것으로 보도한다. 고대에 아이들과 여인들은 사람의 수에 들지도 않았다는 것을 생각한다면 이것은 주목할 만한 일이다. 예수가 아이들을 가슴에 품고 쓰다듬어 주었다는 것에 대한 보도가 있다. 예수가 아이들을 끌어안으시고 그들에게 손을 얹어 축복해 주셨다(마르 10,13-15)는 비유적인 행동은 한 아이의 모습에서 예수의 기쁜 소식을 눈으로 확인할 수 있다는 것을 새롭게 인식하게 한다. 예수의 마음을 끈 것은 아이들의 순진무구함이 아니라 그들이 모든 것을 철저히 의존하는 상태에 있으며 모든 것을 어른들로부터 받아야만 한다는 것이었다. 어린아이 자신이 그렇게 중요한 것이 아니라 어른들에 대한 그들의 일방적인 관계가 중요한 것이다. 우리는 이러한 관계에서 한 가지 중요한 요소를 도출해 낼 수 있다. 아이들은 의존하려고 하기 때문에 자신의 주장을 관철하기를 반기는 사회에서 가장 나약한 구성원이 된다는 점이다. 아이들을 받아들이는 사람은 그들을 돌보고 보호한다. 오늘날 손님들을 함부로 대하지 않고 정중하게 대접하는 사람은 손님을 맞는다는 것이 그들에게 봉사해야 한다는 것을 아는 사람이다. 집에 손님이 오면 아내와 나는 갖가지 음료를 비롯하여 좋은 음식, 내 생각에는 의미 없어 보이는 스낵까지 산처럼 쌓아 내놓는다. 예수가 말하는 봉사가 바로 이런 구체적인 것이었다. 어느 대학 교수가 아이의 생일을 맞이하여 모든 것을 주관하듯이 말이다(나 역시 그렇게 했다). 다시 말해 가장 나약한 사람들에게 봉사하라는 것이다. 이런 맥락에서 사람들이 말했다.

믿는 사람은 오직 하느님 앞에 그리고 오직 약한 사람들을 위해 허리를 굽히는 것이다.

이러한 의미로 중세의 사람들은 '주님이신 병자들'에 대해 말했다. 예수의 이러한 말씀은 하나의 사회적 혁명을 의미한다. 그러나 이 사회적 혁명은 이기주의나 분배 원칙이 척도가 되게 하지 않으며, 사람들이 후대에 추구했듯이 사회적 새 기준이 되게 하지도 않는다. 결정적 척도는 마리아의 노래인 마니피캇-신학의 의미에서 볼 때 하느님이며 예수의 길이다. 이러한 고찰을 통해 우리가 가장 약한 사람들을 어떻게 대하느냐에 하늘나라에서 맞이할 미래만이 아니라 현세를 살아가는 우리들의 미래가 달려 있다는 사실이 서서히 분명해진다.

예수는 고통과 봉사가 무엇을 의미하는가에 대해 말씀하고자 하실 때에는 제자들 한가운데 아이를 불러 세웠다. 그리고 이혼을 반대하는 이유를 말하고자 하실 때에도 다시금 한가운데 아이를 세웠다. 사회역사적으로 보면 이혼에서 아이들이 가장 먼저 고통당하는 것은 분명하다. 예수는 아이들을 사랑하신다. 아이들을 사랑하는 사람은 혼인의 제도를 강화해야 한다. 오늘날 우리 사회에서 진행되고 있는 상황은 이혼이 발생할 때마다 항상 아이들이 고통당하는 것을 보여 주고 있다. 마르코 10장에 '하느님의 나라'라는 표현은 두 번이나(14절과 15절) 등장한다. 이것은 예수가 혼인생활의 충실성을 하느님 나라에 관한 당신의 말씀에서 하느님의 충실성을 위한 표상으로 삼고 있음을 증명한다. 예수가 아이들을 끌어안으시고 축복하면(16절) 하느님께서 아담과 하와에게 혼인의 축복을 내리신 것과 같은 것을 하는 것이다. 낙원에서 하느님의 혼인 축복은 이러한 의미를 지닌다.

자식을 많이 낳고 번성하여라.

그러나 무엇보다 먼저 이것을 살펴보아야겠다. 도대체 아이들이 하느님의 나라를 받아들이는 방식이 혼인 상황에서 신의를 지키는 것과 무슨 관계란 말인가? 어떤 사람이 아이가 그렇게 하는 것과 같이 하느님의 지배를 받아들여야 한다면, 불편하지만 해야만 하는 의무로 받아들일 것이 아니라 즐거운 일로 받아들여야 한다. 그러면 그는 이것을 최상의 선물로, 값비싼 보물로, 비교할 수 없는 행복으로 여기게 된다. 아이들은 모든 것을 다른 사람들로부터 기대해야 하는 극단적인 의존을 지속적으로 해야 하기 때문이다. 이러한 완전히 다른 사람들에게 의존하고 있는 근본적인 상황, 자신의 성장과 죽음이 온전히 외부의 조건에 놓여 있는 상황, 동시에 다른 사람들로부터 전적으로 받아야만 하는 상황, 이러한 근본적인 상황은 세 가지 영역이 해당된다. 첫째는 아이들과 어른들의 관계, 특히 대가족과의 관계이고, 둘째는 부부의 관계이며, 셋째는 하느님과 그 백성의 관계, 메시아와 확장된 이스라엘이 맺은 새로운 관계이다. 이 세 가지 관계에서 지속적인 신의는 생존에 필수불가결한 요소이다. 아이들의 눈이 자신을 돌보아 주는 사람들을 향해 있는 것과 같이 남편의 눈은 아내를 향하고 있고 아내의 눈은 남편을 향해 있다. 이와 마찬가지로 하느님 백성의 눈은 하느님을 향하고 있다. 이러한 의존성을 인지하는 것과 여기서 발생하는 실질적인 결과는 하느님의 나라를 받아들이는 근본구조이다.

마지막으로 고찰할 것이 있다. 예수의 순수한 가르침을 한 단계 낮은 윤리, 본디 '종교'라고 할 수 없는 윤리와 구별하려는 움직임이 늘(최근까지도) 있어 왔다는 점이다. 이러한 시도를 한 사람들은 예수는 다가온 하느님의 지배를 선포하기 위해 활동하셨지 성 문제나 이와 비슷한 영역들을 위한 규정적인 원리들을 가르치기 위해 활동하신 것은 아니라는 주장을 한다. 이러한 시각은 여러 가지 요소들을 근거로 삼고 있지만 성경에 바탕을 둔 것은 아니다. 예수가 윤리 선생이 아니었던 것은 틀림없는 사실이다. 그러나 구체적인 인간들이 살아가야 할 근본적인 법칙들을 하느님과의 관계 안에서 정립하셨다. 예수는 이러한 작업에서 자신을 구약성경과 분리하지 않으셨다. 성경에서 종교와 백성은 종교와 성 윤리, 종교와 혼인과 마찬가지로 서로 밀접한 관계에 있다. 이것은 이러한 의미이다. 하느님께 대한 관계는 (이것을 종교라고 말한다) 백성, 성 윤리, 가정, 혼인과 연계되지 않은 채 존재하지 않는다. 이러한 문제는 새로운 것이 아니다. 복음을 들은 이방인들은 당시에 벌써 하느님께 대한 믿음에서 나오는 결과를 정치, 권력, 성 윤리, 혼인의 영역에 적용해야 하는가에 대해 자주 물었음에 틀림없다. 신약성경은 이렇게 대답한다.

너희 이방인들이 생각하듯 이런 영역들은 이제 더 이상 자율적이지 않다. 이런 영역에 대해 예수 그리스도에 대한 믿음, 이스라엘의 하느님에 대한 믿음이 최대 쟁점일 것이다. 왜냐하면 여기에서 많은 것이 달라져야만 하고 달라질 것이기 때문이다.

그동안 이 영역들에서 적지 않은 오류가 발생했다. 하느님께서는 바로 여기에 정중히 개입하여 다스리고 결정하려 하신다. 그리고 바로 그러하기 때문에 교회는 용기를 내어 혼인 문제와 성 문제에도 깊이 개입하여 올바른 지침을 제시해야 한다. 이런 영역들이 계속 자율적이라고 주장하는 것은 철저히 이교도적인 모습이다.

6.3 예수, 포도주와 삶의 기쁨

그리스도교는 삶의 기쁨과는 거리가 멀다는 일방적인 견해를 끈질기게 고수하는 사람들이 있다. 이런 무리에는 금욕하는 자, 문학병에 걸린 여자, 괴팍한 사람을 비롯하여 특히 즐거움이나 에로틱, 유머가 없는 사람들이 포함된다고 추측할 수 있다. 맥주병 상표에 술에 취해 비틀거리는 수도자 모습을 그려 놓은 지 이미 오래되었더라도, 프리드리히 니체 Friedrich Nitzsche는 자신의 경험에 비추어 그리스도교는 엄격하고 삶을 부정하는 요소가 지배적이라고 여겼다. 그리하여 그는 그리스도교에서 구원에 관한 내용은 전혀 찾아낼 수 없었다. 니체 이후 삶에 대한 의욕이 강한 세대들은 무엇보다도 즐기려는 계획을 망쳐 놓으려고 하지 않았으며 마지막 한 방울까지 남기지 않고 퍼내려고 했다. 이는 결국 삶의 한 부분을 포기해야 한다는 뜻이다. 예수는 삶의 기쁨을 거부한 사람들과 비관론자들의 첫 주자였을까?

유다인들은 예수를 "먹고 마시는 자"로 불렀는데 예수는 이러한 말을 하는 사람들과 논쟁을 벌일 생각이 없었다. 우리는 여기서 예수의 주변 세계에 있었던 포도주의 고고학을 살펴보기로 하자. 알프스의 북쪽과 북유럽 전체에서 그리스도교가 전파된 과정은 포도나무가 전파된 과정과 일치한다. 서로 손을 맞잡고 함께 퍼져 나간 것이다. 성찬례에 사용되는 빵이 원래부터 기본 식량으로 손꼽힌 반면에, 포도주는 매우 특별한 식품이었다. 왜냐하면 포도주로 나오기까지 재배와 제조, 저장, 병에 주입하는 일에서 세심한 주의를 요할 뿐만 아니라 물이나 맥주와는 달리 기본 음료가 아니며 포도주에는 축제와 사치의 기운이 항상 감돌았기 때문이다. 이러한 이유로 포도주는 그리스도교의 또 다른 기본적인 상징인 기름과 비교할 만한 것이었다.

성경에서는 포도 재배를 어떻게 서술했을까? 포도나무에 연결된 살아 있는 포도 줄기를 구부려서 땅에 묻으면 묻힌 부분에서 뿌리가 생겨난다. 그러면 포도나무에서 분리한다. 사람들은 똑바로 서 있는 포도나무와 땅에 기는 포도나무를 구별한다. 똑바로 서 있는 포도나무에는 창세 49,11이 기록되던 시대와 마찬가지로 오늘날에도 나귀를 묶어 둘 수 있다. 포도나무는 겉으로 보기에는 유약해 보이지만 대단히 질기고 강하여 쉽게 뽑히지 않는다. 사람들은 포도원 주위에 돌을 쌓아서 울타리로 삼고 중앙에 원두막을 세워서 굶주린 새들과 여우들로부터 포도를 지키곤 했다. 포도원에 종종 무화과나무를 심었다(예를 들어 루카 13,8). 포도원은 쉬는 계절도 없이 일 년 내내 가꾸어야 한다. 특히 겨울철에 내리는 비에 해를 입지 않도록 땅을 파서 포도나무를 묻어야 한다. 다음에 소개된 랍비 속담에 따르면 포도나무를 아주 열심히 가꾼 것으로 보인다.

포도나무는 숙녀와 같고 올리브나무는 사막의 베두인 아내와 같으며 무화과나무는 농부의 아내와 같다.

소년들과 남자들은 바지를 높이 걷어 올리고 맨발로 수확한 포도를 밟아 껍질과 알맹이를 분리시킨다. 바지를 높이 걷어 올리고 일하지만 옷이 붉게 물드는 것을 막을 수는 없다(이사 63,1 이하). 붉은 색깔을 내기 때문에 포도즙 혹은 '포도-피'(Traubenblut, 포도즙과 본디 같은 뜻이지만, 이렇게도 표현함-역자 주)라고도 불렀다. 중세초기에 와서야 비로소 밝은 색의 포도를 재배하기 시작했다. 예수가 최후의 만찬에서 사용하신 포도주가 붉은색이었다는 것은 쉽게 짐작할 수 있는 일이다. 중세에 들어와서 성찬례에 붉은색 포도주를 사용하지 못하게 한 적도 있었다. 사람의 피를 마신다는 오해를 사지 않기 위해서였다.

포도주는 사람을 기쁘게 하고(시편 104,15; 코헬 10,19), 사람의 마음속에 있는 것이 무엇인지 드러나게 한다. 포도주는 걱정거리들을 잊게 하고(예레 16,7) 위장에도 도움이 된다(1티모 5,23). 착한 사마리아인 비유에 의하면 포도주는 기름과 함께 상처를 치유하는 데도 사용된다. 사람들은 밤에 술에 취하지만(1테살 5,7) 아침에는 그렇게 하면 안 된다(사도 2,15). 그리고 다음과 같은 말도 마음에 새겨야 한다.

너무 많이 마신 사람은 몸을 제대로 가누지 못하여 비틀거린다.

성경이 기록되던 고대에 포도주는 소중한 것이었다. 랍비들과 교부들의 이야기에는 포도나무의 발생과 재배에 관한 대단히 사실적인 내용들이 있다. 아담과 하와를 낙원으로부터 추방한 것은 천사였다. 아담과 하와는 눈물을 흘리며 울었다. 천사는 동정심을 느끼며 지팡이 쥔 손에 힘을 주었다. 천사가 아담과 하와를 불쌍히 여겨 그들과 함께 흘린 눈물이 지팡이를 타고 흘러내려 땅으로 스며들었다. 지팡이는 뿌리를 내렸고 그 열매는 천사의 눈물만큼이나 달콤했다. 이것이 첫 번째 포도나무였다.

널리 퍼진 전설에 의하면 아담과 하와가 낙원에서 먹은 금지된 과일은 사과가 아니라 포도였다. 그러한 이유로 노아는 홍수 이후에 포도나무를 새로이 다시 심기로 마음먹었다. 그래서 하느님께서 노아에게 이러한 말씀을 하셨다.

포도나무 열매 때문에 아담과 하와가 낙원에서 쫓겨난 것과 같이, 포도나무 열매가 구세주의 피가 된다면 이들이 다시 낙원으로 들어가게 될 것이다.

이렇게 하여 불행의 도구와 구원의 도구가 일치하게 되었다. 노아가 포도원을 만들기 위해 갔을 때 사탄이 와서 노아에게 다음과 같이 물었다.

무엇을 심느냐?

노아는 이렇게 대답했다.

포도나무를 심는다. 이 나무의 열매는 신선할 때에도, 말렸을 때에도 똑같이 달콤하다. 사람들은 이 열매로 마음을 기쁘게 하는 포도주를 만든다.

그러자 사탄은 이렇게 말했다.

그렇다면 우리 함께 동업하여 이 포도원을 가꾸자.

노아는 동의했다. 그러자 사탄은 양 한 마리를 데려와서 포도나무 아래에서 죽였다. 그리고 차례로 사자, 돼지, 원숭이를 한 마리씩 죽여서 포도밭에 피를 흘리도록 했다. 그 결과로 다음과 같은 일이 일어났다. 포도주를 마시기 전에 사람은 제대로 아는 것이 없는 멍청한 양과 같다. 포도주를 적당히 마시면 사자와 같이 용맹하게 되고, 너무 많이 마시면 오줌똥을 비롯해 온갖 지저분한 것들로 자신을 더럽히는 돼지와 같이 되며, 완전히 취하도록 마시면 춤추고 희롱하며 바보 같은 소리를 대 놓고 하면서도 무엇을 하고 있는지도 모르는 원숭이와 같이 된다. 사람들은 이렇게 말한다.

한 잔의 포도주는 양이 되게 하고, 두 잔의 포도주는 사자가 되게 하며, 서너 잔의 포도주는 돼지가 되게 한다.

창세 49,11-12에 의하면, 다음과 같은 내용은 아브라함의 후손인 유다에 대한 표지이다.

그는 제 어린 나귀를 포도 줄기에,
새끼 나귀를 좋은 포도나무에 매고
포도주로 제 옷을
포도의 붉은 즙으로 제 겉옷을 빤다.

그의 눈은 포도주보다 검고
그의 이는 우유보다 희다.

이 말은 유다가 다스리는 곳에는 포도가 많이 재배되고 검붉은 빛깔의 포도주는 그를 알아보는 표지라는 뜻이다. 그리고 메시아는(대부분의 해석에 의하면) 유다 지파로부터 온다. 디다케의 축복기도에 의하면, A.D. 60년경의 공동체는 성찬례에서 포도주를 담은 성작에 대하여 다음과 같이 기도했다.

우리의 아버지, 메시아를 보내 주신 것에 대해 감사드립니다. 그분은 다윗 왕가에서 유래한 거룩한 포도나무입니다. 당신께 순종하는 예수님 안에서 당신은 저희에게 그분을 알려 주셨습니다. 당신께 영광이 영원하소서.(9장)

메시아인 예수님 자신이 포도나무이기에 성작 안에 든 포도주는 당신 스스로 자신을 내어 준다는 상징이다. 여기서 말하는 포도주에 대한 말씀은 초기 그리스도교에서 내용상 함께 나오는 빵에 대한 말씀보다 훨씬 강렬하다. 예수님 스스로 자신을 제자들에게 내어 주신다. 예수는 제자들을 위해 있는 것이다. 유다교는 이미 포도나무로 상징하는 메시아에 대한 약속을 긍정적 의미나 전투적 의미로 받아들였다.

이 표상은 외경인 바룩 묵시록에서 긍정적으로 받아들여졌는데, 여기에서는 메시아 자신이 포도나무로 불린다. 포도나무로는 무기를 만들 수 없기에, 그리고 포도나무는 끊임없이 돌보아야 하는 것이기에 평화를 위해 지속적으로 노력해야 하고 돌보아야 하는 것의 표상이 되었다. 그래서 이 묵시록적 문헌에는 평화를 지속적으로 가져오는 메시아에 대해 다루고 있다. 다른 권력자들과는 달리 메시아는 포도나무와 같이 평화롭게 다가온다. 종말을 기다리는 내용을 담은 수많은 텍스트(이른바 묵시록들)에도 메시아적인 포도나무의 표상이 긍정적으로 묘사되어 있다. 이 문헌들에 의하면 다가오는 구원의 시대에 사람들은 "곡식과 포도주 그리고 기름"을 차고 넘칠 만큼 얻는다. 포도나무마다 송이가 많이 달리고, 송이마다 포도 알이 빼곡히 박혔으며, 포도 알마다 믿을 수 없을 정도로 즙이 듬뿍 들어 있어 포도주를 많이 만들 수 있다고 묘사되어 있다. 이런 종류의 표현들은 기원후 1세기부터 종교개혁시기에 이르기까지 종말론적 텍스트들의 전형적인 특징이다. 교회의 공적 가르침이 종말에 대한 발언들을 주로 반反그리스도와 박해, 그리스도의 재림과 연관시키고 종말을 알 수 있는 표징을 연구하는 동안에, 종말을 다룬 논문들이 속한 '전위前衛 문학'에서는 세속적 구원에 대한 기대가 발단하였다. 이것은 천년왕국에 관한 터무니없는 기다림을 다루고 있는데, 특히 비잔틴제국에 널리 퍼져 있었고 근동의 소수 종교단체인 이라크 침례교에서조차 퍼져 있었다. 여기서 그리스도인들과 다른 종교를 믿는 사람들이 평화와 행복이 넘치게 될 세상에서 한 시대에 대한 표상을 어떻게 간직하는지가 내게는 무척 인상적이었다. 비잔틴제국에서는 마지막 황제에 대한 표상을 들 수 있는데, 이 황제는 사람들이 거의 구세주처럼 기다리는 대상이다. 독일에서는 붉은 수염의 바르바로싸Barbarossa 황제가 키프호이저Kypphäuser 산에서 내려오리라고 믿으며 기다리는 것과 유사하게(독일 전설에 따르면, 사람들은 바르바로싸라고도 부르는 프리드리히 1세 황제가 죽지 않고 기사들과 함께 키프호이저 산의 어느 동굴에서 잠자고 있으며 언젠가 깨어나 제국을 구하고 다시 새롭게 통치할 것이라고 믿고 있다.-역자 주).

앞서 인용된(그는 포도주로 제 옷을, 포도의 붉은 즙으로 제 겉옷을 빤다), 유다를 알아보는 표지는 전투적 의미로도 해석될 수 있다. 그러면 포도의 붉은 즙은 진짜 피의 표지가 된다. 우리는 이러한 종류의 해석을 하느님의 말씀, 재림하시는 메시아에 관한 묵시 19,15에서 발견할 수 있다.

그분의 입에서는 날카로운 칼이 나오는데, 그 칼로 민족들을 치시려는 것이었습니다. 그분께서는 쇠지팡이로 그들을 다스리시고, 전능하신 하느님의 격렬한 진노의 포도주를 짜는 확을 친히 밟으실 것입니다.

착즙기에 든 포도송이들을 밟아 대는 것은 여기서 잔인성과 폭력의 표상이 되었다. 진노의 포도주는 진노로 밟아 댄 포도송이에서 만들어졌다. 따라서 다음과 같은 표상을 생각해 볼 수 있다.

어떤 사람이 몹시 격분하면 한 가지 각본을 작성할 것이다. 마치 착즙기에 짓눌린 포도송이처럼.

중세에 통용된 표상으로 그리스도가 착즙기 안에 있는 표상도 이것과 결부된다. 예수가 수난에서 견디어야만 했던 고통은 격분하고 성난 사람들이 그분께 가한 것이다. 여기서 묵시록 19장과 다른 것은 피를 흘리는 사람은 진노의 심판을 받아 마땅한 사람들이 아니라 의로운 사람이라는 것이다.

성경에 나오는 포도주 문화 없이는 예수 또한 생각할 수 없는 일이다. 우리가 이미 본 바와 같이 포도주는 사치, 호화로움의 표지이다. 예수는 포도주를 당신의 메시아적 활동의 실질적인 상징으로 삼았다. '실질적인 상징'은 단지 명목상의 협약이 아니라 실제와 일치하는 표지를 의미한다. 한편으로 예수는 예를 들어 마르 12,1-10에 있는 악한 포도밭 소작인의 비유나 마태 20,1-10에 있는 선한 포도밭 주인의 비유에서 포도주에 대해 말씀하신다. 포도원은 이스라엘을 위한 하나의 상징이다. 포도원의 열매인 포도들은 사람들의 노동에 대한 하느님의 축복이고, 포도주는 메시아적 기쁨을 대단히 농축한 것이다. 이러한 점에서 포도주는 언제나 하나의 상징이다. 다른 한편으로 예수는 당신이 찾아가신 사람들과 함께 포도주를 마신다. 포도주는 몸과 마음에 실제로 이로운 시간이 이제 왔다는 표지가 된다.

여기서 참으로 특징적인 점-예수와 세례자 요한 사이를 구별하는 것이기도 하다-은 마태 11,17-19에 있는 토라진 아이들에 관한 비유이다.

'우리가 피리를 불어 주어도
너희는 춤추지 않고
우리가 곡을 하여도
너희는 가슴을 치지 않았다.'
사실 요한이 와서 먹지도 않고 마시지도 않자, '저자는 마귀가 들렸다.' 하고 말한다. 그런데 사람의 아들이 와서 먹고 마시자, '보라, 저자는 먹보요 술꾼이며 세리와 죄인들의 친구다.' 하고 말한다.

여기서 "먹고 마시다"라는 표현은 다시 "먹보요 술꾼"이라는 용어로 반복된다. 여기서 예수는 세례자 요한과는 다르게 당신이 먹고 마신 행위를 더 높게 평가하신다고는 명백히 말씀하지 않으신다. 예수가 거행하신 잔치는 사람들에게 베푸는 직접적인 구원의 행위이다. 우리는 예수가 함께 식사한 사람들은 로마의 권력과 손을 잡은 부패한 협력자들(세리들)

과 하느님을 부인하거나 떠난 사람들(죄인들)이었다는 것을 알고 있다. 예수가 내적으로 매우 가까운 공동의 삶으로 초대한(함께 먹고 마시는 것이 이러한 의미가 아니라면 무엇이란 말인가?) 사람들이 명백히 이렇게 신앙이 없고 삶의 질이 낮은 사람들이었다는 것은 이스라엘 백성 전체를 초대했다는 의미이다. 그런데 예수가 초대한 사람은 오로지 변두리의 사람들이고 소외된 사람들뿐이었다고 말하는 것은 너무 지나친 말이고 현대의 사회 낭만주의에 지나지 않는다. 그런 것이 아니라, 예수는 온전히 정상적인 사람들, 초라한 사람들, 별로 중요하지 않은 사람들, 지극히 일반적인 탐욕스러운 사람들, 부패한 사람들에게 관심을 갖고 다가가셨다. 이들은 우리와 같은 사람들이었다. 예수와 함께 식사한 사람들은 단지 창녀들과 세리들뿐이었다고 범위를 제한하는 사람은 그러한 생각으로 자기 자신을 구별되게 하려는 것이다.

요한복음서에 의하면 예수가 처음으로 하신 기적행위는 카나 혼인 잔치에서의 포도주 기적이다(요한 2,1-11). 예수는 여기서 엄청난 양의 포도주를 만드셨다. 사람들이 유적 발굴을 통해 당시 포도주를 담아 둔 용기의 크기를 알고 있고 혼인 잔치에 참여한 사람들의 일반적인 수를 추정하기 때문에, 예수가 하신 신비한 기적의 결과로 한 사람당 약 70리터의 포도주를 제공할 수 있었을 것으로 짐작할 수 있다. 이렇게 많은 양을 다 마시기까지는 상당한 시간이 걸렸을 것이다. 예수는 이러한 엄청난 양의 포도주 기적을 통해 메시아의 축복이 한없이 크고 넘친다는 것을 나타내고자 하셨고, 그러한 메시아는 바로 당신 자신이라는 것을 말하고자 하셨다. 하느님은 한없이 당신을 내주신다. 하느님은 그렇게 하시기를 간절히 원하신다. 지금도 그리고 언젠가 올 모든 시간의 종말에는 완전히.

이야기는 더 지속된다. 여기서는 예수 자신의 혼인에 관한 것처럼 진행된다. 여기서 이야기의 대상은 자주 언급되는 표상인 신랑이다. 요한 2장에 이어서 요한 3장 29-30절에 신랑에 관한 표상이 있다. 세례자 요한은 이렇게 말한다.

> 신부를 차지하는 이는 신랑이다. 신랑 친구는 신랑의 소리를 들으려고 서 있다가, 그의 목소리를 듣게 되면 크게 기뻐한다. 내 기쁨도 그렇게 충만하다. 그분은 커지셔야 하고 나는 작아져야 한다.

예수는 여기서 (그리고 넌지시 내포된 에로틱한 내용에서도) 신랑임이 틀림없다. 모든 백성이 당신에게로 달려온다고(요한 3,26ㄴ) 쓰여 있기 때문이다. 메시아가 신랑이라면 하느님의 백성은 신부이다. 신랑은 신부를 다시 새롭게 찾기만 하면 되고 혼인 잔치를 위해 준비를 시키면 된다. 하느님이 남편이고 이스라엘이 아내로 표현되는 오래된 표상이 여기서 새롭게 받아들여진 것이다.

그러나 이러한 혼인 잔치의 시간이 오기까지는 메시아가 아직 일정한 기간 멀리 가 있어야 한다. 그렇기 때문에 예수는 당신의 죽음을 예고한다(마르 2,20). 제자들과 함께 예수는 이 세상에서 활동하는 시간인 현재에 '혼인 준비 잔치'를 한 번 여신다. 이 말은 신랑이 아직 신부가 없는 시간에 미래의 신랑이 되어 자신의 친구들에게 미리 '한턱' 내는 것이다. 이러한 관점으로 마르 2,18-20에 들어 있는 논쟁을 이해할 수 있다. 단식은 포도주를 마시지 않는 것이다. 그래서 새 포도주는 새 부대에 담아야 한다는 표상이 이어진다(마르 2,21-22).

포도주가 핵심적인 의미를 갖는 것은 예수의 최후만찬에서이다. 최후의 만찬이 수난식사이었나 아니었나와 전혀 상관없이, 예수가 포도주가 담긴 잔을 마실 때 특별한 건배의 말씀을 하셨다는 것은 논란의 여지가 없다. 신약성경에 의하면 예수는 (이것은 의미를 따라 재구성해서 제시하는 것이다) 이렇게 말씀하셨다.

> 만약 너희가 이 잔을 지금 여기서 마시면 너희 모두는 하느님과, 또 너희 서로 간에 새로운 계약의 백성으로 결합된다.

일반적으로 포도주를 함께 마시는 것이 공동체가 되는 표시가 되는 것처럼, 여기에서도 하나의 특별한 축제의 공동체가 되고 하느님과 하나의 계약을 맺게 된다. 이 계약은 십자가에서 완성되는데, 피로 인장을 찍는 것이다. 붉은 포도주는 지금 만찬에서 이러한 피를 대신하고 즉시 효력을 낸다. 포도주를 마시는 것은 초대받은 사람들을 십자가의 피에 직접 참여하게 한다. 그렇게 하여 계약이 맺어진다. 오늘날 현대적인 계약들에도 (국가의 계약들) 계약 체결을 완료하기 전에 한 시간의 여유시간을 가져서 계약을 비준하는 데에 간격을 둔다(예를 들어 의회에서). 이러한 것을 생각하면, 우리가 십자가와 최후의 만찬이 서로 약간의 시간 차이를 둔 것을 명백하게 이해하는 것은 어렵지 않은 일이다. 새로운 계약은 십자가에서 완결되지만, 승인된 것은 (그 이전에 이미) 제자들이 최후의 만찬을 함께할 때였다. 이것은 이러한 의미를 지닌다. 최후의 만찬에서 마신 포도주는 예수의 죽음에 함께하는 직접적인 중재이고, 이 계약을 완성하는 것은 피를 뿌리는 것을 통해서였다(탈출 24,8에서와 같이). 그런데 여기서 포도주가 사용되는 것은 예컨대 인디언들이 피를 서로 섞어 맹세하는 맹우盟友 의식을 끌어들이는 것이 아니라 새로운 계약은 기쁨을 의미함을 알려 준다. 성찬례에 참여하는 사람은 다음의 말을 마음에 자주 새겨야 한다.

포도주는 메시아적 기쁨의 표지이다. 이 기쁨은 십자가 사건에 깊이 뿌리내리고 있다.

그러나 성경의 어디에도 포도주가 죽음과 슬픔의 표지라는 말은 없다. 여기서 피와 포도주가 오버랩되는 가운데 예수에게서 삶의 기쁨에 대한 신호가 돌연 나타난다. 이 신호가 나타나 삶의 기쁨을, 우리가 평범한 일상에서 기분 좋게 흠뻑 취해 누리는 삶의 기쁨을 안겨 준다. 예수가 누린 삶의 기쁨이 고통을 통합하고 죽음을 포괄하며 피와 눈물을, 우리가 대부분 술로 달래며 씻어 버리는 눈물을 기쁨의 포도주로 바꿔 놓는다.

6.4 단식과 축제

다시 단식이 유행이 되었다. 매력적인 날씬한 몸매를 가지려면 단식이 특효약이라고 선전하는 사람들이 생겨났다. 그러나 시간이 지남에 따라 사람들은 단식한다고 해서 결코 날씬해지지는 않는다는 사실을 깨닫게 되었다. 굶주린 세포들이 기회가 있는 대로 영양분을 채우고 지방이 많은 음식을 많이 섭취하기 때문이다. 이것을 사람들은 요요현상이라고 한다. 건강 전문가들이 단식으로부터 멀어져 가는 동안에 영적인 이유로 단식을 하는 사람들이 다시 많아졌다. 그리하여 그리스도교 맥락에서는 단식이 어떤 의미를 지니는지 이에 대한 관심이 널리 새롭게 싹텄다.

중세에는 사람들이 실제로 단식했다. 당시 사람들이 복음을 이렇듯 깊고 구체적으로 체험한 것이 나는 무척 부럽다. 이와 상응하여 오래된 전례는 단식과 유혹, 하느님 나라라는 주제가 지닌 내적 연관성을 뛰어나게 간파했다. 먼저 이러한 기도들이 지닌 보물에 대해 살펴보자. 아담-그리스도라는 대조되는 유형은 음식에 대한 태도에서 뚜렷이 드러난다.

아담이 먹음을 통해 잃어버린 것을 단식을 통해 회복한다.

그리고 모세가 엘리야가 하느님을 만나기 위해 40일간 단식한 일을 거듭거듭 상기하게 한다. 혹은 사막이라는 극단적인 상황과 사람들이 사막에서 맡은 역할을 생각하게 한다.

이 세상이라는 사막에서 우리는 손님처럼, 이방인처럼 절제하려고 한다.

우리는 빵이신 예수를 통해 단식할 수 있다.

우리는 단식할 수 있나이다. 당신 자신이 빵이시고 우리 마음을 강하게 해 주시니까요.

단식하는 사람은 자신이 곧 명랑하고 마음이 침착해진다는 사실을 알고 있다. 이 두 가지는 신약성경이 추구하는 이상이며, 단식 감사송[9]도

---

9) 우리가 사용하는 미사경본에 없는 내용이지만 원문대로 번역했다. -역자 주

이 점을 알고 있었다.

정의를 목말라하고 배고파하는 사람들은 행복합니다. 이들은 영혼의 성화와 구원을 목말라합니다. 이들은 밝고 명랑하며 하늘나라로 들어갑니다.

결과적으로 하느님 나라와 연결된다.

이 땅에 오신 아드님께서 단식을 거룩하게 하시어 잃어버린 하느님 나라를 단식을 통해 되찾게 하시고 죄의 사함을 이루셨습니다.

예수는 아그라폰Agraphon 14에서(『신약성경'에 따른, 기록되지 않은 예수님 말씀』, Berger/Nord) 이렇게 말씀하신다.

너희들이 세상에 대해 단식하지 않으면 왕국을 볼 수 없을 것이다. 안식일을 지키지 않으면 아버지를 볼 수 없을 것이다.

여기에서 단식은 안식일을 지키는 것과 나란히 놓여 있다(1세기에는 여전히 안식일 준수가 주일을 지키는 것과 마찬가지로 당연한 것이었다). 둘 다 미래에 다가올 세상을 위한 준비이기 때문이다. 단식이 일반적으로 보아 다소 부정적인 의미로 세상에 대해 거리를 유지하고 절제하기 위한 것이었던 것에 비해, 안식일을 지키는 것은 긍정적인 의미로 다가올 새로운 세상을 미리 맛보는 것이었다. 중세 전성기에도 하늘나라에서는 늘 안식일을 지킨다는 점에 근거를 두었다. 여기서 말하는 단식은 바오로가 그리스도와 함께 십자가에 못 박힌 존재로서 세상과 거리를 둔다는 의미로 표현한 것이다.

　예수는 하느님 나라를 선포하시며 당신 스스로 단식하고 사탄을 물리치면서 시작하신다. 여기서 우리에게 새로운 점이 있다. 예수가 이 두 가지 일에서 투쟁하시는 모습이 비치되, 단순히 승리자로 빛을 발하는 모습은 아니라는 점이다. 예수는 이 둘 모두가 의미 없는 것이 아니라 축복된 것이란 것을 보여 주기 위해 당신이 직접 완수하시고 우리 또한 실천할 것을 기대하신다. 예수가 받으신 세례 역시 전적으로 이와 마찬가지였다는 것을 파악해야 한다. 예수가 세례를 받을 필요가 있어서가 아니라 구원의 길로 가는 데에 필요한 것을 알려 주기 위해서 받으신 것이다.

　이렇게 마르코는 자신의 복음서 1장에서 그리스도교로 들어오는 것을 그리스도가 되는 것으로 정리하여 기술했다. 예수는 세례, 단식, 유혹, 증거를 통해 그리고 하느님 통치에 복종하시면서 우리에게 다가오신다. 이것은 나중에 고백, 고통 그리고 죽음의 길을 통해 다가오신 것과 그대로 일치한다. 예수가 우리에게 다가오신 이래 우리는 이런 온갖 고통스러운 단계에 처하더라도 더 이상 혼자가 아니다. 예수가 이 모든 것을 지고 가셨으므로 고대에 훌륭한 스승이 모범을 보인 것을 그대로 실천해 가면 된다. 예수는 당신이 가르치고 요청한 것을 먼저 실천하신 것이다. 이와 같이 마르코복음서는 처음부터 스승과 학생에 관한 책이었다. 하느님 나라, 하느님께서 우리에게 당신의 지배를 행사하실 수 있는 곳은 단식과 함께 시작한다. 여기에 결정적인 육체적 차원이 있다. 하느님의 지배와 관련이 있는 모든 것과 마찬가지로 이것은 자유로운 관계 속에 있다. 하느님의 지배에 한몫을 하는 사람은 그 스스로 자유롭게 되고 영광스러운 왕이 된다. 고대세계에서는 (이 점을 언제나 생각해야 한다) 왕만이 유일한 자유인이었다. (음식을 비롯하여 세상에서 가치 있다고 하는 것들에 대해) 단식하는 사람이 불분명한 규정을 지킨다고 해서 노예가 되는 것은 아니다. 오히려 다음과 같은 말이 적합할 것이다.

단식하는 사람은 자신이 내딛는 한 걸음 한 걸음으로 자유를 증명한다.

그렇기 때문에 이러한 것도 유효하다.

예수를 따르는 일환으로 단식하는 것 자체가 벌써 은총이고 행동 하나하나마다 표징이 드러날 때 결정 범위가 잘못 제한된 사태를 작게나마 이긴 것이다.

육체와 세상이 악마는 아니지만 자유로운 존재로서 자유를 추구하는 우리를 지배하지는 못한다. 이것이 두 가지 다양한 사실인 것이다.

무엇보다 악마에 맞서 싸우는 것은 예수의 길에 속한다. 예수의 전 생애에 걸쳐 유혹은 언제나 있었다. 공생활을 시작하실 때에 벌써 악마는 예수께 당신의 권능을 예수 자신을 위해 사용하도록, 하느님께 도전하도록, 세상을 지배하는 데에 손을 뻗치도록 요구했다. 예수는 나중에 베드로를 사탄이라고 불렀을 때 그리고 겟세마니에서, 고통을 참고 견디는 것을 그만두고 싶은 유혹과 투쟁해야만 했다. 십자가에서 예수는 모든 것을 포기하고 싶고 아무런 의미도 없는 것으로 여기고 싶은 유혹이 대단히 가까이 있는 것을 거슬러 견디어 내야만 했다. 좀 더 정확하게 말하자면 예수는 무신론의 유혹을 견디어 내야만 했던 것이다.

이른바 하느님을 믿는다고 고백하는 사람에게 특별히 강한 유혹은 자신의 전권全權을 사욕을 채우는 데 쓰려고 하고 아무런 저지 없이 통치하려고 하며 자신이 받을 고통을 피하고 싶어 한다는 것이다. 이 모든 경우에 문제는 '오직 권력뿐'이라는 데서 발생한다. 이런 유혹들은 기이하게도 사랑의 계명과는 관련이 없다. 다른 사람들을 희생하여 권력을 남용하는 사실에 대해서도 언급하지 않는다. 그러나 겟세마니에서는 폭력을 사용하고 싶은 유혹을 받았을 수도 있었겠지만 이에 대해서는 명확히 언급하지 않는다. '오직 권력뿐'과 관련해서는 다른 부분을 강조한다. 여기서 중요한 것은 예수가 당신의 권력을 당신 자신의 이익을 위해 사용하는지 그리고 그 권력을 무한정 소유했는지에 관한 것이다. 또한 마치 하느님이 계시지 않는 것처럼 그리고 예수의 파견이 하느님에 의한 것이 아닌 것처럼 즐기고자 했는지에 관한 것이다. 만약 그러했다면 예수도 우리와 마찬가지로 지극히 정상적인 행동을 한 것에 지나지 않았을 것이다. 왜냐하면 우리는 우리가 가진 권력을 자율적인 것으로 그리고 우리 자신이 그 권력을 유지해 나가는 것으로 여기기 때문이다.

그렇다면 그것은 다음과 같은 의미가 된다. 권력을 가질 수 있는 사람은 그것을 사용해도 좋은 것이 된다. 유전자조작으로 사람을 바꿀 수 있는 사람은 그렇게 해도 좋은 것이 된다. 배아줄기세포 연구가 도움이 되는 것이라면 그것이 옳은 것인지에 대해서는 물을 필요도 없는 것이 된다. 예방 전쟁을 일으킬 권한을 가진 사람은 권력을 유지하기 위해 그렇게 해도 좋은 것이 된다. 이렇게 되면 권력을 남용했다고 비난을 퍼부을 만한 대상(이를테면 미국)을 찾아냈을 때 우리는 매우 기뻐할 것이다. 그런 가운데 다른 사람들이 내리는 윤리적 판단이 옳을 경우에라도 그것을 또 다른 사람들에게 전가할 수 있는 쉬운 길이 있게 된다. 바로 이것이 우리가 넘어가는 유혹이다. 우리는 '정확함'이라는 명목으로 값싼 윤리주의를 내세우며 우리 자신과 자신의 영역 밖에서 잘못을 찾아내려고 한다. 이렇게 우리는 복음을 계속 무력하게 만든다.

예수는 이러한 윤리주의를 거부하신다. 예수는 당시 로마인들이 권력욕에 사로잡혔다고 해서 그들을 비난하시지 않는다. 오히려 이 권력욕을 당신 자신 안에서 그리고 당신의 제자들에게서 발견하신다. 유혹은 윤리적인 물음이 아니다. 유혹은 다음과 같은 종교적 물음을 던지도록 유도한다. 우리가 결코 간과할 수 없는 하느님의 현존을 지나쳐 가면서 우리의 현실을 재구성할 수 있겠는가? 여기서 한 가지 물음이 크게 제기된다. 우리가 오직 즐기기 위해서 있고 우리의 권력을 우리 자신이 누리기 위해서만 있는가? 아니면 우리 자신을 하느님의 작은 종으로 여기고 있는가? 만약 우리가 하느님의 실재를 진지하게 받아들인다면 믿을 수 없는 엄청난 일이 발생하는데, 이것이 내게는 복음서에 나오는 가장 감동적인 표상 가운데 한 가지다. 하느님께서 우리로 인해 기뻐 어쩔 줄 모르시며 당신 친히 앞치마를 두르시고 우리에게 봉사하시는 것이다(루카 12,37). 단지 하나의 표상에 지나지 않지만, 이것은 얼마나 믿기 힘든 사건인가! 예수가 하느님에 대해서 말씀하시는 방식에서 우리는 몸에 밴 것을 확 뒤집는 자유에 대해 약간 엿볼 수 있다. 이와는 달리 '오직 권력뿐'인 태도는 미래 없이 향유하는 것에 불과하다.

단식은 결코 단식만을 위해서 하는 것이 아니고 단지 몸무게를 줄이기 위해서만 하는 것도 아니다. 단식은 오히려 성경적 의미의 구체성과 전체성을 띤다. 단식은 신체적 측면에서 포괄적으로 준비하는 것이다. 사람들은 어떤 중요한 일을 앞두고 단식한다. 그렇기 때문에 이것은 성경이 "자신을 성화시키는 행위"라고 명명한 것의 한 부분이다. 하느님께서 시나이 산에서 모세와 대화를 나누시기 전에 다음과 같이 명령하셨다.

백성에게 가거라. 오늘과 내일 그들을 성결하게 하고, 옷을 세탁하여라(탈출 19,10).

안티오키아 공동체는 처음 선교사를 파견하면서 성령으로부터 계시를 받기 전에 기도하고 단식했다.

그들이 주님께 예배를 드리며 단식하고 있을 때에 성령께서 이르셨다. "내가 일을 맡기려고 바르나바와 사울을 불렀으니, 나를 위하여 그 일을 하게 그 사람들을 따로 세워라." 그래서 그들은 단식하며 기도한 뒤 그 두 사람에게 안수하고 나서 떠나보냈다(사도 13,2-3).

나중에도 단식은 언제나 하느님을 만나 뵙기 위한 준비과정의 역할을 했다. 그래서 사제서품을 앞두고 행하는 단식은 의미가 깊다. 유다교의 신비가는 하늘과 접촉하기 위한 준비과정으로 20일간 땅바닥에서 생활하면서 채소와 물만 먹고 마셨고 색깔이 있는 것과 여인을 보지 않았으며 매시간 히브리 기도를 바쳤다. 세례자 요한이 포도주와 고기를 멀리한 행위도 주님의 날이 오는 것을 맞이하기 위한 하나의 준비였다. 다음은 어느 외경 Agraphon에 나오는 예수님 말씀이다.

세상을 거슬러 단식하여라.

이것은 다가오는 새로운 세상을 맞이하기 위해 그리스도인이 이 세상에서 취해야 할 태도인 것이다.
이러한 이유로 단식과 기도는 언제나 함께하는 것이고 동시에 진행되는 두 가지 행위이다. 이들의 배경에는 하나의 깊은 체험이 있다. 이내 가라앉고 말 한 번의 도약으로 하늘에 도달할 수 있는 것이 아니라 축제를 준비하듯이 준비해 나가야만 한다. 단식은 사람 안에 다른 것을 위한, 새로운 체험을 위한 공간을 마련하기 때문에 하느님을 만나기 위해 알맞은 준비 작업이다. 우리가 일상에서 음식 절제를 포함하여 포기하는 모든 행위는 다른 것들을 인지할 여지를 마련할 뿐만 아니라 자유로움도 준다. 이것은 몸의 가치를 저평가하는 것이 아니라 영적인, 신비적인 영역의 한 부분을 인지하기 위해 몸을 개방하는 것이다. 또한 신약성경에서 몸과 영혼 사이를 대립적인 것으로 보는 구절은 어디에도 없다. 언제나 세상적인 것과 천상적인 것, 지나가는 것과 거룩한 것 사이의 대립이 있을 뿐이다. 예수는 단식에 대해 아셨기에 당신이 직접 단식하신 것이다. 그분은 고행자도 아니었고 단식 자체를 목적으로 하는 추종자도 아니었다. 예수가 40일간 사막으로 들어가셨을 때 호기심 때문에 사탄을 체험하려고 가신 것은 결코 아니었다. 그분은 단식하고 기도하기 위해 고독 속으로 들어가신 것이다. 그러나 하늘에 계신 당신의 아버지이신 하느님을 만나는 대신에 전혀 다른 체험, 곧 악마를 만나는 정반대 체험을 하셨다.

고대의 문화들에서 단식은 인간의 시간을 의미 있는 것으로 만드는 것과 깊이 연계되었다. 단식은 축제나 어떤 기쁨의 시간을 준비하기 위한 진지한 시간에 관한 표현이었다. 이것은 단식하지 않는 시간, 모든 것을 먹고 마실 수 있는 시간과 대조되는 것으로서 축제의 표지, 구원 시기의 표지였다. 따라서 단식하든 안 하든 이 두 가지 행위는 한 특정 시기의 특징을 보여 주는 징후가 된다. 영양분 섭취는 어느 한 시기 삶의 수준이 얼마나 높은지 혹은 낮은지 보여 주는 지표가 된다.

예수는 아주 독특한 방식으로 단식 행위와 단식하지 않는 행위를 교류하신다. 그분은 다음과 같이 시간을 세 단계로 분류하시는데, 당신이 사람들과 함께했던 때와 관련된 것이다.

1단계: 예수가 이 세상에서 활동하신 시간. 기쁨의 단계.
2단계: 예수가 제자들과 함께하지 않는 중간 시간. 세 번째 단계를 준비하기 위한 진지한 시간.
3단계: 예수가 다시 오시는 종말에 갖는 축제의 시간. 당연히 단식에 대한 말은 일체 없고 오직 기쁨만 존재한다.

예수의 부활과 승천부터 재림하실 때까지의 시간은 총체적으로 볼 때 단식과 준비의 시간이다. 바꾸어 말하자면, 이 시간에 단식을 한다면 이 단식은 시간 분류의 두 번째 단계에 대한 상징이 된다. 마르 2,18-20의 짧은 구절에서 우리는 예수의 역사관 일부를 알 수 있다.

혼인 잔치 손님들이 신랑과 함께 있는 동안에 단식할 수야 없지 않으냐?

물론 이 대목에서도 추측되는 점은, 이런 구절은 부활 이후 시기의 전형적인 표현이라는 것과 예수 부활 후 불안에 점령된 상태로 되돌아가서 유다교에 재도입된 단식 관례를 교회에서 정당화한다는 것이다. 예수가 당신이 지상에서 활동하던 시기를 넘어 관망할 수 있었다는 것을 사람들은 전적으로 불가능하다고 여겼다. 개신교에서는 업적의 정당성을 내세우면서 단식을 강하게 비판해 온 전통을 늘 지키고 있다. 가톨릭에서는 단식 전통이 2000년 동안 줄곧 이어져 내려오고 있다. 그러나 유감스럽게도 가톨릭 성경주석가 중에는 단식을 비판하는 의미에서 나온 역사비평적 연구 '결과'를 자기네 해석의 검증되지 않은 출발점이자 토대로 삼은 학자들이 많다.

이러한 가설적 추측이 옳지 않다는 것을 알려 주는 다음과 같은 두 가지 근거가 있다.

1. 예수는 실제로 '제한될' 수밖에 없어서 다른 사람들과 달리 당신이 살던 시대의 주변을 넘어 관망할 수 없었던 것일까?
2. 예수가 몸소 실천한 것에서 벗어나고 그분의 뜻을 어기는 정반대 제도를 공동체에 도입하며 이를 정당화하려고 예수의 한 말씀을 찾아내려던 것은 초기교회가 저지른 불명예스러운 행위가 아닐까? 따라서 교회 초기에 이미 이중으로 불복종하지 않았을까? 이런 방식으로 예수가 실천한 것을 트릭을 써서 속이고 더 나아가 어려운 길을 거짓과 복종으로 정당화하려는(단식은 결국 즐거운 게 아니다!) 유혹이 있지 않았을까?

이러한 것을 믿고 싶은 사람은 믿어도 좋다.

그런데 사실은 그런 것이 아니다. 이와는 정반대로 시간 분류는 예수 자신의 전제조건으로부터, 다시 말하면 예수가 표현한, 시대 풍조와는 다소 뒤떨어진 그리스도론(더 낫게 표현한다면, 자신의 견해)으로부터 의미가 깊다. 예수는 자신에 대해 신랑이라 하고 제자들에 대해 신랑의 친구라고 하신다. 이 점에 대해서는 다음 장에서 좀 더 자세하게 살펴볼 것이다. 이 표상을 통해서 우리는 예수에 대해 매우 많은 것을 알게 된다. 예수는 자기 자신을 마침내 쇄신된 이스라엘의 신랑으로 이해한다. 이와 비슷하게 많은 수의 예언자들이 하느님을 하느님 백성의 남편으로 표현했다. 이스라엘의 하느님은 혼인하지 않았기 때문에 당신의 짝은 하느님 백성이다. 많은 예언자들이 (예를 들어 호세아와 예레미야) 하느님과 이스라엘 사이의 문제들을 오랜 혼인역사의 문제들로 해석했다. 그리고 이제 메시아이신 예수가 오셨기 때문에 하느님과 당신 백성 사이에 맺은 혼인 계약은 새롭게 체결되었다. 메시아가 신랑이고 하느님의 쇄신된 백성이 그분과 함께 메시아적 구원의 시기가 도래한 때에 혼인예식을 올림으로써 새롭게 체결된 것이다. 우리는 이에 대한 직접적인 증명서를 요한복음(3장: 예수는 신랑이고 세례자 요한은 그분의 친구), 바오로서간(2코린 11,2: 바오로는 신부를 제단으로 인도하는 사람이고 오시는 그리스도는 신랑: 여기서 당연히 이방인 출신 그리스도인들도 하느님의 백성에 속한다) 그리고 묵시록 저자 요한으로부터(묵시록 21장 이하: 어린 양이 유다와 이방인들로 구성된 열두 지파의 백성과 맺는 혼인식) 지니고 있다. 이 대목에서 비중은 예수의 재림에 있다. 모든 증언이 끝나야만 비로소 혼인식을 올리게 된다. 메시아가 자신의 백성과 갖는 관계의 기초는 서로 간의 사랑과 신뢰이다. 심판에 대한 사상이 예수의 재림이 나오는 부분에서는 완전히 뒤로 물러나 있다. 모든 것은 축제의 큰 기쁨을 강조한다. 역사는 이 축제를 향해 달려가고 있는 것이다. 이는 예수의 밝고 즐거운 견해로, 중요한 특징들이 파악된다.

　이러한 표상에서 예수가 이 땅에서 하시는 활동도 앞으로 다가올 혼인식에 맞추어져 있다. 예수는 이 땅에서 활동하신 시기부터 부활과 승천에 이르기까지 모든 것을 유다교에서 '혼인예비축제기간'이라고 부르는 하나의 단계로 해석한다. 이것은 우리가 오늘날에도 일반 신랑들의 삶에서 자주 볼 수 있는 것이다. 신랑 될 사람이 자기 친구들에게 조만간 결혼할 예정이라는 것을 알릴 때에는 당연히 한턱 내야 한다. 그러면 이것은 독신생활의 끝을 알리는 화려한 축제가 된다. 유다교에서 이러한 혼인예비축제—이 축제에 신부는 대부분 함께하지 않는다—는 신랑이 주선하여 친구들과 함께 지낸다. 그런 후에 혼인날이 오기까지 다시 일상의 삶을 살아간다.

이러한 배경으로 우리는 마르 2,22에 있는 텍스트 내용을 이해해야 한다. 포도주와 부대에 대한 표상은 여기에 우연히 있는 것이 아니다. 여기서 다루는 단식에서 틀림없이 포도주를 절제하는 것이 본질적인 내용에 속하기 때문이다. 이것은 예수가 당신의 삶이 마감되기 직전에 최후의 만찬을 드신 후 더 이상 포도주를 마시지 않겠다는 선언을 하신 마르 14,25; 마태 26,29에서 증명된다. 마태 26,29에서 전하는 바와 같이 예수는 하느님 나라가 도래할 때 비로소 제자들과 함께 다시 마실 것이다. 여기서 하느님 나라란 말하자면 혼인 잔치에서 공개된 하느님 나라이다. 마르 14,25에는 마르 2장에서와 마찬가지로 수난에 관한 말씀이 숨겨져 있음을 알 수 있다. 마르 14장과 다른 복음서들에서는 예수 자신이 마시지 않는 데 초점이 맞추어져 있지만 마르 2장에서는 제자들이 마시지 않는 데 초점이 있다. 이 둘 모두 하나에 속한다. 이 말씀이 전하는 내용은 이러하다.

지금은 아직 혼인 잔치 기간이 아니라 준비 기간이다.

예수가 복음 선포의 한 형태로 실현한 잔치는 앞으로 맞이할 기쁨을 미리 맛보여 주는 것이다. 이러한 것에서 포도주와 부대에 관한 말씀은 그 논리에 의하면 단순히 이러하다.

시기마다 그 시기에 속하는 것이 적당하고 어울리는 것이다.

이다음에 올 것은 지금 시기에는 아직 어울리지 않는다. 이것은 헌 부대에 넣은 새 포도주 또는 새 부대에 넣은 묵은 포도주 또는 새 옷에 낡은 천 조각과 같이 어울리지 않는 것을 함께하도록 한 것과 같다. 이 모든 표상에서 관건은 서로 함께하지 못할 사물들에 관한 것이다.

무엇이 예수로 하여금 제자들에게 이러한 의미로 각 시기의 성격을 구분하도록 말하게 했을까? 이것은 명백히 예수께서 제자들이 단식하지 않고 계속해서 축제를 지내려고 하지나 않을까 미리 염려하신 것에 원인이 있다. 이러한 생각은 자유주의적 주석가들의 생각과는 차이가 있다. 예수는 공생활을 시작하자마자 곧장 제자들이 축제를 지내서는 안 되는 시기, 축제를 지낼 수 없는 시기가 있다고 말씀하셨다. 그런데 이러한 시기도, 고통이 기쁨에 앞서고 밤이 낮에 앞서듯이 축제 앞에 오는 것이다. 여기서 마르 14,25은 우리에게 계속해서 시사점을 준다. 예수는 여기서 축제의 시기를 고통의 시기 그리고 메시아와의 고통스러운 이별의 시기와 분리한다. 마르 2장에도 이러한 것이 적용된다. 축제만을 지내고자 하는 사람은 고통을 겪으려고 하지 않는다. 이런 관점이라면 포도주를 마시는 것과 단식이 전체 시간을 분류하는 징후가 된다. 혼인 잔치의 기쁨을 누려야 할 시간에 고통의 시간이 잘못 들어왔다. 이 두 가지를 혼동해서는 안 될 것이다. 현재 참됨이 입증된 사람만이 혼인 잔치도 함께 기뻐할 수 있다. 마태 25,1-10에 있는 충분히 채운 기름의 표상은 예수께서 인내에 관해 당신의 방법으로 말씀하신 것이다. 예수는 다른 경우에도 제자들에게 때를 구별하는 것을 가르쳤다. 밀과 함께 자라는 가라지 비유는 지금은 성장의 시기이고 성장하도록 두는 시기이지 뽑아내고 추수하는 시기가 아님을 말하고 있다.

6.5 혼인과 축제 예복

예수는 잔치를 좋아하셨다. 예수는 기꺼이 혼인 잔치들에 참여하셨고 기쁨을 누리셨다. 예수가 수많은 비유와 표상들을 말씀하실 수 있었던 배경에는 이러한 삶이 있었기 때문이다. 이사 62,5에 있는 시온에 대한 구원의 말씀은 혼인 잔치의 비유를(마태 22,1-14: 어떤 임금이 혼인 잔치에 사람들을 초대했는데 초대받은 사람들은 이런저런 이유로 오지 않았다. 그래서 종들은 거리에 나가 악한 사람, 선한 사람 할 것 없이 만나는 대로 데려왔다) 이해할 수 있는 특별한 열쇠를 제공한다.

> 정녕 총각이 처녀와 혼인하듯
> 너를 지으신 분께서 너와 혼인하고
> 신랑이 신부로 말미암아 기뻐하듯
> 너의 하느님께서는 너로 말미암아 기뻐하시리라.

예수가 복음 선포에서 자주 언급한 혼인 잔치와 신랑에 관한 표상의 성경적 원천은 하느님이 주님이자 신랑이고 이스라엘의 남편이라는 구약성경의 세계관 안에 있다.

이러한 것은 여성의 사제직이 성경적으로 가능한 것인지 그렇지 않은지에 대한 토론에 이르기까지 중요한 사항이다. 이스라엘의 하느님은 결혼하지 않았는데, 이 점에서 다른 모든 신과 구별된다. 이러한 것으로 하느님은 근본적으로 성적이지 않은 존재로 소개된다. 성적인 요소가 이스라엘 백성에게 중요하지 않은 것은 아니지만 신적인 것은 아니다. 야훼의 배우자는 여신이 아니라 당신의 백성이다. 이것은 의심할 여지없이

성적인 관계가 아닌 것이다. 하느님께서 남편 또는 신랑으로 불리고 백성은 신부 또는 부인으로 불린다면 이것은 매우 다양한 동반자들 사이에 맺은 (혼인) 계약에 관한 생생한 표현이다. 교회의 직무는 공동체와의 관계에서 하느님을 여실히 보여 준다. 이것은 안티오키아의 이냐시오 이래로 확고하게 되었다. 이렇게 여실히 보여 주는 행위는 전례 안에서도 이루어진다. 전례 집전자는 하느님을 대리하고 그의 맞은편 자리에는 공동체가 있다. 공동체는 여성으로 표현되고 이와 상응하여 마리아 안에서도 구체화된다. 그러므로 직무와 미사성제는 기쁜 소식이 연출된 것이다.

예수는 메시아로서 하느님의 자리에 앉으셔서 이스라엘의 신랑으로 등장하신다. 이제 '비유적 그리스도론'metaphorische Christologie을 현대적 의미로 고찰한다면 예수가 실제로 하느님의 역할을 맞아들이신다는 결론에 이를 수밖에 없을 것이다. 그렇게 하여 예수에 대한 비교할 수 없이 높은 관점이 여기에 있다는 것을 인정해야 한다. 이와 마찬가지로 예수는 하느님의 기적들 안에서 종말에 일어날 것으로 희망할 수 있는 자신의 고유한 행위들을 완수하신다. 이러한 비유에서 예수는 하느님과 백성 사이의 혼인이라는 성경적 표상을 명백하게 다시 붙드신다. 메시아로서 그분은 이사 62,5이 하나의 약속이었던 것처럼 이 혼인에 새롭게 다시 개입하신다. 이렇게 하여 예수께서 혼인 잔치의 표상을 사용하신 이유가 명백해진다. 이것은 하나의 중요한 신학적 의미와 그리스도론적 의미를 지니고 있다. 혼인 잔치의 비유 앞에 등장하는 악한 포도밭 소작인의 비유와 서로 다른 두 아들의 비유가 부정적으로 끝나는 것과 마찬가지로 예수는 재앙을 언급하여 사람들을 놀라게 함으로써 관심을 갖게 하시려던 것이 분명하다. 혼인 잔치에 초대된 한 손님이 결국에는 말뜻 그대로 심한 꾸중을 듣고 바깥 어둠 속—하느님으로부터 가장 멀리 떨어진 것에 대한 표상—으로 내던져 버려졌다. 예수는 이렇게 당신의 청중이 지닌 재앙에 대한 민감한 본능에 호소하신다.

앞에 전개된 비유들의 관점에 의해서도 마태 22,1-14에 있는 혼인 잔치의 비유는 다음과 같은 단계들을 여실히 보여 준다.

이스라엘에 대한 관심과 초대, 이스라엘의 거부와 심부름꾼의 순교, 예루살렘 도성에 대한 벌, 이방인들에 대한 초대(여기서 사람들 사이에 길이 엇갈림), 잔칫집에 준비된 혼인 잔치용 예복을 입지 않은 사람에 대한 벌(일반적으로 모든 손님에게 잔치옷이 제공되었다).

이스라엘은 여러 번 실패했다. 그러나 주어진 은총을 받아들이지 않은 이방인 출신 그리스도인들에게도 곤란이 닥친 것은 마찬가지였다. 그러므로 이방인 출신 그리스도인들은 먼저 불림을 받은 이스라엘 사람들을 대신하는 역할을 한다고 해서 자만해서는 안 된다. 하느님은 여전히 많은 것을 요구하시기 때문에 제공된 옷을 입는 정도는 그렇게 힘든 것이 못된다. 초대된 사람들에게 제공된 혼인 잔치옷의 표상에서 세례를 통해 그리스도인들에게 선사된 은총과 정의를 떠올리게 된다. 이런 해석은 요한 묵시록을 미루어 증명된다. 요한 묵시록에서도 혼인 잔치옷은(여기서는 신부의 옷) 여전히 큰 역할을 부여받는데, 이것은 그리스도인이 수행해야 할 일들을 가리킨다. 마태 22장으로부터 우리는 좋은 일은 하느님으로부터 선사된 것이란 것을 인식할 수 있고, 이것은 받아들여져 실천되어야만 한다는 것도 알 수 있다. 이 표상 안에 다음과 같은 말씀이 들어 있다.

최소한 우리는 하느님의 선물을 풀어 보아야 하고, 이러한 행동으로 하느님의 초대에 자신의 의지로 '예'라는 응답을 드려야 한다. 하느님은 제시하시고 사람은 받아들인다.

이 표상은 몸에 걸친 옷에서 일어난 일을 의미한다.
요한 묵시록의 관점은 조금 더 떨어져 있다. 즉 옷이 어린 양의 피로 세탁된다. 그러면 동시에 옷은 그리스도인들의 선한 행위, 곧 옷을 대대적으로 세탁하고 다림질하는 것 사이에 일어난 '일'이 된다.
마태오는 실패 원인을 개인의 탓으로 돌리는 경향이 있고 묵시록의 저자 요한은 그보다 훨씬 더 공동체 전체에 원인이 있는 것으로 보는 경향이 있다. 그럼에도 불구하고 마태오에게도 다음과 같은 것이 확인된다. 축제는 오직 교회가 함께 벌이는 혼인 잔치다. 부정적인 것은 (마태 18,15-18에 있는 것과 같이) 개인의 행동에서 발생하는 것일 뿐이다. 하느님의 큰 약속은 최후의 재앙보다 더 강하다. 하느님 나라는 하느님과 사람 사이에 완전한 화해를 이루는 큰 축제로 드러날 것이다. 세상의 역사는 신심 깊은 좋은 말들이 아니라 화려하고 대단한 혼인 축제의 표상과 함께 종말을 맞이하게 된다. 혼인 잔치에 함께할 수 있는 자격은 자동적으로 얻어지는 것이 아니라 노력하여야 얻어질 수 있는 것이고 바로 교회와 함께해야 된다는 것을 의미한다. 중세에 사람들은 불림을 받은 모든 사람이(세례를 받은 사람) 선택된 사람에(복자) 속하도록 해 달라는 기도를 바쳤다. 하느님은 사람들이 잘못되는 것을 그대로 두지 않으시고 자비로 지켜보신다. 은총과 성사들은 사람들이 원한을 계속 품도록 내버려 두지 않는다. 여기서 마태 18,21-35의 내용과 같이 사람들은 어찌하여 하느님의 자비와 엄한 심판이 그렇게도 가까이 있을 수 있는가에 대해 물을 수 있다.

혼인 예복을 소홀히 한 사람이 참으로 밖으로 내던져졌을까? 그것이 그렇게도 나쁜 것이었을까?

오늘날 사람들은 "그리스도인들의 종교적 실천이 점점 더 약해지고 있다."는 사실을 확인하고 있다. 그리스도인들도 사회 안에서 점차 영향력을 잃어 가고 있다. 혼인 잔치에 관한 비유는 바로 이러한 상황에 다음과 같은 조언을 한다.

하느님은 합당한 행위를 할 것을 요청하고 계신다. 그리스도교는 결코 그 자체로 보험에 가입한 것을 의미하는 것이 아니다. 혼인 예복을 입어야 한다는 것은 무엇인가를 행해야 한다는 것을 의미한다.

나치시대와 전쟁 시기에 나의 고향에서 그리스도의 성체 성혈 대축일 행렬에 참여한다는 것은 상당한 용기를 드러내는 행위였다. 나치의 국가를 건설하고 있던 많은 사람들이 호기심과 놀라움으로 지켜보거나 분노한 눈으로 쏘아보는 것을 견뎌야 했기 때문이다. 그 행렬이 지나가는 곳에 있던 사람들 중에 행렬을 보지 않은 사람은 없다. 지켜보기만 한 구경꾼들 중에는 행렬에 함께한 사람들의 신앙에 놀라고 부러워하는 사람도 있었을 것이다. 압도적인 다수를 상대로 자신의 색깔을 명백하게 보여 주었던 그 용기는 오늘날 어디에 있는가? 자신의 믿음에 늘 의심을 품고 일을 조금씩 진행하여 마침내 목표에 도달하는 '전술'로 영역을 잘게 자르는 게 아니라 자신의 믿음을 분명히 알고 명백하게 설명할 때에만 비로소 이 세상 안에 작용하면서 영향을 줄 수 있다. 그렇게 할 때 드디어 용기를 낼 수 있고 분명한 목표의식을 지닐 수 있다. 그렇기 때문에 오늘날 그 어느 때보다 더 새로운 영적 운동들이 필요하고, 수도원들이 활성화되어야 한다. 나는 개인적으로 지금이 베네딕토 성인이 남긴 유산이 큰 역할을 할 수 있는 시대라고 생각한다. 중요한 것에 집중하고 중용의 조화를 이루기 위해 열성적인 노력을 기울여야 할 때이기 때문이다.

6.6 쇠진-또는 예수의 테라피

그리스도인들 중에는 쉬지 않고 부산히 움직이며 일한다는 것을 보여 주어야만 자신이 올바른 그리스도인으로서 살아가고 있다는 것이 증명되는 것으로 여기는 부류가 있다. 이들은 온갖 약속으로 꽉 찬 수첩을 보여 줄 수 있어야만, 그리고 숨 쉴 틈도 없이 바쁘게 일하는 모습을 보여 주어야만 되는 것으로 생각한다. 누구도 이들을 멈추어 세울 수 없다. 이들은 그렇게도 열정과 걱정들로 가득하다. 나는 이들에게 무엇보다 먼저 예수가 전해 준 중요하지만 자주 간과하는 요소를 보여 주고 싶다. 그것은 바로 들에 핀 나리꽃을 아름답게 입히시는 하느님의 섭리를 신뢰하면서 걱정하지 않는 예수이다. 이에 대한 예수의 말씀에는 지평선에 떠 있는 작은 먹구름이라도 하느님과 피조물의 관계를 흐려 놓지 못한다는 확신이 들어 있다. 아버지는 모든 피조물을 돌보신다. 먹을 것도 입을 것도, 자신의 죽음에 대해서도 염려하지 않는 아들은 이러한 건강하고 보호된 피조물의 한가운데에 있다. 그는 왕자처럼 다음과 같은 원칙에 따라 살아간다.

아빠께서 틀림없이 모든 것을 잘 돌보실 것이다.

아랍어 전승에만 보존되어 있는 '기록되지 않은 예수의 말씀'에 대담한 예수의 신뢰가 전해 온다. 이 전승에 따르면 예수는 성격이 매우 다른 두 제자를 두었다. 하나는 베드로인데 그는 마치 이미 모든 것이 다 끝나 버리기라도 한 것처럼 눈물을 흘리고 슬퍼한다. 다른 하나는 요한인데 그는 마치 호주머니 속에 하늘나라를 가지기라도 한 것처럼 편안하고 명랑하다. 둘 중 누구를 더 좋아하느냐는 질문에 예수는 이렇게 말씀하신다.

요한이 더 내 마음에 들어.

그렇다면 하느님의 일을 하는 데 정신을 쏟고 열광하는 사람들은 기회가 있을 때마다 마르코복음을 살펴보아야 한다. 여기에 있는 한 대목에서 예수는 제자들에게 다음과 같이 말씀하신다.

너희는 따로 외딴곳으로 가서 좀 쉬어라.(마르 6,31)

이렇게 말씀하신 이유는 "오고 가는 사람들이 너무 많아 음식을 먹을 겨를조차 없었기 때문이었다." 이 문장은 복음서들에서 일반적으로 전하는 제자들의 엄격한 표상의 범위를 완전히 벗어나는 것이다.

제자들의 엄격한 표상은 이러한 모습이었다. 제자들은 작별 인사를 할 허락도 받지 못하고 불림을 받았다. 이들은 이런저런 형태의 준비도 없이 파견되었다. 또한 이들은 양들이 늑대들에게 희생당한 것처럼 죽어

갔다. 그들의 길은 순교를 향해 있었다. 그런데 갑자기 여기에 순종, 순교, 수행과 완전히 반대되는 것이 나온다. 제자들에게 휴식할 시간이 주어지고 옳게 갖추어진 음식이 주어진 것이다. 나는 여기에서와 마찬가지로 글자 그대로 음식을 먹을 겨를도 없이 바쁜 본당신부들을 얼마나 자주 보았는지 모른다. 마르코복음은 여기서 과도한 일들로 완전히 쇠진된 그리스도인들을(사목자) 염려하시는 예수의 매우 인간적인 품성을 보존하고 있다. 이들도 휴식과 휴가를 가질 수 있는 것이다. 오직 복음사가 마르코만이 이러한 품성을 전하고 있다.

예수의 휴가요법은 흥미롭다. 첫 번째는 고독이다. 고독은 무엇보다 먼저 고요함을 얻는 데 도움이 된다. 고독을 맞이한 첫 단계에서는 기도를 할 수 있기도 하지만 악마와 투쟁을 해야 하기 일쑤이다. 이에 대해서 복음서들이 여러 차례 언급한 것을 우리는 알고 있다. 이러한 부분에는 예수의 영적 실제가 드러난다. 고독 속으로 들어가는 사람은 먼저 고요함을 얻어야 하고 힘을 길어 올려야 한다. 그렇게 하고 나면 하느님께로 마음을 돌릴 수 있다. 시빌레(Sibille, 이스라엘 하느님의 이름으로 예언한 이방 여인들)들은 계시를 받아서 전달한 후에는 고요함 속에서 비로소 휴식할 수 있었다는 사실이 기록되어 있다. 이러한 사실을 두고 볼 때 기쁜 소식을 전하는 사람에게 휴식은 기쁜 소식을 받아서(하느님, 예수님으로부터) 사람들에게 전달하는 데에만 필요한 것이 아니라 자신의 중심을 되찾는 데에도 필요한 것이다. 그는 단지 기쁜 소식을 받아서 말하기만 하는 존재에 머물지 않는다—그렇지 않다면 이내 쇠진되고 말 것이다. 앞서 언급한 시빌레는 탈진 신드롬에 대해 명백하게 말하고 있다.

'휴식'Ruhe, [10] '쉬다'Ausruhen라는 단어는 성경에서 상당히 높은 가치를 지니고 있다. 오랜 광야 생활을 견디며 걸어가야 했던 이스라엘에게 약속된 땅은 그리스어로 '쉬는 곳'Ruheort이다. 히브 3-4장은 이 테마에 대해 언급하고 있다. 게르하르트 폰 랏Gerhard von Rad은 이와 관련하여 "하느님의 백성 앞에는 아직 휴식이 남아 있다."라는 주제의 좋은 논문을 남겼다. 여기서 그는 이 쉬는 곳이 시간의 흐름에 따라 점점 더 미래로 연장되어 눈으로 볼 수 없는 하느님의 세계에까지 이르는 것을 보여 주고 있다. 히브리서와 초기 그리스도교에서 '쉬는 곳'은 언제나 하늘이었다. 그러나 마르코복음에서는 아직 그렇지 않다. 하여간 그는 이미 구약성경에서부터 기본적인 드라마였던 전도 여행과 휴식을 분명히 언급한다. 이스라엘은 여정 중에 있으며 언젠가 이 길은 참으로 약속의 땅으로 인도될 것이다.

마르코복음 6,7-13.30에서는 제자들의 길을 전도 여행의 길로 보도하고 있다. 이 길은 사막을 거쳐 약속의 땅으로 나아가던 이스라엘의 길을 되비추고 있다. 제자들이 전도 여행을 한 뒤 마침내 휴식하는 것이 이렇게 신학적으로 이스라엘-유형학Israel-Typologie의 범위 안에 정리되고 있다. 제자들이 예수와 함께 작은 배를 타고 가는 것은(마르 6,32) 큰 의미를 지니는데, 작은 배에 대한 모든 이야기와 그 결과는 예수의 일상에서 일어나는 장면만이 아니라, 상징적으로 그것을 넘어서서 교회의 시간을 가리키기 때문이다. 대략적으로 말하자면, 마르 6,32은 연중 피정을 위해 거쳐야 할 길을 가고 계시는 예수와 제자들의 모습을 그리고 있다.

34절은 여기서 특별히 관심을 둘 만한 구절이다.

예수께서는 배에서 내리시어 많은 군중을 보시고 가엾은 마음이 드셨다. 그

---

10) 'Ruhe'는 고요, 정적, 침묵, 정숙, 휴식, 휴양, 안식, 쉼, 평화, 평온, 평안, 침착, 태연함, 냉정, 정지 상태, 부동이라는 의미를 지니고 있는데, 휴식으로 번역했다. -역자 주

들이 목자 없는 양들 같았기 때문이다. 그래서 그들에게 많은 것을 가르쳐 주기 시작하셨다.

이것은 이어지는 말씀 선포와 오천 명을 먹이시는 기적 행위를 말하기 위한(마르 6,37-44) 도입부이다. 하여간 고독 속에서의 휴식은 잠시에 지나지 않았다. 존자 베다Beda Venerabilis는 마르코복음 해설서에서 백성들은 세례자 요한이 죽임을 당했기 때문에 곤궁해졌다고 서술했다. 이제 예수는 당신의 현존으로 목자를 대체하실 것인데 특히 당신의 특징인 말씀의 연대와 빵의 분배를 통해 그렇게 하실 것이다. 배불리 먹이는 기적은, 회개의 단식을 선포했을 뿐 잔치 음식에 대해서는 언급하지 않은 세례자 요한을 훨씬 더 넘어서 나아가는 것이다. 신약성경에 의하면 세례자 요한은 어떤 기적도 행하지 않았다. 이와는 달리 새로운 목자는 말씀을 선포하는 것과 배고픈 사람들을 실제로 배불리는 것이라는 두 가지 특별한 행위를 하신다. 이 구절 역시 가엾이 여기는 마음을 가지신 예수의 인간적인 모습을 보여 주고 있다. 예수는 여기서 하느님으로부터의 파견을 근거로 해서가 아니라 자신의 고유한 동정심에 의해 반응하신다. 복음서에서 예수의 연민과 자비가 언급되는 곳이면 어디나 예수의 신성이 등장한다. 왜냐하면 그것이 곧 하느님의 자비이기 때문이다. 하지만 여기서 다루어지는 것은 하느님께서 예수에게 맡기신 복음화의 사명이 아니다. 예수의 연민과 자비가 최종적인 요구로서 중심을 이루고 있다. 바로 이 점으로부터 예수성심 공경에 대한 직접적인 기틀이 형성될 수 있다. 이는 예수가 보여 준 연민과 자비가 우리 인간을 위한 최후의 결정적인 안식처라는 의미이기도 하다. 아우크스부르크Augsburg 근처 프리드베르그Friedberg에는 아삼Asam 형제들[11)에 의해 건축된 '주님이신 하느님의 휴식

성당'Herrgottsruhekirche이라는 매우 아름다운 성지순례성당이 있다. 중세 이래로 순례지인 이곳에는 예수가 수난의 길을 가던 중에 잠시 휴식하는 장면을 그린 성화가 있다. 사람들이 이곳으로 오지 않는다면, 이 성화 안에서 인식할 수 있는, 일상생활의 압박과 고통 속에서도 숨을 돌릴 수 있는 여유를 그들에게 제공하는 하느님의 자비를 알지 못할 것이다.

나는 단지 대단히 극단적인 상황들 속에서만 "예수는 너를 사랑하신다."와 같은 문장을 구성하게 될 것 같다. 이러한 문장들은 일반적으로 너무 직접적이고 무미건조하며 도식적이다. 이들은 각성을 위한 강론에 활용되는 것으로서 ("예수는 네 마음의 문을 두드린다."는 것을 표현하는 그림이나 공연과 같이) 반드시 모든 사람에게 해당되는 것은 아니다. 그래서 "예수는 너를 사랑하신다."와 같은 문장은 서툰 솜씨로 벽에 쓴 낙서인 "펠릭스는 군둘라를 사랑한다."와 같은 부류로 취급되기 일쑤이다. 그러한 이유로 하느님의 신비에 대하여, 계시된 것에 대하여 그리고 동시에 그분 사랑의 감추어져 있음에 대하여, 불가해성에 대하여 그리고 모든 인간적인 사랑과 비교해 완전히 다른 것에 대한 언급이 너무 드물게 된다. 이것은 중세 시토회의 작품에서 십자가에 못 박힌 분이 두 팔을 벌리고 십자가에 달려 있는 것이 아니라 기도하는 사람을 감싸 안는 것과 완전히 다르다. 여기서 전통적인 십자가 상징의 복합적이며 대단한 의미적 제시는 그 상징을 이해하기 불가능한 단계에까지 상승시키는 작용을 한다. 각성을 위한 강론에서 말하는 "예수는 너를 사랑하신다."와 같은 문장들은 이와 달리 하느님의 아들이 아니라 단지 인간 예수를 의미하고, 하느님이고 동시에 인간이 아니라 친구이고 형제인 예수를 의미한다. 그

---

11) Cosmas Damian Asam & Egid Quirin Asam, 독일 후기 바로크 양식을 대표하는 건축가이자 화가 형제들.-편집자 주

러므로 나는 그것을 이렇게 말하겠다.

예수 안에서, 예수를 통하여, 그분의 말씀과 행적들 안에서 우리는 하나이고 삼위일체이신 하느님의 다 파악할 수 없는 사랑을 느낀다.

이 사랑을 잘 이해하도록 하기 위해서는 많은 수의 그림들이 필요하지만 너무 지나치게 무미건조하고 도식적인 형태는 아니어야 한다.

여기에다 이러한 것이 이어 온다. 빵을 먹인 이야기의 본문에 의하면 예수는 제자들의 행위를 통해서 당신의 사랑을 우리에게 드러내신다. 제자들은 빵을 나누어 주는 것과 남은 것을 모아들이는 과제를 받았다. 복음서들에 의하면, 이렇게 하여 하느님께서는 중재자와 중간 증거자들을 포기하셨다는 말이 언급될 수 없게 하셨다. 오히려 하느님은 개인적이고 시간적이며 육체적으로 우리에게 가까이 오셔서 예수의 인간적인 본성과 제자들을 중재자로 두시어 그들의 손을 통해 빵을 먹인 기적을 행하셨다. 하느님께서 대단히 가까이 오신 것은 중재자를 배제하는 것이 아니라 앞에 세우시는 것이다. 하느님은 중재자를 필요로 하시고 사용하셨다. 중재자와 대리인은 방해자들이 아니라 더욱 진지하고 실질적인 조력자가 된다. 이들은 하느님께서 어루만지시는 땅의 범위를 넓혀 감으로써 그렇게 하는 것이다. 이것은 빵을 먹인 이야기에서 역할을 수행한 예수의 제자들에게만 해당되는 것이 아니라, 신약성경에서 알려 주는, 하느님께서 관심을 드러내시는 모든 것에 해당되는 것이다. 하느님은 많은 손들로 하여금 당신을 돕도록 하시고 많은 조력자들을 필요로 하신다. 하느님은 예수를 부르시고 예수에게로 많은 제자들을 부르심으로써 당신의 사랑을 충만하게 전달하게 하신다. 하느님의 모든 조력자의 활동을 다 합쳐야 비로소 하느님 마음의 넓이에 대해 짐작하는 것이 어느 정도 가능할 수 있을 것이다.

6.7 예수의 친구들-하느님의 정원에 대한 묵상

북해와 발트 해 연안의 시골 건축물을 보면 지금까지도 앞 정원 Vorgarten이 한 농가의 얼굴과도 같은 역할을 한다. 이 정원은 주의 깊게 계획되고 잘 가꾸어진다. 이곳은 꽃들의 장소이고 사람의 마음을 기쁘게 하는 모든 것을 위한 장소이다. 하느님은 하늘에만 머무시는 것이 아니다. 하느님은 당신의 집에, 아파트에 앞 정원을 만드신다. 사람들은 이것을 통해 하느님께 이를 수 있다. 집 안으로 들어가는 길은 오직 이 앞 정원을 통해서 연결되어 있다. 여기서는 앞 정원 앞에 또 하나의 정원이 놓여 있는데, 이것 역시 집주인의 재산 상태를 알려 주는 증명서로서의 역할을 한다. 그렇기 때문에 아름답게 잘 관리되어야 한다. 처음에 언급한 앞 정원은 (회화적으로 말해서) 예수이고, 두 번째 언급한 정원은 길과 맞물려 놓여 있는 예수의 친구인 제자들이다.

하느님께서는 세상에 줄 수 있는 가장 가치 있는 것, 곧 당신의 사랑 가득한 관심을 오로지 중개자 예수 그리스도와 연결하여 보여 주신다. 오직 그분을 통해서만 아버지께로 나아가는 길이 있다. 하지만 두 번째, 외부의 정원이 이 규칙에 따라 놓여 있다. 제자공동체가 예수님께 나아가는 길인 것이다. 제자들 사이에서 발생하는 요소들은 결코 부차적인 행사들이 아니다. 제자들과 제자들의 자기 이해 방식과 제시 방식은 (요한 15,9-17 참조) 자신들의 주인을 위한, 예수를 위한, 하느님을 위한 명함이다. 그러므로 네 번째 복음에서 다음과 같이 보도하는 것은 유효하다.

아버지께서 나를 … 하신 것처럼 나도 너희를 … 하였다.

사랑, 파견 그리고 영광의 선물(찬미)이 여기에 해당된다.

하느님께로 나아가는 길이 오로지 첫 번째와 두 번째 앞 정원을 통해서 인도되는 것은 요한복음에 의하면 전형적이고도 새로운 그리스도교적인 것이다. 이러한 무대 위에는 음울한 압박의 분위기가 놓여 있는 것이 아니라 (앞 정원에서와 마찬가지로) 생명과 빛에 대한 약속이 있다. 하느님은 바로 길가에 사시지 않는다. 하느님은 사람들로 하여금 단순히 모든 무덤을 넘어서서 보이지 않는 당신을 믿기를 요청하시지 않고, 두 개의 앞 정원들을 통해서 당신이 어떤 분인가를 볼 수 있도록 하셨다. 하느님은 제자들의 형제적 공동체를 통해서 그리고 당신의 모상인 예수를 통해서 당신의 땅 안으로 들어오도록 하셨다. 하느님은 당신의 집에서 융숭한 대접을 하신다. 하느님에게 있어서는 언제나 봄이기 때문이다. 두 개의 앞 정원들은 배타적이 아니라 문을 열고 초대한다. 네 번째 복음에 있는 배타성은 오직 이러한 방식으로 이해할 수 있다.

우리는 앞 정원을 통과하여 거의 도달하게 되었다. "아버지께서 나를, 나도 너희를"이라는 전달의 원칙은 특별한 방식으로 기쁨에게도 해당된다. 예수는 여기 요한에게서 당신의 기쁨과 제자들의 기쁨을 말씀하시는데, 이것은 완전하여 한계나 불투명함이 없다. 이 기쁨은 복음서들에서 언제나 하느님 현존의 자취다. 이것은 정원에 있는 햇빛과 비, 다양성과 색깔, 성장과 열매의 축복에 일치한다. 우리가 "미소 짓는 풍성한 정원"에 대해 말하는 것과 일치하는 것이다. 신약성경 어디에서도 기쁨에 대한 정의는 없다. 내용적으로 볼 때 가장 근접해 있는 표상들은 묵시록 21,3 이하에 있다.

> 보라, 이제 하느님의 거처는 사람들 가운데에 있다.
> 하느님께서 사람들과 함께 거처하시고
> 그들은 하느님의 백성이 될 것이다.
> 하느님 친히 그들의 하느님으로서 그들과 함께 계시고
> 그들의 눈에서 모든 눈물을 닦아 주실 것이다.
> 다시는 죽음이 없고
> 다시는 슬픔도 울부짖음도 괴로움도 없을 것이다.
> 이전 것들이 사라져 버렸기 때문이다.

네 번째 복음서를 읽는 그리스 출신 독자들은 여기서 예수가 우정과 친구를 위한 사랑에 대해 말씀하시는 내용을 잘 이해한다. 철학자 아리스토텔레스에게는 우정이 모든 사회적 관계의 기초였다. "친구를 위해 죽는 것"은 고대세계 전체에서 친구를 위한 사랑의 최고봉이었다. 예수가 요한 15,13에서 하신 말씀은 이러한 의식 구조로부터 취하신 것이다. 예수의 제자들도 이러한 표상을 본능적으로 잘 이해했을 것은 틀림없는 사실이다. 그 외에도 여러 가지 근거들에 의해 예수는 아람어만 구사하신 것이 아니라 그리스어도 그 못지않게 잘 구사하셨다는 것을 알 수 있다. 요한 13,15는 더욱 포괄적으로 표현되었다. "목숨을 내놓는 것"이란 표현은 순교에서 생명을 내놓는 것만을 의미하는 것이 아니라 훨씬 더 나아간다. 예수는 당신의 모든 삶을 제자들에 대한 봉사로 여기셨다. 당신의 삶을 그들을 위해 헌신하시고 선사하셨다. 그들을 "끝까지 사랑하

셨다."(요한 13,1) 이것은 이러한 의미이다. 예수는 당신이 직접 제자들을 위한 생명의 선물이 되는 것 외에는 어떤 것도 원하지 않으셨다. 이러한 것을 하실 수 있었던 것은 당신이 하느님의 말씀과 권능 그리고 영광을 담은 그릇이었기 때문이다.

클레르보의 베르나르도는 약 850년 전에 이러한 형제를 위한 사랑을 잘 표현한 감동적인 책을 저술했다.

> 자신의 목숨을 친구들을 위해 내놓는 사람보다 더 큰 사랑을 가진 사람은 없습니다. 오, 주님, 당신은 이보다 더 큰 사랑을 가졌습니다. 당신은 원수도 사랑하셨습니다! 말하자면 우리가 아직 원수였을 때, 당신의 죽음을 통해 당신과 그리고 아버지와 화해시키셨습니다. ⋯ 선한 사람을 위해서도 죽을 사람은 없습니다. 당신은 불의한 사람들을 위해서 고통을 당하시고 우리의 죄 때문에 돌아가셨습니다. 당신은 어떤 공로도 없는 죄인들을 의롭게 하시기 위해, 종들을 형제가 되게 하시기 위해, 포로들을 상속자가 되게 하시기 위해, 추방된 사람들을 왕이 되게 하시기 위해 ⋯ 목숨을 내놓으시어 죽임을 당하셨고 수없이 많이 속인 죄인들을 ⋯, 죄인들을 위해 기도하시기까지 했습니다.(수난주간 수요일 강론)

베르나르도는 여기서 바오로(로마 5,8-10)와 네 번째 복음에 들어 있는 같은 생각을 연결한다. 그것은 다음과 같이 명백하게 드러난다. 바오로는 서로 대비되는 친구와 적에 관해 언급하고 있고, 네 번째 복음은 종과 친구 사이에 관해 언급하고 있다. 이 두 저자들 모두에게 있어서 핵심적인 기준이 되는 것은 친구를 위한 극단적인 희생이다. 이것은 또한 복음에도 적절하게 일치한다.

베르나르도는 여기서 더 나아가 "마음의 사랑은 육체적 사랑과 닮은 점이 있다."는 것을 알았기 때문에, 구약성경의 아가를 요한복음의 사랑에 관한 말씀에 대한 직접적인 해석으로 읽기를 감행할 수 있었다. 그렇게 하여 그는 두 텍스트를 당시 이렇게 해석했다.

> 그분은 이것을 (아가) 주님으로서 말씀하시는 것이 아니라 신랑으로서 말씀하십니다. 어떻게 그렇게 했을까요? 그분은 창조주입니다. 그런데 자신을 친구로 내준다니 이해할 수 있는 일입니까? 사랑은 여기서 어떤 주님도 알지 못한다고 말합니다. 그렇습니다. 이것은 사랑의 노래입니다. 그리고 이것은 오직 사랑의 말들로만 전달될 수 있습니다. 결론적으로 하느님은 사랑이십니다. 그리고 하느님이 사랑을 다른 어디에서 가져오신 것이 아니라, 당신 자신이 사랑의 원천이십니다. 그렇기 때문에 하느님은 더욱더 강력하게 사랑하십니다. 하느님이 사랑을 소유하신 것이 아니라 사랑 자체이시기 때문입니다. 하느님은 그들을 사랑하시기 때문에 그들을 종으로서가 아니라 친구로 대하십니다. 그분이 선생님에서 최종적으로는 친구가 됩니다. 하느님은 그들이 당신의 친구가 아니었더라면 친구라고 부르지 않았을 것입니다. (클레르보의 베르나르도, 아가에 대한 59번째 강론)

베르나르도는 아가에 대한 67번째 강론에서 우리의 텍스트 중 또 한 구절, 15장 16절을 언급한다.

> 하느님은 사람들에게 이렇게 말씀하십니다. '네가 나를 선택한 것이 아니라 내가 너를 선택했다. 너를 선택하기로 한 것은 네가 선택될 만한 일을 했기 때문이 아니라 내가 먼저 그렇게 결정했기 때문이다. 그렇기 때문에 나는

믿음 안에서 너와 약혼했지 계명의 작용으로 한 것이 아니다. 그리고 정의 안에서 너와 약혼을 했는데, 그 정의는 믿음에서 나온 것이지 계명에서 나온 것이 아니다.'

이 텍스트 안에서 바오로와 네 번째 복음이 연결되는데, 오늘날에 이것을 읽을 때에도 다음과 같은 두 가지 사항에 대해 이해할 수 있다. 하나는 마르틴 루터Martin Luther가 베르나르도를 가장 뛰어난 신학자로 여긴 것이다. 이것은 일치운동을 위한 하나의 신학적 근거가 될 수 있는데 결코 작은 것이 아니다. 다른 하나는 여기서 어찌하여 사람들이 네 번째 복음과 바오로가 역사적으로 서로 가까운 시기에 작성된 것이란 (앞 구절과 로마 5,8-10을 비교해 보라) 생각을 하게 되었는지 인식할 수 있다. 나는 여기서 네 번째 복음서가 일반적으로 알려진 것보다 상당히 일찍 작성되었다는, 적지 않은 수의 전문가들이 경악할 만한 결론에 도달했다(『처음에 요한이 있었다』, 2. A. 2003). 요한복음이 가장 늦게 저술되었다는 학설이 표준적인 학설로 관철되어 왔다. 요한복음은 신약성경의 문헌들 안에서 전하는 역사적 사건들과 거리가 상당히 멀고 그리스어를 잘 모르는 세계와도 거리가 멀기 때문이라는 것이다. 이것이 어떠하든 간에 하여간 바오로와 요한 사이의 관계는 초기 그리스도교의 가장 흥미로운 신학적 문제라는 것에는 모두가 일치하여 인정하고 있다.

게다가 베르나르도 성인은 요한복음의 고별말씀에 들어 있는 "친구들"의 역할과 일치하는 것이 마태오복음에 있다는 것을 알아냈다. 마태 28,10에 의하면 예수는 더 이상 제자들에 대해 말씀하시지 않고 형제들에 대해 말씀하신다. 이 형제들에게 부활의 기쁜 소식을 전하도록 하신 것이다. 요한 20,17에서 부활하신 분께서 하느님을 "내 아버지시며 너희의 아버지이신 분"이라고 하신다. 그분은 이런 말씀을 이전에 하신 적이 없다. 예수가 이 지상에서의 삶과 이별할 시기에 당신의 제자들과 그 이전 어떤 때보다 더 깊은 내적 관계를 가지신 것에 대한 기억이 세 곳에 놓여 있다.

6.8 통상을 거부하는 그리스도교

아이들은 일정한 나이에 이르면 정상적인 상태가 어떤 것인가에 대해 눈을 뜨고 그렇게 되어야 한다는 압박을 느낀다. 아이들이 별나고 독특하여 보통의 태도와 삶을 유지하지 않고 일반적인 신앙생활도 하지 않으며 물질적인 요소들에 대한 태도도 일반적이지 않을 경우, 부모는 아이들이 그러한 압박을 받기 시작한 것을 느낀다. 아이들은 정상적이지 않은 것에 대해 "불편함을 느끼고 고통스러워"하지만, 다행하게도 자라면서 "정상적인 것" 역시 경우에 따라서는 완전히 정신 나간 미친 짓이 될 수도 있는 것이어서, 이것으로부터 벗어나기 위해 상당한 노력을 해야만 하기도 한다는 것을 알게 된다.

그리스도인으로 살아가는 것은 본질적으로 비정상적인 것일까? 그리스도교적인 것은 아무에게도 고통을 가하지 않는 일반적인 시민들을 경시하는가? 마태 16,21-27에서 사람들의 "정상적인" 태도들을 언급하고 있다. 고통과 맞서 방어하기, 자신의 생명을 보호하여 구하기, 자신을 성장시키기, 점점 더 큰 명성을 끌어모으기, 세상에 두 발을 꼭 딛고 서 있기와 같은 것이 여기에 해당된다.

정녕 자기 목숨을 구하려는 사람은 목숨을 잃을 것이고, 나 때문에 자기 목숨을 잃는 사람은 목숨을 얻을 것이다. 사람이 온 세상을 얻고도 제 목숨을 잃으면 무슨 소용이 있겠느냐? 사람이 제 목숨을 무엇과 바꿀 수 있겠느냐?

여기서는 고통, 십자가와 치욕을 지고 가기, 예수를 위해 자신을 버리기와 같은 사람들이 전적으로 좋아하지 않는 태도들을 추천하고 있다. 예수는 이들은 하느님의 생각이라고 말씀하신다. 이들은 위에서 언급한 정상적인 인간적 생각들과 정반대되는 생각이다. 정상적인 생각은 바로 그것이 지극히 이성적이기 때문에 악마적이다. 이 세상에서 고통이 아니라 건강을 추구하고, 치욕스러운 십자가 형벌이 아니라 명성을 추구하며, 사람들에게 낯선 존재가 되기보다는 사람들의 마음을 얻기를 추구하는 것이 어찌하여 악마적이란 말인가? 예수에게도 고통과 십자가 죽음의 길은 힘들었던 것이 분명하다. 오직 그러했기 때문에 예수가 베드로를 거칠게 비판한 것이다. 베드로는 (한때 악마가 그랬던 것처럼) 온전히 정상적이고 이성적이기는 하지만 완전히 무리한 요구로 예수를 시험했기 때문에 그러한 비판을 들었다. 정상적인 가치관들과 생명에 대한 "건강한" 본능들을 따르는 것이 참으로 악마적인 것일까? 그리스도교는 이 지점에서 완전히 거꾸로 뒤집는 것으로 시작하는 것은 아닐까? 여기서 우리가 이 질문을 매우 진지하게 던질 때 비로소 베드로가 말한 것이 어찌하여 예수에게는 하나의 시험이 되었는가에 대하여 제대로 파악할 수 있을 것이다.

이제 이러한 '하느님의 논리'를 따라가 보기로 하자. 고통, 십자가, 치욕, 자아성취포기, 인정받기포기와 같은 것들은 가치를 거스르는 것Anti-Wert이다. 이들은 근본적으로 하느님과 세상 사이에 존재하는 매우 깊은 대비와 갈등을 다루고 있다. 이들은 오직 이러한 범위 안에서만("마치 하느님이 계시지 않는 것처럼"이라는 모토 안에서가 아니라) 가치를 거스르는 것이다. 고통, 치욕 그리고 십자가 그 자체가 대단한 어떤 것이 아니라, 하느님이 계신다면 그리고 하느님이 계시기 때문에 대단하고, 세상이 자신의 허황됨과 교만 그리고 하느님을 멀리하는 것으로 의인들을 고통스럽게 하고 십자가에 못 박기 때문에 대단한 것이다. 고통 그 자체가 거룩한 것이 아니라 하느님께 속하는 사람의 고통이 거룩한 것이다. 생명의 본능들을 포기하는 것 자체가 좋은 것이 아니라 하느님을 멀리하고 하늘이 없는 것처럼 생각하면서 생명력을 펼쳐 나가는 것이 나쁜 것이다.

그러므로 그리스도인은 근본적으로 건강을 찾는 것, 명성과 자아실현을 찾는 것과 같은 인간의 기본적인 태도들을 하느님께 대한 믿음과의 긴밀한 관계 속에서만 추구할 수 있다. 오직 이러한 전제하에서만 예수가 정상적인 것을 거슬러 말씀하신 것을 이해할 수 있다. 예수는 생명의 본능들을 추구하는 모든 것을 의혹의 눈초리로 바라보셨다. 어디서나 사람들은 자기 자신을, 자신의 안위만을 그리고 자신의 권력만을 추구하기 때문이다. 예수님 이래로 하느님께 마음을 두려고 노력하는 사람에게는 이러한 모든 것이 의심스러운 것이 되어 버렸다.

여기에 널리 퍼진 오해 한 가지와 투쟁할 일이 있다. 그것은 바로 그리스도교는 고통을 좋아하고 삶의 기쁨을 거부한다는 것이다. 하느님은 결코 우리로 하여금 자연을 거슬러 살도록 압박하면서 고통스럽게 하지 않으신다. 오늘날 우리의 할아버지들 중에는 사람이 자신의 의지로 어떤 것을 하고 싶어 하는 것이 있으면 바로 그것을 하지 않아야 한다는 생각을 하는 분들이 있다. 교육의 목적은 자신의 의지를 꺾는 데에 있기 때문이라는 것이다. 그렇지 않다. 마태 16,25이 이에 대해 정확하게 말하고 있다.

정녕 자기 목숨을 구하려는 사람은 목숨을 잃을 것이고, 나 때문에 자기 목숨을 잃는 사람은 목숨을 얻을 것이다.

우리가 우리 자신을 발견하고 생명을 지키며 실현하는 것은 바로 하느님의 소망이고 목표이다. 성경의 하느님은 생명에 해가 되는 것을 결코 원하시지 않는다. 하느님은 전적으로 생명을 원하시는데 그것도 기쁨 속에서 충만하게 누리기를 원하신다.

그러나 그러한 것을 빠르고도 직접적인 길로만 가려고 하는 사람은 틀림없이 실패하게 된다. 왜 그럴까? 다른 극점이 없을 경우에 사람은 자기 자신을 우주의 핵심이자 중심으로 삼아 모든 것이 그 주변을 맴도는 것으로 여기게 되기 때문이다. 하느님을 모르는 세상에서 사는 사람에게는 "내가 그것에서 어떤 이익을 갖게 될까?"라는 질문이 최종적인 관심사가 되고 만다. 그렇게 되면 오로지 자신의 생명력만을 실현시키기 위해 어떤 것도 고려하지 않고 무자비하게 밀어붙이게 된다. 오직 자신의 한 생명밖에 중요하지 않은 것이다. 루소Rousseau가 말한 그런 선한 사람은 없다. 우리의 생명력이 죄가 없는 것이 아니다. 아담과 하와 이래로 인간의 생명력은 탐욕스럽고 자기중심적이며 조급하다. 시간이 없기 때문에 가장 짧은 길로 오직 자신만을 위하려고 한다. 오직 자기 자신만 행복하려 하고 누구도 행복하게 하려 하지 않기 때문에 목표에 도달하지 못하고 만다. 성경적인 사고에 의하면, 단기간에 피상적인 목표에 도달하려고 하지 않고 먼저 가치를 거스르는 것Anti-Wert을 거치는 길을 통해야만 목표에 도달할 수 있다. 이것이 예수의 길인 것이다.

다시 한 번 더 여기에 기본적으로 놓여 있는 논리를 살펴보자. 하느님과 세상이라는 서로 대조되는 요소에서는 오직 가치를 거스르는 것Anti-Wert을 통해서 그리고 온전히 정상적인 이기주의ganz normaler Egoismus를 거스르는 것을 통해서만 하느님께 속할 수 있다. 세상은 거짓말하고 속이며 의인들을 죽이고 하느님을 거역하기 때문이다. 이러한 상황에서 명성을 얻는 것과 반대되는 것만이 하느님 앞에 의로울 수 있다. 그리고 두 번째로 명리를 추구하는 세속성Weltlichkeit은 다른 사람들의 속성일 뿐만 아니라 우리 자신의 고유한 이기주의이기도 한 것이다. 우리 자신은 거짓말하고 속이며 의인들을 배반하고 죽이며 하느님을 거역하고자 하는 경향을 지니고 있고 실제로 그렇게 하고 있다. 그렇기 때문에 논리의 변화는 우리 자신의 마음의 변화를 통해서 가능한 일이다. 문제의 관건은 생명력을 하느님의 계명 아래에 두는 일이다. 그런데 하느님의 계명은 낚아채고 약탈하는 것이 아니라 선사하고 기다리는 것을 의미한다. 하느님의 길은 하느님께서 오랫동안, 세상이 존재하는 긴 기간 동안, 당신의 원수에게조차 당신의 해가 떠오르도록 둔다. 하느님은 두 손 가득히 충만하게 선사하신다. 우리가 여기서 말하고 있는 것을 적용한다면, 하느님처럼 처리하는 사람 그리고 하느님과 비슷하게 처리하는 사람은 내주는 것을 통해서 목표에 이르고, 다른 사람들에게 자신을 선사하는 것을 통해서, 인내하는 것을 통해서, 그리고 지고 가는 것을 통해서 승리하게 된다. 치욕을 지고 가는 것을 통해서 명성에 이르게 되는 것이다.

　이러한 것에서 예수의 길은 시간과 관련되어 있다는 것이 명백해진다. 단기적으로 추구하는 모든 것은 오직 단기간만 유지될 뿐이다. 내가 서둘러 낚아채 올린 모든 것은 다시 욕망으로 가득 찬 손들에게로 분산되고 만다. 죄는 언제나 우리가 시간이 없는 것에서 발생한다. 돈은 좋은 어떤 것이다. 은행 강도는 돈을 즉시 가지려고 한다. 섹스는 좋은 어떤 것이다. 성 범죄자는 무엇이 망가지는가에 대한 생각을 전혀 하지 않고 즉시 목적을 성취하고자 한다. 명성은 좋은 어떤 것이다. 명성을 탐하는 사람은 그것을 즉시 누리려 한다. 그렇게 하여 그는 예수가 "제 목숨을 잃으면 무슨 소용이 있겠느냐?"고 말씀하신 대로 자신의 영혼에 해로운 짓을 한다. 모든 죄는 짧은 시각으로 서두르는 행위이다. 영혼이 함께 성장하지 못하고 무시된다. 서둘러 결과를 얻으려는 것을 통해 속임을 당하기만 하는 것이 아니다. 이러한 처신은 결국 그러한 행동을 하는 사람을 망쳐 놓고 만다.

  사람들은 예수의 길을 우회적인 길이라고 명명했다. 예수의 길도 온전한 전체, 즐거움, 충만, 성과, 부유, 행복, 사랑, 권위, 한계가 없는 삶, 큰 축제를 원한다. 예수는 이것을 아직 누구에게도 알려지지 않은 근원적인 것으로 성취하고자 하신다. 예수의 길을 선택하는 사람, 살고자 하는 사람은 생명으로 나아간다. 그러나 십자가와 죽음을 통해서 생명에 이른다. 자기 자신을 발견하고자 하는 사람은 자기 자신을 전혀 생각하지 않음으로써 자기 자신에게로 온다. 명성을 얻고자 하는 사람은 치욕의 길을 선택하라. 그러면 명성에 이르게 되고 그 명성은 영원한 영광이 될 것이다. 하느님의 길은 반대되는 요소들을 통해서 진행된다. 이 길은 빛을 발견하기 위해서 밤을 통과한다. 이것은 하느님 자신과 이 세상에 있는 하느님의 심부름꾼에게도 마찬가지다. 하느님과 하느님의 심부름꾼들은 무시될 것이다. 그리고 이들의 활동들이 낳는 결과들은 마지막 때에 비로소 드러날 것이다. 이와 반대로 지금 존중받는 사람들은 이내 무너지고 말 것이다.

  마태 10,39에 예수의 삶에 관한 지혜가 명확히 표현되어 있다.

제 목숨을 얻으려는 사람은 목숨을 잃고, 나 때문에 제 목숨을 잃는 사람은 목숨을 얻을 것이다.

자기 자신을 잊어버리는 것을 철저하게 배운 사람만이 자기 자신을 발견할 수 있는 것이다. 그리고 이것은 역시 기도와 일 안에서 이루어지는데, 열성과 감동으로 그리고 무엇보다 사랑으로 할 때에 그렇게 되는 것이다. 예수가 하신 의미로 자기 자신을 발견하는 것은 즐거움을 최대한 뽑아내는 데에만 초점이 맞추어져 있는 방식으로서의 자아실현이 아니다. 자기 자신을 보지 않고 하느님(예수 그리스도) 또는 이웃을 바라봄으로써 자기 자신을 얻게 된다. 여기서 예수가 걸어가시는 길은 명백하게 행복을 향한 것이다. 자기 자신을 잊어버릴 수 있는 사람이 행복하게 된다. 지금 하고 있는 일 자체에 철저히 빠져들어 자기 자신을 의식하지 않는 사람이 행복하다. 이것은 온전히 다른 사람을 향한 사랑에도 그대로 적용된다. 서로 사랑하는 사람들이 상대방의 눈에서 그가 원하는 것을 읽어 내는 것을 본 사람은 누구나 이것을 안다. 이것은 또한 일을 하는 도중에 시간을 까맣게 잊어버릴 때 발생한다. 우리가 하느님의 현존에 전적으로 신뢰하고 맡기면서 기도할 때 이러한 일이 발생한다. 이 모든 것은 시야가 짧은 이기주의로부터 해방되고, 위험한 상황 속에 자기 자신을 지속적으로 내세워야 하는 부담들로부터 해방되는 것을 의미한다. 인권Menschenrecht에 대한 근대적인 개념이 각 개인이 권한을 지니고 있으므로 스스로 자신의 권한을 주장해야 한다는 생각을 기본바탕으로 하고 있는 동안에는 시야가 너무 짧은 것이다. 인권이 고립된 권한소유자들에게 그것을 나누어 주기 위한 투쟁일 수 있을까? 인권은 사람에 대한 하느님의 권한을 반영할 때에 비로소 빛을 발하기 시작하고, 나와 다른 사람들이 더 이상 우리 자신에게 속하지 않을 때에 빛을 발하기 시작한다. 성경의 관점에 의하면 하느님은 사람에 대해 권한을 지니고 계신다. 그렇기 때문에 사람은 홀로 고립되어 자기 자신에 대한 생각만 한다면 구원되지도 못하고 해방되지도 못한다. 그를 가장 많이 방해하는 것은 자기 스스로 생각하여 고정시킨 표상들과 자신이 되기 위해 설계한 삶에 대한 계획들이다. 그는 자기 자신의 손을 펼쳐 내놓고, 위에서 내려온 힘이 그가 스스로 쌓아 올린 담들을 뛰어넘도록 두어야 한다.

이제 우리는 자신을 잃는 것이 무엇을 의미하고 예수의 복음 선포 안에 들어 있는 어깨에 십자가를 메고 가는 것이 무엇을 의미하는지 좀 더 잘 이해하게 되었다. 이것은 우리가 짧은 안목으로 삶의 목표를 정해 두고는 그것을 반드시 해야만 한다고 생각하는 것으로부터 벗어나게 한다. 그러므로 여기서 관건은 자율성이(오직 자기 자신을 실현하기 위한 자아실현) 아니고 타율성도(가족의 법과 의무들 또는 국가의 법과 의무들에 예속되는 것, "사람은 이렇게 해야 한다"는 것에 순종하는 것, 모범과 예의범절을 따르는 것) 아니며 하느님께 순명하는 것이다. 그리고 이것은 참으로 자기 자신으로부터 벗어나오는 것을 의미한다. 하느님께서 우리의 등 뒤에 서서 충분히 도와주시기 때문이다. 하느님은 우리에게 지시들을 내리기 위해 우리 앞에 서 계시는 분이 아니다. 오직 하느님의 따뜻한 숨결이 우리를 생기 있게 할 때에 비로소 우리는 벌벌 떨면서 그 속으로 움츠러들어 갔던 우리의 달팽이집과 같은 곳으로부터 벗어나오게 된다. 따뜻한 숨결로 달팽이를 딱딱한 집으로부터 나오게 할 수 있는 것과 마찬가지로 우리 자신을 붙들고 집착하고 있는 것으로부터 벗어나올 수 있다.

그렇기 때문에 이러한 우회적인 길은 하느님과 관련되어 있다. 하느님 없이도 잘 살기를 바라는 "일반적인" 사람들은 가진 것을 나누어 주고 십자가를 선택하는 길이 자기 자신에게로 돌아오는 데에 참으로 더 나은 길이란 것에 결코 동의하지 않는다. 자신을 내어 주도록 하는 요구들은 기약도 없고 희망도 없으며 자기 학대적인 윤리적 승리감에 지나지 않는 단지 형식적인 이타주의일 뿐일 수도 있다. 오직 전적으로 하느님을 향할 때에만, 오직 미래의 주인이시고 정의 자체이신 하느님이 계실 때에만 자신을 비우며 나누어 주는 행동이 권력과 명성을 포기하는 것과 더불어 최종적으로는 구체적이고 개인적인 의미로 충만함에 이르게 한다. 그렇기 때문에 나는 이타주의를 (다른 사람을 위해 자신의 이익을 생각하지 않고 행동하는 것은 좋은 것이다) 위한 요청 자체가 위험할 수도 있다고 생각한다. 이타주의는 이타적인 행동을 하는 사람에게 자신을 전적으로 포기하기를 요청하기 때문이다. 사심을 없애고 자신을 비우는 것Selbstlosigkeit은 최종적으로는 있을 수 없는 일이다. 하느님께서 창조하시고 좋다고 하신 소중한 존재가 어떻게 자기 자신을 완전히 포기할 수 있으며, 그렇게 해도 된단 말인가? 신약성경에서는 이와 반대로 누구도 자기 자신을 포기해서는 안 된다고 한다. 오직 겉으로만 좋아 보이는 것들과 지나가고 마는 일시적인 가치들로부터 벗어나서 해방되어야 하는 것이다.

6.9 예수의 지혜

고대에 유행한 단어인 '지혜'는 지난 수십 년 이래로 놀라울 정도로 다시 자주 언급되고 있다. 비틀즈Beatles는 처음에 구루Guru로 나섰다가 그다음에는 일반적인 사람으로 행동했다. 지혜는 서유럽의 학문적 발전을 위해 특별히 동아시아에서 수입해 온 개념이다. 시간의 흐름에 따라 동방의 신비적인 요소들을 담은 지혜의 개념은 썰물처럼 서서히 빠져나가고 고유한 지혜들과 그리스도교의 역사에서 축적된 지혜들이 자리 잡게 되었다. 이렇게 되는 데에는 중세의 수도자들이 체험하고 쌓아 올린 활발하고 생기 있는 지혜들이 큰 역할을 했다. 이러한 과정을 거슬러 올라가면 예수가 원천으로서 존재하고 있다. 예수는 최종적으로 지혜를 가르치는 스승이었던가?

그런데 먼저 알아보아야 할 것이 있다. 정확한 학문exakte Wissenschaft을 갖고 있다면 무엇 때문에 지혜가 필요할 것인가? 지혜는 무엇을 갖고 있으며, 또한 무엇을 갖지 않았는가? 지혜는 논리가 아니다. 논리는 중요하지 않다. 원하지 않는 사람은 하지 않으려고 한다(Wer nicht will, der will nicht). 지혜는 가슴과 관련되고 전체적인 것과 관련되며 의지를 동반한 통찰과 관련되고 인지, 식별, 지각과 관련된다. 지혜는 (때로는 대단히 강력하게) 의식하는 것이다. 지혜는 인정사정없이 실제로 있는 그대로의 진면목을 말한다. 지혜는 체험들을 내포하고, 특정한 사물들을 밝히는 빛을 던지며, 어떤 것을 삶 전체와 관련하여 바라본다. 지성적인 사람은 총명할지 모른다. 그런데 지혜로운 사람은 넓은 이해심이 있고 사려 깊다. 베르나르도 성인은 이렇게 말했다.

> 어떤 사람에게 사물이 있는 그대로 좋으면(라틴어: sapere) 그는 지혜로운 사람(라틴어: sapiens)이다.

지혜는 종종 꾸밈없이 솔직하고 핵심을 찌른다. 그래서 지혜로운 사람은 자기 자신과 실제의 진면목을 번개처럼 빠른 속도로 인식해 내고 미소를 짓는 여유를 가진다. 나는 광고문구들 속에 얼마나 많은 그리스도교의 지혜들이 숨어 있는가를 알아내고는 종종 놀랄 때가 있다. "함께 가자."는 말은 그리스도교 복음의 원초적 내용이고 최후의 만찬을 위한 독창적인 요청이었다. "당신은 이 반석 위에 세울 수 있습니다!"란 말도 "모래 위에 집을 짓지 말라"는 경고를 한 산상수훈에서 글자 그대로 따온 것이다. "우리는 미래를 위해 길을 터놓습니다."란 말도 뛰어난 경영을 하는 어떤 은행보다 더 근본적인 것을 파고드는 내용이다. 예수님 자신이 사람들을 끄는 이러한 부류의 말씀을 사용하셨다. 이러한 말은 고대의 지혜로운 말들에서 종종 등장한다.

> 고생하며 무거운 짐을 진 너희는 모두 나에게 오너라. 내가 너희에게 안식을 주겠다.(마태 11,28)

예수의 말씀 중에는 놀랄 정도로 많은 수의 "삶의 지혜"가 들어 있다. 이들은 삶이 실제로 어떤가에 대해 꾸밈없이 솔직 담백하게 말한다. 예수는 사람들을 정확하고도 있는 그대로 관찰하여 그들의 삶을 망쳐 버리지 않도록 경고하려 하셨다. 이러한 말씀 중 몇몇은 직접적으로 글자 그대로 받아들여야 하고, 선생과 제자들 사이의 일상생활에 적용해야 한다. 예를 들어 "제자는 스승보다 높지 않다"는 말씀은 이러한 것에 해당된다. 이것이 의미하는 것은 "제자는 자신의 스승보다 더 나을 수 없다"는 것이다. 결과적으로 "스승은 외부의 판단으로부터 자신을 지켜야" 하는 것이다. 그래서 우리는 이 문장을 "남을 심판하지 마라"는 표제의 글 안에서 발견한다(루카 6,37.40). 여기서 더 나아가서 글자 그대로 받아들여야 할 것은 깨어서 기도하라는 예수의 다음과 같은 요청이다.

너희는 유혹에 빠지지 않도록 깨어 기도하여라.(마르 14,38)

일반적으로 예수가 말씀하신 삶의 지혜들은 회화적으로 받아들이는 것이 옳다. 삶의 지혜들은 사물과 사건을 직접적으로 밝혀 주기에 당연히 일상생활에 그대로 적용된다. 이들이 눈에 보이지는 않지만 삶에서 매우 중요한 영역인 하느님과 인간 사이에도 적용될 수 있는 것은 새로운 사실이다. 이것은 초기 그리스도교의 비유적 표현의 본격적인 목적에 속하는 것이기도 하다. 삶에 적용되는 것은 놀랍게도 하느님과 사람 사이의 관계에도 그대로 적용될 수 있다. 이러한 말을 수긍하고 따라가 보면 삶의 지혜에서 길어 올린 예수의 말씀들에서 많은 종류의 새로운 것을 발견할 수 있다. 이러한 것들에서 오해가 발생하지 않도록 먼저 다음과 같은 것을 알려 주어야 하겠다.

◆ 예수는 사람들을 염려하여 말씀하신다. 그분은 현실적으로, 노골적으로, 충격적으로 말씀하신다. 많은 것을 다루어야만 했기 때문이다. 잘못 판단하고 잘못 살면 삶을 망칠 수 있다! 에커만Eckermann을 위한 괴테Goethe[12]는 기대할 수 없는 것이다.

◆ 예수는 사람들이 실제로 무엇을 원하는가에 관심을 가지셨다. 사람들이 가진 동경들은 일상적인 사업으로는 채울 수 없고 오직 예수의 말씀을 들을 때에만 채워질 수 있다.

◆ 여기서 회화적인 표현이 동원되었다. 말씀은 모두 유효하지만 그 말씀이 담고 있는 기쁜 소식을 이해하는 범위 내에서만 그러한 것이다.

---

[12] Johann Peter Eckermann은 '괴테와의 대화'라는 작품으로 유명한 독일의 시인이자 문필가이다. 괴테의 비서를 지냈다.-역자 주

◆ 예수가 말씀하신 삶의 지혜들은 일반적으로 대단히 선동적이다. 오해로부터 이 말씀들을 지키기 위해서는 선물상자 안에 잘 보관해야 한다. 그렇게 잘 보관하더라도 이 지혜의 말씀들은 예수와 예수가 하신 활동의 놀랍고도 진지한 측면들을 열어 보여 준다. 이것을 제대로 인식하는 것을 원하지 않는 사람은 자신이 그 말씀의 참뜻을 제대로 이해하기를 원하고 있는지 스스로에게 물어보아야 한다.

◆ 또 하나의 경고: 여기서 행동하시는 예수는 부드러운 예수가 아니라 스캔들이 일어나는 것을 주저하지 않는 강력한 예수이다. 물론 이 경우의 예수는 삶에 대해 무엇인가를 제대로 이해하고 있는 분이다.

끝까지 밀고 나가기!

예수는 실제로 자신이 원하는 것을 끝까지 밀고 나가는 것에 대해 말씀하신다. 예수의 다음과 같은 말씀에서 이것에 대해 알 수 있다.

… 저 과부가 나를 이토록 귀찮게 하니 그에게 올바른 판결을 내려 주어야겠다. 그렇게 하지 않으면 끝까지 찾아와서 나를 괴롭힐 것이다. … 하느님께서 당신께 선택된 이들이 밤낮으로 부르짖는데 그들에게 올바른 판결을 내려 주지 않으신 채, 그들을 두고 미적거리시겠느냐?(루카 18,1-7)

먼저 힘센 자를 묶어 놓지 않고서, 어떻게 그 힘센 자의 집에 들어가 재물을 빼앗을 수 있겠느냐? 묶어 놓은 뒤에야 그 집을 털 수 있다.(마태 12,29)

예수는 구마의식에 대해서도 이렇게 설명하셨다.

마귀가 살아가는 집은 마귀에 사로잡힌 사람이다. 먼저 마귀를 내쫓아야 그 사람을 마귀의 지배로부터 해방시킬 수 있다.

소유자를 먼저 묶은 다음에 재물을 빼앗는 기술은 예수님께서 당신이 사시던 시대의 범죄이야기들로부터 배우신 것이다.

성공하기!
예수님께서 사람이 어떻게 하면 무엇인가 될 수 있겠는가, 어떻게 하면 상승할 수 있겠는가에 대해 말씀하신 것도 놀라운 일이다. 예수는 이렇게 말씀하신다.

하느님께 있어서도 이러하다. 사람이 먼저 자신의 능력을 입증해 보여 드려야 한다. 그런 다음에 입증해 보여 드린 능력을 통해 위로 상승해야 한다.

말하자면 이러한 것이다. 자신에게 주어진 재능을 올바로 사용할 수 있는 사람은 하느님으로부터 큰 권한과 자유를 부여받게 된다(루카 16,11.12, 12,44). 자신에게 맡겨진 돈을 제대로 불리지 못한 종은 불쌍하게 된다(루카 19,20-21). 어떻게 하면 부자가 될 수 있겠는가? 예수는 이 세상에서 부자가 되는 것은 유리한 것이 아니라고 말씀하신다. 부자가 되면 그 다음에는 가난해지는 일밖에 없기 때문이다. 급변은 틀림없이 온다. 그러한 때에는 어떤 부자도 좋은 것을 기대하기 어렵다. 예수는 사람이 자세를 낮출 때에만 비로소 상승한다는 것을 알고 계셨다. 삶은 그러한 것이다. 고대세계에서 누구나 이러한 체험을 수없이 되풀이해서 했다. 예수는 이렇게 말씀하신다.

봉사를 통해서 지배에 이른다. 너희들은 고개를 숙여야 할 존재 앞에서만 고개를 숙여야 한다. 이것이 겸손이다.

헬레니즘 시대에 아리스테아스Aristeas라는 한 익명의 유다인이 쓴 편지에는 이 세상에서 현명하게 처신하는 것에 대한 내용이 다음과 같이 손에 쥘 수 있을 정도로 명백하게 들어 있다.

낯선 사람들 속에서 어떻게 하면 인정받을 수 있을까? 모든 사람에게 눈높이를 맞춤으로써 그리고 주변 사람들보다 오히려 더 낮은 자세를 취함으로써 그렇게 될 수 있다. 하느님께서도 당신의 본성에 따라 자신을 낮추는 사람을 받아들이신다. 그리고 사람들은 자신을 낮추는 사람들에게 친절하다.

낮은 자리에 앉기!
예수는 저녁식사에 초대받은 일상적인 상황에서 이와 비슷한 지혜를 이끌어 내신다.

… 초대를 받거든 끝자리에 가서 앉아라. 그러면 너를 초대한 이가 너에게 와서, '여보게, 더 앞자리로 올라앉게.' 할 것이다. 그때에 너는 함께 앉아 있는 모든 사람 앞에서 영광스럽게 될 것이다. 누구든지 자신을 높이는 이는 낮아지고 자신을 낮추는 이는 높아질 것이다.(루카 14,7-11)

예수는 하느님에게서도 바로 이와 같다고 말씀하신다. 자신을 낮은 자리로 낮추면 명예롭게 되고, 교만한 사람은 넘어진다. 끝까지 밀고 나가기를 위한 또 하나의 표상은 누룩이다(루카 13,21). 누룩은 "지속적으로 떨어지는 물방울이 바위를 뚫는다."는 원리에 따라 목적을 이룬다. 예수는 "하느님은 이와 같이 하여 당신의 목적을 이루시고, 사람은 여러 측면에서 볼 때 이렇게 해야 무엇인가를 이룰 수 있다."고 말씀하신다.

현명하게 투자하기!

예수는 지속적으로 머무는 곳에 투자하는 것이 현명하다는 것도 알고 계셨다. 모든 투자자문위원은 이와 같은 말을 한다. 예수는 이렇게 말씀하신다.

> 너희 자신을 위하여 해지지 않는 돈주머니와 축나지 않는 보물을 하늘에 마련하여라. 거기에는 도둑이 다가가지도 못하고 좀이 쏠지도 못한다.(루카 12,33; 마르 10,21)

예수는 이러한 말씀으로 가치가 오르내리지 않고 지속되는 은행에 저축하라고 하신다. 불안정하고 이름도 없는 작은 규모의 은행이 아니라 믿을 수 있는 은행에 저축하는 것이 좋고, 중앙은행에 저축하는 것이 가장 좋다는 것이다. 예수는 인간의 저 깊은 곳에 있는 안전에 대한 욕구에 호소하셨다.

서로 협력하기!

예수는 분열된 나라가 유지될 수 없다는 것을 아셨고, 어느 한 기관이 일치되지 못한 상태에 있는 것보다 더 나쁜 경우는 없다는 것도 아셨다. 예수에 의하면 이것은 하느님을 거스르는 악마의 계략에게도 해당된다. 어느 한 악마가 예수와 우호관계를 맺고 있으면서 자신의 동료들을 몰아낼 수 있으리라 생각하는 것은 매우 어리석다. 이러한 이유만으로도 예수가 결코 사탄과 우호관계에 있을 수 없는 것이다. 분열된 나라는 유지될 수 없다는 말씀은 공동체들에게도, 수도원들에게도, 최종적으로는 믿는 내용이 분열된 교회들에게도 해당된다. 분열된 상태로는 악마의 세력을 결코 이겨 낼 수 없는 것이다.

기초를 튼튼히 하기!

무너지지 않고 지속되는 곳에 두는 것은 특별히 집을 짓는 데에 해당된다. "이 바위 위에 당신의 집을 지을 수 있소."라는 말은 예수가 산상수훈의 끝부분인 마태 7,24-27에서 하신 말씀과 루카 6,47-49에서 하신 말씀에 거의 정확하게 일치한다. 집을 모래 위에가 아니라 튼튼한 기초 위에 지으라는 말씀은 사람이 무엇인가를 하고자 하는 의도를 가질 때에는 그것이 하느님의 뜻에 일치하는지 알아보아야 한다는 의미다.

깨어 있기!

이 말과 닮은 것은 안전에 대한 욕구 Sicherheitsstreben이다. 예수는 집주인과 도둑에 관한 표상으로 이것을 가시적으로 떠올릴 수 있게 하셨다. 도둑이 언제 올지 알 수 없기 때문에 집을 잘 지키기는 쉬운 일이 아니다. 이러한 어려움은 하느님께서 언제 오실지 모르는 데에도 마찬가지로 적용된다. 이러한 상황에서 유일하게 남는 효과적인 방법은 잠을 자지 않고 깨어 있는 것이다(루카 12,39; 마태 24,43).

전적으로 투신하기!

삶을 위한 투쟁에서 매우 힘든 것은 예수님께서 되풀이하여 다음과 같이 말씀하신 내용에서 유래한다.

> 정녕 가진 자는 더 받고 가진 것 없는 자는 가진 것마저 빼앗길 것이다.(마르 4,25)

부자들은 점점 더 부유해지고 가난한 사람들은 점점 더 가난해지는 것은 지독한 자본주의다. 예수님 시대에도 그러했고 오늘날에도 마찬가지다. 예수는 이 문장을 비판하지 않으신다. 삶이 그러하다는 것을 말씀하시는 것이다. 그리고 이것이 하느님 앞에서도 그대로 적용되는 것은 참으로 놀라운 일이다. 이 말은 비로소 여기서 바로 본질적으로 옳은 말이 된다. 미온적인 것은 하느님 앞에서 소용없기 때문이다. 단 한가지 하느님께 전적으로 투신하는 사람만이 자기 자신을 얻을 수 있다. 온전히 전적인 것만 받아들여지고 절반만인 것은 그렇게 되지 않는다. 약간만 그리스도인으로서 살아가는 것은 있을 수 없고 온전히 전적으로 살아야만 올바른 그리스도인이 될 수 있다. 약간만 살아 있는 것은 있을 수 없고 살아 있거나 죽어 있거나 둘 중 하나일 뿐이다. 예수의 철저함은 당신의 본질적인 치유방식이다. 유일하게 철저한 길만이 자유롭게 한다.

퇴근 시간 전에는 휴식하지 않기!
그리스도인으로서 살아가는 삶 역시 매우 고달픈 삶이다. 어떤 일을 완수한 후에는 휴식을 취할 수 있을 것으로 생각해서는 곤란한 삶이다. 어떤 종이 온종일 일을 한 경우에도 그에게 퇴근 시간이 즉시 허용되지는 않는다. 그렇기는커녕 주인이 저녁식사를 하도록 준비하고 시중을 들어야 한다. 밤이 깊어서야 비로소 휴식할 수 있다(루카 17,7-8). 종이 사적인 삶을 사는 것에 대해서는 언급도 없다. 그는 공식적으로 부림을 당한다. 무리한 요청이고 부당한 대접이다. 그리스도인의 삶도 이러하다고 예수는 말씀하신다. 예수가 언제나 다시 언급하신 주인과 종과의 관계에 대한 표상은 한가한 목가적인 시를 복사한 것이 결코 아니다. 종이 처한 노예 신분은 세상에 존재하는 직업 중에서 가장 고달픈 직업이다. 본질적으로는 직업이라고 할 수 없고 결코 편안하지 않은 숙명과 같은 것이다.

생각하고 난 뒤 행동하기!

어떤 일을 성취하고자 하는 사람은 자신의 힘을 제대로 알고 자신의 크기가 어떠한가에 대해서도 올바르게 판단해야 한다. 예수는 탑을 세우려고 시작한 일을 돈이 부족하여 마치지 못하고 비웃음의 대상이 된 사람의 비유를 통해 올바른 통찰력을 가져야 한다는 경고를 하셨다(루카 14,28-30). 그리고 쳐들어오는 적의 수를 제대로 헤아려 올바른 판단을 하지 않을 경우에는 엄청난 수의 군인들이 목숨을 잃게 된다는 것도 말씀하셨다(루카 14,31-32). 적이 훨씬 더 강할 경우에는 대량 학살만을 기대할 수 있을 뿐이다. 크기를 제대로 알지 못할 경우에는 엄청난 고통과 잔혹한 처지에 놓이게 된다. 예수는 하느님 나라를 위한 결정에서도 우리의 힘이 어떠한가에 대해 올바르게 알아야 한다고 말씀하신다. 너희는 위험을 감수할 준비가 되어 있는가? 이 말은 근본적으로 하느님 나라를 선택하도록 하는 데에 적합한 말이다. 요구사항이 대단히 많은 것이, 오직 이러한 것만이, 흥미를 끌기 때문이다. 다른 편으로는 아무것도 얻을 것이 없는 것에 대해서는 어떤 위험도 감수할 필요가 없는 것이다. 예수는 "뱀처럼 슬기롭게 되어라"(마태 10,16) 하시는데, 이 말씀은 뱀처럼 조심하라는 말씀이기도 한 것이다. 위험이 닥치면 죽은 척하든지 아니면 번개 같이 도망치든지 할 일이다. 위험에 너무 노출시키는 것은 옳지 않은 일이다.

진주를 돼지에게 던지지 않기!

서로 어울리지 않는 것들에 대해 아는 것 역시 중요한 사항이다. 예수는 이것에 대해 다음과 같은 강렬한 표상들을 활용하신다.

> 거룩한 것을 개들에게 주지 말고, 너희의 진주를 돼지들 앞에 던지지 마라. 그것들이 발로 그것을 짓밟고 돌아서서 너희를 물어뜯을지도 모른다.(마태 7,6)

돼지들은 진주가 무엇인지 전혀 모르기 때문에 아무런 소용이 없고, 개들은 빵부스러기로 만족할 것이다. 이러한 서로 어울리지 않는 사물들에 대한 표상은 그리스도인들이 자신에게 어울리지 않는 사물들과 관계들을 어떻게 해야 하는가에 대해 알려 준다. 다른 사람들을 불의한 존재로 심판하면서 자신은 예외로 두어 정의로운 존재로 삼는 것은 그리스도인들에게 어울리지 않는 행위인 것이다. 묵은 포도주와 새 부대, 새 포도주와 낡은 부대, 새 천 조각과 낡은 옷, 낡은 천 조각과 새 옷은 어울리지 않는다. 이러한 서로 어울리지 않는 사물들이 함께하게 되면 재난, 폭발 또는 찢어짐이 발생한다(마르 2,21-22). 이와 마찬가지로 단식은 기쁨의 시간에 어울리지 않고 포식은 슬픔의 시간에 어울리지 않는다.

중요한 것부터 하기!

참으로 중요한 것을 얻기 위한 통찰력도 가져야 한다. 그러자면 많은 일들을 하기 위해 큰 힘을 들이며 고생할 것이 아니라 중요한 한 가지에 집중해야 한다(루카 10,41-42). 예수는 이러한 이유로 무엇 때문에 자신이 그러한 일을 하는지도 모르고 무엇을 성취하기 위해 하는지도 모른 채 활동하기만 하는 행동주의에 주의를 주고 수정하신다.

또 한 번의 기회를 주기!

삶의 지혜를 가진 현명한 사람은 희망이 있는 한, 또 한 번의 기회를 주어야 한다는 것을 이해한다. 포도 재배인이 열매를 맺는 나무의 주위를 파서 땅을 부드럽게 하고 거름을 주듯이 이스라엘의 자녀들에게도 그렇게 해야 한다(루카 13,6-8).

낌새를 알아채기!

예수는 교회 안에서의 아멘과 같이 무엇이 확실한 것인지도 아신다. 상황판단을 잘하는 영리한 사람들은 대도시들에서 날마다 진행되고 있는 온갖 종류의 사업장들에서 모든 일이 한 점 흠도 없이 깨끗하게 진행될 수 없다는 것을 빠르고도 정확하게 알아챈다. 이들은 이러한 일들에 대한 감각을 지니고 있는 것이다. 독수리들의 반응도 이와 같다. 어떤 사람이 쓰러져 죽으면 "자연의 정화능력"을 수행하러 독수리들이 즉시 날아온다(루카 17,37). 우리에게 심판도 이와 같이 확실하게 닥칠 것이다.

모든 경우를 생각하기!

근본적인 전환이 있다는 것을 감안하는 사람은 작게 시작하는 것이 옳다는 것을 안다. 큰 것들은 변화를 이기지 못하고 무너지기 때문이다. 그렇기 때문에 글자 그대로 상황판단을 잘하여 자신이 처한 상황에 맞추어 기회주의자처럼 행동해야 한다. 우리가 살고 있는 이 세상에서는 작게 시작해야 하고, 이와 마찬가지로 부유하게가 아니라 가난하게 살아야 한다(루카 6,20-25, 16,19-31). 루카 16,1-10의 비유에 있는 약은 집사는 다가오는 곤궁과 압박에 대비하여 제때에 자신을 위한 관계들을 만들어 가는 모든 사람을 위한 예이다. 화이트칼라를 한 범죄자도 이와 같이 행동한다. 복음서에 등장하는 그리스도인도 자신이 가진 돈으로 이와 같은 관계들을 맺어 간다.

올바른 무기를 사용하기!
예수는 왕권을 소유한 사람은 일반적으로 쿠데타와 무력으로 그러한 위치에 이른다는 것을 아신다. 수수께끼와도 같은 예수의 다음과 같은 말씀은 당시의 이러한 일반적인 체험을 기본바탕으로 하고 있다.

> 세례자 요한 때부터 지금까지 하늘나라는 폭행을 당하고 있다. 폭력을 쓰는 자들이 하늘나라를 빼앗으려고 한다.(마태 11,12)

왕권은 힘을 통해 도달하는 것이다. 당시 대부분의 왕들은 쿠데타를 일으킨 신하의 손에 의해 잔인하게 죽어 갔다. 물론 하느님의 왕국에서는 특별한 방법의 힘이 적용된다. 이 왕국의 권한에 도달하기 위한 가장 센 힘은 비폭력Gewaltlosigkeit이다. 마태오에 의하면 예수는 온유한 사람들과 박해받는 사람들, 베푸는 사람들과 예수님 때문에 고통을 받는 사람들이 이러한 힘에 도달한다는 것에 대해 추호의 의심도 하지 않으셨다. 힘을 사용하는 데에 있어서 하느님과 세상 사이에 근본적이고도 엄청난 차이가 있다. 이것은 하느님과 세상 사이에 있는 차이만큼이나 큰 차이이다. 그렇기 때문에 자신을 겸손하게 낮추는 사람만이 하느님께 속한 미래에 있어서 큰 존재가 될 수 있다. 중세의 사람들은 기도와 회개를 통해서 하느님 나라에 갈 수 있다고 말했다.

꼭 필요한 것을 주기!

마지막으로 사회적 상황이 가져오는 압박, 속박, 불가피한 일들에 대해 정확하게 아는 것과 이들을 넉살 좋게 잘 활용하는 것도 중요한 일이다. 무엇이 필요하여 한밤중에 대문을 두드리는 친구의 간곡한 청을 결국은 거절할 수 없다. 그 시간에 일어나는 것이 불가능하지만 친구이기 때문에 그러한 것이다(루카 11,5-10). 아이들에게 먹지 못할 것을 주지 않고 먹을 수 있는 것을 주며(루카 11,11-13), 그들에게 오직 좋은 것만 준다(마태 7,11). 하느님께서는 당신의 자녀들을 위해 훨씬 더 많이 베푸시고 돌보아 주신다. 그러므로 하느님께 주저하지 않고 청할 수 있는 것이다. 이러한 말씀들 뒤에 계시는 목자이신 예수를 알 경우에 이 모든 말씀을 올바르게 이해할 수 있다. 예수는 부차적인 것들로부터 해방되게 하시고 긴급하고 중요한 것에만 열중하게 하신다.

6.10 예수와 이타주의자

이제 우리는 다음과 같이 정리하고 평가할 수 있겠다.

솔로몬이나 시라의 잠언들이 담고 있는 지혜와 비교해 본다면 예수님께서 여기서 제공하신 지혜는 대단히 현실적이고 사람에게 친숙한 것이다. 예수는 삶이 참으로 어떤 것인가에 대해 미화하지 않고 있는 그대로를 직시하고 평가하지 않으면서, 선한 행위는 얼마나 편안한 결과들을 가져오며 악한 행위는 얼마나 나쁜 결과들을 가져오는가에 대해 말씀하시는 것에 머물지 않으신다.

우리는 예수께서 삶의 현명한 법칙들을 영원한 삶의 영역에 자주 적용하시는 것을 관찰하게 된다. 이러한 것을 통해 "일반 삶에 적용되는 법칙들은 하느님 앞에서도 적용된다."는 인상을 받는다. 하느님께 대한 관계는 예외적인 영역이 아닌 것이다. 그러므로 종교는 결코 예외적인 도피처가 아니다. 삶을 위한 투쟁에 적용되는 것은 종교에도 그대로 적용된다. 하느님의 영향력 속에서 살아가는 삶이 "완전히 다른 어떤 것"이 아닌 것이다. 우리가 그곳에서 소중하게 보호되어 안전한 상태에 놓이는 것이 아니다. 오히려 도전이 더욱 강화된다. 하느님과의 관계에 대한 표상으로 언급되는 주인과 종 사이의 관계 전체를 생각해 보자. 여기에 존재하는 고달픈 일상생활의 규칙들은 사람-하느님의 관계를 표현하는 비유가 된다. 넓게 보자면, 그리스도인이 선한 행위를 하는 것은 실행한 선한 행위의 위대함에 감동하여 자신을 겸손하고도 순수하게 낮추어서 헌신하는 자세에 의한 것이 아니라, 전적으로 자신의 생존을 위해서 하는 것이다. 이웃에게 사랑을 실천하는 것도 그 이웃이 사랑스러워서가 아니라 이웃 안에서 심판자이신 사람의 아들을 인지하기 때문이다(마태 25,31-46). 그것이 다른 사람에게 도움이 되는 것은 여기서 단지 부차적인 효과에 지나지 않는다.

우리는 놀랍게도 다음과 같은 사실을 확인하게 된다. 예수는 이타주의자인 구루도 아니고, 자기 자신을 위해서는 아무것도 원하지 않는 전적인 헌신자도 아니다. 예수는 인간들이 관심을 갖는 요소들을 온전하게 인정하신다. 모든 사랑의 행위와 자선 행위는 그 행위를 하는 사람에게 의미가 큰 어떤 작용을 한다. 그것은 그 자신을 위한 것이고 그러한 행위를 하는 가운데 이웃에게도 좋은 영향을 미치게 되는 것이다. 하느님 자신과 계명 그리고 하느님을 공경하는 것 역시 그 자체가 목적이 아니다. 그리스도교는 전적으로 불필요하고 낯선 독재자를 위해 글자 그대로 모든 것을 완전히 헌신하고 포기해야만 한다는 주장을 하는 것으로 자주 비친다. 하느님께서 요구하시는 모든 것은 오로지 사람을 위한 것이다. 이 지배자는 자기 자신만을 위한 존재가 아니다. 그는 모든 것을 약탈해 가는 분이 아니다. 하느님은 자신의 이익을 생각하지 않는 유일한 분이시다. 오직 이 지배자만이 자신의 이익을 생각하지 않고 오로지 사람들의 이익만을 생각하는 것을 실행할 수 있다. 예수는 이러한 하느님 표상을 근거로 하여 앞에서 언급한 지혜의 말씀들 안에서 인간적인 삶과 생존의 본능에 호소하신다. 사람은 자신의 가장 깊은 곳에 있는 바람들 안에서 자신을 다시 인식해야 한다. 각 개인은 자신의 의미를 발견함으로써 정당하게 된다. 그러나 단 한가지 분명한 것, 시종일관 지속적이고 언행일치한 것, 철저한 것만이 자유롭게 한다.

이러한 것이 옳다면, 여기서 다음과 같은 일반적인 경고의 목소리가 높이 울려 나온다.

우선권을 존중하라! 세상의 은행보다 천상의 은행에 저축하라. 그런데 천상의 은행에는 자선을 통해서만 도달할 수 있다. 재물이 아니라 하느님께 봉사하라.

이러한 것은 참으로 양자택일의 의미로 이해해야 한다. 바로 다음과 같은 것을 의미하기 때문이다.

생존을 보장하기 위한 세속적이고 일상적인 방법들을 진지하게 여길 것이 아니라 그보다 훨씬 더 중요한 것을 위해 애를 써라. 예수는 사람들이 활동의 초점을 옮기기를 원하신다. 본질적인 것과 지속적인 것에 관심을 가져라! 직장 상사에게 순종하지 말고 하느님께 순종하라.

이것을 겸손이라 한다. 순종은 필요하다. 삶이 그러하기 때문이다. 이 세상의 경기규칙은 오직 한 가지뿐이다. 그렇기 때문에 단 한 가지의 삶이 존재한다. 성공의 여부는 나머지에게, 참된 절반인 나머지에게 투자하는 것에 전적으로 달려 있다. "영원한 삶"은 초월적인 것이 아니라 단 한 가지 삶의, 너의 유일한 삶의 보이지 않는 부분이다. 세상은 오직 하나뿐이기 때문에 경기규칙도 유일한 한 가지만 존재한다. 영원한 삶은 여기서 성취하든지 아무것도 이루지 못하든지 한다. 이것은 또한 바리사이적인 요소이기도 하다. 이들에게도 하느님과의 관계가 교회 안에서가 아니라 일상생활 한가운데서 결정되기 때문이다.

이와는 달리 종교가 삶의 전선에 다시 뛰어들어 땀을 흘리며 수고를 하기 전에 전례음악과 더불어 붉은 포도주와 빵을 들어 올리면서 거행하는 (하느님을 잊어버린) 일상생활에 대한 영적 대안 정도에 지나지 않는 것이라면, 하느님께서 단지 모든 것을 받아 주는 마음씨 좋은 어머니이고 오로지 사랑만 하시는 분이며 멀리 저 세계에만 계시는 존재라면, 일상생활의 세계에는 조금도 와 닿지 않는 것이 된다. 이러한 상황에서는 우리가 실제적인 세상과 삶에 조금도 참여하지 못하는 당혹스러운 상태에 놓인다. 하느님 앞에 수동적으로만 있어야 하는 것이라면 어떤 활동도 불가능하게 된다. 예수는 이렇게 생각하지 않으셨다. 하느님 나라와 그 의로움을 무엇보다 먼저 찾고자 하는 사람은 이 세상 삶에 존재하는 다른 요소들에 대해서는 관심을 별로 두지 않는다. 우리 역시 이러할 때 명성과 실망, 두려움과 잠시 지나가는 즐거움이 교차하는 세상에 내팽개쳐지지 않고 실제적인 활동들과 희망들로 구성된 삶으로 뛰어들게 된다. 예수는 이러한 것을 중요하게 여기셨다.

이것은 예수께서 이러한 방식과 더불어 "지혜"를 만드시는 전제조건이다. "삶"은 어디서나 동일하게 무자비하고 냉혹하다. 가죽 부대는 터지고 옷은 찢어지며 맹인은 웅덩이에 빠지는데, 이러한 당혹스러운 일들로부터 벗어나기는 어렵다. 그런데 무엇보다 "가진 자에게는 더 주어진다."는 법칙은 언제나 통한다. 군사 수의 부족으로 원정대는 혼란에 빠져들고, 돈의 부족으로 짓던 성은 완성되지 못한 채 흉물로 변해 가며, 큰소리치던 사람은 좌천되고, 기도는 압박의 도구처럼 취급되고 만다. 기도 자체도 전투이다.

예수는 당신의 말씀들로 삶을 위한 본질적인 전투는 실제세계의 "보이지 않는 부분" 속에서 진행되어야만 하고, 바로 여기에서 본질적인 모험이 성립한다는 것을 알려 주신다. 예수의 길은 여기서 인간의 생생한 본능에 호소한다. 이것은 그분의 요법이다. 그분은 사람들을 은총이 가득한 방법들로 대하지 않고 위로하지도 않으신다. 미래 희망들을 건설하고 그 위에 사람들로 하여금 살아갈 의욕을 내도록 하신다. 세상에서 현명한 것은 하늘에서도 현명하다. 그리고 하늘은 멀리 있는 것이 아니고 가까이에 있다. 하늘은 삶에 관한 것이고 각 개인의 정체성에 관한 것이다. 이 요법에서는 언제나 다시 해방이 결정적인 것인데, 그것도 가족관계의 늪과 갑갑함으로부터의 해방이고 돈의 노예가 되는 것으로부터의 해방이며 지위와 부를 높이고자 하는 것으로부터의 해방이다.

이 모든 것과 더불어 예수는 처세에 능숙한 사람들과 활동적인 사람들 그리고 모험을 감행할 준비가 된 사람들에게 호소하신다(주일미사만 참여하는 일부 공동체들의 표상과 얼마나 다른가!). 우리는 이와 달리 그리스도교의 주된 과제는 안식처를 제공하고 위로하는 것이라고 여기고 있다. 예수는 "삶"은 어디서나 더 나은 상태로 나아가기 위해 애를 써야 하는 것이고 "가진 사람에게는 더 주어진다."는 원리에 따라 진행된다는 것을 전제하신다. 우리는 이와 달리 "하느님께는 모든 것이 다르기에 여기서는 어떤 위험도 없다."고 선포한다. 예수는 활동적인 사람들에게 초점을 두시고 이들에게 본질적인 것과 올바른 곳에 투자하라고 고무하신다. 예수는 참된 투자컨설턴트Anlageberater이시다. 우리는 이와 달리 그리스도교는 무엇보다 땅바닥에 누워 있는 사람, 멸시당하는 사람, 소외된 계층, 소수 민족과 주변적인 사람들을 위한 존재라고 여긴다. 어떤 가치평가도 없이 있는 그대로 말하자면, 이것은 근본적으로 다른 시각이다. 예수는 자유의지에 호소하고 세상과 하늘에서 참으로 현명한 것을 선택하도록 요청하신다. 우리는 이와 달리 하느님 앞에서 올리는 어떤 성과도 부정한다. 그래서 성과내기를 포기하는 것이 자기자랑으로부터 지켜 주기 때문에 사람의 수동적인 자세가 가장 이상적인 태도이기라도 한 것 같은 인상을 갖는다.

우리는 수백 년 이래로 그리스도교와 이타주의는 같은 것으로 여겨 왔다. 그러나 예수는 사람이 지닌 정당한 자아사랑을 말씀하신다. 우리는 그리스도교를 위로하는 종교로 변형시키고 있다. 그러나 예수는 삶의 한가운데에 서서 책임을 수행하는 사람들에게 호소하신다. 오늘날 정기적으로 교회에 나오는 소수의 무리 속에서 삶의 한가운데에 서서 경제와 정치 영역에서 활발하게 활동하는 사람들을 거의 만날 수 없는 것은 우연이 아니다. 우리는 종교는 사람을 붙잡아 들여야 한다고 생각한다. 예수는 이와 달리 사람들을 매혹한다. 예수 주변에는 억지로 붙잡혀 오거나 사랑에 의해 압박된 사람들이 아니라 자유롭고 깨어 있기를 원한 사람들이 모여들었다. 이런 것을 두고 볼 때 교회 안에서 숨이 막힐 듯한 느낌이 들기도 하는 것은 교회가 사람들을 보살펴야 한다는 말과 어머니와 같이 배려해야 한다는 말을 너무 많이 하는 데에 원인이 있는 것은 아닐까?

아무런 조건도 없는 무한한 사랑에 관한 그리스도교의 표준적 가르침은 최종적으로는 실속 없고 성경과는 거리가 먼 공허한 소리에 지나지 않는 것일까? 예수께서는 사랑의 행위들을 실천하다가 쇠약해져서 소멸되어 가는 것과 언제나 "먼저 하십시오. 저는 그 다음에 하겠습니다."라고 말하면서 소심하게 자신을 낮추기만 하라는 조금 이상한 윤리가 중요한 핵심이 아니었다. 부활이 핵심이었고 이와 더불어 자기 자신이 중요한 것이었다. 이 말은 예수께서는 우리와 달리 어디서나 미래에 대한 참된 희망이 주어져 있다는 것이다. 우리가 다른 사람들을 위해 어떤 좋은 일을 하는 것으로 세상이 참으로 나아질 수 있을까? 예수는 이에 대해 의혹을 가졌음에 틀림없다. 그분은 최후의 심판(마태 25,31-46)에 대한 언급에서 우리는 가난한 사람, 거지, 배고픈 사람, 헐벗은 사람들 안에서 심판자인 당신 자신을 만난다고 말씀하셔야만 했다. 우리가 조금이라도 어떤 것을 실행하도록 하기 위해서는 이렇게 말씀하셔야만 했던 것이다. 마음이 가지 않는 이웃을 위해서는 누구도 어떤 것을 조금도 하려 하지 않는데, 구약성경도 신약성경도 이 점에 대해서 매우 현실적으로 보도한다. 그렇기 때문에 우리가 예수를 위하거나 이웃을 위해 어떤 좋은 것에 대해 말하려고 할 때에는 목소리에 힘을 주어서는 안 될 것이다. 이것은 칸트와 20세기에 그를 따른 후계자들의 철학이 말하는 고상한 요청이다. 이런 고상한 윤리에 따라 어떻게 진행되었는지 이미 잘 알고 있는 우리는 이건 좀 지나치다는 생각이 들 수밖에 없다.

우리는 이러한 예수께로부터 근본적으로 멀리 떨어져 나간 견해에 수백 년 이래로 익숙해져 왔다. 중세에는 성사들이 생존을 보장하고 안식처에 있는 듯한 느낌을 주었다. 세례, 견진, 혼인, 병자성사가 삶을 지어날랐다. 성체성사 그리고 무엇보다 언제나 다시 시작할 수 있는 고해성사와 보속은 살아가는 데에 위험이나 모험이 없는 안정감을 주었다. 종교개혁에서 이러한 성사들이 제공하는 보장들의 은총으로부터 해약되었다. 성사들과 의화론 둘 다 조건 없는 생존보장에 대한 예수의 요청들을 현저하게 약화시켰다. 이 두 가지 길들이 오늘날에도 여전히 존재한다고 좋게 보더라도, 복음서들의 예수를 단 한 번이라도 바라본다면 예수의 호소들에서 이 두 가지 요소들에 대한 것을 조금도 찾아볼 수 없음을 알 수 있다.

여기서 우리가 발견한 것은 침침하고 은총이 없는 예수의 표상과는 완전히 다른 것이다. 여기서의 핵심도 구원인데 이것은 선물로 주어지는 것이다. 예수는 우리에게 "어떻게 하면 자유에 도달할 수 있을지 제시해 보라."고 말씀하신다. 예수는 세상 심판 때에 어떻게 해야만 하는지 우리에게 시기를 놓치지 않고 적절한 때에 설명해 주신다. 우리는 예수를 개개의 거지, 소외된 사람, 잠자리가 없는 사람, 낯선 사람 안에서 다시 보게 될 것이다. 그렇게 하여 때맞추어 적절한 행동을 할 수 있게 될 것이다. 그분은 은총을 가져다주는 도구들이나 은총에 대한 말들로 우리를 덮어 버리지 않고 희망에 대한 우리의 힘에 호소하신다. 하느님 앞에서 얼마나 수동적으로 존재했느냐에 따라 사람을 심판하는 것이 아니라, 자신의 고유한 책임감에 호소하는 것이 사람을 더 존중하는 좋은 견해가 될 수 있지 않겠는가?

예수는 어떤 사람이 밭에서 보물을 발견했다면 그 기쁨이 얼마나 크겠는가에 대해 말씀하신다. 그 사람은 기쁨에 가득 차 가서 모든 것을 판다. 예수는 기쁨이 없는 어두침침한 종교에 대해서가 아니라 참된 보물, 참된 자유에 관심을 모으도록 말씀하신다. 현대적인 광고는 이러한 방식을 모방한다. 새로운 진공청소기를 사서 포장을 풀면 이러한 말이 적힌 종이를 발견하게 된다.

> 이 새로운 진공청소기로 행복하십시오! 당신은 뛰어난 선택을 하셨습니다!

사람은 이제 자신을 위해 가장 좋은 것을, 자신에게 진정으로 이로운 것을 원해야 한다. 하느님께서는 이러한 단순하고 소박한 현명함에 대해 넘치도록 보상하실 것이다. 예수님께서 당신의 멍에는 편하고 짐은 가볍다고 하신 말씀은 이것을 의미하신 것이 아닐까?

이러한 해석의 현실성은 오래 찾을 필요도 없이 가까이 있다. 이것은 교회가 사람들을 편안하게 하기 위해 많은 일들을 해야만 한다는 교회에 대한 현대적 견해를 거스르는 것이다.

자기 자신을 발견하는 것, 이것이 바로 지혜가 추구하는 최상의 주제다. 예수는 마태 25,40에서 한때 야전사령관이 전투를 앞두고 군인들에게 호소한 말들에 속한 다음과 같은 내용의 말씀으로 비유의 핵심을 정리하신다.

제 목숨을 얻으려는 사람은 목숨을 잃고, 나 때문에 제 목숨을 잃는 사람은 목숨을 얻을 것이다.

이러한 요청이 지닌 독특하고 색다른 논리는 이러하다.

겁이 많은 사람은 자신의 목숨을 잃는다. 최전선에서 용감하게 싸우는 사람은 살아남는다.

저돌적으로 나아가는 사람에게는 행복으로 보상된다. 나이 들어 노련한 사람은 이 안에서 한 가닥 진리를 깨달을 것이다.
 이것은 대단히 의심스럽고 호전적이며 생명과 사람을 경시하는 생각으로 이끌고, 게다가 사람들을 전쟁터에서 소모시켜 버리고 가진 모든 것을 걸게 하는 질이 나쁜 놀이는 아닐까? 그러한 것임에 틀림없다. 그러나 예수는 이러한 그 자체로는 참으로 의문스러운 철학을 붙들고 이것에게 새로운 의미를 부여하신다. 예수는 이렇게 용감하고 특정한 관점에서 무례하고 도전적이며 오해를 불러일으키는 위험한 말씀을 좋아하신다. 예수는 이와 같은 말씀으로 일깨워서 고요하게 머무는 것에서 벗어나오도록 하려 하시고 곰곰이 생각하도록 자극하려 하신다. 예수를 통해서 이 같은 말씀을 받아들이는 것은 평온함이 아니라 삶을 잃을 수도, 구할 수도 있는 최상의 모험이 관건이다. 이러한 모험이 아니라면 다른 어떤 모험이 또 있겠는가? 우리 모두는 삶을 그르치고 싶지 않고 구하기를 원한다. 삶을 구하는 것이란….

 우리 자신을 구하는 것이고, 우리에게 적절한 만큼의 행복에 이르는 것이며, 우리가 성취하고자 하는 꿈과 우리 자신이 도달할 수 있는 것 사이에 위험이 없는 적절한 균형을 갖는 것이다. 마침내 우리 모두가 하느님 그리고 세상과 화해하여 충만한 삶을 살고 평화롭게 죽는 것이다.

삶을 구한다는 것은 또한 무엇보다 이러한 것이다.

사람이 무엇을 위해 이곳에 있는지를 아는 행복을 갖는 것이다. 또한 많은 것을 성취해 낼 수는 없을지라도 자신의 자리를 충만하게 채울 수 있도록 허용되는 것이다.

"자신의 삶을 발견하는 것은 은총이다."는 말은 틀림없는 사실이다.

6.11 자아실현을 위한 우회로

"자아실현"은 모든 해방운동의 큰 주제였고 지금도 그러하다. 시몬느 드 보봐르Simone de Beauvoir 이래로 전개된 여성해방운동은 여러 해방운동들 중 하나에 지나지 않는다. 모든 이러한 해방운동은 사람들을 잘못된 억압으로부터 그리고 타인의 지배로부터 벗어나게 하여 자신의 삶을 스스로 결정할 수 있도록 하려고 한다. 오늘날 많은 수의 해방운동들이 개인화되었다. 이에 따라 각 개인이 자기 자신을 스스로 찾아내는 데에, 자신의 삶을 자기 것으로 만드는 데에, 자신의 의미를 찾는 데에 도움을 주려는 상담산업과 교육산업이 번창하고 있다. 그런데 실제로 어떻게 하면 자기 자신에게 도달할 수 있겠는가? 어떻게 하면 여러 가지 요소들을 엮어서 제대로 서 있도록 하는 실마리를 찾아낼 수 있을까? 어떻게 하면 일반적인 "삶의 의미"만이 아니라 구체적인 내 삶의 의미를 찾아낼 수 있을까? 이러한 문제에 있어서 삶에 대한 예수의 지혜는 뛰어난 위치를 차지한다. 예수는 "너희가 너희 자신을 실현하기를 원한다면 너희 자신을 발견할 수 있다."라고 말씀하시지 않고 이렇게 말씀하신다.

어떤 사항에, 어떤 과제에, 어떤 일에, 어떤 사람에게, 어떤 단체에 자기 자신을 잃어버릴 정도로 투신하라. 너희 자신을 최종적인 목표로 삼지 않을 때에, 언제나 오로지 너희 자신에게만 집착하는 것에서 벗어날 때에 너희 자신을 발견하게 된다.

예수는 자기 자신을 얻는 데에 간접적인 길을 제공하신다. 여기에 존재하느냐 존재하지 않느냐가 걸려 있다. 나 자신에 관한 것이다. 내가 존재하려면 어떻게 해야 하는가? 자기 자신을 잃어버리는 일은 쉽게 일어날 수 있고 삶이 망가지는 방향으로 빠져드는 것은 한순간에 일어날 수 있다. 삶에서 실패한 많은 사람들은 우리가 걸어가는 길을 쉽게 바스라Basra에서 바그다드로 가는 길에 즐비하게 놓여 있는 파괴되고 불탄 탱크 정도에 지나지 않는 것으로 분류한다. 우리를 자기 자신을 찾아내지 못하는 길로 들어선, 실패한 사람으로 여긴다. 나 자신을 향한 직접적인 전략은 (자신이 있는 곳을 직접 봐야만 한다는!) 성공으로 인도하지 못한다. 자기 자신만을 찾는 사람은 도중에 좌초하고 머물게 되어 자신을 발견하지도 못하며 소유하지도 못하게 된다. 이런 식으로 하는 모든 시도는 안개 속으로 빠져들게 되고, 늪에 빠진 상태와 같아서 스스로 빠져나오려고 할수록 더욱더 어렵게 된다. 성공한 삶의 비결은 언제나 우회로를 거치는 데에 있다. 똑바른 직통 길은 비인간적임에 틀림없다. 나 자신을 나 스스로 구할 수는 없다. 비결은 우회로이다.

'우회 도로'라고 적힌 표지판을 볼 때 일반적으로 우리는 좋아하지 않는다. 삶에서도 이와 마찬가지다. 우리가 도착하고자 하는 곳이 어디로 향하는지 정확하게 볼 수 없는 우회로를 통해서만 갈 수 있는 상황에서 행복하기란 쉽지 않은 일이다. 우회로는 우리의 목표로부터 벗어나도록 하는 것으로 보인다. 그리고 이 길은 시간이 더 걸리고 힘도 더 들며 신경도 많이 쓰인다. 자신의 삶을 소모적으로 살아가는 것으로 보이는 사람이 자기 자신을 찾아낼 수 있는 방법은 무엇일까? 학문적인 작업에서 허드렛일만 하는 사람, 가능성이 희박함에도 불구하고 시민들의 권리를 위해 투쟁하는 사람, 다른 사람들이 숲 속에 버려둔 잡다한 쓰레기들을 모으는 사람, 병실에 누워 있는 가난한 환자들에게 자원봉사를 하는 사람, 사랑하는 여인의 행복을 위해 모든 것을 바치는 사람처럼 누구도 알아주지 않는 일을 하는 사람들은 삶을 낭비하고 있는 것은 아닐까? 예수는 이렇게 말씀하실 것이다.

오직 그러한 방식으로만 자기 자신을 찾아 성취하게 된다. 우리 자신을 잊어버림으로써만 우리 자신의 목표에 도달한다. 보는 방향과 반대로 나아가는 노를 부지런히 젓는 사람처럼 해야만 목적지에 도달한다. 우회로의 원칙은 하느님께 대한 믿음 안으로 최상의 성과를 내기 때문이다.

그런데 이러한 길은 어리석고 잘못된 것이 아닐까? 예수는 이렇게 말씀하실 것이다.

오직 이렇게 해야만 너희가 자신을 얻기 위한 기회를 가질 수 있다. 너희는 오로지 이 길에서만 모든 것으로부터 자유롭게 되고, 모든 것을 한눈에 파악할 수 있는 능력을 갖게 된다.

이것을 할 수 없는 사람은 옳게 살아가는 법을 제대로 파악하지 못하게 된다. 살아갈 수 있다는 것은 남김없이 비운 상태에서 다른 사람들의 결정들로부터 자유롭게 되는 것을 의미하고, 사물과 사건들로부터 자유롭게 되어 무엇을 원하는지 자신이 누구인지 말할 수 있는 것을 의미한다. 이 사람 또는 저 사람이 우리를 이렇게 또는 저렇게 소유하기를 원하는 것 때문에 이리저리 비틀어지는 것으로부터 자유로운 사람이 되어야 한다. 무엇보다 자기 자신으로부터 자유로워져야 한다. 취미생활이든, 자기 자신을 실현하는 것이든 무엇이든 하여간 자신에게 매이는 것으로부터 벗어나야 하고 자신을 주장하고자 하는 욕구로부터도 벗어나야 한다. 어떤 것에 매달려 꼼짝을 못하는 상태에서 완전히 자유롭게 되어야 한다. 나는 이러한 자유의 은총 안에서 행복할 수 있다. 이러한 상태의 최종 목적은 사랑하기 위함이다.

자아실현을 위한 직통 길에서는 사람이 오로지 자기 자신만을 사랑하여 자신 안에서만 맴돌면서 힘을 소진하고 말게 된다. 이러한 길에서는 결코 자유롭게 되지 못하고 점점 더 경직되어 들기만 하기 때문에 앞을 볼 수 없게 된다. 그러한 이유로 참된 행복은 긴장을 풀고 침착함을 유지하는 데에서, 모든 것을 놓아줄 수 있는 데에서 성립한다. 어떤 것이 되기 위해 온 힘을 다 동원하는 것으로가 아니라 모든 것을 있는 그대로 존재하도록 놓아두는 능력으로 그리고 자기 자신을 어떤 것에 맡기는 능력을 회복하는 것으로 참된 행복에 이를 수 있다. 이것을 오늘날 사람들은 프로젝트 하나 가지기라고 한다.

우리 자신을 발견하는 것은 오직 우리로부터 벗어나서 다른 방향으로 나아가게 안내하는 우회로들을 통해서만 가능할 뿐이다. 이것을 명백한 말로 표현하자면 다음과 같다.

우리는 어떤 것을, 어떤 사물을, 어떤 아이디어를, 어떤 프로젝트를, 어떤 사람을 사랑함으로써 우리 자신을 발견할 수 있고, 최종적으로는 하느님께 내어 드림으로써 우리 자신을 발견할 수 있다.

하느님께서는 이와 달리 우리를 무엇보다 강력하게 몽땅 원하신다. 하느님은 우회로의 원칙을 최상으로 실현하신다고 말할 수 있다. 종교는 하느님께 대해 언제나 예속되는 것을 의미하고 하느님의 뜻을 어떤 타협도 없이 실천해 나가는 것을 의미한다는 말은 처음에는 쇼킹한 것처럼 느껴진다. 그러나 이것이 사실이기 때문에 이러한 주님께 자신을 전적으로 내어 드려야 한다는 요청 안에 자신을 찾기 위한 가장 확실한 길도 놓여 있다. 이러한 충격을 피하지 않고 받아들여야 한다. 종교는 싼값으로 취할 수 있는 존재가 아닌 것이다. 종교는 개인적으로 코페르니쿠스적 전환이다.

참으로 모든 것을 놓아주는, 우리 자신마저 완전히 놓아주는, 소유욕과는 완전히 대조되는 극단적인 우회로만이 우리 자신을 얻을 수 있도록 안내한다.

물론 사심 없이 행동할 것에 대한 경직된 요청이 (전통적으로 말하자면 소위 말하는 "봉헌") 그리스도교와 그리스도교 윤리에 부정적인 영향을 남기기도 한 것은 부인할 수 없는 사실이다. 특히 세속의 권력자들과 지도

자들 그리고 교회의 권력자들이 자신의 지배권을 강화하고 굳히기 위해 이것을 악용한 경우에는 더욱더 그러했다. 자신을 희생하는 것 자체가 목적이 될 수는 없다. 희생하기 위해서 희생하는 것은 그리스도교적인 것으로 위장된 사디즘과 마조히즘에 지나지 않는 것이고, 위험하기까지 한 불합리이다. 이러한 것에서는 예수가 하신 헌신에, 바오로와 요한이 한 헌신에 있던 중요한 요소가 빠져 있다. 바로 기쁨이 없는 것이다. 예수는 자신을 얻는 것과 관련된 말씀에서 간접적으로도 권력을 가진 사람에게 그것을 내놓으라고 강요하지 않으셨다. 기쁨은 외적인 치장에만 치우치는 것을 탐탐치 않게 여기는 곳이면 어디든 함께해야 한다. 그렇기 때문에 유다교는 일찌감치 하느님께서는 기쁜 마음으로 주는 사람만을 사랑하신다고 말해 왔다. 자선을 할 때나 기부를 할 때 불평과 더불어 한다면 그것은 하지 않는 것만 못한 것이 되고 만다. 받는 사람이 기뻐하는 것에 대해 기뻐하는 자세가 주는 행위를 인간적인 행위로 승화시킨다. 이렇게 할 때 비로소 이 모든 것이 자기 자신을 괴롭히는 것으로부터 벗어나서 인간의 품위에 어울리는 가치를 지닌 것이 된다. 이렇게 할 때에만 기약도 없이 위로만 하는 것이 되지 않을 수 있다. 받는 사람의 기쁨에 대해 기뻐함으로써 사람은 이미 자기 자신을 얻게 된다. 주는 것에서 갖는 기쁨은 자기 자신이 다시 태어나는 아픔에 필적한다. 왜냐하면 우리 자신을 놓아줌으로써 우리 자신을 얻게 되기 때문이고, 우리 자신을 잃어버림으로써 우리 자신을 찾아내게 되기 때문이다. 우리는 다른 사람을 행복하게 하고 그들의 반응에 기뻐함으로써 행복하게 된다. 다른 사람을 행복하게 하는 것이 행복이라는 것을 알아야 한다. 이렇게 하여 모든 인간적인 프로젝트와 개인적인 삶의 역사에서 기쁨이 유일하고 본질적인 의미가 된다.

6.12 예수의 자아실현

이렇게 말씀하시는 예수는 도대체 누구인가? 우리는 먼저 예수의 운명에서 자기 자신을 구하는 것, 부활 그리고 기쁨이 서로 어떤 연계를 갖는가에 대해 인식하게 된다. 예수의 활동 마지막 부분에서 우회로는 극적인 전환을 보여 준다. 예수는 등장하신 후 얼마 되지 않아 처형되고 만다. 목숨을 잃은 것이다. 그분은 그럼에도 불구하고 승리했다고 말하는 것이 어떻게 가능할 수 있는가? 그리스도인의 간접적인 길에는 바로 이에 대한 필요 불가결의 결과로 부활이 있다. 부활은 자기 자신을 놓아주는 것이 무엇인지를 아는 사람이 자기 자신을 구하게 되는 결과를 극적으로 보여 주는 것이다. 이와 관점을 달리하여 우리는 예수에게서 부활이 무엇인지를 체험한다. 부활은 어떤 불가해한 기적에 대한 믿음이거나 바리사이들이 지닌 광상狂想 또는 유별난 기호가 아니다. 부활은 자기 자신을 얻는 것이다. 부활은 자기 자신을 내어 준 사람이 내어 줌 안에서 자신을 잃어버리는 것이 아니고, 빛을 내면서 서서히 타들어 가고 없어지고 마는 봉헌 초와 같이 무無로 빠져드는 것도 아니라는 것을 드러내는 것이다. 주는 사람은 자신의 생명과 정체성을 얻는다. 부활은 생명에 대한 결코 없어지지 않는 사랑을 증명하는 것이다. 부활은 집요한 이기심으로 끌어 모아들이는 일 없이 생명을 놓아준 사람이 옳다는 것을 인정하는 것이다. 우리가 주는 사람에게서 기쁨을 인식하는 곳에서는 신심 깊은 사람들이 영원한 삶이라고 명명한 것에 대한 기쁨이 언제나 함께한다. 기쁨은 현재 이곳에 존재하는 부활의 반영이고, 또한 현재 이곳에 있는 의미 자체이다.

여기서 언급하는 것은 신심 깊은 마음에서 나온 억측이거나 추정이 아니라 대단히 이성적이고 인간적인 정체성의 확고한 핵심이다. 나의 관점으로는, 다음과 같은 규칙에는 어떤 다른 선택의 여지가 있을 수 없다.

사람은 많이 가지려고 하는 직통의 길에서는 결코 자신을 구할 수 없고 오직 사랑이라는 우회로를 통해서만 구할 수 있다.

모든 사랑은, 사랑에 빠진 것 자체는 벌써 생명을 내어 주는 것이고 선사하는 것이다. 사랑에 빠진 것은 참으로 아름다운 일이기 때문이다. 모든 사랑의 신비는 부활이다. 이것은 이 길에서 자기 자신을 구할 수 있고 잘못될 수 없다는 것에 대한 희망 이외에 다른 어떤 것도 아니다. 하느님은 전혀 아무것도 원하시지 않고 바로 이것만을 원하시는 분이다. 하느님은 우리를 우리 자신에게로 인도하는 우회로이시다. 기쁨은 빛을 내면서 길을 가리키는 안내판이고 진리의 반영이며 우리가 옳은 길 위에 있다는 것을 알려 주는 신호이다.

요한 묵시록은 "승리자"에 대한 말에서 예수의 복음의 중요한 한 부분을 언급한다. 일상의 수많은 사건들에서 타협으로 적절히 맞추자고 할 때마다 아니라고 거부하는 사람이 자신을 구해 낸다. 물고기의 생명력은 강의 흐름을 거슬러 올라가는 데서 증명된다. 세상의 모든 권력자는 우리의 영혼을 원한다. 이들에게 피를 흘리면서까지 맞서는 것을 요한 묵시록은 "승리"라고 명명한다. 사람의 영혼을 구하려는 것이 그리스도교가 하려는 핵심적인 일이고 타협의 여지가 없는 일이다. 생명을 살리느냐 그렇지 못하느냐보다 더 큰 모험이 어디에 또 있을 수 있겠는가? 모든 전투의 어머니는 전쟁에 있는 것이 아니라 예수께 대한 신앙을 요청하는 곳에 항상 있다. 바로 여기에서 자신을 구하느냐 못하느냐가 결정되기 때문이다. 이 말씀은 예수에 의한 것이고, 예수께 대한 고백이 목숨을 위협할 수도 있는 상황에서 그 이름으로 선포된 것이다. 20세기에도 이러한 부류의 상황들이 대단히 많이 있었다. 바로 이러한 것에 1세기와 20세기 사이의 가장 큰 내적 동질성이 성립된다.

그런데 이것은 순교라는 대단히 극단적인 경우에만 해당되는 것이 아니다. 우리의 삶을 구하고 이것을 잘못되게 하지 않고 싶은 것은 모든 사람의 가장 핵심적인 관심사이다. 나아가 또한 삶을 잘 살아가는 기술이나 예술에도 관심을 가진다. 예수는 삶의 예술에 결정적인 공헌을 하셨다. 이러한 삶의 예술에서 하느님께 대한 사랑은 대단히 지혜로운 것이다. 하느님께서는 한없는 사랑을 요청하시는 유일한 분이시기 때문이다. 모든 피조물은 우리의 사랑을 단지 제한적으로만 수행할 수 있을 뿐이다. 인간적인 사랑의 파트너들도 때로는 서로로부터의 휴식을 필요로 한다. 이들은 단지 제한적으로만 줄 수 있을 뿐이다. 왜냐하면 단지 제한적으로만 받을 수 있을 뿐이기 때문이다. 사랑의 관계에서 파트너에게 모든 것을 달라고 청하는 사람은 그에게 확실하게 너무 지나친 것을 요청하는 것이다(오늘날 이혼이 붐을 이루고 있는 원인이 여기에 있는지도 모를 일이다). 오직 하느님만이 "모든 것"을 줄 수 있고 "모든 것"을 요청할 수 있다. 하느님은 사람의 자아실현이시다. 예수를 보라. 모든 것을 얻기 위해 모든 것을 내어 준 존재의 부활을 보라.

6.13 독신제와 십자가의 치욕

너그럽게 희사하다가 정말 가난해지는 사람은 없게 되었고 신앙 때문에 감옥에 가는 일도, 순교를 당해야 하는 경우도 없게 되었다. 심지어 선한 가톨릭 가정들조차도 자녀를 갖는 일을 조절하고 있다. 단 하나 고통스럽고 정말 큰 스캔들이며 우리를 깊이 모를 어둠으로 이끄는 일이 남아 있는데 그것은 바로 종교적 동기로 인한 그리스도인들의 독신생활이다. 오직 여기서 복음은 정말로 맹렬하고 아주 특별히 순수한 그리스도인의 길로서 위대한 과제를 드러낸다.

이것은 유독 가톨릭교회만의 문제가 아니다. 아토스Athos 산 위의(이들 뿐만 아니라) 수도자들과 동방정교회 주교들, 수십 개에 이르는 개신교 공동체와 수도원들이 독신생활을 하고 있다. 그리스도교를 통틀어 보자면 거의 백만이나 되는 수의 사람들이 영적인 일을 위해 독신생활을 하고 있다.

그런데 우리가 사는 곳의 일반적 경향은 반대 방향으로 가고 있다. 사람들은 마치 서방 가톨릭교회에서 독신제도가 벼랑 끝에 있기라도 한 듯이 여기고 있다. 독신제도를 더 이상 유지할 이유가 사라지기라도 한 듯이 보인다. 대부분의 사람들이 독신제도는 성에 대해 적대적인 것으로 간주하고 있다. 교회들이 일치운동을 통해 서로 가까워질수록 가톨릭신자 중에서 성직자가 되기를 원하는 사람들은 이러한 세상에서 자신들만 굳이 독신을 지켜야 할 이유가 어디에 있는지 의문스러워 한다. 나는 가톨릭교회에서 세례를 받고 개신교를 비롯한 다른 종파들에 대해 우호적인 태도를 갖도록 교육을 받으면서 성장한 학생들 중에서 현재 복음주의적 신학을 공부하고 있는 많은 수의 학생들을 알고 있다. 이들은 다음과 같은 생각 때문에 공부의 방향을 그렇게 바꾼 것이다.

모든 것이 이렇게 비슷하다면 무엇 때문에 독신제도를 유지한단 말인가?

가톨릭교회의 성직자들에게서도 독신제도를 유지할 동기가 매우 약화되어 이런 농담이 떠돌고 있는 지경이다.

가톨릭 성직자들 말고는 오늘날 결혼하고 싶어 하는 사람은 없다.

요즈음 혼인은 이미 오래 전부터 더 이상 본래 의미하던 혼인이 아닌 것이 되고 말았다. 이혼율이 40%에 이르러 있고 아이를 낳지 않기로 한 부부도 많은 수에 이른다.

고자에 관한 예수의 말씀과 바오로 사도의 십자가 신학, 그리고 무엇보다 십자가를 지고 가라는 예수의 말씀은 그리스도교에서 영적 생활을 위한 독신제도에 새롭고도 더 나은 이해를 가능하게 한다. 나의 관점으로도, 영적인 일을 위한 독신제도를 새롭게 보는 것과 새로운 힘을 불어넣는 것은 신학적으로 가능한 일이다. 나는 눈앞에 예수, 세례자 요한, 주님의 형제 야고보, 바오로를 떠올려 본다.

고자에 관한 예수의 말씀

예수는 이렇게 말씀하셨다.

사실 모태에서부터 고자로 태어난 이들도 있고, 사람들 손에 고자가 된 이들도 있으며, 하늘나라 때문에 스스로 고자가 된 이들도 있다. 받아들일 수 있는 사람은 받아들여라.(마태 19,12)

'고자'라는 말은 그때나 지금이나 좋은 것을 의미하는 것이 아니라 병적인 것, 정상적이지 않은 것을 의미한다.

스스로 자신을 고자로 만든 사람은 다른 사람들의 비웃음을 사게 된다. 그는 가장 정상적인 것 그리고 가장 소중한 것인 가정을 포기하게 되기 때문이다. 하늘나라를 위해 이러한 길을 걸어가는 사람은 하느님의 다스리심을 가장 큰 보물로 여긴 것이다. "받아들일 수 있는 사람은 받아들여라."라는 예수의 요청은 이 문제가 하나의 신비를 다루는 일이 될 수 있음을 알려 주고 있고, 이 문제와 오랫동안 씨름을 한 후에야 비로소 이러한 생활로 접어들 수 있음을 알려 주고 있다.

바오로 사도의 십자가 신학

바오로 사도는 십자가가 가장 치욕적인 사형집행방법이란 것에서 출발한다. 이러한 형태의 사형은 노예나 강도에게 해당되는 것이었다. 십자가에 못 박혀 여러 시간에 걸쳐 고통을 당하는 모습이 사람들에게 공개적으로 노출되었다. 외적으로는 비슷하게 보이는 교수형보다 이 방법은 죽음에 이르기까지 오랜 시간이 걸린다. 1코린 1장에서 바오로는 약함, 무력함, 가난함, 지혜롭지 못함, 귀족에 속하지 못함, 존경받지 못함과 같은 수치에 해당하는 여러 가지 요소들을 언급하고 있다. 이러한 것들에 시달리는 사람은 십자가에 못 박힌 분의 편에 선 그리스도인이 된다. 하느님께는 바로 이러한 사람들이 가치 있는 존재이다. 그렇기 때문에 십자가에 못 박힌 예수가 메시아이고 하느님의 사랑을 받는 선택된 존재인 것이다. 바오로 사도에게 있어서 십자가는 일반 시민들이 가치 있게 생각하는 것과 언제나 직접적으로 대조를 이룬다. 이는 그때나 지금이나 마찬가지다. 예수 그리스도에게 속한 사람은 그분과 함께 십자가의 길을 걸어가고, 사람들이 힘 있고 좋은 것이라고 생각하는 것에 대해 근본적으로 다른 생각을 할 용기를 가진다. 바오로에 의하면 이러한 길은 세례와 더불어 시작된다. 세례는 십자가에 함께 못 박히는 것이다.

십자가를 지고 가라는 예수의 말씀

예수는 이렇게 말씀하신다.

> 누구든지 내 뒤를 따르려면 자신을 버리고 제 십자가를 지고 나를 따라야 한다(마르 8,34).

그리스어로 기록된 성경에는 단지 '십자가'라고만 되어 있다.[13] 예수의 이러한 말씀에서 결정적인 것은 뒤따름, 제자가 됨, 운명공동체의 일원이 됨과 같이 십자가에 못 박힌 존재에 속하는 것이다. 여기에서는 예수를 대리한다든가 화해하는 것이 주안점이 아니다. 십자가에 못 박힌 분과 공동체가 된다는 것은 그분의 치욕을 함께 나누는 것, 함께 멸시를 당하는 것, 내팽개쳐지는 것에 함께하는 것을 의미한다. 그 시작과 십자가를 지고 가는 것, 그에 속하기로 결정하는 것이 강조된다.

게다가 이러한 것은 로마 6,1-8에 있는 십자가의 역할과 일치한다. 여기서도 운명공동체의 시작이 주안점이다. 세례를 받을 때 십자가에 함께 못 박히고 함께 죽는 것이다. 이 말은 '사회'에서 가치 있다고 여겨지는 것들로부터 완전히 돌아서는 것을 의미하며, 당연히 가정에 대해서도 같은 태도를 취하는 것을 의미한다. 이어지는 예수 추종과 제자도의 조건에 대한 예수의 말씀들에서 이 모든 것이 분명히 드러난다.

---

13) 독일어 번역에는 "Vorbild Kreuz(십자가의 모범)로 되어 있기 때문에 저자가 이렇게 말하고 있다. 우리말 새 번역 성경에는 원문인 그리스어 성경에 기록된 대로 되어 있음을 확인할 수 있다. -역자 주

이 세 가지 텍스트들을 종합하여 오늘날의 상황에 적용해 보면 이러한 판단을 내릴 수 있다.

독신생활이 치욕적인 것이 아니라 '파트너'를 갖지 못한 것이 얼굴을 들고 다니기 어려운 일이다.

파트너를 갖지 못한 사람은 짝을 분배받지 못한 사람이고, 매력이 없고 카리스마도 없으며 매혹적이지도 않아서 파트너가 되어 달라는 요청을 받지 못한 사람이다. 여기서 그가 자유롭게 포기했느냐 그렇지 않느냐는 중요하지 않은 일이다.

파트너를 갖지 못한 사람은 무엇보다 생물학적인 또는 심리적인 결핍을 지니고 있는 것으로 의심받을 수 있고, 성 불감증환자, 성 불구자 또는 고자로 의심받을 수 있다. 그는 성 도착증환자, 동성애자이거나 유아성 폭행자로 의심받을 수도 있다. 또는 가상의 영적 파트너와 성을 나누기로 한 사람으로 간주될 수도 있다.

그에 대한 주변 사람들의 판단은 불구라고 하거나 비정상이라고 하는 사이를 오갈 것이다. 고자에 관한 예수의 말씀 속에서도 바로 이와 같은 평가가 들어 있다. 고자는 비정상이고 그렇게 되어서는 안 되는 것이다. 그렇기 때문에 독신생활의 길로 들어서려고 하는 아들에게 아버지는 이렇게 소리칠 가능성이 있다.

제발, 우리를 창피스럽게 하는 삶은 살지 마라.

그래서 이렇게 말할 수 있다.

마음이 흐트러지는 일 없이 주님을 위해 살아가기 위해 이러한 판단이나 의혹들을 살 각오를 하는 사람은 특별한 형태로 주님의 십자가에 동참하는 것이다. 여기서 십자가 신학이 실현된다.

물론 다른 방법으로도 온전히 주님께 속할 수 있다. 그러나 파트너를 포기하는 것은 매우 특별한 표지이고 예언자적인 활동을 드러내는 것이다. 이것은 또한 믿음이 의미하는 바로 그것을 특별한 방법으로 알려 주는 성격을 지닌 표지이다. 이스라엘에서는 벌써부터 혼인과 성은 이러한 매우 민감한 성격을 지닌 것이었다.

이러한 표지가 없는 복음 선포는 힘이 없을 것이다. 가톨릭교회에서 생각하는 대로 결정적으로 대단히 허약할 것이다. 가톨릭교회는 이러한 표지를 세례자 요한과 예수님 그리고 바오로 사도에게서 본다.

독신생활을 하기 위한 동기는 본능을 극복하기 위한 좁은 의미의 금욕생활이 아니다. 이것은 또한 윤리적으로 올바르게 살기 위해서만 하는 것일 수도 없다. 독신생활을 하는 사람들이 완벽한 사람이 아니기 때문이다. 이것은 엄격한 의미에서 신학적인 삶이다. 이스라엘인과 주변에 있는 이교도의 종교들 사이에 존재하는 차이의 최종적이고 결정적인 결과인 것이다. 이교도들에게 성은 어디서나 신적인 것이고 축복의 열매였다. 오직 이스라엘인들에게만 성이 신적인 것이 아니어서, 결과적으로 사람이 단지 성적 파트너에 지나지 않는 수준을 넘어선 존재가 되고, 부족의 존속을 위한 수준을 넘어선 존재가 된다.

파트너를 포기하는 것은 다른 사람들에게만 표지가 되는 것이 아니라 포기하는 사람 자신을 위한 표지도 된다. 자신이 한 약속을 향해 나아가도록 가리키는 표지인 것이다.

독신생활과 비슷한 상황들도 분명히 있다. 가령 엄격한 수도원의 규율을 지키며 고독 속에서 사는 삶이나 감옥 속 수인의 삶이다. 다미안 드 베스터Damian de Veuster 성인(몰로카이의 다미안 신부라고도 불린다-편집자 주)이 한센병 환자들의 지도신부가 되기로 결정했을 때 그는 한센병 균에 감염될 수 있다는 것도 염두에 두었다.

언제나 목적을 명백하게 세워야 한다. 자발적이 아닌 고자나 병자 또는 고독한 자나 감옥에 갇힌 자는 이제부터는 혼자 내버려진 것으로 느껴서는 안 된다. 이들은 주님을 위해 자유의사로 고통받고 있는 사람들의 고통에 함께하려는 준비가 되어 있는 사람들이 있다는 사실을 알아야 한다. 이들은 수난을 당하고 십자가에 못 박힌 주님과 함께 걸어가는 것이 의미가 깊다는 것을 보여 준다. 예를 들어 이들은 자유의사로 감옥에 갇히는 것을 통해서 이러한 일을 한다. 감옥생활과 조금도 다를 것이 없을 정도로 철저한 봉쇄구역 안에서 엄격한 생활을 하는 수도원이 있다. 이들은 감옥에 갇혀서 살아가는 삶도 결과적으로 주님을 따르는 삶으로 이해할 수 있고 그렇게 살아갈 수 있다는 것을 이 세상에서 감옥생활을 하는 모든 사람에게 보여 준다. 나아가 이들은 일생 동안 감옥생활을 해야만 하는 삶도 의미가 없는 삶이 아니라 예수를 따르는 삶이 될 수 있다는 것도 알려 주고자 한다. 이러한 삶에서 감옥조차 견디어 낼 수 있는 힘을 얻게 된다.

그렇다면 강요된 독신생활은 어떻게 판단해야 할까?

사람들은 대부분 이렇게 말한다.

자유의사로 독신생활을 할 경우에만 이 생활이 의미가 있는 표지가 될 수 있다. 그렇기 때문에 독신생활을 사제품과 연계시키는 것은 불합리한 일이다.

반드시 사제가 되어야만 한다는 강요를 누구도 받지 않는다는 것은 논외로 치더라도 성장 과정에 있었던 많은 영향들과 자유의사를 정확하게 구분해 내기는 어려우며 외적인 강요만으로 독신생활을 하도록 할 수 없음도 자명한 일이다. 가톨릭교회는 여기서 단호하고 명백한 표지를 요구한다. 교회는 예수께 속하는 것과 예수를 뒤따르는 것은 이러한 명백한 표지를 통해 눈으로 볼 수 있는 십자가의 길이라는 것을 드러내기를 기대한다.

근본적인 해결책은 이렇다. 예수를 뒤따르기 위해서는 십자가를 지고 가는 것에서 자신의 명예를 찾아야 한다. 십자가의 치욕을 선택함으로써 하느님께 자리를 내어 드리는 것이다.

동방교회에서는 성직자가 되고자 하는 사람에게 선택의 자유를 제공하고 있다. 수도자나 주교가 되고자 하는 사람은 결혼생활을 포기해야만 한다. 일반적인 본당신부가 되고자 하는 사람은 사제품을 받기 전에 혼인할 수 있다. 서방교회에서는 이러한 자유가 없다. 성직자에게 파트너를 포기하도록 요청할 뿐만 아니라 대안을 선택할 자유조차 포기하기를 요청한다. 그러므로 서방교회에서는 파트너의 포기에 일종의 자유의 포기까지 덧붙여져 있다.

게다가 강요된 독신생활은 감옥생활과 같다. 이를 받아들이는 사람은 자유의사로 독신생활에다가 감옥생활까지 수행하려고 하는 것이다. 가족도 파트너도 없는 수인으로서 가장 낮은 사람들 중의 하나가 되는 것이다. 그의 비밀은 감추어진 보물인 하느님 나라이고, 이것을 위해 다른 모든 것, 심지어 자신의 자유마저 놓아 버리는 것이다. 이러한 삶을 자유롭게 선택할 수 있는 것이다.

7장

예수와 여인들

7.1 예수와 어머니 마리아
7.2 여인들—악마의 유혹?
7.3 여인, 사랑, 성
7.4 예수 가계의 부정한 여인들
7.5 여인과 돈
7.6 간음한 여인
7.7 임신부들의 연대
7.8 마리아 막달레나의 눈물

7.1 예수와 어머니 마리아

어렸을 때 친구 생일잔치에 초대를 받으면 그 아이의 어머니를 위해서도 꽃다발을 하나 (비록 작은 것일지라도) 들고 가서 그분께 경의를 표하곤 했다. 사람은 결코 혼자서 생겨나지 않고 공동체 안에서 태어나서 자란다. 예수도 공동체 안에서 태어나서 자라셨다. 그렇기 때문에 그 공동체가 살아온 삶의 방식과 생각의 터전은 예수의 배경이 되어 추상적인 신학들보다 훨씬 더 구체적인 영향을 미쳤다.

마리아의 의미는 우선적으로 하느님이 인간이 되어 오심에 결정적인 역할을 한 것에 있다. 신학에서는 이것을 보다 더 크고 분명하게 외쳐야 한다. 서방교회 신학에서는 오랫동안 십자가와 부활에 중점을 두어 왔다. 그러나 일반 백성들의 신심생활에서는 달랐다. 여기서는 성탄절이 시종일관 가장 사랑받는 축제였다. "우리 인간들이 하느님처럼 되도록 하시려고" 하느님이 인간이 되어 오셨다는 이야기를 자주 들을 수는 없었지만 성탄절은 가장 사랑받는 축제였다. 더 나아가 마리아의 잉태는 성령과 연관된다. 하지만 이것 역시 신학에서 큰 관심을 기울이지 않았다. 동방교회는 하느님이 사람이 되심과 성령, 이 두 가지 요소를 크게 강조했다. 그러므로 동방교회에서는 훨씬 쉽게 마리아를 그에 상응한 정도로 공경할 수 있었다.

둘째로, 성령에 관한 가르침 전체가 가시적인 영역 안으로 강하게 들어온다는 사실에 마리아의 의미가 있다. 바오로 사도에게는 일종의 균형감각이 있는데 그는 예수의 죽음과 부활을 중요하게 여겨 변론하는 만큼, 시야를 처음으로 돌려 성령의 작용도 그만큼 중요하게 변론한다.

셋째, 마리아는 언제나 은총을 받은 인류의 대표자, 즉 구원된 인류의 원형이다. 마르틴 루터Martin Luther와 필립 멜란히톤Philipp Melanchthon도 마리아에 대한 이야기는 항상 모든 그리스도인들에게도 해당한다고 강조했다. 교회가 무엇인가에 대해 서술하는 것에서와 교회일치를 위한 작업에서 마리아의 역할은 결코 무시할 수 없는 것이다. 마리아는 한편으로는 개인이지만 다른 한편으로는 모든 사람을 대표한다. 이 개념은 타원의 비유를 통해 잘 이해할 수 있다. 그분의 개인적인 유일성과 모든 사람을 대리하는 존재로서의 중요성은 하나로 통합되며 서로를 배제하지 않는다. 몇몇 프로테스탄트 학자들도 요한복음에 등장하는 십자가 아래에 있는 마리아를 교회의 어머니로 강조한다(이분이 네 어머니시다).

넷째, 마리아는 인간적인 차원으로서의 여성성을 구원의 드라마 안으로 들여온다. 하느님은 예수의 어머니 없이 이 세상에 오시지 않는다. 하느님이 인간이 되어 오심은 죄를 제외하고는 인간적인 모든 것을 받아들이는 것을 의미한다. 언제나 '남성'으로서의 예수만을 다루는 신학은 예수가 자신 안에 여성적 요소를 완전히 통합했다는 이상한 여성신학적 여지를 남기면서 인간적인 면에서 허점을 드러낸다.

다섯째, 마리아는 예수를 우리에게 유다인으로 낳아 주셨다. 예수는 마리아로부터 유다인들의 종교, 언어, 사고방식 그리고 문화를 배웠고 상속받았다. 마리아로부터 무엇보다 먼저 토라 읽기를 배웠다. 인간이 되어 오심에는 인간적인 본성만 속하는 것이 아니라 선택받은 백성의 종교와 문화도 속한다. 시메온의 찬가에서는 마리아로부터 구세주가 탄생함으로써 이스라엘은 영광을 보게 되었다고 한다. 문학양식에 따르면 '선조 여성들이 받은 위협'의 전통 속에서 잉태에 접목되는 것은 신앙의 조상들, 판관들, 예언자들과 같은 구약성경의 노선에 직접적으로 연결된다.

여섯째, 마리아와 함께 십자가 신학의 한 부분이 시작된다. '마리아의 영혼이 칼에 꿰찔리는 가운데'라는 말이 이것을 알려 준다. 마리아는 예수를 위해 사생아의 어머니가 되는 치욕을 감당하고, 게다가 요셉으로부터 버려질 위험도 감수한다. 십자가 신학에서는 하느님 편에 서는 사람은 언제나 어떤 것에 지속적으로 시달린다는 사실을 다루는데, 이러한 고통은 인간적인 가치들로 볼 경우에 고통을 당하는 사람을 모든 사람 중에서 가장 낮은 사람으로 만든다. 사생아의 어머니는 당시 일반적으로 가장 낮은 계층에 속했는데, 많은 사람들에게 있어 이것은 오늘날에도 마찬가지다.

일곱째, 마리아에게 선포된 말이 예언자들에게 소명을 주는 말들과 닮은 점은 마리아와 예언자들 사이에 닮은 점이 있음을 시사한다. 마리아는 예언자들이 그렇게 한 것과 마찬가지로 하느님의 말씀을 지고 갔다. 닮은 점은 인사—선포—이의 제기—선포의 되풀이(표지와 함께)—동의로 진행되는 순서이다.

여덟째, 코란이 마리아에 대한 신약성경의 기록을 섬세하고도 풍부하게 따라가는 점은 그리스도교와 이슬람 사이에 결정적으로 중요한 다리가 될 수 있다. 마리아론에서 둘 사이에 아무 차이가 없다는 점으로부터 마리아가 무슬림이 그리스도를 발견하는 길이 될 수 있을 것이란 희망이 태어난다.

아홉째, 마리아가 마리아의 노래에서 말하는 내용은 하느님의 섭리가 마리아에게서 특별하게 작용하고 인간의 역사 안에서도 그렇게 작용한다는 것을 알려 준다. 그러므로 마리아의 노래는 인간의 역사 안에 작용하는 하느님의 섭리에 대한 찬가이다. 마리아는 이 역사 안에서 예외적으로 특별한 존재이고 본보기에 해당된다.

열째, 마리아의 잉태는 한 인간이 생겨나는 데에 육체적, 생물학적 결과들과 함께 창조주 하느님과 성령이 직접 세상의 역사 안으로 들어온 것이다. 이것은 첫째로 모든 개인이 생겨날 때에도 하느님의 섭리가 작용한다는 일반적인 유비를 드러내며, 둘째로 부활이 무엇인가에 대해 그리고 부활의 가능성에 대해 어떤 것을 말하는 것이다. 사실, 예수의 부활 속에서도 하느님은 육체적인 결과들과 더불어 그분께 결정적으로 가까이 다가가시기 때문이다. 신약성경은 예수의 잉태와 부활 모두가 성령에 의한 것으로 서술한다. 예수가 인간이 되어 오심의 경우 안에 벌써 신학은 이것이냐, 저것이냐를 단호하게 결단할 것을 요청한다. 하느님의 성령이 세상 안에 작용할 수 있다는 것을 받아들일 것인가, 아니면 하느님은 하느님이고 세상은 세상일 뿐이란 것을 인정할 것인지 선택하라는 것이다. 하느님과 세상이 서로 무관한 것이라면 무엇을 청하는 기도를 그만두는 것이 나을 것이다. 변할 것은 아무것도 없기 때문이다. 하느님은 개입하시지 않는다.

7.2 여인들-악마의 유혹?

예수는 어떤 새로운 여인상도 만들지 않았다. 그럼에도 불구하고 모든 복음은 여인들에게 감사하는 정신과 사랑으로 가득 찬 관심을 보이고 있다. 그러나 예수의 주변 세계는 여인들에 대한 경시의 태도를 지니고 있음을 볼 수 있다. 예수의 맥락은 여인들의 '위험성'이라는 생각들로 가득 차 있다. 여인들에 대한 이러한 생각은 탐욕적이고 권력에만 눈이 어두운 남자들의 생각이었다. 여인들 자체가 나쁜 존재로 제시된 것은 아니었지만, 이들은 일해야 하고 뒤편에 존재해야만 했으며 성과 자녀양육을 위해 자신을 내놓아야 했다. 이러한 것 외에는 무시되었고 없는 존재처럼 취급되었으며 이들이 가진 고유한 세계는 인정되지 않았다. 그럼에도 불구하고 여인들은 남자들에게 신비로 가득 찬 힘을 행사했고 유혹적이었다. 남자들은 이들에게 빠져들 수 있었다. 이들은 악의 도구였을까?

우리가 예수와 여인들에 대해 복음을 통해서 알고 있는 것은 아직도 신학적 관점에서 엄격하게 분석되지 않았다. 그 속에는 표준적인 신학과는 매우 다르게 나타날 수 있는 새로운 신학적 요소들이 담겨 있다. 사실 여인들에 대해 보도하는 이야기들을 함께 살펴보면 특별한 요소들이 여러 가지 들어 있다.

- ◆ 신약성경에 있는 모든 죽은 자의 소생蘇生은 여인에게 일어났거나 여인들의 청으로 이루어졌다(나인의 과부의 외동아들에서와 같이).
- ◆ 예수의 몸을 만진 사람은 모두 여성이었다(하혈한 여인, 향유를 바른 여인, 발에 입을 맞춘 여인).
- ◆ 여인들은 소유한 돈과 소중한 것들을 내놓았다(향유, 루카 8,1-3에 나오는

여인들).

◆ 여인들이 가진 돈과 내놓은 돈의 양은 적거나 동전 몇 닢에 지나지 않은 경우가 많았지만 예수의 눈에는 중요하게 보였다(루카 15장의 되찾은 은전의 비유, 과부의 기부, 루카 2장에 나오는 성전에 사는 과부 한나). 이처럼, 돈이라는 주제는 육체적 접촉의 영역과 함께 여성들과 연관된다. 이와 일치하는 증거는 예수의 전도 사업을 뒷바라지한 여인들의 활동이다.

◆ 봉사하는 일은 예수를 제외하고는 전적으로 여인들이 한 것으로 보도되었다(마리아와 마르타, 베드로의 장모, 1티모 5장의 발 씻어 주는 행위).

◆ 여인들은 충실한 제자들이었다(십자가에 못 박힐 때, 무덤에 안장할 때, 부활 날 새벽, 요한 20장과 마태 28장의 여인들에게 처음으로 나타나심).

◆ 여인들의 울음과 같은 감정적인 참여가 여러 곳에 언급되어 있다(라자로의 죽음, 루카 7,36-50, 십자가형을 받기 위해 가는 예수의 길, 십자가에 못 박히심).

◆ 이혼에 대한 예수의 말씀들에서 (다섯 번 기록되어 있다) 혼인의 순결함은 당신의 배필로 소개된 백성에 대한 하느님과 메시아의 태도와 같은 것이다.

이와 같은 관찰들에 관심을 갖는 신학은 이러한 여인들이 특별히 실행한 것으로 기록된 인간적인 행위들이 하느님의 다스림과 어떤 관계를 가지는지, 무엇 때문에 예수가 이들의 걱정거리들과 궁핍함에 그러한 특별한 관심을 보이는지 물을 것이다.

공관복음이 전하는 묵시록적인 내용에서 예수는 다음과 같은 말씀을 명백하게 하신다. 마르 13,17-18의 내용이다.

불행하여라, 그 무렵에 임신한 여자들과 젖먹이가 딸린 여자들! 그 일이 겨울에 일어나지 않도록 기도하여라.

예수는 친척들과 가까운 사람들의 죽음이 여인들에게 어떤 의미인지를 아셨고, 현장에서 들킨 간음한 여인의 치욕을 아셨으며, 나쁜 평판에 시달리는 이혼당한 여인들과 사생아를 낳은 여인들의 치욕을 아셨다. 그분은 또한 여인들 사이에 존재한 연대감, 특별히 임신한 여인들 사이의 연대감에 대해 아셨고, 과부들의 곤궁을 아셨으며, 병자들에 대한 염려를 아셨고, 봉사하는 일의 소박함을 아셨다. 발 씻김에서 볼 수 있듯이 예수는 이러한 일을 자청하여 한 유일한 남자였다. 또한 그분은 두 사람이 협력해야만 할 수 있는, 곡식을 맷돌로 빻아서 빵을 만드는 일을 밤이 깊도록 한 여인들을 지켜보았다. 또한 아픈 것이 여인들에게 무엇을 의미하는지 알았고 적은 돈으로 살아야 한다는 것이 무엇을 의미하는지도 아셨다. 끝으로 그분은 하혈의 고충을 비롯하여 특히 하혈이 멈추지 않은 여인의 고통도 아셨다. 그리고 당신 자신도 향유의 상쾌함을 즐기셨다. 여인들이 규칙적으로 향유를 발랐기 때문이다. 향유 외에 피와 눈물도 여인들의 삶과 밀접한 관련이 있다.

이 모든 것은 죽느냐 사느냐 할 정도로 절박한 것이 아니었거나 예외적으로만 그러한 지경에 해당된 것으로서, 생존에 직결될 정도는 아니었지만 그러나 이와 매우 가까운 영역에 해당되는 것이었다. 예수의 복음 선포는 이 모든 것을 눈으로 볼 수 있도록 드러내는 것을 전제로 삼았고, 그러했기 때문에 복음서들에 명백하게 들어 있다. 요한 밥티스트 메츠 Johann Baptist Metz는 인간의 고통에서 출발하는 신학을 개발하기 위해 노력했다. 백성을 하나의 공동체로 묶는 고통을 신학적으로 언급하고자 했는데, 하늘 높은 곳에 있는 어떤 가상의 세계가 아니라 구체적인 이 지상의 세계에서 일어나는 일을 다루고자 했다. 여기서 그는 고통과 아픔에 대해서만이 아니라 근본적인 것에까지 도달하는 것에 대해서 그리고 집

안 삶을 지속적으로 결정하는 것에 대해서 다루려고 했는데, 그것도 비교적 낮은 영역에 해당하는 것을 다루려고 했다. 이것을 다른 말로 표현하자면 이러하다.

여기서 예수는 사람들이 살아가는 삶의 조건들에 대해 섬세하게 염려하는 존재인데 그것도 특히 작은 사람들을 염려하는 분이시다. 복음사가들은(특히 루카) 이러한 요소들을 고찰하는 과제를 수행한다. 이것은 라틴어 'cura'에 해당하는 것으로서 날마다 진행되는 일상생활의 제약들을 생각한 섬세함과 염려를 말한다.

신학적으로 볼 때 예수는 모든 살아 있는 존재를 날마다 돌보시는 하늘나라의 아버지를 닮으셨다. 달리 말하자면 이러하다.

예수는 하늘나라의 아버지를 닮아 자신의 일상생활에서 모든 살아 있는 존재들을 돌보는 관점으로 살아가는 여인들이 지닌 안목을 지니셨다.

이제부터는 이것의 관점들을 깊이 들여다보아야겠다. 이러한 작업은 루카 7장에서 보도하는 죄 많은 여인이 실행한 실질적으로 이중적인 의미를 지닌 역할이 첫 번째 특별한 주제이다.

7.3 여인, 사랑, 성

여인, 사랑 그리고 성은 세계문학에서 헤아릴 수 없이 언급되는 테마이다. 예를 들자면, 유다교 문헌 가운데 경전에 속하지 않은 「제3 에스라」는 페르시아 다리우스왕의 궁전에서 식사와 더불어 진행한 토론에 대해 이렇게 보도하고 있다. 그곳에 초대된 사람들이 이 세상에서 힘이 가장 센 존재는 무엇인가에 대해 토론을 하고 있었는데 그 답은 여인이었다. 그 이유는 다음과 같다.

너희는 모든 것을 여인들에게 가져다주려고 애를 쓰고 고생스럽게 일하지 않는가? 남자는 사랑하는 사람에게 모든 것을 준다. 많은 사람들이 여성 때문에 무너지고 여성을 위해 노예가 되었다.

세상에서 가장 유명한 식탁대화로, 플라톤이 저술한 '소크라테스의 향연'에서 다루는 것은 바로 사랑, 동경에서 비롯되는 원초적인 힘이다. 서로 동경하기 때문에 남자와 여자가 결합하는 것이다.

루카가 기록한, 바리사이가 예수를 식사에 초대한 대목(7,36-50) 또한 대단히 유명한 이야기다. 여기서 예수께 다가온 여인은 그 도시에서도 유명한 창녀였다. 그녀는 남자들을 유혹할 때 걸려들게 하는 방법을 예수께도 사용했다. 머리카락으로 발을 닦아 드리고 입맞춤을 했으며 게다가 향유까지 발라 드렸다. 그녀가 흘린 눈물은 여러 가지 의미를 담고 있다. 이러한 행위를 하는 동안 그녀는 아무 말도 하지 않았다. 예수는 그녀의 행위를 막지 않았고 그것을 사랑의 행위로 평가하셨다. 그녀를 있는 그대로 받아들이셨다. 무엇보다 그녀가 사랑으로 하는 행위를 그대로 두셨다. 이러한 사랑의 동기가 무엇이었는가에 대해서는 언급이 없다. 그렇기 때문에 동기는 다양한 의미를 지니고 있는 것으로 보아도 무방할 것이다. 그 여인은 어떤 신앙고백도 하지 않았다. 가장 희미한 말조차 하지 않은 것이다. 우리가 예수와 관계를 맺게 된 동기 역시 다양한 의미를 지니고 있을 수 있다. 청소년들이 성당에 가는 동기 역시 다양하다. 좋아하는 사람을 만나려고 모여서 얼마나 자주 떠들어 대는가. 자신이 어떤 파트너에게 중요한 존재가 되었다는 사실을 알고 난 후에야 비로소 신앙을 발견하는 사람들은 또 얼마나 많은가. 누구도 순수하기만 한 믿음을 가진 사람은 없다. 순수한 사랑 역시 이 세상 것이 아니다. 이러한 것이 바로 이 이야기에서 우리에게 위안이 되는 것이다. 예수는 우리 안에 있는 '여러 가지 뒤섞인 감정'도 그대로 받아들이신다. 순수한 사랑, 완전한 신앙고백은 단순화된 것일지도 모른다. 하지만 이런 것이 종교는 아니다. 우리가 예수를 반대하지 않을 때 그분은 모든 것을 되찾으신다. 예수는 비뚤어진 줄 위에서도 가지런히 서시는 분이다. 이는 우리의 믿음 역시 완전하지 않을 수밖에 없다는 점을 그분께서 참으로 용서하신다는 뜻이다.

이 이야기 속에 자리 잡고 있는 긴장에 대해 신학자들은 수백 년 동안 논쟁해 왔다. 실상 비유에서는, 주님께서 가장 많이 용서한 사람이 가장 많이 사랑한다고 말하기 때문이다. 그러니까 사랑은 용서받았음이 드러난 뒤에 따르는 것이 명백해 보인다. 그런데 훨씬 뒤쪽에서는 여인에 대해 이렇게 말한다.

그녀가 많이 사랑했기 때문에 그녀의 많은 죄가 용서되는 것이다.

여기서는 명백히 사랑이 먼저이다. 전제조건으로서의 사랑과 용서의 결과로서의 사랑을 같은 것으로 보아서는 안 된다. 그런데도 화자話者는 여기서 어떤 모순도 탐지하지 못한다. 이 점이 오늘날 우리를 혼란스럽

7장 예수와 여인들

게 만드는데, 어쩌면 이 이야기를 이해하는 열쇠일지도 모르겠다. 사랑을 먼저 해야 하는 것인지 아니면 용서를 먼저 받아야 하는 것인지에 대해 교의적인 논쟁을 일삼을 필요는 없을 것이다. 여인의 사랑이 '먼저'이고 죄의 용서는 '그 이후'이다. 그러나 둘은 하나이다! 처음부터 이것은 예수와의 만남에 대한 이야기이다. 결정적인 것은 그것이다. 사랑과 뉘우침에 대해 가르치려는 것이 아니었다.

죄 많은 여인과의 만남에서 역할들은 명백하게 나누어져 있다. 여인의 측면에서는 이러한 충만한 만남에 대한 사랑과 감사가 처음부터 있었다. 예수의 측면에서는 받아들임과 구원하심이 처음부터 끝까지 있었다. 여인에게 중요한 것은 사랑의 뉘우침이나 추상적인 뭔가가 아니었다. 예수가 현존하는 곳이면 구원이 있다는 사실이 관건이었다. 여기서 핵심은 오로지 예수를 만나는 것이다. 예수는 당신을 반대하지 않는 사람이면 누구든 당신을 만나는 것을 받아들이신다. 예수는 당신 자신 안에 구원을 지니고 계신다. 이를 알고 반응할 수 있는 사람이면 (어떤 형태로 반응하든 상관없이) 그리고 무감각하거나 죽은 사람이 아니면, 그도 구원된다. 우리가 예수와 공동체를 이루도록 허락된 것에 은총이 있다. 예수께 대한 사랑에는 많은 동기가 있다. 그 사랑이 예수만을 의미하고 예수에게서 끝난다면 말이다. 왜냐하면 예수가 어떤 특별한 것을 덧붙이지 않아도 그분의 물리적 현존 자체가 구원을 가져오기 때문이다. 예수의 현존이 사랑의 얽히고설킨 동기보다 훨씬 더 중요하다. 우리 쪽에서는 왜곡되고 잘못된 전제조건들이 많다. 바로 이런 이유 때문에 우리가 예수에게 가는 것이건만. 하지만 예수는 우리가 당신 곁에 머물기만 해도 우리를 완전히 치유해 주신다.

우리의 잘못된 전제들을 받아들이고 동시에 덮어 버리는 이러한 육체적 현존은 성체성사 안에서 우리에게 주어진다. 그리고 이것은 예수의 현존을 어떻게 정확하게 설명할 것인가와 전혀 상관없이 이루어진다. 우리가 새로운 계약에 대해 말할 때에는 다음과 같은 것을 의미하기 때문이다.

> 하느님은 우리에게 호의를 베풀기 위하여 우리가 당신의 이름으로 모였을 때 그리고 빵과 포도주 위로 당신의 성령을 불러 모실 때에 언제나 우리와 함께 있겠다는 것을 영원히 약속하셨다.

하느님의 약속과 수락은 우리가 사랑을 위해 감행하는 불완전한 시도보다 훨씬 더 강하다. 여기서 사랑이란 도대체 무엇인가? 무엇 때문에 주님은 어떤 분명한 신앙고백도 없는데 그녀를 받아들이셨는가? 도대체 어떤 사람이 지금부터 벌써 예수를 사랑한다고 말할 수 있겠는가? 클레르보의 베르나르도 성인의 친구인 생티에리의 윌리엄은 "나는 기꺼이 사랑하고 싶다."고 말했다. 우리의 사랑은 말하자면 대단히 인간적이다. 주님의 실제적인 현존 앞에서 우리는 화려한 말들을 삼가야 한다. 믿음 역시 사람이 해낸 작업의 결과가 아니다. 그보다 방향을 잘 잡는 것이 중요하다. 그 어느 곳에서보다 십자가 아래에서 편안하고 자유로움을 느낀다면 그것으로 이미 충분할 것이다. 이 말이 표면적이고 불손하게 들릴지도 모른다. 그러나 자유와 안정감을 인지하는 것이 이미 완전한 진리라고 할 수 있겠다. 다시 말해 진리는 마음 깊이 와 닿는 것을 말한다. "구원에 꼭 필요한 사랑"(신학적 언어)은 우리의 이기적인 사랑 안에서, 이기적인 사랑과 함께, 이기적인 사랑 가운데 이루어진다. 이것은 우리가 얼마나 많이 받는가에 대해 알 수 있는 작은 틈을 우리 스스로 남기는 데에서 확인된다. 이렇게 하여 이 지상에서 어떤 것으로도 만족할 수 없을 때에도 동경의 요소들을 간직한다면, 우리가 지닌, 대부분 이기적인 사랑도 받아들일 것이다. 이것은 우리가 애써서 이룰 수 있는 것이 아니다. 이것은 감동할 수 있는 능력을 간직하는 것 그리고 어린아이처럼 순수함을 간직하는 것과 관련된 것이다. 더 이상 다른 것은 필요치 않다.

7.4 예수 가계의 부정한 여인들

삶은 보통 사람들이 옳다고 여기는 규칙과 기대에 따라 진행되지 않는다. 이것은 예수의 가계에서조차 마찬가지였다. 마태 1장에서 보도하는 예수의 가계는 무엇보다 남자들을 중심으로 나열되어 있다. 그럼에도 불구하고 이 안에 여인들도 중요한 역할을 한 것을 볼 수 있다. 특이한 삶의 여정을 지녔다고 볼 수 있는 여러 여인들이 그러한 역할을 수행했다. 가계는 아브라함에서 시작하여 다윗을 거쳐 예수를 낳은 마리아의 남편인 요셉에게까지 이른다. 여기에 단지 다섯 명의 여인들만 언급되어 있다. 이들 모두는 임신을 했지만, 남편에 의한 것이 아니었다. 타마르는 창녀로 변장하여 시아버지에 의해서 아들을 임신했다. 라합은 살몬의 아이를 가졌는데, 남편은 따로 있었다. 모압 여인 룻은 레위 가문에 속한 남편이 죽은 후 아이를 가졌다. 마태 1,6에 의하면 밧세바는 다윗 후손의 어머니가 되었다. 그러나 그녀는 원래 다윗의 아내가 아니라 우리야와 혼인한 여인이었다. 여하튼 "간통을 저지른 여인, 창녀, 목적을 두고 끈질기게 감행한 두 과부"(마르틴 모세바흐Martin Mosebach, FAZ 24. 12. 1999)는 예수의 가계에서 특별한 여인들이었다. 일반적으로 윤리적이고 합법적인 삶의 보루가 되어야 할 이 가계에서 말이다!

　마리아 역시 남편으로부터 아이를 가진 것이 아니다. 마리아에 앞서 언급된 여인들의 '결함' 속에 예수가 세상에 들어오는 특이한 방식에 대한 암시가 있다. 정상적인 규정을 벗어난 방법으로 이루어진 임신이나 과부의 임신은 역사 안에서 특별한 방법으로 당신의 구원사업을 실행하시는 하느님의 필적을 가리킨다. 바오로 사도는 로마 9장에서 하느님께서 죄와 잠시 연합하셔서 마침내 보편적인 구원역사를 이루실 것이라고 언급한다. 당대의 많은 유다인들이 불순종하지 않았더라면 다른 민족들에게 복음을 전파한 일은 생각할 수도 없었다. 하느님은 이들의 불순종을 이방인들의 화해를 위한 발판으로 삼으신 것이다.

　예수의 가계에 나오는 부적당한 여인들은 신약성경에서 말하는, 룻과 같은 이방인과 죄인들을 위한 구원의 표지가 된다. 하느님은 당신 구원의 천막을 죄인들의 한가운데에 치신다는 것을 파악해야 한다. 예수님 역시 죄를 지은 여인들과 간통한 여인들을 감싸 안으신다. 예수가 죄나 간통을 좋은 것이라고 하신 적은 결코 없다. 그러나 예수는 이 여인들에게서 죄를 지은 사람도 여전히 무엇인가를 할 수 있다는 것을 보여 주셨다. 남자들 중에서도 마찬가지로 믿을 수 없는 사람들이 있고 윤리적으로 우왕좌왕할 사람들이 있다. 그 가운데 자캐오, 예수와 함께 십자가에서 처형된 죄인 같은 인상적인 인물과 특히 베드로만을 예로 들겠다.

　그리스 정교회의 혼배미사 전례에서 신랑 신부를 위한 기도 중에 다음과 같은 내용이 있다.

창녀 라합을 용서하시고 세리 자캐오의 회개를 받아들이신 하느님, 여기 있는 이 두 사람에게도 세리의 회심과 창녀의 눈물 그리고 주님과 함께 십자가에 못 박힌 강도의 죄 고백을 선사하소서.

하느님께서 이전에 이렇게 큰일을 하셨다면 지금 당신 앞에 나와 있는 이 두 신랑 신부에게도 회개의 가능성을 주신다. 이 텍스트는 유머로 가득 차 있다. 혼인예식에서 누가 감히 신부화장으로 예쁘게 꾸민 신부를 창녀와 비교하고, 엄숙하고 진지한 신랑을 세리나 강도와 비교하는 말을 할 수 있겠는가? 이 두 신랑 신부 역시 천사가 아니고 잘못을 저지를 수 있고 건달이 될 수 있는 보통의 사람이다. 이들의 마음을 움직일 수 있는 이상적인 때는 바로 이러한 혼인예식을 거행하는 순간이다. 감동은 우리를 좀 더 인간적이게 한다. 우리는 최소한 보다 자주 우리의 눈물을 상기해야겠다.

7.5 여인과 돈

예수는 되찾은 은전의 비유(루카 15,8-10)에서 다소 특이한(조심스럽게 선택한 말) 한 여인에 대해 말씀하신다.

또 어떤 부인이 은전 열 닢을 가지고 있었는데 한 닢을 잃으면 등불을 켜고 집 안을 쓸며 그것을 찾을 때까지 샅샅이 뒤지지 않느냐? 그러다가 그것을 찾으면 친구들과 이웃들을 불러, '나와 함께 기뻐해 주십시오. 잃었던 은전을 찾았습니다.' 하고 말한다. 내가 너희에게 말한다. 이와 같이 회개하는 죄인 한 사람 때문에 하느님의 천사들이 기뻐한다.

여기서 예수는 현명치 못한 일들을 한 것으로 추측되는 한 여인에 대해 말씀하신다. 그녀는 은전 열 닢 때문에 온 집 안을 쓸며 샅샅이 뒤진다. 이것은 이해할 수 있는 일이다. 나도 잃어버린 메모지를 찾아 헤맨 적이 종종 있다. 그런데 찾는 이유는 그것을 찾지 못해 화가 나서 그렇게 하는 것이다. 은전을 찾은 여인은 친구들과 이웃들을 불러서 함께 기뻐해 줄 것을 요청한다. 추측하건대 그 여인은 이들과 함께 잔치를 벌였을 것이다. 그리고 초대받고 온 사람들은 이렇게 말할 것이다.

잔치를 벌일 이유가 있기만 하다면 우리는 기꺼이 함께 잔치를 즐길 거예요. 그 명분을 찾기 위해 확대경까지 동원해야 하더라도 말이에요.

여기서 우리는 기쁨에 넘치는 한 특이한 여인을 대하고 있다. 그러나 그녀는 여하튼 좀 과장된 모습을 보인다. 은전 열 닢으로 어떻게 그렇게도 크게 기뻐할 수 있겠는가?

어쩌면 이럴 수도 있다. 찾을지 못 찾을지 알 수 없는 상황에서 찾으려고 애를 쓰다가 마침내 찾았을 경우에는 기쁨이 대단히 크다. 찾을 수 있으리라는 희망을 거의 버린 상태까지 도달했기 때문이다. 이런 경우에는 찾은 물건의 크기가 중요한 것이 아니라 결국 찾아내고야 말았다는 사실이 중요하다. 그토록 찾아내려고 미친 듯이 애썼는데 마침내 찾고야 만 것이다. 내 경우를 말하면 이랬다. 어떤 것을 오랫동안 찾을 경우에는 찾는 것 자체가 목표가 되고, 마침내 찾아냈을 경우에는 항상 나 자신의 가치를 인정받는 느낌이었다. 어쩌면 다음과 같은 의미였을 것이다.

물건이 없어져서 찾느라고 시간을 낭비하고 결국 못쓰게 되었지만, 다행히도 내 집은 온전히 그대로 있다.

앞의 비유에서 그 여인이 느낀 자신의 가치는 하늘나라의 가치와 같고 천사의 가치와 같을 정도이다. 참으로 인상적인 표상이다. 가난한 여인들은 자신의 가치를 자주 비하한다는 사실을 여기서 알게 되고 또 그렇게 생각할 수 있다. 그런데 하늘나라의 천사들도 자부심과 빛나는 영광에 관한 한 분명히 같은 처지에 있을 것이다. 하늘은 잃어버린 한 사람 한 사람에 대해 마음 아파하여 울고, 다시 찾은 한 사람 한 사람에 대해 기뻐한다. 천사들이 예수 시대에도 오늘날과 비슷한 처지에 있었음이 분명하다. 거의 누구나 조롱거리만 되는데, 과연 어떤 사람이 회개하겠는가? 하늘과 천사는 철저히 무시당했다.

비유는 하느님에 대해서도 언급하고 있다. 이 여인의 표상 안에 하느님께서 열정적으로 찾으시는 모습이 중심에 서 있고, 이는 하느님의 엄청난 기쁨이기도 하다. 세상의 주인이신 하느님께서는 잃어버린 작은 사람 하나하나를 찾아 나서시기 때문이다. 하느님은 마지막 한 사람에 이르기까지 찾기 위해 집 안을 샅샅이 뒤지신다. 여기서 일반적인 세상질서는 뒤집어지고 말았다. 우리가 전능하시고 자비로우신 하느님을 찾아야만 하는 것이 아니라 하느님께서 우리를 찾으신다. 거의 정신이 나간 상태로 어떤 희생도 마다하지 않으신다. 동전 한 닢을 찾기 위해 집 안을 샅샅이 뒤지는 사람은 무릎을 꿇고 그렇게 한다. 여기서 예수는 하느님께서 무릎을 꿇고 찾으신다고 말씀하신다. 우리가 그렇게 하는 것이 아니라. 참으로 이상한 하느님이시다. 하느님은 당신의 품위에 대해 조금도 생각하지 않으신단 말인가? 차라리 하느님은 다음과 같이 말하는 몇몇 본당신부처럼 하셔야 하지 않을까?

본당신부와 볼 일이 있는 사람은 사제관으로 오시오.

어떤 이유로 하느님께서 이렇게 열정적이실까? 하느님께서 이렇게 열정적으로 찾으시는 행동은 봄맞이 대청소하는 사람이 일에 몰두한 나머지 융통성 없어 보이는 행동에 지나지 않을까? 결코 그렇지 않다. 하느님께서는 찾은 것에 대한 기쁨을 애타게 갈망하신다. 하느님과 기쁨은 일치한다.

삶에 대한 하느님의 기준이 기쁨이라면 많은 것이 달리 보인다. 찾은 은전 한 닢에 대해 그렇게도 멋진 해석을 가한 여인의 태도는 부활초에 대한 화려한 찬가인 부활찬송에서 부활초에 대해 다음과 같이 말하는 모자라빅 전례mozarabische Liturgie[14]와 같다.

이것은 잃어버린 은전을 찾기 위해 불을 붙인 그 여인의 촛불이다.

하느님께서 일깨우신 그리스도도 이와 같이 부활하셨다. 그분은 최후의 죄인을 찾아 품에 안기 위해 부활하셨다. 부활초는 부활하신 분을 상징하기 때문이다. 부활초는 어둠을 몰아내고 죄를 극복한다. 초의 불빛은 하느님의 제어하기 힘든 삶의 기쁨을 위해 있다. 하느님은 멸시받고 웃음거리가 된 존재로서 상처받으신 모습으로 여기에 계신다. 바로 그 때문에 그 여인의 표상 안에도 계셨을 것이다.

---

14) 스페인에서 오래 전에 형성된 전례로, 로마 가톨릭에서 인정하는 것이다. 스페인의 일부 지역에서는 오늘날에도 사용한다. -역자 주

7.6 간음한 여인

누가 예수와 간음한 여인(요한 7,53-8,11)에 관한 텍스트를 연출하려고 한다면 이렇게 짧은 이야기가 지닌 극적인 힘에 대해 놀라게 될 것이다. 무엇보다 그 자리에 함께한 남자들이 할 말을 잃어 가는 모습, 한 사람 한 사람 서서히 그 자리를 떠나가서 마침내 모두 사라지고 마는 모습에서 큰 메시지를 읽게 될 것이다. 자신은 아무 죄도 없는지 생각해 보라는 예수의 말씀에 누구도 더 이상 심판할 수 없었다. 마침내 예수께서 이러한 말씀으로 정리하신다.

나도 너를 단죄하지 않는다.

마지막에는 예수와 그 여인만 남았다. 예수께서는 그 여인을 공개적인 약점 들추기와 단죄로부터, 말하자면 사회적 매장으로부터 구하셨다. 예수께서는 그 여인을 불러 하실 말씀을 따로 전하신다.

가거라. 그리고 이제부터 다시는 죄짓지 마라.

예수를 만나는 사람은 심판받는 것이 아니라 구원받는다. 사람들은 제한하고 경계선을 그으면서 자신이 살고 있는 공동체를 명확히 구분 짓는다. 이러한 방식으로 우리는 함께 살아갈 만한 착실한 사람과 우리 눈밖에 나서 도저히 견딜 수 없는 사람을 구분해 낸다. 예수는 이렇게 하시지 않는다. 사람들이 이렇든 저렇든 아무런 상관이 없어서가 아니라 그들을 구하려고 하시기 때문이다. 예수께서 하시고자 했더라면 죄를 지은 여인뿐만 아니라 남자들 모두를 단죄하실 수 있었다. 모두가 죄인이었기 때문이다. 그런데 사람들이 가진 특별한 점은 이러한 상황에도 불구하고 몇몇은 다른 사람들 위에 올라앉은 심판자가 되어 이 사람 저 사람을 심판해야만 하는 것으로 여기는 것이다. 바오로 사도는 로마서에서 "심판하지 말라!"는 말을 되풀이하여 공동체 안에 존재하는 갈등들—엄격한 사람들, 법을 충실하게 지키는 사람들, 자유로운 사람들, 계몽된 사람들 사이에 감도는 갈등—을 없애려고 애를 썼다. 하느님께서 사람들을 의롭다고 하셨다면 다른 사람들에 대해 심판할 근거가 더 이상 존재할 수 없기 때문이다. 바오로 사도의 의화론을 요한 8장에서는 '회개'로 대신한다. 여기서 예수는 회개를 요구하시며 또 가능하게 하신다. 그분은 판단하시는 게 아니라 새로 시작할 수 있도록 모든 것을 행하시기 때문이다. 독자는 그 여인이 숨을 제대로 쉬게 된 것을 느낄 수 있다.

윤리적 심판은 일반적인 논쟁에서 약자들을 항상 표적으로 삼는다. 요컨대, 예수는 우리의 손에 놓인 윤리적 심판이라는 무기를 **빼앗아 버리신다**. 요한 8장을 마음에 깊이 새기는 사람은 자신의 주변 사람들을 윤리적으로 좋다 나쁘다 하며 분류하는 일을 더 이상 못할 것이다. 왜냐하면 모든 판단은 자유, 곧 예수께서 우리를 과거의 그림자로부터 얻게 해 주신 자유 앞에서 퇴색하기 때문이다.

우리가 어떤 죄인도 심판해서는 안 된다는 말은 맞는 말일까? 우리의 법원은 법정에 십자가까지 걸어 둔 채 재판하기를 지속적으로 하지 않는가?(독일 법정의 경우인 듯하다.—편집자 주) 이러한 질문은 고해성사를 새롭게 이해할 기회를 제공한다. 고해성사에서 형식으로는 법정의 모습을 취하지만 최종적으로는 모두가 사면되기 때문이다. 그동안 우리는 국가가 수행하는 재판과 달리 이렇듯 모든 것을 뒤집는 엄청난 점에 비중을 두고 강조해야만 했다. 그랬더라면 고해성사가 지금처럼 악평을 받는 일이 없었을 것이다. 여기서 말하고 있는 것은 어떤 무질서 상태에 대해서 언급하는 것이 아니라, 고해성사가 이 텍스트에 대한 직접적이고 유일하게 올바른 해석이라는 것이다. 고해성사의 역사는 아주 특별하고 비극적인 방식에서(대사大赦와 종교개혁을 참조하라) 교회의 역사와 동일시되었다. 이 점을 제대로 고려하기만 했더라도 상황이 달라졌을 것이다. 국가가 수행하는 재판과 칸트가 주장한 윤리는 재판을 받는 대부분의 사람들을 명백히 죄인으로 판단하고 만다. 이러한 곳에 교회는 2천 년 전부터 예수의 이름으로 성령을 통하여 늘 사면하여 새로운 시작을 가능하게 했다. 이러한 사면은, 당시 돌을 던지는 행위는 사회적 죽음과 강하게 연결되어 있다는 사실을 진지하게 고려한 것이다. 자신의 행위로 위법을 저지르고 말았다는 자의식을 가진 사람들이 우리 교회에서 고해성사를 통해 조금도 남김없이 온전히 회복되어 다시 공동체 안에서 활발하게 살아가게 되는 것은 얼마나 큰 기적인가! 이런 놀라운 기적이 일어나는 이유는 바로 거룩하신 하느님이 중심이기 때문이다. 윤리가 중심이 아닌 것이다.

7.7 임신부들의 연대

마리아와 엘리사벳이라는 두 임신부의 만남은(루카 1,39-45) 유형학적 해석을 좋아하는 나이 든 주석가들에게는 언제나 매혹적인 요소였다. 이 만남은 거룩한 대조로 가득하기 때문이다. 예수는 나중에 요한을 여자에게서 태어난 이들 가운데 가장 큰 인물(루카 7,28)이라고 하셨다. 여기서 두 여인은 유형학적으로 대비되는 여인들을 나열한 긴 목록에 배열된다. 대비되는 보기로는 하가르와 사라, 마리아와 마르타, 바빌론의 창녀와 어린 양의 신부, 교회와 유다인 회당을 들 수 있다. 철학에서는 왕권과 폭정이 두 여인으로 비유된다. 두 여인은 상황에 따라 명료한 원형이었으며 반대 방향이나 반대 시간을 구체화한다. 루카에서 두 여인은 세례자 요한과 예수를 비슷하게 그리고 대조적으로 그려 낸다.

하느님의 기적으로 임신한 여인과 성령에 의해 임신한 여인이 서로 만나는데, 사람들은 엘리사벳에게서 구약의 마지막 사람을 보고 마리아에게서 신약의 첫 사람을 본다.

> 젊은 여인이 나이 든 여인을 방문하고, 처녀가 결혼한 여인에게 인사한다. 더 순결할수록 그만큼 더 겸손하다. … 큰 사람의 겸손은 작은 사람을 일으켜 세운다.(존자 베다)

> 더 높은 위치에 있는 사람이(마리아) 낮은 사람에게 가서 그녀를 돕는다. 이런 방식으로 나중에 주님이 세례자 요한을 거룩하게 하기 위해 그에게 가서 세례를 받으신다.(암브로시오)

여기서 중요한 것은 나이가 더 많은 것이 아니라 어린아이가 나이 든 사람의 주님이라는 것, 더 나아가 나이 든 여인, 곧 자기 어머니의 주님이기도 하다는 점이다. 이렇게 하여 서열관계가 확 뒤집힌다. 이것이 마리아의 노래, 마니피캇-신학이다.

이 텍스트는 오직 인사만 보도하고 있다. 이 인사는 존경과 친밀함으로 가득 찬 화려한 의식과 같은 작용을 하고 무아적-예언적 사건처럼 작용한다. 그리고 마침내 어린아이가 장차 얼마나 위대한 존재가 될 것인가를 예감하게 한다. 이러한 화려한 의식에서 성모송의 두 번째 구절이 처음으로 울려 나온다.

당신은 여인들 가운데에서 가장 복되시며 당신 태중의 아기도 복되십니다.(루카 1,42)

처음에 통상적으로 나누는 인사의 축복 형식이 이 대목에서는 전무후무한 선택과 축복의 선언으로 확대된다. 독자가 41절 이하에서 이미 알게 된 것이 여기서 "내 주님의 어머니가 나에게 오시는 것"을 알려 주는 징후가 된다.

당신의 인사말 소리가 제 귀에 들리자 저의 태 안에서 아기가 즐거워 뛰놀았습니다.(루카 1,44)

몸 안에서 뛰노는 것은 경의를 표하는 것으로 이해되고 있다. 교부들은 세례자 요한의 이러한 환호를 성탄절의 영적 기쁨을 미리 알려 주는 것으로 해석했다(주교의 축복기도문, 769). 세례자 요한은 예수를 알아보았다. 그러므로 우리 그리스도인도 같은 헌신으로 예수를 사랑해야 한다(같은 곳, 1730).

마르틴 루터는 두 여인의 만남에서 암브로시오와 베다를 비롯하여 다른 사람들에 이어 다음과 같은 점을 알아차렸다.

한 사람의 겸손이 또 한 사람의 겸손을 발견한다. 마리아는 겸손한 자세를 취하고, 엘리사벳은 마리아가 자신에게 올 만큼 자신이 그렇게 가치 있는 존재가 아니라고 여긴다. 그런 가운데 마리아가 온 것에 대해 크게 기뻐하고 마음으로부터 반긴다. 여기에 분명히 성령이 함께하고 있다.

루터는 마리아의 겸손을 눈으로 볼 수 있을 만큼 구체적으로 묘사한다.

마리아는 영적으로 하느님의 딸이다. 그럼에도 불구하고 자신의 친척 아주머니인 엘리사벳에게 봉사하기 위해 그녀를 방문한다. 마리아는 아이를 돌보는 보모의 역할을 기꺼이 받아들인다. 이제 마리아가 신뢰받는 신부이자 하느님의 어머니로서 산을 넘어가 친척 아주머니에게 봉사한다. 이러한 일은 모든 여인의 얼굴을 붉히게 했을 것이다. … 아이를 돌보는 보모들은 마리아도 한때 보모였었다는 사실에 대해 자부심을 가져야 한다.

베르나르도도 벌써부터(암브로시오와 그 외 여럿과 함께) 마리아가 석 달 동안 엘리사벳에게 봉사했다는 사실을 인정하고 이것을 예수가 세례자 요한에게 겸손한 자세로 다가간 것의 전조로 보았다. 마태 3,15에 의하면 예수는 이렇게 말씀하셨기 때문이다.

지금은 이대로 하십시오. 우리는 이렇게 해서 마땅히 모든 의로움을 이루어야 합니다.

마리아의 인사말은 카리스마적이고 예언적이다. 모태 안에서 아기가 기쁨과 환호로 뛰놀았기 때문이다. 성경에서는 기쁨과 환호로 뛰놀았다는 말을 멈출 수 없을 만큼 큰 기쁨에만 사용한다. 마리아가 인사를 하자 성령이 엘리사벳에게도 내려오신다. 주님을 만나는 사람은 성령으로 충만하게 되기 때문이다. 여기에서는 마리아가 그리스도를 업고 가는 사람인데, 나중에는 사도들이 이 역할을 수행한다. 사도들이 복음을 전하고 이러한 방식으로 사람들에게 주님을 나르면 이들은 성령으로 충만하게 된다. 사도행전은 베드로의 설교에 대해 이와 같이 보도한다(사도 10,44). 주님을 직접 만나는 사람이건 마리아의 몸속에 숨겨진 상태로 또는 사도들의 말씀 안에 감추어진 상태로 만나는 사람이건 하여간 주님을 만나는 사람은 항상 성령을 받는 방식으로 주님과 함께한다. 그렇기 때문에 마리아는 여기서 온전히 그리스도를 지고 가는 여인이 되었다.

루터는 이 만남의 예언적 성격에 대해 다음과 같이 말한다.

마리아와 엘리사벳이라는 두 여인상에서 당신은 올바른 신앙이 얼마나 탁월한 것인가를 볼 수 있을 것이다. 올바른 신앙은 한 사람의 영혼만이 아니라 육체까지 변화시키기 때문이다. 엘리사벳은 완전히 다른 여인이 되었고 말로 다 표현할 수 없는 큰 기쁨을 누리게 되었다. 몸과 혀는 너무나 기쁜 나머지 엘리사벳으로 하여금 예언자가 되게 했다.

루터는 엘리사벳이 마리아가 아기를 잉태했다는 사실을 처음으로 확인한 사람이란 것도 알아차렸다.

마리아는 아직 젊었기 때문에 사람들은 마리아의 몸에서 그녀가 임신했다는 사실을 인식할 수 없었다. 엘리사벳이 마리아를 어머니로 칭송하고 모든 열매를 초월하는 뛰어난 열매를 몸에 지니고 있는 것을 칭송한 것은 깨달음의 극치다. 엘리사벳은 마리아를 영원 선상에서 다른 모든 여인보다 높이 평가한다. 그런 까닭은 마리아에게 '내 주님의 어머니께서 저에게 오시다니

어찌 된 일입니까?'라고 말했기 때문이다. 이것은 마리아가 주님의 어머니라는 사실을 선포한 지상 최초의 강론인데, 나이 든 진지한 귀부인에게서 나온 말이다. '주님'은 하느님의 올바른 이름이다.

엘리사벳에게 마리아는 이제 더 이상 예전의 조카딸이 아니다. 마리아는 몸에 하느님의 아들을 품고 있다. 마리아의 몸에 있는 이 아들은 한 순간에 참된 사람인 동시에 참된 하느님이 되었다. 햇빛이 빛나면 한순간에 온 세상이 밝아지는 것과 같이 성령이 빛나면 한순간에 밝아진다.

마침내 이 만남은 하나의 전조가 되었다. 마리아의 몸에 계신 예수가 아니라 엘리사벳의 몸에 있는 요한이 기뻐 뛴다. 요한이 움직이자, 예수가 이 움직임과 존경을 받아들인다. 아직 태어나지도 않은 사람들의 이런 만남에 관해서는 고대 및 당대 유다교 문헌에서 읽을 수 있다. 이 만남은 장차 두 아이의 관계를 예시한다. 이 내용을 미사의 감사송 992번은 다른 관점에서 본다.

요한이 어머니의 태 안에서 즐거워 뛰놀았으니, 이는 장차 오실 왕의 소식을 널리 전하여 유다인들을 깊이 감동시키기 위함이나이다.

다정다감한 인사는 행복 찬양으로 끝맺는다.

행복하십니다, 주님께서 하신 말씀이 이루어지리라고 믿으신 분!(루카 1,45)

바로 이어지는 마리아의 노래 Magnificat에서 마리아는 이 행복 찬양을 받아들인다.

그분께서 당신 종의 비천함을 굽어보셨기 때문입니다.
이제부터 과연 모든 세대가 나를 행복하다 하리니.(루카 1,48)

약속을 믿은 결과로 나온 이 행복 찬양은 창세 15,6에서 말하는 아브라함의 믿음과 의로움과 일치한다. 이 대목에서 하느님은 아브라함이 당신의 약속을 믿었기 때문에 그를 의로운 사람으로 인정해 주신 것이다. 여기서는 마리아가 아브라함 옆에 나란히 선 것이나 다름없다. 자신들의 믿음이 의롭고 복되다고 여겨졌으니 두 사람에게는 살아 있는 동안에 특권이 주어졌기 때문이다. 마리아는 아브라함과 마찬가지로 하느님의 약속을 따라 자신의 삶을 살아간다. 이어지는 마리아의 찬가에서, 말하자면 루카 1,55에서, 아브라함이 등장하는 것은 결코 우연이 아니다. 루터 역시 루카 1,50에서 아브라함과 마리아가 비교된 점을 간파한다.

이 자비는 결코 사라지지 않는다. 자비는 아브라함에게서 시작하여 마리아에게까지 이어졌고 온 세상으로 뻗어 나갔다.

클레르보의 베르나르도는 마리아의 말을 이렇게 해석한다.

마리아는 인사말만으로도 모태 속에 갇혀 있는 아이들조차 기뻐 뛰게 하는 분이다(루카 1,41). 아직 태어나지도 않은 어린아이의 영혼이 마리아의 말에 이렇게도 크게 기뻐 뛴다면, 마리아의 목소리를 듣고 그 얼굴을 바라보며 그 복된 현존을 기뻐하도록 하늘나라에서 사는 이들에게 은총이 주어진다면 이들의 기쁨과 환호는 얼마나 크겠는가?(성모 승천 대축일 강론)

7.8 마리아 막달레나의 눈물

예수와 마리아 막달레나 사이에는 특별한 우정의 관계가 있었다(요한 20,11-18). 요한복음의 마지막 부분에서 이 친밀한 관계가 특별한 모습으로 드러난다. 우리는 예수에 대해 아는 것이 별로 없다. 그분이 친절하고 사랑으로 충만한 분이었는지 엄격한 분이었는지, 그분의 성격에 대해서 알지 못한다. 그러나 그분을 애도하여 울 수는 있었다. 여기서는 마리아 막달레나 홀로 등장한다. 그녀는 직업적으로 곡哭하는 여인처럼 울지 않았으며 두려운 나머지 집 안에 꽁꽁 숨어 있지도 않았다. 용기를 내어 죽음의 장소로 갔다. 그녀의 울음은 예수가 누구셨던가를 비추어 주는 거울이다. 그녀는 예수를 친구로서가 아니라 지극히 공경하올 주님으로서 대하고 그분을 위해 울었다.

사람들은 대부분 예수에 대해 많은 말을 한다. 그러나 그분을 애도하여 우는 사람은 없다. 사람들은 그분의 말씀을 분석하고 그분을 그리스도론과 신앙고백의 대상으로 만든다. 이 모든 것은 옳다. 그러나 열쇠는 마리아 막달레나와 베드로에게 있어서와 같이 통곡이다. 베드로는 절망적인 우회로를 거친 후 통곡했고 마리아는 직접적이고 자발적으로 통곡했다. 예수는 그녀 삶의 중심이었다. 마리아는 예수가 계시지 않기 때문에, 어디로 가셨는지, 어디에 계시는지 알 수도 없고 흔적도 없기 때문에 울었다. 생명 자체이신 그분을 세상이 죽였기 때문에 운 것이다. 여인으로서 그녀는 생명의 편에 서 있다. 유사 이래 살해된 군인과 경찰관, 순교자, 총살된 정치인들의 어머니, 아내, 아이들처럼 어찌할 바를 모르며 운다. 홀로 남은 이 여인들은 사람들이 저지른 살해의 무의미에 대해 이야기해 줄 수 있는 인물이다.

어찌하여 세상은 언제나 다시 살인을 저질러야만 하는가? 사람들에게 하느님이 어떤 존재인가를 알게 해 주신 예수가 어찌하여 법을 어긴 죄인으로 사형당해야만 했는가? 결코 그렇게 해서는 안 되는 일이었다. 모든 사람 중에서 가장 뛰어난 그분에게 그러한 일은 하지 말았어야 했다. 마리아의 눈물에는 이와 같은 운명과 폭력, 명백한 불의에 대한 무기력한 분노가 섞여 있다. 이러한 것에 대해 울지 않는 사람은, 이러한 제어할 수 없는 분노를 마리아와 마찬가지로 몸 안에 가지지 않은 사람은 그리스도인이 될 수 없다. 이것은 이성의 대상이기만 한 것이 아니라 마음의 대상이기도 하기 때문이다. 이것은 무엇보다 먼저 분노의 일이고 눈물과 통곡의 일이다. 새로움을 향해 나아가는 길은 마리아 막달레나와 베드로에게서와 마찬가지로 눈물을 통해서 열린다. 사람이 막다른 골목에 이르렀을 때, 슬픔의 나락에 빠져들었을 때, 바로 그곳에서 새롭게 시작하게 된다. 예수는 마리아 막달레나에게 주저하지 않고 자발적이고도 직접적으로 말씀하셨다.

예수는 마리아의 이름을 불렀고, 마리아는 이 소리에 예수를 알았다. 예수는 그녀에게 자주 "마리아"라고 불렀음에 틀림없다. 마리아는 예수의 입에서 나오는 그녀 이름의 음색을 알고 있었다. 말하자면 예수는 결코 미끈한 말을 해 대는 신학자가 아니었고 강의를 잘하는 교수도 아니었다. 그분에게는 이 여인에 대한 신뢰로 가득 차고 다정다감하며 사랑으로 충만한 마음이 있었다. 마리아는 "마리아"라는 말이 지닌 마법의 힘으로 높이 들어 올려졌다. 이제 우리는 영원토록 알게 되었다. 갈릴래아로 향하는 긴 길 위에서, 곤궁하고 지친 가운데, 일상에서, 축제를 벌일 때 예수께서 마리아에게 늘 건네시는 말씀을. 예수께서 등불을 켠 여인과 잃어버린 은전을 찾은 여인과 같은 비유들을 말씀하셨을 때 마리아에게 눈길을 주기도 하셨을까?

이런 것 외에 우리가 알고 있는 것은 단지 예수께서 그녀를 치유하셨다는 사실뿐이다. 오늘날이라면 사람들은 "그녀는 정신병을 앓고 있었는데 치유되었다."고 말할 것이다. "내세울 것이 없었을 뿐더러 그리 뛰어난 여자도 아니었다."는 말도 덧붙일 것이다. 그녀는 사람들이 교회의 중요한 위치에 둘 만큼의 여인이 아니었다. 교회사 안에는 나약하고 별로 중요하지 않은 여인들이 압도적으로 많다. 이와 마찬가지로 평범하고 특별한 의미가 없는 남자들의 수 또한 많다. 그런데 그리스도교를 이웃에게 전하고 대를 이어 계속 유지되도록 한 이들은 많은 비방과 헐뜯음의 대상이 된 늙은 할머니들이었다. (구 러시아 공산주의 치하에서 바부쉬카 Babuschka[15]들도 그렇게 신앙을 후손에게 전했다.) 우리는 강론대 주변을 둘러싸고 앉아 있는 여인들을 비방하는 습성이 있다. 그러나 이들이 없었더라면 예수의 부활 시점부터 벌써 "가게 문을 닫아야만 했었을 것"이다.

예수는 당신의 어머니에게 단지 '여인'이라는 단어로 말을 건넨다. 이것은 어느 정도 거리를 유지하고 있음을 드러내는 표시다. 예수는 대체로 사람의 이름을 매우 드물게 부르셨다. 단지 자캐오, 필립보, 죽은 라자로를 일시적으로 불렀고, 신뢰한 사도들 중에는 오직 베드로의 이름만을 불렀을 뿐이다. 그러나 마리아 막달레나에게만은 예수께서 감정을 담은 음성으로 "마리아"라고 부르셨다. 이리저리 돌아보고 아무리 살펴본다 하더라도 다음과 같은 사실은 틀림없다. 그것은 바로 예수께서 마리아를 사랑하시고 신뢰했는데, 여인들 중에서 오직 그녀만 그렇게 하셨다는 사실이다. 그러나 마리아는 예수를 연인 사이의 사랑으로 대하지 않

---

15) 할머니로 불리는 것이 어울리는 나이지만 자신과 사회를 위해 억척같이 일하여 성과를 내는 여인들을 지칭하는 말.-역자 주

고 그분의 발 앞에 무릎을 꿇으면서 그분을 주님으로 높이 들어 올리고 공경했다. 그러나 예수는 이것을 그대로 두지 않으셨다. 왜냐하면 아직까지는 하느님이 보낸 존재에 지나지 않았을 뿐, 아버지 하느님 옆에 나란히 설 수 있는 주님이 아니었기 때문이었다. 이것은 예수께서 공경을 받으시는 것을 아직 조금 더 늦추시려는 것으로 짐작하게 하는 요소이다. "아직 주님으로 공경하지 말아 다오, 제발. 서로 믿고 친밀한 우정을 좀 더 나누자."라고 말씀하시는 것 같다. 이것은 이별의 장면이고, 그래서 부활의 기쁨은 들어 있지 않다.

이 이야기에 어떤 윤리적 가르침은 없다. 마리아 막달레나는 다만 예수께서 당하신 모든 것에 슬퍼하고 그분 앞에 멈추어서 예수를 위해 눈물을 흘리라고 가르친다. 또 인간들이 저지르는 살해의 희생자가 되어 홀로 버려진 모든 여인을 예수와 함께 보도록 가르친다. 사람을 치유한 그분을 우리는 죽인다. 의지할 곳을 제공한 분을 우리는 고발한다. 우리의 이름을 부르는 분을 우리는 부인한다. 예수는 참으로 사람으로 존재했다. 그분은 개인적인 관계와 애정을 가졌었다. 정신병자였다가 치유된 이 여인만이 예수 곁에 섰다. 오직 그녀만이. 남자들은 모두 도망치고 거짓말하고 그분을 배신하거나 심판했다. 사랑받은 제자 요한을 제외하고는 베드로, 유다를 비롯한 모든 제자와 헤로데, 빌라도, 창을 든 군인, 이들 모두가 그랬다. 그분이 마리아라고 부르신 이 여인만이 그분 곁에 머물렀다. 그녀는 감사하는 마음과 경탄하는 마음으로 그분을 대단히 사랑했음에 틀림없다. 우리가 그녀의 아픔을 이해할 수 있을까?

8장

마귀에 대한 예수의 태도

:

8.1 악 또는 악마
8.2 해방을 위한 헌신
8.3 더러운 영을 물리치는 힘
8.4 예수와 사탄
8.5 첫 유혹과 마지막 유혹
8.6 악마 체험
8.7 정치에 스며든 악마
8.8 예수, 천사, 보호하시는 하느님

8.1 악 또는 악마

예수가 마귀와 악령들에 둘러싸여 있었다고 복음서에 나오는 이야기들이 우리 현대인에게는 무척 당혹스럽게 들린다. 예수는 악마와 사탄, 마귀와 마귀 들린 사람들을 쫓아내셨고, 마귀들을 돼지 떼 안으로 들어가게도 하셨다. 예수는 더러운 영들과 대화하셨으며(이것은 부정할 수 없는 사실이다) 이들을 몰아내실 수 있었다. 현대신학은 이 모든 것에 대해서(무엇보다 예수님 자신이 실제로 귀신을 내쫓기도 했다는 것이 명백하다는 것에 대해서) 설명을 피할 수 없게 되었다. 루돌프 불트만 Rudolf Bultmann이 탈신화화 작업을 통해 이러한 영역에 존재하는 불편한 요소들을 예수에 대한 표상에서 영구히 제거해 버리기 위해 대단한 노력을 기울였지만 결국 성공하지 못하고 만 것은 결코 놀랄 일이 아니다. 그와 견해를 함께하는 사람들은 텍스트들을 이리저리 샅샅이 살피면서 예수는 사람들을 마귀가 존재한다는 믿음에서 자유롭게 하신 것이지, 있지도 않은 마귀로부터 자유롭게 하신 것은 결코 아니었다고 설명해 내려고 애썼다. 이들은 악마들도, 천사들도 없는 존재라고 단단히 믿고 있었던 것이다. 이들에게는 악마가 존재한다는 믿음과 같은 혐오스러운 생각을 예수와 연결시키는 것은 있어서는 안 되는 일이었다. 사람들은 다음과 같이 얼마나 쉽게 교회를 비난했던가!

악마와 마귀가 존재한다는 믿음으로 17세기에는 거대한 일치운동이 전개되었다. 다시 말해 마녀사냥을 한 것인데, 1650년 마그데부르그Magdeburg에서 화형 당한 여인만 해도 수천 명에 달했다.

이러한 것에서 좀 더 나아가 생각해 본다면, 악마적인 것을 이야기함으로써 자신이 져야 할 책임을 외부 세력들에게 뒤집어씌우려고 한 것은 아닐까? 심리학이란 것을 동원하여 귀신에 대한 모든 종류의 말을 진부하고 쓸데없는 것으로 만들려고 한 것은 아닐까?

이제 복음서의 마귀와 관련된 텍스트들에 대해 멋지게 논쟁할 수 있게 되었다. 예수가 마귀를 추방하셨다는 보도에 관한 해석은 우리가 이것을 단지 과거에 일어난 것만을 재구성하는 것에 머물지 않는 한 의미가 있다. 그렇게 해야 이 텍스트들이 당시에 이미 미래에 대한 의미를 가진 것이 된다. 나는 여기서 더 나아가 눈에 띄는 내용들로부터 자극을 받아서 바로 이러한 영역에 들어 있는 예수의 기쁜 소식을 더 발견하여 새로운 지평을 열어 나가는 것이 중요하다고 생각한다. 악마 또는 마귀를 추방하는 일은 없어서는 안 될 중요한 역할을 하는 것으로서, 이러한 부분을 무의미한 일로 간주하여 포기하는 것은 커다란 손실을 불러일으키는 일이라고 나는 믿고 있다. 마귀추방에 대한 보도는 현실 세계에 대한 해석과 깊이 관련된다. 이는 영혼이 있는 인간이 만물의 중심은 아니라는 점을 알려 준다. 인간이 만물의 중심이라는 말은 이미 전성기를 넘긴, 한때 유행한 신화에 지나지 않는다. 마귀추방에 대한 보도는 인간이 다른 사람들이나 외부 세력과도 깊이 관계한다는 점도 알려 준다. 따라서

병이 났을 때는 자기 자신과 화해하거나 자신과 하나가 되려고만 해서는 안 된다. 오히려 자신의 내부와 외부에 눈에 보이지 않는 요인들이 있다는 사실을 받아들여야 한다. 이러한 조건들을 받아들이고 감안해야만 자신의 주변에 존재하는 적대적인 세력들로부터 벗어나거나 "아니요." 하면서 거부할 수 있다. 바로 이런 점에 이 고찰방식의 장점이 있다. 우리는 이러한 세력들로부터 벗어날 수 있다. 낯선 존재가 내 안에 "들어 있다." 그러나 그것은 낯선 존재이기 때문에 밖으로 영원히 추방될 수 있는 것이다. 이것은 암과 비교할 만하다. 암은 내 안에 있고 내게 기대어 살아가지만 나에게 속한 것이 아니기 때문에 제거될 수 있는 것이다.

이제 우리 좀 더 자세하게 들여다보자. 예수께 와서 막무가내로 보챈 이방출신 여인(마르 7; 마태 15에 등장하는)에게는 아이가 하나 있었는데, 이 아이는 (유다인들의 눈에) 이방출신이어서 부정할 뿐만 아니라 더러운 마귀에 걸려 있어 더욱 부정한 존재였다. 복음서들은 예수께서 마귀를 추방하신 사건을 거듭 그리고 중심에 두고 보도하는데, 이는 예수의 지상 활동의 핵심으로 여길 수 있다. 물론 여기서 먼저 던져야 할 질문은 마귀와 악마들의 인격성에 관한 것이다. 예수 시대와 4-5세기에 공의회가 열릴 때까지 사람들은 인격이라는 개념을 오늘날 우리보다 훨씬 폭넓게 여겼다. 소음을 내거나 소리 지르는 것, 제멋대로 하거나 말을 잘 따르지 않는 것, 이 모든 것을 인격체로 간주했다. 그러했기 때문에 성당의 종도 인격체로 여기고 세례를 주었다. 여기서 인격체로 보는 세력에 대해 언급할 때 이 어두운 세력을 파악할 수 있는 이점이 있다. 그렇게 하여 사람들은 이들에게 말을 걸 수 있고 말을 통해 이 세력들로부터 해방될 수도 있게 된다.

마귀와 악마들이 신약성경 안에 이미 인격적인 존재로 간주되었는가

하는 문제는 하느님의 인격성을 받아들인 것만큼 확고하지는 않았다. 사람들이 마귀와 악마들을 경우에 따라서는 "세력들 또는 폭력들"Mächte und Gewalten로 부르기도 했기 때문이다. 복음사가들이 마귀 들림에 대해 보도했듯이, 바오로 사도 역시 죄의 종이 된 것에 대해 언급했다(로마 7장). 예수는 이런 세력들과 싸우며 이들의 지배를 끊어 버리려고 한다. 하느님의 통치를 위해. 예수께서 한 사람 한 사람을 위해 투쟁하신다. 모든 사람이 해방되어야만 하느님께서 마귀 들림을 몰아내시고 통치하실 수 있다. 이렇게 하여 우리는 두 가지 요소, 곧 예수가 '세력들'과 싸울 때 여인이 투쟁하고 하느님께서 투쟁하신다는 사실을 알게 된다.

신약성경에서 예수가 마귀를 몰아내셨고 사도들도 그렇게 했다. 초대교회 시대를 비롯하여 중세, 근세에도 이런 일은 있었다. 그러나 세월이 흐르면서 하느님의 활동으로 악의 세력을 물리치기보다는 '마귀'를 마법적인 방법으로 추방하거나 마귀라는 존재를 알아차리는 형태도 점차 변형되었다. 예전에 마귀를 추방한 일은 오늘날에는 대부분 사제와 병자가 함께 기도하는 것으로 대치되었다. 이러한 기도에는 아주 명백한 원칙들이 적용되어야 한다. 첫째로 마귀가 사람들을 불편하게 하거나 마귀 들리게 하는 기능을 지니고 있다는 말을 결코 하면 안 된다. 둘째, 치유하는 사람이 옳은 것이다. 신학적 정확성보다 체험의 영향력이 더 큰 것이다. 우리는 다양한 문화권에서 행해지는 폭넓은 치유를 목격하며 체험한다. 비록 이런 체험이 계몽된 사고의 틀과는 맞지 않더라도 말이다. 다양한 문화권에서 마귀를 쫓기 위해 쏟아 낸 말들이 도움이 되고 또 치유되었다면, 이는 복음의 의미에서 제 기능을 다한 것이다. 따라서 악을 영혼에 합쳐서도 안 되고 악을 모든 사람이 지닌 결점이라고 설명해서도 안 된다. 오히려 그 안에 해결책과 해방과 승리가 있다. "저 사람은 마귀 들렸소."라는 주장을 대며 그를 변호해 주려는 시도는 성경도, 어느 신학자도 하지 않았다. 악과 결탁하는 존재는 늘 인간뿐이다.

신약성경과 교회의 증언 전체를 고려하여 이렇게 말할 수 있다.

어떤 사람이 외부의 악의 세력으로 인해 위협받는다고 느끼면 인격적인 위협을 가까이서 감지한다는 뜻이다.

이러한 상황에서 항상 문제가 되는 것은 "내가 그럴 리 없어!"라고 여긴다는 점이다. 이러한 체험은 정신 병리학적 착란들과는 현저하게 다른 것이다. 정신요법과 신학은 같은 물질을 다루지 않으며 그 대상 또한 같지 않다. 세 번째 다른 점을 말하겠다.

인간이 자신의 내적 약함이나 이기적인 욕망의 위협을 받게 되면 탐욕이나 사악한 마음, 죄에 대해 말한다. 마귀와 악마에 대해 말하는 게 아니다.

헤르베르트 학Herbert Haag과 다른 수많은 신학자들이 제의하는 이른바 악에 대한 탈인격화(Entpersonalisierung, 악을 인격체가 아니라 하나의 질적 요인으로 간주하는 것)는 악에는 특별한 지능, 비열함과 악의를 뜻하는 지능이 들어 있다는 체험에 따르지 않는다. 악은 인간이 자유를 남용한 결과 이상이다. 악의 세력은 인격적인 구조를 지니고 있고 창조주 하느님 자체와 닮은 점도 있다. 단지 더 약하게 형성되었을 뿐이다. 악의 세력은 창조하는 존재가 아니고 오직 파괴만 하는 존재이다. 우리가 악을 추상적 규칙을 따르지 않고 위반하는 것으로만 여긴다면 너무 단편적으로 파악한 것이다. 악은 계명과 규칙을 위반하는 것만 일컫지 않는다. 인간의 체험으로 볼 때 악은 외부의 거친 폭력이며, 악의적이고 음험하며 교활하고 갈구하는 위험이 따르는 세력이다. 이러한 것을 생각한다면 차라리 인격적 특성에 대해 언급하는 것이 나을 것이다. 여기서 중요한 것은 (나는 이것을 다시 한 번 더 강조하고 싶다) 현대적 인격개념이 아니라 4-5세기 공의회들 이전에 통용된 고대의 인격개념이다. 나의 생각으로는, 악마의 다면적인 인격성은 (이들의 수가 많기 때문에) 익명의 다신교적이고 단순한 민간신앙이 지닌 의미로 고찰할 것이 아니라(천사들에게서와 비슷하게), 세력과 세력들에 대한 다양한 체험으로 고찰해 보아야 한다.

8.2 해방을 위한 헌신

"당신은 마귀 들렸소."라고 말하여 다른 사람의 마음을 무겁게 해서는 당연히 안 될 일이다. 신약성경에서 마귀에 대해 말하는 의미는 두려움을 불러일으키고 사람들의 품위를 떨어뜨리거나 고통을 주려는 것이 아니다. 사람들의 마음을 무겁게 짓누르는 세력, 그러나 예수에게 지고 마는 세력을 일컬어 신약성경에서는 마귀라고 부른다. 마귀들은 어느 한 드라마에 꽁꽁 묶여 있으므로 자립하지 못한다. 예수는 이런 세력들과 싸우며 이들의 지배를 끊어 버리려고 한다. 하느님의 통치를 위해. 예수께서 한 사람 한 사람을 위해 투쟁하시고, 한 사람 한 사람이 해방된 영역의 한 부분이 된다. 뛰어난 신학자들과 교회의 지도자들에게 불편한 말이 될 수도 있겠지만, 예수가 하신 구마행위는 거의 성사의 일종에 해당된다(구원의 표지, 표지가 제시하는 대로 작용한다). 예수의 복음 선포는 전권이 위임된, 권위 있는 말씀으로, 사람들을 마귀의 세력으로부터 해방시키는 데서 본질적으로 발단했다. 예수의 이러한 행위는 무엇보다 오래된 세례예식에 살아 있었다. 여기서 이렇게 질문한다.

마귀를 끊어 버립니까?

그러면 이렇게 대답한다.

끊어 버립니다.

사람들은 지난 여러 해 동안 이러한 예식을 많이 없애 버렸다. 더 이상 이러한 말을 사용하기 어려운 상황이 되었기 때문이다. 세례식에서 세례를 받는 사람에게 친절하고 단정한 삶을 살아가는 사람이 되라는 말을 하는 정도로 만족하고 있다. 사람들은 이제 예수가 실행하신 것, 수도자들의 아버지 안토니오가 실행한 것(그리고 다른 많은 남녀 수도자들도 실행한 것), 슈바벤 지역의 개신교 목사 크리스토프 블룸하르트Christoph Blumhardt가 실행한 것, 아르스의 본당신부 요한 마리아 비안네가 실행한 것을 구시대적인 것으로 여긴다. 이런 현상은 사목 전체를 심리학과 연결하는 경향하에 원인을 내면의 심리적 갈등으로 되돌리려는 데서 비롯된 것이다. 개신교에서 새로 발행한 세례예식서에서는 이제 이렇게 말한다.

○○야, 권력의 마귀는 네가 사랑이 없는 사람으로 잘못 인도할 권한이 없고, 진리로부터 끌어낼 권한이 없으며, 거짓 선교에 묶어 버릴 권한도 없다.

이 예식은 잘 표현되었다. 여기서 사용된 언어는 옛 구마예식과 정확히 일치한다. 옛 예식에 담긴 깊은 차원으로 돌아간 것이다.

오래된 그리스 동방정교회와 가톨릭교회의 구마예식에 표현된 언어에 몰두해 본 사람은 그 안에 성경적 말이 아닌 것은 하나도 없다는 사실에 놀라움을 금치 못할 것이다. 이 구마예식들은 시편구절들로 가득 차 있다. 적을 비난하는 시편들은 예수님 시대에 이미 인간의 영적 원수를 두고 표현한 것이다. 그 내용은 다음과 같다.

당신은 포효하는 사자를 없애시려고 당신의 유일한 아들을 이 세상에 보내셨습니다. 우리에게 어서 오시어 당신의 모습대로 지으신 이 사람을 불행에서 구하시고 한낮에도 몰래 다가오는 마귀로부터 구하소서. 당신의 포도밭을 망쳐 놓는 괴수를 몰아내소서. 당신을 믿는 사람들에게 확고한 마음을 주시어 그들이 용기를 내어 나쁜 악마들을 거슬러 투쟁하게 하소서.(로마 전례서)

물론 이제 더 이상 사람 안에 든 마귀를 호통치지는 못한다. 그러나 이름은 없지만 힘이 센 세력들로부터 해방되기 위해 사람들과 더불어 기도할 수 있고, 그렇게 해야 한다. 실재하는 모든 것이 평탄하고 무해한 것은 아니기 때문이다. 사람들은 대부분 남들이 겉으로만 친절하다는 것을 잘 알고 있다. 어느 날 갑자기 공포가 자신을 엄습하기 전까지는. 마귀와 악마들은 결국 사람을 미워하고 죽인다. 이러한 섬뜩한 폭력을 거슬러 우리는 하느님의 강한 힘에 호소한다. 옛날의 구마예식은 이렇게 기도했다.

나는 물 위를 땅 위와 같이 걸으신 분이고 폭풍과 바람을 잠재우시고 바다를 바닥까지 말리시며 산을 무너뜨리신 분의 힘으로 너를 내쫓는다. 무서워

떨면서 나가라. … 보라, 통치자이신 하느님께서 오신다. 하느님에게서 활활 타오르는 불꽃이 달려 나와 주변에 있는 당신의 적들을 태워 없애신다.

구마를 하는 사람은 마지막에는 언제나 다음과 같은 인상 깊은 예식으로 끝맺는다.

산 이와 죽은 이를 심판하시고 세상을 불로써 심판하시기 위해 오시는 분의 이름으로 말한다.

마귀에 대한 말과 마귀를 끊어 버리는 말은 심리학적으로 설명하려는 시도들보다는 훨씬 더 나은 장점들을 갖고 있다. 마귀와 그의 세력으로부터 자유로워질 수 있고 "아니요."라고 말할 수 있기 때문이다. 악을 영혼에 합쳐서는 안 된다. 오히려 그 안에 해결책과 해방과 승리가 있다. 그 밖에 "저 사람은 마귀 들렸소."라며 그를 변호해 주려는 신학자는 아무도 없다. 인간은 처음에 작은 손가락을 내밀지만 어느덧 악 혹은 악의 세력이 손 전체를 장악하는 법이다. 주님의 기도는 구마를 간청하는 기도로 끝난다.

저희를 유혹에 빠지지 않게 하시고
악에서 구하소서.

"악에서 구하소서."라는 말은 철학적으로 거의 명백하게 악마를 의미하는 것이지, 재해나 불행을 의미하는 것은 아니다. 마르틴 루터가 마귀에 대해 확고한 태도를 보인 것은 은총에 대한 충만한 체험 때문만은 아니다. 악에 대해서는 불명료하고 무해하게 언급하는 반면에, 마귀에 대해 말할 때는 악에 이름을 붙인다는 장점이 있다. 마귀에 대해 말하는 사람은 자신이 어둡고 고통스러운 나락에 떨어졌을 때 한 악의 체험을 의미하는 것이다. 이미 그리스 사람들도 인격적인 존재는 겹겹이 층이 쌓이고 헤아리기 어려운 존재라는 사실을 알았다. 마음의 깊이를 다 알 수 없는 것이 아득한 심연의 한 표상이 된다면 악마도 인격적인 존재라고 불릴 수 있다.

많은 사람들이 다음과 같은 질문을 던진다.

악한 일이 발생하고 지진이 일어나며 비행기 추락사고가 생겨나는 것은 마귀가 한 짓인가요?

대답은 이러하다.

성경을 살펴보면, 우리가 부정적인 것으로 느끼는 모든 것은 마귀가 한 게 아니다.

피조물이 한계를 지닌 것과 유한한 것, 자연법칙들이 엄밀하게 작용하는 것, 자원이 한정된 것, 이 모든 것은 하느님께서 잠정적으로 그렇게 창조하신 것에서 유래한다. 우리가 마귀에 대해 말할 때는 교활하고 위선적이며 악의적인 것, 무차별적인 파괴, 하느님과 사람들을 무시하는 것과 관련된 것을 가리킨다. 역사를 깊이 들여다보면, 아우슈비츠와 스탈린 시대의 우크라이나에서 있었던 악한 일들의 심연은 인간이 저지를 수 있는 것을 넘어서 나아간다는 것을 가르쳐 준다(그렇다고 하여 사람들에게 책임이 없다는 것은 아니다). 이런 엄청난 악한 행위들은 이름 없는 어떤 것, 최종적인 악한 어떤 것이 존재한다는 것을 알려 주기 때문이다.

8.3 더러운 영을 물리치는 힘

영향력을 미치는 세력과 폭력의 실존을 경험한 사람, 악마나 악마적 요인을 인정하는 사람은 그렇게 하여 일종의 이원론(실재세계가 둘로 나뉨)을 받아들이는 셈이다. 여기서는 투쟁, "예" 혹은 "아니요"에 대한 투쟁, 하느님의 통치 영역 혹은 사탄의 통치 영역에 대한 투쟁이 관건이다. 이 투쟁은 누가 주님이자 창조주이며 최종적인 승리자가 될 것인가가 당장 분명하지 않은 것처럼 진행되지는 않는다. 그러나 자신에게 호의적인 세력과 적대적인 세력 간에 인간에 대한 투쟁이 일어난다. 이때 인간은 자신에게 적대적인 세력과 자주 타협하기 마련이다. 그러면 이 세력은 그 사람을 병적 욕망이나 은폐 따위로 방해하여 바람직한 방향으로 나아가 성장하지 못하도록 만든다. 따라서 외관만으로 믿을 수 없는 일은 항상 악마적인 것으로 여기게 된다. 투쟁에 관한 표상도 결정적으로 중요한 장점들을 지니고 있다. 이 표상은 비교적 호의적인 세상에서 결국 중요한 것은 친절하고 소박한 사람이 되는 일이라고 착각하지 않도록 막아 준다. 이 세상에서 중요한 것은 남에게 호감을 주고 친절히 대하는 처세술이 아니다. "평소대로 영업합니다."라고 적힌 간판을 내걸고 뒤에서는 하느님과 인간에 대한 찬반을 놓고 드라마틱한 투쟁이 은밀히 진행되고 있는 것이다. 그리스도와 교회를 위해 공개적으로 투쟁하는 사람은 하느님을 반대하는 세력이 저지르는 근본적인 사건들에 대해 보도할 수 있을 것이다. 이는 무해한 것과는 아주 다른 일이다. 그리스도교를 좋아하지 않고 증오로 가득 차 반대하는 사람들은 우리 사회에도 대단히 많다.

그럼에도 불구하고 악마들이 언급되는 것은 이들이 드라마에 등장하여 종국에는 패배하기 때문이다. 따라서 악마의 존재를 인정하는 것은 두려움을 불러일으키는 일이 아니라, 우리를 위협하고 당황하게 하는 모든 것을 이겨 내리라고 전망한다는 뜻이다. 이러한 "이원론"은 우리를 슬프게 할 수 없고 세상을 어둡게 하지도 못한다. 신약성경의 마귀를 쫓아내는 것과 관련된 텍스트들은 믿을 수 없을 정도로 강한 낙관주의를 내비친다. 이것은 텍스트들에서 질병에 시달리는 개개인들이 예수를 직접 대면하기 때문에도 맞는 말이다. 그리스도교는 이 세상에 존재하는 뛰어난 사람들과 성인들만 위하는 것이 아니라, 정신적 고통들을 비롯한 각자 나름대로의 어려움을 지닌 모든 사람에게 다가간다. 위대한 구원사와는 멀리 떨어진 듯한 사람에게 구원의 빛이 명백한 도구와 권능을 지니고 다가간다. 구마행위는 오로지 "개인 대 개인"으로 진행되지, 단체로 진행되지 않는다. 바로 여기에 구마행위와 세례가 내적으로 대단히 가까운 이유가 놓여 있다. 이러한 유사성은 오늘날까지 동방교회와 서방교회의 전례역사 안에 존재한다. 결코 포기해서는 안 될 "사탄을 끊어 버립니까?"라는 말도 마귀를 쫓아내는 기능을 지니고 있다.

마르코 복음에서 구마행위들은 예수가 하느님의 아들이라는 것을 드러내는 전권에 대한 강력한 증거들이다. 마르 1,11에 의하면 "하늘에서 나는 소리"를 통해 아버지 하느님께서 예수에게 개인적인 친밀한 어조로 사랑하는 아들이란 말씀을 하신다. 이러한 포고의 언어적 요소는 바로 앞에서 성령이 예수에게 내려온 것에 대해 보도한 가시적인 사건에 대한 해석이다. 더러운 영은 성령에 대조되는 존재이다. 마르 1,25에 의하면 예수는 그에게 병자로부터 떠나라고 명령하신다. 이 영이 "더러운 존재"로 불리는 것은 그것이 본질적으로 죽은 영이기 때문이다. 죽은 것은 모두 깨끗하지 않다. 당시 사람들의 사고방식으로는 악마들은 죽은 영들 중에서 특별한 한 종류라고 생각했다. 이들은 말하자면 창세기 6장에 나오는, 사람의 딸들과 천사들의 결합에 의해 태어난 거인족 자녀들의 영인 것이다. 성령과 더러운 영이 이루는 대비는 명백히 "이원론적"인 것으로 말할 수 있다.

이제 눈에 띄는 것은 예수의 지휘권에는 한 치의 의혹도 없다는 점이다. 성령을 받은 예수는 아무런 힘도 들이지 않고 다른 모든 영들을 제압한다. 개개의 사람은 더러운 영과 성령 사이에 존재하는 투쟁이 벌어지는 장소로 간주된다. 중세의 한 축복기도문에 이러한 것이 잘 표현되어 있다.

> 임마누엘 하느님께서 우리 사람들 눈에 보이는 존재가 되기 위해 사람이 되어 오셔서 우리와 함께 살고 계십니다. 그분께서 여러분을 성령이 거주하기에 알맞은 집으로 만드셔서, 여러분 앞에 창조주 하느님으로 서 계신 분께서 여러분의 마음 깊은 곳에 머물기를 기원합니다.(주교의 축복기도문 694ㄱ)

이 기도문은 성경 전체에 있는 핵심적인 요소를 드러낸다. 하느님께서 사람들과 함께 살기를 원하시고 앞으로도 그렇게 하실 것이라는 것은 오래 전부터 내려오는, 말하자면 계약형식의 내용이다. 각 개인은 (그리고 모두 함께) 하느님의 집이자 성전이 되어야 한다. 이렇게 될 때 예루살렘 성전이 쓸모없게 되지 않으며 인간 자신도 순화된다는 필연적 결과가 따른다. 성령이 예수님 안에 계시기 때문에 더러운 영은 그분이 "하느님의 거룩하신 분"(마르 1,24)이라고 소리 질렀다.

　이것은 예수의 존재와 활동과 전적으로 일치하며 심판 때를 위한 다리를 놓는 일이기도 하다. "하느님의 거룩하신 분"이란 칭호는 나지르인으로 살았던 삼손에게도 해당된 말이다(판관 13,7; 16,17, 구약의 그리스어 역본으로 손으로 베껴 쓴 70인역 성경에 의함). 그러므로 "나자레너"Nazarener라는 표현은 여기서 나지르인을 의미하지, 나자렛Nazareth을 의미하지는 않는다.[16] 나지르인은 (서원을 한 시기 동안에는) 거룩한 존재로 인정되었기 때문이다. 악마들이 예수가 누구인지를 밝히고 그렇게 하여 예수를 위한 증인이 된 것은 성령과 더러운 영이 똑같은 실재 내부에 존재하는 것에 근거를 두고 있다. 영은 영만이 알아본다(1코린 2,11-15). 상반된 영들일지라도 말이다. 예수의 주변세계에서 구마에 대해 대화한다는 것은 퍽 드문 일이었다. 그것은 예수의 등장과 그분의 무한한 전권에 대한 특별한 표지다.

　우리는 다음과 같이 확신한다.

　예수의 기쁜 소식 안에서는 두려움이 계획된 대로 확산되지 않는다. 인간에게 올라타고 그를 점령하는 두려움은 호명되어 결국 패배하고 만다. 이 승리는 하느님께로부터 온다. 인간의 내면에서 오는 게 아니다. 예수는 진정한 해방자요 승리자다. 이는 두려움을 유발하는 모든 존재에 맞서 해당하는 말이다.

---

16) 독일어로 번역된 성경의 마르 1,24 첫 부분에 대한 해설로서 우리말로 번역된 성경에 적용할 수 없는 말이지만 원문대로 번역했다. 우리말 성경에는 "나자렛 사람 예수님"으로 번역되어 있는데, 독일어 성경에는 "Jesus Nazarener"로 번역되어 있다. 저자는 이러한 말로써 넌지시 'Nazarener'라는 예수에 대한 칭호가 나지르인에 대한 칭호와 연관된다는 주장을 하고 있다. -역자 주

8.4 예수와 사탄

예수가 40일간 광야로 들어가셨을 때 호기심 때문에 사탄을 체험하려고 가신 것은 결코 아니었다. 그분은 단식하고 기도하기 위해 고독 속으로 들어가신 것이다. 그러나 하늘에 계신 당신의 아버지이신 하느님을 만나는 대신에 전혀 다른 체험, 곧 악마를 만나는 정반대 체험을 하셨다. 예수는 악마를 어떻게 체험했을까?

모든 시대의 수도자들과 은수자들은(오늘날 관상생활을 하는 사람들도) 이렇게 지적한다.

히에로니무스 보쉬Hieronymus Bosch가 말했듯이, 제대로 단식하며 기도하려는 사람은 안토니오 성인이 사막에서 받은 유혹을 똑같이 경험해야 한다. 억지로 행한다면 싫고 역겹기만 할 것이다.

악마가 예수께 내건 사항들은 사실 그분께도 좋은 것인 양 보인다. 악마는 그분께 불합리한 것을 조금도 요청하지 않았고, 예수께서 스스로 생각해 보신다 하더라도 오로지 당신께 좋은 것이기만 한 것을 요청했다. 이는 우리가 행할 만한 모든 것에 대해 변명하려고 다음과 같이 둘러대는 모습과 꼭 같다.

이제 너는 조금 편해도 돼!

복음서 시작 부분마다 전하는, 예수가 받은 유혹은 악마가 유혹하며 미친 영향에 대해 근본적인 것을 알게 해 준다. 40일간이나 단식을 한 후에는 배가 몹시 고픈 것은 당연한 현상이다. 그래도 아직 힘이 남아 먹을 것을 찾아 '마술을 부린다'면 이 또한 지극히 정상적인 행동이라고 할 것이다. 앞서 나온 예수의 세례 장면에서 확인했듯이, 어떤 사람을 일러 신이라고 한다면, 이 점을 명확히 증명해야 한다. 그런 다음에 흡사 공용 자동차를 타듯 천사들에게 그분의 시중을 들라고 요청해도 될 것이다. 따라서 악마의 유혹에는 다음과 같은 의미가 들어 있다.

행여 네 발이 돌에 차일세라
그들이 손으로 너를 받쳐 주리라….

그리고 악마는 다음과 같은 모토에 따라 계속해서 감언이설을 내놓는다.

참으로 그렇게 될 것인지 시도해 봐라.

예를 들어 히브리인들에게 보낸 서간 1장 4-14절에서는 성경의 말씀을 따라 아드님이 천사들보다 더 높은 사실을 참으로 명확하게 알려 주고 있다. 천사들은 오직 봉사하는 영들에 지나지 않는 것이다. 세상 전체에 대한 보편적 권한은 예수께 확실하게 주어졌다. 마태 28,18에서 예수 자신이 이에 대한 말씀을 하셨다(나는 하늘과 땅의 모든 권한을 받았다). 이러한 것 때문에 악마가 예수를 미리부터 공경하려고 했는데 어째서 예수는 굳이 부활하실 때까지 기다리셨을까?

악마가 세상의 모든 나라와 그 지배권과 영광을 줄 수 있는 존재라는 것은 예수가 광야에서 깊고도 쓰라리게 통찰한 점이다. 예수가 악마와 더불어 성경의 내용에 대해 논쟁을 벌인 사실은 성경 말씀에서 그 중심점인 하느님을 간과한 상태로 읽고 인용하고 사용하기를 시도하는 것이 얼마나 쉽게 조작되고 왜곡될 수 있는지를 정확하게 보여 준다. 마태오 복음에서는 모든 그리스도교 신학자들이(마태오 13,52) 범하는 잘못을 지적한다. 여기서 주목할 점이 있다.

> 예수께서 그저 정상적인 행동을 하셨더라면, 건강한 이기주의적 행동을 조금만이라도 하셨더라면(빵), 당신이 가진 특권에 대해 조금이라도 생각하셨더라면(성전 꼭대기) 또는 기회주의적으로 행동하셨더라면(세상의 모든 나라와 그 영광) 악마는 만족했을 것이다.

이러한 정상적인 것들 안에 악마적인 것이 놓여 있다. 그 다음에는 늘 이런 식으로 진행된다. 이것은 다음과 같이 수도자들의 영성에 환기를 일깨운다.

> 여기에 무엇보다 먼저 자신의 편안함과 이익을 찾지 않는 그리스도인들이 있다.

수도자들이 이런 자세를 지녀야 악마를 이겨 낼 수 있다. 그렇기 때문에 악마는 수도자들을 유혹에 빠뜨리기 위해 호시탐탐 노린다. 정도正道에서 벗어나려고 감행하는 사람은 그 즉시 위험한 불길에 휩싸이고 말 것이다.

악마에 대한 슬로건은 이러하다.

악마의 외모는 중요하지 않다. 짐작컨대 그는 눈에 보이지도 않는다. 그의 존재 자체가 그의 힘이고, 그의 지능이다. 이 점은 악마가 인용하여 유혹하는 데 놀랄 만한 영향을 미친 위(僞)-성경구절에서도 잘 드러난다.

여기서 악마는 지성적인 존재이자 암시적인 힘으로 드러난다. 이러한 것에 의해 거의 하나의 인격체와 같은 존재로 체험된다. 그 밖에 극명히 대비되는 존재도 등장한다.

천사들이 예수를 받쳐 주기 위해 수호천사로서 대기하고 있다.

우리가 악마들에(악의 세력들) 대해 말하는 곳에서는 천사들에(선의 세력들) 대해서도 말해야 한다. 천사들은 광야에서 유혹을 받으신 예수님께 다가와 그분의 시중을 들었다. 천사들에게는 특별한 사정이 있다. 아담과 로마서 5장 사이에는 간극이 생기기 때문이다. 유다인들에게 인간과 천사는 지속적인 주제이며, 인류가 타락하기 전에는 천사들이 아담과 하와에게 봉사했다는 확신 또한 그 주제에 포함된다. 그런데 유다인들의 전승에 의하면 천사들은 인간을 섬기는 일을 반기지 않았으며, 악마의 두목 루치펠은 분격했다고 한다. 하느님의 모상에 불과한 인간들 사이에서 자신의 주 하느님을 경배하라는 요구를 받았기 때문이다. 그리하여 천사들은 아담과 하와가 죄를 짓자 대단히 기뻐했다. 이제 봉사할 필요가 없게 된 것이다. 이미 알고 있듯이 아담과 하와는 유혹하는 뱀을 물리칠 수 없었다. 그러나 이제 예수 그리스도 안에서 한 인간이 악마의 유혹에 넘어가지 않았기 때문에 천사가 인간에게 다시 봉사하게 되었다. 하느님의 아들이신 예수는 다시 태어난 천상의 인간이다. 초기 그리스도교 편지들은 오랫동안 이렇게 동경해 온 승리를 잘 표현한다. 예수는 높이 들어 올린 모습으로 천사의 세력을 넘어 승리하시며 위풍당당하게 천사들 옆을 지나가신다. 유혹사화는 천사들의 봉사를 언급하여 예수의 지상생활의 끝을 미리 보여 준다. 예수는 십자가에 달리셨을 때 찾아온 유혹을 물리치셨기 때문에 천사들보다 더 높이 올림을 받으셨고, 천사들은 예수의 발 앞에 무릎을 꿇었다. 유혹사화는 이 과정을 상세하고 정확히 묘사한다. 그리하여 예수는 두 번이나 같은 말을 듣게 되셨다.

만약 네가 하느님의 아들이라면… (이런 것 그리고 저런 것을 해 봐라).
(마태 4,3.6; 27,40)

인간이 예수 이래로 그리고 예수와 함께 천사들보다 더 높이 들어 올림을 받았다는 것은 이 이야기를 받아들이고 살아가는 사람에게 대단한 위로가 된다.

하느님은 인간을 사랑하시고 천사들의 영광을 모두 포기하실 수 있다.

로마인들에게 보낸 서간 5장에서 아담-그리스도라는 대응 관계는 예수 그리스도를 통해 아담을 체계적으로 능가하는 관계로 정리되었다. 바오로 사도가 여기서 죄에 떨어진 아담에 대해 말하기 때문이다. 예수는 하느님의 아들이고, 그분의 보편성이 지닌 위력은 아담보다 훨씬 더 강하다.

8.5 첫 유혹과 마지막 유혹

세상과 몸이 악마로부터 유래하지 않은 것이라고 하더라도 우리를 지배해서는 안 된다. 세상과 몸이 악마로부터 유래하느냐는 것과 우리를 지배하느냐는 것은 서로 다른 요소들이다! 악마를 거슬러 투쟁하는 것과 유혹을 거슬러 투쟁하는 것 모두 예수가 거쳐야 할 과정이었다. 유혹들은 예수의 생애 전체에 걸쳐 있었다. 예수가 공생활을 시작하시려는 초기에 벌써 악마는 예수가 지니신 권세를 예수 자신을 위해 사용하도록 유혹했고, 하느님께 도전하도록 유혹했으며, 세상을 통치해 보라고까지 유혹했다. 나중에 베드로를 사탄이라 칭하면서 물러가라고 명령하셨을 때나 특히 겟세마니에서 그 고통을 피하고 싶은 유혹을 받았을 때도 예수는 이 유혹과 싸워야 했다. 마침내 십자가에 매달렸을 때도 그분은 모든 것을 내던지고 의미 없는 일이라고 털어놓으라는, 가까이서 속삭이는 유혹을, 곧 하느님을 부정하라는 유혹을 물리쳐야만 했다.

8.6 악마 체험

악마는 때로는 어떤 섬 앞에 누워 있으면서 썰물이 심할 때에만 드러나는 난파선과도 같다. 난파선은 항상 그곳에 있지만 눈에 띄는 일은 매우 드물다. 악마에 대해서 말하자면 이러하다. 악에 대한 체험이 모이고 응축되어 인격적인 모습으로 드러나는 상황들이 있다. 악은 아우슈비츠Auschwitz와 부헨발트Buchenwald에서뿐만 아니라 예수에게 가해졌던 바와 같이 특별하게 거룩한 분의 면전에서조차 드러난다. 여하튼 극단적인 상황에서 드러나는 것이다. 성경의 견해에 의하면 악마가 가장 쉽게 체험되는 곳은 사람들이 야비하고 의미도 없는 살인에 마음을 빼앗기는 곳이다. 아무런 이유도 없이 단지 미움 때문에 죄 없는 사람들을 살해하는 것이 바로 악마적인 것 자체이다. 이런 영향은 전염병이나 병적 욕망에 비유할 수도 있다. 악마적인 것은 개인적인 한 사건으로 머무는 것이 아니라 빠른 속도로 확산되어 집단적인 크기로 불어나기 때문이다.

예수는 6주 동안이나 악마와 논쟁하셨다. 하늘에서 성령이 내려오는 것을 보신 후 예수는 광야에서 새롭고 강한 하느님 체험을 기대하셨을지도 모른다. 그런 것은 일어나지 않고 40일 동안이나 이성적이고 모두 성경에 근거를 둔, 영리하고 유혹적인 논쟁을 벌이셨다. 예수께서 끝까지 견뎌 내신 유혹들은 진기하거나 이국적이지도 않았다. 그것은 오랫동안 단식하여 배고픈 사람이 빵을 찾는 것처럼 그저 평범한 것이었다. 또한 시편 91장을 글자 그대로 받아들일 만한 것인지, 천사가 정말 손으로 받쳐 줄 것인지 시험해 보라는 것이었다. 예수님께 다가와 강력하게 유혹한 것은 전적으로 이치에 맞는 것이었다.

구약성경에서 악마는(욥 그리고 즈카 3) 마치 검사라도 되는 듯이 하느님의 대전에 나서서 어떤 사람의 신심이 참으로 진실하고 굳건한지 시험하려 하고, 진실하지 않다면 고발하려고 호시탐탐 노린다. 악마는 쿰란 문헌에 등장하는 벨리아르Beliar의 이름으로 철저히 악한 세력의 형상을 얻는다. 이 악한 세력은 단지 인간을 싫어하는 것만이 아니고 하느님의 작품까지 파괴하려 든다. 악마는 하느님 말씀을 듣지 않는다. 반역한 천사들 역시 마찬가지다. 악마는 정치 활동도 한다. 신약성경은 악마를 일러 세상의 참된 통치자라고 자주 말한다.

8.7 정치에 스며든 악마

이 소제목이 현실적으로 무슨 의미인지는 최근에 헤르포르트Herford에서 개최된, 폭력을 기리는 성격을 띤 어느 미술전람회에서 선명히 드러난다. 노르웨이 출신인 화가 브야르네 멜가르드Bjarne Melgaard는 그림 옆에 붙여 놓은 작품 설명문에 이렇게 적어 놓았다.

악마는 어둡고 강하며 본능적이고 살아 있는 힘으로서, 파괴와 지속적인 변화와 혼돈을 찾아다닌다.

그의 작품은 이 힘을 유익하고 건설적으로 표현했다. 약하고 주저하는 듯한 선한 존재를 그린 게 아니다. 작품에는 사회민주주의를 실현하는 스칸디나비아 모델을 반대한다는 메시지가 명백히 표현되었다. 이와는 대조적으로 북부지역의 본래 이교도적 문화는 모든 약한 것과 병적인 것을 멸시한다. 용기와 명예가 참된 가치들이고, 세련된 교양으로 다듬어진 유약함과 이웃 사랑 그리고 동정심은 혐오스러운 것이라는 것이다. 이러한 무리한 말에 대해 (공개 전람회장에서) 동정심도 필요한 것이고 어느 날 자신마저 그것을 기대하게 될 것이라며 솔직히 주장할 수 있다. 그러나 이런 무리하고 부당한 말 대신 다음과 같이 말해야 할 것이다.

그리스도교는 이미 1000년 전에 북쪽지역의 그런 이교도적 세계관과 대결했다.

당시에는 사람들이 이렇게 말했다.

우리는 악의 세력이 지닌 파괴적인 힘보다 훨씬 더 강한 힘을 불러일으킬 수 있었다(당시 사람들은 미카엘 대천사를 공경하기 위해 성당들을 지었다).

요한 묵시록 12장에 의하면, 미카엘 대천사는 하느님의 명령에 따라 사탄을 하늘에서 몰아냈다. 하느님 군대의 대장인 미카엘 대천사의 보호로 그리스도인들은 파괴와 죽임을 일삼는 악마의 세력 앞에서 두려움을 떨쳐버리게 되었다. 악마는 단지 이류에 지나지 않는 힘을 지녔을 뿐이다.

이렇게 하여 우리는 그리스도교의 한 면, 전반적으로 외면당한 듯 보이는 면을 다루고 있다. 오늘날 모든 성당이나 교회는 대부분 약한 사람들, 부차적이고 주변적인 사람들 그리고 배척당하고 뒤로 밀려난 사람들과 연대한다. 이는 나쁜 현상이 아니다. 오히려 정반대다. 부정적인 면만 보는 사람은 탄식과 불평만 퍼뜨릴 뿐이다. 그런 태도로는 자신의 믿음에 구멍 뚫린 부분이나 발견한다. 또 교회에 대해 탄식하며 극동아시아의 신비적 요소나 비교秘敎적 요소를 찾아 기웃거리며 자신의 신앙심이 일어나기를 기대할 뿐이다. 그러나 그렇게 해서는 안 된다. 그리스도교에는 지난날 거부한 잘못에 대해 공적으로 시인하는 일 외에도 권위와 영광도 결핍되어 있다. 세상에는 권력이 난무하고 있다. 마치 그리스도교가 이를 참견해서는 안 될 것처럼 보인다(당혹스럽게 만드는 탄원서도 물론 제기해서는 안 된다)! 우리는 악의 세력보다 훨씬 더 강력한 세력을 선포해야 한다. 아우슈비츠 사건으로부터도 악은 하느님을 몰아내지 못했다. 하느님의 성령이 바오로 사도가 말한 의미의 "카리스마들"을 선물로 주시는 곳이면 어디나, 그리스도인들이 악의 세력에서 벗어나기 위해 함께 기도하는 곳이면 어디나, 그리고 믿음의 힘으로 고통을 견뎌 낸 순교자들에게서도 이 승리의 영광이 조금씩 내비칠 것이다.

8.8 예수, 천사, 보호하시는 하느님

그리스도인들은 선한 세력이 안정감을 준다거나 고요하고 아늑한 힘에 감싸여 있다고 느낀다. 이렇게 그리스도인들은 하느님을 믿는다. 천사를 믿는 게 아니다. 그러나 천사는 도와주고 인도하며 보호해 준다. 이런 활동을 하며 천사는 이에 어울리는 이름을 갖는다. 천사는 오늘날 종교적 주제 가운데 첫자리에 있다. 비교秘敎 사상은 천사라는 존재를 유다-그리스도교적 전통에서 받아들여서 자신의 것으로 삼았다. 통계에 의하면 예수의 부활을 믿는 사람들보다 천사의 존재를 믿는 사람들의 수가 두 배나 많다고 하는데, 이는 참으로 놀랄 만한 일이다. 우리는 신학을 공부할 때 "천사는 없다"고 배웠고, 특히 종교 교과서도 지금까지 그렇게 가르치고 있다. 이렇게 확신하며 포고하다니 그저 놀라울 따름이다. 신학의 한 특정 분야에서는 천사를 동화에 나오는 요정에 버금가는 가치와 실재성을 지닌 존재로 여긴다.

물론 믿음이란 첫 번째로 하느님께 대한 신뢰이다. 그러나 복음서들의 증거에 의하면 예수는 천사들로 둘러싸여 있다. 복음서들은 처음부터 끝까지 천사들에 대해 보도한다. 좀 더 자세히 말하면, 첫 부분과 끝 부분이 그렇다. 그것을 알고 있어야 예수에 관한 모든 것과 그분께 대한 우리의 믿음에 관한 모든 것이 판가름 날 것이다. 겟세마니에서 예수가 싸워야 하셨던 유혹 하나에 대해서만 생각해 보기로 하자.

그때에 천사가 하늘에서 나타나 그분의 기운을 북돋아 드렸다.(루카 22,43)

마지막 순간에 도달하면 우리와 하느님의 보이지 않는 영역(그리고 악마의 보이지 않는 영역)을 가로막는 벽이 얼마나 얇은지 확연히 드러날 것이다. 모든 것은 전혀 멀리 떨어져 있지 않다. 천사에 대한 신비를 배제하는 식으로 우리의 현실 세계를 메우려는 것은 의미 없는 일이다. 포스트모더니즘의 시각에 대해 우리는 신중을 기해야 할 것이다.

"결코 아니다."라고는 말하지 마라!(Sag niemals nie)

이는 특히 천사와 기적에 해당되는 말이다. 이 둘이 함께하여 우리는 일상에서 뜻하지 않게 하느님과 만나기도 한다.

그렇다면 도대체 천사들은 어떤 곳에 등장하는 것일까? 일상의 다양한 상황에서 하느님께서 도와주시고 벌주시며 현존하시는 곳, 바로 거기에 천사들이 함께 있다. 요한 묵시록을 생각해 보자. 하느님께서 구원의 역사에서 일어난 큰 사건들과는 전혀 다른 방식으로 활동하신다는 것은 천사의 활동을 보면 잘 알 수 있다. 이는 기적이 아니라 자연 사건을 통해 이루어진다. 요한 묵시록에 의하면 세상의 온갖 재앙을 통해 이루어진다. 이는 신학적으로 볼 때 하느님께서 실제로 진지하게 개입하신 때문일까? 천사들은 하느님의 군대, 잽싸게 개입하는 군대 같은 존재일까? 천사들은 질서를 유지하는 역할을 하는 것일까? 구원의 역사에서 천사의 활동을 경시하는 데 신학이 정말로 영향을 끼친 것일까?

이러한 질문을 던진다는 것은 그렇지 않다는 뜻이다. 천사는 하느님과 세상을 이어 주는 중요한 지체이기 때문이다. 이는 특히 천사의 기능이 하느님을 계시하는 도구라는 점에 해당하는 말이다. 천사들은 하느님께서 원하시는 내용들을 인간에게 전하는 역할을 한다. 천사들은 하느님께서 어떤 작용을 하시는지, 그리고 하느님의 편에서 볼 때 무엇이 중요하고 꼭 필요한 것인지 사람들이 통찰하도록 중재한다. 또 하느님의 뜻을 알도록 중재하기도 한다. 천사들은 인간이 수많은 사건에 대해, 그 사건이 어떤 종류이든 간에 입 다물지 않고 맞서도록 촉구한다. 통찰하는 선물을 받았을 때 천사 체험을 하게 된다. 부활사건에서 천사의 역할은 모범적인 것이라고 여길 수 있다. 마태 28,2-4에 의하면 천사의 출현은 예수가 부활할 때 하느님께서 눈에 보이지 않게 활동하신 것과 대조를 이룬다. 마태오복음사가는 예수의 부활이 닫혀 있는 무덤으로부터 이루어졌다고 보고한다. 하느님의 위대하신 활동(예수의 실제 부활)은 눈에 보이지 않고 체험할 수도 없다. 그러나 천사는 자신이 직접 출현하는 방식과 인간에게 메시지를 전하는 방법으로 하느님의 활동을 가시적으로 계시했다. 또한 요한 묵시록의 재앙들과 같은 특정한 사건들을 천사의 활동으로 깨닫게 되어 이런 사건들은 의미 없다는 사고로부터 벗어난다면 이 역시 통찰인 것이다. 천사가 있다는 것은 하느님께서 일상에서 각 개인을 보호해 주시는 점에서도 잘 드러난다. 천사는 우리에게 다음과 같은 내적 앎을 중재한다.

우리를 인도하시는 분은 바로 하느님이시다.

하느님은 어떤 활동을 하실까? 하느님은 자연과 역사의 법칙성을 벗어나 활동하시지만, 우리의 일상생활에서 당신과 우리를 사적으로 연결하시기도 한다. 하느님은 우리가 파악할 수 없는 분이시다. 그러나 이런 특징 외에 하느님은 중재하시는 분이며, 우리가 인지하고 짐작하며 천사의 활동으로 알아 뵙는 분이시다. 이는 알아차리지 못할 정도의, 눈에 띄지 않은 활동이라 할 수 있겠다. 천사에 대해 언급할 수 있는 점은, 우리는 이런 신적 활동을 감지하지만 우리 앞에는 신비에 가득 찬 것이 분명히 놓여 있다는 사실이다. 마르틴 루터는 자신이 바치는 저녁기도문에 이렇게 표현했다.

주님, 당신의 거룩한 천사가 저를 보호하여 악령이 저에게 어떤 힘도 미치지 못하게 하소서.

토빗 5,22에서는 이렇게 말한다.

선하신 천사께서 토비야와 함께 가실 터이니, 이 아이는 여행을 잘 마치고 건강한 몸으로 돌아올 것이오.

그러나 토빗기에서도 육체를 갖춘 친구는 나중에야(12,15) 비로소 자신이 하느님의 천사라고 밝힌다. 이 점은 우리도 알아차린다. 하느님께서 그 자리에서 활동하셨다는 것은 항상 나중에야 드러난다.

이성적 이유를 내세우며 천사의 존재를 지워 버린 시기가 지나가고, 오늘날 아이들 방에 수호천사 그림을 걸어 놓는 모습이 점차 늘고 있다. 이는 유행에 편승하는, 감상적이고 낭만적인 현상일까? 결코 그렇지 않다. 마태 18,10에 수호천사—표상이 명백하게 표현되어 있다.

너희는 이 작은 이들 가운데 하나라도 업신여기지 않도록 주의하여라. 내가 너희에게 말한다. 하늘에서 그들의 천사들이 하늘에 계신 내 아버지의 얼굴을 늘 보고 있다.

이 구절에서 강조하는 내용은 무엇보다 그리스도인 한 사람 한 사람의 수호천사가 직접 하느님 앞에 있다는 것이다. 이 수호천사는 말하자면 하느님 면전에 있는 천사이다. 이것은 다음과 같은 것을 의미한다.

누군가 그리스도인을 괴롭힌다면 반드시 명심할 점이 있다. 이 그리스도인은 자신의 수호천사의 중재로 하느님과 '매우 좋은 관계'를 맺고 있다는 사실이다.

그리스도인은 누구나 천사의 중재로 하느님과 신속히 연락되며, 하느님께 이르는 길도 최단거리이다. 따라서 그리스도인이 위협받는 경우에 하느님께서는 그의 편에 서실 것이다.

수호천사–표상에 관한 또 하나의 기록은 시편 91에 있다.

그분께서 당신 천사들에게 명령하시어
네 모든 길에서 너를 지키게 하시리라.
행여 네 발이 돌에 차일세라
그들이 손으로 너를 받쳐 주리라.

여기서는 천사들이 복수로 등장한다. 그렇기 때문에 각자가 자신의 수호천사를 갖고 있다는 사실은 마태 18,10에 근거하여 확신할 수 있고, 악의 세력으로부터 보호받는 것은 시편 91에 근거하여 확신할 수 있다. 악마는 이 시편을 마태 4장과 루카 5장에 나오는 유혹사화에서 인용했는데, 예수로 하여금 (악마는 그분께 이러한 무리한 청을 했다) 고의적으로 자신을 위험에 노출시켜서 하느님께서 실제로 활동하실지 요구하게 하고 시험하게 했다. 예수께서는 이러한 도전을 단호히 거절하심으로써 수호천사를 거슬러 행동하지 않으시고 수호천사가 무리한 재주를 부릴 필요가 없도록 하셨다. 천사의 활동 안에서 실제로는 하느님 자신이 활동하신다는 사실을 예수께서는 당신의 대답으로 분명히 하셨다.

주 너의 하느님을 시험하지 마라.

학문적 신학에서 천사들, 특히 수호천사들에 대해 다루는 방식은 현실세계와 거리가 먼 것은 의심할 여지가 없는 사실이다. 마태오복음 주석가로 유명한 울리히 루츠Ulrich Luz는 개신교 신학자들과 함께 작업한 주석서에서 이 문제에 대해 이렇게 설명하고 있다.

> 수호천사-표상은 "일종의 지나간 세계상"에 뿌리를 두고 있다. 그렇기 때문에 구체적인 수호천사-표상은 포기해야만 한다. 마태 18,10 이하의 내용은 단지 하느님께서 낮은 사람들과 멸시당하는 사람들을 특별히 가까이 하신다는 것을 의미하는 것에 지나지 않는다.(개신교-가톨릭 성경주석 Bd. 1/3 32f.)

이렇듯 수호천사-표상을 사회윤리적 방식으로 없애는 태도는 특히 종교개혁의 전통에 배치된다. 마르틴 루터는 대천사 축일인 9월 29일이 오면 수호천사에 대해 설교하려고 노력했다.

천사들의 존재에 대한 물음에 특정한 세계상들의 변화와 연관시켜서만 대답할 수 있는 것인지 생각해 보아야 한다. 그렇지 아닌 것은 명백하다. 천사들의 존재여부가 지구가 태양 주위를 도느냐 또는 그 반대냐에 달린 것이 아니기 때문이다. 이것은 하느님 표상에 관한 질문이고, 하느님과 인간의 관계에 관한 질문이다. 또 하느님께서는 당신 활동의 흔적을 이 세상에 남기시느냐 안 남기시느냐, 남기신다면 어떻게 남기시느냐에 관한 질문이다.

그래서 이러한 생각의 결과로 나에게 중요하게 된 것은 수호천사에 관해 지금까지 잘 알려진 통속적인 표상과 '차원 높은 신학' 사이에 다리를 놓는 일이다. 신학은 학문적으로 오직 큰 테마들에 관해서만 (예를 들어 속죄론) 관심을 가지고 작업하면서 개별적인 사목과 관련된 사항들은 심리학에 넘겨주고 말았다. 신학은 인류에 대한 하느님의 사랑에 대해 말하지만 하느님께서 구체적으로 각 개인을 어떻게 보호하시는지 그 표상들과 방법들에 대해서는 언급하지 않는다. 신학은 말하자면 거시세계는 다루지만 개개인과 그에 대한 하느님의 배려와 같은 미시세계에 대해서는 다루지 않는 것이다. 거시세계는 미시세계의 모상인데도 말이다. 우리가 지금 다루고 있는 주제를 위해서 이 사실은 매우 중요하다. 하느님이 개개인을 돌보시는 방법은 하느님이 세상 전체를 통치하시는 방법을 그대로 보여 주기 때문이다. 하느님께서는 "일반적인 인류"만을 사랑하시는 것이 아니라 개개인의 구체적인 보호자이기도 하시기 때문이다.

위대하신 하느님께서는 작고 보잘것없는 것도 염려하시는데, 이는 천사들의 중재로 이루어진다고 성경뿐만 아니라 민간신심도 잘 알고 있다. 이 점에 우리가 반드시 동의할 필요는 없지만 동의해도 좋겠다. 성경이 표현하는 천사의 표상에서 하느님의 보호하시는 위력을 생각해 본다면 그분을 믿기가 어쩌면 훨씬 수월해질 것이다. 그렇지 않으면 이렇게 물을 수 있기 때문이다.

이 우스꽝스러운 상황에서 내게 일어난 사소한 일을 무한하신 하느님께서 어떻게 염려하실 수 있을까?

하지만 이것이 믿음이다.

하느님의 부드럽고 위대한 힘은 그와 같은 작은 상황들에서 발견될 수 있다.

그러면 천사는 한낱 표상의 보조물에 불과하다는 말인가? 이는 잘못 제기된 물음이다. 여기서 '본래의 주체'와 '표상에 불과한 것'은 나뉠 수 없다. 우리 인간은 '본래의 주체'를 볼 수도 없고 들을 수도 없으며 붙잡지도 못하기 때문이다. 실제 내용이 없이 '표상에 불과한 것'에 대한 문제는 계시에 근거하여 제외되었다. 결국 다음과 같이 달리 해석할 수밖에 없다.

우리는 세력과 안정감, 보호하고 보호받는 체험에 바로 직면한다. 이런 체험들은 성경이 말하는 빛 가운데 해석되기 때문에 해명되고 신앙적으로 정리되며 필요한 경우에는 비판받기도 한다. 그 기준은 계시이다.

우리의 체험들과 표상들을 성경을 통해 밝히고 분류하는 것은 하나의 과정으로, 이는 진리를 발견하는 일과 관련이 있다. 성경의 빛 가운데 중요한 것은 불명료하고 어둡거나 애매한 세력들이 아니라 하느님께서 내 뻗친 손과 같이 밝은 세력들이다.

　우리가 세상을 대우주와 소우주로 구분하고 수호천사를 소우주에 배열하며 하느님의 섭리를 이해한다면, 이는 하느님 백성이 걸어간 종교사 한 부분이 반영된 것이다. 고대 이스라엘의 하느님은 바로 이스라엘 백성의 하느님이자 아브라함 후손들의 하느님이었기 때문이다. 하느님의 천사, 예컨대 하느님께서 신앙의 선조들에게 보낸 천사는 당사자 각 개인뿐만 아니라 아브라함의 모든 후손에게도 중요한 의미를 지녔다. 그러다가 늦어도 유배시기 이후로는 이런 관점이 바뀌었다. 창조주 하느님께서 온 세상을 주관하시며 세상 끝 날까지 통치하시리라는 점을 이스라엘 사람들이 서서히 깨닫게 된 것이다. 이렇듯 보편적 의미를 지닌 가운데 하느님은 우리 한 사람 한 사람을 사랑하시는 분이시라는 확대된 의미가 싹텄다.

　이렇듯 하느님의 돌보심은 세계적으로 확산되고 각 개인에게도 미친다. 각 개인의 역할과 관련하여 천사의 의미도 확대되었다. 천사들을 통하여 보편적인 하느님을 감지할 수 있게 된 것이다. 예전에는 이스라엘 백성의 하느님이셨으나, 하느님은 이제 전全 세계 역사를 주관하시고 각 개인의 길도 인도해 주는 분이시다.

9장

예수와 인간적 고통

9.1 예수의 하느님은 냉소적인 분인가
9.2 전지전능하신 분의 부재
9.3 최종적인 질문—성경의 대답
9.4 세상의 고통과 예수의 방관
9.5 고통을 받아야만 했던 예수
9.6 아버지와 예수의 죽음
9.7 고통—신앙고백에 대한 시험

9.1 예수의 하느님은 냉소적인 분인가

다음과 같은 질문을 할 수 있겠다.

예수께서는 사랑의 하느님을 선포하셨다. 하지만 이렇게 많은 고통이 여전히 계속 일어난다면 예수의 복음말씀이 잘못되었다는 뜻이 아닐까?

날마다, 새로운 뉴스들을 접하고 개인적 체험과 의미와 설명도 없이 수백만 사람들이 당하는 고통을 바라보며 그런 의혹이 들 수 있다. 어쩌면 하느님은 돌아가신 게 아닐까? 늦게 잡아도 아우슈비츠에서 돌아가시고만 것은 아닐까? 이런 세상을 조금도 변화시키려 하지 않으시거나 변화시킬 수 없는 하느님이라면 그런 분을 어떻게 이해해야 할까? 결국 그분은 냉소적인 분이 아닐까? 기적을 일으킬 수 있는 분이지만 물 위를 걷는 일처럼 대단치 않은 일에 기적의 힘을 허비하는 예수에 대해서는 어떻게 생각해야 하는가? 예수는 단 하나의 전쟁도 막을 생각을 하지 않으셨단 말인가?

계몽주의가 시작된 이래 근대에 들어와서 하느님의 존재에 대한 물음은 악의 근원을 묻는 물음과 계속 동일시되었다. 핵심은 하느님이 계시는가가 아니라 이렇게 많은 고통에 직면했는데도 사랑의 하느님이 존재하실 거라고 사람들이 주장했다는 것이다. 고전적 신학에서 이러한 문제는 "변신론辯神論 문제"(세상의 고통 앞에서 하느님을 변호함)라고 불린다. 요한 밥티스트 메츠Johann Baptist Metz에게 있어서 고통에 대한 문제는 하느님에 대한 질문의 핵심으로 등장했다. 그 결과 그는 하느님에 대한 질문과 묵시록적 종말론(역사에서 종말이 오기를 기다리는 것)을 연계시키는 소수의 신학자들에 속한다. 그는 '묵시'Apokalyptik라는 용어를 쓰면서 '주님의 날'을 하느님만이 이루실 세상 구원으로 받아들인다. 그러나 이 구원은 아직 요원하다. 여전히 탄식하며 진통을 겪고 있는 세상(로마 8,22-26) 안에 구원이 있다고 속여서는 안 되는 것이다. 역사신학적 개인주의("하지만 나는 괜찮아.")뿐만 아니라 잘못된 의미-낙관주의("모든 것에는 선한 목적이 있다.")도 일관되게 배제되어야 한다. 주님의 날이 도래해야 비로소 그리스도인들은 고개를 쳐들어도 되는 것이다. 묵시(계시)가 빠진 그리스도교라면 '승리우상주의'가 되고 말 것이다. 여기서 말하는 '묵시'에는 '그런 다음에 비로소, 지금이 아닌'이라는 뜻이 들어 있다. '그런 다음에'와 '지금'은 전혀 다른 의미이기 때문이다. 힘 있는 권세가들은 옥좌에서 떨어지고 낮은 자들은 들어 높여진다. 하느님은 라자로와 같은 사람들을 품에 안으실 것이다. 하느님께서 통치하신다는 것은 세상에서 난무하는 권력 관계를 지속하는 게 아니라 정반대를 뜻하기 때문이다. 여기서 메츠는 우리가 이스라엘 백성이 하느님과 맺은 관계로 들어가 보기를 권한다.

정치적-문화적으로 보잘것없는 이 사막 민족이 당대 문화를 꽃피우던 다른 민족들과 다른 점이 있었다. 고통이 생활 깊숙이 스며들었다는 것, 이 민족이 세속적인 면에 깊이 빠졌다는 것이었다. 달리 표현하자면, 무능함과 이상화, 신화화, 보상 심리의 영향으로 두려운 현실과 크게 거리를 두었다는 점이다. … 이는 이스라엘의 영적 가난을 말한다. 그러나 이 가난은 전제조건이자, 이스라엘 민족이 하느님에 대한 다른 생각을 얻기 위해 치른 대가였다.

이것이 유다인들이 생각하는 하느님상의 본질이다. 즉 하느님은 창조주시고, 다른 나머지는 모두 피조물이다. 모든 피조물은 단지 창조된 존재에 지나지 않으며 어떤 관점으로 보더라도 신적 존재가 아니다. 여하튼 지금까지는 그렇게 여기며 본래도 그렇다. 따라서 하느님의 은총이 개입하지 않고는 이 문제를 인위적으로 해명하기는 어려운 일이다.

이러한 생각을 바탕으로, 요한 밥티스트 메츠는 구체적으로 현존하는 고통을 간과하려는 모든 시도를 강하게 물리친다. 가벼운 논쟁이나 벌이며 고통을 가하는 대상 혹은 고통받는 대상으로부터 그 폭발력을 앗아가는 행위는 믿음에도, 신학에도 이롭지 않다. 그 배후에는 무엇이 참된 (인간적인 관점에서 참되고 믿을만한) 것인가에 대한 물음도 자리하고 있다. 메츠는 이렇게 대답한다.

하느님을 향한 방향에서 볼 때 참된 것은 오로지 고통에서 나오는 외침이다. 그 나머지는 모두 마음 달래기나 거짓 위로에 지나지 않는 것이며, 하느님을 통해서만 얻을 수 있는 구원을 불필요한 것으로 만들려는 시도일 뿐이다. 구원에 대한 언급이 진실하고 신빙성 있게 하기 위해 묵시 사상은 구원을 현실로부터 멀리 두게 하려고 힘껏 막는다. 이렇게 묵시 사상은 무보수로 구원이 미래의 일이 되게 한다. 이렇게 하여 참된 구원에 대한 요구가 대단히 커져 버리고 말았다. 하느님은 현재보다 오히려 미래에 활동하신다. 당신에게 버림받은 이들은 지금 고통을 부르짖건만. 여기에 나는 덧붙이고 싶다.

그럼에도 불구하고 우리가 이미 여기서 하느님의 구원에 대해 감지하는 그 모든 것이 착수금이고 계약금이고 선불이다. 이는 어느 모로나 충분하지 않지만 희망을 준다.

묵시적 체험의 부정적인 측면에 대한 이야기는 틀림없이 전적으로 옳다. 내가 보기에 아우슈비츠는 묵시적인 현상에 속한다. 묵시 사상도, 아우슈비츠도 상상할 수 있는 모든 것을 뛰어넘기 때문이다. 아우슈비츠는 상상을 완전히 파괴해 버렸다. 모든 범주(우리의 사고회로를 거쳐 파악할 수 있는)가 다 사라지고 만 것이다. 그러나 여기서 묵시 사상을 신학적으로 계속 생각해 본다면 그 결과는 이럴 것이다. 즉, "아우슈비츠 이후로는 더 이상 시를 쓸 수 없다."는 문장은 전도된다.

아우슈비츠 이후로 그리스도인들은 구원의 미래에 대해 시만 쓰거나 이에 대한 구조적인 사전 작업을 할 것이다. 앞으로는 모든 눈물을 닦아 주리라고 기대하고 믿으면서.

"시만 쓴다"는 표현을 나는 그림으로 뜻한 것이다. 그리고 말하는 방법으로서, 곧 약간은 글자 그대로라는 의미로 사용한 것이기도 하다. 왜냐하면 미래는 "우리의 눈앞에 놓여 있지 않고", 희망은 우리가 분석할 수 있는 것이 아니며, 구원은 우리가 "손에 쥐고 있지" 않고, 이런 문제는 세상사와 같은 일이 아니기 때문이다. 비전이 있어야 이런 문제에 접근할 수 있다. 요한 묵시록이나 단테의 「신곡」에서처럼. 나는 '시'라는 용어를 비현실적인 것으로 의미한 게 아니다. 꿈꾼 것이나 주관적인 것으로 뜻한 것이다. 짤막한 기사로는 미래를 기술할 수 없는 일이다. 그렇기 때문에 성무일도의 모든 시간경은(하루 중 언제 기도하든 상관없이) 찬미가(여러 절로 이루어진 노래)로 시작한다. 이 찬미가들은 그 다음에 이어지는 시편들보다 대개 1500년 정도 지나서 써진 것이다. 일반적으로 교회학자들의 작품이기 때문이다. 찬미가는 사실상 시이지, 엄밀히 구분되는 교의신학이 아니다. 그러나 찬미가는 제 역할을 다한다. 시리아의 에프렘(4세기)과 암브로시오(4세기) 이래 후대의 교회축일을 기리기 위한 (많지 않은) 작곡에 이르기까지 성가들은 하느님께 마음을 열고 나아가도록 사람들에게(공동체로서) 감동을 주었음에 틀림없다. 여기에는 비탄과 그리움도 함께 자리한다. 교회는 아주 드물게 "오소서Veni …"라는 성가를 노래하는데, 그러나 노래할 때에는 대림절(성탄절 전 일주일 동안 저녁기도 때 마리아의 노래Magnificat를 두 팀으로 나누어 서로 주고받으며 노래하는) 때나 성령 강림절 때와 같이 언제나 동경으로 가득한 마음과 미리 기뻐하는 마음으로 노래한다. 이 모든 것이 담고 있는 의미는 다음과 같다.

신학의 기준이 되는 모든 표상이 사라지고 주체/객체의 분열이라는 의미에서 확실한 체계마저도 사라졌다면, 그리하여 상상할 수 없는 것이 들어선 지 이미 오래되었다면, 뭔가 다른 것, 곧 '전향轉向의 언어'가 중요시된다. 이제 학문적-범주적 신학은 '그리스도교 영성의 준비'praeparatio ad mysticam로 여겨질 수밖에 없다.

"주체/객체의 분열"이라는 문구를 나는 근대 후기에 인간이 취한 방식으로 의미한 것이다. 그때에는 인간이 사물과 주변 환경과 교류하되, 마치 자신은 거기에 속하지 않는 양 처신했다. 다시 말해 이 두 가지를 이용하기만 했다. 철학자 마르틴 하이데거는 자신의 철학 마지막 단계인 시적 단계로 들어와 이렇게 제안했다. 그는 인간이 종국에는 자기파괴적 형태로 자연 사건과 분리되는 현상을 언어로도 표현하자고 제안한 것이다. 그러나 하이데거의 시도들은 때로는 괴팍하고 편협한 것으로 나타났다. 그는 그리스도교적 표상 언어에 자신의 관심사가 늘 수용되었다는 사실을 감지할 수 있었을 것이다. 로레토 기도문Lauretanische Litanei[17]에 이르기까지. 미래 신학은 이런 표상들을 점점 더 강하게 회상하려고 애써야 할 것이다. 그렇게 할 때 교회는 마음에 이르는 길을 되찾을 수 있다. 전체적으로 볼 때 교회가 종종 벗어난 것처럼 보였던 그 길을. 이 열쇠를 인간의 마음에 간직할 수 있는 사람이면 분명 해낼 것이다. 앞서 언급한 대로, 이제 '비유적 그리스도론'에 대한 질문을 던지면서 시작해 보자.

예수는 "나는 포도나무다."와 같이 자신을 일컫는 말을 표상으로는 어떻게 표현하는가? 그리고 신학자라면 이에 대해 무슨 말을 하겠는가?

주지하는 바와 같이 세상의 종말이 '어떻게' 일어날 것인가에 대한 질문은 매우 큰 난관들에 봉착하게 된다. 요약하여 기술되는 모든 것, 즉 낡은 것들의 사라짐, 그리스도의 재림, 부활, 심판과 새로운 창조, 이 모

---

[17] 로레토의 기도문은 성모님의 도움을 청하는 가톨릭교회의 기도문이다. 중세에 뿌리를 둔 이 기도문은 시간의 흐름에 따라 그 수가 많아지고 변화를 거듭했다. 현재 사용하고 있는 기도문의 기원은 이탈리아 로레토Loreto에서 1531년부터 사용하던 기도문까지 거슬러 올라간다. 기도문의 이름도 이 지명에서 유래한 것이다. -역자 주

든 것은 현존하는 실제 세상과 연계될 수 없기 때문이다. 눈에 보이는 '정상적인' 세상만을 유일하게 존재 가능한 세상으로 여기는 사람에게는, 앞서 언급한 사건들이 일어나기를 희망하거나 그것들을 두려움 속에서 기다리는 것은 실상 터무니없는 일일 것이기 때문이다. 그러나 신약성경은 다가올 '사건들'이 단순히 존재하는 것들의 연장으로 일어나는 것이 아니라는 사실을 여러 곳에서 암시하고 있으며 그것들이 오히려 (신비적) 환시의 체험이라고 부르는 영역에서 일어나는 사건들임을 분명히 말하고 있다. 이런 체험은 보편화되고 모든 사람에게 번져 나갈 것이다. 각 개인마다 사건의 환시적 특성으로 인해, 나아가 사건이 갑자기 일어나기 때문에 당황할 것이다.

초기 그리스도교의 신비주의와 종말론이 연관되었다는 중요한 점이 발견되었다. 나의 책 「세상의 종말은 어떻게 오는가?」(1999)에서 나는 이 연관성에 대해 설명하려고 시도했다. 요약하자면 그 내용은 이렇다.

> 시간의 종말이 어떻게 올지는 모르지만, 존재하게 되는 것은 하느님과 우리 뿐이다.

미래를 두고 신약성경은 계시에 대해 말하는데, 이는 드러냄, 위대함과의 관계에 대한 해명, 상호연관성들에 대한 설명들이다. 하지만 이와 매우 유사한 것들이 신약성경의 환시들 속에서도 이미 일어나고 있다. 그러므로 앞으로 올 것을 거대한 환시 Mega-Vision로, 이 세상 안에 하느님의 실재가 갑작스럽게 도래하는 것으로 기술할 수 있다. 예를 들자면, 바오로는 "하느님의 아들이 계시"되는 순간 사도로 불림을 받았다. 그러나 그는 세상의 종말이 "하느님 자녀들에게 계시될 것으로" 서술하고 있다.

이러한 의미에서 세상의 종말은 널리 알려지고 보편적인 것이 된 환시이다.

예수의 변모와 부활(환시들)에서 일어난 사건들, 바오로의 회개 그리고 주님의 날이 오는 것은 불가분의 관련이 있다. 즉 전체와 부분의 관계에 있다. 이는 또한 성령과 관계를 맺고 있는 것과 비슷하다. 그리스도인들은 선금을 받았으며 나머지도 받을 것이다. 따라서 '선취'先取가 중요한 게 아니다. (이런 범주가 성경에는 낯설다) 오히려 이미 일어난 일이 중요한 것이다. 이미 일어난 일은 크고 보편적인 총체적 사건에 속한다. 이는 첫 번째 행위와도 같다. 이 명제가 옳다면 온갖 형태의 근본주의는 막아야 할 것이다. 종말에 일어날 일을 일상에서 일어나는 일 가운데 생각하라고 압박한다면 '근본주의적인' 태도라는 것이다. 물론 여기서 명백한 점이 있다. 중요한 것은 '눈을 부릅뜨고 보는' 특별한 인지방식이 아니라 어떻든 깨어 있는 눈으로 건전하게 바라보라는 것이다. 초기 그리스도교의 어떤 신비적 문헌도 비이성적인 것을 중심 테마로 삼았다는 추측은 허용하지 않았다.

요한 밥티스트 메츠가 요한 묵시록과 루카 18,1-8절(과부의 청을 들어주는 불의한 재판관 비유: 당신이 선택한 사람들이 밤낮으로 당신께 부르짖는데 하느님께서 그들에게 정의를 행하지 않고 오래 기다리게 하실까?)에 따라 하느님께서 학대를 당한 사람들의 고통과 권리를 위해 바삐 일하신다고 한 말은 물론 옳다. 라자로에게 올바른 보상이 주어지는 것은 성경의 하느님 이해와 일치한다. 이런 맥락에서 다시 한 번 상기해야 할 점은, 변신론은 신약성경의 관점에서 볼 때 부활의 차원 없이는 확정되지 못한다는 것이다. 그렇다면 급진적인 묵시 사상 측면에서 볼 때 현재를 위해 약속된, 성령의 착수금이라고 하는 선물이자 동시에 은사들의 선물은 어떤 가치를 갖고 있는가, 그리고 다른 측면에서 볼 때 성사와 하느님께서 취소할 수 없이 최종적으로 맺으신 새 계약은 어떤 가치를 갖고 있는가를 메츠에게 질문해도 좋을 것이다. 이 모든 것이 아무 가치 없는 것이 아니라면 아우슈비츠 사건을 보며 "그리스도교는 죽었다."고 말할 수는 없다. 사실 이러한 표지와 약속들은 인류가 아무리 잔인하더라도 역사가 되어버린 하느님의 구원 의지를 거슬러 아무것도 할 수 없음을 가리킨다. 이제 이것은 오래된 유희에 지나지 않는다(카리스마적-성사적 체험 대對 묵시 사상 혹은 도덕적 신뢰성 대 성사). 하지만 요한 밥티스트 메츠는 아우슈비츠 현상을 우선 윤리적인 문제로 보지 않고(메츠는 당혹의 신학자가 아니다) 오히려 하느님께 던져진 질문, 즉 변신론의 문제로 본다.

이 모든 것이 예수와 어떤 관계가 있을까? 예수께서 하신 말씀과 행적은 전체적으로 볼 때 상징적인 행동으로 판명된다. 이 말의 의미는 이렇다.

지금까지 눈으로 볼 수 있는 메시아적 활동은 충만한 성취라기보다 미리 맛본 것에 불과하다. 그러나 이렇게 미리 맛본 것이 그 어느 때보다도 세상의 상태를 드러나게 한다. 십자가에 못 박힌 예수께서 하느님으로부터 버림받은 느낌을 호소하신 것(저의 하느님, 저의 하느님, 어찌하여 저를 버리셨습니까?)은 세상의 상태를 제대로 다시 드러내신다. 초기 그리스도인들과 더불어 우리는 그리스도가 재림하시기를 진지하게 기다린다. 메시아가 재림하시고 부활과 새 창조의 때가 오면 비로소 하느님께서 고통을 허용하신 물음이 확연히 밝혀질 것이다.

현재와 중재를 바라보는 시각을 잃지 않으려는 사람은 교회를 변신론의 공간으로 볼 수 있고 그렇게 보아야 한다. 교회는 치유하고 구원하는 신적인 행위들을 통해서 하느님을 변호해야 한다. 사실 교회의 전권(죄를 사하는 것, 악한 세력들을 몰아내는 것, 사람들이 함께하는 공동생활을 세상 전체를 위한 본보기로 그리고 누룩과 같은 존재로 제시하는 것, 온전히 지속적으로 치유하는 것)을 통해 하느님의 통치는 조금씩 확장될 수 있기 때문이다. 따라서 나는 변신론의 질문에 종말론적 방식으로 대답하고 싶다. '왜'라는 질문이 아니라 '무엇을 위해서'라는 질문에 대답하고 싶은 것이다. 사도 바오로의 두 번째 창조 이야기로 논의를 풀어 가고자 한다.

> 하느님은(사람들의 협력을 얻어) 생명을 해치는 것과 악을 몰아내고 계신다. 악은 이미 하느님께 굴복했지만 하느님은 아직 당신의 통치를 우주 전체에 확장하지는 않으셨다. 하느님의 통치는 처음부터 인간성을 완전히 쇄신하는 것으로 드러나는 것이 아니라 오히려 좁고 한정된 먼 길 위에서만 실현되기 때문에 이렇게 말할 수 있다. 악과 책임성에 대해 논의할 자리는 윤리가 아니라 오히려 교회이다.

교회는 표징으로서의 가치를 지닌 예수의 메시아적 행동들이 계속되는 장소이다. 신약성경에 의하면 이러한 이유로 예수는 제자들에게 전권을 주셨다. 주님 만찬의 성사는 "그분이 오실 때까지" 계속 거행되어야 한다. 냉대와 조소를 받는 추세에서도 교회는 이미 여기에 내일의 구원이 이루어지는 공간이 있음을 사람들에게 드러내야 한다.

9.2 전지전능하신 분의 부재

하느님의 속성에 대한 물음은 전통적인 교리교육에서 다루었다. 그중 가장 중요한 속성들은 암기해 두어야 할 사항으로서 다음과 같다.

하느님은 전능하시고, 전지하시며, 모든 곳에 항상 계신다.

이러한 주목할 만한 하느님에 대한 가르침(Gotteslehre, 신론)은 그동안 배척을 당해 왔는데, 이를 계기로 숙고해 보는 단초가 되었다. 그러나 그 이유가 하느님에 관해 더 많이 알고 있다는 때문만은 아니다. 앞에서 언급한 속성들은 찬미가와 신앙고백문에서 사용되는 내용들이다. 그러나 여기서 술어를 끌어내 체계적인 결론을 도출한다면 이것은 조금 다른 문제이다. 여기에서도 일반적인(철학으로부터 차용한) 신론과 유다-그리스도교의 맥락에서 하느님의 역사적 출현이 다시 확연히 대비된다. 성경을 번역하는 과정에서 "만군의 주님"Herr der Heere이라는 히브리어를 'pantokrator'라는 그리스어로 옮겼다. 이것을 다시 라틴어로 옮기면서 'omnipotens'전능하신라는 단어를 선택했다. 그런데 'pantokrator'는 "전능하신"이란 의미가 아니라 어디에나 있고 최종적으로는 더 강한 어떤 존재라는 의미를 지닌 단어이다.

하느님에 대해 생각할 수 있는 온갖 표현을 찬미가 형태로 나타내는 것은 옳은 일이다. 하느님보다 더 큰 존재에 대해서는 생각될 수 없기 때문이다(quo maius cogitari non potest). 그러나 이런 표현을 찬미가에서 끌어내는 것, 그리고 구체적인 경우에 특성이나 요구, 필요에 기초를 두는 것은 다른 문제이다. 요약하자면 이러하다.

하느님을 전능하신 분으로 생각하여 하느님은 언제나 실제와는 다른 온갖 것을 행하시려고 하고 또 그렇게 하실 수 있다고 여기는 사람은 성경의 하느님에 대해 전적으로 잘못 생각하고 있는 것이다. 그는 자신의 생각에 따라 전능한, 하나의 신을 찾고 있는 것이다. 그러나 성경의 하느님은 그런 신이 아니며, 분명히 그런 신이기를 원하지도 않으실 것이다.

바로 이런 이유에서 예수의 기쁜 소식은 일반 개념이 아닌, (충만한) 상징들로 이루어진 것이다. 예수는 표면을 살짝 덮는 방식으로는 모든 이를 건강하게 하지 않으신다. 그분은 아스피린 하나 만들지 않으셨다. 그럼에도 불구하고 하느님은 예수를 통해서 당신이 우리에게 하시고자 한 것을 말씀하셨다. 그것은 바로 의미 없는 모든 것, 당혹하게 하고 의혹에 빠지게 하는 고통과 모든 죽음을 없애는 것이다.

전능하시고 전지하시며 언제나 현존하시는 분이라는 하느님께 대한 생각은 결과적으로 다음과 같은 의문을 불러일으킨다.

그렇다면 이러한 전능하시고 전지하시며 언제나 현존하시는 하느님은 어디에 계신단 말인가?

이에 대한 대답은 이러하다.

그분은 부재중이시다.

가톨릭 기초신학자 되링Döring은 처음으로 "하느님의 부재"Abwesenheit Gottes라는 테마를 학문적인 논의의 대상으로 만들었다. 이후부터 "현존 중의 부재"Abwesenheit in der Anwesenheit라는 테마는 현대적 부정신학(theologia negativa, 이 신학은 긍정적인 언어로는 하느님께 대해 어떤 말도 할 수 없는 난관에 봉착하여 묘책으로 고안된 것으로서 마치 하느님께서 계시지 않는 것처럼 말하기만 한다.) 분야에서 대인기였다. 이제 우리는 하느님의 현존 Gegenwart Gottes이란 테마가 성경 전체의 중심 테마 중 하나라고 말할 수 있게 되었다. 그 이유는 하느님께서 매우 다양한 방법으로 현존하신다고 명시되어 있기 때문이다. 하느님은 피조물 안에, 당신의 백성 안에(유다인 열 명이 모인 곳에, 예수의 이름으로 둘이나 셋이 모인 곳에), 성체성사의 요소들 안에, 믿는 이들의 마음 안에 계신다.

하느님의 현존은 하느님께서 실제로 세상에서 활동하실 수 있다는 것을 전제로 한다. 그리고 이 물음은 비단 변신론 문제(하느님은 도와주지 않으시며 관여하실 수 있을까?)에만 해당하지 않는다. 이는 널리 퍼진 자연과학적 세계상(이를 위해 하느님께서는 세계 내적인 인과 관계를 위반하셔도 좋단 말인가?)에 던지는 일반적인 물음이기도 하다. 이 문제에 토론할 때 두 가지 새로운 단계가 명백히 구분된다. 칼 라너Karl Rahner로 대표되는 오래된 단계에서는 신심 깊은 체하는 기적 신앙에 맞서 벗어날 만한 쇼킹한 것을 찾고 자연과학적 사고로 이어질 만한 것을 찾는다. 그 결과로 내놓은 정보는 다음과 같다.

하느님께서는 세상에서 전혀 활동하지 않으신다.

인과因果 관계는 결코 사라지지 않는다. 원인과 결과는 세계 내적인 특성을 지닌다. 그러나 하느님은 결코 세계 내적 요인일 수 없으시다. 하느님은 세상에 있는 다른 요인들 가운데 결코 원인이 아니시다. 이런 관점에서 하느님은 세계 외적인 제1 원인으로서만 의문이 제기된다. 이런 견해는 루돌프 볼트만과 매우 유사하다. 존재론적 신학에 의해서도 하느님의 세계 내적 활동에 대한 말은 인과 관계에 따랐을 것이다. 반면에 최근의 논쟁에서는 다른 관점이 논박되었다. 즉, '세계 내적'innerweltlich이란 표현이 애매하다고 지적된 것이다.

> 하느님께서는 세상에 존재하지 않으신다는 말(Das Nicht-Welt-Sein Gottes)은 그분이 세상 밖에서만 존재하신다는 의미는 아니다. 그리고 세상에 존재하는 것(In-der-Welt-Sein)이면 모두 그 해당되는 대상이 이미 세상의 일부라는 의미도 아니다.

나는 다음과 같은 주석을 제시하며 토론에 끼어들고 싶다. 실제 영역에 따라 하느님께서 활동하시는 방식은 전혀 다르다. 내가 나의 성경 주석에 제시한, 여러 개의 실제 영역-모델(네 개의 방-모델)에서 출발해 보겠다. 첫 번째 방은 실제 세계 안으로 들어가는 영역이자 방법인데, 자연법칙들, 인과 관계 그리고 역사적 비평 규칙들이 여기에 해당된다. 두 번째 방은 지혜의 실재라는 테마인데, 함께 더불어 살아가는 데에 필요한 요소들에 관한 것이다. 세 번째 방은 아름다움의 광채와 "행복"에 관한 것이다. 네 번째 방에는 (기도, 기적, 환시, 성령) 거센 세력이 시야에 들어오는데, 이 세력은 차라리 상징적으로 중재되고 작용될 것이다. 여기서는 인과 관계의 물음이 제기될 수 없다.

가령 이 네 영역이 존재한다고 가정한다면, 하느님께서는 서로 다른 방식으로 이들 영역에서 활동하실 것이다.

첫째 방 안에서:

하느님은 창조주로서 활동하신다. 하느님은 창조의 고유 법칙에 따른 활동 세력을 유지하시지만, 그 안에서 활동하지는 않으신다. 하느님의 활동은 자연법칙의 논리다. 인과 관계가 여기에 해당한다. 하느님은 이 영역 뒤에서 창조물을 '긴 끈으로' 묶어 놓으신다. 하느님은 사실상 직접 활동하지 않으신다. 그러나 이 말은 이 영역에만 해당된다.

둘째 방 안에서:

지혜와 가치의 영역에서 하느님은 어떤 의미로는 행위와 상태에 대한 보증인으로 보아야 한다. 이렇게 말할 수도 있을 것이다. "하느님께서는 이러한 의미에서 권세 있는 사람들을 권좌로부터 끌어내리시고 어떤 불의한 국가도 오래 버티지 못하게 섭리하신다."

셋째 방 안에서:

행복과 아름다움의 영역에서 하느님은 영광을 수여하고 보잘것없는 사람들에게 전반적으로 필요한 것, 행복이라고 부를 만한 것을 선물로 주시면서 활동하신다. 여기서 중요한 것은 영광과 축복이다.

넷째 방 안에서:

신비와 마력의 영역에서, 하느님의 영에 의한 기적과 새로운 창조의 영역에서 하느님께서 조종하시는 고삐는 틀림없이 매우 짧을 것이다. 결과가 때로는 (치유 경우처럼) 세계 내적으로 감지될 수 있더라도, 원인은 전혀 그럴 수 없다.

오해를 피하기 위해 정리하자면 이러하다. 여기서 논쟁의 대상이 된 것은 "세상의 부분들"이 아니라 포괄적인 현실 세계로 들어가고 하느님께도 다가가는 길이다. 여기서 말하는 하느님은 대립 요인들을 무너뜨리는 분coincidentia oppositorum으로 여겨지고, 다양한 영역 간에 그리고 이 영역들을 뛰어넘어 일치와 연관성을 구축하시는 분으로 간주된다. 이 모델은 기원을 포스트모더니즘에 두고 있다는 사실을 부인할 수 없다. 니콜라우스 쿠자누스(†1464)도 그랬듯이, 이런 총체적 모델은 신비적 일치-개념에 배열된다.

우리는 물리학자, 교회정치가, 교의신학자, 주교이자 신비가인 쿠자누스가 제의한 실제 세계에 관한 모델을 기본적으로 따랐다. 근대가 시작될 무렵 그는 피조물의 부분 영역 내지 학문이 지닌 상대적 자율성을 모범적으로 알아차린 최초 인물로, 이런 영역을 우스꽝스럽게 성직자들의 전유물로 끌어들이지 않고 그대로 존립하게 했다.

오늘날 우리에게 예수의 의미는 무엇인가라는 질문에 이렇게 대답할 수 있다.

> 인과 관계-도식의 도움만으로 예수를 파악하려는 사람에게는 예수가 전체적으로 제대로 이해되지 않는 상태로 머문다. 이것은 그분이 인간이 되어 오심, 기적, 부활과 재림 모두에게 해당된다.

악과 고통의 존재에 대한 질문도 이러한 네 가지 영역들의 내적 연관성에 대해 어떤 것을 말한다. 잉태, 기적들 그리고 부활 안에서 이미, 다시 재림하실 때 어떤 것이 발생할 것인지에 대해 상징적으로 알려 주고 있는 것이다. 세상은 심판되어 올바르게 정리될 것이며, 고통들은 보상되고 희생당한 사람들은 원상회복할 것이다.

9.3 최종적인 질문-성경의 대답

하느님이 우리 고통의 원인이실까? 다음과 같은 질문들은 이미 잘 알려져 있다.

하느님은 전능하시지만 선하지는 않으실까? 아니면 선하시지만 전능하지는 않으실까? 왜냐하면 하느님께서 전능하시고 선한 분이시라면 어떤 고통도 허락해서는 안 되기 때문이다. 만약 그분이 선하시지만 전능하지 않다면 그분은 하느님이 아닌 것이다(에피쿠로스).

또는, 하느님께서 전능하시고 선하시며 그래서 참으로 하느님이시라면, 어찌하여 사람들이 고통을 받고 비참하게 죽어 가도록 두시는가?

또는, 하느님은 모든 사람에게 자비로운 분이 아니거나 도대체 이해할 수 없는 분일 것이다. 하느님은 창조하실 때부터 모든 권능을 포기하시기라도 했단 말인가? 사랑과 고통, 모두 하느님으로부터 온 것이라면, 하느님이 계시지 않거나 하느님의 자취가 어디에도 없단 말인가?

또는 철학자 보에티우스Boetius와 같은 질문-하느님이 계시지 않는다면, 선은 어디서 온 것이란 말인가? 만약 하느님이 계신다면, 악은 도대체 어디서 온 것이란 말인가?

그리고 우리는 이의들을 듣게 된다-만약 죽음이 없다면, 새로 태어나는 사람들이 없을 것이고 그러면 어떤 발전도 없을 것이다.

또는 이런 소리도 들린다-창조물 전체 안에 죽음과 생성의 포괄적 질서가 지배하고 있다.

이의에 대한 이의—그렇다면 하느님께서 어찌하여 세상을 처음부터 좀 더 완전하게 만들지 않으셨을까?

칼 라너가 한 다음과 같은 말로 만족해야만 할까?

고통의 불가해성은 하느님 불가해성의 한 부분이다.

또는 우리가 여기서 침묵한다면, 서로 대화를 나눌 수 있는 결정적인 기회를 놓치는 것이 될까?

우리는 이렇게 대응한다. 나는 이렇게 제기된 질문들에 철학적 근원이 아닌, 성경의 도움으로 대답하기를 시도한다. 이때 나는 (이는 새로운 점이다) 그동안 자주 시도했던 욥 물음을 강조하는 게 아니라 신약성경의 증거들을 강조한다. 성경적 사고들을 체계적으로 나란히 놓으려고 시도할 때 '기도'라는 것이 탁월한 역할을 한다는 사실은 지난 두 세기 동안 진행된 신약성경 연구와 맞서 우선 당황하게 하는 변혁임에 틀림없다.

"악"das Böse은 아래에서 가장 포괄적인 용어이다. 고통, 죄, 재앙들은 악에 배열되고 종속된다. 악은 하나의 질서개념이고 하나의 범주로서 이것의 도움으로 우리는 실제 세상 안에서 올바른 길을 찾아낸다. 악은 실제로 유익한 개념처럼 보인다. 왜냐하면 삶의 질서를 위협하거나 파괴하는 모든 것을 파악하여 정리할 수 있기 때문이다. 악은 모든 생명의 적이고 모든 생명은 악의 적이다. 이것은 이러한 의미다.

생명은 위협받고 있으며 당장 부서지기 쉬운 비상사태에 놓여 있다. 흡사 농경지처럼 생명은 죽음과 위험이 도사리고 있는 사막으로 둘러싸여 있다. 죽음이 지배하는 곳이면 생명은 보호가 필요하다. 여기에 선과 악을 식별하는 능력이 쓰인다.

만약 우리가 생명을 보호하는 선과 생명을 파괴하는 악을 성경의 중심적인 메시지로부터 규정하고자 한다면 바로 이런 뜻이다.

이스라엘의 하느님은 살아 계신 하느님이고 모든 생명은 그분으로부터 유래하며 그분의 토라Thora는 이러한 생명에 봉사한다.

악에 반대되는 것은 선이다. 선은 이런 하느님의 의미에서 생명을 보호하고 하늘과 땅과 인간이 공존하는 삶을 보호한다. 이렇게 개념의 경계를 그으면서 현대 생물학을 고찰하는 데 어느 정도 접근할 수 있다. 대단히 많은 생명체에게 결정적인 것은 이들 생명체가 생명 보존의 의미에서 과연 목적에 맞게 살아가는가 하는 점이다.

먼저 나는 다음과 같은 점을 확인하고 싶다. 즉, 우리가 성경으로부터 고통의 의미에 대한 답을 얻어 내기를 원한다면 욥을 넘어서 나아가야만 한다. 욥은 단지 고통을 받아야만 했을 뿐, 죽어야 했던 것은 아니었다. 그에게 죽음은 해당되지 않는 것이었다. 나아가 성경의 욥은 종국에는 자신의 모든 재산을 되돌려 받았다. 그러나 정의로운 사람이 모든 것을 잃은 것에 그치지 않고 더 나아가 죽어야만 한다면 어떻게 되는 것일까? 만약 조금도 다시 회복할 수 없는 처지라면? 하느님은 죄 없이 사형당한 사람을 다시 살려주실까?

그러나 계속 부정적인 면만 치는 것은 아니다. 참된 순교자들이 피를 흘리고 죽어가면서 하늘을 향해 울부짖는 것으로 어떤 일이 발생할까? 차라리 죽을지언정 하느님께 대한 사랑을 결코 깨트릴 수 없다고 고백하면서 하느님 편에 선 사람들은 예외 없이 하느님의 체험에 대해 보도한다. "영원한 삶"과 "의로운 자의 부활"에 대한 이야기도 이와 같다. 구약성경의 후기 문헌들과 초기 유다이즘 안에서 벌써 이러한 관점에 도달한 것을 볼 수 있다. 이러한 것으로 이 세상에서 겪는 고통에 대한 평가가 근본적으로 달라졌다. 그렇다고 해서 구체적인 고통과 죽음이 줄어들지는 않았지만, 더 큰 연관성에 배열된다.

여기서 두 가지가 욥을 넘어서 나아가도록 안내한다. 그중 하나는 이렇다. 고통을 당한 자가 자신의 권리를 되찾도록 할 가능성이 이 세상에서는 없을 경우 하느님께서 어떤 반응을 보이실까? 다른 하나는 이렇다. 만약 하느님께서 누구든 어떤 한 사람을 사랑하셨다면, 그 사람은 바로 당신의 아들이다. 그렇다면 하느님께서는 죽음이 이 사랑을 끝내도록 그냥 두실까? 하느님은 당신 아들이 빌라도 때문에 죽어 가도록 내버려 두실까? 따라서 예수 그리스도의 운명은 욥을 넘어 나아간다. 그분의 고통과 죽음은 다른 모든 것을 능가하는 이런 불의에 대해 하느님께서는 어떻게 반응하실까 하는 물음을 던지게 한다. 하느님께서는 한편으로는 예수에 대한 당신의 사랑이 다른 모든 사람에 대한 사랑을 능가한다고 선언하시기 때문이다. 따라서 예수의 죽음과 부활은 불가피하게 다음과 같은 물음에 배열된다.

어찌하여 하느님께서는 고통과 재앙들을 허락하실 수 있는가?

우리는 먼저 원초적인 질문을 던지도록 하자.

왜 하필 내가 당하는 것일까?

우연히 혹은 뜻밖에 닥친 고통이나 은밀히 진행되는 고통에 직면해서 우리는 그 이유를 찾는다. 왜 하필 내가? 왜 하필 내가 당하는 것일까? 고통받는 아이들을 바라보며 우리는 특히 절박하게 묻는다.

어찌하여 죄도 없고 아직 오래 살지도 못한 아이들에게 이런 일들이 닥친단 말인가?

이 경우에도 신학자가 그 원인들을 더 잘 알아내고 분류할 수 있을 것 같지는 않아 보인다. 어디에 근거하여 그가 원인을 알아낼 수 있단 말인가? 이미 여러 차례 언급한 바와 같이 여기에는 '왜?'Warum라는 물음이 관건은 아닐 것이다. 그렇다면 '어디에 근거하여?'Woher라는 물음이 중요한 것일까? 더 나아가 "그 일이 어떻게 이루어진 것일까?", "그 일을 내가 어떻게 설명할 수 있을까?"라는 물음이 관건일까? 어떤 종류이건 일어난 사건은 모두 다양한 방식으로 하느님과 대화하라며 하느님의 계시가 가르치는 것이 차라리 훨씬 더 중요하지는 않을까? 여기서 주목할 점은 다양한 방식이라는 것이다. 같은 방식이 아니라.

따라서 나만 유독 고통을 면했다면 하느님께 감사드릴 일이다. 반면 고통이 내게 닥친다면 목숨을 보존하려고 애쓰거나 하느님께 더욱 꼭 매달리는 계기가 될 것이다. 하느님이 도저히 헤아리지 못할 실재實在시라면 내가 당하는 온갖 일은 하느님과 근본적인 관계를 맺고 있다고 여겨야 할 것이다. 그렇다면 이러한 나의 상황은 하느님께 대한 나의 관계에서 발생하는 것이 되고, 하느님 앞에서 하느님과 나누는 나의 대화의 한 부분이 되고, 나의 감사나 호소의 한 부분이 되며, 나의 외침이나 환호의 한 부분이 된다. 그리고 아우구스티노 성인도 언급했듯이, 하느님 앞에

"내가 걸어온 길들을 모아 놓은 것"이 되거나 죄의 고백이 된다. 왜 나인지, 왜 하필 내가 당하는 것인지 묻는다면, 이는 하느님 앞에 던지는 첫 물음일 것이다. 이런 물음은 하느님과 내가 나누는 대화의 일부이어야 하고 또 일부일 수 있으며 일부여도 좋다. 그렇기 때문에 이런 일들이 일어난 것이다. 우리가 그 근본 원인을 설명해 낼 수 없을 경우에도 '무엇을 위해'Wozu라는 물음은 제기될 수 있다. 내게 일이 생기면, 특히 내 마음을 뒤집어 놓는 일이 일어나면 하느님과 대화하는 일부가 되는 것이다.

고통과 재앙들이 다양하고 우연히 퍼져 나가는 현상이 나에게는 신비에 가득 찬 하느님이 인격Person과 같은 존재라는 것을 알려 주는 신호가 된다. 하느님께서 하나의 인격체라는 것은 하느님이 모든 사람을 획일적으로 대하시는 게 아니라 한 사람 한 사람과 개별적인 용무가 있으실 수 있고 또 그러기를 바라시기 때문이다. 다시 한 번 말하자면, 하느님께서는 각 사람에게 당신의 '작은 짐 꾸러미'를 보내시지 않는다. 이는 우리가 전혀 알지 못하는 면이다. 이 문제는 어둠 속에 가려져 있다. 그러나 우리는 그리스도인으로서 말할 수 있다.

'작은 짐 꾸러미'라 함은 한 사람 한 사람이 하느님과 고유한 용무가 있을 수 있고 또 그래야 한다는 사실을 말한다.

각 사람은 유일한 존재이기에 자신에게 일어난 일에 대해 매우 개별적으로 응답할 수 있다. 우리 그리스도인의 믿음에 의하면 이 응답들은 그 결과가 어떠하든 상관없이 모두 하느님을 향하게 된다. 하느님은 일어나는 모든 사건의 "무엇을 위해"Wozu이다. 그분께 드리는 응답은 최종적 의미가 된다. 여기서 말하는 의미란, 어떤 응답도 헛되이 취급되지 않고, 개개인 모두가 이러한 신비에 가득 찬 존재 안에서 사랑받고 안식을 누리게 된다는 것이다. 내가 "의미를 회상함"이라 말한다면, 히브리 성경의 의미로 회상하고 생각한다는 뜻이다.

> 만약 하느님께서 어떤 한 사람을 생각하신다면, 그것은 이론이 아니다. 당사자가 하느님 앞에 실제로 있는 것을 말한다. 그 다음에는 하느님께서 그를 위해 활동하신다. 그와 맞서 활동하시는 것이 아니다.

다음 물음 역시 원초적인 물음이다.

하느님께서는 고통에 의미를 두시는 것일까?

이 물음에 대해 나는 아래에서 다섯 가지 대답을 제시하려고 한다. 이 대답들은 "하느님께서 고통을 창조하셨을까?", "유혹으로서의 고통", "제압하는 고통", "끝에서 두 번째 실재로서의 고통"과 같은 주제 복합체와 연관된다. 이 모든 주제는 성경이 하느님에 관해 말하는 것들과 직결된다. 이제 우리는 고통에 대한 물음이 전적으로 하느님에 대한 물음임을 알게 될 것이다.

9.3.1 하느님께서 고통을 창조하셨을까?

하느님께서는 세상을 창조하신 다음에 "좋다"라고 하지 않으셨던가? 창조설화에 따르면 "하느님께서 보시니 좋았다."라고 연이어 말하지 않던가? 이런 점이 강조되지 않는다면 악의 기원을 단순히 신비라고 말해야 할까? 그러나 성경의 어디에도 "신비"라고 말하지 않는데, 악의 기원에 대해 이렇게 말한다면 성경을 옳게 대하는 것일까? 하느님께서 세상을 좋게 창조하셨다면, 모든 악은 그 뒤에 이어지는 역사의 흐름 안에서 비로소 개입해 들어 온 것이 아닐까? 이렇게 따져 보는 과정이 성경이 전하는 여러 사건들을 이해하는 단순한 길일 것이다.

 이러한 일들에 대해 좀 더 첨예하게 고찰해 보자. 어찌하여 사람은 죄를 지을 수 있도록 창조되었을까? 성경은(신약성경도 마찬가지) 스스로 결정한다는 의미에서 "무엇을 향한 자유"Freiheit zu가 아니라 오직 "무엇으로부터의 자유"Freiheit von만 알고 있다. 그렇기 때문에 인간이 죄를 지을 수 있다는 사실이 그의 자유로서는, 그의 특성으로는 이해될 수 없는 것이다. 성경은 계명에 의한 단죄"로부터의" 자유, 무상(無常, Vergänglichkeit) "으로부터의" 자유에 대해서 말하지, 자아실현과 자율을 위한 자유를 말하는 것이 아니다. 이런 사고는 근대에 들어와서 텍스트들에 기록되기 시작한 것이므로 성경적이라고 할 수 없다. 성경의 지평에서 죄를 지을 가능성에 대해 생각하려 한다면 이는 자유도 아니고 상을 줄 일도 아니다. 오히려 결함으로 보아야 할 것이다. 성경은 왜 악의 기원에 대해 밝히지 않는 것일까? '좋은' 창조에 이어 인류의 타락을 보도하고 이 이야기를 앞으로 일어날 홍수 사건의 서막으로 읽는다면, 따라서 시작은 좋았지만 인간에게는 무거운 짐이 드리워져 결국 모든 일이 악화될 것이라고 여기는 오해가 생기지 않을까? 인류의 타락에 관한 보도는 차라리 원인론Ätiologie, 즉 이야기에 현재 상태를 계속 덧칠하는 현상이 아닐까? 사람들은 왜 "세상이 그럴까?"를 설명하기 위해 이야기하는 것이다. 그리고 이 이야기는 멸망 이야기의 구성 요소가 된다.

더 고찰해 보자. 하느님께서는 인간을 유혹한 뱀(뱀은 적어도 악을 대표한다)을 왜 창조하셨을까? 이 물음은 조금은 복잡한, 천사의 타락에 관한 신화의 도움으로 대답할 수 있다. 천사 가운데 한 무리는 벌을 받아 하늘에서 추락하고 말았다. 하느님께서 인간을 총애하시는 것을 시기했기 때문이다. 인간은 하느님의 모상이라 불렸으며 하느님을 공경했다. 그러나 천사들은 그렇게 하지 못했다. 천사들은 '인간'이라는 가련한 존재가 하느님께 총애를 받는 모습을 보고 격분하여 결국 어둠 속으로 추락한 것이다. 이 신화를 우리는 다양한 형태로 만나게 된다. 먼저 기원후 1세기 무렵에 나온 '아담과 하와의 삶'-형태가 있다. 여기서는 악의 기원에 대한 물음이 천사의 세계로 넘어간다. 인간에게만 있다고 추측했던 결핍이 천사들에게도 드러났다. 그러면 천사들은 왜 결핍을 지니고 창조되었을까?

어쩌면 하느님의 은총이 더욱더 빛나게 드러나도록 하기 위해 악이 필요했던 것일까? 여기서 악의 기원에 대한 물음은 밝혀지지 않았다. 악의 목표와 의미는 '종국에야' 제시될 것이다. 그렇다면 이런 시도는 최소한 '성경적'이라고 여겨질 것이다.

악도 선의 한 가지 양상이라는 통찰은 단지 거짓 선으로 인도할까? 왜냐하면 선은, 가령 생명은 늘 추구되기 때문이다. 쾌락 역시 선한 것이다. 따라서 인간이 뱀의 유혹에 넘어간 것은 속임으로 보는 것이다. 그러나 인간은 왜 속아 넘어갔을까? 왜 좀 더 예리한 분별력으로 무장하지는 못했을까?

강조점을 달리하여 다시 한 번 더 살펴보자. "하느님께서 보시니 좋았다."라는 말은 창조에만 해당될 뿐, 그 다음에는 역사에서 모든 것이 인간의 죄로 말미암아 비참하게 진행된 것일까? 성경적 사고에 따르면 창조와 역사는 서로 어떤 관계에 있는 것일까? 역사는 창조된 세상의 한 부분이 아니란 말인가? 아니면 역사는 처음에 제정된 질서를 어기고 자립한 것일까?

창세기에 나오는 창조설화들은 창조가 질서로 소개된 것과 일치한다. 하느님의 개별적인 창조행위에서는 피조물의 물질적 기원보다는 나누고 구분하고 배분하고 배열하는 과정에 초점을 맞추었다. 다시 말해 창조는 일차적으로 질서를 세운다는 뜻이다. 그리하여 하늘과 땅, 빛과 어둠이 구분된 것이다. 따라서 질서가 세워지지 않고 구분되지 않은 것을 정돈하는 일이 창조가 이야기하는 핵심인 것이다. 구약성경은 "무로부터의 창조"에 대해서 아직 알지 못했기 때문이다. 세월이 흘러 초기 유다이즘의 시기(2마카 7,28)에 와서 비로소 하느님께서 세상을 무로부터 창조하셨다는 생각을 하기 시작했다. 그 이전에는 이런 사고를 하지 않았다는 것은 구약성경의 관점으로는 무엇보다도 질서가 창조되었다는 것을 의미한다. 후기 이사야서에 벌써 등장하는 "새로운 창조"도 무엇보다 이미 현존하고 있는 세상의 새로운 질서를 의미하는 것이다.

'창조'는 항상 먼저 주어진 무질서의 배후에서 이루어진다. 그렇지 않다면 바오로 사도가 다른 신들의 존재에 대해 말한 것을 (1코린 8,4 이하) 도저히 이해할 수 없다. 하느님께서 다른 신들을 만드신 목적이 도대체 무엇이겠는가?

이 모든 것이 맞는 말이라면 "하느님께서 보시니 좋았다."라는 해설은 하느님께서 그때그때 부여하신 질서의 의미와 연관된 것이다. 이 질서에는 어떤 의혹도 없다. 앞에서 언급했듯이, 하느님께서 단연코 모든 것을 오직 무에서 창조하셨다면 그 질質에 대해서도 '책임이 있으시다.' 그러나 성경은 그 어디에도 이러한 것을 언급하지 않는다. 하느님께서는 질서를 세우신 창조주이시고, 이 질서는 모세의 율법 안에서 최종적으로 완전한 형태를 갖추었다. 성경의 여러 대목에서, 특별히 몇 개의 시편이 제공하는 오래된 창조보도들에서 (요약해서 말하자면) 하느님은 혼돈의 용을 물리치시고 또 이렇게 승리하셨기 때문에 우리가 언제나 도움을 간청할 수 있는 분으로 묘사된다. 이는 아주 오래된 표상이다. 이 표상에서는 창조를 무로부터 불러낸 것으로 묘사하지 않고, 파괴적이고 사랑이 없으며 피해를 주는 세력에 맞서 투쟁하는 것으로 묘사한다. 이런 세력이 계속 활동한다는 점에 대해서는 아무도 의심하지 않을 것이다.

성경의 주변세계에는 혼돈-신화들이 많았는데, 구약성경의 여러 텍스트에 이런 신화들이 깊이 스며들었음을 찾아볼 수 있다. 그 예로 두 가지 텍스트만 소개하겠다.

시편 89,10-12:
당신께서는 오만한 바다를 다스리시고
파도가 솟구칠 때 그것을 잠잠케 하십니다.
당신께서는 라합을 죽은 몸뚱이처럼 짓밟으시고
당신의 그 힘찬 팔로 당신 원수들을 흩으셨습니다.
하늘도 당신의 것, 땅도 당신의 것
누리와 그 안에 가득 찬 것도 당신께서 지으셨습니다.

시편 74,13-18:
당신께서는 바다를 당신 힘으로 뒤흔드시고
물 위에서 용들의 머리를 부수셨습니다.
레비아탄의 머리들을 깨뜨리시어

바다의 상어들에게 먹이로 주셨습니다.
샘과 개울을 터뜨리시고
물 많은 강들을 말리셨습니다.
낮도 당신의 것, 밤도 당신의 것.
당신께서 빛과 해를 세우셨습니다.
당신께서는 땅의 경계를 모두 정하시고
여름과 겨울을 만드셨습니다.
주님, 이를 생각하소서. 적이 깔봅니다.
어리석은 백성이 당신 이름을 업신여깁니다.

낙원에서 아담과 하와를 유혹한 뱀은 이런 용의 원조元祖가 '포켓판' 형태로 나타난 것이다.

우리는 이렇게 확신한다. 세상 창조에 대한 성경의 전승에서 중요한 요소들 중 하나에 의하면 창조의 의미는 질서를 세우는 것이다. 이 질서를 파괴하는 것이면 모두 악하다. 창조된 것은 "선하다." 하느님으로부터 질서정연하게 만들어졌기 때문이다. 이것은 "악은 먼저 주어진 것이다"라고 설명하면 안 된다는 의미이다. 오히려 선과 질서를 하느님 섭리의 근원으로 소급해야 할 것이다. 이는 참으로 놀라운 일이다. 선한 창조는 하느님의 질서가 미치는 곳으로 계속 뻗어간다. 본래의 무질서는 여러 곳에서 그리고 늘 나타난다.

초기 유다이즘은 이 대목에서 한 가지 사항을 더 언급한다.

이런 '혼란한' 특성이 하늘에는 없다. 오직 땅에만 있다. 그 결과 하늘에서는 하느님의 통치가 이미 완벽하게 이루어졌는데, 지상에서는 여전히 투쟁이

끊이지 않고 있다.

이러한 관점은 개별적으로는 다음과 같은 것을 의미한다.

하느님의 질서가 하늘에서는 철저히 실현되었다. 모든 천사가 하느님께 종속되어 하느님의 명령들을 실행하기 때문이다. 천사들은 창조물의 다양한 영역들, 예를 들어 비, 눈, 천체를 비롯한 여러 곳에 파견되어 있다. 이 모든 것은 완전무결한 하늘로부터 조정되기 때문에 각자 제 기능을 탁월하게 수행하고 있다. 지상에 존립하는 질서 또한 이와 유사하게 잘 유지되고 있다. 질서가 존립하는 한, 예컨대 종種이 다른 동물들이 질서를 지키는 한 창조는 질서정연하게 진행될 것이다. 토라는 질서를 위한 도구에 지나지 않는다. 그런데 인간이 이런 질서를 제대로 지키지 않는다는 사실을 성경은 잘 알고 있다.

신약성경에서도 두 곳에서 이런 견해를 고수하는데, 여기서는 악에 대한 물음과 직결되었다. 주님의 기도에서 예수는 이렇게 기도하신다.

아버지의 뜻이 하늘에서와 같이 땅에서도 이루어지소서.

이 말은 하늘에서는 하느님의 뜻과 통치가 이미 완성되었는데, 땅에서는 아직 이루어지지 않았다는 뜻이다. 하느님의 선한 창조의지가 땅에서는 아직 완전히 이루어지지 않은 것이다. 묵시 12에서 환시자 요한은 미카엘 천사가 용을 제압하여 땅으로 떨어뜨린 것에 대해 보도하고 있다. 이 말은 하늘에서는 하느님의 통치가 이미 시작되어 완성되었는데,

땅에서는 아직 이루어지지 않았다는 뜻이다. 이와 관련하여 이렇게 설명할 수 있다.

이 세상에 존재하는 모든 악은 사실상 이미 패배한 적敵이 자신의 생명을 위협하는 혼돈의 잔재마저 이용하여 끝까지 다 살려고 한다. 이 땅은 하느님의 통치가 아직 완성되지 못한 영역이다.

하느님 나라는 다름 아닌 바로 창조주이시며 입법자이신 하느님의 질서를 사람들이 실현하는 것이다. 그리하여 사람들은 하느님을 주님이자 왕권을 쥐신 통치자라는 것을 인식하게 된다. 이런 질서를 파괴하는 것, 왕이시며 입법자이신 하느님을 거스르는 것이면 모두 악하다. 여기서 관건은 다름 아닌 바로 창조 질서를 실현하는 일이라는 점이 명확해졌다. 이에 따라서 예수가 하느님 나라의 선포자로서 계명들을 비판하신 것이다. 계명들이 창조 질서에 상반되는 한. 창조 이래 중요한 것은 항상 하느님 나라였다. 창조는 좋은 것이다. 창조가 하느님 나라를 질서이자 분별로서 시작하게 하는 한.

이러한 내용은 바오로 사도가 1코린 15장(로마 8장에서도)에서 새로운, "두 번째 아담"인 예수 그리스도를 통하여 죽음이 극복되었다는 것과 창조이야기가 참으로 충만하게 되었다고 보는 것과 일치한다. 바오로 사도에 의하면 창세기 1장과 2장이 전하는 두 가지 창조는 다음과 같이 생각해 볼 수 있다.

창세기 1장에서 전하는 창조는 아직 미완성 상태에 있었는데 예수 그리스도에 의해 비로소 완성되었고 일부는 아직 완전히 실현되어야 하는 상태로 있다. 예수와 더불어 죽음은 극복되었고 사람들은 하느님의 성령에 의해 되살아날 것이다.

바오로는 여기서 하느님의 창조행위에 대해 매우 분명하게 말하고 있는데, 성경에 의하면 하느님의 창조는 부분적으로 실행되었다. 이것은 악에 대한 물음과 관련지어 보면 다음과 같이 새롭고 놀랍고 자유롭게 하는 관점을 의미한다.

하느님께서 창조를 아직 완성하시지 않았기 때문에 악의 물음에 대해서도 결코 결정적인 판단을 내릴 수 없다. 하느님께서 아직 행하시는 것은 삶에 적대적인 세력들을 제압하는 것에서 이루어진다.

무엇보다 1코린 15장에서 이러한 것을 알 수 있다. 25절 이하에 이러한 내용이 있기 때문이다.

하느님께서 모든 원수를 그리스도의 발아래 잡아다 놓으실 때까지는 그리스도께서 다스리셔야 합니다. 마지막으로 파멸되어야 하는 원수는 죽음입니다. "사실 하느님께서는 모든 것을 그의 발아래 굴복시키셨습니다."

바오로 사도는 또한 15장 45-49절에서 창조이야기를 인용하고 해석한다.

성경에도 이렇게 기록되어 있습니다. "첫 인간 아담이 생명체가 되었다." 마지막 아담은 생명을 주는 영이 되셨습니다. 그러나 먼저 있었던 것은 영적인 것이 아니라 물질적인 것이었습니다. 영적인 것은 그다음입니다. 첫 인간은 땅에서 나와 흙으로 된 사람입니다. 둘째 인간은 하늘에서 왔습니다. 흙으로 된 그 사람이 그러하면 흙으로 된 다른 사람들도 마찬가지입니다. 하늘에 속한 그분께서 그러하시면 하늘에 속한 다른 사람들도 마찬가지입니다. 우리가 흙으로 된 그 사람의 모습을 지녔듯이, 하늘에 속한 그분의 모습도 지니게 될 것입니다.

창세 1,1에 의하면 하느님께서 하늘과 땅에 있는 모든 것을 창조하시고 이와 더불어 위협적인 세력들도 함께 창조하지 않으셨는가? 아니면 이러한 세력들은 유다인들의 전설에서 말하고 교부들이 말한 바와 같이 그 이후 (교만 때문에 타락한 천사를 비롯한 여러 가지) 타락한 세력들이 아니란 말인가? 이렇게 대답할 수 있다. 즉, 마법을 써서 무에서 만든 것이 과연 '창조하다'의 의미를 지니는지 의문스럽다. 이처럼 생각할 수 있는 가능성(무로부터의 창조)은 우리가 이미 살펴본 바와 같이 히브리 성경에는 전혀 없다. 그러므로 성경이 "창조하다"라는 말을 할 때에는 건축가가 궁전을 "만들었다"라고 말하는 것과 비슷한 것을 의미하는 것이다. "창조하다"라는 말의 성경적 의미는 점토로 질그릇을 만들듯이 형태는 없지만 이미 주어져 있는 어떤 것으로 형체를 만드는 것이다. 성경은 "재료"를 창조하는 것에 대해 말하지 않는데 이러한 추상적인 언어를 말할 줄도 모른다. 성경 첫 구절에 있는 "하늘과 땅"의 창조도 벌써 질서 지음ein Ordnen과 조직하기Organisieren를 의미하고, 두 가지 영역들로 분리하는 것을 의미한다. 뭍인 땅과 바다도 이와 유사하게 분리된다.

이사 65,17은 이러하다.

보라, 나 이제 새 하늘과 새 땅을 창조하리라.
예전의 것들은 이제 기억되지도 않고
마음에 떠오르지도 않으리라.

이것은 옛 세상을 완전히 파괴하여 다시 무로 돌리는 것을 전제하고 하는 말이 아니다. 전체적인 문맥으로 볼 때 하느님께서는 당신의 토라와 당신 백성을 통해서 세상에 하나의 새로운 질서를 세우신다는 말이다. 유다인들도 "새로운 창조"에 대한 말을 언제나 이렇게 이해했다. 그렇기 때문에 바오로 사도는 그리스도인이 된 어떤 사람을 "새로운 피조물"이라 말할 수 있었다. 그가 새로운 피조물이 되기 전에 무로 떨어질 필요는 없었던 것이다.

우리는 이렇게 확신한다. 성경은 창조를 지속적인 어떤 것으로 파악했는데 창조는 두 번째 아담 안에서 죽음이 극복됨으로써 비로소 완결된다. 창조한다는 말은 하느님께서 생명을 위협하는 세력들을 종국에는 가두어 버리는 것을 의미한다. 하느님께서는 이런 세력들을 무로부터 불러일으키지는 않으셨지만 근절하실 것이다. 창조는 전적으로 목표를 지향한 과정이기 때문이다. 성경은 하느님의 존재를 증명하려 하지 않는다. 선한 세력들과 악한 세력들은 단순히 주어져 있는 것이다. 이것도 저것도 증명되어야 할 필요는 없다.

성경이 하느님의 존재를 증명하려는 시도를 하지 않는 것처럼 악에 대한 이론을 정립하려는 시도도 하지 않는다. "악은 어디에서 유래한 것일까?"라는 질문을 하지도 않고 대답을 하지도 않는다. 한 가지 분명한 점은, 악은 하느님의 통치영역 밖에서 발단한다는 것이다. 따라서 악은 생명을 배척하는 것으로서 그냥 존재하는 것이다. 이스라엘의 하느님은 악을 피할 수 있는 길을 명백하게 보여 주셨다. 이렇듯 성경은 악에 대한 형이상학적인 이론을 제시하지 않는다. 이러한 이유로 성경적인 낙관주의에 대해 말할 수도 있겠다. 그러나 성경은 생명의 전제조건들을 누차 분명히 언급하며 악을 피하라고 한다.

아직도 존재하는 다른 잡신들에 대한 성경적 하느님의 입장은 선과 악에 대한 물음과 어느 정도 관련이 있다. 인간이 길을 잘못 들어섰을 때 나타나는 갖가지 현상이 잡신들의 세계에서 그대로 드러난다. 이런 다른 세력들은 존재하기는 하지만 한 분이신 주님께 굴복한 적으로서 존재한다. 이스라엘 하느님의 외부에 존재하는 다른 잡신들은 "세력들" 또는 악마들로 등급이 내려간다. 이런 잡신들은 재앙만 가져올 뿐, 생명을 낳지 못하며 악을 구현한다. 결국 악에 대한 물음은 오로지 이스라엘의 하느님께 속하는가 하는 물음이다. 왜냐하면 그분께 속하는 한, 생명의 영역에 있기 때문이다. 이런 전통에서 볼 때 악마를 천사나 마귀로 보는 견해는 이해할 만하다.

신약성경은 들어 높여진 예수를 이러한 세력들을 극복한 존재로 생각하여 하느님 나라를 위한 결정적인 투사로 여긴다. 이러한 극복된 세력들 중에 종국에는 죽음도 속한다.

최종 결론을 내려 보자. 창조에 대해 보도하는 모든 것은 악에 대해 설명하지 않는다. 오히려 성경은 삶의 놀라운 질서에 대해 감탄하라고 요청한다. 사막 한가운데 있는 오아시스를 보며 감탄하듯이. 성경의 관점은 우리 현대인들의 관찰방식과 완전히 다르다는 것이 명백해진다. 성경에서는 인간의 실존이, 다시 말해 이 세상에 살면서 위험이 닥치고 위협받으며 분열된 상태에 처한 것이 이미 주어졌다고 전제한다. 따라서 여기서 추구할 일은 이런 부정적인 요소들로는 이루지 못하는, 함께 사는 삶이다. 주변이 온통 사막뿐인 곳에서 '보호된 정원'을 찾아야 하는 것이다. 악과 불확실함이 먼저 주어졌지만, 이스라엘의 하느님은 예외를 선물로 주신다. '좋다'고 선언된 세상에서 사람들은 악이 어디에서 갑자기 발생할 수 있느냐며 묻지 않는다. 이에 대한 대답은 없다. 우리는 이렇게 확신한다.

생명에 적대적인 것, 무질서한 것, 악한 것, 사막은 이미 먼저 주어진 것이고 설명할 수 없는 것이다. 하느님의 어떤 활동을 통해서도 설명되지 않는다.

이렇게 확신하면서 우리는 '그 자체로' 선한 창조로부터 악의 기원을 찾으려는 (늘 실패하는) 시도와 맞서며, 오히려 악과 대적하시는 하느님의 투쟁을 기린다.

이러한 설명으로 하느님 창조의 원천과 목표가 이 절의 테마가 되었다. 하느님께서는 처음부터 생명에 적대적인 존재와 사랑이 없는 존재와 대결하시고 투쟁하시며 종국에는 승리하신다. 성경의 하느님은 어떤 사정이 있더라도 생명의 하느님이고 죄인의 죽음을 원하지 않으신다. 그리고 영광의 하느님께서는 성경의 처음부터 끝까지 무엇보다 자비의 하느님이시다. 하느님은 "무엇보다" 바로 이러한 분이시길 원하시기 때문에 다른 잡신들과 구별되고, 세력들과 폭력들로부터도 확실하게 구별된다. 하느님께서 무질서한 세력들과 투쟁하시는 것은 죽음의 필연성과 투쟁하시는 것이다. 창조의 목표는 이러한 무질서와 죽음의 법칙을 극복하는 것이다. 신약성경은 특히 바로 이러한 체험을 근거로 하여 죽은 자들의 부활에 대해 언급한다. 누구에게나 닥치는 육체적 죽음이 이런 투쟁을 처음 벌이면서 생긴, 오래된 무거운 짐을 계속 지우더라도 결정적인 '두 번째 죽음'을 피하는 일이야말로 첫 번째 창조목표이다. 이때 인간이 하느님의 목표와 의도에 기회를 드리는 것이 유일한 조건이다. 그렇게 하지 않으면 이 목표는 실현될 수 없다.

9.3.2 유혹으로서의 고통

특히 신약성경의 견해에 의하면 어떤 사람이 당하는 고통은 당사자에게 무언가 말해 준다. 고통은 하느님 통치의 질서를 표현하지 않으며 질서를 지키는 것도 아니다. 바로 이런 이유에서 고통은 인간이 하느님께 나아가도록 방향을 가리키는 길잡이와도 같다. 고통은 이 역할을 수행하며 단 한 가지 항목에 배열된다. 이는 인간의 삶에 중요한 요소로서 바로 하느님께 향하는 것이다. 인간이 고통을 통해 일단 하느님께로 향하면, 후에 고통을 당하더라도 자신이 어떻게 해야 할지 알게 된다. 인간이 하느님께로 향해야만 한 사람 한 사람 하느님의 통치(그분의 나라)를 깨닫게 된다. 이런 관점에서 인간이 당하는 모든 고통은 하느님 나라와 그분의 통치에 배열된다. 인간이 이런 의미에서 당하는 고통을 성경은 '유혹'이라 일컫는다. 사람들은 유혹이란 개념을 철저히 잘못 이해한 적이 많았다. 이 개념을 새롭게 해석해 보기로 하자. 이렇게 보는 방식은 새로운 것이다. 이 방식은 악과 고통이 '무엇을 위해' 존재하느냐에 대한 물음을 예수의 핵심 주제인 기쁜 소식과 관련지어 대답할 수 있게 해 준다. 이 세상에 존재하는 모든 고통은 단지 하나의 전조에 지나지 않기 때문이다. 그 전조란 이보다 훨씬 더 나쁜 어떤 것이거나 더 나쁠 수 있는 것을 예고하는 것인데, 말하자면 자기 자신에게 영원히 잘못을 범하는 것이다.

요한 5,14에서 예수는 38년이나 앓아누워 있던 병자를 고쳐 주신 후, 놀랍게도 이렇게 말씀하신다.

자, 너는 건강하게 되었다. 더 나쁜 일이 너에게 일어나지 않도록 다시는 죄를 짓지 마라.

이 같이 냉소적으로 보이기도 하는, 이해하기 힘든 예수의 말씀은 다음과 같은 의미를 내포하고 있다.

네가 다시 죄를 지으면 지난 38년 동안 앓아누워 있던 때보다 더 나쁜 일이 일어날 것이다.

예수는 여기서 오랫동안 앓아 온 질병의 원인으로 죄를 지목하지 않는다. 그보다 훨씬 더 분명히 한 것은 앞으로 죄를 지을 경우에는 치료의 희망도 가지지 못한 채 지난 38년 동안이나 앓았던 것보다 더 나쁜 결과를 초래하게 된다는 것이다. 여기서 죄를 짓는다는 것은 이런 의미다. 예수의 인성Person 안에서 하느님께서 주시는 생명을 경시한다는 뜻이며, 베푸시고 선물로 주시는 것을 받지 않겠다는 뜻이다. 인간이 이런 과정에 스스로 참여하지 않고는 끝을 알 수 없을 정도로 오랜 질병보다 더 나쁜 재앙으로부터 구제될 수 없다. 그는 여기에 참여하기를 원해야 하고 죄짓기를 그만두어야 하며, 주어진 것을 받아들여야만 한다. 이러한 근거에 의해 예수는 앞서 이렇게 물었다(5,6에서).

건강해지고 싶으냐?

주석가들은 이 질문에 대해 항상 의아하게 여겨 왔다. 그렇게 오랫동안 병을 앓은 사람이 건강해지고 싶은 것은 물을 필요도 없는 일이다. 그러나 이보다 더 나쁜 질병은, 말하자면 죄는 안타깝게도 그렇게 명백하지 않다. 그렇기 때문에 예수의 "건강해지고 싶으냐?"라는 물음은 이미 역사의 더 중요한 후반부 뒷부분에 대한 서막이다. 왜냐하면 그것이 무엇보다 중요하기 때문이다.

죄짓기를 그만두려느냐? 중독된 병적 욕망으로부터 자유롭게 되기를 원하느냐?
달리 표현하자면, 네가 원하지 않으면 치유되지도 못하고 자유롭게 되지도 못한다.

육체적 병을 앓을 때 당연히 낫기를 갈망하듯이 다른 질병, 곧 죄를 지었을 때도 마땅히 그래야 한다. 치유된 사람도 예수를 믿는다고 고백하고 예수와 함께 인간 공동체 안으로 들어갈 때 비로소 죄에서 해방된다. 이는 다름 아닌 바로 하늘나라의 규칙에 따라 산다는 것, 위로부터 새롭게 태어났다는 것, 형제자매들 가운데 일치와 평화를 지킨다는 것을 뜻한다.

이러한 고찰의 결과로 다음과 같이 정리할 수 있겠다. 고통들은 자기 자신 스스로 어떤 말도 하지 않는다. 고통들은 방해하고 괴롭히며 당황하게 한다. 이들은 우리를 깨워 일으켜서 질문을 던진다. 욥기를 중심으로 앞서 나온 텍스트와 후대에 나온 텍스트들도 이런 물음을 다룬다. 초기 유다이즘과 신약성경은 이제 이러한 질문들을 진지하게 받아들여서 단순히 하느님께서 다 알아낼 수 없는 뜻을 언급하는 식으로 해결하려고는 하지 않는다. 이들은 더 이상 하느님에 대해서 그리고 고통의 이유에 대해서 우리보다 더 잘 알지도 못한다. 그러나 이들은 '무엇을 위해'Wozu 라는 질문으로 한 걸음 더 나아간다.

첫째, 이들은 악과 고통이 하느님으로부터 유래한 것이 아니라 이미 존재하고 있는 것으로 발견되었다고 이해하는 구약성경과 함께한다. 둘째, 초기 유다이즘 시대의 유다인들은 신명기 및 이와 유사한 문헌들이 탄생한 시대부터 예언자적 메시지의 중요한 부분을 붙들어서 이것으로 신학적 프로그램을 만들었다. 이것을 두 마디 말로 종합할 수 있는데, 바로 회개와 귀의이다(Umkehr, Bekehrung).

이제 이러한 프로그램으로(성서학은 이것을 신명기적 프로그램이라고 칭한다) 마련한 새롭고 하나로 통합된 잣대로 인간의 고통과 세상 안의 악을 해석하자면 다음과 같다.

이들은 사람의 회개를 위해 존재한다.

이미 초기 유다이즘에서 욥이라는 인물을 새롭게 해석한 것에서 이러한 내용을 볼 수 있다. 욥은 이스라엘의 하느님께로, 유다이즘으로 방향을 돌려서 회개한 존재로 해석되었다. 그의 고통들과 그의 자녀들의 죽음은 이런 회개의 맥락에서 필요 불가결한 요소로 여겨졌다. 욥이 사탄의 유혹을 받은 까닭은 사탄이 욥의 믿음에 형태를 부여하고 깊게 하는 통로였기 때문이다. 이러한 일들을 체험하는 가운데서 욥은 그 이전 어떤 때보다 더 확실하게 하느님이 어떤 분인가에 대해 알게 되었다. 초기 그리스도교에서도 이와 전적으로 일치하여 인간의 모든 고통은 회개하기 전이나 후에 시작된 것으로 보았다. 이것은 이러한 의미이다.

> 고통은 하느님께서 인간에게 바라시는 한 가지와 관련지을 때 비로소 의미를 지닌다.

여기서 항상 전제되는 것은, 바로 이 같은 하느님께서 말씀하셨고 모세와 예언자들은 그분의 말씀을 선포했는데 사람은 들으려고 하지 않았다는 것이다. 후기 문헌들은 이 세상에 존재하는 고통을 이러한 관점으로 파악하여 "무엇을 위하여"Wozu라는 의미에서 발생하는 질문에 대해 이제는 대답을 할 수 있게 되었다. 중간에 멈추어 서서 방향을 전환하는 행동은 필요 불가결한 요소이었다.

고통이라는 테마는 무엇을 의미하는 것인가? 고통 역시 몸에 밴 것이 멈춰지는 것이다. 고통은 습관의 변화라는 뜻으로 족하기도 하지만, 항상 위기, 문의, 자명한 것을 뒤집는 것이라는 의미를 지닌다. 사람들은 대부분 윤리적 잘못들(죄)과 고통은 서로 직접적인 연관성이 없다며 당연시한다. 그럼에도 불구하고 걱정이나 고통이 시작되는 시점에 거의 자동적으로 이에 대한 질문을 던진다. 고통을 체험하고 하느님께로 향하는 현상은 비단 이스라엘 백성의 유배시기에만 함께 나타난 게 아니었다. 전체적으로 그랬다. 고통을 겪는 사람은 상황이 전환되기를 호소하기 때문이다. 성경의 하느님은 포괄적인 치료와 변화의 가능성을 제공하신다. 이 지상에서의 삶도 나눌 수 없는 (시간적인 그리고 영원한) 삶 전체의 일부에 불과하기 때문이다. 이러한 의미에서 고통은 하느님을 신뢰하여 '전적인total 죽음'을 피하라는 하나의 신호이다. 따라서 여기서 관건은 왜

Warum가 아니라 고통의 목적Wozu des Leidens이다.

현세적 고통이 최종적으로 가능한 대재앙을 아직 만나지는 않았다. 여전히 항상 중요한 것은 끝에서 두 번째이다. 이 단계에서 인간은 고통 중에 견뎌 낸다. 바로 이런 근거에서 인간이 당하는 모든 고통은 표지에 그친다. 왜냐하면 표지는 포괄적인 전체의 일부에 불과하며, 더 큰 것을 가리키기 때문이다.

초기 유다이즘과 신약성경의 관점에 의하면, 육체의 죽음 역시—십자가에 못 박히신 예수의 죽음과 같은(여기서 유혹으로 간주된)—전체가 아니라 단지 하나의 신호에 지나지 않는 것이다.

이제 한 가지 흥미로운 점이 있다. 고통이 표지이듯이, 성경의 의미에서는 인간의 필연적인 응답 역시 표지 형태로 주어진다는 것이다. 인간이 하느님께로 향할 때 '영광을 드리기' 때문이다. 다시 말해 인간은 고백의 말로 하느님을 찬미한다. 모든 신앙고백은 이러한 찬미들에 기원을 두고 있다. 여기서 말은 하느님께 속하는, 살아 있는 표지가 된다. 말이란 전全 인간을 위해 있는 것이며 그런 의미에서 표지이다. 인간이 고통을 통하여 하느님께로 향하게 되면, 하느님을 신뢰하여 새로운 차원들로 들어서게 되면, 그가 존립할 수 있는 길은 바로 기도이다. 신앙고백을 할 때 말이라는 표지가 중요하듯이.

우리는 이렇게 확신한다. 인간이 이 세상에서 당하는 고통뿐만 아니라 그 고통에 대한 대답도 표지의 영역에 속한다. 고통은 소멸되지 않는 전체의 일부에 해당하며, 고백과 기도는 치유되고 구원되어야 하는 전全 인간을 위한 것이기 때문이다. 위해危害와 구원은 전방에서, 표지의 영역에서 일어난다. 따라서 전체가 위험에 처했다는 것이 드러난다.

지금까지 '창조'와 '유혹'이라는 주제를 다루면서 깨닫게 된 점은 성경적 발언을 이해하기 위해서는 이 두 전선에 대항하여 투쟁해야 한다는 것이다. 한편으로 중요한 점은('유혹'에 관한 절) 하느님을 원리이자 '절대 선'으로 만들지 않는 것이다. 왜냐하면 하느님은 독단적이시고 인간이 쉽사리 알아차리지 못하며 루터가 말했듯이 '감추어진 하느님'이라는 특성을 분명히 갖추셨기 때문이다. 하느님은 그런 가운데서도 애매하거나 악의가 있는 분이 아니라 우리가 항상 깜짝 놀라도록 행동하시는 분이시다. 따라서 우리는 하느님을 단지 "선한 분" 또는 사랑의 원리 정도로만 여기는 철학적, 교훈적 관념들과 하느님의 존재만 인정하고 구체적인 활동은 인정하지 않는 이신론理神論적 관념을 거슬러 투쟁하고 있다. 여기서 우리에게 중요한 것은 하느님의 위격, 그분의 존엄성, 감추어짐과 예측불가능성이다. 이러한 의미에서 하느님께서 악의 원인은 아니지만 악이 하느님의 활동과 연관될 수도 있을 것이다. 죽어 가는 예수가 하느님께서 자기를 버리셨다고 말할 수 있도록 하느님은 허용하셨다. 이사 45,7에 의하면 하느님께서는 어둠을 창조하시고 불행을 일으키심으로써 악을 창조하셨다고 한다. 다른 한편으로 ('창조'에 관한 절) 생명에 적대적인 것, 무질서, 악 그리고 사막은 이미 주어진 것이고 설명할 수 없는 것이며 하느님의 어떤 활동으로도 해명이 안 되는 것이다. 그리하여 우리는 '그 자체로' 선한 창조로부터 악의 기원을 찾으려는 (늘 실패하는) 시도와 싸운다. 여기서 관건은 악과 대적하는 하느님의 투쟁이다.

순전히 이론적으로만 고찰해 본다면, 이 두 가지는 최소한 부분적으로 서로 모순될 수 있다. 우리의 의도는 여기서 이의를 제기할 수 없는 완전한 이론을 확립하여 제공하는 것이 아니라, 성경에서 알려 주는 것을 따라 하느님께서 사람들과 함께하신 역사를 이해하고자 하는 것이다. 큰 정책이면 흔히 보게 되듯이, 대담하게 표현하자면 이렇다.

원리에 충실함과 큰 제휴

현실적인 사람이라면 양쪽의 가능성을 계산할 것이다.
이 두 가지 길을 한데 모아 이렇게 말할 수 있다.

두 번째 주제(유혹)의 중심은 역사 속에서 하느님과 함께하는 체험이다. 이 체험은 대부분 어둡고 진실을 간파하기 어렵다. 첫 번째 주제(창조)의 중심은 '근원과 목표'이다. 하느님께서는 처음부터 생명에 적대적인 것과 대결하시며 종국에는 그것을 물리치실 것이기 때문이다.

"유혹"이란 말 대신에 차라리 "도전", "도발"이라고 말해야 할 것이다. 유혹은 하나의 "가시"로서 그리스도인으로 하여금 자신의 길을 걸어가도록 압박하여 믿음 안에서 성장하게 하고 하느님과의 새로운 관계 안으로 성장해 들어가도록 한다.
그러나 한 가지는 유혹을 두고 한 말이 아니다. 유혹은 하느님께서 사람을 시험하려는 놀이가 결코 아니라는 점이다. 하느님께서는 인간이 파멸할 때까지 얼마나 더 몰아대실지 이 도상에서 알고 싶어 하신다는 것은 결코 관건이 아니다. 하느님께서 인간을 괴롭히는 것이 아니라, 인간이 세상 안에, 자신과 하느님의 관계를 시험하는 상황에 빠져드는 것이다. 하느님과 인간을 멀어지게 하는 뭔가가 꾸며지기도 한다. 이런 상황에서 인간은 하느님께 꼭 매달릴 수밖에 없다.
다른 한편으로 인간이 하느님께 속할 때 고통과 의미 없는 죽음은 전혀 다른 차원의 성격을 지닌다. 고통과 죽음은 인간에게 근본적인 물음이다. 고통을 당하게 되면 모든 게 무의미한 것은 아닌지 예전보다 더 신랄하게 물음을 던지기 때문이다. 재앙이 계속될 때마다 하느님, 강렬한 희망을 일깨우시고 하늘나라를 약속하신 그분 발 앞에 모든 것을 내려놓아야 하지 않을까? 기대와 희망이 너무 높으면 종교비판이 일어나지 않을까? 그리스도교 안에서는 오직 성인들에게만 관심을 가지는데, 이들이 조만간(!) 왕국을 물려받을 것이라는 설명은 사람들이 세상의 고통을 직시할 경우에 금방 의문시되고 의미—물음이 극도로 예리하게 되고 만다. 하느님께서 인간에게 하신 강렬한 사랑의 고백과 이른바 유혹, 종국에는 늘 허무주의로 빠지는 유혹은 연관성이 있다. 초기 그리스도교에서 특히 강조한, 세상의 종말이 곧 다가오리라는 '임박 기대'Naherwartung는 이 물음에 대해 의미를 지닌다. 고통의 시간은 시험에 지나지 않고 얼마 남지 않았다고 여러 곳에서 자주 예시되었기 때문이다(1베드 1,6과 5,10).

우리는 다음과 같이 확신한다.

그리스도교의 하느님 표상과 하느님의 사랑에 대한 성경의 진술들은 세계 역사에서 지속되는 잔학한 행위에 직면하여 의미—물음을 극단적으로 던지게 했다.

신은 죽었다는 말만 최종적으로 남을 것인가? 여하튼 그리스도의 과도한 요청과 기대가 허무주의라는 새로운 양상을 배양시켰다는 것은 이해할 만한 일이다.

성경은 이러한 현상을 정확하게 알고 이것을 유혹이라고 불렀다. 예수 친히 이런 종류의 유혹을 거듭 체험했다고 성경이 전하는 말은 특히 놀랄 만한 일이다. 예수가 자기 자신을 이해했다고 하더라도 하느님의 아들이 짧은 기간만 고통스럽게 활동하고 정녕 의미 없이 죽음에 이르렀다면, 역사 안에서의 하느님 활동에 대한 물음은 지극히 격렬할 것이다.

유혹은 믿음과도 어느 정도 관련이 있다. 성경이 말하는 믿음은 하느님 안에서 안정성을 얻는 것을 의미하고 자신을 하느님에 근거하여 세우는 것을 말하며 하느님 안에서 중심을 구하는 것을 의미한다. 믿음에 대해 말을 할 때에는 굳건히 존재하는 것, 동요하지 않고 확고부동한 것 혹은 신뢰에 대한 표상들을 거듭 언급하고 있다. 믿음에 대한 시험은(더불어 모든 유혹도) '신앙고백'을 표현한 기도문과 관련된 게 아니라, 의미에 대한 물음과 관련된다. 고통, 재앙, 죄와 죽음이 있음에도 불구하고 모든 존재는 의미를 지닌 것일까 그렇지 않은 것일까? 여기서 교의적인 신론의 의미에서가 아니라 오로지 이러한 관점에서만 보더라도 하느님께 대한 물음은 중요하다. 하느님을 믿는다는 것은 의미를 인정한다는 말이기 때문이다. 그렇다면 유혹은 모든 게 의미 없는 것이 아니냐며 고통받는 사람들과 죽어 가는 사람들에게 던지는 잔혹한 물음이 될 것이다. 인간은 하느님이라는 부동한 토대에 뿌리를 내려야만 비로소 굳건해진다는 것은 성경의 문헌들이 갖고 있는 확고한 신념이다. 이러한 신념이 옳은 것이라면 믿음을 가진 사람들에게 다가오는 시험들은 그럴수록 더욱더 강하게, 더욱더 분명하게 그리고 더욱더 투명하게 하느님께 매달림으로써 극복해 낼 수 있다. 구약성경의 욥에게 던져진 왜Warum와 무엇을 위하여Wozu에 관한 질문은 오직 이 세상에서의 고통과 관련하여 제기되었다. 신약성경에서는 예수에게 죽음의 차원이 보태졌다. 죽음에 대한 두려움과 눈앞에 닥친 피할 수 없는 그것은 예수의 최종적이고 가장 큰 유혹이었다.

제대로 보자면 이것은 예수에게만 해당되는 것은 아니다. 죽음은 의미에 대해 진술할 때마다 가장 큰 도전이 된다. 죽음을(이와 함께 부활도)

변신론(辯神論, 이 세상에 존재하는 고통 앞에서 하느님의 존재를 변호함)의 물음에 끌어들여 진술하는 데는 유다이즘에 맞선 유다-그리스도인들의 진보적 사고가 들어 있다. 죽음은 온갖 파국 가운데 항상 가장 의미 없는 것이다. 이 시험과 맞서 싸우려면 특히 죽어 가는 이들의 기도가 큰 의미를 지닌다. 왜냐하면 의미-물음을 이렇게 극단화할 때 그것은 의미를 꼭 붙들거나 십자가에 매달린 예수의 외침처럼 하느님께 향하면서 의미를 극도로 요청한다는 뜻이기 때문이다.

저의 하느님, 저의 하느님, 어찌하여 저를 버리셨습니까?

모든 유혹과 마찬가지로 죽음도 하느님과의 한 만남으로 이해될 수 있다. 우리는 이미 '창조' 주제를 다루면서 사람은 죽음에서 하느님을 만난다는 것을 보았다. '유혹' 주제를 다룰 때도 이러한 측면은 드러나는데, 그 의미는 완전히 다르다. 죽어 가는 과정에서 하느님은 사람을 시험하시는데, 이러한 질문을 던지신다.

너는 내가 지닌 엄청난 위력에도 불구하고 나의 사랑고백을 꼭 붙들겠느냐?

극적인 러브스토리에서 보듯이, 모든 것은 결정적인 순간에 파트너 한 사람이 다른 사람의 사랑고백에 자신을 온전히 내맡기는 데에 달려 있다. 그런 다음에야 그는 구원된다. 이런 사랑에 대한 반증, 사랑의 소박한 가능성에 대한 반증은 상대방의 절대적인 주권행사이다. 이는 하느님을 의심하는 유혹이 된다. 죽음은 하나의 결정적이고 강력한 실재성을 지니므로 이런 시험이라면 그리 나쁜 것이 아니다. 인간은 죽음에서 하느님의 영광을 비롯하여 하느님과 인간의 거리를 보호벽 없이 혹독하게 체험한다.

물론 예수는 죽어 가면서 하느님께 버림받은 최후 인물이다. 예수님 이후의 모든 그리스도인은 죽음을 귀양살이에서 고향으로 넘어가는 과정으로 이해해도 되는 것이다. 예수 그리스도께서 이미 그곳에 계시기 때문이다. 바오로 사도는 주님 곁에 있게 되어 벌써 기쁘다고 말할 수 있었다. 그가 죽는다면 두 팔을 벌리고 그를 맞이할 분이 저 너머 그곳에서 기다리고 계시기 때문이다. 이것은 모든 그리스도인에게 적용되는 것이기에 우리에게는 죽음이 오더라도 결정적인 단절은 없게 되었다.

"오로지" 믿음과 신뢰만을 높이 여긴 마르틴 루터 역시 이와 유사한 것을 말했다.

눈에 보이는 모든 것에 맞서 하느님의 고유한 사랑을 신뢰해야만 한다. 죽음은 살아 계신 하느님께서 생명을 위해 하신 모든 말씀을 무효로 하는 것처럼 보이기 때문이다.

의미-물음을 던지는 결정적인 순간 하느님의 사랑고백에 자신을 내맡기는 사람은 하느님께 부끄럽지 않을 것이다. 따라서 죽음은 각 개인에게 하나의 시험이다. 극단적인 참상, 고통, 두려움에 닥쳐서도 과연 하느님께 꼭 붙어 있는지.

하느님의 창조가 비록 '좋다'고 하더라도 굳건한 것만 살아남을 수 있다. 이것은 한 가지 '생존경쟁'임에 틀림없다. "이렇게 제공된 것들을 거부하는 사람은 입이 짧은 아이에 비유할 수 있다."(바이어O. Bayer) 믿음이란 하느님께 대한 친밀함 그 이상이다. 믿음은 생명을 구하는 굳셈을 얻는 것이다. 사람의 마음이 굳건하면 그는 살아남을 수 있다. 이것이 성경의 확신이다.

마르코와 마태오 복음에 의하면 십자가에 못 박히신 예수의 마지막 말씀은 다음과 같다.

저의 하느님, 저의 하느님, 어찌하여 저를 버리셨습니까?

이 문장은 시편 22,1에서 인용한 것이다. 예수는 당신이 상상도 할 수 없는 고통 속에서 십자가에 매달리셨을 때 하느님께 이렇게 호소하셨다. 누구도 그분을 구해 주지 않았다. 예수의 최후 말씀은 하느님으로부터 버림받은 것에 대한 호소였다. 하느님으로부터 버림받았다는 것은 위로가 없는 것을 말한다. 이것은 또한 생명에 적대적인 사막의 모티브이기도 하다. 예수는 진행되고 있는 현상을 그대로 받아들이기만 하지 않고 하느님께 호소하셨다. 그분의 말씀은 동시에 고소이기도 했다. 그러나 결정적으로 중요한 사항은 예수가 하느님을 향했다는 것이다. 예수는 자신에게 일어난 일에서 하느님의 행적과 필적을 알아보았다. 여기에는 하느님의 다소 전형적인 태도, 따라서 사실 이런 의미에서도 하느님의 필적이 반영되었다는 사실을 십자가에 못 박혔을 때도 알았다. 그러기에 예수는 시편 22장의 한 구절을 인용한 것이다. 예수는 하느님께 버림받은 상태에서 이 외침을 다른 많은 사람들과 나눈다. 그리고 죽어 가면서 이 시편을 외친 이들의 긴 대열에 합류하며 연대한다. 누구나 최소한 한 번은 삶에서 다음과 같은 상황을 체험한다.

죄 없이 고통당하는 데도 하늘은 입 다문 채 있다. 마치 무거운 돌덩이에 짓눌린 듯하다.

하느님은 침묵하고만 있어서는 안 되는 상황에서 침묵하고 계신다. 그렇기 때문에 예수는 다가오는 죽음을 하느님과의 대단히 의혹스럽고 터무니없는 만남으로 체험한다. 하느님은 예수에게 아무런 도움도 주지 않고 그냥 두었을 뿐만 아니라 그분을 사람들에게 내주기까지 하셨고, 심지어 십자가에 매달린 순간에도 전혀 도움의 손길을 펴지 않으셨다.

나는 예수의 기도를 너무 독단적인 이러한 방식으로 읽으려는 사람들을 자주 만난다. 그런 사람들은 조화를 간절히 바라는 마음으로 시편 22장 그 다음 구절에는 위로의 내용도 들어 있다고 언급한다. 이 점에 대해서는 예수나 복음사가도 같은 생각이었을 것이다. 그들은 하느님께 버림받았다는 생각을 자기 자신이나 예수를 위해서도 견디고 싶지 않을 것이다. 그러나 예수는 여기서 다른 구절들에 대해서는 아무 말씀도 하지 않으셨고 다음과 같은 말씀도 하지 않으셨다.

사랑하는 하느님, 저는 부활절 아침을 기쁘게 기다립니다(잘못된 결론을 이끌어 내지 않도록 이렇게 명백하게 해야 한다).

오늘날 사람들은 시편 22,1에서 말하는 바와 같이 죽음을 하느님으로부터 버림받은 것으로 보기를 자주 거부한다. 부활에 대한 믿음을 갖기가 대단히 어려운 것으로 보이기 때문이다. 부활할 때 하느님께서 다시 자신에게 다가오신다는 것을 굳게 믿는 사람만이 죽음을 타협의 여지도 없이 하느님으로부터 버림받은 상태로 볼 수 있기 때문이다. 하느님께서 당신의 태도를 바꾸실 수 있고 기도하는 사람에게 다시 다가오실 수 있을 것이란 것을 믿을 때에만 하느님의 부재를 견딜 수 있다. 이 점을 믿을 수 없는 사람은 죽음은 하느님으로부터 버림받은 상태라는 생각을 항상 거부한다. 묘비에 다음과 같은 문구를 새기던 시절은 지나가 버리고 만 것으로 보인다.

여기에 잠들어 있는 사람은 기쁨에 가득 찬 부활을 기다린다.

이런 기쁨을 꿈꿀 수 없는 사람이라면 현실을 너무 사실적으로 보여주지는 말아야 할 것이다. 그런 사람은 현실을 있는 그대로 바라보고 견딜 수 없기 때문이다.
그러나 예수의 경우는 이러했다. 예수는 크게 외치면서 자신에게 일어난 일을 다시 받아들일 것을 제기한다. 그분은 하느님을 부르며 이렇게 말하려고 했을 것이다.

주님, 이것이 모든 것일 수는 없습니다!

예수가 죽음을 하느님과의 만남으로 여기고 이 죽음이 잔인하다는 것은 의심할 여지가 없다. 비록 이러한 죽음이 어떻게 하다 보니 우연히 일어났음에도 불구하고, 살인자들도, 우리가 앞으로 보게 되는 바와 같이, 특정한 의미에서 하느님의 뜻을 채운다. 그렇게 외치는 예수는 하느님께서 죽었다고 생각하시지 않는다. 하느님께서 멀리 계시지만 죽은 것은 아니다. 예수는 살아 계신 하느님께 도전하신다. 그분은 생명은 오직 살아 계신 하느님 곁에 있어야만 했다는 것을 아신다. 하느님은 황무지에 있는 샘과 같은 분이시다. 이 샘에 가까이 사는 사람일수록 그만큼 더 살아가는 것이 쉬워진다. 이 샘으로부터 멀리 떨어져 살수록 그만큼 더 죽음과 가깝다. 하느님과 가까이 있느냐 멀리 있느냐 하는 것은 살아갈 수 있느냐 죽어야만 하느냐가 달린 문제이다. 모든 곤경은 죽음의 한 부분이다.

9.3.3 제압하는 고통

지금까지 신약성경에 "유혹"이란 이름으로 존재하는 고통의 한 측면만 살펴보았다. 그리스도인이 당하는 고통은, 이들이 그리스도인이라는 신원에 대해 물음을 제기한다는 점이다. 그러나 신약성경은 믿음에 관심을 돌리게 하는 고통, 다시 말해 그리스도인이 되기 전에 인간이 겪는 고통 또한 알고 있다. 예수에 관한 전승뿐만 아니라 요한 묵시록에도 고통(낯선 고통이 자주 나옴)이 고통을 두렵게 하고 이런 방식으로 하느님의 존재를 인정하도록 강요하는 표상이 나온다. 이런 표상이 우리에게는 낯설지도 모른다. 따라서 이런 표상을 좀 더 자세히 관찰하고 나서 이 표상이 우리에게 무엇을 말해 줄지 알아보겠다. 해당 대목은 루카 13,1-3(너희는 그 갈릴래아 사람들이 그러한 변을 당하였다고 해서 다른 모든 갈릴래아 사람보다 더 큰 죄인이라고 생각하느냐? 아니다. 내가 너희에게 말한다. 너희도 회개하지 않으면 모두 그처럼 멸망할 것이다.)과 묵시록 6-9장이다. 이 두 가지 텍스트에서 중요한 것은 인간이 고통으로부터 어떻게 피하느냐는 물음이 아니라, 과연 고통의 의미가 있느냐 하는 물음이다. 이 물음에 대해서는 이렇게 답할 수 있다.

고통은 첫눈에 보이는 것과는 달리 의미가 없거나 공허한 것이 아니다. 또한 선택의 여지도 없이 어떤 사람이 짊어지게 하거나 단번에 밀어붙여 운이 다해 죽음에 이르도록 하는 것도 아니다. 고통은 어떤 경우에도 "무das Nichts를 향한" 창문을 열어젖히지 않는다.

나아가 고통은 체험하는 것만이 아니라 통찰하여 극복해야 하는 것이다. 성경에서도 그렇게 이루어진다. 이는 행위와 결과의 연관성을 알려 주는 것이다. 이런 연관성이 여기서는 심하게 달라졌다. 그 결과 첫 번째 그룹에 속하는 사람들에게는 마땅히 받아야 할 심판이 '때가 되기도 전에' 빨리 일어난 반면에, 두 번째 그룹에 속하는 나머지 사람들에게는 아직 일어나지 않았다. 첫 번째 그룹에 속하는 사람들이 벌을 받은 것이 두 번째 그룹에 속하는 이들에게는 경고와 위협이 된 것이다. 따라서 하느님의 심판행위는 시간적으로 뒤로 유보되어 있다. 이것은 좋은 의미를 지니고 있는데, 그것은 바로 두 번째 그룹에 속한 사람들이 배워서 다가올 일들을 잘 맞이할 대비를 할 수 있도록 하려는 것이다. 첫 번째 그룹이 당하는 고통은 두 번째 그룹이 가능하면 자신이 처한 현실에 대한 생각을 바꾸도록 이끌어 준다. '낯선' 고통의 의미는 이 고통을 통해 움직여서 현실에 대한 자신의 관점을 수정하도록 하려는 것이다. 성경의 의미에서 낯선 고통은 참된 실재(하느님) 앞에서 수정하는 것이고 하느님께 향하는 것이다. 고통은 사람들이 지닌 전능에 대한 환상을 걷어내 버린다. 인간이 하느님 없이 자신의 미래를 확신할 수 있다는 것은 아름다운 환상에 지나지 않는다.

이런 관점에서 이 두 가지 텍스트는 해명하며 이렇게 말한다.

모든 것은 우리가 생각했던 것보다 훨씬 더 나쁘다. 눈에 보이는 면의 배후에 도사린 멸망이 모든 사람을 위협하고 있다.

다르게 표현하자면 이러하다.

고통받는 피조물이 속한 첫 번째 그룹이 지금 닥친 모든 것보다 더 나쁜 일은 근본적으로 잘못된 길에 있다는 점이다.

이미 일어난 고통은 지금까지 늘 하던 일을 계속할 때 위협받는 것을 조금 맛본 것에 불과하다. 따라서 예수가 요한 5,14에서 치유된 사람에게 다음과 같이 하신 요청도 이해할 수 있다.

자, 너는 건강하게 되었다. 더 나쁜 일이 너에게 일어나지 않도록 다시는 죄를 짓지 마라.

이렇게 말할 수도 있을 것이다.

여기서는 '진리를 통해 이룬 평화'가 관건이다.

'진리'는 인지하고 인정함으로써 참된 크기의 균형 및 위력의 균형을 확립하기 때문이다. 인간은 고통당하지만 대부분 그 안에 담긴 의미를 깨닫지 못한다. 이것이 인간의 출발점이다. 이렇게 세상에서는 이루 말할 수 없는 일이 일어나고 있다. 사람들은 묻는다.

이런 과도한 고통이 의미 없는 것도 아니고 의혹스러운 것도 아니라면 과연 어떻겠는가?

우리에게 닥친 고통 안에서 하느님은 우리로부터 무엇인가를 원하신다.

하느님께서는 독재나 인정받으시려는 욕구 때문에 인간을 괴롭게 하시지는 않는다. 하느님께서는 인간이 고통을 통하여 자신의 환상으로부터 깨어나고 현실 세계에 대해 더욱 현실적으로 평가하도록 기회를 주시려는 것이다.

하느님께서 인정받으시려는 욕구는 그 자체가 목적이 아니다. 창조주와 지배자를 공경하는 사람은 전체의 질서를 이해하여 자신을 그 질서 안으로 들여놓는다. 이렇게 하는 사람은 로마 황제를 신인 줄 알고 그에게 기도하는 어리석은 짓을 하지 않고, 강도, 살인자, 거짓말쟁이, 폭행을 일삼는 자와 같은 나쁜 인간이 되지 않는다. 환시자 요한이 보여 주는 하느님 찬미는 다름 아닌 바로 하느님의 질서 안에 들어가 노래하는 것이다.

이러한 질서는 깨어질 수 있다. 이 질서를 공격하거나 파괴하는 사람에게는 응보가 따른다. 자신과 모든 생명을 유지하는 것을 파괴하기 때문이다. 이러한 질서가 익명이 아니라 인격적인 지배자를 갖는 것은 사람들에게 유리한 일이다. 이렇게 하여 사람들은 자신의 잘못에만 넘어가지 않기 때문이다. 바로 이 하느님께서 환시자 요한의 묵시록을 통해서 그리고 역사 안에 존재하는 고통을 통해서 그들에게 말씀하신다. 하느님은 당신께 충실하게 있는 사람을 차고 넘치도록 사랑하시는데, 그가 고통 중에 있을 때 특별히 더 그렇게 하신다.

이제 다음과 같은 점이 다시 한 번 분명해진다.

문제는 인간이 어떻게든 찾아내야 하는 하느님의 현존이 아니라 이 하느님을 인정하는 것이다. 여기에는 인간이 어떤 형태로든 우상을 섬긴다는 것이 전제되었다. 이 하느님을 인정하려면 인간은 자신이 당하는 고통의 의미를 찾아내야 한다. 그리고 하느님과 깊이 친교하며 머물러야 한다. 이 하느님을 인정하는 첫 단계는 본질적으로 기도로 이루어진다.

9.3.4 끝에서 두 번째 실재로서의 고통

앞에서 고찰한 고통의 목적이 무엇인가라는 질문에 대한 신약성경과 그리스도교의 대답이 욥기의 대답 그리고 고통에 대한 철학자들의 고찰들과 결정적으로 차이가 난다. 여기서 이것을 한 번 더 제시하고 고찰해 보자. 이러한 차이는 그리스도인에게 있어서 고통과 죽음은 최종적인 실재가 아니라 단지 끝에서 두 번째 실재에 지나지 않는다는 점이다. 이러한 근거에 의해서 고통과 죽음은 마음을 상하게 하더라도 상대화될 수 있다. 나 자신 자체인 "영원한 생명"을 잃어버리는 것과 랍비들의 문헌과 신약성경에서 소위 "두 번째 죽음"이라고 한 것은 기본적으로 서로 동일한 크기로서 본질적으로 대단히 위협적인 것이기 때문이다. 우리가 요약해서 부르는 '나'를 잃어버리는 것에는 커다란 위험이 놓여 있다. 앞에서 말한 상대화는 프란치스코 성인이 "태양의 찬가"에서 죽음을 형제라고 부를 수 있을 정도로 (또한 이보다 더 많이) 나아갈 수 있다. 이보다 더 강하게 와 닿는 것은 우리가 앞에서 살펴본 바와 같이 고통과 죽음이 어떤 기능을 수행하기도 한다는 것이다. 하느님께서 어떤 뜻을 전하기 위한 표시로서 직접 고통과 재앙들을 끌어들이실 경우에 이들은 더 큰 맥락에서 어떤 특정한 의미를 갖게 된다. 이것이 현대인들에게는 분개할 일이다. 이 세상에서 일어나는 모든 엄청난 재앙이 여기서 오직 도구화되어 버리고 말 것이라는 의혹이 생기기 때문이다. 그렇게 볼 경우에는 사람들이 말하는 대로 모든 재앙이 해도 끼치지 않고 불행도 주지 않으리라는 의혹을 살 수 있다.

먼저 이런 비난에 대해 이렇게 말해야 할 것이다.

누구도 고통에 대해 별것 아닌 것이라고 말하지 않는다.

유다교와 그리스도교가 현대의 수많은 세계관들과 두드러지게 다른 점은 고통을 직시한다는 것이다. 악과 고통은 경시되지 않아야 자신의 표지標識 기능을 제대로 수행할 수 있다. 악과 고통은 최종적인 심오한 단계에서 멸망한 삶 혹은 깨진 사랑으로 받아들여질 때 비로소 말할 수 있으며 '당사자'나 목격자의 삶에도 다가갈 수 있다. 어떤 한 고통은 내가 그것보다 더 광범위하고 더 처참한 어떤 것을 가리킨다 하여 작아지지 않는다. 그러나 고통은 여기서 언급하는 "기능수행"을 통해 실제로 완화되고 그 결과로 치유될 수도 있다. 그러나 이것은 '해를 끼치지 않는 것'과는 다른 것이다.

근대에 들어와서 사람들이 부활이나 영원한 삶에 대한 믿음을 더 이상 고수하지 않은 바로 그 시점부터 변신론에 관한 내용이 문제시되기 시작한 것을 관찰할 수 있다. '세계-이성' 개념인 '선한' 철학적 신이 비이성적이고 야비한 악에 대해 어떤 태도를 취할 것인가 하는 물음이 이성과 현실 세계만을 아는 철학과 이성주의에는 근본 물음이 되며 이에 대해서는 대답할 수도 없다. 그런데 눈에 보이지도 않고 파괴되지도 않는 나ich와 부활과 영원한 삶에 대한 말은 어떤 설득력을 가질까? 요약하자면, 죽음과 함께 모든 것이 다 끝나느냐 아니냐 하는 물음인 것이다. 그러므로 부활과 영원한 삶은 나의 뼈들로부터 무엇이 되느냐라는 질문에 대한 대답이 아니라 '사랑 사건'이다. 하느님은 당신께 속하고 싶어 하는 사람들은 죽음에서조차 당신과의 관계로부터 몰아내지 않으신다. 그분은 그들을 "당신의 손에 기록해 두셨고", 그들을 잊지 않으신다. 하느님께서 어떤 사람에 대해 생각하신다면 그것은 그에게 생명을 의미한다. 사랑은 죽음보다 강하다. 그러므로 부활은 하느님의 인격성과 관련되고 각 개인의 인격성과도 관련된다. 이렇게 말할 수 있다. 인격에 관한 우리 서구세계의 이해는 유일하게 다음과 같은 믿음에 근거를 두고 있다.

> 하느님은 당신 자녀 하나하나를 무한한 신뢰로 사랑하고 이러한 무한한 신뢰와 사랑의 "지속성"이 하나의 "인격"을 만든다. 이것은 죽음도 넘어서서 지속된다.

따라서 그리스도인들이 유한성으로는 만족하지 않는다거나 '죽음 없는 세상'이라는 관념에 사로잡혀 있을 것이라는 것은 중요하지 않다. 육체적 죽음은 세상에 속한 것이다. 육체적 죽음은 끝없이 산다고 해서 해결될 일이 아니다. 이것은 그리스도교적 희망의 핵심이 아니다. 핵심적인 진술은 이보다 훨씬 더한 다음과 같은 것이다.

> 죽음도 하느님의 사랑으로부터 갈라놓을 수 없다.

로마 8,38에 의하면 어떤 것도, 심지어 죽음조차도 우리를 하느님으로부터 떼어 놓을 수 없다. 이 말은 참으로 대담하게 표현한 것인데, 아쉽게도 교의모음의 진부한 표현으로 쓰고 있다. 나의 체험에 의하면 오늘날 이러한 믿음을 고백하는 사람은 누구나 바로 근본주의자로 당연히 의심받고 있다. 세상에 대한 이런 어리석은 비난은 그만두기로 하자. 부활에 대해 말씀하신 예수와 바오로 사도가 하느님과 "사랑"에 대해 우리보다 더 많이 이해하고 있었던 것은 아닐까? 이런 종류의 믿음을 '현대적 세계상'으로 반박할 수 있을까?

이제 아시시의 프란치스코가 죽음을 형제라고 부르면서 두 번째 죽음과 명백히 분리시킨 것을 이해할 수 있을 것이다. 하느님의 사랑을 육체적 실재와 같이 붙잡을 수 있다면 우리의 "위대한 분들"인 아브라함, 모세, 예수, 바오로, 프란치스코 그리고 다른 성인들 역시 이와 똑같이 체험했을 것이다. 그렇다면 육체적 죽음은 잠시 머무는 역에 지나지 않는다.

9.3.5 결론

세상의 창조는 오래 걸리는 일이다. 하느님은 이 일을 아직 완수하지 않으셨다. 예수의 부활에 근거하여 죽은 사람들의 부활을 희망할 수 있는 사람은 다음과 같은 사실을 안다.

우리가 기다리고 있는 새로운 창조와 더불어 비로소 하느님은 죽음을 물리치실 것이다.

사람들이 부활을 희망할 수 있을 때 "어찌하여 저를 버리셨습니까?"라고 던진 예수의 물음에 대답할 것이다. 하느님께서는 이렇게 대답하신다.

나는 네 죽음에 대해 아무것도 하지 않았다. 나는 다른 사람들에게도 그럴 것이다. 그러나 내가 그렇게 한 까닭은 너와 함께 더 큰 일을 계획하기 때문이다. 내 목표는 창조를 완성하는 두 번째 행위에서 죽음을 물리치는 것이다.

여기서 남는 유일한 과제는 우리의 인내가 얼마나 크냐는 것이다. 모든 죄가 성급함에서 발생하는 것이라면 모든 믿음은 무엇보다 인내에서 드러난다. 그러므로 믿음은 또한 충실과 같은 것이다. 어떤 것도 인내만큼 우리를 잘 형성하는 것은 없다.

9.4 세상의 고통과 예수의 방관

근대 후기에 영국과 프랑스에서 신의 존재는 인정하나 그 섭리에 대해서는 인정하지 않는 이신론(理神論, Deismus)이라는 독특한 사조가 발생했다. 사람들은 이 사조를 어느 정도 모든 전선에 서 있는 하나의 자연적, 철학적 종교의 시도로 여긴다. 이 사조를 따른 사람들 역시 신과 고통이 어떻게 서로 조화를 이루는가 하는 물음을 피해 갈 수는 없었다. 이들이 내린 결론은 많은 것을 함축한 다음과 같은 말이었다.

신은 존재한다. 그러나 그분은 세상을 다스리기를 포기하고 물러나서 절대적 초월의 상태에서 살아 있다.

이신론 문제는 매우 오래된 것으로, 제자들이 예수님께 다음과 같이 던진, 화를 돋우는 질문 안에서도 보여지고 있다.

스승님, 저희가 죽게 되었는데도 걱정되지 않으십니까?(마르 4,38)

여기에서는 위태로운 항해를 미화하여 이야기하는 것만은 아니다. 제자들로 구성된 공동체(나중에 이어질 모든 공동체를 어느 정도는 대표하는) 역시 '제자들이 이렇게 위험한 상태에 놓여 있는데 하느님 또는 예수가 어떻게 이 상황을 그대로 허용할 수 있는가?'라는 변신론과 관련된 물음도 던지는 것이다. 교회가 극도로 억눌린 처지에 있는데도 하느님께서는 염려하지 않는 것처럼 보인다. 시편 중 최소한 하나(44,24-27)는 시편저자가 주무시는 하느님을 깨우는, 대담한 표상을 적용한다. 여기서는 하느님에 관해 진술하는 닮지 않은 면이 닮은 면보다 더 많다는 것은 지당하다. 하느님께서는 당연히 주무시지 않는다. 그런데 하느님께서 깨시기를 바라기라도 하는 것일까? 나의 아내가 아침마다 "잠을 깨우기 위해서"라고 말하면서 두 팔 속으로 다정다감하게 안겨 들기를 바라는 것과 같은 그런 것일까? 베르나르도식 신비주의의 의미에서는 그럴지도 모르겠다. 하느님은 우리가 말을 걸어오기를 그리신다. 하느님과 사람은 오직 그리움의 영역에서만 최종적으로 비교할 수 있다. 인간 역시 업적을 통해서가 아니라 그리움을 통해서 의롭게 되기 때문이다. 이 텍스트는 우리에게 다음과 같은 말을 한다.

예수는 결코 방관자가 아니다. 하느님은 주무시지 않는다.

벌써 예수는 개입하실 준비가 되어 있다. 우리가 말을 건네 오기를 기다리실 뿐이다. 우리가 불안하고 두려울 때 하느님께로 향하여 그분을 불러 대면, 구원을 불러오는 데 기여하는 것이며 세상은 좀 더 질서가 잡힐 것이다. 불의는 모두 하느님 마음을 아프게 하는 것이고, 살인은 모두 하느님께 직접 닥치는 것이다. 그 반대를 주장한다면 하느님을 비인간적인 분으로 그려 내는 것이리라.

그런데 하느님께서는 어찌하여 그렇게 늦게 개입하시거나 전혀 개입하지 않으시려는 걸까? 하느님께서 개입하시기까지는 어찌하여 그렇게 무한히 긴 시간이 걸리는 걸까? 하느님께서 개입하기를 원하지 않으실 경우에는, 그러고도 어떻게 좋으신 하느님이 될 수 있겠는가? 요한 밥티스트 메츠와 함께 다음과 같은 질문을 던져야 할 것 같다.

우리가 신학적으로 말하는 방식이 과연 인류가 겪는 고통을 충분히 의식하고 고통에 내포된, 오산할 수 없는 품위를 존중하는 것일까?

하느님께서 원하시는지 또는 하느님께서 하실 수 있는지가 물음일지도 모르겠다. 그런데 두 가지 경우 모두 그리움이 우리 없이는, 우리의 머리 위를 지나쳐 가서는 일어날 수 없다. 그리고 이것이 그렇게 오래 걸리는 것은 우리의 인내와 충실을 입증하는 의미를 지니고 있다는 것이다. 이를 가리켜 인내의 영성이라고 부른다. 또한 하느님께서 악을 허락하시는 까닭은 우리와 함께 더 좋은 것을 계획하시기 때문이다. 이것은 요한 11장에 있는 예수께서 라자로에게 하신 것을 보면 짐작할 수 있는 일이다. 우리의 믿음이 좀 더 성숙해진다면 1944년 바르샤바의 게토가 불타는 광경을 바라보며 외친 요셀 라코버Jossel Rakover처럼 똑같이 말할 것이다.

이 모든 것에도 불구하고 저는 하느님, 당신을 굳게 믿습니다. 저는 조금도 흔들림 없는 믿음에도 불구하고 하느님, 당신으로부터 버림받은 사람으로 죽어 갑니다.

또한 고통의 의미는 우리가 호소하는 법을 배운다는 뜻과 우리의 믿음이 더 이상 어린아이의 믿음과 같이 순진한 상태에 머물지 않고 성인이 되기 위해 필요한 '그럼에도 불구하고'라는 상황에 처한다는 뜻이기도 할까?

다른 한편으로 배의 고물에서 베개를 베고 주무시는 예수에 관한 표상은 복음서에 나오는 예수께서는 파수꾼으로서 지켜 주거나 삶의 모든 상황에서 언제나 등장할 준비를 한 스승으로서 제자들에게 나타나는 분은 아니라는 것을 보여 준다. 이보다 훨씬 더 우리는 지칠 수 있는 예수, 잠을 잘 권리를 가진 예수를 알고 있다. 다음과 같이 바오로 사도가 말한 대목에서도 읽게 되지 않는가?

그리스도께서는 우리가 살아 있든지 죽어 있든지 당신과 함께 살게 하시려고, 우리를 위하여 돌아가셨습니다.(1테살 5,10)

주무시는 주님께 대한 표상은 무엇보다 언어에만 지나치게 매이는 것으로부터 제자들을 보호하는 것이 아닐까? 우리가 중간쯤 진행된 일을 두고 걱정 속에서 잠자리에 들 경우마다 주님의 이러한 '신적 태평'이 우리에게 적절하고 필요한 모범이 되는 것은 아닐까? 왜냐하면 묵시적으로 파악될 소용돌이의 표상 한가운데 예수에 관한 전승의 다른 요소, 멀리 떨어져 있어 보이는 요소가 여기서 우뚝 솟아오르기 때문이다.

들에 핀 나리꽃이 잘 차려입은 모습을 바라보며 하느님을 찬양하신 걱정 없는 예수.

이러한 진술들 속에서는 하느님과 창조물의 관계가 온전히 천상적이고 아직 어떤 것으로부터도 위협당하지 않는다. 이러한 분이 바로 우리가 신뢰하기를 배울 수 있고 배워야만 하는 하느님이 아닐까?

9.5 고통을 받아야만 했던 예수

십자가에 못 박히신 예수를 설명한 역사를 자세하게 고찰한 사람은 고통받으시고 죄인으로서 나무로 만든 십자가에 매달리는 치욕을 당하신 예수를 어떻게 설명해야 할지 잘 몰라서 단지 그분을 들어 높여진 주님이자 세상의 왕으로 보고 그렇게 설명한 시기가 상당히 지속되었다는 사실을 안다. 물론 이러한 관점이 틀린 것은 아니지만 절반은 진실이기도 하다. 클레르보의 베르나르도와 아시시의 프란치스코에 의해서 비로소 낮추어지신 분, 낮추어진 가운데 자비하신 주님을 바라보게 되었다. 오늘날에는 학교 교실에 걸려 있는 십자고상을 떼어 내는 추세이다. 연약한 아이들의 영혼에 그런 것을 보여 주는 것은 지나치다고 보기 때문이다. 베드로 역시 당신께서 고통과 죽임을 당하게 되리라고 고백한 예수께 이와 비슷한 태도를 보였다.

그러자 베드로가 예수를 꼭 붙들고 반박하기 시작하였다.(마르 8,32ㄴ)

베드로는 메시아가 고통을 당해야만 하는 것을 이해할 수 없었다. 이것은 그리스인들에게도 결코 이해할 수 있는 것이 아니었다. 신들은 바로 그들이 신이라는 이유만으로도 고통을 받을 수 없는 존재이다. 사람의 아들인 예수는 어찌하여 고통을 당해야만 하는 것일까?

당신이 고통을 당해야만 한다고 하신 예수의 말씀은 당신을 어떻게 따라야 하는가에 대해 말씀하시는 텍스트 바로 앞에 놓여 있다. 여기서 예수에게 관건이 되는 것은 당신 자신의 운명이 아니라 당신을 따르는 제자들의 공동체가 어디에 존립하느냐는 것이다. 예수는 다음과 같은 의미로 대답한다.

자신의 생명, 다시 말해 자기 자신을 얻으려는 사람은 자신의 생명을 내놓을 준비가 되어 있고 자유로워야 한다.

우리는 이러한 질문을 던진다.

어찌하여 그러한가? 어찌하여 자기 자신을 내놓을 수 있는 사람, 모든 것을 감행하는 사람, 모든 원의를 자신의 삶의 한 부분을 지키고 즐기려는 데 기울이지 않는 사람만이 자기 자신을 찾을 수 있단 말인가?

고통을 받을 준비가 되어 있는 것과 자신을 내놓을 수 있는 것은 여기서 서로 밀접한 관계에 있고 한 노선 위에 있다. 예수는 하느님의 뜻을 위해 고통을 받고, 제자들은 예수와 복음을 위해 고통을 받는다. 예수와 제자들, 모두에게 있어서 고통을 당할 준비와 자신을 내어 줄 준비를 통해 오직 하나만이 드러나는데, 그것은 바로 하느님께 대한 조건 없는 무한한 사랑이다. 하느님만이 중요하고, 하느님을 위해서만 어떤 십자가의 길도 걸어갈 수 있는 것이다.

이 텍스트는 엄하며 다음의 의미 외에는 다른 어떤 의미도 허락하지 않는다.

하느님께 속한 사람은 고통을 겪어야만 한다.

다른 사람들도 자주 고통을 겪어야만 한다. 그러나 하느님께 속한 사람은 필연적으로 고통을 겪어야만 한다. 이것은 예언자들과 순교자들의 체험이고, 역사를 통틀어 거듭된 이스라엘의 체험이다.

하느님의 백성은 온 세상이 하느님께 품은 미움을 지고 가야만 한다.

예수는 당신 안에 온 백성을 깊이 품으신다. 그러기에 세상이 하느님께 지닌 온갖 미움도 품으신다. 이 세상은 하느님께 절대적으로 속한 사람을 결코 견디어 낼 수 없다. 이 세상에서 권력을 쥔 사람들과 하느님 사이의 대립은 근본적이다. 그렇기 때문에 하느님께 속한 충실한 사람은 세상이 존재하는 동안에는 언제나 고통만 당한다. 따라서 하느님께 속한다는 것은 이에 상응하는 메시지를 들을 때, 특히 고통 중에 확신할 때 증명된다. 혹은 일반적으로 말하면, 어떤 사람이 자기 자신은 고려하지 않은 채 참된 왕이신 하느님의 기쁜 소식을 세상에 선포하려고 감행할 때, 먹을 것, 입을 것, 건강은 염려하지 않고 하느님의 실재와 그분의 요청을 세상에 전하는 일만 중요하게 여길 때 그분께 속한다는 것이 증명된다.

마르코복음 8-10장에서는 예수님께서 당신의 수난을 예고하신다는 내용과 같은 것을 지속해서 다루고 있다. 그러나 제자들은 예수님께서 무슨 의미로 그런 말씀을 하시는지 알아듣지 못하고 오직 두려움만으로 반응을 보일 뿐이다. 그렇기 때문에 예수의 말씀에 대해 묻지도 않고 기이하고 잘못된 행동을 보일 뿐이다. 제자들은 서열을 놓고 다투기까지 했다. 그러나 예수는 제자들에게 봉사하고 손님을 후대하라고 말씀하신다. 이 두 가지에 예수가 내린 일체의 가치 전도가 표현된다. 예수께서는 봉사하는 사람, 자신을 내어 주는 사람, 자신의 십자가를 지는 사람이 성공한 사람이다. 이 텍스트들에서는 사람의 아들인 예수의 수난과 부활이 제자들에게 직접 해당된다. 왜냐하면 봉사와 직책을 포기하는 일은 고통과 일치하기 때문이다. 구체적으로 말하자면, 어린이들과 평범한 그리스도인들을 받아들이라는 것이다. 그렇기 때문에 낮은 자리, 고통 그리고 자신을 잊어버린 봉사는 약속의 빛 안에 있다. 이런 일이 세상에서는 자율적으로 이루어지지 않는다. 그러나 하느님께서 계시고, 하느님께서 권세 있는 사람을 권좌에서 끌어내리시고 낮은 사람을 들어 높이시기 때문에 실천되는 것이다. 바로 이것이 제자들이 이해하지 못한, 사람의 아들 안에 들어 있는 신비이다.

"사람의 아들"이란 표현에서는 어디서나 높음과 낮음 사이의 긴장이 관건이다. 복음사가들은 사람들이 이러한 하느님의 대리인을 오인한다고 말한다. 그분은 평범한 사람처럼 오시기 때문이다. 그렇기 때문에 그분의 정체성을 못 알아보기 쉽고, 그래서 "사람의 아들을 거슬러 저지른 죄"도 용서될 수 있는 것이다. 예수가 사람의 아들이란 것을 못 알아볼 수 있다. 예수의 정체성은 사람의 아들이란 사실이 마지막 사건에서는 아직 명백하게 드러나지 않았기 때문이다. 예수의 감추어진 정체성에 고통도 속한다. 이 세상에서 하느님의 대리자인 사람의 아들이 십자가에 못 박히는 것보다 더한 낮음과 자신을 낮추는 행위는 생각할 수 없다. 바오로 사도도 이러한 잘못된 판단에 대해 다음과 같이 보도한다.

그들이 깨달았더라면 영광의 주님을 십자가에 못 박지 않았을 것입니다.(1코린 2,8)

바오로 사도에게 있어서는 예수께 대한 이러한 잘못된 견해는 하느님과 세상의 대립성, 하늘나라의 왕과 이 지상의 권력자 사이의 대립성을 드러내는 징후이다. 이러한 대조는 공관복음에 있는 사람의 아들에 대한 말씀들을 이해하는 데에 큰 의미를 지닌다. 여기서 관건은 착각, 실망, 권력 남용, 예수에 대한 잘못된 평가만이 아니다. 오히려 사람의 아들이 걸어간 고유한 길은 낮은 데서 높은 데로 나아가는 길이며 제자들에게는 '문제 해결의 실마리'이기도 하다는 점이 중요하다. 이것이 부활과 구원의 길이다.

이 점은 좀 더 자세하게 고찰할 만한 가치가 있다. 구원을 향한 이 길은 아직 우리에게 익숙하지 않기 때문이다. 큰 줄기만 대강 말하자면, 전통적으로 볼 때 대부분의 사람들은 믿음과 계명을 지켜 하늘나라에 가는 것을 중요하게 여긴다. 그동안 예수가 보여 준 문제 해결의 실마리인 아래로부터 시작하기, 낮음을 통하여, 겸손을 통하여, 봉사를 통하여 위로 상승하기와 같은 것은 소홀하게 취급되었다. 겸손은 기껏해야 정신적 태도로 여겨졌고 구체적인 행동보다 못한 것으로 평가되었다. 마리아의 노래 Magnificat에 들어 있는 하느님 표상은 우리에게 단순히 고개를 숙인 정도의 겸손한 자세를 요청하는 것이 아니다. 하느님은 "낮은 자세를 취한 사람들"이 아니라, 낮은 사람들을 들어 높이신다. 자기 자신을 뽐내는 사람이면 누구나 하느님의 위대하심에 누를 끼치기 때문이다. 그래서 예수는 여기서 새로운 변주로 첫 번째 계명을 선포하신 것이다. 인간은 얼마나 쉽게 자신을 신적인 존재로 여기고, 성경적 믿음의 절대적 기본바탕인, 유일한 분이시고 오직 당신 자신만 흠숭받기를 원하는 아브라함의 하느님께 대한 믿음에 얼마나 큰 손상을 입히는지 모른다. 이 하느님 외에 다른 어떤 신도 존재해서는 안 되는 것이다. 자기를 버리고 자발적으로 택한 낮은 위치에서 아브라함과 예수 그리스도의 하느님을 인식하는 사람은 하느님으로부터 들어 높여질 수 있다.

우리는 다음과 같은 질문을 던질 수 있다.

과연 하느님께서는 그렇게도 열렬하게 위계질서를 주장하실 필요가 있었고, 당신의 권리를 주장하실 필요가 있었으며, 당신 앞에서 먼지를 묻히며 땅을 기는 추종자들에게 보수를 지급할 필요가 있었겠는가?

예수가 십자가에 못 박히신 때부터 아우슈비츠까지, 현대적 독재자들부터 안락사에 이르기까지 역사를 한 번이라도 예리하게 살펴본다면, 하느님께서는 "오직 당신만 하느님"이시길 얼마나 강하게 주장하셨는지 알게 된다. 인간이 자기 자신을 최종적인 재판관으로 생각하고, 자기 자신을 생명의 주인으로 선포하며, 자기 자신을 신격화할 때 이름 모를 야만성이 발생한다. 그러므로 하나이시고 유일하시며 생명의 창조주이시고 예수 그리스도의 아버지이신 하느님은 절대적으로 필요한 분이다. 하느님의 절대적 통치와 이에 따른 모든 인간적 통치의 탈신화화는 세상에 주는 믿음의 선물이다. 다른 모든 대안은 무시무시하다. 최근에 사람들이 다시 모여드는 다신교적 종교들 안에는 이러한 통치에 대한 비평적 요소가 결여되어 있다. 그 속에는 희미한 종교성이 있기는 하지만 사람들이 신들을 놓고 내기할 수도 있다. 오직 한 분이시고 유일하신 하느님만이 생명이냐 죽음이냐를 의미하는 계명들을 주신다. 인간은 이것을 피해갈 수 없다. 그분은 우리가 피할 길 없는 유일한 하느님이시기 때문이다. 그렇기 때문에 복음서들 안에 있는 낮음에 대한 말씀은 하느님이 하느님이심을 확고히 하려는 것이라는 의미를 지니고, 불순종으로 기우는 인간적인 성향은 모두 실질적인 무신론이라는 사실을 들추어내는 것이라는 의미를 지닌다.

   모든 제자가 십자가에 못 박히는 길을 걸어가야만 하는 것은 아니다. 그러나 봉사의 길은 모두가 걸어가야 할 길이다. 사람의 아들도 자신이 걸어가야 할 길을 봉사의 길로 파악했음을 마르 10,45에서 명백하게 드러내고 있다.

> 사실 사람의 아들은 섬김을 받으러 온 것이 아니라 섬기러 왔고, 또 많은 이들의 몸값으로 자기 목숨을 바치러 왔다.

   예수의 이 말씀으로 사람의 아들이 당한 고통과 제자들의 봉사는 사실상 같은 범주에 속한다는 것이 대체로 명백해졌다. 예수가 고통당한 이유는 사람들이 당하는 고통을 재평가하기 위한 것, 종말론적 관점에서 맨 밑에 있는 것을 위로 드높이기 위한 것이다.

예수께서 어린이 하나를 껴안으시고 보여 주신 비유적 행동 역시(마르 9,37) 다시 한 번 더 같은 기쁜 소식을 드러낸다. 가장 약하게 보이는 존재에게도 봉사해야 하는 것이다. 우리가 다루고 있는 텍스트의 의미에서는 이렇게 말한다.

믿는 사람은 자신의 허리를 오직 하느님 앞에서만 그리고 오직 약한 사람들 앞에서만 숙인다.

중세에 사람들은 "병자들의 주님"에 대해 말한 적이 있다. 예수의 이러한 말씀은 일종의 사회적 혁명을 의미한다. 이 말씀은 이기주의나 분배법칙을 잣대로 (사회적 새 질서를 세우기 위해 후대에 시도했듯이) 삼지 않는다. 오히려 잣대는 마니피캇-신학의 의미에서 보는 하느님과 예수의 길이다. 미래는 하늘나라에 있으며 우리가 가장 약한 이들과 어떻게 교류하느냐에 따라 우리의 미래가 있다는 사실을 서서히 알게 된다.

9.6 아버지와 예수의 죽음

널리 알려진 견해에 의하면 예수가 죽어야만 했던 까닭은 사람들이 마땅히 받아야 할 징벌을 누군가, 즉 그분이 보속해야 했기 때문이라고 한다. 이 견해에 의하면 하느님은 예수로 하여금 죄에 대한 심판의 벌을 받도록 두셨다. 최소한 한 사람은 아담 이래로 오늘날에 이르기까지 사람들이 저질러 온 모든 잘못을 지고 가야만 했기 때문이라는 것이다. 이와 밀접한 또 다른 견해는 예수의 고통이 하느님의 계획에서 비롯되었다는 것이다. 하느님은 우리를 위해 아들이 고통받도록 처음부터 계획하셨다고 한다. 오직 이러한 방법으로만 우리가 구원될 수 있기 때문이라는 것이다. 이것은 하느님은 당신의 훼손된 명예를 아들의 죽음을 통해서 다시 회복시켜야만 했다는 중세 초기의 견해와 닮았다. 이러한 하느님 표상은 교회의 수많은 성가에 스며들었는데, 이에 의하면 아버지는 아들을 때렸거나 아들이 순종하여 흘린 피를 바라보며 즐거워했다고 한다. 여하튼 이런 사고는 질서를 지키려는 극단적인 욕구를 규정하는 것이다. 이전에 확고하게 세운 하느님의 계획뿐만 아니라 아들에게 내려야 했던 분노의 심판도 한 특정한 종류의 하느님 표상을 반영하는데, 이것에 의하면 어떤 경우에도 하느님은 당신이 설정한 질서를 지키셨고 그렇게 지키셔야만 했다. 이러한 견해는 하느님은 벌을 엄하고 공정하게 내리시고 집행하는 분이시다. 어떤 것도 우연한 일이 될 수 없고, 모든 것은 하느님의 전지(全知, Allwissenheit)와 하느님의 영원한 계획에 일치해야만 한다. 그렇기 때문에 자구적인 엄격한 의미로는 아들의 죽음으로 인간이 저지른 죄도 공평하게 취급된 것이다. 그리고 어떤 경우에도 자비는 없는 것이다.

예수의 죽음에 대해 독일과 앵글로 색슨 지역에서는(캔터베리의 안셀모와 그 이후 종교개혁에서도 부분적으로) 처음부터 이러한 생각에서 거의 조금도 벗어나지 못한 것은 많은 것을 생각하게 한다. 여기에는 질서에 대한 생각이 특히 각인된 것이 명백하고, 온전히 자비로운 마음으로 죄를 용서하는 주 하느님에 대해서는 도저히 생각할 수 없다. 아들에 대한 심판은 옛 법칙이 옳다는 것을 증명한다. 누구나 자신이 저지른 것에 대해서는 상응한 벌을 받는다. 이에 따라 아들은 아무런 죄도 없이 모든 벌을 지고 갈 수 있었던 것이다. 그리하여 죄가 합당하게 일소되었으며, 질서에 대한 생각은 전적으로 보상받았다.

예수의 죽음은 우리의 죄를 용서받기 위해 이에 합당한 벌로 이루어진 것이라는 것에 대해(신약성경 전체가 이것을 말하고 있는 것은 의심의 여지가 없다) 이제 더 이상 논쟁할 필요가 없는 것이다. 신학적으로 보더라도 그것은 다음과 같은 해결책의 큰 장점에서 기인한다.

속죄의 죽음을 통한 구원은 정의에 어긋나지 않는다.

이것은 설득력이 있다. 이것은 정의에다 자비도 연결시킨다. 아들은 자비에 의해 파견되었다. 정의는 이러한 파견의 결과로 아들에게 적용되는 것이다. 모든 죄를 지고 갈 수 있는 분이 존재한다는 것은 하느님의 자비로 가능해진 일이다.

하느님의 계획과 요청을 받아들이는 과정에서 생기는 문제는 구원이 다른 식으로는 성취되지 않고 꼭 그 방법이어야 하느냐는 것이다. 이런 도식은 하느님을 아들의 희생으로 당신이 정해 놓은 법칙을 지킬 수밖에 없는 분으로 만들기 때문이다. "하느님은 이렇게 말고는 달리 어떻게 할 수 없었다."라며 시작하는 모든 문장은 예외 없이 인간적인 상상력을 벗어나는 것이고 이와 함께 우리가 내릴 수 있는 판단력을 벗어난다. 고정적인 견해로 하느님이 노예처럼 제한된다면 하느님이 지니신 행동의 자유와 행동반경은 완전히 없어지고 말 것이다.

오히려 텍스트들을 새로운 시각으로 볼 때 다음과 같은 점을 알 수 있다. 첫째, 구약성경이 예고하는 고통은 일반적인 범주에서 생기며, 이런 틀에서 예수는 당신 자신을, 공동체는 그분의 고통을 의미한다. 그것도 죄 없는 의인의 고통으로서 말이다. 그러나 이사야서 53장에서도 보듯이, 이런 텍스트들이 특별히 예수에게만 결부되어야 했기 때문에 예언자 가운데 점치는 자들이 나오게 된 것이다. 둘째, "이렇게 해야만 했다"라는 진술을 한 사람들 중에서 누구도 "오직 이렇게 해야만 죄의 사함이 이루어진다."고 명시한 적은 없다. "이렇게 해야만 했다"라는 진술은 "하느님이 오직 이렇게 해야만 죄를 사하실 수 있다"라는 강제성을 띤 표현도 아니다. "이렇게 해야만 했다"는 표현은 의인의 고통을 말하는데, 우리는 오늘날 다음과 같은 말로 표현한다.

의로운 사람은 고통을 많이 당하고 견디어야 한다.

이 말은 "하느님이 어떤 것을 필요로 하셨다"는 것을 의미하지 않고, "의인과 선한 사람들은 이 세상에서 방해요소로 간주되어 일상적인 일과 삶에서 불이익을 많이 당한다."는 일종의 세상 법칙을 의미한다.

마침내 복음서들은 예수의 십자가와 고통 앞에서도 죄가 "오직 그런 방식으로만" 사해질 수 있는 것은 아니란 것을 인식하게 한다. "죄를 사해 주는 데에" 세례자 요한의 세례도, 마르코 복음서 2장에 있는 "너는 죄를 용서받았다"라는 말씀도, 잃어버린 아들에 관한 비유도 다음과 같이 말할 정도의 교의적인 내용을 내포하지는 않았다.

오직 십자가를 통해서만 죄가 사해질 수 있다.

하느님은 사실 다른 방법으로도 이렇게 하신다. 십자가 없이 최소한 요한이 물로 베푼 세례로도 죄는 사해진다. 이와 같이 예수는 죄 많은 여자도 용서하신다(루카 7장). 그렇다면 무엇 때문에 십자가 상 예수의 죽음이 꼭 필요했느냐는 물음을 당연히 던질 수밖에 없다. 대답은 이렇다.

아니다, 그런 죽음이 반드시 필요한 것은 아니었다.

그런 죽음은 인간이 지닌 분방한 악의의 결과였다. 그리고 유다도 하느님께 환영받는 인물, 다시 말해 그 없이는 구원을 생각할 수 없을 정도로 중요한, 구원을 위한 도구가 아니었다. 만약 유다와 빌라도가 구원에 꼭 필요한 도구였었다면 그들을 성인으로 선포해야만 했을 것이다. 그런 것이 아니었다. 그들의 악의와 기회주의는 어떤 관점으로도 하느님께 용서받는 데 반드시 필요하지는 않았다.

오히려 하느님께서는 예수를 죽인 면전에서 이미 예수를 통해 선포된 용서하실 준비를 자유로운 은총으로 반복하신다. 하느님은 예수의 죽음에 직면하여 인간과 맺으신 계약을 확증하는, 이 용서의 준비를 되풀이하신다. 그러나 이것 역시 꼭 그러실 필요는 없는 일이었다. 하느님께서는 당신의 자유로운 은총으로 그렇게 하신 것이다. 하느님은 살인자들이 예수에게 품은 미움을 원수를 사랑하는 것으로 응답하셨다. 이것은 "필수 불가결했기 때문"이 아니라 하느님의 자유로운 반응이었다. 그리하여 죄를 용서하는 것이 확정된 것 자체가 이제 새로운 계약의 내용이 되었다.

그러므로 신약성경적 역사신학에서 특징적인 것은 하느님의 확고한 계획에 대한 말이 아니라 다음과 같은 질문이다.

예수가 십자가 상에서 처형되는 일까지 일어났을진대, 하느님께서는 당신이 닦아 놓은 길로 어떻게 더 나아가실 수 있단 말인가? 당신의 목표에 어떻게 도달하실까?

이에 대한 대답은 이러하다.

바로 예수를 죽인 살인의 면전에서 하느님은 이전 그 어느 때 생각하셨던 것보다(우리는 이것을 알지 못한다) 또는 이에 대해 생각할 수 있는 것보다 훨씬 더 멋지게 목표에 도달하신다. 이런 상황에서 맺는 어떤 "계약"은 우리에게 용서에 대한 훨씬 더 큰 확신을 갖게 하기 때문이다.

9.7 고통-신앙고백에 대한 시험

마르코복음의 가장 큰 수수께끼 중 하나는 "침묵명령"이다. 예수는 무엇 때문에 당신이 하느님의 아들이란 것을 안 사람들에게 이 사실을 계속 전하지 못하게 했을까? 사람들은 예수의 침묵명령을 놓고 대담하게 비방했다. 그중 가장 유명한 것은 윌리엄 리드William Wrede가 1901년경 다음과 같이 한 말이다.

예수는 제자들, 완치된 사람들 그리고 마귀들에게 이 사실에 대해 일절 말하지 못하게 했는데, 부활 이전에는 자신에 대한 고백이 나와서는 결코 안 되었기 때문이다. 마르코복음사가는(그는 숙련된 위조자였던 것으로 생각된다) 실제로는 부활 이후의 예수에 대한 고백을 예수에 관한 전승에 끌어들였는데,

이것은 대단히 큰 왜곡 행위다. 마르코는 "사람들이 알고 있었지만 예수는 이것을 말하지 못하게 했다."는 신학적 트릭으로 이러한 역사적 잘못을 감추려고 했다. 따라서 마르코는 천재적인 역사 왜곡자이다.

사람들은 이러한 것을 발견한 리드를 거의 천재로 여겼고 여전히 그렇게 보고 있다. 리드는 자신의 직업을 탐정소설 작가로 혼동한 것임에 틀림없다. 그는 이 모든 것에 "메시아의 비밀"이라는 이름을 붙였다. 다음의 글을 읽으면 깜짝 놀랄 것이다.

이런 이론은 예수에 대한 모든 고백이 부활 이후에 기입된 것이라는, 널리 통용되는 견해를 오늘날까지 유지하는 기둥 가운데 하나이다.

하지만 자유주의적 예수 연구가들의 원의를 정확히 간파한 마르코야말로 얼마나 진보적 인물인가! 이들의 원의들은 이러했기 때문이다.

예수는 단지 하느님과 하느님 나라에 대해서만 말했을 뿐이다. 다른 모든 것, 특히 예수 자신에 대한 불쾌한 신앙고백은 공동체가 부활 이후에 조작한 것에 지나지 않는다. 정직하지 못한 수정자인 마르코는 자신의 복음서를 시대착오적으로 구성하여 공동체가 이념적으로 나아가는 데 일조했다. 물론 사람들은 복음서가 보도하는 대로 될 수 없었다고 생각한다.

내가 보기에 이러한 주장은 억지로 꾸며 맞춘 것에 지나지 않는다. 사실은 이와 매우 다르다. 예수를 비롯하여 '주님의 형제' 야고보 같은 초기 그리스도인들도 경험상 입술로만 하는 신앙고백은 신뢰하지 않았다. 행동이 따르지 않는 모든 신앙고백은 신뢰할 수 없었다. 예수는 베드로에게서도 이와 같은 체험을 하셨다. 베드로는 하느님의 도움으로 올바른 신앙고백을 했다. 그럼에도 불구하고 예수는 그 직후 그를 "사탄"이라고 불렀다(마르 8,33). 베드로는 고통을 입증하는 일이 두려웠을 뿐만 아니라 예수가 고통받지 않도록 막으려고도 했기 때문이다. 예수는 산상 설교에서 사람들에게 이와 마찬가지로 경고한다. 하느님의 계명은 지키지 않고 "주님, 주님"이라고 말한다고 해서 그리고 기적을 행한다고 해서 구원되는 것은 아니다. 야고보서에 의하면 이것은 악마들에게도 그대로 적용된다. 믿음에 행동이 따라야만 하는 것을 강조하기 위해 야고보는 부정적인 예로 악마들을 등장시켰다.

> 그대는 하느님께서 한 분이심을 믿습니까? 그것은 잘하는 일입니다. 마귀들도 그렇게 믿고 무서워 떱니다.(야고 2,19)

악마들은 본디 올바르게 행동한다. 무서워 떠는 것도 하느님의 위엄 앞에서 적절한 행동이다. 그러나 악마들은 오직 자신들이 한 나쁜 행동들의 부정적인 결과가 두려운 나머지 떠는 것이다. 나에게는 이러한 텍스트들 안에 마르코복음에서 전하는 예수의 침묵명령을 해명할 열쇠가 있는 것으로 보인다. 악마들을 살펴보는 것으로부터 시작해 보자. 그들의 신앙고백은 비록 올바르지만 주의를 딴 데로 돌리는 작전에 지나지 않는다. 이들은 재빨리 신앙고백을 함으로써 직접 그들의 막강한 주님과 아무 위험이 없는 평화협정을 맺으려는 것이다. 악마들은 마땅히 하느님께 돌아가야 할 명예가 하느님께 돌아가도록 하고는 그 외의 다른 것은 모두 옛날 그대로 남도록 하려고 한다. 악마들은 이렇게 주님께 말로만 하는 신앙고백으로 족하다고 여기며 동시에 자신이 안전하다고 생각한다. 그러나 그 결과는 안중에 없다. 이런 거짓 신앙고백을 예수는 더 이상 들으려고 하지 않으시고 제대로 행동하라며 훈계하신다.

여기서 썩 나가라!

산상 설교에서도 바로 이 점을 다루고 있다(마태 7장). 예수께서 바랄 수 있는 최후의 것은 큰 소리로 신앙고백을 한 후에도 모든 것은 이전 그대로 남는 것뿐이다. 제자들에게 내린 침묵명령도 이와 유사한 기능을 가진다. 제자들이 아직도 고통 속에서 자신을 충분히 입증하지 않았기 때문이다. 베드로가 이제야 비로소 총명함을 얻은 예에서도 보듯이, 예수의 고통에 대한 신앙고백과 당신이 고통받을 준비를 하는 것이 얼마나 필연적인지 독자는 복음서의 흐름에서 추적할 수 있다. 이 둘이 얼마나 밀접하게 연관되어 있는가는 베드로의 고백에 이어지는 십자가를 지고 따라야 한다는 말씀과 자기 자신을 부인해야만 한다는 말씀도 알려 주고 있다. 예수가 거룩한 변모를 체험한 제자들에게 이 사건에 대해 당신의 부활 이후에 비로소 다른 사람들에게 말할 수 있도록 허락하셨다면, 이것은 다음과 같은 엄정한 의미를 지니고 있다.

제자들이 유혹이나 고통받을 때 혹은 실패했을 때라도 자신들의 신앙고백이 본인에게 어떤 가치가 있는지 증명했다면, 누군가 그 고백을 들으려고 할 것이다.

베드로가 자신의 실패 이후 후회한 것은 바로 그 신앙고백을 위해 매우 중요한 요소가 된다. 제자들 모두가 도망친 것에 대한 보도가 있다. 그러나 수탉이 울고 난 후 후회를 통해 자각한 베드로에 대해서만 보도된다. 고통에 대한 신앙고백 그리고 이보다는 고통 자체가 제자들에게 부담을 준다. 그러나 제자들은 나중에 후회하고 통찰함으로써 아직 남아 있는 신뢰성을 안고 예수께 대한 신앙고백의 대리자가 된다.

악마들은 신앙고백을 한 후에는 나가야만 했다. 신앙고백 자체가 이들에게 조금도 도움이 되지 못한 것이다. 제자들은 신앙고백을 한 후 고통을 당해야만 했다. 그렇지 않으면 신앙고백이 공허한 것으로 머물렀을 것이다. 그러므로 제자들에게 고통이라는 테마는 악마들이 도망친 것과 일치한다. 예수 자신을 통해 강요되었거나 예수께 대한 신앙고백에서 나온 결과에 근접한 것이거나 둘 다 필요한 것이었다. 신앙고백에는 거의 언제나 결정적인 것이 따른다. 신앙고백 그 자체만으로는 그것이 아무리 진실하더라도 가치를 발휘할 수 없다. 여기서 우리는 그리스도교 교회에게 있어서 처음부터 신뢰성이 얼마나 핵심적인 요소인가를 인식하게 된다. 일반적인 의미에서의 신뢰성만이 요청되는 것이 아니라 고통을 통해 증명되고 강화된 신뢰성이 요청된다. 고통을 받을 준비가 된 사람 그리고 신앙고백을 위해 고통을 받은 사람만이 입을 열 권리가 있다. 입만 놀리는 사람들은 함께할 수 없고 밖에 있어야만 한다.

이 말을 오늘날 우리는 다음과 같은 뜻으로 알아들을 수 있다.

그리스도교는 공짜로 주어지지 않는다.

시대의 조류를 거슬러 나아가기를 감행하지 않는 사람과 대단한 불이익을 당할 각오를 하지 않는 사람은 정통 신앙을 가졌다고 하더라도 본인에게는 아무 도움이 안 된다. 오늘날에도 많은 사람들이 올바른 믿음을 사랑을 증명하는 것이라고 여기고 있다. 이들은 엄정한 통찰력들을 갖고 있기 때문에 자신들이 엘리트라고 생각한다. 그런데 이들의 관심은 주로 다른 사람들이 어떤 존재이며 무슨 일을 해야 하느냐 하는 것이다. 이런 사람들에게서 각인되는 위험한 요소는, 이들은 비록 생각은 많이 하지만 공개적으로 말하려고 하지 않는다는 점이다. 평온을 유지하고 싶은 것이다. 그러나 어떤 경우에도 말로만 하는 동의는 늘 용기의 문턱 아래 있을 뿐이다. 용기를 낼 때 비로소 관심을 기울이기 시작하는 법이다.

10장

예수의 정치적 구상

⋮

10.1 산상 설교의 의미
10.2 산상 설교에 따라 국가를 통치해야 하는가
10.3 예수와 함께 국가를 건설해야 하나
10.4 예수의 사회적 프로그램
10.5 예수와 권력 추종
10.6 예수가 원하는 근본
10.7 불의에 맞섬과 그 한계
10.8 예수의 어긋난 표상들
10.9 윤리와 종교의 차이
10.10 모든 것을 한판에 걸기
10.11 부르심과 따름
10.12 자원 관리
10.13 규정에만 충실하면 되는가
10.14 숙면을 취한 그리스도인들
10.15 예수의 지나친 요구

10.1 산상 설교의 의미

사회민주주의 정치가들도 그리스도교사회주의 정치가들처럼 마태오 복음사가가 전한 "산상 설교"(5-7장)를 자신의 소신으로 즐겨 끌어낸다. 이들은 산상 설교 안에서 우리 사회에 존재하는 윤리적 토대와 희생자들과 약자들을 배려하는 보편적 노선의 한 방식을 본다. 서로 살아남으려고 투쟁하는 정치적 체제들에 의해 사회적 약자들이 희생되어서는 안 되는 것이다. 사실 예수는 폭력을 쓰지 않는 사람, 자비로운 사람, 평화를 이루는 사람을 칭찬했다. 그러나 이것이 산상 설교의 전부는 아니다. 이러한 관점만 바라보고, '산상 설교를 인정하는 것은 외부로 밀려난 약자들을 위한 자리도 있는 유토피아적인 사회를 꿈꾸는 사람에 지나지 않는다.'라고 말하는 사람은 산상 설교를 한 번도 제대로 읽어 보지 않은 사람이다. 산상 설교의 핵심은 주변으로 밀려난 것, '하늘에 보물 쌓기'(마태 6,19-21), '보물'을, 다시 말해 일체의 가치 전도를 요구하고 하느님께로 향하여 생긴 부수 효과로 다른 사회를 세우는 보물을 얻어야 한다는 것이다. 산상 설교에 대한 무신론적 맹세는 난센스에 지나지 않는다. 마태오에게 있어서 절대적 가치(보물)는 하느님의 통치Herrschaft Gottes를 인정하는 것이고 인간이 그 일에 아무 조건 없이 순종하는 것이다. 이것 말고 다른 어떤 것을 취한다면 그것은 어떤 미래도 없는 것이고 하늘에 어떤 보물도 쌓지 못하는 것이다. 결국 중요한 것은 각 개인의 죽음과 세상 종말 이후 '영원한 생명'을 얻는 일이다.

산상 설교의 중심에 하느님–사람이 아니라–이 계신다. 그리고 예수에 의하면 하느님 통치 앞에는 행동의 고유한 논리가 있다. 자신이 하느님의 절대적 우선권 앞에 나와 있는 듯 행동하는 사람은 하늘에 보물을 쌓는 것이고 흑자를 내며 다 지불될 수 없는 보수를 받는 것이다. 산상 설교는 좋은 사회적 활동과 영웅적인 일들을 완수하는 것을 중시하는 실적위주의 윤리를 선포하지 않는다. 업적이 첫 번째로 중요한 것이 아닌 것이다. 자신이 한 일에 대해 이 세상에서 벌써 칭찬을 받으면서 존경과 명성을 누린 사람은 여기서 모욕을 당하게 되고 어떤 것도 바랄 것이 없다. 참행복 선언(진복팔단)은 새로운 세계관을 정립한다. 이 세계관에 의하면 자신의 행동이나 고통을 통해 ('행위자'만 중요한 게 아니다!) 이제 새롭고 유익한 행위와 결말의 관계로, 말하자면 하나의 약속Verheißung 안으로 들어가는 것이 대단히 높은 가치를 지닌다.

하느님은 가장 중요한 존재이다. 따라서 자신을 종교적이고 올바른 법칙에 꼭 붙잡아 놓는 것은 적합하다. 절반만 그렇게 해서는 안 된다. 유다인들의 스승들은 지금까지 타협하는 것으로 족했다. 그러나 이것만으로는 하늘나라에 도달하여 하느님을 대면하기에는 결코 충분할 수 없다. 더 요청되는 것은 예를 들자면 정의다. 이것은 하느님의 뜻을 실천함으로써 하느님의 선택된 백성에 속하기 위한 기여를 해야 하는 것을 의미한다. 여기서 정의로움은 함께 살아가기를(하느님 그리고 사람들과 함께) 적극적으로 추진한다는 뜻이다. 하느님과 그리고 의로운 사람들과 함께 살아가고자 하는 사람은 이렇게 함께 사는 삶의 엄격한 규칙을 따라야 한다. 이러한 태도는 엄격하게 해석된 토라 안에 들어 있는데, 여기서는 어떤 계명도 소홀히 하지 않는다. 하느님 역시 정의로운 분이시기에 모든 불의한 고통에 대해서는 어떤 경우에도 보상하신다(정의의 공정한 분배). 하느님은 그렇게 절대적으로 자비롭고 정의로운 분이시므로, 모든 인간도 스스로 정의로워야 한다. 그렇지 않으면 하느님께서는 "눈에는 눈, 이에는 이"라는 동태 복수법에 따라 재판하실 것이다(심판받지 않으려거든 심판하지 말라).

이런 점에 미루어 한 가지 규칙을 끌어낼 수 있다.

하느님(가장 중요한 존재)께서 분발의 중심에 서 계시면 두 번째 중요한 존재(인간 사이의 정의)는 저절로 지켜진다. 최종 가치, 곧 하느님의 사랑과 완전성과 일치하는 것 앞에는 두 번째(끝에서 두 번째) 중요한 여러 중간 가치들이 자리 잡고 있다.

이러한 가치들이다.

◆ 바리사이들을 넘어서는 순수함과 거룩함. 바리사이들은 '삶의 목표는 일상생활 어디서나 하느님의 뜻을 따르는 것'이라고 설명한 바 있다. 예수는 여기서 더 나아가 온몸과 온 마음을 다하여 그렇게 하기를 요청하신다.
◆ 다른 사람들(하느님을 모르는 사람들, 세리들, 세상일에만 관심을 가진 사람들)과 거리를 두고 구별되기.
◆ 철저함과 전체성: 하느님과 인간의 관계에서는 인간적인 어떤 영역도 제외되어서는 안 됨.
◆ 오직 마음에서 우러나오는 정의로움만이 유효함.

- ◆ '기쁨'을 함께하며 카리스마적 요인으로 인식하기(마태 5,11이하 참조).
- ◆ 순교를 각오하기까지 고통을 당할 준비.
- ◆ 원수도 사랑하라고 하신 하느님을 닮기(이것은 물론 하느님 통치에 속함의 한 변형이다).

이러한 중간가치들이 등장하는 곳과 이것이 활발하게 실천되는 곳에서는 예수와 함께 들어온 새로운 세상, 새로운 실재가 발생한다. 마태오는 오늘날 사람들이 이론적으로 원할 수 있는 것을 작업하지는 않았다. 앞에서 밝힌 보상에 대한 생각에 의하면, 이타주의에 대한 모든 생각은 산상 설교의 예수와는 거리가 멀다. 산상 설교는 어떤 자비윤리를 갖고 있는 것이 아니라, 하느님 통치에서 살아남기Überleben에 초점을 둔 윤리를 갖고 있다. 살아남기란 세상에서 활동하면서 하늘에 보화를, 다시 말해 지상에서는 보상될 수 없는 것을 쌓아 올림으로써 정의란 하늘나라로 들어간다는 것을 요구하는 것이다. 정의에 대한 생각, 하느님의 절대적 특권, 모범에 대한 생각이 인상적이다. 산상 설교와 이에 대한 대구對句 또는 반정립反定立은 원칙들을 위한 예들이다. 산상 설교는 이렇게 말한다.

완전하게 되기를 원하는 사람은 하느님을 닮도록 노력하라.

그리하여 우리는 다음과 같은 중요한 기본노선 중 하나에 도달했다.

신약성경에서는 어디서나 하느님을 닮는 것에 대해 말하고 있다.

바오로 사도와 네 번째 복음은 이것을 "하느님 자녀 됨"이라고 한다.

바오로 사도는 성령을 통하여 이렇게 된다고 하고, 요한복음은 물과 성령으로 다시 태어나는 것을 통해서 이렇게 된다고 했는데, 둘 다 본질적으로는 하느님의 영을 통해서 된다는 말이다. 산상 설교에서는 폭력포기와 하느님을 닮는 것을 통해서 자비롭고 용서하는 행위를 한다고 한다. 바오로와 요한에게 있어서도 선의와 온유는 성령의 첫째가는 "열매들"이다. 이러한 것을 감안하면 마태오는 바오로와 요한과는 달리 결과에 강한 초점을 두고 있다. 이와 달리 바오로와 요한은 하느님으로부터 선사된 새로운 은사를 강조했고, 이 은사가 이러한 것을 할 힘도 준다고 했다.

10.2 산상 설교에 따라 국가를 통치해야 하는가

산상 설교의 극단적인 요청들을 읽을 경우, 특히 폭력포기와 관련된 부분을 읽을 경우에 다음과 같은 다소 불편한 질문을 던지는 사람들이 있다.

예수가 정말 그렇게 생각하셨을까? 도대체 누구에게 하신 말씀일까?

내 경험에 비추어 보면 아이를 이런 식으로는 절대로 양육할 수 없다. 그런데도 그렇게 시도한다면 아이는 유치원에 간 첫날부터 얻어맞고 말 것이다. 그러면 그 아이는 부모에게 이렇게 말할 것이다.

앞으로는 엄마, 아빠의 말씀을 절대로 믿지 않을 거예요.

산상 설교는 오직 다 성장한 사람들을 대상으로 하여 한 말일까? 그렇다면 정당방위는 어떻게 취급해야 하는 것인가? 물건을 그냥 훔쳐가도록 내버려 두고 아무런 행동도 하지 않는 것이 실제로 가능할 일일까? 여기서 나는 한 가지 적절한 예를 들겠다. 1804년, 그러니까 약 200년 전에 메텐수도원Kloster Metten의 수도자들은 폭도들이 수도원의 대단히 소중한 도서관에 침입하여 난동을 부리면서 책들과 자료들을 뒤지고 훔치면서 엉망진창으로 만들어 놓는 것을 보고만 있었다. 수도자들은 아무런 저항도 하지 않았다. 이보다 더 나쁜, 다음과 같은 일도 일어날 수 있다.

> 자신의 아내가 폭행을 당하고 몽땅 털리는 현장에서 참으로 바라보기만 하고 있어야 할까? 아이들이 추행을 당하고 못된 일을 당하는 데에도 그렇게 해야만 할까? 산상 설교에 따라 국가를 통치하고 강도들에 대해 어떤 무력도 사용하지 말아야 하는 것일까? 그리스도교적 국가는 경찰과 공권력을 포기해야만 하는 것일까?

여하튼 니체의 친구이자 신학자인 프란츠 오버벡Franz Overbeck의 다음과 같은 말도 생각해 보자.

> 베를린의 교회 지도자들은 '산상 설교를 글자 그대로 실현하는 것은 가능하지 않다'고 해석했다.

이에 비해 이렇게 불가능한 것을 실천하기 위해 노력이라도 한 사막의 교부들과 초기 그리스도교의 수도자들은 프란츠에게 감동을 불러일으키는 존재였다. 나의 관점으로는 프란츠가 올바른 방향을 가리킨 것만은 틀림없어 보인다.

다음과 같은 말을 하면서 산상 설교로부터 벗어나려고 하는 것은 의미 없는 일이다.

산상 설교는 옳지 않고, 그렇게 극단적으로 의미한 것도 아니다. 산상 설교는 비유적 의미로 이해해야 하거나 실패한 것을 강조하여 눈앞에 생생하게 떠올려야 한다.

나의 관점으로 생각해 본다면, 산상 설교의 기능은 우리가 언제나 다시 맺게 되는 모든 타협과 절충을 산상 설교의 잣대로 지속적으로 새롭게 재 보는 것에 있다. 충분히 철저하게 했는지 그리고 최대한 진지했는지 우리 자신에게 물어보는 잣대의 역할을 하는 것이다. 산상 설교는 엄정한 척도이고 지속적인 도전이다. 이것은 (다시 살아난 라자로에 대한 보도와 같이) 우리에게 계속 불편함을 주는 요인이며 거친 돌과도 같다. 이 돌을 평생 문질러야 하는 까닭은 자족하는 일이 없도록 하기 위함이다. 라자로 이야기에서 우리는 우리 자신에게 다음과 같은 질문을 던져 보아야 한다.

이것이 사실이라면 어떻게 되나?

그리고 산상 설교에서는 이러한 질문을 던져 보아야 한다.

다른 어떤 것이 아니라 바로 이것이 우리에게 주어진 하느님의 뜻이라면 어떻게 해야 하나?

가족 구성원에게 폭력을 쓰거나 정당방위를 할 경우에 경계를 긋고 자제하는 것은 충분한 의미가 있다. 폭력을 포기하여 위험이 따르는 장場은 상당히 크지만, 오히려 이 장이 우리를 자유롭게 해 준다. 최근에 미국이 일으킨 전쟁을 먼저 생각할 게 아니라 사업 파트너와 벌인 재판을 생각해 보자. 공적이든 사적이든 폭력의 악순환이 언제나 새로운 불의를 낳는 것은 충분히 명백한 사실이다. 다행히도 교회 안에는 폭력을 포기하고 재판도 포기하면서 서로 신뢰하며 살려고 애쓴 공동체들이 (수도원과 같은 종류) 항상 존재했다. 그렇게 함으로써 이런 공동체들은 그리스도교적 자유와 편안하고 즐거운 삶의 생생한 모범이 되었다. 아무도 이 세상으로부터 어떤 것도, 자기 자신의 생명마저 가져갈 수 없다. "저세상"에서도 중요한 것을 여기서 확보할 수 있는 것은 오직 몇몇에 지나지 않는다. 죽음의 경계선을 넘어서서도 유효한 화폐를 찾아보자. 예수는 실행한 폭력이 이러한 화폐가 될 수 없고 자신의 소유로 인정된 재산도 아니며 "나에게 주어야 너도 준 만큼 받는다."는 도식에 따라 정해진 권리도 아니라고 말했다.

그리스도인들은 이 세상에서 폭력을 포기한 사람들이기에 힘을 행세하는 일들에 뛰어들지 않은 온유한 실패자들이다. 일반적인 인간성(Humanität, 세속적 품성의 의미에서)에 맞지 않는 소수少數의 사람들은 처음부터 명백하게 다음과 같은 입장에 있다.

> 너희 원수들을 사랑하여라. 너희를 미워하는 사람들에게 좋은 일을 하여라. 너희를 저주하는 사람들을 축복하여라. 너희를 학대하는 사람들을 위해 기도하여라.

이러한 문장들에는 특히 다음과 같은 상황이 전제되어 있다.

선택된 공동체가 중심에 있다.

이 공동체는 대단한 적대감, 미움, 저주와 학대를 받는다. 그러나 그러한 것들에 의해 무너져 내려앉지는 않는다. 공동체는 자신의 실존의 신비스러운 중심으로부터, 하느님으로부터 힘을 받아서 모든 부정적인 것과 잔인한 행위를 완전히 뒤집어 긍정적인 것으로 바꾸어 놓는다. 이 공동체는 자신이 받은 적대감을 사랑으로, 저주를 축복으로 변화시킨다. 또한 믿을 수 없을 정도로 대단한 변화를 일으키는 힘을 갖는다. 예수가 십자가에 못 박힌 상황의 면전에서 하느님의 태도를 유추類推할 때 당장 다음과 같은 생각이 떠오른다.

하느님은 인간의 미움에 사랑으로 응답한다.

하느님은 당신 아들이 당한 비열함과 죽임에 대하여 오히려 원수에 대한 더욱더 큰 사랑으로 통치하신다. 그리고 이렇게 말씀하신다.

이제야 비로소 나는 너희를 올바르게 사랑하게 되었다.

바오로 사도는 로마서 5장에서 예수가 십자가에 못 박히신 것은 하느님께서 원수를 사랑하시는 원인이 된 것으로 묘사한다. 그렇기 때문에 받은 미움을 선사하는 사랑으로 변화키는 힘은 언제나 하느님 자신이다. 제자들로 구성된 공동체의 신비한 중심이신 하느님만이 당신이 입으신 고통을 반대로 갚으실 수 있다. 용서는 신적인 것이다.

바로 이 지점에서 초기 그리스도교의 신학역사를 위해 중요한 다음과 같은 사실을 인식하게 된다.

예수의 야외 가르침 내지 산상 설교에서 나중에 예수의 십자가 못 박힘과 하느님의 행적에 적용할 수 있는 바로 그 사고모델이 준비되었다(그리스도론적 연관성과는 상관없이).

하느님은 당신 아들을 죽인 행위에 대해 제자들이 요청한 대로 반응하신다. 두 전통들의 배후에는 같은 표상이 존재한다. 고통을 받는 것은 고통을 받는 그 자체가 목적이기 때문이 아니라, 의인 또는 박해를 받는 자의 고통이 능동적인 사랑으로 변화되도록 하기 위한 것이다. 하느님은 세상의 축복센터이시다. 이렇게 하여 하느님의 힘은 우리의 죽어야 할 운명을 당신의 영원성으로 변화시키신다. "이성이 지닌 한계의 내부"에서 작업한 칸트는 이러한 것을 생각할 수도 없었고 생각하려고 하지도 않았다.

자유롭고 다원화된 우리 사회에 도덕적으로 살게 하는 기본원리를 깔아 놓거나 정할 수 없다는 유명한 말은 다음과 같은 신약성경적 첨예화를 필요로 한다.

깊은 내면에 그리움과 사랑과 마지막 자유를 호소할 때, 그리고 종말론적 목표를 정할 때 비로소 다른 사람들을 움직일 수 있다.

산상 설교는 이 둘 모두를 하고자 한다. 산상 설교는 일반적인 복지정

책들이 사람들에게 다가가는 것보다 훨씬 더 깊이 다가간다. 산상 설교는 마음과 눈, 혀와 손에 섬세하게 다가가서 호소한다. 여기서 더 나아가 "지상에 하느님 나라"를 건설하고자 한다.

우리 주변을 둘러보면, 복지정책들을 시행하고 공공질서를 확고하게 지키는 것만으로는 어떤 평화도 이룰 수 없고 어떤 이기주의도 제거해 낼 수 없다는 사실을 확인하게 된다. 게다가 아이들이 잠자리에 들 때 잘 보이는 곳에 어떤 정당을 소개하는 포스터가 아니라 십자가를 걸어 두고 한곳에 스테판 로흐너가 제작한 장미로 둘러싸인 성모상Stefan Lochners Madonna im Rosenhag을 둔다. 최종적으로는 결국 오직 복음과만 함께하는 것일까?

그리고 또 하나 언급할 것은, 예수께만 아니라 바오로에게도 "정의"는 열쇠와 같은 핵심개념이다. "하느님 나라"와 같이 바오로의 핵심개념 "정의"는 먼저 개인과는 연관되지 않고, 구약성경에 나오는 'sedaqah', 즉 '다른 사람들과 함께 살 수 있다'는 단어와 비슷한 의미를 지닌다. 말하자면 결정적으로 중요한 것은 함께 사는 것이다. 로마인들은 이 말에서 'convivium'이란 단어를 만들었는데, "식사"das Mahl를 의미한다. 그러므로 정의의 열매로서 함께 사는 것은 한곳에 모여서 'convivium'을 하는 것인데, 품격을 높여서 말하자면 성찬례를 거행하는 것이다.

바오로적 정의의 다른 모든 측면은 성찬례 아래로 정리되는 것이다. 말하자면 하느님에 의해 설립되는 것, 제한하는 방해요소들을 제거하는 것, 관계의 다양한 모습들을 받아들이는 것, 공동체의 한계와, 그로 인해 공동체에 속하지 못하고 제외된 것, 약속된 선물bonum commune, 공동체가 다시 알아보는 상징들이 여기에 해당된다.

정의의 보편적 구조에서 출발하는 사람이라면 교회를 위해 의화론을 잇는 다리 역할도 수월하게 해낼 것이다. 이는 정치적으로 중요한 사항이다. 교회가 공동체적 삶을 실천하여 신뢰하도록 모범을 보이지 않는다면 누구도 교회가 선포하는 사회적 메시지를 받아들이지 않을 것이다.

최종 결론: 어떤 국가도 산상 설교를 실천하려고 하지 않는다. 바로 그렇기 때문에 우리가 실천해야 한다.

10.3 예수와 함께 국가를 건설해야 하나

로마제국시대의 꿈은 황제이자 보편적 세계지배자라는 한 인물이 제국을 통일하는 일이었다. 로마 황제는 신비스러운 '신적' 근원을 지닌 존재로서 사후 즉시 신들 가운데 하나로 떠받들어졌다. 그렇기 때문에 그는 하늘과 땅의 일치, 사람과 신들의 일치, 세속적인 것과 성스러운 것의 일치, 다양한 민족들의 일치를 이루는 존재였다. 이러한 관점에서 그는 화해의 표지였다. 그러나 그리스도인들은 이렇게 말한다.

그게 아니다. 신이자 동시에 인간인 슈퍼황제, 우두머리이고 지도자, 평화를 이루는 제후의 역할, 이 역할은 오직 하늘에서 직접 내려온 분만이 수행할 수 있는 것이다.

그러므로 예수 그리스도는 모든 우상숭배와 지배자신격화, 지배자우상화를 거슬러 존재하고, 이해관계에 의해 정치와 종교가 이데올로기적으로만 화해하는 것을 거슬러 존재한다. 오직 예수만이 참된 신적 존재이자 인간적 지배자와 인류 사이의 일치를 가능하게 한다. 그분의 사도들은 그분이 설립한 평화의 제국을 알리는 전령관이다. 그러므로 우리는 이러한 사실에서 특히 다음과 같은 사항을 확신해야 한다.

교회는 이러한 모든 이유에 의해 이 사회의 일부가 될 수 없고 이에 대한 대안이다.

마태오복음에 의하면 바로 이러한 희망이 이미 예수의 초기 어린 시기에 관한 에피소드에서 분명히 인식할 수 있을 정도로 이루어졌다. 장차 모든 민족을 통치할 평화의 왕이 누구인가 하는 비밀이 헤로데 왕에게는 감추어져 있었다. 이것은 또 하나의 영적으로 눈먼 지도자 현상이다! 오직 몇몇 이교도적 마술사들, 점성사들이 감지하고 별을 따라와서 갓 태어난 아이에게 경배했다. 별은 언제나 새로운 지배자의 표지이기 때문이다. 오늘날까지도 이러한 의미로 '스타Star'라고 말한다. 세상의 비밀은 힘 있는 자와 지배자들에게는 감추어져 있고, 바오로 사도 역시 이러한 의미로 말하면서 예수의 십자가 못 박히심이 여기에 해당된다고 서술했다.

우리는 하느님의 신비롭고 또 감추어져 있던 지혜를 말합니다. 그것은 세상이 시작되기 전, 하느님께서 우리의 영광을 위하여 미리 정하신 지혜입니다. 이 세상 우두머리들은 아무도 그 지혜를 깨닫지 못하였습니다. 그들이 깨달았더라면 영광의 주님을 십자가에 못 박지 않았을 것입니다. 그러나 성경에 기록된 그대로 되었습니다.
"어떠한 눈도 본 적이 없고 어떠한 귀도 들은 적이 없으며

사람의 마음에도 떠오른 적이 없는 것들을

하느님께서는 당신을 사랑하는 이들을 위하여 마련해 두셨다."(1코린 2,7-9)

지혜와 권세는 서로 분리되어 있는데 오직 이상적인 경우에만 함께 연결된다고 설명하는 텍스트인 1코린 2장(이 세상 우두머리들은 아무도 그 지혜를 깨닫지 못하였습니다.)과 에페 3장(권세와 권력들에게도 교회를 통하여 하느님의 매우 다양한 지혜가 알려지게 되었습니다.)은 어찌하여 마태오복음 2장에서 보도하는 점성사들이 왕이 되었는지를 설명한다. 하느님을 흠숭하는 사람만이 하느님의 왕권에 참여하기 때문이다. 안티오키아의 이냐시오 성인은 에페소인들에게 보낸 바오로의 서간에서 신비에 대한 이와 같은 생각을 다음과 같이 서술했다.

별 하나가 하늘에서 빛을 냈습니다. 다른 모든 별보다 더 밝았는데, 글로 표현할 수 없을 정도로 밝게 빛난 그 별은 낯설고 새로운 별이었습니다. 다른 모든 천체뿐만 아니라 해와 달조차 그 별 주위에 서 있었습니다. 그런데 그 별은 다른 모든 것보다 더 밝게 빛났습니다. 모두가 놀라서 이렇게 물었습니다. "이 새롭고 비교할 수도 없는 대단한 별은 어디서 온 것일까?" 이것은 별을 해석하는 모든 행위의 마침이었습니다. 모든 악한 생각의 사슬이 끊어졌습니다. 하느님께 대해 아무것도 모르던 사람도 악의 옛 왕국이 파괴되었다는 사실에 대한 가르침을 받게 되었습니다. 하느님께서 생명을 영원히 새롭게 하시기 위해 사람으로 나타나셨기 때문입니다. 하느님은 당신의 계획을 실현하셨습니다. 죽음이 죽음을 맞이했기 때문에 모든 것이 살아 움직입니다.(에페 20,2 이하)

이냐시오 성인의 이 텍스트와 바오로 사도의 에페소서 3장 그리고 로마시대의 황제이데올로기의 분석은 다음과 같은 사실을 분명하게 한다.

마태오복음서의 보도에서 결정적인 것은 무릎을 꿇는 것이고, 이보다 더한 것은(고대의 알현예식 장면과 일치하여) 아기 앞에 엎드려 그 아기에게 경배하는 행위다. 그 아기는 하느님이자 사람이기 때문이다.

점성가는 그 아기에게서 하나이고 유일한 하느님을 흠숭했다. "슈퍼스타" 예수 그리스도 앞에서는 다른 모든 스타가 빛을 잃는다. 새롭고 신적인 인간의 오랜 꿈은 그분 안에서 충만하게 실현되었다. 이냐시오 성인은 이것을 온전히 올바르게 파악했다.

하느님과 인간의 일치는 그 자체가 목적이 아니라 최종적으로는 죽음에 대한 승리다.

인류는 마태오복음 2장의 기쁜 소식을 세월이 흘러도 제대로 알아듣지 못했고 다른 곳에서 새로운 사람을 찾는 꿈을 포기하지 않았다. 니체의 초인超人에 대한 구상, 새로 등장한 공산주의자, 청년운동을 하며 자유를 부르짖은 사람, 아리아민족, 심리학에 완전히 통합된 인간 등에서 찾아다녔다. 이 모든 것이 도서관들을 채웠지만 허망한 것으로 머물렀거나 죽음만 불러일으켰을 뿐이다. 이것은 낡은 시스템이다. 이러한 요소들이 새로운 그리스도교적 기쁜 소식과 얼마나 큰 대조를 이루는가는 특히 예수가 죽은 사람을 나오게 한 게 아니라 그 자신이 순교자가 된 것에서 인식할 수 있다. 복음서들에서 전하는 바와 같이 헤로데라는 이름을 지닌 군주 아래에서 이런 일이 있었다.

오직 한 분이시고 참된 하느님이신 아브라함, 이사악 그리고 야곱의 하느님만이 인류의 꿈을 이룰 수 있었다. 사람들은 이러한 질문을 던질 수 있을 것이다.

어떻게 하여 이루어진 이러한 꿈을 지나쳐 버릴 수 있었을까?

이에 대한 대답은 이러하다.

백성이 없다면 누구도 지배자가 될 수 없다. 우리는 예수를 홀로 남겨 두어 그분으로 하여금 "백성이 없는 메시아"가 되게 했다.

우리는 예수 앞에서 무릎 꿇는 일을 사제들이 성금요일과 성품전례에서 하도록 넘겨 버렸다. 우리가 그분을 흠숭하면 우리는 그분의 힘을 감지하게 될 것이다. 미사전례는 하느님 백성이 함께 모이는 장소이다. 우리가 이 사실에 대해 명확하게 인식한다면 다음과 같은 사실도 명백해진다.

이 세상의 독재자들의 면전에서 어떤 타협도 있을 수 없다. 예수 안에서 우리는 하느님과 직접 할 일이 있다.

오래된 전례들은 주님 공현 대축일을 다음과 같이 지극히 아름답게 표현했다.

주님은 목자들에게 나타났습니다. 어리둥절한 동방박사들은 그분을 제대로 알아보지 못했습니다. 이루 말할 수 없이 밝은 별 하나가 그 왕들을 인도하여 앞서 갔습니다. 그 별의 인도로 왕들은 구유에 누워 있는 아기 구세주께 가서 무릎을 꿇고 고개를 숙여 경배했습니다.

우리가 이 세상의 모든 통치자를 대적하는 주님을 모시고 있다면, 국가의 통치자와는 어떤 관계에 있는 것인가? 우리 그리스도인들은 황제들, 왕들, 독재자들, 수상들 그리고 대통령들에 대해 어떤 태도를 취해야 할까? 예수는 이렇게 말씀하신다.

황제의 것은 황제에게 돌려주고, 하느님의 것은 하느님께 돌려 드려라.

예수의 이 말씀은 하느님과 황제 사이의 평화로운 조화를 의미하는 것일까? 예수가 이런 맥락에서 보여 주게 한 당시의 데나리온 동전의 전면에는 월계관을 쓴 티베리우스 황제의 흉상이 새겨져 있다. 이런 문구까지 쓰여 있다.

신적인 존재인 아우구스투스의 아들 티베리우스 황제

데나리온의 뒷면에는 황제의 어머니와 함께 로마의 대사제pontifex maximus가 있다. 황제의 어머니는 두 손에 왕홀王笏과 올리브가지를 들고 있다. 이것을 통해 황제의 어머니는 천상적 평화의 전달자로 표시되었다.
첫눈에 보이는 것과는 다르게 마태오 22,21은 예수께서 인간의 주의력을 나누어 50퍼센트는 국가에, 나머지 50퍼센트는 하느님께 드려야 한다는 뜻으로 하신 말씀이 아니었다. 이 말은 궤변을 부리는 조잡한 규칙처럼 보인다. 그러나 사정은 이미 어리둥절하게 바뀌어 예수는 자신이 물음을 받지 않았어도 이 대목에서 하느님에 대해 말씀하신다. 피상적인 것이란 믿을 수 없는 것이다. 외형으로는 나란히 놓인 것이 내용상으로는 상반된 두 영역으로 갈라지기 때문이다. 세금에 대한 물음과 이에 대한 예수의 대답은 오히려 적대자들에게 자기네와 하느님과의 관계를 떠올리게 하는 계기가 되었다. 세금을 내는 것이 하느님과의 관계를 생각하게 하는 표상이 되었다. 황제에게 세금을 내는 바와 같이 사람은 하느님께 속한 것은 하느님께 드려야 한다. 모든 것이 하느님 소유가 아닌가? 이 문장의 후반부는 예수는 복음 선포의 틀에서 참으로 실질적인 명령을 내린다. 적대자들의 세금에 대한 걱정은 오직 한 표상에 지나지 않는데 그 안에는 그들이 본질적으로 해야만 하는 걱정, 말하자면 하느님의 계명을 지키는 것에 대한 걱정이 숨어 있다. 이들이 벌써부터 세금을 내는 것에 대해서 걱정한다면 하느님의 계명을 지키는 일에 대해서는 얼마나 진지하게 걱정해야만 하겠는가!

그러므로 첫 번째 명령은 (황제에게 돌려주고) 의미적으로 두 번째 명령과 같은 등급에 놓여 있지 않다. "하느님께 돌려 드려라"라고만 말할 것이 아니라 구체적으로 번역하자면 "하느님께 훨씬 더 많이 돌려 드려라"라고 하는 것이 더 적합하다. 두 가지 명령을 의무 범위를 추가한다는 뜻으로 이해할 것이 아니라, 실천하기를 강조하는 요청이 후반부에 놓여 있는 것으로 이해해야 한다. 이렇게 하여 이 말씀도 예수의 기쁜 소식의 맥락에 들어간다. 이는 신정국가와 로마제국이 맺은 협정의 의미에서 국가정치적 가르침을 다룬 게 아니다. 이런 전통을 로마 13,7에서 국가정치적 맥락에서 언급하지만, 두 번째 요소인 "하느님의 것은 하느님께 돌려 드려라."에 대한 언급이 특이하게도 빠져 있다.

중세에서도 사람들은 여기에서 50 대 50의 규칙을 다루고 있는 것이 아니란 것을 명백하게 인식했다.

참된 스승이신 … 그리스도께서 당신께 봉사하는 데 여러분을 굳건하게 하시어, 여러분이 우리의 주님이신 예수 그리스도께 복음의 명령과 계명을 지키는 순명의 데나리온을 드리게 하소서. 그렇게 하여 전능하신 하느님께서 당신의 모상을 찍고 각인한 여러분 자신과 여러분의 마음을 지켜 주시고, 당신의 전능으로 현재와 미래에 언제나 여러분을 지켜 주시며 당신께 충실하도록 보호하소서.(주교의 축복기도문 Nr. 1414)

이 텍스트 안에는 "당신의 전능으로, 당신께 충실히"와 같은 로마의 정치적 개념이 포함된 표현들이 눈에 띈다. 하느님은 이제 참된 황제이시다. 로마 황제가 실현할 수 없던 것을 하느님께로부터 기대할 수 있게 되었다. 하느님의 이름으로 복음의 명령과 계명을 지키는 순명도 유효하게 되었다. 또 다른 주교의 축복기도문에는 다음과 같은 내용이 있다.

여러분이 황제의 상이 새겨진 동전을 황제에게 세금으로 바치면서 그에게 속한 백성으로서의 의무를 실행한다는 표시를 드러내듯이, 하느님의 상이 여러분의 마음을 깨끗하고 아무런 흠도 없이 순수하게 되도록 지켜 주시어 하느님으로부터 받아들여진 자유로운 자녀가 되게 하소서.

이 문장에서는 의무와 자유가 두드러지게 드러난다. 이 기도문은 세속적인 세금을 내는 것은 단지 하나의 표상에 지나지 않는다는 것을 진지하게 드러낸다(황제의 것은…, 하느님의 것은…). 로마 13,7과 연관된 내용은 주목할 가치가 있다.

> 여러분은 모든 이에게 자기가 해야 할 의무를 다하십시오. 조세를 내야 할 사람에게는 조세를 내고 관세를 내야 할 사람에게는 관세를 내며, 두려워해야 할 사람은 두려워하고 존경해야 할 사람은 존경하십시오.

그러므로 이렇게 말할 수 있다.

신약성경에는 하느님과 세상 관청에 대한 규정을 따르는 그리스도인의 의무를 언급한 대목들이 있다. 이렇게 언급된 부분을 보면 다양한 의무가 제시된다.

하느님께 대한 의무들이 사람들에 대한 의무들에 비해 현저하게 차이가 남에도 불구하고, 이러한 다른 두 영역들이 나란히 있는 점과 국가에 충성하는 점이 눈에 띈다. 하느님께 대한 의무들이 훨씬 더 포괄적이지만, 세속적인 의무를 거두어들이는 존재의 가치를 무시하지는 않는다. 예수는 세금내기를 거부하는 열성당원Zelot이 아니다. 바오로 사도와 1베드로서는 일치하여 예수가 이런 근접한 규칙들을 정하신 것이 아니라고 한다. 그러나 예수는 다른 의무들도 지키라고 하시며 세금 내는 일에 전적으로 동의하신다. 최소한 마태 17,24-27에 있는 성전세를 바치는 것도 여기에 해당된다. 모든 관청에 대한 의무를 이렇게 명백하게 지켜 가는 사람은 폭력을 동원할 준비가 된 혁명가가 결코 아니다(쿰란공동체에 대한 논쟁에서 로베르트 아이젠만Robert Eisenman과 동료들을 거슬러).

긍정적인 성과: 예수는 하느님의 통치를 선포했다. 하느님의 통치는 지금은 감추어져 있지만 곧 널리 알려지게 된다. 하느님의 통치가 온갖 세속적인 통치를 상대화하지만, 이는 정의의 통치이기 때문에 예수는 일반적인 사회적 의무들을 인정한다. 로마 13,7에 있는 "여러분은 모든 이에게 자기가 해야 할 의무를 다하십시오."라는 문장을 하느님 통치의 한 부분이라고 말할 수 있다면 그분의 통치는 일반 시민적 의무들도 존중한다. 이 의무를 취소하는 것이 아니라 오히려 잘 지키기를 요청한다. 사회적 요소들을 지켜 가는 것도 정의를 실현하는 것이기 때문이다. 예수가 말씀하신 하느님의 통치는 이러한 중요하고도 본질적인 윤리적 측면도 내포하고 있기 때문에 세금을 낸 것이다. 그러나 서로 지키는 윤리적 규정이 아니라 종교에 관한 경우에 예수는 국가의 권력으로 숭배하라거나 존경하라는 모든 요구를 완강히 거부했다. 하느님의 지배는 모든 것을 포괄하기 때문에 인간적 질서를 제한한다. 중세의 기도문들은 이것에 대해 제대로 그리고 멋지게 파악했다.

물론 "하느님 나라"에 관한 예수의 말씀은 정치적 차원도 지니고 있다. 이러한 정치적 측면은 요한 묵시록에서 가장 잘 드러난다. 예언자 요한은 용기를 내어 하느님 나라에 관한 기쁜 소식의 결과가 무엇인가에 대해 다음과 같이 말했기 때문이다.

이것이 알려지면 모든 세속적 지배는 영원히 없어져야만 한다.

세속적 지배는 대여된 지배이고 두 번째 손에 의한 지배이며 제한된 시간의 지배이다. 복음사가들은 이러한 상대화시키는 결론에 대해 말하기를 주저했지만 예언자 요한은 이것에 대해 말하기를 감행했다. 그는 아무것도 잃을 것이 없었다. 그의 활동과 신학은 순교자들의 피로 결정되었다. 그리스도인임을 가늠하는 기준은 순교에 있었다.

다른 한편으로 예수의 기쁜 소식은 종말론적 역사신학 없이도 아무런 문제없이 진행될 수 있는 것이다. 예수의 기쁜 소식은 첫 계명에 대한 진지한 고찰의 결과이고, 그렇기 때문에 전능에 대한 모든 세속적 요청에 대해 비판하고 거부할 준비가 되어 있다. 이러한 종류의 모든 무리한 요구는 정체가 폭로된다. 점토 위에는 발자국이 선명히 남기 때문이다. 기쁜 소식의 긍정적인 측면은 이러하다.

> 피조물을 염려하고 돌보는 일, 원수에 대한 사랑 그리고 자비를 실천하는 데에 있어서는 하느님을 닮아라. 하느님을 위해 그분과 다른 상태로 있어라. 재판관이나 모든 것을 관할하며 자신을 위해 세속적 통치를 하는 군주 역할을 하며 이런 관점에서 마지막 일과 관련하여 자신에게 하느님의 권한이 있다고 생각하지 마라.

여기서 다음과 같은 구별을 명백하게 할 필요가 있다.

> 하느님을 닮아라. 하느님과 다른 상태로 있어라. 하느님께 거룩함을 내어 드리되, 그분의 사랑 안에서 그분을 열망하라.

예수는 지배자들에 대해서는 말을 아꼈는데 말씀을 하실 때에는 좋게 하지 않았다.

> 그들은 백성들을 지배하고 착취한다. 순교자들이 (여우 헤로데는 예루살렘에서

예수의 순교를 기다렸다) 생겨나게 하고 전쟁들을 모의한다.

모든 높은 것은 낮추어진다. 이 세상에서 하느님께 속할 유일한 기회는 지배가 아니라 봉사이다. 그렇기 때문에 자신의 합법성을 봉사에서 (구체적으로 말하자면 사람들이 "교회의 구제 사업"Diakonie이라고 하는) 증명하는 교회적 직무 하나가ein kirchliches Amt 내 눈앞에 아른거린다.

10.4 예수의 사회적 프로그램

오래 전부터 개인적인 이기심과 지구상에서 자행되는 불의 사이의 관계는 이론이 분분하고 아직 해결책을 찾지 못하여 논의 중에 있는 테마이다. 이런 부정적 요인들이 온 세상에서 점점 더 나쁘게 진행되고 있는 상황에서 개별적인 사항들에 일일이 호소하는 것이 참으로 의미가 있을까? 이러한 일을 개선하기 위해 그리스도교에서 실행하고 있는 각종 프로젝트들은 뜨거운 바위에 떨어지는 물 한 방울에 지나지 않는 것은 아닐까? 더 좋지 않은 상태를 말하자면, 점점 심각해지는 궁핍이 예전에 '자선을 베풀던 사람들'마저 앞서 가는 게 아닐까? 차라리 우리는 이른바 제3세계의 사람들보다 바로 이곳에 있는 실업자들에 대해 더 많이 생각해야 하는 것은 아닐까? 다른 어떤 것보다 차라리 우리 자신의 노후대책을 위해 더 많이 저축하고 좀 더 합리적인 대책들을 세워 나가야 하는 것은 아닐까? 그렇게 하여 우리의 손자들에게 빚을 많이 넘겨주는 일을 피해야 하지는 않을까? 신약성경은 분배정의를 위해 최소한 신학적 기본 노선이라도 제시하고 있는가? 나는 다음과 같은 사실을 확신하고 싶다.

1. 전쟁과 기아는 하느님을 멀리한 시대에 일어나는 모든 재앙 가운데 최악의 현상이다.

2. 마태 25,31-46에 따라 배고픈 사람, 아픈 사람, 감옥에 갇힌 사람, 생필품 부족에 시달리는 사람들을 위해 자선 행위를 해야 한다는 것은 널리 알려진 말이다. 누구에게든 자선 행위를 한 것은 사람의 아들 자신에게 한 것과 같은 가치를 지닌다. 이 세상 어디에서든 궁핍에 시달리는 이를 도와주는 사람은 결국 하느님을 도와드리는 것이다. 사람의 아들이 심판자이기 때문에 판결에 앞서 이 심판자와 얼마나 좋은 관계를 이루었느냐에 따라 모든 것이 좌우된다. 그러나 그리스도인을 도와주는 행위(마태 25,40의 "가장 작은 이들"; 갈라 6,10의 "믿음의 가족", Berger/Nord저: "그리스도인 가정")가 분명히 우선권을 누린다는 것도 부인할 수 없는 사실이다. 이를 일러 '그리스도인의 연대'라고 말할 수 있다.

3. 마태 25장과 착한 사마리아인의 비유에서 예수는 자발적인 이웃돕기를 어떤 것보다 가치 있게 여기신다는 점과, 이웃을 도와주라고 몰아대는 이데올로기적 메커니즘에 대해서도 잘 아신다는 점을 알아차릴 수 있다.

4. 자발적으로 이웃을 돕는 일에 근거하여 하늘나라에 도달하기 위해 그리스도인이 되어야만 하는 것은 아니다. 그러나 그리스도인의 장점은 하늘나라에 들어가는 조건들에 대해 알고 있고 그것에 맞추어 살아갈 수 있다는 것이다. 이러한 것들을 모르는 이방민족들 중 많은 사람들은 실제로 사람의 아들이 그들이 한 행위의 수취인이 되었다는 사실을 듣는다면 대단히 놀랄 것이다.

종교역사의 맥락에서 이웃 사랑에 관한 그리스도교적 계명은 신약성경에서 이미 민족적이고 배타적이며 유다적인 요소와는 관련이 매우 적다는 것이 눈에 띈다. 또한 복음이 이방민족들에게도 개방되어 경계선을 뛰어넘었어도 그 관련성은 더욱 경미하다. 따라서 유다교가 널리 퍼진 상황에서 유다인들에게 본래의 그리스도교적 혁명을 이룬 것이다. 이 혁명은 죄인을 용서하고 부활을 약속함으로써 하느님의 자비가 널리 미치고 있다는 표시로 곤궁에 처한 이들에게 필요한 실질적 사랑을 널리 실천한다는 것을 의미한다. 자신들은 유일하게 선택된 민족이란 것을 온 세상에 강력하게 강조한 유다인들이 하필 그리스도인의 모습으로 널리 도와주는 일에 누구도 따르지 못할 절대적인 선구자가 된 것은 초기 그리스도인에게 벌써 여기에 하느님의 성령이 작용하고 있다는 사실을 볼 수 있는 하나의 설득력 있고 감동적인 논증이 되었다. 이러한 사실은 신학적으로 볼 때 창조주 하느님께서 아무런 제한도 없이 다가오심으로써 모든 피조물을 참으로 긍정하고 받아들이신다는 것을 의미한다. 그러므로 사랑과 정의에 관한 그리스도교적 기쁜 소식의 보편성은 시간의 종말에 하느님의 오심과 직접적인 어떤 관련을 맺는다. 하느님께서 이 세상 안으로 오시는 것은 결정적으로 보편적이 될 것이고 그러해야만 하기 때문이다.

그런데 바로 다음과 같은 한 요소가 사람에게 다가오시는 하느님의 길의 지속적인 특징이 된다.

하느님께서는 언제나 특별한 길을 통해 한 사람 한 사람에게 다가오신다.

하느님께서는 획일적인 방식으로는 결코 역사에 개입하시지 않는다. 이것은 다음과 같은 것을 의미한다.

일반적이거나 익명으로가 아니고, 세금이나 일반적인 세계규칙에 의해 요청되는 보편적인 원조가 아니라, 언제나 개개인에게 개별적으로 다가오신다.

이것이 바로 하느님의 길이기에 각자의 개별적인 회개는 대체할 수 없는 요소이다. 바로 그러하기 때문에 각 개인은 태어날 때부터 사랑을 받는 존재이다. 개별적인 회개의 규칙에 따라 모든 그리스도인의 일치도 언젠가는 이루어진다. 인간이 지닌 마음의 관점으로 볼 때 어떤 일반적인 규칙도 유효하지 않기 때문이다. 하느님은 결코 일괄적으로 "모든 사람을" 사랑하시지 않고 언제나 각자 개별적으로만 사랑하신다. 이것은 또한 그리스도인이 이웃에게 관심을 기울이는 본보기이기도 하다. 하느님의 길들은 지금까지와 같이 앞으로도 개별적이고, 바로 그렇기 때문에 모든 사람을 이리저리 엮고 묶을 것이다.

바하이 운동[18]이 시도한 바와 같이 인위적으로 조직된 우주종교가 어떤 것을 만들어서 하느님의 우주적인 오심에 대한 준비를 한다고 할지라도 아무런 도움이 되지 못한다. 우리가 아는 유일한 것은 "누가" 그리고 "어디에서"일 뿐이다. 오실 분은 우리의 주님이신 예수이고 그것도 바로 예루살렘으로 오실 것이다. 그리고 모든 유다인은 그분을 인지하게 될 것이다. 이 얼마나 엄청난 기쁨이고 화해가 될 것인가! 그러나 우리가 이미 알고 있는 이러한 두 가지 요소들과 균형을 이루기 위해 "어떻게"는 베일에 철저히 감추어져 있다. 대림Advent은 이러한 감추어진 상태를 견디는 데에서 성립한다.

---

[18] 19세기 중반, 바하 울라(Baha Ullah : 아랍어로 '신의 영광'이라는 뜻)로 알려진 미르자 호세인 알리 누리가 창시한 종교. 모든 종교는 외형상의 차이에도 불구하고 모두 동일한 진리를 담고 있다고 가르친다. -편집자 주

이제 다음과 같은 사실이 중요하다.

순교가 증거의 행위로서 아무리 의미가 크다고 할지라도 하늘나라로 빨리 들어가려고 애쓸 것이 아니라 사람들에게 봉사해야 한다.

성경의 "봉사"라는 말은 다른 사람들을 위해 모든 지저분한 일을 하는 것을 의미한다. 예를 들자면 손님들의 발을 씻어 주는 일이 여기에 속한다. 루카 7장의 죄 많은 여자를 용서하신 것에 관한 보도와 1티모 7장에서 서술한 과부들에 관한 지침에서와 같이 이러한 일은 고대를 통틀어 여인들이 할 일이었다. 예수는 다른 사람의 발을 씻어 준 사람으로 보도된 첫 번째 남자이다. 그리고 예수는 당신이 하신 대로 따라하라고 요청하신다. 성목요일 전례에서 재현하는 발을 씻어 주는 행위는 실천으로 하는 강론, 혁명적인 내용을 지닌 강론이다. 그런데 이것을 사람들이 제대로 실천하는 경우는 매우 드물다.

10.5 예수와 권력 추종

예수는 느림과 인내의 옹호자이다. 예수는 단숨에 혁명을 일으키는 분이 아니고, 빠른 변화의 친구도 아니며, 당신을 따른 사람들에게 지나친 속도를 경계하도록 가르친 분이다. 신약성경에서 이와 관련된 부분을 찾아본다면, 열두 사도들 중에서 하늘나라에 속히 들어가리라고 여긴 제베대오의 아들 야고보와 그의 동생 요한을 들 수 있다. 이러한 이유로 이들은 "천둥의 아들들"이라고 불리기도 했다. 이들은 즉각적으로 사마리아인들의 마을을 심판하려고 한 것처럼 순교를 통해 하늘나라에서 즉시 왼쪽과 오른쪽 자리를 차지하려고 했다. 이들은 참지 못했다. 그러나 무엇보다도 자신의 중요한 역할을 추구했으며 그 자리에서 확인하려고 했다. 예수는 이들이 순교할 각오가 되어 있음을 존중했지만 자주 비판하셨다. 당신 자신도 당장 순교하려고 애쓰지는 않으셨다. 기적사화 뒤에 나오는 예수의 침묵명령들은 세력을 추구하는 유다 지도자들과의 불운한 만남을 뒤로 미루기 위한 것이었다. 이에 대한 표어는 다음과 같다.

순교가 증거의 행위로서 아무리 의미가 크다고 할지라도 하늘나라로 빨리 들어가려고 애쓸 것이 아니라 사람들에게 봉사해야 한다.

사람의 아들에 관한 전통적인 교의 안에서 말하자면, 이러한 것으로 사람의 아들의 낮추어짐과 다가올 것으로 기대되는 높여짐 사이의 시간 간격이 길어졌다.

예수는 제자들에게 자신의 십자가를 지고 당신을 따라야 한다고 말씀하지 않았던가? 이 말씀을 오늘날 알아듣자면 이런 의미일 수 있다.

절차를 거쳐 갈 길을 가라! 불가피한 고통 앞에서 움츠러들지 마라.

예수는 당신의 비판 방식을 통해 당신 자신과 제자 한 명 한 명을 위해 순교를 더 큰 범위에서 준비하셨다. 여기서 말하는 큰 범위란 이러한 것이다.

먼저 봉사부터 해라! 유익한 존재가 되어라! 첫걸음이 마지막 걸음이 되게 하지 마라!

순교가 이러한 봉사를 대신할 수는 없다. 꼭 필요한 경우에만 순교할 수 있는 것이다. 폭력적인 죽음을 감수해야 하지만 이것만이 삶의 유일한 의미는 아니다. 물론 순교는 예수에게 매우 중요한 범주인 "순종"의 완성이다. 필리 2,8을 보자.

당신 자신을 낮추시어
죽음에 이르기까지,
십자가 죽음에 이르기까지 순종하셨습니다.

예수는 십자가의 죽음에서 비로소 순종하신 것이 아니라 평생 순종하셨다.

서구교회의 신심과 신학의 역사는 항상 예수의 죽음을 그분의 삶과 분리시키려는 경향을 지니고 있었고, 사람들 속에서 활동하신 그분의 삶 전체에 예루살렘에서 일어난 일들을 오버랩하려는 경향을 지니고 있었다. 우리는 성금요일에 일어난 일을 들여다보면서 그분이 살아온 일생을 간과하기 일쑤였다. 그분의 삶은 사람들에 대한 봉사들로 가득했다. 마르 10,45를 보자.

사실 사람의 아들은 섬김을 받으러 온 것이 아니라 섬기러 왔고, 또 많은 이들의 몸값으로 자기 목숨을 바치러 왔다.

여기서 예수는 비단 당신의 죽음에 대한 뭔가를 말씀하시는 게 아니라 당신의 삶 전체에 대한 결정적인 것을 말씀하신다. 예수의 행적은 전체적으로 보고 이해해야 할 일이다. 목숨을 내놓은 것을 두고 많은 사람들이 죽음에 대한 준비를 의미하는 것으로 해석했다. 그러나 그리스어의 언어 관습에서 보면 다른 것에 강조점을 두고 있다. 사도행전 15장에는 당시 아직도 살아 있는 바오로와 바르나바가 믿음을 위해 목숨을 내놓았다고 기록되어 있다(글자 그대로 보자면, …목숨을 내놓은 사람들입니다). 어떻게 자신의 삶을 다른 사람들을 위한(대신하여) 몸값으로 내놓을 수 있는지는 쿰란텍스트 중에서 열두 명의 의인들에 대해 말하는 이른바 분파규칙 Sektenregel 8항에서 볼 수 있다.

그들의 의로움은 이스라엘의 모든 죄를 청산한다.

이것은 실제로 예수께도 마찬가지다.

그분은 유일한 참된 의인이다.

그분은 아무런 흠이 없는 분이기 때문에 그분의 삶은 (저울을 생각해 보라) 모든 죄의 무게를 감당할 수 있다. 마르 10,45을 오직 예수의 죽음에만 적용할지라도 이와 같은 근거만으로 속죄하기에(보상행위) 충분하다. 예수는 철저히 의로운 분이기 때문이다. 어디서 대리를 언급하든 이는 필연적으로 앞에 내놓아야 할 기본 요소이다.

마르 10,45을 예수의 죽음에만 관련시킬 것이 아니라 그분의 죽어 가는 과정을 포함한 삶과 관련시키면 당시 유다교의 틀에서 이 문장을 좀 더 잘 이해할 것이다. 그러면 예수는 여기서 두 제자들에게 "평생 지속되는 봉사를 하라"고 하신 말씀을 스스로도 실천하는 것이 된다. "봉사"란 무엇을 말하는 것인가? 봉사는 엄밀히 말해 살아가는 방식이다. 이 살아가는 방식을 통해 예수의 고통이 제자들 가운데 그리고 공동체 안에서도 구체적으로 일치한다. 이와 대비되는 것은 이기주의이고, 제자들 간의 순위 다툼이며 명예욕이다. 그러나 제자들의 태도에 대해 적용하는 이런 방식으로 예수의 죽음을 해석하는 일도 가능하다. 우리는 여기서 예수 자신이, 또는 초기 공동체가 그분의 전기에 대해 어떤 방식으로 관심을 가졌는지, 어떻게 해석했는지, 그것을 어떻게 자신에게 적용했는지 알 수 있다. 예수의 수난에 관한 이러한 해석에서 낮추어짐과 높여짐, 치욕과 영광은 전면에 놓인다. 그러므로 이중적 관점에서 봉사는 제자들에게 자학적인 낮춤이 아니라 의미로 충만한 새로운 삶의 예술이다.

봉사하는 사람은 일반적으로 선한 일을 하는 것이다. 그리고 순위에 대한 예수의 혁명적인 전도에 의하면 봉사하는 사람은 즉시 첫째가 된다.

모든 봉사는 일반적으로 봉사하면서 공적인 과제를 수행하는 것이기 때문이다.

봉사하는 것은 그때나 지금이나 자신을 낮추는 어떤 것이다. 봉사하는 것은 불명예이고 부끄러운 일 중 하나이다. 주인의 역할을 하지 못하고 아무도 차지하려고 다투지 않는 일을 떠맡으며 정리정돈과 청소도 해야 한다. 불명예를 지고 가는 것은 예수를 닮게 한다. 하느님의 영광은 세상에서 명예와 지위를 중시하는 태도와는 철저히 대비되는 가운데 드러나기 때문이다. 가지려고 하는 사람이 강한 자가 아니라 주려고 하는 사람이 강한 자이다. 받는 사람이 부자가 아니라 주는 사람이 부자이다.

그러나 이것은 영웅적인 손실이 아닐 경우에만 의미 있는 일이다. 끝자리, 낮추어짐, 스스로 선택한 종노릇—이러한 것들은 중간 과정에 지나지 않는다. 예수가 당신의 제자들에게 요청하신 까닭은, 밤이 지나면 낮이 오듯이 사람의 아들은 반드시 장차 들어 높여진다는 것을 미리 확신했기 때문이다. 지금 봉사하는 사람은 그분과 함께 높여진다. 예수께 속한다는 것은 이러한 의미다.

권력을 향한 지름길은 없을지라도 위로 올라가는 것은 확실하다. 예수의 길은 봉사의 모든 골짜기를 거쳐 나아간다. 그런데 그분은 틀림없이 위로 인도해 주신다.

이것은 사람의 아들이라고 한 표현과 이 표현의 의미에 대해 일반적인 무엇인가를 말해 주는 장소이다. 이른바 자유주의 신학에서는 사람의 아들에 대한 예수의 말씀을 여러 그룹으로 나누어서 하느님 나라에 대한 말씀과 대비를 이루도록 인위적으로 배치하기를 선호하거나 (다니 7장 참조) 아예 예수가 하지 않은 말씀으로 취급하기도 했다. 특히 이름난 가톨릭 신학자들이 말년에 한 작업들에서 이러한 것을 볼 수 있다. 그런데 이러한 말들 안에 일치된 신학적 노선이 있기라도 할까? 예수가 자신을 그러한 존재라고 한 이유는 무엇일까? 모든 복음사가가 이에 대해 그렇게 확신을 갖는 이유는 무엇일까?

사람의 아들은 하나의 묵시적 개념인데 이러한 의미다.

사람의 아들이 무슨 뜻인지 아는 사람은 현재와 미래, 세상과 큰 변동, 인간의 무분별하고 방종한 행위와 심판 간의 엄청난 긴박한 사태에 참여한다.

심판 때에 사람의 아들은 하느님의 대리인이 된다. 그렇기 때문에 사람의 아들이 지금은 단지 제대로 인정을 받지 못한 상태로만 있을 수 있다. 고향도 없이 이리저리 넘겨진 상태로 엄청난 고통을 당하고 있다. 그 밖에 다음과 같은 말도 유효하다.

자신을 낮추는 사람은 높여진다.

그런데 이 세상에는 보이지 않게 고통받는 사람들이 넘쳐난다. 나와 같은 임대아파트에 사는 나이 든 한 여인이 걸어온 기구한 인생도 떠오른다. 그 여인은 행실 나쁜 아이들에게 구타까지 당하고 있다.

사람의 아들의 미래에 대해서는 세 가지 사항을 알아차릴 수 있다. 첫째, 그분은 재판관이시므로 안식일 계명처럼 판단을 내려야 하는 규범에 대해 해석하는 권한도 지니신다. 둘째, 그분은 미래에 올 심판자이기 때문에 죄를 사면하고 용서할 수 있다. 이러한 것도 심판자가 지닌 권한이기 때문이다. 이 사실을 지금은 누구도 믿지 않을 뿐이다. 셋째, 심판은 당연히 탈리오 법칙에 따라(적절하지 않은 때에 심판하는 사람은 심판을 받는다. 그분을 믿는 사람은 그분도 그를 믿는다) 집행된다. 그런데 그분은 심판자이실 뿐만 아니라 당신의 사람들을 위한 변호자이기도 하다. 계산서를 내놓아야 할 날이 바로 심판 날이기 때문에, 그때에는 그분이 변호자라는 것이, 당신 제자들을 위해 몸값을 치르기 위해 당신의 온 생애를 바쳐왔다는 것이(마르 10,45) 무엇을 의미하는지 명백하게 드러날 것이다. 최종 결론은 이러하다.

사람의 아들에 대한 모든 진술은 그분이 미래에 수행할 심판행위의 범위 안에서 명백하게 이해된다.

여기에 한 가지가 더 속한다.

마태 25,40에 따르면 모든 약하고 보잘것없는 사람과 고통받는 사람 안에서 그분을 만나게 된다.

그분은 보이지 않는 곳에서 고통받으실 뿐만 아니라 참으로 전 지구적 차원에서 이와 비슷한 고통을 겪는 모든 이와 연대하신다. 그 가운데는 나와 같은 임대아파트에 사는 나이 든 여인도 포함된다. 그분은 이렇게 말씀하신다.

너희는 모든 가난한 사람 안에서 나를 만난다. 이것이 혁명이다.

사람의 아들과는 달리 "하느님의 아들"이란 칭호는 항상 하느님 생명의 영을 지고 가는 존재라는 뜻이다. 이 영은 하느님의 아들로 만든다. 죽은 자를 살아 있는 자가 되게 하고 마리아의 몸속에서 예수가 생겨나게 하며 하느님의 영으로서 본질적으로는 죽은 영들인 악령들과 대항한다. 십자가 아래에 있던 백인대장은 큰 소리로 외치면서 죽어 가는 분의 생명력을 인지했다.

우리 다시 한 번 예수를 바라보자. 예수는 마르 10,45에서(사람의 아들은 섬김을 받으러 온 것이 아니라… 목숨을 바치러 왔다.) 당신이 평생 노예와 같이 봉사하게 될 것을 알려 주었다. 예수가 당신을 실제로 노예로 여긴 것은 눈먼 거지와 소통하는 장면에서 증명되었다. 예수는 이 사람이 당신의 주인이기라도 되는 듯이 행동하셨다.

내가 너에게 무엇을 해 주기를 바라느냐?(마르 10,51)

마르 10,35에서 제베대오의 두 아들은 예수를 압박하려 했다.

스승님, 저희가 스승님께 청하는 대로 저희에게 해 주시기를 바랍니다.

예수는 이들이 원한 것을 이룰 수 없었다. 하늘나라에서 누릴 자리들은 예수가 정할 수 있는 것이 아니었다. 그러나 눈먼 이를 보게 하는 것은 그분의 과제였다. 이사 35,5에 이런 말씀이 있다.

그때에 눈먼 이들은 눈이 열리고
귀먹은 이들은 귀가 열리리라.

예수는 사람들로 하여금 하느님이 오시는 날을 대비하도록 했다. 뒤에 예수가 예루살렘으로 입성하는 것에 대한 보도가 있다. 사람들은 그분을 두 번씩이나 이렇게 불렀다.

다윗의 자손께 호산나!
주님의 이름으로 오시는 분은 복되시어라.

병자들을 낫게 하고 악마들을 제압한 솔로몬이 다윗의 아들로 불렸듯이, 예수도 다윗의 아들로 불렸으며 그렇게 하여 다윗 왕과 종말론적으로 일치하게 되었다. 유다인들의 관점에서는 다윗은 위대한 승리자이다. 그런데 이제는 예수가 사람들을 위협하고 두려워하게 하는 모든 것을 제압하신다. 그분이 지니신 유다적인 색채가 벌써 우리의 관심을 성전으로 돌려놓는다. 이 성전은 아직 여전히 다윗의 아들, 솔로몬의 (재건된) 성전이기 때문이다. 다윗의 구원을 이루는 아들은 성전에서 성전의 주인으로서 지닌 자신의 권한을 실행한다.

마르 8,22-26(벳사이다의 맹인을 고침)을 포함하여 눈먼 이를 고친 행적은 예루살렘 입성에 관한 보도 앞에 있는 마르 8-10장의 제자들에게 준 가르침에 대해 괄호를 치게 한다. 눈먼 이를 고친 행적은 여기서도 제자들이 이해하는 데 부가적 상징이 된다. 눈먼 이들이 예수를 보지 못하고 듣기만 하는 것은 고침을 받은 자들을 뛰어넘어 나중의 그리스도인, 역시 예수에 대해 듣기만 하는 그리스도인을 가리키는 것이다. 이런 면에서 복음서는 믿음의 그림책이다. 이 보도에는 "용기를 내어 일어나게. 예수님께서 자네를 부르시네."라는 촉구와 예수의 자비 사이에 긴장감이 돈다.

예수는 미래의 제자를 다음과 같은 말로 치유하신다.

가거라. 네 믿음이 너를 구원하였다.

기적사화에서 자주 등장하는 이 문장은 곰곰이 생각해 볼 만하다. 예수는 눈먼 이를, 가령 만지는 일처럼 그저 외부에서만 고쳐 주신 게 아니다. 오히려 그의 믿음이 결정적 역할을 한 것이다. "네 믿음이 너를 구원하였다"라는 말씀은 권위를 확인하는 것에 지나지 않는다. 예수는 그를 가엾게 여기셨기에 이렇게 말씀하신 것이다(마르 10,48 이하). 이 같이 확인한 다음에 비로소 기적이 일어난다. 예수는 먼저 뭔가 확인하시고 나서 바로 실현하신다. "네 믿음이 너를 구원하였다"라는 문장은 이러한 의미를 말한다.

눈먼 이는 예수 안에서 그에게 가까이 다가오신 하느님을 믿는다.

예수께서 이런 믿음을 야기하시고 일깨우신다. 눈먼 이 안에서 새로운 힘이 예수를 통하여, 예수 안에 있는 하느님께 대한 믿음을 통하여 일깨워져 다시 온전해진다. 이렇게 하여 그 눈먼 이는 예수를 통하여 간접적으로 자기 자신을 발견한다. 예수는 그를 눈멀게 한 장벽을 걷어치우셨다. 우리는 조심스럽게 이렇게 말할 수 있을 것이다.

예수는 눈먼 이 안에 자신을 치유할 수 있는 힘을 불어넣어 주셨다. 눈먼 이가 신체적으로 회복되었다는 것은 분명히 하느님과 만났다는 뜻이기 때문이다.

성경의 세계관에 의하면, 모든 질병은 사람이 일정 기간 (죽음에서는 영원히) 자기 자신을 통제하지 못하고 스스로 결정할 힘도 잃어버려 더 이상 자신의 온전한 작전본부를 소유하지 못하고 해롭고 나쁜 질병과 마귀의 희생물이 된 것에 기인한다. 이렇게 병자는 내적 질서와 건강을 상실한다. 병자는 질병 앞에 힘도 없고 지도력도 없이 속수무책으로 놓여 있다. 예수를 통해 그는 자신의 지휘권을 되찾는다. 병자는 자신의 믿음 안에서 이러한 확고하고 고정된 권위에 참여하여 한몫을 갖게 된다. 이렇게 하여 인간 내면의 위축된 부분은 다 녹아 버린다. 달리 말하자면 이러하다.

눈먼 이는 자기 앞에 그리고 자신의 외부에 놓여 있는 치유하는 힘, 긍정적인 지도력을 자신의 믿음을 통해 받아들인다.

믿음은 성경적으로 말하자면 언제나 하느님의 안정성에 참여하는 것이다. 질병과 완쾌의 경우, 질서정연한 안정성을 말한다. 이를 근거로 인간은 자신의 내적 질서로 원상회복하며, 이제 그는 자기 자신에게만 고정되지 않고 비로소 참으로 평정한 상태를 회복한다.

질병은 무기력, 무질서 그리고 마비 상태를 말한다. 믿음은 하느님의 힘과 연결되므로 어떤 경우에도 치유를 불러일으킨다. 믿음은 주관적인 신뢰 이상이다. 믿음은 하느님께서 활기차고 확고히 세우시는 질서에 객관적으로 참여하는 것이다. 믿음은 사람을 다시 일으켜 세운다. 그가 가까이 계시는 하느님 덕분에 복구된 작전본부를 소유하기 때문이다. 우리는 이렇게 말할 수도 있다.

예수는 주님으로서 자연적인 질서를 회복함으로써 (물론 파괴하지는 않고) 비로소 사람들에게 자유와 자결권을 주신다.

따라서 믿음이 지닌 치유의 힘에 대한 진술에도 그리스도교적 진술, 자기 자신을 벗어나 바라보기만 해도 구원된다는 기본적인 그리스도교적 진술이 들어 있다. 믿음은 치유한다. 하느님을 바라봄으로써(오직 이렇게만) 사람은 자신의 질서를 다시 발견하기 때문이다. 믿음은 예수를 통하여 하느님을 향하기 때문에 그분은 어떤 경우에도 여기서 기술된 의미에서 볼 때 구원하는 분이다. 죄도 질병과 매우 비슷하게 자신을 통제하고 스스로 결정하는 힘을 상실하게 하기 때문이다. 이런 상태에서도 인간은 낯선 세력에 빠져든다.

제자들이 예수 안에 있는 신적 힘을 알아보는 표지에는 "라뿌니"라는 ('나의 선생님, 나의 주님'을 의미하는 아람어) 호칭도 해당된다. 이 단어는 신약성경에서 오직 두 번만 등장하는데, 마르 10,51과 요한 20,16에 있다. 특별히 잘 알려진 제자들이 이 호칭으로 예수를 불렀다. 이 호칭은 마태 8,25을 마르 4,38(스승님!)과 비교하여 드러나듯이, 본질적으로 "주님!"(Herr, 그리스어 Kyrie)이란 호칭과 일치한다. 베를린 파피루스 Berliner Papyrus 11710에서 나타나엘은 이렇게 말한다.

람비우(Rambiu = Rabbi) 키리에 Kyrie.

이것은 요한 20,28에서 토마스가 "저의 주님, 저의 하느님!"이라고 불렀듯이, 비교할 만한 가치를 지니고 있다. 이러한 '라뿌니'라는 아람어의 특별한 가치를 제대로 평가하려면 당시의 이해지평에서는 아람어가 천사의 언어와 같이 거룩한 언어였다는 것을 생각해야 한다. 이러한 호칭으로 예수님께 말을 거는 사람은 악한 세력들의 파괴적인 영향을 멀리하려고 한다. 이 호칭은 부활의 장면에서도 (마리아 막달레나, 토마스) 마귀들의 속임수가 개입할 여지를 차단하기 위해 반드시 필요한 것이었다. 이것은 눈먼 이에게도 필요한 것이었다. 그는 거룩한 호칭을 사용함으로써 눈을 멀게 한 악마들의 파괴적인 영향을 (마태 12,22 참조) 물리치려고 했다. 제자들이 풍랑 속에서 예수를 부를 때 비록 그리스어를 쓰기는 했지만, 예수를 단순히 스승으로 공경하려는 의미로 그렇게 부른 것은 아니었다.

10.6 예수가 원하는 근본

채찍을 들고 성전에서 환전상을 몰아내신 예수는 군중들과 정치적 이론가들에게 강한 인상을 남겼다. 기본적으로 혁명적인 예수에 대한 표상이 늘 표현되었고 여전히 그러하다. 그러면서 예수가 지닌, 세상을 변화시키는 사회적 열정은 교회에 의해 길들여지고 도그마가 되어 낯설어지고 말았다고 한다. 역사적 예수는 본디 급진주의자였을지 모르는데, 우리는 그분을 단지 오늘날의 복음 선포에서 '이빨 없고 얌전하며 가시마저 뺏긴 장식품'으로만 만나고 있는 것일까?

무엇보다 먼저 이러한 질문부터 해 보자.

초기 그리스도교에서 급진성Radikalität이란 무엇을 의미했나?

이것은 세례자 요한과 함께 시작되었다. 그의 스타일과 먹고 입는 것, 특히 그가 전하는 메시지의 내용은 '급진적'이라는 부가어를 붙일 만도 했다. 요한은 중요한 법칙을 별것 아닌 것으로 왜곡시키는 궤변론가가 아니다. 그는 무자비하게 위협해 오는 불火의 심판 앞에서 어떤 제한도 없는 단호한 회개를 요청했다. 그가 사는 방식, 그가 전하는 메시지는 당시 초기 그리스도교에서 '급진적'이라고 명명할 만한 것의 잣대가 되었다. 엄중한 심판을 할 때, '전부냐 아니면 무無냐'를 다룰 때 이에 요청되는 대상은 인간뿐이다. 세례자 요한은 기본적으로 신명기 6,4 이하에 나오는 으뜸계명을 새롭게 말했을 뿐이다.

너희는 마음을 다하고 목숨을 다하고 힘을 다하여 주 너희 하느님을 사랑해야 한다.

예수님 시대의 라비들과 후대의 라비들은 다음과 같이 번역했다.

…너의 모든 재산도 바쳐서 주 너희 하느님을 사랑해야 한다.

인간은 전부 요청된다. 이제부터는 다음의 사항이 특유의 "종교적인 것"이다.

어떤 제한이나 장애도 없이 계명을 철저히 지키는 것만이 사랑에 대한 종교적 동경에 들어맞는다.

그런데 초기 그리스도교의 급진성에 대한 하나의 새로운 토대가 있다. 구약성경의 계명들과 달리, 이제는 더 이상 "이 세상에서 오래 살아라." 하는, '물리도록 살다가' 죽는 것이 중요하지 않다는 것이다. 오히려 새로운 목표는 "하늘나라로 가는 것, 하느님의 나라에 도달하는 것"이다. 그렇게 되려면 평범한 행동만으로는 더 이상 족하지 않다. 이 세상에서는 보상받지 못할 공적을 차고 넘치도록 쌓는 특별한 행동이 필요한 것이다. 이러한 새로운 급진성을 위한 본보기는 "순교"였다. 순교자가 하느님을 증거하며 죽을지라도 이 지상에서는 그에게 경의를 표하지 않는다. 그의 행위는 주고받는 순환을 깨뜨린다. 그는 그리스도인의 전형이다. 그의 행동은 그가 이 지상에서의 보상을 바라지 않는 것으로 확정된다. 신약성경은 여기서 "보상"에 대해 명백하게 말한다. 물론 우리는 계몽시대 이후로 종교에서 "보상"이라는 단어를 더 이상 듣고 싶어 하지 않는다. 우리 모두 많건 적건 보상을 받는 존재이고 그것으로 교회 안에서 다시는 대결하려고 하지 않기 때문이다. 이러한 상황에서 모든 것이 달라져야 한다. 우리가 교계제도에 강하게 매이면 매일수록 더욱더 우리는 교회 안에서 이에 대해 듣지 않으려 한다. 교회는 이러한 것을 당연히 끝까지 지탱할 수 없을 것이다. 그렇지만 우리는 그 의미된 내용을 잠정적으로 달리 표현한다.

우리가 살아가면서 명백히 보상받지 못하는 활동, 어떤 성과도 보지 못하는 활동 위로 약속의 서광이 감돈다.

사람들이 이것을 어떻게 돌리고 뒤집든 상관없이 다음의 사실은 확실하다.

예수가 시작한 운동에는 일반적인 교회의 특성이 들어 있지 않다. 이는 철저한 급진적 운동이었으며 여전히 그렇다.

예수의 제자들은 카리스마적 엘리트들과 같다. 이들은 물론 많은 업적을 쌓는 엘리트가 아니고 지성적으로 상위층도 아니었다. 그러나 재산과 가족, 가진 모든 것을 내놓은 사람들이고, 그 대신 모든 것, 전권과 하늘나라를 받은 사람들이다. 이런 카리스마적 특성은 예수가 전하는 복음의 두 가지 기본노선, 곧 세상 종말과 엄격히 연결된 노선과 지혜이신 하느님 아들이라는 노선에 해당한다. 세상 종말과 엄격히 연결된 노선이란 모든 것을 버리면 모든 것을 받는다는 말에 해당한다. 이 말은 다음과 같은 의미다.

가족과 모든 재산을 내놓고 그 대신 영원한 삶을 받는다.

이는 두 세상 사이의 대립을 뜻한다. 한 세상에서 자신을 내놓고 자신을 작게 만드는 사람은 다른 세상에서는 받고 크게 될 수 있다.
지혜와 관련된 다른 노선에 대해서는 관심을 드물게 보였고 기원후 100년 전후로 예수의 종말에 관한 말씀을 다시 발견한 이래로 거의 잊혔다. 지혜와 관련된 그분의 말씀들에 따르면 창조는 온전히 흠 없이 이루어졌고 어떤 경우에도 재앙을 향해 몰아가지 않는다. 하느님은 들에 핀 나리꽃을 아름답게 입히시고 선한 아버지로서 인간과 동물을 돌보시는데, 어제도 그렇게 하셨고 오늘도 그렇게 하신다. 어떤 위기도 없고 세상의 종말은 눈을 씻고 보아도 없다. 그러나 결과는 여기서도 급진적이다. 예수는 당신이 염려하는 아버지이신 하느님의 실재를 철저히 진지하게 받아들인다는 표지로 먹을 것, 입을 것을 미리 걱정하지 않았으며 자신의 죽음에 대해서조차 단 한 번도 염려하지 않으셨다. 자신을 방어하는 말은 조금도 준비하지 않았다. 이렇듯 비교해 보면 밝고 즐거운 노선을 걸어간 예수는 하느님의 아들이고 당신의 목숨을 어떤 전제조건도 없이 하느님의 손에 맡겨 드렸다.
이 두 가지 노선은 분리되어 결코 따로따로 서 있지 않았으며 초기 그리스도교에서는 근본적으로 철저하게 그것을 이루었다. 손님을 환대한 사람들이 없었더라면, 마을 어귀에 공동체가 형성되지 않았더라면, 아무리 열성적인 선교사들도 이내 글자 그대로 지쳐서 몰락하고 말았을 것이다. 초기 그리스도교에 대해 그동안 진행된 연구는 이곳저곳을 다니면서 복음을 전한 열성적인 선교사들을 반가이 맞아 준 한 지역에서 정주생활을 한 그리스도인들의 역할에 대해서는 제대로 주목하지 못했다. 이것이 전형적이지 않다는 말은 아니다. 학문이 소박하고 눈에 띄지 않으며 그렇지만 손님들을 후대한 급진적인 초기 그리스도인들에 대한 관심을 소홀히 했다는 것을 재차 보여 주었을 뿐이다. 우리는 이러한 사실을 잊어버리지 말자.

손님들을 후대하는 것도 급진성의 한 형태이다.

다시 말해 여기서도 (최소한 초기 그리스도교에서 이것은 규칙이었다) 이 지상에서는 어떤 보상도 없다는 것이다. 손님들에게 후대하는 것은 그리스도교가 시작되던 시기의 모든 윤리적 목록에서 아주 중요한 것이었다. 예수의 기쁜 소식에 들어 있는, 모든 명백하고도 급진적 요인들의 의미를 희석하여 결과적으로 하찮게 여기고 만 것은 이해할 만하다. 그렇게 한 이유들은 다양하다.

그 가운데 한 가지 결론은 의화론에서 끄집어낼 수밖에 없다. 그렇다면 주석학적으로 볼 때 의심할 여지도 없이 급진적으로 여겨진 산상 설교가 하나의 강령, 인간의 눈에 실패한 것으로 드러난 강령으로서 이해될 것이다. 다음과 같은 모토는 자주 옳은 것처럼 여겨진다.

어떤 성과도 요청해서는 안 된다. 너무 많은 것을 요구하는 것으로 느낄 수 있다.

나는 이러한 결론을 불쾌하게 여긴다. 미지근함이 신학적 프로그램이 되는 곳에서는 교회를 더 이상 구제할 수 없다. 예수의 급진성과 교류하는 가운데 나타나는 진지함은 이러한 의미일 것이다.

우리는 텍스트들의 의미를 경감하는 조작을 거부한다.

우리는 이 텍스트들은 옳은데, 단지 우리의 마음이 종종 충분히 뜨겁게 불타오르지 않는 것에 문제가 있다는 것을 명백히 인정한다. 우리는 이 텍스트들을 법칙으로 보는 것이 아니라 자신을 점점 더 하느님께로 몰입해 가도록 하는 도전으로 본다. 그러면 하느님께서도 우리를 지고 가신다. 자갈이 많이 깔린 개천에서 하는 아이들의 놀이와 같이, 문제는 우리를 날라 주는 뗏목을 우리가 얼마나 신뢰하느냐는 것이다.

10.7 불의에 맞섬과 그 한계

1976년 오스카르 브뤼제비츠Oskar Brüsewitz는 독일의 개신교회의 목사 정복을 입고 동독 짜이츠Zeitz/DDR에 있는 자신의 교회 앞 광장에서 온몸에 휘발유를 붓고 불을 질러 자살했다. 그는 당시 동독의 독재정권SED-Regime이 그리스도교인들을 차별대우하는 것을 반대하여 그리고 자신이 속한 개신교 교회의 기회주의에 반대하여—좀 더 정확하게 말하자면 자신이 속한 교회의 기회주의적인 태도 때문에 그렇게 한 것이다.

우리는 이렇게 말할 것이다.

아니야, 그렇게 하면 안 돼. 그렇게 하는 것은 허락되지 않은 일이야. 자신의 생명을 그렇게 끊으면 안 돼. 윤리는 이러한 행동에 반대하고 교회와 노동조합도 마찬가지다. 모두가 이러한 행동을 한다면 우리가 어떻게 되겠는가? 이것은 아니다. 누구도 이러한 행동을 해서는 안 된다. 어떤 사람이 반드시 그렇게 해야만 한다고 믿을지라도 그러한 행동은 충분히 나쁜 것이다.

다른 한편으로 서독에서 온 260,000명의 공식적인 방문객들이 당시 동독의 지도자들이었던 울브리흐트Ulbricht, 호넥커Honecker, 크렌츠Krenz들과 악수를 했다. 이들 중 누구도 이 세 사람들이 내민 손을 뿌리친 경우는 없었다. 우리는 이러한 존재이다. 오스카르 브뤼제비츠 사건으로 돌아가 보자. 우리는 이것에 대해 좋다거나 나쁘다거나 하면서 판단하지 말아야 하고 정당화하지도 말아야 한다. 그가 한 행동은 하나의 표지로서 존재해야 한다. 이것은 우리를 오늘날까지도 대단히 난처하고 불안정하게 하는 표지로서 여러 가지 질문을 던지게 한다. 만약 우리가 우리 자체로 의로운 상태에 있지 않으면 어떻게 되는 것인가? 만약 이것이 하느님께, 그분의 표상이 모든 것을 불태우는 뜨거운 불로서 하느님께 무엇인가를 말씀드리는 표지라면 어떻게 되는 것인가? 그가 교회의 사람들이 받을 심판의 불을 그들을 대신하여 자기 자신에게 붙여 버렸을 정도라면, 그들과의 관계가 얼마나 참담했었겠는가?

이제 나는 다음과 같은 스톱표지판을 내걸고 싶다.

자신을 정당화하려고 애쓰지 말자!

표지를 내세우는 것은 다양한 측면들을 내포하고 있고 비밀에 차 있으며 전적으로 기대하지 않은 것이다. 또는 이렇게 생각해 보자. 성전의 상인들을 몰아내기 위해 예수께서 채찍을 휘두른 행동이 폭력이 전혀 없고, 사랑스럽고, 이성적이고 사람들의 눈에 거슬리지 않았을까? 결코 그렇지 않았다. 언제나 폭력을 반대한 예수가 여기서는 하느님 집의 거룩함 때문에 윤리를 넘어선 것이다. 하느님의 위대하심이 무시되었기 때문에 예수는 실망하셨고 화가 나셨다. 그분의 분노가 폭발된 것은 심의되지 않았고 정당한 것으로 인정되지도 않았으며 윤리적이지도 않았다. 그러나 그분의 이런 행동은 잊지 못할 표지였다. 윤리적으로만 볼 때 상인들은 옳았다. 그러나 하느님은 우리가 지닌 윤리 그 이상인 분이시다. 하느님의 요청은 우리가 스스로 정당한 것으로 여기는 것과 자주 충돌한다. 호넥커에게 260,000번이나 손을 내민 것은 정당하고 지성적인 행동이었다. 우리는 260,000명이 정당한가 아니면 휘발유로 자살한 그 한 사람이 정당한가 묻지 않는다. 우리는 하느님께서 정치적으로 올바른 우리 편에 당연히 서 계신다며 지나치게 확신해서는 안 될 것이다. 사람들이 정당성이라고 부르는 것은 오래 전부터 십계명의 자리에 들어섰다. 우리는 이 세상과 좋은 이웃관계로 배열되었다. 그 대부분은 국가와 로마 교황청 사이에 맺은 정치 및 종교에 관한 조약들 속에 규정되어 있다. 이런 것에 대해 우리 자신이 당혹해서는 안 되는 것 아닐까?

10.8 예수의 어긋난 표상들

최종적으로는 착각을 먼저 한 이는 브뤼제비츠 목사가 아니라 신약성경 자체이고 예수이다. 예수는 착각하여 체계도 없이 행동하시고 착각을 불러일으키는 비유들을 말씀하셨다. 이 비유들에는 극단적이고 선동적인 내용과 정치적으로 올바르지 않은 내용이 있고, 불의하거나 그렇게 보이는 것이 있다. 예를 들어 신뢰로 맡긴 탈렌트의 비유가 이에 해당된다. 예수는 여기서 어긋난 형태의 예로 무슨 말씀을 하려고 하셨을까? 투자를 제때에 하지 않아서 돈을 벌지 못한 사원들을 공중에 날려 버리는 가혹한 자본가는 도대체 어떤 인물인가? 자기 자신에 대해서 "심지 않은 데에서 거두고 뿌리지 않은 데에서 모으는 줄로 알고 있었다는 말이냐?"라고 말한 예를 굳이 들어야 할까? 이 비유는 여러분이 이미 알고 있지 않은가? 매정한 종의 비유에서 하느님은 남을 전혀 용서하지 않으려는 종을 영원히 채무자 구류장에 가두셨다. 그 종은 아무리 노력해도 자신이 진 빚을 다 갚을 수 없다. 예수께서 이러한 말씀을 하지 않고 침묵을 지켰더라면 좋았을 걸! 많은 주석가들은 이리저리 궁리해 보고는 이 비유가 정말 그렇게 끝날 리 없을 것이라며 다급히 주장했다. 이렇듯 성경주석은 흥미롭게 나아갔으나 실제로는 우스꽝스러운 과목이 되고 만다! 어떤 대목이 너무 예리하여 마음에 들지 않으면 그것은 진짜가 아니라며 설명한다.

언론에 자주 등장하는 한 목사가 최근에 나쁜 평판을 받는 일이 생겼다. 그가 이러한 말을 했기 때문이다.

하느님은 조폭두목과 같이 모든 수단 방법을 다 동원하여 나를 미행하시고 나를 잡아채려 하신다. 내가 가진 모든 것을 가지려 하고 나의 모든 자유를 당신의 나라를 위해 사용하려 하신다.

이러한 선동적인 표상은 16세기의 스페인 수녀이자 여성 교회학자인 아빌라의 데레사에게서 비롯된 것일 수도 있다. 데레사 수녀는 하느님의 넘치는 열정적인 사랑을 밤에 연인의 창을 넘어 몰래 숨어드는 장면에 비유하여 말하기를 주저하지 않았다. 그 목사의 이러한 말에 사람들이 분개하고 교회의 지도자들도 당연히 들고일어났다.

그렇지 않다. 하느님은 조폭두목이 아니다! 결코 그럴 수 없다. 상스럽고 신성을 모독하는 말이다!

그러나 예수님의 비유들 속에는 사람이 해서는 안 되는 다음과 같은 일들이 가득하다.

◆ 가진 사람에게는 더 주어진다. 이것이 의문스러운 것이 아니라면 무엇이 의문스러운 것일까!
◆ 복음서의 신랑이 한 것처럼 밤에 처녀들을 문 밖에 있도록 해서는 안 된다.
◆ 채무문서를 위조해서는 안 된다. 채무문서를 위조한 집사를 어떤 경우에도 칭찬해서는 안 된다.
◆ 어떤 경우에도 하느님 나라에 대한 표상에서와 같이 무력을 사용해서는 안 된다.
◆ 종에게 돈을 주어 벌이를 하러 내보냈다가 그가 100퍼센트 수익을 올리지 못했다고 하여 감금하면 안 된다. 비사회적인 주인이나 그렇게 한다.
◆ 주인이 매정한 종의 행위에 대한 반발로 그렇게 한 것처럼, 빚진 사람들을 채무자 구류장에 집어넣어서 마지막 한 푼마저 다 갚을 때까지 압박해서는 안 된다.

◆ 술수를 부려서 사람을 사로잡고 압도해서는 안 된다.―예수는 바오로 사도에게 어떻게 하셨는가? 바오로 사도는 다마스쿠스 어귀에서 말에서 떨어져 땅에 엎어졌다. 사흘 동안 앞을 볼 수 없었다.

옛 여학교 기숙사에서는 규칙이 곧 하느님의 뜻과 동일시되었듯이, 이런 식으로 하느님께 일이 진행되지는 않는다. 따라서 이제 우리가 윤리와 종교의 차이에 대해 새롭고 비범한 사고를 할 시점에 온 것이다.

10.9 윤리와 종교의 차이

우리가 앞에서 언급한 모든 것에 대해 제대로 이해하지도 못하면서 우리 하느님께 대하여 한 것은 무엇인가? 짐작할 수 있는 것은 우리가 윤리와 종교를 혼동했다는 것이다. 계몽주의 시대에 일반교회들이 그렇게 한 것이다. 사람들은 칸트의 실천이성비판에 이어서 하나의 표상을 만들었다. 이 표상에서는 이성적이고 윤리적인 행동의 요청과 그 결과 최소한의 사회적 동의와 일치하는 것만이 유효하다. 이때 모든 것은 예외 없이 윤리적으로만 이해된다. 그리스도교도 천편일률적으로 취급당하여 이성과 윤리에 지나지 않는 것으로 폭이 좁혀졌다. 그러나 신약성경의 표상들은 이성과 윤리에 대해서는 별로 언급이 없고, 살아 있는 하느님, 윤리적으로는 한 번도 합의하지 않으시는 하느님에 대해 말한다. 윤리적으로 본받을 만한 것이면 우리는 이것을 교훈적이고 종교적이라고 여긴다. 그렇지 않을 경우에는 화를 내고 격분한다. 우리가 종교를 윤리에 제한시킨다면, 돌을 던질 일에는 그렇게 하고 그렇지 않으면 질서를 지키라고 종교가 존재하는 것이다. 그러나 우리가 지키는 윤리는 기껏해야 '정당성'으로 만든 남루한 외투 그 이상은 더 나아가지 못한다.

　나는 다시 한 번 스톱표시판을 들어 올린다. 하느님을 단순히 윤리적으로만 이해하도록 하는 모든 표상으로부터 손을 떼자. 그러한 표상들로 우리는 어려움에 처하게 된다. 우리는 하느님께 윤리적으로 시위하고 싶어 하고, 그분이 하실 일은 무엇이고 무엇을 하시지 말아야 할지 정해 드리려고 한다. 하느님은 오직 사랑을 베푸시는 하느님으로 존재해야 하고 깊이를 알 수 없는 심연을 이루는 분으로 존재하는 것은 허락되지 않는다. 하느님은 오직 언제나 선한 것만을 해야 하신다. 그분은 근본적인 철저한 사랑을 비롯하여 그런 섬세함과 절망을 넘어서 목표에 도달하셔서는 안 된다. 하느님은 언제나 오로지 예의 바른 모범적인 존재이어야만 한다. 이 말이 틀린 것도 아니지만, 그렇다고 그때그때 상황에 따라 그리고 항상 전혀 다른 하느님과 일치하는 것도 아니다. 이런 하느님에 대한 언급은 모두 유추적으로 머무를 수밖에 없다. 그리고 사람들은 인간적인 표상을 신비가 들어갈 자리에 놓는 위험에 빠지려고 하지 않는다. 하느님을 모범적인 존재로 말하는 시간이 있고, 하느님을 무엇보다 위대하시고, 파악할 수 없는 존재이며, 거룩하고 자신의 고유한 뜻을 지니셨기에 우리로부터 이런저런 간섭이나 판단을 받지 않기를 원하시는 존재로 말하는 시간도 있다.

　우리는 신약성경의 어긋난 표상들을 더 이상 이해하지 못한다. 그렇기 때문에 인권 옹호로 축소된 종교와 성경 간에 갈등도 있는 것이다. 우리는 자율과 자유를 존중한다. 성경의 하느님은 주권을 지닌 분이시다. 하느님은 당신이 원하시는 사람을 선택하기도 하시고 냉혹하게 대하기도 하신다. 모든 사람에게 자비롭고자 하는 것이 하느님의 목표라는 것을 우리는 잘 알고 있다. 그러나 이것은 예의와 윤리에 관한 일이 아니다. 이러한 일에는 하느님의 마음과 무한한 사랑이 말하는 것이다.

윤리와 종교의 차이는 무엇일까? 윤리는 모든 사람이 합리적으로 살아가는 데 필요한 최소한의 동의, 척도를 다룬다. 아르투어 쇼펜하우어 Arthur Schopenhauer는 호저豪豬(아프리카 산 야생동물로, 형태는 작은 돼지 같지만 고슴도치처럼 온몸에 가시가 있다.-역자 주)의 표상으로 설명한다. 온몸이 가시로 덮인 호저는 추위를 막기 위해 한데 모여서 서로의 체온으로 몸을 따뜻하게 하지만 서로 가시에 찔리지 않도록 적절한 거리를 유지한다. 그 무엇도 기준을 넘어서서 해서는 안 된다. 누구도 극단적인 일을 하도록 의무화되지는 않았다. 누구도 바나나나 사과 박스 위에서 잠을 잘 정도로 극도로 절제된 생활을 하고 나머지 모든 것을 가난한 사람들에게 주어야만 한다는 의무는 없다. 그러나 다음과 같은 경우라면 문제는 달라진다.

> 어떤 사람이 예컨대 '종교적인' 이유에서 무슨 일을 한다면, 이는 하느님에 대한 표지이다.

윤리에서는 다음과 같은 '정언적 명령'kategorischer Imperativ이 해당한다.

> 네 행동의 규준이 모든 사람에게 언제나 타당하도록 행동하라.

브뤼제비츠 목사가 행한 것이 모든 이에게 통용되는 것은 아니다. 그러나 종교에 있어서 칸트는 종점에 있다.

개신교 신도들은 200년 전부터, 그리고 최근 들어 가톨릭 신도들도 자신의 세계관을 예수보다는 오히려 칸트에 근거하여 세웠는데, 이렇게 실행한 나라 안에서는 다음과 같은 사실을 세 번이나 되풀이하여 외쳐야만 한다.

하느님은 자신을 아끼지 않았고 또한 예수님조차 아끼지 않으셨다.

사랑하는 사람들이 종종 할 수 있는 일을 그 누구도(윤리조차도) 그렇게 하라고 그들에게 의무화할 수는 없다. 그런 일은 거의 인간적 한계를 넘을 때도 많다. 윤리적으로 말한다면 늘 이렇게 말해야 할 것이다.

그러한 일을 할 때에는 너 자신에 대해서도 생각하여 네게 지나치게 힘든 것을 무리하게 하려고 하지 마라!

우리의 윤리는 누구에게도 자신의 힘을 넘어서는 것을 요구해서는 안 된다는 것에서 출발한다. 그리고 이것은 나름대로의 의미를 지니고 있다. 누구도 지나치게 요구해서는 안 되고, 누구도 자신이 할 수 있는 것보다 더 주어야만 하는 것도 아니다.

내가 아래에서 윤리에 대해 말한다면 그것은 그리스도교의 윤리신학이 아니라 계몽주의적인 일반윤리다. 윤리적이란 것은 각자 자신의 권리를 찾는 것이다. 그리스도교적인 것은 자신의 권리를 포기할 줄도 아는 것이다. 윤리적이란 것은 각자 양도할 수 없는 권리를 지녔다는 것이다. 그리스도교적인 것은 불편한 것이라도 용기를 내어 실행하려고 하는 것이다. 적절한 임금, 휴가, 자유 시간 그리고 사유재산은 윤리적인 것에 속한다. 필요할 경우에는 이러한 모든 것을 생각하지 않고도 실천하는 것은 그리스도교적인 것이다. 인권과 양심에 따라 자유롭게 선택하는 것은 윤리적인 것이다. 사람을 부르고 엄습하며 냉혹하게 대하고 당신의 도구가 되기를 요청하고 그렇게 사용하는 하느님은 그리스도교적인 존재이다. 윤리적인 것은 관대하다. 그리스도교적인 것은 독창적이고 애써 노력해야 하는 사랑이다.

윤리적인 것은 "나의 배는 나의 것이다."라고 하는 것이다. 그리스도교적인 것은 "나의 배를 포함한 나는 하느님께 속한다."라고 하는 것이다. 우리 부모들은 장애를 가진 아이도 함께 키운다. 윤리적인 것은 "어떤 희생도 하지 않아도 된다!"는 것이다. 그리스도교적인 것은 "고통을 통해 세상이 구원되었다."는 것이다. 산상 설교의 복음을 윤리로 변형하려는 모든 시도는 근본적으로는 무신론적인 시도이고 지나친 요구를 없애 버리는 것에 지나지 않는다. 이러한 시도에서 나온 것은 당연히 예수가 원한 것과는 다른 것이었다. 그렇기 때문에 예수는 이러한 말씀을 하셨다.

> 자기 자신을 돌아보지 마라. 자기 자신으로부터 철저히 돌아서라. 기준을 높이 평가하지 마라. 무한하시고 윤리를 초월하시는 하느님께 들어가라.

"자비의 수녀회" 소속의 독신으로 살아가는 수녀들은 결혼과 가정, 아이들을 포기하였을 뿐만 아니라 인간이 지닌 거의 모든 권리를 포기했다. 누구도 "자비의 수녀회" 소속 수도자가 되라는 압력을 받은 바 없다. 그러나 수도자가 사라지고 있는 교회에, 연말 상여금이 반으로 줄었다는 이유로 교회 지도자에게 재판을 거는 본당에, 비록 윤리는 있을지언정 종교는 더 이상 없다. 하느님의 근본적인 것에서 벗어나온 교회는 세상의 모든 인간적인 윤리를 어설프게 모방하고 자신의 심장을, 생생하게 활동하시며 항상 끝없이 요구도 하시는 하느님을 제거한다. 복음을 위해 행하는 독신생활, 순교, 자기를 잊고 희생하며 기준을 뛰어넘는 사랑—이 모든 것은 그리스도교적인 것을 나타내는 표지다. 일반적인 윤리가 종교 앞에 놓여, 종교를 완전히 덮어 버리는 곳에서는 그리스도교적인 것은 없어지고 만다. 단순히 윤리적이기만 한 그리스도교는 소시민적인 예법의 잣대로 끊임없이 다른 사람들을 판단해야만 한다. 우리가 미니스커트 길이와 애로영화의 등급에 대한 심판관으로 선출되기라도 했단 말인가? 결코 그렇지 않다. 우리는 마음을 열고 하느님의 길들에 대해 감탄하도록 선출된 존재이다.

그러나 경계가 뚜렷한 제한된 윤리와 하느님의 경계가 없는 무한하심이 모두 있는 것은 좋은 것이다. 윤리가 존재하는 것은 다음과 같은 말을 들어야만 하는 사람들에게는 매우 유용한 일이다.

너 자신도 한 번 생각해 보아라.

왜냐하면 "네 이웃을 너 자신과 같이 사랑하라."는 말씀이 있기 때문이다. "너 자신과 같이"라는 말씀은 "너는 너 자신을 사랑해도 되고 사랑해야만 한다."는 의미다. 윤리는 우리도 보호하고 희생자도 보호하며 가해자까지 보호한다. 게다가 우리는 그동안 충분할 정도로 그런 보호규정을 만들었다. 이제 우리는 다시 한 번 다른 것에 대해, 하느님의 경계가 없는 무한하심도 존재한다는 것에 대해 생각해야 할 것이다. 한 젊은 성직자가 이러한 말을 한다면 얼마나 곤란한 일이 되겠는가.

나는 날마다 나를 위해 좋은 것을 실천해야만 한다.

나는 바로 이러한 것을 원하지 않았기 때문에 신학자가 되었다. 화요일 오후 3시에만 만날 수 있는 것이 아니라, 밤이고 낮이고 대화의 시간을 허락한 성직자가 없었더라면 나는 신학자가 되지 않았을 것이다. 십자가에 못 박힌 분이 십자가에서 내려와, 두 팔을 벌려 당신 자녀인 우리를 한 사람 한 사람 안아 주신다. 사랑하는 존재는 자신을 아끼지 않는다.

하느님, 저희가 기준을 지키라고 부르심을 받았는지 혹은 기준을 넘어서라고 부르심을 받았는지 각 상황에 따라 시간을 인지하게 해 주소서.

10.10 모든 것을 한판에 걸기

밭에 숨겨진 보물에 대한 비유(마태 13,44-52)는 동시에 여러 관점에서 '어긋났다고' 말할 만한 사람을 묘사하고 있다. 먼저, 그는 닳고 닳은 데다 아주 음험하며 영리하다. 왜냐하면 보물을 발견하고는 합법적인 주인에게 그것에 대해 아무런 말도 하지 않기 때문이다. 그는 오히려 그 땅을 당시의 일반적인 유통 가격으로 사려고 했다. 결정적으로 중요한 사실에 대해서는 침묵하고 땅을 사는 행위로 함께 그 보물을 갖고자 했기 때문에 실제로는 매우 싼 가격으로 사려고 한 것이다. 마음이 맑지 않은 음흉한 사람이다. 그는 땅을 매각하는 사람에게 열린 마음으로 다가가지 않는다. 자신의 이익만 노리는 음흉한 인물이다. 사실 그는 겉으로 보아도 모든 게 제대로 있다며 적당히 둘러댈 수도 있었을 것이다. 왜냐하면 자신이 아는 모든 것을 다 말할 필요는 없었기 때문이다. 인간적으로 볼 때 그의 태도는 예의범절을 벗어난 행동이다. 그는 그 땅에 보물이 없는 것처럼 행동한다. 이것은 예수가 돈을 다루는 일에서 자주 말씀하시고 세상의 영리함의 전형으로 감탄하기도 하셨던 것과 똑같은 교활한 방법이다. 이것은 예수가 처세에 능한 집사(루카 16장)에 대해 말씀하신 것과 닮았고 주어진 자산을 현명하게 관리할 필요가 있는 것(마태 25장)에 대해 말씀하신 것과 닮았다. 어디에서나 다음과 같은 요소가 관심의 초점이다.

아무런 거리낌도 없이 자신의 이익만을 생각하자.

예수는 이것을 평가하지 않으시고 단지 이렇게 말씀하신다.

이러한 현명한 방법을 이제 본질적으로 중요한 영역에, 하느님 곁에서 영원한 삶을 얻는 데에 사용하자.

왜냐하면 여기서 우리는 한 가지 비유를 다루는 것이지, 부동산 구입 안내책자를 탐독하는 게 아니기 때문이다. 그러나 범죄성의 기운이 예수를 매혹시킨다. 그 기운이 사람들의 주의를 불러일으키기 때문이다. 그리고 고단수의 (경제-) 범죄성은 예수를 순전히 외형적으로 매료시킨다. 이는 판타지뿐만 아니라 거기에 뛰어들 마음도 불러일으키기 때문이다. 이런 범죄성은 예수에게 삶이 하느님 면전에서는 어떻게 보일 수 있을까 라는 물음을 던지게 한다.

그런데 우리가 밭에 숨겨진 보물에 대한 비유에서 만나는 이 남자는 터무니없이 불합리한 행동을 취한다. 그는 자신이 가진 모든 것을 글자 그대로 완전히 팔아 버린다. 우리는 그 남자가 자신이 운영하는 가게 물품의 바겐세일을 포함하여 살림살이를 정리하고 사는 집마저 처분하려고 경매하는 장면을 떠올린다. 그 남자는 부모님이 주신 책상, 부엌용품들, 익숙한 도구들 등 자신이 물려받은 모든 것을 내놓는다. 이렇게 해야만 그 밭을 살 수 있다. 더 싼 가격으로는 살 수 없는 일이다. 부동산은 예나 지금이나 가치가 있기 때문이다. 그 남자는 모든 것을 처분하여 그 땅을 사들인다. 이를 가리켜 오늘날 우리는 '금 채굴자의 마음'이라고 부를 수 있다.

오직 단 한 가지, 금을 얻기 위해 모든 천막을 걷어 낸다.

그러나 금 채굴자들과는 달리 그는 그 보물이 어디에 묻혀 있는지 알고 있다. 이것은 참으로 행운의 발견이다. 예수 시대에는 많은 보물이 땅속에 묻힌 채 수백 년 동안 발굴되지 않은 상태로 있었다. 1868년에 발견된 것으로 그분의 시대에 유래한, 로마시대의 유물인 "힐데스하이머의 은으로 만들어진 보물"Hildesheimer Silberfund이 생각난다. 그런데 이 남자는 그 보물을 이미 가지고 있고 이것이 모든 것을 능가하는 핵심적인 요소다. 금 채굴자들과 마찬가지로 이제 그는 모든 것을 한판에 건다. 여기서 우리는 불확실한 미래에 희망을 걸고 위로받는 상태에 있지는 않다. 그렇기 때문에 사람들은 그리스도교에 비난의 화살을 던지지만 말이다. 그런 게 아니다. 이 남자는 이미 보물을 발견했다. 이 보물이 어쩌면 하느님의 사랑을 위해 그리고 우리가 온갖 불안에서 벗어나도록 있는 것은 아닐까?

여기서 하나 더 생각해 볼 게 있다. 밭에 숨겨진 보물에 대한 비유를 자기 말로 해 달라는 요청을 받으면 대부분 빠트리고 마는 결정적 부분이 있다. 바로 그 남자가 "기뻐하며 돌아갔다"는 사항이다. 기뻐하며 가진 것을 다 팔았다는 이야기를 우리는 전혀 상상할 수 없다. 부자 청년처럼 우리는 가진 것에 매이고 집착하기 때문이다. 그 부자 청년은 자신이 가진 것을 놓을 수 없었기 때문에, 모든 것에서 벗어나는 기쁨을 누릴 능력이 없었기 때문에 슬펐다. 이것은 보통 사랑이 있어야만 할 수 있는 일이다. 성경 앞부분에 이미 "남자는 아버지와 어머니를 떠나 아내와 결합하여, 둘이 한 몸이 된다."고 나와 있듯이, 우리는 이러한 일을 자주 본다. 예수는 당신의 제자들로부터도 이러한 능력을 기대하신다. 제자들은 한 가지를 얻기 위해 기뻐하며 다른 모든 것을 남기고 떠나야 한다. 루카복음에서 제자들은 이러한 말로 감탄한다.

> 길에서 우리에게 말씀하실 때나 성경을 풀이해 주실 때 속에서 우리 마음이 타오르지 않았던가!

예수와 제자들의 삶, 바오로 사도에게서 나타나듯이, 자유로워지기 위해 기쁘게 결단하는 일, 가족과 재산을 포기하고 떠나는 일은 초기 그리스도교 현상에 속했다. 바오로 사도에게는 세례를 받는다는 것이 (오늘날에는 이해하기 힘든 용어인) "함께 죽고"Mitsterben "함께 십자가에 못 박히는"Mitgekreuzigtwerden 것을 의미했다. 초기에 그리스도인이 되어 세례를 받았다는 것은 사회적 모든 안전망으로부터 벗어나는 것을 의미했고, 이것은 사람들이 다음과 같이 말하는 것과 같은 것이었다.

> 나는 너를 위해 죽었다.

초기 그리스도인들은 어디서나 잘 보호받고 사회적으로도 잘 보살핌을 받은 사람들이 아니었다. 그들에게는 이별의 상흔이 뚜렷이 새겨졌다. 편안히 산 게 아니라 아픔이 깊이 각인되었다. 공산주의 독재자들이 지배하던 시절의 동구권 국가들에서 살았던 주교들과 신부들 그리고 목사들을 생각해 보자. 그들은 감옥에 갇히고 박해를 받으면서도 하느님 나라를 위해 결연히 투쟁했다.

덴마크의 철학자 쇠렌 키에르케고르는 야생 거위에 대해 언급한 적이 있다. 길들여진 집 거위가 우리 안에서 하늘 높은 곳에서 자유롭고 우아하게 날아가는 야생 거위들을 본다. 예수는 길들여져 우리 안에서 살아가는 집 거위가 아니라 야생 거위를 선택하셨다. 길들여진 집 거위들이 조상이 같은 야생 거위들이 날아가는 모습을 바라보면, 자기도 모르게 똑같이 날갯짓을 해 보려고 움직일 것이다. 그리고 이런 날갯짓은 집 거위들에게 불안인 동시에 유혹을 의미한다. 예수가 살아가는 방식에 우리가 함께하지 못할지라도 빠르든 늦든 언젠가는 우리의 삶에서 예수님의 자유와 승리에 가득 찬 동경을 필요로 할 때가 온다.

예수가 이상적인 존재로 여기는 사람은 모든 면에서 조화롭고, 건강과 외모를 잘 관리해 온 사람이 아니다. 예수는 편협함의 위험을 감행하면서 모든 것을 한판에 건 사람들을 선택하신다. 예수는 자신이 이 지상에서 오래 살지 않을 것으로 여기고(우리 모두 어떻든 이런 처지에 있다) 하루하루 의식적이고 완전한 자세로 본질적인 것에 집중하여 살아가는 사람에게 호의를 가진다. 시계도 보지 않고 자신에게 돌아올 손익에도 관심을 보이지 않는 이런 사람들은 독재자들에게는 위험한 존재이다. 이들은 어긋난 타입으로 간주될 수도 있다. 어떻든 예수는 약간 어긋난 유형에 꼭 들어맞는 존재이다. 여기에 하늘나라의 보물을 얻으려고 열중하며 오로지 그분만을 생각하는 어떤 사람이 있다. 모든 것을 한판에 걸 수 있는 사람은 모든 것을 참으로 처분대로 내맡기는 능력이 있다. 그리스도교는 결코 지루한 윤리가 아니다. 이런 윤리라면 아무도 시간을 초과하여 일하게 해서는 안 될 것이다. 우리가 이별을 받아들여야 할 때가 되어 삶과 죽음에 대해서 심각하게 생각해야 하는 지점에 이르면, 우리 자신을 하느님께서 마음대로 하시도록 맡겨 드린다. 오직 이러한 근원적인 요법을 따를 때에 우리는 기쁨을, 제정신이 아닐 만큼 큰 기쁨을, 웃음을 자제하기 힘든 기쁨을 누릴 수 있다. 이러한 기쁨을 위해 치러야 할 대가는 이별의 아픔이다. 이리저리 다니면서 복음을 전파하고 곧이어 죽기 위해 어머니와 가족으로부터 이별을 해야만 했던 예수의 상황은 어떠했을까? 기쁨과 아픔이 공존한 그 상황이 참으로 놀랍지 않은가!

이어지는 진주에 대한 비유에서는 '기쁨'이라는 낱말이 들어가는 자리에 '좋은'이라는 부가어가 대신한다. 묵시 21,21에 있는 새 예루살렘에 관한 묘사를 미루어 볼 때, 진주는 아름다움의 총괄개념임을 우리는 잘 알고 있다. 특히 주목할 만한 점은 여기서 예수가 얼마나 자연스럽게 아름다움이 주는 감동을 믿음으로 끌어당겼느냐 하는 것이다. 전례, 음악 그리고 예술은 이러한 미적 차원의 의미에서 하느님에 관한 잘 다듬어진 기쁜 소식으로서 어떤 것으로도 대치할 수 없는 역할을 한다. 어떤 진주가 매우 아름다우면 그것을 위해 모든 것을 내줄 수 있다. 우리의 믿음은 이와 같이 아름답고 큰 위안을 주는 것이다. 세속적인 아름다움이 하느님의 영광을 위한 표상이 되기 때문이다.

10.11 부르심과 따름

복음서들은 회개하라고 외친 세례자 요한과 예수의 만남에 대해 보도하고 있다. 예수는 세례자 요한의 이 외침을 받아들였는데, 단순히 받아들임으로 머물지 않고 당신 자신 안에서 하나의 결정적인 부가적 요소가 발생했다. 그것은 바로 당신의 백성 곁에서 함께 사시려고 하시는 하느님의 그리움이 대단히 강하게 된 것이다. 하느님의 사랑을 받는 아들 예수의 말씀을 듣는 사람들은 이미 하느님 말씀을 들을 수 있다. 예수가 하시는 일에서 이미 하느님께서 이어서 당신 백성에게 무엇을 하실지 알아차릴 수 있다. 하느님은 당신 백성의 의사가 된다. 예수의 상징행위는 모두 다음과 같은 방향을 가리키고 있다.

성전은 정화되고, 이방인들은 그곳에서 기도할 것이다.

전 이스라엘이 회개하리라고 부활 이전에 파견된 제자들은 보여 준다. 하느님은 예수 안에서 당신 백성에게 육체적으로, 개인적으로 그리고 시간적으로 아주 가까이 오신다. 정치적 결론들은 아직 베일 속에 감추어져 있고, 앞으로 올 것과의 관계는 순교라는 가혹한 결과에서 드러난다. 그러나 예수의 행적에서, 특히 최후의 만찬 때에 새로운 계약을 제정하시는 데서 새로운 것이 밝게 빛난다. 이 새로운 시대의 주요 표지가 바로 "제자단"Jüngerschaft이다. 예수는 사람들을 선택하고 그들을 일상생활에서 끄집어내어 데려가신다. 그들이 당신의 말씀을 믿게 하시며.

마르 1,19-20절에서 제자들을 부르심은 1열왕 19,19-21절에 있는 엘리야가 엘리사를 부른 장면과 같은 형태이다.

엘리야는 그곳을 떠나 길을 가다가 사팟의 아들 엘리사를 만났다. 엘리사는 열두 겨릿소를 앞세우고 밭을 갈고 있었는데, 열두 번째 겨릿소는 그 자신이 부리고 있었다. 그때 엘리야가 엘리사 곁을 지나가면서 자기 겉옷을 그에게 걸쳐 주었다. 그러자 엘리사는 소를 그냥 두고 엘리야에게 달려와 이렇게 말하였다. "아버지와 어머니에게 작별 인사를 한 뒤에 선생님을 따라가게 해 주십시오." … 그런 다음 일어나 엘리야를 따라나서서 그의 시중을 들었다.

이는 마르코복음에 나오는 장면과 꼭 같다. 부르는 분의 장소만 다를 뿐이다. 부르는 분은 미래 제자의 이름을 부르며 그와 만난다. 그는 평상시대로 자기 일을 하고 있었다. 상징행위 혹은 그저 부름으로 미래 제자에게 말을 걸었다. 제자는 다음과 같은 말대로 그 예언자를 따랐다.

그는 그분의 뒤를 따라가서 그분에게 시중을 들었고 순종했다.

그러나 여기에는 다음과 같이 결정적으로 다른 점이 있다.

그 제자는 먼저 부모에게 작별 인사를 하게 해 달라고 엘리야에게 청한다.

이런 특징이 예수에 관한 전승 가운데 마르코복음에는 나오지 않지만, 루카 9,59-62절에는 남아 있다. 여기서 미래의 제자 중 한 사람은 이렇게 청한다.

주님, 먼저 집에 가서 아버지의 장사를 지내게 허락해 주십시오.

루카 9,61에서 다른 제자는 이렇게 청한다.

주님, 저는 주님을 따르겠습니다. 그러나 먼저 가족들에게 작별 인사를 하게 허락해 주십시오.

두 경우 다 예수는 허락하지 않았다. 그리하여 루카는 마르코가 침묵하며 전제로 한 것을 분명히 말한다.

예수는 엘리야보다 엄격하시다. 그분은 어떤 이의도 허락하지 않으신다.

엘리야 전통과 평행을 이루는 기적보도들은 예수의 전권을 들어 높이는 경향과 전적으로 일치하여 보여 준다. 빵을 많게 하고 죽은 자를 소생시킬 때 예수는 엘리야 예언자보다 훨씬 더 쉽고 포괄적으로 기적을 행한다. 제자들을 부르실 때는 더 심한 엄격함보다 더 큰 전권이 드러난다.

"엄격함"과 "전권"의 관계는 우리 믿음의 지속적인 주제이다. 사람들은 '엄격한 믿음' 혹은 '엄격한 가톨릭'이라고 시인하며 이에 대해 말한다. 혹은 자신이 말하고 고백하는 믿음을 자유롭게 그리고 신뢰할 만하게 사는 사람들이 많은 '엄격한 수도원(규칙)'에 대해 말하기도 한다. 자유로운 엄격함, 독재가 없는 엄격함은 오직 성숙하고 신뢰할 만한 권위가 있는 곳에서만 전개될 수 있다. 예수에게서 (마르코 1장을 보라) 다음과 같은 점을 알아차릴 수 있다.

이런 권위는 예언적 혹은 잘 이해하여 카리스마적이라고 부르는 영역, 법과 의식儀式과 반드시 대립할 필요가 없는 영역에서 가장 쉽게 나타난다.

예수와 견줄 만한 권위는 차고 넘치도록 실천한 사랑에 기인하거나, 누군가 믿음을 위해 고통을 참고 얻은 권위를 요구한다는 것을 안다는 점에서도 기인한다는 것을, 교회는 모든 시대에 걸쳐 잘 알고 있다. 내가 가르치는 대학교의 신학부는 나치시대에 얼마나 명성이 높았던가! 많은 교수들이 나치 치하에서 교회를 위해 투쟁했던 것이다. 당시 투쟁한 교수가 강의하다가 자신이 겪은 박해, 감옥살이, 추방, 저항에 대해 말하기 시작하면 학생들은 숨죽이며 들었다.

우리가 여기서 예수의 엄격함에 대해 듣는 것을 다른 곳에서는 그분의 단호함Radikalität이라고 부른다. 그리스도교의 바로 이 점이 언제나 나를 가장 원초적으로 매혹시키는 것이다. 이는 위로 이상이며 기쁨 이상이다. 단호함에는 안정감이 가장 많이 깃들어 있기 때문이다. 이러한 단호함이 가능한 곳이나 직접 실천할 수 있는 곳에서는 주님의 고동치는 심장박동을 듣는다. 여기서 하느님께서 살아 계신다는 사실을 직접 체험하게 된다. 다른 생각이 들어올 틈이 없는 곳에서 침묵 가운데 인지할 수 있는 하느님이 온 공간을 꽉 채우신다. 그리스도교 안에서 자기 자신을 잊을 수 있다면 이런 그리스도교는 단호하다. 그리스도교 안에서 자기 자신을 그렇게 힘들게 받아들이지 않기에 아주 가벼워진다면 이런 그리스도교는 단호하다. 예수를 단호하게 따르는 사람은 인간적인 안전장치들을 부수고 나가서 자신을 두 팔로 받아들여 안아 주시는 하느님을 전적으로 신뢰하기 때문에 안정감이 든다. 물론 단호한 삶은 내적으로나 외적으로 언제나 하나의 모험이다. 역설적이게도 '경기장'에 뛰어드는 사람만이 굳건히 설 수 있다. 위에서 미끄러지는 것을 감행하는 사람만이 아래에서 받아들여진다. 오늘날에도 젊은이들이 앞뒤를 살피지 않고 수도회에 들어가거나 사제가 될 마음을 품는 모습을 보며 나는 항상 감탄한다. 그런 다음에 나는 복음의 맥박을 느낀다. 감행하는 가운데 교회는 젊어지고 그때와 오늘날 가로놓인 큰 도랑을 힘들이지 않고 가볍게 뛰어넘는다.

제2차 바티칸공의회 이후의 교회에서는 엄격함보다는 완화된 요소가 많아졌다. 그 결과 많은 것이 더 인간적이 되었는데, 특히 성직자들을 위해 그렇게 한 것이다. 특이하게도 오늘날 많은 젊은이들이 자유의사로 엄격한 형태를 유지하는 공동체로 돌아오고 있다. 프랑스에서는 엄격한 관상수도회의 '봄'에 대해 말하고 있다. 이런 수도회라면 아마도 성소가 끊기는 문제는 전혀 없을 것이다. 이러한 상황 안에서 그동안 필요했던 세대 간 갈등이 다루어지고 있다는 사실을 이제는 참으로 인지해야만 한다. 더 인간적인 것이나 더 엄격한 것에 대해서는 신약성경을 증거로 끌어낼 수 있다. 사람이 무엇을 하든 결정적인 점은 논쟁하며 선을 긋는 게 아니라, 신뢰하며 실행하는 것이다. 우연히 새로 시작하는 일은 늘 더 엄격히 해야 하며, 권위 있고 자유로우며 열정적으로 해야 한다는 것을 우리는 교회사로부터 당연히 알고 있다. 전통적으로 가톨릭적인 것이지만 지금까지 교회 내에서 제대로 평가되지 못한 많은 것들이 외부로부터 다시 요청되고 있고 우리에게 가까이 접근하고 있다. 그렇게 하여 성지순례, 밤에 드리는 기도, 수도원들 그리고 묵주기도조차 사람들이 다시 선호하는 추세에 있다. 개혁하는 모든 것은 먼저 완화에 대해 물을 게 아니라 본질과 결과에 대해 물어야 한다. 이제는 언제나 먼저 완화들에 대해 말하는 습관을 떨쳐 버리자! 그리고 우리에게 요청해 오는 것에 대해서, 우리를 감동시키는 것에 대해서 그리고 우리에게 의무를 지우는 것에 대해서 말하자.

10.12 자원 관리

마태 25,1-13절의 신랑은 막된놈이다. 그는 젊은 처녀들에게 지나칠 정도로 엄격하게 대한다. 본인이 늦게 와서는 사과하기는커녕 그때까지 등불을 밝힐 만큼 기름을 충분히 준비하지 않은 처녀들에게 잘못을 돌린다. 그는 혼인 잔치에 초대된 젊은 처녀들 중 절반이나 한밤중에 돌려보낸다. 택시나 가로등이 있을 리 없었다. 신랑은 이 처녀들을 알지도 못한다는 소리까지 한다. 신랑의 태도에서 드러나는 지나친 엄격함은 깨어서 준비하라는 그분의 경고가 얼마나 진지한가를 보여 주고, 처음부터 기름을 충분히 준비해야 한다는 것을 알려 준다. 그렇게 준비한 다음에는 슬기로운 처녀들처럼 아무 걱정 없이 편안히 잘 수 있다. 여기서 우리 눈앞에 제시되는 그리스도교는 오히려 기분 나쁘게 놀랄 만한 한 가지 현상처럼 보인다. 어쨌든 졸린 사람에게는 그렇게 보인다. 동정심이라고는 조금도 없는 엄격함은 심판이 엄하고 단호하다는 것을 명백하게 보여 준다. 받는 게 아무것도 없다. 기름을 약간 가져오는 정도는 아무것도 안 가져오는 것이나 마찬가지다. 이와 비슷한 비유에서 이렇게 말한다.

누구든지 가진 자는 더 받아 넉넉해지고, 가진 것이 없는 자는 가진 것마저 빼앗길 것이다.

그런데 기름은 도대체 무엇을 의미하는 것일까? 예수는 이것의 의미에 대해서는 한 말씀도 하지 않으셨다. 기름은 사랑의 뜻으로 사용되었다고 추측할 수 있다. 왜냐하면 바로 앞에 있는 마태 24,12에서 사랑이 식어 갈 것이라는 말을 했기 때문이다. 켜져 있는 등잔 속의 기름이 서서히 바닥나는 것과 같이 사랑도 그렇게 될 것으로 추측한 것이다. 혹은 기름을 인내의 뜻으로 여길 수도 있다. 마태 24,13에서 메시아가 다시 오실 때에 끝까지 견디어 내는 사람이 구원을 받을 것을 언급하고 있기 때문이다. 또는 일부 주석가들은 믿음으로 추측한다. 믿음은 그리스어에서 성실을 의미하기도 하고, 성실은 어떤 것을 지속적으로 지켜 가야만 하는 것을 의미하기 때문이다.

어찌하여 예수는 분명하게 말씀하지 않으셨을까? 이것은 이어지는 탈렌트의 비유에서도 마찬가지다. 예수는 여기서도 제자들이 탈렌트들로 무엇을 해야만 하는지 말씀하지 않았고, 구체적인 과제를 주지도 않았다. 무엇을 해야 하는지 제자들이 스스로 알아내야만 했다. 이들은 주님이 원하시는 것을 주님의 입을 보고 어느 정도 읽어 내야만 했다. 여기서도 마찬가지다. 기름에 관한 예수의 말씀은 '빈자리'와 같다. 독자가 상상력을 활발히 동원하여 그 자리를 채워야 하겠다. 이러한 것은 예를 들어, 그리스도인들은 좋은 생각과 통찰력을 충분히 쌓아야 한다는 것을 의미하는 것으로, 지혜를 보물과 같이 쌓아야 하는 것으로 이해할 수는 없을까? 바로 이것이 영성이다. 다시 말해 끈기 있게 성경을 읽거나 성실하게 기도하여 얻은 통찰에 입각하여 그대로 사는 것이다. 이것이 역경을 견뎌 내게 하는 영적 힘, 다른 사람들도 부러워하며 감탄하게 하는 그리스도인의 영적 힘이 아닐까? 젊은 신학자들은 이러한 영성을 그리워한다. 다음과 같은 사실을 알기 때문이다.

교회는 영성 없이는 살아남을 수 없다.

니콜라우스 쿠자누스Nicolaus Cusanus는 자신의 저서 「하느님의 직관에 대하여」Über die Schau Gottes에서 이렇게 말한다.

오 하느님, 이러한 이유에 의해 저는 당신이 모든 피조물에게 드러나지 않는 것을 이해합니다. 당신의 피조물은 거룩한 무지無知에 깃든, 이루 헤아리기 어렵고 다 길어 올릴 수 없는 보물 안에서 더욱더 큰 안식을 발견합니다. 헤아릴 수 있고 끝이 있는 보물보다는 헤아릴 수 없고 끝이 없는 보물을 발견한 사람은 엄청난 기쁨으로 충만하게 됩니다. … 당신은 저의 소유물로 파악되기를 원하면서 동시에 다 이해할 수 없고 무한한 존재로 머물기를 원하십니다. 왜냐하면 당신은 엄청난 환희로 충만한 보물이시고 누구도 그 끝을 알 수 없는 분이시기 때문입니다.(16장)

오늘날 우리에게 살아갈 수 있는 힘을 주는 보물, 우리의 자원은 성경과 전례 안에 있다는 점에 대해 몇 가지 말할 게 있다. 이 보물은 계속 반복하는 가운데 내 것이 될 수 있다. 새로운 사건이나 흥미로운 이벤트에 파묻혀서는 그 보물을 차지하지 못한다. 영성의 어머니는 되풀이다. 이것은 그리스도인들만이 아는 것이 아니라 선불교도 알고 모든 종교가 아는 것이다. 여기서 관심의 대상은 단조로운 삶이다. 단조로움에는 다양한 종류가 있다. 우리를 망가뜨리는 단조로움이 있고, 우리에게 와 닿아서 내적으로 성장하게 하는 단조로움도 있다. 좋은 말씀을 되풀이하는 것을 사람들은 관상이라고 명명한다. 카를 프리드리히 폰 바이체커Carl Friedrich von Weizsäcker는 이렇게 말한다.

관상생활을 하는 사람이 사회를 위해 공헌하는 것은 바로 자신의 관상 안에서 이루어진다. 오늘날 고도의 문화를 갖춘 인간사회처럼 윤리적으로 의혹이 들고 지적으로도 명백하지 않으며 철저히 상반된 감정이 양립하여 형성된 것이 파멸로 빠지지 않도록 막을 수 있는 길은 그 속에 사는 몇몇 사람들이 진리를 위해 그런 활동에 참여하지 않고 완강히 거부하는 것이다. 아시시의 프란치스코 성인처럼 그리스도인들도 그렇게 하려고 감행할 때 산상설교는 당장 이해될 것이다.

이렇게 신학자를 비롯하여 정신과학이 먼저 기여할 때 '세상 구원'을 가져오고, 관상하여 해명된 내용을 다른 사람들에게 전하여 그들도 다가가도록 이끈다(contemplata tradere). 우리 시대, 우리 인생은 관상을 통하여, 좋은 요인을 한결같이 반복함으로써 가득 채워진다. 신랑이 올 때까지. 관상은 참된 의미에서 '쇄신을 가져오는' 에너지의 보물이다.

등잔의 기름은 맹목적인 활동주의를 위해 있는 게 아니다. 이 비유에 의하면 두 그룹의 처녀들 모두 잠을 잘 수 있도록 허용되었기 때문이다. 여기서 관건은 살아가는 데 지속적으로 필요한 것을 충분히 비축해 놓는 일이다. 이 텍스트를 제대로 이해하기 위해 나는 "프레데릭"Frederick이라는 이름의 쥐에 관한 어린이 책을 떠올리고 싶다. 여름이 먼저 다음과 같은 말을 했다.

다른 쥐들은 낟알과 콩, 호두와 줄기 따위를 비축해 놓는다. 프레데릭은 아예 아무것도 모으지 않는 듯하여 다른 쥐들이 화를 낸다.

다른 쥐들의 질문에 그는 이렇게 대답한다.

나는 색깔들을 모으고 있어.

겨울을 위해 비축해 두었던 음식들이 바닥을 보이고 쥐들은 지쳐서 졸리고 기운을 잃어 갈 무렵, 프레데릭은 이들에게 자신이 모아들인 색깔들에 대해 이야기하기 시작했다. 그는 꽃, 풀, 쏴쏴 소리를 내는 나뭇가지, 멋진 이끼, 마법에 걸린 성벽과 큰 공원에 대해서 밤늦게까지 이야기했다. 재미있게 들은 쥐들은 발을 구르며 다음과 같이 소리쳤다.

프레데릭, 너는 참으로 시인이구나!

프레데릭은 자신의 보물로 살아갔고 다른 쥐들도 그것으로 영양을 섭취했다. 예를 들어 아브라함과 시나이 이야기, 이사악이 신부를 구한 것과 이집트로부터의 탈출 이야기와 같은, 성경으로부터 무엇인가를 이야기할 수 있는 사람은 신비스럽게 빛나는 이야기 보물을 제공하는 것이며, 다른 사람들은 이것으로 살아갈 수 있다.

그리하여 이 비유의 초점이 이동된다. 관심의 초점은 더 이상 처녀들이 밖으로 쫓겨난 데 있지 않고, 메시아가 하느님 백성과 일치하는 혼인 잔치를 기다리는 데 있다. 이 비유에서 혼인 잔치 자체에 대해서는 언급이 없다. 우리는 단지 문을 바라볼 뿐인데, 아직 조금밖에 열리지 않았다. 동화적이고 감각적이며 매혹적인 약속은 이것이다.

하느님의 가장 내밀한 본래 소망은 크고 빛나는 축제로서 세상 만물의 끝을 장식하는 일이다.

10.13 규정에만 충실하면 되는가

탈렌트의 비유(마태 25,14-30)에는 특이한 인물이 등장하는데, 그는 자기 멋대로 상과 벌을 준다. 미리 분명하게 지시하지도 않은 것을 거칠게 요구한다. 자신이 맡긴 돈을 세 번째 종이(그는 돈을 숨겨 두었었다) 탕진하지 않은 것에 대해 기뻐할 수도 있었다. 그러나 그는 그렇게 하지 않고 이자와 이자의 이자를 그리고 고리高利를 기대했다. 투자하여 돈을 벌어들인 종만 상을 주고 자신의 자본운영 기준에 미치지 못한 종에게는 무자비하게 대했다. 그리고 그는 자신이 어떤 주인인지 정확히 알았던 종에게 비난도 퍼부었다. 얌전히 재산을 지키는 것이 아니라 재산을 늘리는 일에 혈안이 되었다. 자기를 섬기는 종들의 몸이 상하는 것조차 불사했다. 하느님은(이 선동적인 비유는 하느님을 이렇게 묘사했다) 이러한 자본가와 같고, 셰익스피어의 '베네치아 상인'에 등장하는 냉혹한 유대인 고리대금업자 샤일록과 같으며, 프랑크푸르트 시의 고층 빌딩에 앉아 있는 은행가와 같다. 하느님은 이렇게 무분별하고 극단적인 분일까? 산상 설교를 분석한 결과 나에게는 다음과 같은 의미로 다가온다.

> 너희의 정의가 바리사이들보다 훨씬 더 엄중하지 않으면 너희는 하늘나라에 들어가지 못한다.

바리사이들은 이미 당시의 민중에게는 참으로 거룩한 존재로 통했다. 예수의 하느님으로서 이렇게 강하게 요청하는 하느님은 의문부호이고 감탄부호이다.

우리는 이 모든 것에 대해서 말하고는 (이런 하느님상에) 대해 화를 낼 수 있다. 그러나 이는 한 측면에 불과하다. 왜냐하면 이러한 이야기를 들은 존재 역시 사람들이다. 하느님에 대해 이렇게 말하는 사람은 동시에 하느님의 상대자인 사람들에게 무엇인가를 말하려고 하는 것이다. 여기서 목표는 최고의 성과를 내는 것이 아니라 이러한 사람들과 함께 협력하는 것이다. 예수는 하느님과 인간에 대해 동시에 어떤 것을 말씀하신다. 그러나 배역이 다양하게 나누어진 놀이의 의미에서 말씀하신다. 그런데 하느님의 단호한 요청에 대한 의미는 어디에 있을까? 주인은 자신에 대해 스스로 이렇게 말한다.

내가 심지 않은 데서 거두고 뿌리지 않은 데서 모으는 줄로 알고 있었단 말이냐?

그러나 종은 바로 이와 반대되는 것을 했어야 했다. 그는 주인이 수확할 수 있도록 씨를 뿌려야 했다. 주인은 창조적이지도 생산적이지도 않게 행동했다. 그는 놀이의 바깥에 있다. 그는 단지 착복하고 요구만 한다. 자신의 돈으로 무엇을 할지 곰곰이 생각해야 할 사람은 그가 아니라 종이었다. 그 주인은 멀리 떠났다. 그는 종들에게만 상상력을 동원하여 돈벌이하기를 요청했다.

하느님은 이와는 다른 분이다. 여기서 관건은 하느님과 일치하거나 하느님을 닮는 일이 아니다. 하느님과 인간은 극명히 대비되며 비교할 수 없다는 점이 중요한 것이다. 하느님은 다른 분으로서 우리에게 고유한 존재가 되라고 자극하신다. 하느님은 우리에게 상상력으로 충만한 존재로서 상상력을 요청하는 것이 아니다. 그렇지 않다면 우리는 마음이 억눌릴 것이다. 예를 들어 나는 나무 장난감 쌓기를 잘할 수 있다. 나의 아이들에게 언제나 멋진 것들을 만들어 보여 주었는데, 그것을 성공하려면 만드는 도중에 아이들이 손을 대지 않도록 하기 위해 애를 써야만 했다. 이러한 방식으로 사람들은 능력발휘를 위해 압박감을 무릅쓰고 애를 써야 한다. 그러나 하느님은 우리를 압박하지 않는다. 하느님은 우리에게 고유하고 열린 장소를 제공하고, 자유와 고유한 책임감을 주셨다. 하느님은 언제나 모범적인 분이시기만 한 것이 아니라 완전히 다른 존재도 되실 수 있다. 여기서 중요한 점은 평등한 위치에 놓인 동반자들의 다양성을 강조하는 것이 아니라, 주님이 우리를 자극하고 고유한 과제를 인지하도록 요청하신다는 것이다. 주님의 부재는 우리가 성숙할 기회이다. 오시는 하느님과 그분이 아직은 오지 않으셨다는 것에 대한 모든 말은 우리가 어떤 명령을 기다릴 것이 아니라 우리가 직접 일을 떠맡아야 한다는 의미일지도 모른다.

지금 우리가 다루고 있는 비유에 의하면 우리가 각자 하는 일에는 두 가지 특징이 있다. '무아적 단호함'과 이는 어떤 '(형식적인) 지시 없이' 일어난다는 것이다. 하느님께서는 당신이 지시하지 않는 곳에서, 어떤 계명도 내놓지 않은 곳에서도 요구하신다. 하느님은 지금 안 계신다. 그러므로 우리 자신이 스스로 고려해야만 한다. 산상 설교 전체는 모범적으로(!) 이러한 모든 형식적인 계명을 넘어서는 단호함을 하느님의 뜻을 탐구하기 위한 태도로서 보여 준다. 종은 자기 주인의 뜻을 알아야 하고 주인이 바라는 것을 알아맞혀야 한다. 종은 주인이 원하는 것을 주인의 눈빛만으로도 읽어 낼 수 있어야 한다. 이러한 것은 계명들에서 요청하는 것보다 훨씬 더 나아가는 것이다. 여기서 전제되는 것은 종과 주인 사이에 명백한 명령들보다는 대단한 내적 관계가 있어야 한다는 것이다. 종은 지시 없이도 자기 주인의 뜻을 완수해야 한다. 주인이 목표로 삼고 있는 것에 일치해야 하는데, 특히 자신의 목표가 주인의 목표와 닮지 않았을 때에 더욱더 그러해야 한다. 그런데 주인의 목표는 무엇일까? 그것은 바로 그분의 뜻이 하늘에서뿐만 아니라 땅에서도 이루어지는 것이다. 이제 우리는 이 비유의 핵심에 와 있는 것일까?

나는 이런 단호함에 '무아적'이라는 부가어를 단다. 왜냐하면 '평소대로 영업합니다'와 같이 규정에 따르는 근무로는 충분하지 않기 때문이다. 그 정도로는 우리는 단지 모든 것을 질서정연하게 지키기만 하는 존재에 지나지 않는다. 우리가 결정적으로 그것을 넘어서서 그리고 우리 자신을 넘어서서 나아가야만 하는 것을 나는 무아적ek-statisch이라고 명명한다. 자신으로부터 벗어나는 사람만이 자기 자신이 되기 때문이다. 우리는 이러한 것을 뜨겁고 열정적인 연애 경험에 미루어 알고 있다. 사랑에 빠지면 자기 자신에게만 머물 수 없다. 마음을 홀딱 뺏기고 만다. 상대방의 눈빛만으로도 그가 무엇을 원하는지 읽어 낸다. 사랑에 빠진 사람은 마음이 온통 상대방에게 가 있어서 결국 원초적 자아에 도달한다. 우리는 오직 다른 사람들에게 그리고 다른 것에게 우리 자신을 전부 내주어야만 우리 자신을 발견할 수 있다. 예수는 이 비유에서 이러한 말씀을 하셨다.

너희가 행복해지고 싶으면 때로는 너희에게 더 많은 것을 요청하는 존재가 원하는 것을 따라라. 그렇게 해야 너희는 너희의 고유한 밭을 주문할 수 있고 다른 사람의 과제가 아니라 너희의 과제를 인지할 수 있다. 하느님은 너희가 열정적인 사랑의 혹독함을 통해 알고 있는 그런 정도로 혹독한 분이다.

돈을 빌려 준 주인의 무자비한 혹독함과 같은 혹독함이 우리에게 요청되는 것은, 신비에 가득 찬 하느님의 면전에서 우리가 행복해지고 우리 자신을 잃지 않도록 하려는 것이다. 여기서 관건은 살고 죽는 것 혹은 하늘나라이다.

10.14 숙면을 취한 그리스도인들

일반적으로 그리스도인들은 시대의 경향을 감지하지 못하는 사람들이고, 숙면을 취하여 잘 깨어 있지도 않는 사람들이라고 간주된다. 이런 지적은 그리스도인들에 대한 진지한 질책이다. 깨어 있어라(마르 13,33-37)라는 비유에서 예수는 분명한 어조로 깨어 있기를 요구하셨다. 집주인이 집을 떠나면서 문지기에게 깨어 있으라는 과제를 준 것은 중요한 기능들 중에 속한다. 예수는 사도들뿐만 아니라 모든 그리스도인에게도 깨어 있어야 한다는 것을 분명히 하신다. 주인은 언제든 올 수 있기 때문이다. 주인은 밤에도 올 수 있다. 사람들은 보통 밤에는 잠을 잔다. 밤은 주인이 오기까지 지속된다. 밤은 '주님의 날' 맞은편에 있다. 주님이 오신다면 주님의 날에 빛이 비친다. 그때까지는 현존하는 세상의 어둠이 지배한다. 사람들은 어둠 속에서 참으로 눈이 멀어 있다. 이들은 실재가 무엇인지 모르며 자신의 허약함이 포괄적으로 드러나는, 피조물에게 필요한 잠자는 것으로 만족한다. 예수 시대에 철학적으로 각인된 주변세계에서 잠은 인간이 졸면서 지내는 현상의 표상이었고 진리에 대한 무관심의 표상이었다.

밤임에도 불구하고 깨어 있는 사람은 어떤 것을 수행하는데, 그의 행위는 대부분의 사람들에게 기이하게 보일 수밖에 없다. 그는 아침이 오기까지 아직도 먼 한밤중에 낮의 상황에 대해 깊이 생각한다. 어떤 의미로는 낮을 당겨서 맞이하고 있다. 자신을 둘러싸고 있는 밤을 넘어서서 오로지 낮만을 생각한다. 주님이 오시면 놓치지 않고 깨어서 맞이하려고 한다. 파수꾼이 아침을 기다리듯이(시편 130,6) 그는 온통 그리움과 사랑으로 가득 찬 마음으로 주님을 기다린다. 주님이 마침내 오시기까지 잠들지 않을 수 있고 잠들지 않으려 한다. 예수는 이 비유에서 사람들이 영성Spiritualität이라고 하는 바로 다음과 같은 말씀을 하셨다.

영적 인간은 온전히 깨어서 오직 단 하나의 핵심, 주님께 집중된 사람이다. 그 사람은 그때그때의 상황에서 무엇이 하느님의 뜻에 가까운 것인지 눈을 크게 뜨고 반응하는 데 온통 집중되어 있다.

영적 인간은 동시에 기다리는 사람이다(adventlicher Mensch). 기다림 Advent[19]은 멀고 먼 유토피아나 세상종말에 관한 과열된 환상들과 관계된 것이 아니다. 오히려 다음과 같은 냉정한 물음과 관계한다.

베드로, 너는 나를 사랑하느냐?

독자 여러분은 깨어 있는가? 자신이 있어야 할 자리에 있는가?
유다인들과 고대 그리스도인들의 세계관에 의하면 잠을 자지 않는 존재는 천사들이다. 그래서 그리스어에서 천사는 "잠을 자지 않는 존재", "깨어 있는 존재", "파수꾼"이었다. 천사들은 이런 특징들을 지녔는데, 전적으로 하느님만을 향하고 있기 때문이고, 하느님의 옥좌를 둘러싸고

---

19) 독일어권에서 성탄 전 대림기간을 의미한다.-역자 주

시간과 공간을 초월하여 하느님을 찬양하고 그분의 지시를 따르기 때문이다. 이러한 이유로 예수는 당신의 제자들에게 천사들 못지않게 행동하도록 요청하셨다. 여기서 우리는 예수의 복음 선포에서 천사들과 같은 삶을 살기를 요청하시는 것을 만난다. 초기교회의 수도자인 누르시아의 베네딕토는 천사들과 같은 삶에 대한 구상을 알고 있었다. 이런 삶은 끊임없이 기도를 바칠 것을 요구하는 것과 관련하여 밤낮으로 거행되는 전례와 성무일도를 우선시한 데 그 중심을 두고 있다. 교회 안에서 (로마뿐만 아니라 비잔틴도) 미사와 성무일도에 이런 구상이 받아들여진 사실을 알 수 있다. 감사송에 이어 우리는 천사들과 함께 "거룩하시도다! 거룩하시도다! 거룩하시도다!"를 노래한다. 그러나 그리스도인들의 삶 전체가 하느님께 드리는 전례가 되어야 하기 때문에 일상생활에서도 천사들과 같은 삶을 살아가도록 요청된다. 예수가 이러한 삶을 단호하게 실천하기를 요청하시는 것은 의심할 여지가 없다. 하느님만을 바라보고 한밤중에도 다가올 낮의 실재와 기준을 앞당겨 구현할 때 모든 사람에게 선익이 될 것이다.

따라서 장엄한 전례의 구상은 다음과 같은 현상을 무시한다는 것을 알아차릴 수 있다.

좋은 음악을 조금 즐기기, 살아가는 데에 필요한 약간의 도움을 받기, 영혼의 휴식을 좀 취하기….

편안함을 느끼면서 하품을 하고 기지개를 켜는 것은 잠들기 위한 직접적인 예비 동작들이다. 예수는 제자들에게 어떤 타협도 없이 깨어 있기를 요청하시고 첫 번째 계명을 단호하고 진지하게 받아들일 것을 요청하신다. 하느님의 사랑에 빠져들고 하느님의 원의를 인지하며 이러한 사랑에 응답하는 사람은 명백히 이러한 요청을 어렵지 않게 실천할 수 있다. 잠들지 말아야 하는 시간에 잠자는 사람은 밖으로 쫓아내거나 잠을 깨우는 노래(에페 5,14에서와 같이)로 흔들어 깨워야 한다. 예언자들이 그렇게 했고 세례자 요한도 그렇게 했다. 오직 우리 시대만 비판적인 말을 반기지 않는다. 주교나 본당신부가 양떼인 우리에게 조금이라도 양심에 호소하는 말을 하면 우리는 감정이 상하고 만다. 깨우는 소리에 면역된 사람은 계속해서 잠자려고 한다. 우리는 다음과 같은 행동을 안다.

자명종을 누르고 몸을 돌려 계속해서 잠잔다. 또는 즉시 자명종을 구석으로 던져 버린다.

"깨어 있어라" 하는 요청은 여러 관점에서 '보속하다' 혹은 '회개'처럼 예전에 많이 쓰였던 성경적 어휘와 일치한다. '깨어나다'라는 단어는 더 긍정적인 의미로 들린다. 이 말은 대낮의 빛과 진리에 대한 기쁨을 목표로 하기 때문이다. 최근에 어떤 사람이 오늘날 우리 학교가 처한 현실을 바라보며 '주목하는 문화'가 필요하다고 했다. 예수는 바로 이것을 지향하신다. 예수는 균형을 맞추는 의미에서 바라봄에 대해 이렇게 생각하셨다.

우리는 하느님의 뜻과 그때그때마다의 상황이 서로 균형을 이루도록 조정해야 한다. 이중적인 주목이 필요하다는 것이다.

이러한 것으로 그리스도교는 눈을 감는 철학이라고 명명할 수 있는 (신-)불교와 대비를 이룬다. 불교에서는 모든 세속적인 것을 놓아주고 마침내 자기 자신마저 놓아 버리려고 노력한다. 신비Mystik란 말은 본래 "눈을 감다"를 의미하는 'myein'에서 유래했다. 그동안 이 단어의 의미가 변천되지 않았더라면 그리스도교에서는 신비에 대해 말할 수 없었을 것이다. 그리스도교는 냉정하게 깨어 있는 종교이다. 숨어들기, 무디어지기는 허락되지 않는다. 이와 반대로 우리는 눈을 크게 뜨고 하느님과 이웃을 대상으로서 인지할 수 있어야 한다. 그리고 우리 자신도 얻고 동시에 놓지 말아야 한다. 바로 이 점에서 그리스도교적 묵상과 동아시아의 명상이 뚜렷이 구별된다.

하나는 최대한 집중하여 깨어 있는 것, 현실 세계를 철저히 인지하는 것이다. 다른 하나는 자기를 놓아 버리는 것, 개체가 홀로 있는 데 몰두하는 것이다.

긴장이 풀린 채 멍청히 시간을 보내는 게 아니라 새 날의 조건에 따라 살아가는 사람은 미래의 인간이다. 오시는 하느님은 우리가 아무것도 하지 않고 빈들거리며 당신이 언제 오실지 응시하기를 기대하지 않으신다. 그분은 깨어 있으라고 요청하신다. 그분은 하느님이시기 때문이다. 그리고 사람들이 이 새로운 실재를 좀처럼 믿으려고 하지 않을지라도 이미 주님이시기 때문이다.

10.15 예수의 지나친 요구

예수가 복음서의 비유들에서 요청하는 것은 급진적이고 엄격하다. 그래서 자신의 힘이 약하다고 여기는 사람들은 때로는 실천하기를 포기할 마음까지 먹는다. 구약성경 욥기에는 이러한 엄청난 요구 앞에서 그리스도인의 영적인 기본 상태를 잘 보여 주는 텍스트가 있다. 이러한 이유로 이 텍스트는 복음의 빛 속에서 복음의 일부가 된다. 다음이 이에 해당하는 부분이다.

> 사람이란 여인에게서 난 몸,
> 수명은 짧고 혼란만 가득합니다.
> 꽃처럼 솟아났다 시들고
> 그림자처럼 사라져 오래가지 못합니다.
> 바로 이런 존재에게 당신께서는 눈을 부릅뜨시고
> 손수 저를 법정으로 끌고 가십니다.
> 그 누가 부정한 것을 정결하게 할 수 있습니까?
> 아무도 없습니다.
> 진정 그의 날들은 정해졌고
> 그의 달수는 당신께 달려 있으며
> 당신께서 그의 경계를 지으시어 그가 넘지 못합니다.
> 그러니 그에게서 눈을 돌리십시오, 그가 쉴 수 있게,
> 날품팔이처럼 자기의 날을 즐길 수 있게.(욥 14,1-6)

나는 의식적으로 여기에 이 텍스트를 소개하고 개인 묵상 자료로 활용한다. 다른 사람들은 이렇게 요청할 수도 있다.

자네가 그들을 살펴보아라. 자네가 그들을 향해 눈을 돌려 바라보아라. 그

들 위에 자네의 얼굴이 빛을 내도록 하여라.

이러한 상황에서 나는 "내가 그것을 완수하기는 어렵다"라고 기도할 수는 없다. 나는 오직 다음과 같이 말할 수 있을 뿐이다.

주님, 이쪽을 보지 마시고 다른 곳을 보십시오. 당신의 얼굴을 다른 어느 곳으로 돌리시고 저만은 보지 마십시오. 제발 청하오니, 저를 당신의 현존과 함께 쉬게 하시고, 당신과 함께 쉬게 하소서. 제가 당신의 얼굴을 바라보며 화해하게 하소서. 멀리 다른 곳을 보십시오. 당신을 견딜 수 있는 사람들이 있을지도 모릅니다만, 저는 그들에게 속하지 못합니다. 저의 죄와 선조들의 죄가 항상 저를 쫓아옵니다. 저는 흡사 빚 받으러 온 사람에게 내몰린 꼴입니다. 빚쟁이는 빚을 독촉하며 사람을 구석에 몰아넣지요. 당신은 눈을 뜨고 저를 잘 관찰하시기에 저의 약함과 실패를 잘 아십니다. 양심의 가책에 시달리는 사람도 당신께 조금도 대항할 수 없습니다. 억압하려는 어떤 시도도 실패하고 말기 때문입니다. 당신은 저를 철저하게 추적하여 데려가십니다. 당신은 저의 모든 특징을 기억하십니다. 억압된 모든 것은 다른 형태를 띤, 수천 가지 새로운 두려움이 됩니다. 당신은 신비이시고 감추어진 분이십니다. 그 앞에서 제 생명은 녹아 없어집니다.

그래서 나는 이렇게 청한다.

제게 명쾌하게 설명하시어 제가 더 이상 불평하지 않도록 해 주소서. 당신은 저를 어두운 구석에 있게 하시어 저를 바라보시지 않을 수는 없으신가요? 당신은 저를 당신으로부터 보호하고 저로부터 당신을 보호하실 수는 없나요? 제 삶에 자리 잡고 있는 온갖 불안은 하느님을 찾는 자의 불안이 아닙니다. 조용히 있으려고 하고 더 이상 책임지고 싶어 하지 않는 자의 불안입니다. 마치 해가 지고 밤이 찾아와 겨우 숨을 쉬는 날품팔이와도 같습니다. 그에게는 이때야말로 그 누구 밑에도 있지 않는 시간이지요. 저녁마다 그는 (종들과는 달리) 자기 위에 어떤 상관도 없어서 어떤 눈치도 볼 필요가 없습니다. 우리를 당신으로부터 해방시켜 주시고, 당신 앞에서 지고 가야 하는 영원한 책임으로부터 벗어나게 해 주소서. 감히 당신으로부터 그리고 당신의 권리들과 요청들로부터 해방되는 것을 청해 올립니다.

그런 자유가 나는 몹시 그립다.

당신께서 고개를 돌려서 다른 곳을 보시면 한동안 "너희의 걱정과 죄들을 주님께 던져 버려라"라는 책임을 당신이 받아들이시는 것이 됩니다. 만약 당신이 고개를 돌려서 다른 곳을 보시면, 만약 당신이 우리를 단지 반시간만이라도 편안하게 놓아주시면, 우리가 언제나 책임을 지고 가야만 하는 처지가 아니라면, 어쩌면 이것이 당신이 주신 자유와 사랑의 가장 큰 표현이 아닐까요? 당신의 사랑에 관한 다른 부가적인 말들은 지나친 미사여구가 될 수 있지 않을까요? 우리의 영원한 책임을 벗어 버리는 것, 날품팔이가 저녁에 갖는 반시간이 더 소박하고 더 참된 표상이지 않을까요? 당신이 잠시 숨을 돌릴 동안만이라도 당신의 완전성과 거룩함으로부터 우리를 자유롭게 해 주는 것이 당신의 가장 큰 사랑일지도 모르겠습니다.

우리가 하는 일에 대한 책임을 우리가 언제나 질 수 있는 것은 아닙니다. 그래서 당신이 고개를 돌려서 다른 곳을 보신다면 당신이 그 책임을 넘겨받게 됩니다. 그렇기 때문에 저는 고개를 돌려 다른 곳을 보는 것과 퇴근시간 이후라는 초라한 표상을 사용하고 있습니다. 우리가 더 이상 내놓을 것은 없습니다. 좋은 부모도 "바라보지 않는 것, 옳은 것도 틀린 것도 없는 불확실한 영역을 허용하는 것" 정도를 할 수 있을 뿐입니다. 이 표상은 제 죄의 크기에도 적합하지 않고, 당신의 위대하심에도 적합하지 않다는 것을 압니다. 저는 당신이 인간적인 어떤 것을, 작은 모순을, 부족한 감시감독을 받아들이시기를 요청합니다. 저는 이것이 정의의 수호자이신 당신께 무리한 요구이고 그리고 저의 많은 죄의 면전에서 파렴치한 요구라는 것을 압니다.

제가 감히 화해, 용서 그리고 은총에 대해 말하는 것은 시도하지 않겠습니다. 이러한 것은 이미 충분히 사용된 단어들입니다. 제가 당신께 고개를 돌려 다른 곳을 보아 달라고 청하는 것은 실제로는 오직 저에게만 해당됩니다. 왜냐하면 기억의 진지함을 지속적으로 지고 갈 수 없는 존재는 바로 저 자신이기 때문입니다. 제가 진지하고 자유롭게 이러한 것을 고백하는 것을 허용해 주십시오. 저는 저의 죄에 대해 지속적으로 생각하는 것을 감당할 수 없습니다. 왜냐하면 이러한 일도 생기기 때문입니다. "언제나 죄에 대해서 말하는 사람은 이내 그것을 억압하고 의식에서 떨쳐 버리기 시작한다." 나치독재를 환호했던 사람들이 나치독재에 관한 섬뜩한 기억을 억압하고 지워버리려고 노력하지 않았던가요? 우리가 낯선 것을 지고 갈 수 없기 때문에 죄에 의한 가책도 억압해 버립니다. 그리고 저는 이렇게 봅니다. "죄에 대한 말은 남아 있지만, 죄에 대해 당신과 함께 대화하는 것은 단절되고 말았습니다. 그리고 용서가 없습니다." 우리 가운데 있는 신뢰할 만한 사람들은 마치 마비된 것 같습니다. 그 사람들은 스스로 일을 해결하지만, 온갖 부정적인 면에서는 빠져나오지 못합니다. 교회 안에 남아 있는 죄 많은 불쌍한 우리들은 어두운 터널로부터 벗어나올 길을 결국 찾아내지 못하고 맙니까?

이러한 것도 사실이다.

언제나 죄인들과 죄에 대해서 듣는 사람은 나중에는 그것을 더 이상 들을 수 없게 되어, 자기 스스로 자신을 해방시키는 무모한 행동을 감행하며 자신이 드디어 죄에서 해방되었다고 선언합니다. 우리가 자신을 덧칠해야 하는 행위를 참을 수 없기 때문에, 우리는 당신으로부터 그리고 지속적인 요청을 하는 당신의 현존으로부터 벗어나 버립니다. 그림자 옆에는 빛이 있다고 말하는 것도 해결책은 아닙니다. 저는 다시 한 번 부끄러울 수밖에 없습니다. 저는 유약하여 이의를 제기할 능력이 없습니다. 한 가지 분명한 점은 제가 아직도 당신과 말을 할 수 있는 동안에는 저는 쫓기지도 않고 잊어버리려고 노력할 필요도 없다는 것입니다. 이것은 폭풍의 한복판에 있는 고요와 같습니다. 우리가 당신과 대화를 시작하면 당신은 몸을 돌려 우리에게 귀를 기울이십니다. 그러면 당신은 오직 우리의 말을 들을 수만 있고 볼 수는 없습니다. 당신의 귀는 우리를 향하고 있지만 시선은 옆을 향하고 있기 때문입니다. 그러면 저는 저의 기도가 억압, 망각 그리고 쫓김의 한가운데에 있다고 파악합니다.

그러면 저는 저의 일상이 얼마나 쉽게 부서질 수 있는 것인지를 알아챕니다. 저의 일상은 얇은 판자와 종이로 가볍게 만든 부서지기 쉬운 집과 같습니다. 그 안에 있는 당신의 사랑은 우리가 하는 행위의 결과들만 언제나 있는 것이 아니라 아무런 어려움도 없는 일상생활을 당신이 우리에게 허용하신다는 것을 알려 줄지도 모릅니다. 일상의 삶이 가능하도록 두시는 것은 당신의 사랑입니다. 우리가 우리의 죄에 대해, 당신과 우리의 대단한 관계에 대해 항상 생각하지 않아도 되는 것 역시 당신의 사랑입니다. 당신은 우리를 지속적으로 회상해야만 하는 비인간적인 것으로부터 보호하시고, 기도할 가능성을 우리에게 주시어 우리가 억압으로부터 벗어날 수 있게 해 주십니다.

쫓김과 억압은 똑같이 불행한 길의 양면에 지나지 않습니다. 이에 대해 당신과 대화를 시도하는 것은 복된 길일지도 모르겠습니다. 당신의 위대하심과 저의 죄 사이에 (이 둘 모두 심원한 것입니다) 일상생활의 은총이 놓여 있습니다. 일상적인 현존은 깰 수 있는 것으로서 영적으로 가능합니다. 그러나 이것은 오직 당신께 청하는 범위 내에서만 할 수 있는 일입니다. 우리는 자주 기도해야 하겠습니다. 그래야 당신이 다시는 주목하실 일이 생기지 않을 것입니다.

죄와 억압에 의해 사로잡히는 것 사이에서 일상생활은 참으로 오직 당신 앞에 기도함으로써, 부서지기 쉬운 허약한 집이 서 있도록 간청함으로써 가능합니다. 우리가 때때로 의미에 대해 생각하는 모든 것은 당신 앞에서 당신과 더불어 나눈 침묵 중의 대화 같은 것이 아닐까요? 우리의 생각은 우리 존재의 신비 앞에서 우리가 걸어가야 할 길들을 모아 놓은 것과 같지 않을까요?

이렇게 하여 가장 중요한 것은 당신의 위대하심과 우리의 죄 사이에 존재하는 심한 차이가 아니라, 이러한 것에 대해 당신과 대화할 수 있는 것이고 당신이 눈을 돌려 못 본 체하는 것에 대해 감사하는 마음을 갖는 것입니다. 이러한 방식으로 당신은 우리를 당신 자신으로부터 보호할 수 있습니다. 당신은 다른 데로 눈을 돌리실 수 있기 때문에 우리의 죄보다 훨씬 강하신 분입니다. 이렇게 하여 이미 당신의 자비가 모든 나락보다 더 크다는 것이 증명되었습니다. 오직 이러하기 때문에, 그리고 이 유일한 조건 아래에서 어린이와 같은 순수한 환호는 여전히 언제나 우리 현존의 유일하고 절대적인 의미입니다.

클라우스 베르거

1940년 11월 25일 독일 힐데스하임에서 태어났다. 뮌헨대학교와 함부르크대학교에서 수학했으며, 신학박사 학위를 받았다. 1970년부터 1974년까지 라이덴에 있는 대학교에서 강의했고, 1974년부터 하이델베르크대학교에서 신약학 교수로 재직하고 있다.

주요 저서로 「Exegese des Neuen Testaments」(1988), 「Exegese des Neuen Testaments」(1991), 「Ist Gott Person?」(2004), 「Bilder des Himmels」(2006), 「Die Briefe des heiligen Apostels Paulus」(2008) 등이 있다.

전헌호 실베스텔 신부

서울 가톨릭대학교를 졸업하고, 오스트리아 빈대학교에서 석·박사 학위를 받았다. 1985년 서품을 받고, 대구대교구 하양성당·진량성당·성바울로성당 등에서 사목했다. 현재 대구가톨릭대학교 신학대학 학장, 신학대학원 원장, 가톨릭사상연구소 소장이다.

주요 저서로 「인간에의 연민」, 「자연환경, 인간환경」, 「거룩한 갈망」, 「상대성 이론과 예수의 부활」, 「인간, 그 전모」, 「가능성과 한계」 등이 있고, 역서로 「교의와 교의신학」, 「다시 찾은 기쁨」, 「다시 찾은 마음의 평안」, 「참 소중한 나」, 「영적 삶의 샘」 등이 있다.